# 譯註 禮記集說大全
# 內則

編　陳澔(元)

附　正義·訓纂·集解

# 譯註 禮記集說大全

# 內則

編　陳澔（元）

附　正義·訓纂·集解

鄭秉燮 譯

# 역자서문

「내칙(內則)」편은 일상생활에서 지켜야 하는 예절 등을 기록한 편이다. 「내칙」편의 내용을 자세히 살펴보면, 대략적으로 자식과 며느리가 부모 및 시부모를 섬기는 법도, 노인을 봉양하는 법도, 음식과 관련된 규정, 부부관계를 포함한 남녀유별에 대한 규범, 자식을 낳고 교육하는 법도 등으로 구분할 수 있다. 또 구체적인 예절들은 『예기』「곡례(曲禮)」편에서 기술하고 있는 예의범절에 대한 내용과 유사하며, 노인을 봉양하는 규범의 기술은 『예기』「왕제(王制)」편에도 그대로 나타나고, 또 음식을 조리하는 방법 등은 『주례』의 일부 기록과도 동일하다.

아마도 「내칙」편은 가정윤리를 중심으로 기존의 기록들을 수집해서, 하나의 편으로 편집한 것으로 추측되지만, 그 기록들의 출원에 대해서는 다소 의심스러운 점이 많다. 「내칙」편에서 기술하고 있는 각종 예절들은 기본적으로 남녀에 대한 명확한 구분을 전제로 한다. 또 각종 예절들에 있어서 천자·제후·경·대부·사·서인 계층에 대한 구분을 엄격히 하는 기술들도 나타나고, 적서(嫡庶)에 따른 구분과 처(妻)와 첩(妾)에 대한 구분 또한 엄격히 하고 있다.

『예기』의 전신이 되는 고대의 『기(記)』는 그 전모를 파악할 수 없지만,

대체적으로 전국말기(戰國末期)부터 전한초기(前漢初期) 때 작성된 것으로 판단된다. 그리고 전한시대에 전해진 『예경(禮經)』은 고당생(高堂生)이 전수한 『의례』 뿐이었으므로, 『기』 자체는 『의례』 이후에 세상에 공표된 고문경전(古文經典)으로 분류된다. 또한 전한시대에는 각 계층에 따른 구체적 예제들이 정비되지 않았으므로, 『의례』에 나타난 사(士) 계층의 예제를 토대로, 상위 계층의 예제를 새롭게 제정하는 작업과 고문경전의 내용을 바탕으로, 각 계층에 따른 예제를 복원하는 작업이 진행되었다. 또 한나라 때에는 남녀유별에 대한 규범이 더욱 강화되었다. 따라서 「내칙」편에서 각 계층에 따른 구분을 강화하여, 차별적 예제들을 기술하고 있는 부분과 남녀 및 적서(嫡庶)에 따른 차등적 예제를 기술하고 있는 것들은 한대(漢代)의 사상에 영향을 받아서 편집된 것으로 판단된다. 그러므로 「내칙」편의 내용을 이해할 때에는 그 내용들이 모두 고대부터 시행되었던 예절들이라고 맹신해서는 안 되며, 한대사회의 특성과 결부시켜서 이해해야만 한다.

이번 번역을 통해, 『예기』의 12번째 편까지 출판을 완료했다. 현재는 「내칙」 다음 편인 「옥조(玉藻)」편의 번역을 진행 중이다. 오역을 줄이고자 매번 노력을 하는데도, 매번 자신할 수 없는 게 현실이다. 번역에 나타난 잘못은 전적으로 역자의 책임이므로, 하소연을 늘어놓을 수도 없다. 더 좋은 번역서를 내놓기 위한 역자의 노력과 실력이 부족했기 때문이다. 그러나 이 번역서를 통해서, 더 좋은 번역서가 나오고, 더 많은 연구가 진행되었으면 하는 바람이다.

역자는 성균관 대학교에서 유교철학(儒教哲學)을 전공했다. 이 자리를 통해, 대학원에 진학하여 경학사상(經學思想)을 전공할 수 있도록 지도해주신 서경요 선생님과 논문을 지도해주신 오석원 선생님, 이기동 선생님, 이상은 선생님, 조남욱 선생님께 감사를 드린다. 또 경서연구회(經書硏究會)를 만들어 후배들에게 경전에 대한 이해를 넓혀주신 임옥균 선생님과 김동민, 원용준 선배님께도 감사드린다. 또한 함께 『예기』를 공부하고 있는 경서연구회 회원님들께도 감사드린다. 끝으로 「예기」편을 출판할 수 있도록 허락해주신 학고방의 하운근 사장님께도 감사를 전한다.

# 일러두기 ⋙

1. 본 책은 역주서(譯註書)로써, 『예기집설대전(禮記集說大全)』의 「내칙(內則)」편을 완역하고, 자세한 주석을 첨부했다. 송대(宋代) 이전의 주석을 포함하고자 하여, 『예기정의(禮記正義)』를 함께 수록하였다. 그리고 송대 이후의 주석인 청대(淸代)의 주석을 포함하고자 하여 『예기훈찬(禮記訓纂)』과 『예기집해(禮記集解)』를 함께 수록하였다.

2. 『예기』 경문(經文)의 경우, 의역으로만 번역하면 문장을 번역한 방식을 확인하기 어렵고, 보충 설명 없이 직역으로만 번역하면 내용을 이해하기 힘들다. 따라서 경문에 한하여 직역과 의역을 함께 수록하였다. 나머지 주석들에 대해서는 의역을 위주로 번역하였다.

3. 『예기』 경문에 대한 해석은 진호의 『예기집설』 주석에 근거하였다. 경문 해석에 있어서, 『예기정의』, 『예기훈찬』, 『예기집해』마다 이견(異見)이 많다. 『예기집섭대전』의 소주(小註) 또한 진호의 주장과 이견을 보이는 곳이 있고, 소주 사이에도 이견이 많다. 따라서 『예기』 경문 해석의 표준은 진호의 『예기집설』 주석에 근거했으며, 진호가 설명하지 않은 부분들은 『대전』의 소주를 참고하였다. 또한 경문 해석에 있어서 『예기정의』, 『예기훈찬』, 『예기집해』에 나타나는 이견들은 특별한 경우를 제외하고는 각각의 문장을 읽어보면, 경문에 대한 이견을 알 수 있기 때문에, 이러한 경우에는 주석 처리를 하지 않았다.

**4.** 본 역서가 저본으로 삼은 책은 다음과 같다.

- 『禮記』, 서울 : 保景文化社, 초판 1984 (5판 1995)
- 『禮記正義』 1~4(전4권, 『十三經注疏 整理本』 12~15), 北京 : 北京大學出版社, 초판 2000
- 朱彬 撰, 『禮記訓纂』 上·下(전2권), 北京 : 中華書局, 초판 1996 (2쇄 1998)
- 孫希旦 撰, 『禮記集解』 上·中·下(전3권), 北京 : 中華書局, 초판 1989 (4쇄 2007)

**5.** 본 책은 『예기』의 경문, 진호의 『집설』, 호광 등이 찬정한 『대전』의 세주, 정현의 주, 육덕명의 『경전석문』, 공영달의 소, 주빈(朱彬)의 『훈찬』, 손희단(孫希旦)의 『집해』 순으로 번역하였다.

**6.** 본래 『예기』「내칙」편은 목차가 없으며, 내용 구분에 있어서도 학자들마다 의견차이가 있다. 또한 내용의 연관성으로 인하여, 장과 절을 나누기가 애매한 부분이 많다. 본 책의 목차는 역자가 임의대로 나눈 것이며, 세세하게 분절하여, 독자들이 관련내용들을 찾아보기 쉽게 하였다.

**7.** 본 책의 뒷부분에는 《內則 人名 및 用語 辭典》을 수록하였다. 본문에 처음으로 등장하는 용어 및 인명에 대해서는 주석처리를 하였다. 이후에 같은 용어가 등장할 때마다 동일한 주석처리를 할 수 없어서, 뒷부분에 사전으로 수록한 것이다. 가나다순으로 기록하여, 번역문을 읽는 도중 앞부분에서 설명했던 고유명사나 인명 등에 대해서 쉽게 찾아볼 수 있도록 하였다.

【345a】

后王命家宰降德于衆兆民.

【345a】 등과 같이 【 】 안에 숫자가 기입되어 있는 것은 『예기』의 '경문'을 뜻한다. '345'은 보경문화사(保景文化社)판본의 페이지를 말한다. 'a'는 a단에 기록되어 있다는 표시이다. 밑의 그림은 보경문화사판본의 한 페이지 단락을 구분한 표시이다.

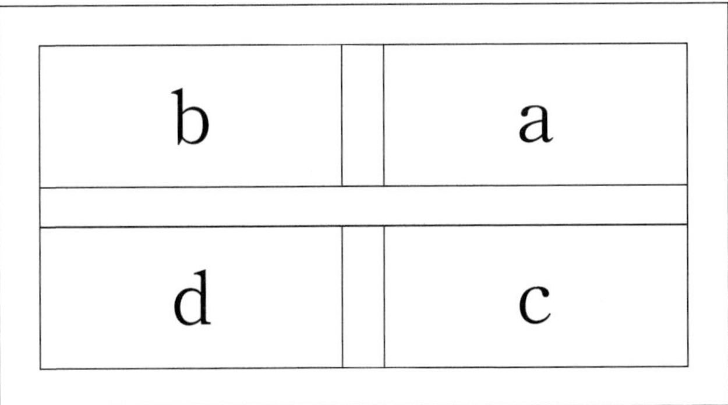


◆ **集說** 冢宰掌邦治, 而治國者必先齊家.

"**集說**"로 표시된 것은 진호(陳澔)의 『예기집설(禮記集說)』 주석을 뜻한다.

◆ **大全** 東萊呂氏曰: 內則一篇, 首言"后王命冢宰降德于衆兆民."

"**大全**" 으로 표시된 것은 호광(胡廣) 등이 찬정(撰定)한 『예기집설대전』의 세주(細註)를 뜻한다.

◆ **鄭注** 后, 君也. 德, 猶敎也. 萬億曰兆, 天子曰兆民, 諸侯曰萬民.

"**鄭注**"로 표시된 것은 『예기정의(禮記正義)』에 수록된 정현(鄭玄)의 주(注)를 뜻한다.

◆ **釋文** 后王, 鄭云: "后, 君也, 謂諸侯也. 王, 天子也."

"**釋文**"으로 표시된 것은 『예기정의』에 수록된 육덕명(陸德明)의 『경전석문(經典釋文)』을 뜻한다. 『경전석문』의 내용은 글자들의 음을 설명하고, 간략한 풀이를 한 것인데, 육덕명 당시의 음가로 기록이 되었기 때문에, 현재의 음과는 맞지 않는 부분이 많다. 단순히 참고만 하기 바란다.

◆ **孔疏** ●"后王"至"兆民". ○正義曰: 此一經論子事父母.

"**孔疏**"로 표시된 것은 『예기정의』에 수록된 공영달(孔穎達)의 소(疏)를 뜻한다. 공영달의 주석은 경문과 정현의 주에 대해서 세분화하여 기록되어 있다. 따라서 '●'으로 표시된 부분은 공영달이 경문에 대해 주석을 한 부분이고, '◎'으로 표시된 부분은 정현의 주에 대해 주석을 한 부분이다. 한편 '○'으로 표시된 부분은 공영달의 주석 부분이다.

◆ **訓纂** 說文: 盥, 澡手也. 漱, 盪口也.

"**訓纂**"으로 표시된 것은 『예기훈찬(禮記訓纂)』에 수록된 주석이다. 『예기훈찬』 또한 기존 주석들을 종합한 책이므로, 『예기집설대전』 및 『예기정의』와 중복되는 부분은 생략하였다.

◆ **集解** 愚謂: 子事父母, 謂男子已冠者也.

"**集解**"로 표시된 것은 『예기집해(禮記集解)』에 수록된 주석이다. 『예기집해』 또한 기존 주석들을 종합한 책이므로, 『예기집설대전』 및 『예기정의』와 중복되는 부분은 생략하였다.

◆ 원문 및 번역문 중 '▼'로 표시된 부분은 한글로 표기할 수 없는 한자를 기록한 부분이다. 예를 들어 '▼(冏/皿)'의 경우 맹(盟)자의 이체자인데, '明'자 대신 '冏'자가 들어간 한자를 프로그램상 삽입할 수가 없어서, '▼(冏/皿)'으로 표시한 것이다. 즉 '▼(A/B)'의 형식으로 기록된 경우, A에 해당하는 글자가 한 글자의 상단 부분에 해당하고, B에 해당하는 글자가 한 글자의 하단 부분에 해당한다는 표시이다. 또한 '▼(A+B)'의 형식으로 기록된 경우, A에 해당하는 글자가 한 글자의 좌측 부분에 해당하고, B에 해당하는 글자가 한 글자의 우측 부분에 해당한다는 표시이다. 또한 '▼((A-B)/C)'의 형식으로 기록된 경우, A에 해당하는 글자에서 B 부분을 뺀 글자가 한 글자의 상단 부분에 해당하고, C에 해당하는 글자가 한 글자의 하단 부분에 해당한다는 표시이다.

# 목차

## 그림목차

## 경문목차

【345a】

## 禮禮記集說大全卷之十二 / 『예기집설대전』 제12권

## 內則 第十二 / 「내칙」 제12편

**集說** 疏曰: 閨門之內, 軌儀可則, 故曰內則.

**번역** 공영달[1]의 소(疏)에서 말하길, 규문(閨門)[2] 안에서 본받을 만한 규범이기 때문에, '내칙(內則)'이라고 말한 것이다.

**集說** 石梁王氏曰: 此篇於曲禮之義爲多.

**번역** 석량왕씨[3]가 말하길, 이곳 「내칙」편에는 곡례(曲禮)의 의미를 풀이한 내용이 많다.

**孔疏** 陸曰: 鄭云: "以其記男女居室事父母舅姑之法."

**번역** 육덕명[4]이 말하길, 정현[5]은 "편명을 '내칙(內則)'이라고 지은 이

1) 공영달(孔穎達, A.D.574~A.D.648) : =공씨(孔氏). 당대(唐代)의 경학자이다. 자(字)는 중달(仲達)이고, 시호(諡號)는 헌공(憲公)이다. 『오경정의(五經正義)』를 찬정(撰定)하는데 중심적인 역할을 했다.

2) 규문(閨門)은 내실(內室) 및 궁 안의 동산에 설치된 문을 뜻한다. 그 장소가 안쪽에 위치하였으므로, 부인이 거처하던 장소를 뜻하는 용어로도 사용하였다.

3) 석량왕씨(石梁王氏, ?~?) : 자세한 이력이 남아 있지 않다.

4) 육덕명(陸德明, A.D.550~A.D.630) : =육원랑(陸元朗). 당대(唐代)의 경학자이다. 이름은 원랑(元朗)이고, 자(字)는 덕명(德明)이다. 훈고학에 뛰어났으며, 『경전석문(經典釋文)』 등을 남겼다.

5) 정현(鄭玄, A.D.127~A.D.200) : =정강성(鄭康成)·정씨(鄭氏). 한대(漢代)의 유학자이다. 자(字)는 강성(康成)이다. 『주역(周易)』, 『상서(尚書)』, 『모시(毛詩)』, 『주례(周禮)』, 『의례(儀禮)』, 『예기(禮記)』, 『논어(論語)』, 『효경(孝

유는 남녀가 집에 거처하며, 부모 및 시부모를 섬기는 예법에 대해서 기록하고 있기 때문이다."라고 했다.

**孔疏** 正義曰: 按鄭目錄云: "名曰內則者, 以其記男女居室事父母舅姑之法, 此於別錄屬子法." 以閨門之內, 軌儀可則, 故曰內則.

**번역** 『정의』[6]에서 말하길, 정현의 『목록』[7]을 살펴보면, "편명을 '내칙(內則)'이라고 지은 이유는 남녀가 집에 거처하며, 부모 및 시부모를 섬기는 예법에 대해서 기록하고 있기 때문이며, 이 편을 『별록』[8]에서는 '자법(子法)' 항목에 포함시켰다."라고 했다. 즉 규문(閨門) 안에서 본받을 만한 규범이기 때문에, '내칙(內則)'이라고 말한 것이다.

**集解** 朱子曰: 此古經也. 又曰: 鄭氏以爲記男女居室事父母舅姑之法, 閨門之內, 儀軌可則, 故曰內則. 此必古者學校教民之書.

**번역** 주자가 말하길, 이것은 『고례(古禮)』의 경문에 해당한다. 또 말하길, 정현은 이 기록들이 남녀가 집에 거처하며 부모 및 시부모를 섬기는

---

經)』 등에 주석을 하였다.

6) 『정의(正義)』는 『예기정의(禮記正義)』 또는 『예기주소(禮記注疏)』를 뜻한다. 당(唐)나라 때에는 태종(太宗)이 공영달(孔穎達) 등을 시켜서 『오경정의(五經正義)』를 편찬하였는데, 이때 『예기정의』에는 정현(鄭玄)의 주(注)와 공영달의 소(疏)가 수록되었다. 송대(宋代)에는 『오경정의』와 다른 경전(經典)에 대한 주석서를 포함한 『십삼경주소(十三經注疏)』가 편찬되어, 『예기주소』라는 명칭이 되었다.

7) 『목록(目錄)』은 정현이 찬술했다고 전해지는 『삼례목록(三禮目錄)』을 가리킨다. 『십삼경주소(十三經注疏)』에서 인용되고 있지만, 이 책은 『수서(隋書)』가 편찬될 당시에 이미 일실되어 존재하지 않았다. 『수서』「경적지(經籍志)」편에는 "三禮目錄一卷, 鄭玄撰, 梁有陶弘景注一卷, 亡."이라는 기록이 있다.

8) 『별록(別錄)』은 후한(後漢) 때 유향(劉向)이 찬(撰)했다고 전해지는 책이다. 현재는 일실되어 존재하지 않으며, 『한서(漢書)』「예문지(藝文志)」편을 통해서 대략적인 내용만을 추측해볼 수 있다.

법도를 기록하였다고 여겼고, 규문(閨門) 안에서 본받을 만한 규범이기 때문에, '내칙(內則)'이라고 불렀다고 했다. 이 기록은 분명 고대에 학교에서 백성들을 가르쳤던 문헌일 것이다.

**集解** 趙氏師曰: 內則一篇, 文理密察, 法度精詳, 見古先聖王所以厚人倫·美教化者無所不用其全. 某疑中間似有難看處, 如"飯黍·稷·稻·粱"止"士於坫一"一節, 與上下文似不相蒙, 豈特載此因以著夫貴賤品節之差耶? 又"凡養老"止"玄衣而養老"一節, 疑王制文重出. 不然, 亦豈先王之成法, 因子事父母而達之天下, 以及人之老耶? 又"曾子曰'孝子之養老'"一節, 雖承上章"養老"之文而云, 然此篇旣曰"后王命冢宰降德于衆兆民", 則是古昔盛時朝廷所下教命, 恐不應引曾子之言, 某疑他簡脫誤在此耳. 又"凡養老, 五帝憲"止"皆有惇史"一節, 疑簡錯, 或當在上文"玄衣而養老"之下. 又"淳熬"止"以與稻米爲酏"一節, 亦疑簡錯, 恐或當屬上文"冬宜鱻羽, 膳膏羶", 及"雉兎皆有芼"之下. 自此外數節, 上下井井有條, 獨此未易曉暢.

**번역** 조사(趙師)가 말하길, 「내칙」편은 그 문맥이 상세하고, 법도의 규정도 상세하니, 고대의 성왕(聖王)이 인륜(人倫)을 돈독하게 하고, 교화(教化)를 아름답게 했던 일에 있어서, 그 전체를 사용하지 않은 것이 없다는 사실을 나타낸다. 그러나 내가 생각하기에 내용 중간에 어지럽게 착간된 것이 있다고 여겨지는데, 예를 들어 "밥 종류로는 메기장·차기장·벼·조가 있다."[9]라고 한 문장으로부터 "사(士)는 흙으로 쌓은 받침을 만들며 1개를 설치한다."[10]라는 구문까지의 단락은 앞뒤의 문맥과 서로 이어지지 않는 것처럼 보이는데, 어찌 단지 이러한 기록만 수록하여, 이를 통해 귀천(貴賤)에 따른 물품의 차등에 대해서 드러낼 수 있겠는가? 또 "무릇 노인을 봉양한다."라는 구문부터 "현의(玄衣)를 입고서 노인을 봉양했다."라는 구문까지의 문단[11]은 『예기』「왕제(王制)」편의 문장이 재차 나타난 것으로 의심

9) 『예기』「내칙」【354c】 : 飯: 黍·稷·稻·粱·白黍·黃粱, 稰穛.

10) 『예기』「내칙」【359b】 : 天子之閣, 左達五, 右達五. 公侯伯於房中五, 大夫於閣三, 士於坫一.

된다. 그렇지 않다면 또한 어찌 선왕(先王)이 완성한 예법이 자식이 부모를 섬기는 법도를 통해서, 온 천하에 두루 통용이 되어, 남의 노인에게까지 미치도록 했겠는가? 또 "증자(曾子)가 말하길, '자식이 노인을 봉양한다.'"[12] 라고 한 문단은 비록 앞 문장에서 "노인을 봉양한다."라고 한 문장을 이어서 언급한 것이지만, 이곳 편에서는 이미 "천자가 총재(冢宰)에게 명령하여, 만백성에게 그 덕(德)을 내려주어서, 교화를 하도록 시켰다."[13]라고 했으니, 이것은 고대의 융성했던 시기에, 조정에서 명령을 내려서 교화를 펼쳤던 것이 되므로, 아마도 증자(曾子)의 말을 인용해서는 안 될 것 같다. 내가 생각하기에, 이것은 다른 편의 내용이 잘못하여 이곳으로 삽입된 것일 뿐인 것 같다. 또 "무릇 노인을 봉양함에 있어서, 오제(五帝) 때에는 그들의 덕행(德行)을 본받는 것을 위주로 했다."라는 구문부터 "모두에게 있어서 돈사(惇史)를 기록하는 것이 있었다."라는 구문까지의 문단[14]은 아마도 착간인 것 같으며, 그것이 아니라면, 마땅히 앞 문장에서 "현의를 입고서 노인을 봉양했다."라고 했던 구문 뒤에 있어야 한다. 또 '순오(淳熬)'[15]라는

---

11) 『예기』「내칙」【359c~360a】: 凡養老, 有虞氏以燕禮, 夏后氏以饗禮, 殷人以食禮, 周人脩而兼用之. 凡五十養於鄉; 六十養於國; 七十養於學, 達於諸侯; 八十拜君命, 一坐再至, 瞽亦如之; 九十者使人受. 五十異粻, 六十宿肉, 七十貳膳, 八十常珍, 九十飲食不違寢, 膳飲從於遊可也. 六十歲制, 七十時制, 八十月制, 九十日修, 惟絞·紟·衾·冒, 死而後制. 五十始衰, 六十非肉不飽, 七十非帛不煖, 八十非人不煖, 九十雖得人不煖矣. 五十杖於家, 六十杖於鄉, 七十杖於國, 八十杖於朝, 九十者天子欲有問焉, 則就其室, 以珍從. 七十不俟朝, 八十月告存, 九十日有秩. 五十不從力政, 六十不與服戎, 七十不與賓客之事, 八十齊喪之事弗及也. 五十而爵, 六十不親學, 七十致政. 凡自七十以上, 惟衰麻爲喪. 凡三王養老皆引年. 八十者一子不從政, 九十者其家不從政, 瞽亦如之. 凡父母在, 子雖老不坐. 有虞氏養國老於上庠, 養庶老於下庠; 夏后氏養國老於東序, 養庶老於西序; 殷人養國老於右學, 養庶老於左學; 周人養國老於東膠, 養庶老於虞庠. 虞庠在國之西郊. 有虞氏皇而祭, 深衣而養老; 夏后氏收而祭, 燕衣而養老; 殷人冔而祭, 縞衣而養老; 周人冕而祭, 玄衣而養老.

12) 『예기』「내칙」【360b】: 曾子曰: "孝子之養老也."

13) 『예기』「내칙」【345a】: 后王命冢宰降德于衆兆民.

14) 『예기』「내칙」【360d】: 凡養老, 五帝憲, 三王有乞言. 五帝憲, 養氣體而不乞言, 有善則記之爲惇史. 三王亦憲, 旣養老而后乞言, 亦微其禮, 皆有惇史.

15) 『예기』「내칙」【361a】: 淳熬: 煎醢加于陸稻上, 沃之以膏, 曰淳熬.

구문부터 “이것을 반죽과 함께 섞어서 이사(酏食)를 만든다.”[16]라는 구문까지의 한 문단 또한 아마도 착간이 된 것 같은데, 그것이 아니라면, 마땅히 앞 문장의 “겨울에는 살아있는 물고기와 기러기고기가 적합한데, 그것을 조리할 때에는 양의 지방을 이용한다.”[17]라고 하며, “꿩고기와 토끼고기는 국으로 끓일 때, 모두 모채(芼菜)를 섞어서 맛을 낸다.”[18]라고 했던 문장 뒤에 연결되어야 한다. 이 외의 문단들은 앞뒤의 문맥이 질서정연한데, 유독 이러한 문장들에 대해서는 쉽게 파악할 수가 없다.

**集解** 愚謂: 自“養老, 有虞氏以燕禮”, 至“皆有惇史”, 與通篇所言不相比附, 而文體亦異, 疑係他篇脫簡. 若以“淳熬”接上“士於坫一”之下, 則通篇條理秩然矣.

**번역** 내가 생각하기에, “노인을 봉양함에, 유우씨(有虞氏) 때에는 연례(燕禮)로써 했다.”라는 구문부터 “모두 돈사(惇史)가 있었다.”라는 구문까지는 「내칙」 전체에서 언급하는 내용과 서로 합치되지 않으며, 문체 또한 다르므로, 다른 편에 있었던 기록이 잘못하여 이곳으로 착간된 것 같다. 만약 ‘순오(淳熬)’라는 구문이 앞에 나온 “사(士)는 점(坫)에 대해서 1개를 설치한다.”라고 한 구문 뒤에 연결된다면, 전체의 문맥이 질서정연하게 된다.

---

16) 『예기』「내칙」【362c】: 取稻米擧糔溲之, 小切狼臅膏, 以與稻米爲酏.

17) 『예기』「내칙」【356c】: 春宜羔豚, 膳膏薌; 夏宜腒鱐, 膳膏臊; 秋宜犢麛, 膳膏腥; 冬宜鮮羽, 膳膏羶.

18) 『예기』「내칙」【357a】: 牛脩·鹿脯·田豕脯·麇脯·麕脯. 麇·鹿·田豕·麕皆有軒, 雉·兎皆有芼.

## • 제 1 절 •

## 천자(天子)의 교화(敎化)

【345a】

后王命冢宰降德于衆兆民.

**직역** 后王은 冢宰에게 命하여, 衆兆民에게 德을 降이라.

**의역** 천자는 총재(冢宰)에게 명령하여, 만백성에게 그 덕(德)을 내려주어서, 교화를 하도록 시켰다.

**集說** 冢宰掌邦治, 而治國者必先齊家. 降德者, 下其德敎於民也. 孝爲德之本, 故首言子事父母之道.

**번역** 총재(冢宰)[1]는 나라의 정치를 담당하고, 나라를 다스리는 자는 반드시 그 보다 앞서 집안을 다스려야만 한다.[2] '강덕(降德)'이라는 말은 덕(德)을 내려주어서 백성들을 가르친다는 뜻이다. 효(孝)는 덕(德)을 시행하는 근본이 된다.[3] 그렇기 때문에 편의 첫 부분에서는 자식이 부모를 섬기는 도(道)에 대해서 언급하고 있는 것이다.

---

1) 총재(冢宰)는 대재(大宰)와 같은 말이다. '대재'는 태재(太宰)라고도 부른다. '대재'는 은(殷)나라 때 설치된 관직이라고 전해지며, 주(周)나라에서는 '총재'라고도 불렀다. 『주례(周禮)』의 체제상으로는 천관(天官)의 수장이며, 경(卿) 1명이 담당했다. 『주례』의 체제상으로는 가장 높은 관직이다. 따라서 '대재'가 담당했던 일은 국정 전반에 대한 것이었다.

2) 『대학』「경(經) 1장」: 古之欲明明德於天下者, 先治其國. <u>欲治其國者, 先齊其家</u>.

3) 『효경』「개종명의장(開宗明義章)」: 子曰, <u>夫孝德之本也</u>. 敎之所由生也.

**集說** 石梁王氏曰: 註分后王作兩字解, 不通. 書·說命后王君公, 后王, 猶言君王, 天子之別稱也. 鄭註皆非記者本意, 但據周禮太宰掌建邦之六典, 則教典在所兼統, 如此亦可解. 鄭分天子諸侯, 甚無意義.

**번역** 석량왕씨가 말하길, 정현의 주에서는 '후왕(后王)'을 '후(后)'자와 '왕(王)'자로 나누어서 해석을 했지만, 의미가 통하지 않는다. 『서』「열명(說命)」편에서는 '후왕(后王)과 군공(君公)'이라고 했는데,[4] 이때의 '후왕(后王)'은 '군왕(君王)'이라고 하는 말과 같으니, 천자(天子)에 대한 별칭이다. 정현의 주에서 주장한 내용들은 모두 『예기』를 기록한 자의 본의가 아니지만, 『주례』「태재(太宰)」편에서 나라의 육전(六典)[5]을 확립하는 일을 담당한다고 했던 기록[6]에 근거해보면, 교전(教典)은 총재(冢宰)가 함께 통괄하는 업무에 포함되니, 이와 같은 말들은 또한 납득할 수 있다. 그러나 정현이 천자와 제후를 구분한 것은 정말로 의미가 없는 해석이다.

**大全** 東萊呂氏曰: 內則一篇, 首言"后王命冢宰降德于衆兆民." 蓋三代所以教天下者, 皆以是. 自秦漢以來, 外風俗而論政事, 不復以人家事爲問矣.

**번역** 동래여씨[7]가 말하길, 「내칙」이라는 편의 첫 머리에서는 "후왕(后王)은 총재(冢宰)에게 명령하여, 만백성에게 그 덕(德)을 내려주도록 했

---

4) 『서』「상서(商書)·열명중(說命中)」: 樹后王君公, 承以大夫師長.

5) 육전(六典)은 치전(治典), 교전(教典), 예전(禮典), 정전(政典), 형전(刑典), 사전(事典)을 뜻한다. 고대에 국가를 통치하던 여섯 방면의 법령을 가리킨다. 국가의 전반적인 통치, 교화, 예법, 전장제도(典章制度), 형벌, 임무수행에 대한 법이다. 『주례』「천관(天官)·대재(大宰)」편에는 "大宰之職, 掌建邦之六典, 以佐王治邦國. 一曰治典, 以經邦國, 以治官府, 以紀萬民. 二曰教典, 以安邦國, 以教官府, 以擾萬民. 三曰禮典, 以和邦國, 以統百官, 以諧萬民. 四曰政典, 以平邦國, 以正百官, 以均萬民. 五曰刑典, 以詰邦國, 以刑百官, 以糾萬民. 六曰事典, 以富邦國, 以任百官, 以生萬民."이라는 기록이 있다.

6) 『주례』「천관(天官)·대재(大宰)」: 大宰之職, 掌建邦之六典, 以佐王治邦國.

7) 여조겸(呂祖謙, A.D.1137~A.D.1181) : =동래여씨(東萊呂氏)·여동래(呂東萊). 남송(南宋) 때의 학자이다. 자(字)는 백공(伯恭)이고, 호(號)는 동래(東萊)이다. 주자(朱子)와 함께 『근사록(近思錄)』을 편찬하였다.

다."라고 했다. 아마도 삼대(三代) 때 천하의 백성들을 교화시켰던 것은 모두 이처럼 했던 것이다. 그러나 진(秦)나라와 한(漢)나라 이래로는 풍속을 도외시하고, 정사만을 논의하여서, 사람들이 집안에서 실천해야 할 일들에 대해, 다시는 의문으로 삼지 않았다.

**大全** 嚴陵方氏曰: 冢宰, 居六卿之長, 而以道佐王者也. 唯道以道之, 故德乃得而降焉.

**번역** 엄릉방씨[8]가 말하길, '총재(冢宰)'는 육경(六卿)[9]의 수장에 있으면서, 도(道)에 따라 천자를 보필하는 자이다. 오직 도(道)에 따라서 인도를 하였기 때문에, 덕(德) 또한 내려줄 수 있는 것이다.

**大全** 臨川吳氏曰: 天子爲天下民之君師, 治而敎之, 而冢宰六卿之長, 佐天子者也. 降, 下也. 德, 得也. 謂以人所同得於天之理, 立爲敎法, 命冢宰, 降

---

8) 엄릉방씨(嚴陵方氏, ?~?) : =방각(方慤)·방씨(方氏)·방성부(方性夫). 송대(宋代)의 유학자이다. 이름은 각(慤)이다. 자(字)는 성부(性夫)이다. 『예기집해(禮記集解)』를 지었고, 『예기집설대전(禮記集說大全)』에는 그의 주장이 많이 인용되고 있다.

9) 육경(六卿)은 여섯 명의 경(卿)을 가리키는데, 주로 여섯 명의 주요 관직자들을 뜻한다. 각 시대마다 해당하는 관직명과 담당하는 영역에는 차이가 있었다. 『서』「하서(夏書)·감서(甘誓)」편에는 "大戰于甘, 乃召六卿."이라는 기록이 있고, 이에 대한 공안국(孔安國)의 전(傳)에서는 "天子六軍, 其將皆命卿."이라고 풀이했다. 즉 천자는 6개의 군(軍)을 소유하고 있는데, 각 군의 장수를 '경(卿)'으로 임명하였기 때문에, 이들 육군(六軍)의 수장을 '육경'이라고 부른다는 뜻이다. 이 기록에 따르면 하(夏)나라 때에는 육군의 장수를 '육경'으로 불렀다는 결론이 도출된다. 한편 『주례(周禮)』의 체제에 따르면, 주(周)나라에서는 여섯 개의 관부를 설치하였고, 이들 관부의 수장을 '경'으로 임명하였다. 따라서 천관(天官)의 총재(冢宰), 지관(地官)의 사도(司徒), 춘관(春官)의 종백(宗伯), 하관(夏官)의 사마(司馬), 추관(秋官)의 사구(司寇), 동관(冬官)의 사공(司空)이 '육경'에 해당한다. 『한서(漢書)·백관공경표상(百官公卿表上)』편에는 "夏殷亡聞焉, 周官則備矣. 天官冢宰, 地官司徒, 春官宗伯, 夏官司馬, 秋官司寇, 冬官司空, 是爲六卿, 各有徒屬職分, 用於百事."라는 기록이 있다.

下其德教於衆兆民, 俾效而法之也.

**번역** 임천오씨[10]가 말하길, 천자(天子)는 천하의 모든 백성들에 대한 군주이자 스승이 되어, 나라를 다스리고 백성들을 교화하는 것이고, 총재(冢宰)는 육경(六卿)의 수장으로, 천자를 보좌하는 자이다. '강(降)'자는 "내려준다[下]."는 뜻이다. '덕(德)'자는 "얻다[得]."는 뜻이다. 즉 사람들이 하늘로부터 동등하게 얻은 이치를 세워서 교화와 법도로 삼고, 총재에게 명령하여, 이와 같은 덕을 내려주어 백성들을 교화시켜서, 그들로 하여금 그것을 본받도록 만든다는 뜻이다.

**鄭注** 后, 君也. 德, 猶教也. 萬億曰兆, 天子曰兆民, 諸侯曰萬民. 周禮: 冢宰掌飲食, 司徒掌十二教. 今一云"冢宰", 記者據諸侯也. 諸侯幷六卿爲三, 或兼職焉.

**번역** '후(后)'자는 제후[君]를 뜻한다. 덕(德)자는 교화[教]를 뜻한다. 몹시 많은 수를 '조(兆)'라고 부르니, 천자의 백성들을 '조민(兆民)'이라고 부르는 것이며, 제후의 백성들을 '만민(萬民)'이라고 부르는 것이다. 『주례』의 체제에 따르면, 천자에게 소속된 총재(冢宰)는 음식에 대한 일을 담당하고, 사도(司徒)는 십이교(十二教)를 담당한다. 그런데 이곳 기록에서 한 차례 '총재(冢宰)'라고만 말한 것은 『예기』를 기록한 자가 제후에게 기준을 두었기 때문이다. 제후는 육경(六卿)을 병합하여 삼경(三卿)[11]을 두며, 혹은 그

10) 오징(吳澄, A.D.1249~A.D.1333) : =임천오씨(臨川吳氏)·오유청(吳幼淸). 송원대(宋元代)의 유학자이다. 이름은 징(澄)이다. 자(字)는 유청(幼淸)이다. 저서로 『예기해(禮記解)』가 있다.

11) 삼경(三卿)은 세 명의 경(卿)을 뜻하며, 제후국의 관리 중 가장 높은 반열에 오른 자들이다. 사도(司徒), 사마(司馬), 사공(司空)이 '삼경'에 해당한다. 제후국의 입장에서는 천자에게 소속된 삼공(三公)과 유사하다. 『주례』의 체제에 따르면, 천자에게는 천관(天官), 지관(地官), 춘관(春官), 하관(夏官), 추관(秋官), 동관(冬官)이라는 여섯 관부가 있었고, 각 관부의 수장은 총재(冢宰), 사도(司徒), 종백(宗伯), 사마(司馬), 사구(司寇), 사공(司空)이 된다. 제후국에서는 3명의 경들이 여섯 관부의 일을 책임지게 되어, 사도가 총재

업무를 겸직시켰다.

**釋文** 后王, 鄭云: "后, 君也, 謂諸侯也. 王, 天子也." 盧云: "后, 王后也. 王, 天子也." 孫炎·王肅云: "后王, 君王也." 弁, 必政反. 兼, 如字, 一音古念反.

**번역** '왕후(后王)'에 대해서, 정현은 "'후(后)'자는 군(君)을 뜻하니, 제후(諸侯)를 가리킨다. '왕(王)'자는 천자(天子)를 뜻한다."라고 했다. 노식[12]은 "'후(后)'자는 왕후(王后)[13]를 뜻한다. '왕(王)'자는 천자(天子)를 뜻한다."라고 했다. 손염[14]과 왕숙[15]은 "'후왕(后王)'은 군왕(君王)을 뜻한다."라고 했다. '弁'자는 '必(필)'자와 '政(정)'자의 반절음이다. '兼'자는 글자대로 읽으며, 다른 음은 '古(고)'자와 '念(념)'자의 반절음이다.

---

를 겸하고, 사마가 종백을 겸하며, 사공이 사구를 겸했다고 설명하기도 한다. 『예기』「왕제」편에는 "大國三卿, 皆命於天子."라는 기록이 있고, 이에 대한 공영달(孔穎達)의 소(疏)에서는 최영은(崔靈恩)의 주장을 인용하여, "崔氏云, 三卿者, 依周制而言, 謂立司徒, 兼冢宰之事; 立司馬, 兼宗伯之事; 立司空, 兼司寇之事."라고 풀이했다.

12) 노식(盧植, A.D.159?~A.D.192) : =노씨(盧氏). 후한(後漢) 때의 유학자이다. 자(字)는 자간(子幹)이다. 어려서 마융(馬融)을 스승으로 섬겼다. 영제(靈帝)의 건녕(建寧) 연간(A.D.168~A.D.172)에 박사(博士)가 되었다. 채옹(蔡邕) 등과 함께 동관(東觀)에서 오경(五經)을 교정했다. 후에 동탁(董卓)이 소제(少帝)를 폐위시키자, 은거하며 『상서장구(尙書章句)』, 『삼례해고(三禮解詁)』를 저술했지만, 남아 있지 않다.

13) 왕후(王后)는 천자의 본부인을 뜻한다. 후대에는 황후(皇后)라고 부르기도 하였다. 고대에는 천자(天子)를 왕(王)이라고 불렀기 때문에, 천자의 부인을 '왕후'라고 부른 것이다.

14) 손염(孫炎, ?~?) : 삼국시대(三國時代) 때의 학자이다. 자(字)는 숙연(叔然)이다. 정현의 문도였으며, 『이아음의(爾雅音義)』를 저술하여 반절음을 유행시켰다.

15) 왕숙(王肅, A.D.195~A.D.256) : 위진남북조(魏晉南北朝) 때의 위(魏)나라 경학자이다. 자(字)는 자옹(子雍)이다. 출신지는 동해(東海)이다. 부친 왕랑(王朗)으로부터 금문학(今文學)을 공부했으나, 고문학(古文學)의 고증적인 해석을 따랐다. 『상서(尙書)』, 『시경(詩經)』, 『좌전(左傳)』, 『논어(論語)』 및 삼례(三禮)에 대한 주석을 남겼다.

**孔疏** ●"后王"至"兆民". ○正義曰: 此一經論子事父母, 由此后王之敎使之然, 故先云施敎之法.

**번역** ●經文: "后王"~"兆民". ○이곳 경문은 자식이 부모를 섬기는 일에 대해서 논의하고 있는데, 그 사안은 제후와 천자가 교화를 하여, 그들로 하여금 교화한대로 따르도록 한 일에 연유한다. 그렇기 때문에 먼저 교화를 시행하는 법도를 언급한 것이다.

**孔疏** ●"后王"者, 后, 君也. 君謂諸侯[16], 王謂天子, 不先云"王"者, 辟天子妃后之嫌, 故言"后王"也.

**번역** ●經文: "后王". ○'후(后)'자는 군(君)자이다. '군(君)'은 제후(諸侯)를 가리키고, '왕(王)'은 천자(天子)를 가리킨다. 그런데 먼저 '왕(王)'자를 기록하지 않고, '후(后)'자를 먼저 기록한 것은 천자의 정부인인 '왕후(王后)'로 오해할 것을 피하기 위해서이다. 그렇기 때문에 '후왕(后王)'으로 기록한 것이다.

**孔疏** ●"命冢宰"者, 若天子, 則天官爲冢宰, 若諸侯, 則司徒爲冢宰. 今記者據諸侯爲文, 命此司徒之冢宰.

**번역** ●經文: "命冢宰". ○만약 천자(天子)의 경우라면, 천관(天官)의 수장이 총재(冢宰)가 되고, 제후(諸侯)의 경우라면, 사도(司徒)가 총재(冢宰)가 된다. 현재 『예기』를 기록한 자는 제후에 대한 경우를 기준으로 문장을 작성한 것이니, 사도를 맡고 있는 총책임자에게 명령을 내린 것이다.

---

16) '후(侯)'자에 대하여. '후'자 뒤에는 본래 '왕위제후(王謂諸侯)'라는 네 글자가 기록되어 있었는데, 완원(阮元)의 『교감기(校勘記)』에서는 "'왕위제후'라는 네 글자는 잘못하여 연문으로 기록된 것이니, 혜동(惠棟)의 『교송본(校宋本)』 기록은 잘못된 것이 아니며, 위씨(衛氏)의 『집설(集說)』에서도 '후위제후(后謂諸侯), 왕위천자(王謂天子)'라고 기록하여, '왕위제후'라는 네 글자가 없다."라고 했다.

**孔疏** ●"降德于衆兆民"者, 降, 下也; 德, 教也. 諸侯命冢宰降下教令於群衆兆民也. 旣據諸侯, 當云萬民. 而云"兆民"者, 此經雖以諸侯爲主, 雜以天子言之, 故又稱"王", 又稱"兆民"也.

**번역** ●經文: "降德于衆兆民". ○'강(降)'자는 "내려준다[下]."는 뜻이며, '덕(德)'자는 교화[教]를 뜻한다. 제후는 총재에게 명령하여, 교화와 명령을 백성들에게 내리는 것이다. 이 내용은 이미 제후에 대한 경우에 기준을 두고 있으므로, 마땅히 '만민(萬民)'이라고 말해야 한다. 그런데도 '조민(兆民)'이라고 말한 것은 이곳 경문은 비록 제후에 대한 경우를 위주로 한 내용이지만, 천자에 대한 내용도 함께 언급을 했기 때문에, 또한 '왕(王)'이라고도 지칭한 것이며, 또한 '조민(兆民)'이라고도 지칭한 것이다.

**孔疏** ◎注"后君"至"職焉". ○正義曰: "后, 君也", 釋詁文. 云"萬億曰兆"者, 依如算法, 億之數有大小二法, 其小數以十爲等, 十萬爲億, 十億爲兆也. 其大數以萬爲等, 萬至萬, 是萬萬爲億, 又從億而數至萬億曰兆, 億億曰秭, 故詩·頌毛傳云: "數萬至萬曰億, 數億至億曰秭." 兆在億秭之間, 是大數之法. 鄭以此據天子天下之民, 故以大數言之. 詩·魏風刺在位貪殘, 魏國褊小, 不應過多, 故以小數言之, 故云"十萬曰億". 云"天子曰兆民, 諸侯曰萬民"者, 閔元年左傳文. 周禮是天子之法, 每云萬民者, 據畿內言之, 或可通稱也. 鄭引此者, 明天子·諸侯之異. 經云"兆民", 互明天子也. 云"周禮: 冢宰掌飮食, 司徒掌十二教"者, 欲明飮食·教令, 所掌各有別官, 不得獨云冢宰. 云"今一云'冢宰', 記者據諸侯也"者, 今此內則之篇, 旣有飮食, 又有教令, 則經文當云命冢宰·司徒, 兩官備言之. 今唯一云"冢宰", 不兼言"司徒"者, 是司徒兼冢宰之事, 故云記者據諸侯而言之. 云"諸侯幷六卿爲三, 或兼職焉"者, 此明司徒兼冢宰之事, 意疑而不定, 故稱或焉. 盧氏云: 后謂天子之妃者不定. 后妃唯主內事, 不得降德于衆兆民. 孫炎·王肅皆云: 后王, 君王, 謂天子也. 此經論教訓法則是司徒所掌, 不可獨據冢宰. 盧與孫·王之說, 其義皆非, 故鄭以爲據諸侯言也, 但雜陳王事耳.

**번역** ◎鄭注: "后君"~"職焉". ○정현이 "'후(后)'자는 제후[君]를 뜻한다."라고 했는데, 이것은 『이아』「석고(釋詁)」편의 기록이다.[17] 정현이 "몹시 많은 수를 '조(兆)'라고 부른다."라고 했는데, 셈을 하는 법칙에 따른다면, 억(億)이라는 수에는 대소(大小)의 두 가지 방법이 있으니, 소수(小數)의 경우 10을 등급으로 삼게 되어, 10만(萬)은 1억(億)이 되고, 10억(億)은 1조(兆)가 된다. 대수(大數)의 경우 10,000을 등급으로 삼게 되어, 10,000이라는 수가 10,000개에 달한 것으로, 이것은 곧 10,000에 10,000을 곱한 것이 곧 억(億)이 되고, 또 억(億)으로부터 그 수가 10,000억(億)에 이른 것을 '조(兆)'라고 부르며, 억(億) 곱하기 억(億)은 곧 자(秭)라고 한다. 그렇기 때문에 『시』「송(頌)」에 대한 『모전』에서는 "그 수가 만(萬)에서 만(萬)에 이른 것을 '억(億)'이라고 부르며, 그 수가 억(億)에서 억(億)에 이른 것을 '자(秭)'라고 부른다."[18]라고 한 것이다. 조(兆)는 억(億)과 자(秭) 사이에 있으므로, 이것은 대수(大數)의 법칙에 따른 것이다. 정현은 이곳 기록이 천자가 다스리는 온 천하의 백성들을 기준으로 한 것이기 때문에, 대수(大數)의 법칙에 따라 언급한 것이다. 다만 『시』「위풍(魏風)」의 시는 지위에 있으면서 탐욕을 부리고, 잔학하게 구는 것을 비난한 것인데, 위(魏)나라는 매우 협소해서, 많은 수에 해당하지 않기 때문에, 소수(小數)의 법칙에 따라 언급한 것이다. 그래서 "10만(萬)을 억(億)이라고 한다."[19]라고 말한 것이다. 정현이 "천자의 백성들을 '조민(兆民)'이라고 부르는 것이며, 제후의 백성들을 '만민(萬民)'이라고 부르는 것이다."라고 했는데, 이것은 민공(閔公) 1년에 대한 『좌전』의 문장이다.[20] 『주례』의 기록은 천자의 법도에 해당하는데, 매번 '만민(萬民)'이라고 기록한 것은 천자의 수도 안에 있는 백성들

---

17) 『이아』「석고(釋詁)」 : 林・烝・天・帝・皇・王・后・辟・公・侯, 君也.

18) 이 문장은 『시』「주송(周頌)·풍년(豐年)」편의 "豐年多黍多稌. 亦有高廩, 萬億及秭."라는 기록에 대한 『모전(毛傳)』이다.

19) 이 문장은 『시』「위풍(魏風)・벌단(伐檀)」편의 "不稼不穡, 胡取禾三百億兮. 不狩不獵, 胡瞻爾庭有縣特兮."라는 기록에 대한 『모전(毛傳)』이다.

20) 『춘추좌씨전』「민공(閔公) 1년」 : 卜偃曰, 畢萬之後必大. 萬, 盈數也; 魏, 大名也, 以是始賞, 天啓之矣. 天子曰兆民, 諸侯曰萬民.

을 기준으로 언급한 것이며, 혹은 서로 통용해서 지칭할 수 있기 때문이다. 정현이 이러한 내용들을 인용한 이유는 천자와 제후의 차이점을 나타내기 위해서이다. 경문에서 '조민(兆民)'이라고 말한 것은 천자에 대한 내용까지도 호환이 되도록 나타냈기 때문이다. 정현이 "『주례』의 체제에 따르면, 천자에게 소속된 총재(冢宰)는 음식에 대한 일을 담당하고, 사도(司徒)는 십이교(十二教)를 담당한다."라고 했는데, 이것은 음식과 교화 및 정령을 담당하는 일에 각기 다른 관리가 있었으므로, '총재(冢宰)'라고만 부를 수 없다는 사실을 나타내고자 했던 것이다. 정현이 "현재 이곳 기록에서 한 차례 '총재(冢宰)'라고만 말한 것은 『예기』를 기록한 자가 제후에게 기준을 두었기 때문이다."라고 했는데, 이곳 「내칙」편에는 이미 음식에 대한 내용도 포함되어 있고, 또 교화와 정령에 대한 내용도 포함되어 있으니, 경문에서는 마땅히 "총재(冢宰)와 사도(司徒)에게 명령을 내린다."라고 기록하여, 두 관리를 모두 기록해야만 한다. 그런데 현재 이곳에서는 단지 '총재(冢宰)'라고만 기록했고, '사도(司徒)'까지는 언급하지 않았다. 이것은 사도가 총재의 일까지도 겸직했다는 사실을 나타낸다. 그렇기 때문에 『예기』를 기록한 자가 제후에게 기준을 두어, 언급했다고 말한 것이다. 정현이 "제후는 육경(六卿)을 병합하여 삼경(三卿)[21]을 두며, 혹은 그 업무를 겸직시켰다."라고 했는데, 이것은 사도가 총재의 업무까지도 겸직한다는 사실을 나타내지만, 그 의미에 의문스러운 점이 포함되어 확정을 할 수 없기 때문에, '혹

21) 삼경(三卿)은 세 명의 경(卿)을 뜻하며, 제후국의 관리 중 가장 높은 반열에 오른 자들이다. 사도(司徒), 사마(司馬), 사공(司空)이 '삼경'에 해당한다. 제후국의 입장에서는 천자에게 소속된 삼공(三公)과 유사하다. 『주례』의 체제에 따르면, 천자에게는 천관(天官), 지관(地官), 춘관(春官), 하관(夏官), 추관(秋官), 동관(冬官)이라는 여섯 관부가 있었고, 각 관부의 수장은 총재(冢宰), 사도(司徒), 종백(宗伯), 사마(司馬), 사구(司寇), 사공(司空)이 된다. 제후국에서는 3명의 경들이 여섯 관부의 일을 책임지게 되어, 사도가 총재를 겸하고, 사마가 종백을 겸하며, 사공이 사구를 겸했다고 설명하기도 한다. 『예기』「왕제」편에는 "大國三卿, 皆命於天子."라는 기록이 있고, 이에 대한 공영달(孔穎達)의 소(疏)에서는 최영은(崔靈恩)의 주장을 인용하여, "崔氏云, 三卿者, 依周制而言, 謂立司徒, 兼冢宰之事; 立司馬, 兼宗伯之事; 立司空, 兼司寇之事."라고 풀이했다.

(或)'자를 붙여서 기록한 것이다. 노식은 '후(后)'는 천자의 정부인이라고 했는데, 이 말은 확신할 수 없다. 후비(后妃)[22]는 오직 내사(內事)[23]에 대한 일만 담당하여, 백성들에게 교화를 내릴 수 없기 때문이다. 손염과 왕숙은 모두 '후왕(后王)'은 군왕(君王)으로, 천자를 뜻한다고 했다. 이곳 경문에서는 교화 및 훈계를 내리는 법도에 대해서 논의하고 있으니, 이것은 사도가 담당하는 일이므로, 유독 총재(冢宰)만을 거론할 수 없다. 따라서 노식과 손염 및 왕숙의 주장은 그 의미가 모두 잘못되었다. 그래서 정현은 제후에 기준을 두고 언급한 내용이라고 여긴 것이며, 단지 천자에 대한 일까지도 함께 뒤섞어서 언급한 것일 뿐이라고 한 것이다.

**集解** 朱子曰: 註疏言"諸侯司徒兼冢宰", 是也. 但此言"后王之命", 則冢宰實天子之冢宰耳. 蓋周禮大宰"掌建邦之六典", 而二曰"教典", 則教民雖司徒之職, 而冢宰無所不統, 故以其重者言之. 其在諸侯, 則亦天子之宰施典於邦國, 而諸侯承之以教其民, 自不害冢宰爲司徒之兼官也.

**번역** 주자가 말하길, 정현의 주와 공영달의 소(疏)에서는 "제후에게 소속된 사도(司徒)는 총재(冢宰)의 업무를 겸직한다."라고 했는데, 이 말은 옳다. 다만 이곳에서 '후왕지명(后王之命)'이라고 언급했다면, 여기에서 말한 총재(冢宰)는 실제적으로 천자에게 소속된 총재(冢宰)를 가리킬 따름이

22) 후비(后妃)는 천자의 부인 또는 비빈(妃嬪)을 뜻한다. 『예기』「곡례하(曲禮下)」편에는 "天子之妃曰后, 諸侯曰夫人, 大夫曰孺人, 士曰婦人, 庶人曰妻."라는 기록이 있다. 즉 천자의 부인은 후(后)라고 부르고, 제후의 부인은 부인(夫人)이라고 부르며, 대부(大夫)의 부인은 유인(孺人)이라고 부르고, 사(士)의 부인은 부인(婦人)이라고 부르며, 서인(庶人)들의 부인은 처(妻)라고 부른다. 비(妃)에 대해서 『이아』「석고(釋詁)」편에서는 "妃, 媲也."라고 하였다. 즉 '비'는 남자의 배필이라는 뜻으로, 신분적 구분 없이 일반적으로 부인에게 붙여 부르는 말이다. 한편 '후'자는 천자의 부인에게만 붙일 수 있는 명칭인데, 상하(上下)의 계층 구분 없이 사용할 수 있는 '비'자를 붙임으로써, '후비'는 천자의 부인과 비빈들을 통칭하는 말로 사용된 것이다.

23) 내사(內事)는 궁내(宮內) 및 조정에서 발생하는 일들을 뜻하고, 또한 국가 내적으로 일어나는 일들을 뜻한다.

다. 아마도 『주례』「대재(大宰)」편에서는 "나라의 육전(六典)을 확립하는 일을 담당한다."라고 했고, 두 번째 항목에서는 '교전(教典)'이라고 언급했으니, 백성들을 교화하는 일이 비록 사도의 직무이긴 하지만, 총재 또한 그 일에 대해서 관장하지 않는 점이 없었던 것이다. 그렇기 때문에 그 둘 중 보다 중책을 맡고 있는 자를 언급하게 된 것이다. 제후에게 있어서는 또한 천자에게 소속된 총재가 나라에 육전을 시행하는 것을 본받게 되고, 제후는 그것을 계승하여, 백성들을 교화하게 되니, 이러한 이유 때문에 총재(冢宰)를 사도(司徒)가 겸직하는 관부로 여기는 것도 해가 되지 않는다.

**集解** 愚謂: 后王, 天子也. 不言"降教"而曰"降德"者, 見王者身有此德, 乃降之以教於民, 所謂"有諸己而後求諸人"也.

**번역** 내가 생각하기에, '후왕(后王)'은 천자(天子)를 뜻한다. "교화를 내려준다."라고 언급하지 않고, "덕(德)을 내려준다."라고 말한 것은 천자 본인이 이러한 덕(德)을 갖추고 있으므로, 곧 그 덕(德)을 내려주어서 백성들을 교화하도록 한다는 뜻을 나타낸 것으로, 이른바 "자신에게 있은 이후에 남에게서 구한다."[24]는 뜻에 해당한다.

---

24) 『대학』「전(傳) 9장」: 其所令反其所好而民不從. 是故君子有諸己而后求諸人, 無諸己而后非諸人.

## • 제 2 절 •

# 아들이 부모를 섬길 때 몸을 단장하는 법도

【345b】

**子事父母, 鷄初鳴, 咸盥漱, 櫛縱笄總, 拂髦, 冠緌纓, 端韠紳, 搢笏.**

**직역** 子가 父母를 事함에, 鷄가 初鳴하면, 咸히 盥漱하고, 櫛縱하고 笄總하며, 髦를 拂하고, 冠하고 纓緌하며, 端韠紳하고, 笏을 搢한다.

**의역** 자식이 부모를 섬김에, 닭이 아침에 처음으로 울면, 모두 일어나서 손을 씻고 양치질을 하고, 머리를 빗어서 싸매고, 비녀와 총(總)을 덧대어 다팔머리를 만들며, 머리카락 위에 있는 먼지들을 털어내고, 관(冠)을 쓰고, 끈을 결속하며, 남은 부분을 늘어트리고, 현단복(玄端服)[1]을 착용하고 무릎 가리개와 띠를 차고, 허리춤에 홀(笏)을 꽂는다.

---

1) 현단(玄端)은 고대의 예복(禮服) 중 하나이다. 흑색으로 만든 옷이다. 주로 제사 때 사용했으며, 천자 및 제후로부터 대부(大夫)와 사(士) 계급에 이르기까지 모두 이 복장을 착용할 수 있었다. '현단'은 상의와 하의 및 관(冠)까지 포함하는 용어이다. 한편 손이양(孫詒讓)의 주장에 따르면, '현단'은 의복에만 해당하는 용어이며, 관(冠)은 포함하지 않는다고 주장한다. 그리고 천자로부터 사 계급에 이르기까지 이 복장을 제복(齊服)으로 사용했다고 설명한다. 『주례』「춘관(春官)·사복(司服)」편에는 "其齊服有玄端素端."이라는 기록이 있는데, 손이양의 『정의(正義)』에서는 "玄端素端是服名, 非冠名, 蓋自天子下達至於士通用爲齊服, 而冠則尊卑所用互異."라고 풀이하였다. 그리고 '현단'은 천자가 평소 거처할 때 착용했던 복장을 가리키기도 한다. 『예기』「옥조(玉藻)」편에는 "卒食, 玄端而居."라는 기록이 있고, 이에 대한 정현의 주에서는 "天子服玄端燕居也."라고 풀이하였다.

**集說** 盥, 洗手也. 漱, 滌口也. 櫛, 梳也. 縰, 黑繒韜髮者, 以縰韜髮作髻訖, 卽橫插笄以固髻. 總, 亦繒爲之, 以束髮之本, 而垂餘於髻後以爲飾也. 拂髦, 振去髦上之塵也. 髦, 用髮爲之, 象幼時剪髮爲鬌之形. 此所陳皆以先後之次. 櫛訖加縰, 次加笄, 加總, 然後加髦著冠. 冠之纓結於頷下以爲固, 結之餘者下垂謂之緌. 端, 玄端服也. 衣用緇布而裳不同, 上士玄裳, 中士黃裳, 下士雜裳也. 服玄端著韠, 又加紳大帶也. 搢, 插也, 插笏於帶中. 韠, 以韋爲之. 古者席地而坐, 以臨俎豆, 故設蔽膝以備濡漬. 韠之言蔽也, 在冕服謂之韍, 他服則謂之韠.

**번역** '관(盥)'자는 손을 씻는다는 뜻이다. '수(漱)'자는 입을 청결하게 한다는 뜻이다. '즐(櫛)'자는 "머리를 빗는다[梳]."는 뜻이다. '쇄(縰)'자는 검은색의 비단으로 머리카락을 감싸는 것으로, 쇄(縰)를 이용하여 머리카락을 감싸서, 머리다발을 묶는 일이 끝나면, 곧 가로로 비녀를 꼽아서, 머리다발을 고정시킨다. '총(總)' 또한 비단으로 만들어서, 머리카락을 결속하는 기본 틀로 삼고, 나머지 부분을 머리다발 뒤로 늘어트려서 장식으로 삼는다. '불모(拂髦)'는 다팔머리 위에 있는 먼지를 제거한다는 뜻이다. '모(髦)'는 머리카락을 이용해서 그 모양을 만들게 되는데, 유년시절 머리카락을 잘라서 황새머리[鬌]의 형태로 만들었던 것을 본뜬 것이다. 이곳에서 진술한 내용들은 모두 선후의 순차로써 기록한 것이다. 머리를 빗는 일이 끝나면, 쇄(縰)를 덧대고, 그 다음으로 비녀를 꼽고, 총(總)을 덧대는데, 그런 뒤에야 모(髦)의 형태로 머리모양을 만들고 관(冠)을 착용한다. 관(冠)에 달린 끈인 영(纓)은 턱 아래에서 결속을 하여, 고정을 시키고, 매듭을 묶고 남은 부분은 밑으로 늘어트리는데, 그것을 '유(緌)'라고 부른다. '단(端)'자는 현단복(玄端服)을 뜻한다. 상의는 모두 검은색의 치포(緇布)를 이용해서 만들지만, 하의의 경우에는 동일하지 않으니, 상사(上士)는 검은색의 하의로 하며, 중사(中士)는 황색의 하의로 하고, 하사(下士)는 색이 섞인 하의로 한다. 현단복을 입게 되면, 무릎 가리개[韠]를 착용하고, 또 큰 띠인 신(紳)을 덧댄다. '진(搢)'자는 "꼽다[插]."는 뜻으로, 띠 중간에 홀(笏)을 꼽는다. '필(韠)'은 무두질한 가죽으로 만든다. 고대에는 땅에 자리를 펴고 앉아서,

조(俎)와 두(豆)를 받게 된다. 그렇기 때문에 무릎 가리개를 달아서 적셔지는 것을 대비하는 것이다. '필(韠)'자는 "가리다[蔽]."는 뜻이니, 면복(冕服)에 있는 것을 '불(韍)'이라고 부르며, 다른 복장에 있는 것을 '필(韠)'이라고 부른다.

**集說** 項氏曰: 髦者, 以髮作僞髻垂兩眉之上, 如今小兒用一帶連雙髻, 橫繫額上是也.

**번역** 항씨[2]가 말하길, '모(髦)'라는 것은 머리카락을 인위적으로 틀어서 상투를 만들고, 양쪽 눈썹 위에 늘어트리는데, 이것은 마치 오늘날 아동들이 하나의 띠를 이용하여 양 갈래로 묶은 머리를 연결하고, 이마 위에서 횡으로 연결하는 것에 해당한다.

**鄭注** 咸, 皆也. 縰, 韜髮者也. 總, 束髮也, 垂後爲飾. 拂髦, 振去塵著之; 髦用髮爲之, 象幼時鬌, 其制未聞也. 緌, 纓之飾也. 端, 玄端, 士服也; 庶人深衣. 紳, 大帶, 所以自紳約也. 搢猶扱也, 扱笏於紳. 笏, 所以記事也.

**번역** '함(咸)'자는 모두[皆]라는 뜻이다. '쇄(縰)'는 머리카락을 감싸는 것이다. '총(總)'은 머리카락을 결속하는 것으로, 뒤로 늘어트려서 장식으로 삼는다. '불모(拂髦)'는 먼지를 제거하고 관(冠)을 착용하는 것이며, '모(髦)'는 머리카락을 이용해서 만들게 되는데, 유년시절 하게 되는 황새머리[鬌] 모양을 본뜬 것이지만, 그 제도에 대해서는 들어보지 못했다. '유(緌)'는 갓끈의 장식이다. '단(端)'은 현단복(玄端服)으로, 사(士) 계층이 착용하는 복장이며, 서인(庶人)들은 심의(深衣)를 착용한다. '신(紳)'은 허리에 차는 큰 띠이니, 그것을 통해서 결속을 한다. '진(搢)'자는 "꼽다[扱]."는 뜻이니, 허

2) 강릉항씨(江陵項氏, A.D.1129~A.D.1208) : =항씨(項氏)·항안세(項安世)·항평보(項平父)·항평보(項平甫). 남송(南宋) 때의 학자이다. 자(字)는 평보(平甫)이다. 세간에서는 평암선생(平菴先生)이라고도 칭해졌다. 『역(易)』에 조예가 깊었다. 저서로는 『주역완사(周易玩辭)』, 『항씨가설(項氏家說)』 등이 있다.

리띠에 홀(笏)을 꼽는 것이다. '홀(笏)'은 어떤 사안을 기록할 때 이용하는 도구이다.

**釋文** 盥音管, 洗手. 漱, 所救反, 徐素遘反, 漱, 漱口也, 下同. 櫛, 側乙反, 梳也. 縰, 所買反, 徐所綺反, 黑繒韜髮. 笄, 古兮反. 總, 子孔反. 髦音毛. 緌, 耳佳反. 韠音必. 紳音申. 搢, 徐音箭, 又如字, 音晉, 插也. 笏音忽. 韜, 吐刀反. 去, 起呂反. 著, 丁略反, 下文及注同. 鬌, 多果反. 扱, 本又作"捷", 又作"插", 初洽反, 徐采協反.

**번역** '盥'자의 음은 '管(관)'이며, 손을 씻는다는 뜻이다. '漱'자는 '所(소)'자와 '救(구)'자의 반절음이며, 서음(徐音)은 '素(소)'자와 '遘(구)'자의 반절음이고, '漱'자는 입을 청결하게 한다는 뜻이며, 아래문장에 나오는 글자도 그 음이 이와 같다. '櫛'자는 '側(측)'자와 '乙(을)'자의 반절음으로, 머리를 빗는다는 뜻이다. '縰'자는 '所(소)'자와 '買(매)'자의 반절음이고, 서음은 '所(소)'자와 '綺(기)'자의 반절음이며, 검은색의 비단으로 머리를 감싸는 것이다. '笄'자는 '古(고)'자와 '兮(혜)'자의 반절음이다. '總'자는 '子(자)'자와 '孔(공)'자의 반절음이다. '髦'자의 음은 '毛(모)'이다. '緌'자는 '耳(이)'자와 '佳(가)'자의 반절음이다. '韠'자의 음은 '必(필)'이다. '紳'자의 음은 '申(신)'이다. '搢'자의 서음은 '箭(전)'이며, 또한 글자대로 읽으니, 그 음은 '晉(진)'으로, 꼽는다는 뜻이다. '笏'자의 음은 '忽(홀)'이다. '韜'자는 '吐(토)'자와 '刀(도)'자의 반절음이다. '去'자는 '起(기)'자와 '呂(려)'자의 반절음이다. '著'자는 '丁(정)'자와 '略(략)'자의 반절음이고, 아래문장 및 정현의 주에 나오는 글자도 그 음이 이와 같다. '鬌'자는 '多(다)'자와 '果(과)'자의 반절음이다. '扱'자는 판본에 따라서 또한 '捷'자로도 기록하고, 또 '插'자로도 기록하는데, 그 음은 '初(초)'자와 '洽(흡)'자의 반절음이고, 서음은 '采(채)'자와 '協(협)'자의 반절음이다.

**孔疏** ●"子事"至"著綦". ○正義曰: 自此以下, 至"不敢私祭"以上, 總論在內法則. 子事父母, 婦事舅姑, 男女出入之禮, 長幼相事之法, 其文旣多, 各隨事節而解之. 自"子"至"著綦"以上, 還論子事父母之法也. 此子謂男子, 知者, 以經云"端·韠·紳·搢笏"故也. "咸[3]盥·漱"者, 盥謂洗手, 漱謂漱口. 此據年稍長者, 若其孺子, 則晏起, 而不能雞初鳴也. "笄"者, 著縱既畢, 以笄插之. 熊氏云: "此笄謂安髻之笄, 以縱韜髮作髻, 既訖, 橫施此笄於髻中以固髻也." 故士喪禮云: "笄用桑, 長四寸, 纋中", 是也. 纋中謂殺其中使細, 非固冠之笄, 故文在冠上, 且玄冠有纓, 約士冠禮"有纓者無笄". 問喪云: "親始死雞斯之時, 去玄冠而有笄縱." 是知笄縱不得爲冠. "總"者, 裂練繒爲之, 束髮之本, 垂餘於髻後, 故以爲飾也. 此經所陳, 皆依事先後. 櫛訖加縱, 縱訖加笄, 笄訖加總, 然後加髦, 著冠, 冠畢, 然後服玄端著韠, 又加大帶也.

**번역** ●經文: "子事"~"著綦". ○이곳 문장부터 그 이하로, "감히 사적으로 제사를 지내지 않는다."라는 문장 이상까지는 집안에서 따르게 되는 법도에 대해서 총괄적으로 논의하고 있다. 자식이 부모를 섬기고, 며느리가 시부모를 섬기며, 남녀가 출입할 때의 예법과 나이에 따라 서로 섬기는 예법 등 그 문장이 매우 많으니, 각각 해당하는 사안의 절목에 따라서 풀이를 하겠다. '자(子)'라는 글자로부터 '착기(著綦)'라는 글자 이상까지는 다시금 자식이 부모를 섬기는 법도에 대해서 논의한 것이다. 여기에서 말하는 자식[子]은 남자를 지칭하니, 이러한 사실을 알 수 있는 이유는 경문에서 "현단복(玄端服)을 착용하고, 필(韠)을 대고, 신(紳)을 차고, 홀(笏)을 꼽는다."라고 했기 때문이다. 경문의 "咸盥漱"에 대하여. '관(盥)'자는 손을 씻는다는 뜻이며, 수(漱)자는 입을 청결하게 한다는 뜻이다. 이 기록들은 나이가 조금 든 자들을 기준으로 말한 것이니, 만약 어린아이라면, 아침 늦게 일어나게 되고, 닭이 새벽에 처음 울 때 일어날 수 없다. '계(笄)'는 쇄(縱)를 착용하는 일이 끝나면, 비녀를 이용해서 꼽는 것이다. 웅안생[4]은 "여기에

3) '함(咸)'자에 대하여. 『십삼경주소(十三經注疏)』 북경대 출판본에서는 "'함'자는 본래 '혹(或)'자로 기록되어 있었는데, 앞의 경문에 따라서 글자를 고쳤다."라고 했다.

4) 웅안생(熊安生, ?~A.D.578) : =웅씨(熊氏). 북조(北朝) 때의 경학자이다. 자(字)는 식지(植之)이다. 『주례(周禮)』, 『예기(禮記)』, 『효경(孝經)』 등 많은 전적에 의소(義疏)를 남겼지만, 모두 산일되어 남아 있지 않다. 현재 마

서 말한 계(笄)는 묶은 머리를 고정시키는 비녀를 뜻하니, 쇄(縰)를 이용해서 머리카락을 감싸 머리다발을 만들고, 그 일이 끝나면, 머리다발 속으로 비녀를 가로로 꼽어서, 머리다발을 고정시킨다."라고 했다. 그렇기 때문에 『의례』「사상례(士喪禮)」편에서 "비녀는 뽕나무를 이용해서 만들고, 그 길이는 4촌(寸)이며, 우중(纋中)으로 한다."[5]라고 한 것이다. '우중(纋中)'이라는 것은 비녀의 중앙을 깎아서 가늘게 만든 것이니, 관(冠)을 고정시킬 때 사용하는 비녀가 아니다. 그렇기 때문에 해당하는 문장이 관(冠)에 대한 내용 앞에 나오는 것이고, 또 현관(玄冠)에는 영(纓)이 있는데, 이것은 『의례』「사관례(士冠禮)」편에서 "영(纓)이 있는 것에는 비녀가 없다."라고 한 말을 축약한 것이다. 『예기』「문상(問喪)」편에서는 "부모가 처음 돌아가셨을 때, 그 시기가 닭이 처음으로 우는 때라면, 현관(玄冠)을 제거하지만, 비녀와 쇄(縰)는 남긴다."[6]라고 했으니, 이 말은 곧 비녀와 쇄(縰)가 관(冠)을 착용하는 도구가 될 수 없음을 나타낸다. '총(總)'이라는 것은 누인 비단을 찢어서 만들게 되는데, 머리다발을 묶는 기본 틀로 삼고, 나머지 부분을 다팔머리 뒤로 늘어트리게 된다. 그렇기 때문에 이것을 장식으로 삼는 것이다. 이곳 경문에서 진술한 것들은 모두 그 사안의 선후 순서에 따른 것이다. 머리를 빗질하는 것이 끝나면, 쇄(縰)를 덧대고, 쇄(縰)를 덧대고 나면 비녀를 꼽고, 비녀를 꼽고 나면 총(總)을 덧대며, 그런 뒤에야 다팔머리를 만들고서 관(冠)을 착용하고, 관(冠)을 착용한 뒤에야 현단복(玄端服)을 입고, 필(韠)을 착용하는 것이고, 또 그 위에 큰 띠를 두르는 것이다.

**孔疏** ◎注"縰韜"至"事也". ○正義曰: 縰, 韜髮者也. 士冠禮云: "緇纚長六尺." 鄭云: "纚一幅長六尺, 足以韜髮而結之矣." 盧云: "所以裹髻承冠, 以全幅疊而用之." 未知孰是, 盧說爲優. 云"緌, 纓之飾也"者, 結纓頷下以固冠, 結

---

국한(馬國翰)의 『옥함산방집일서(玉函山房輯佚書)』에 『예기웅씨의소(禮記熊氏義疏)』 4권이 남아 있다.

5) 『의례』「사상례(士喪禮)」: 鬠笄用桑, 長四寸, 纋中.

6) 『예기』「문상(問喪)」【657d】: 親始死, 雞斯, 徒跣, 扱上衽, 交手哭. / 그러나 이 문장에 나오는 '계사(雞斯)'는 일반적으로 계리(笄纚)로 해석한다.

之餘者, 散而下垂, 謂之緌. 云"端, 玄端, 士服也"者, 特牲禮: "士祭服玄端." 故云"士服也". 云"庶人深衣"者, 以深衣是服之最下者, 庶人是人之賤者, 故知服深衣也. 云"紳, 大帶"者, 其制備於玉藻. 云"笏, 所以記事也"者, 玉藻文, 其制亦備於玉藻.

**번역** ◎鄭注: "縱韜"~"事也". ○'쇄(縰)'는 머리카락을 감싸는 물건이다. 『의례』「사관례(士冠禮)」편에서는 "검은색의 리(纚)는 그 길이가 6척(尺)이다."라고 했는데, 정현의 주에서는 "리(纚)는 1폭(幅)으로 길이는 6척(尺)이므로, 이것으로는 머리를 감싸서 결속을 하기에 충분하다."[7]라고 했다. 노식은 "머리다발을 싸서 관(冠)을 받치니, 전폭(全幅)을 겹쳐서 사용하게 된다."라고 했다. 어느 주장이 옳은지 모르겠지만, 노식의 주장이 더 뛰어나다. 정현이 "'유(緌)'는 갓끈의 장식이다."라고 했는데, 갓끈을 목 아래에서 묶어서, 관(冠)을 고정시키고, 매듭을 묶은 나머지는 펼쳐서 밑으로 늘어트리니, 이것을 '유(緌)'라고 부른다. 정현이 "'단(端)'은 현단복(玄端服)으로, 사(士) 계층이 착용하는 복장이다."라고 했는데, 『의례』「특생궤식례(特牲饋食禮)」편에서는 "사(士)의 제복(祭服)은 현단복(玄端服)이다."라고 했기 때문에, "사(士) 계층이 착용하는 복장이다."라고 말한 것이다. 정현이 "서인(庶人)들은 심의(深衣)를 착용한다."라고 했는데, 심의는 복장 중 가장 하등에 속하는 것이며, 서인은 신분 계층 중 천한 계급에 해당한다. 그렇기 때문에 그들이 심의를 착용한다는 사실을 알 수 있는 것이다. 정현이 "'신(紳)'은 허리에 차는 큰 띠이다."라고 했는데, 관련 제도는 『예기』「옥조(玉藻)」편에 나와 있다. 정현이 "'홀(笏)'은 어떤 사안을 기록할 때 이용하는 도구이다."라고 했는데, 이것은 「옥조」편의 문장으로, 그 제도 역시 「옥조」편에 나와 있다.

**訓纂** 說文: 盥, 澡手也. 漱, 盪口也.

**번역** 『설문해자』[8]에서 말하길, '관(盥)'자는 손을 씻는다는 뜻이다. '수

---

7) 『의례』「사관례(士冠禮)」: 緇布冠缺項, 青組纓屬于缺, <u>緇纚廣終幅, 長六尺</u>, 皮弁笄·爵弁笄, 緇組紘纁邊, 同篋.

(漱)'자는 입안을 씻는다는 뜻이다.

**訓纂** 說文: 櫛, 梳比之總名也. 總, 聚束也.

**번역** 『설문해자』에서 말하길, '즐(櫛)'은 빗질을 하고 머리를 다듬는 것 등을 총괄적으로 나타내는 명칭이다. '총(總)'은 모아서 결속을 시키는 것이다.

**訓纂** 王氏念孫曰: 凡笄有二類: 一爲冕·弁·冠之笄, 唯男子有之, 士冠禮皮弁笄·爵弁笄之類, 是也. 一爲安髮之笄, 男子婦人皆有之, 內則"櫛·縰·笄·總", 是也.

**번역** 왕념손[9]이 말하길, 무릇 비녀에는 두 종류가 있다. 첫 번째는 면(冕)·변(弁)·관(冠)에 착용하는 비녀로, 오직 남자만이 사용하는 것이다. 『의례』「사관례(士冠禮)」편에서는 피변(皮弁)에 착용하는 비녀와 작변(爵弁)에 착용하는 비녀를 언급했는데, 이것이 바로 그 비녀에 해당한다. 두 번째는 머리카락을 고정시킬 때의 비녀이다. 이것은 남자와 부녀자 모두 사용하게 되니, 「내칙」편에서는 "빗질을 하고, 쇄(縰)를 덧대고, 비녀를 꼽고, 총(總)을 덧댄다."라고 했는데, 이것이 바로 그 비녀에 해당한다.

**訓纂** 說文: 緌, 系冠纓也. 纓, 冠系也.

**번역** 『설문해자』에서 말하길, '유(緌)'는 관(冠)의 끈에 매다는 것이다. '영(纓)'은 관(冠)에 매달린 것이다.

---

8) 『설문해자(說文解字)』는 후한(後漢) 때의 학자인 허신(許愼, ?~?)이 찬(撰)했다고 전해지는 자서(字書)이다. 『설문(說文)』이라고도 칭해진다. A.D. 100년경에 완성되었다고 전해진다. 글자의 형태, 뜻, 음운(音韻)을 수록하고 있다.

9) 왕념손(王念孫, A.D.1744~A.D.1832) : 청(淸)나라 때의 학자이다. 자(字)는 회조(懷租)이고, 호(號)는 석구(石臞)이다. 부친은 왕안국(王安國)이고, 아들은 왕인지(王引之)이다. 대진(戴震)에게 학문을 배웠다. 저서로는 『독서잡지(讀書雜志)』 등이 있다.

**訓纂** 江氏永曰: 此記命士以上父子異宮者事親之禮, 卽後文"昧爽而朝"之事.

**번역** 강영이 말하길, 이곳 기록은 명사(命士) 이상의 계급에서, 부모와 자식이 다른 건물에 거처할 경우, 부모를 섬기는 예법에 해당하니, 곧 아래 문장에서 "동이 터오를 때 아침 문안인사를 드린다."10)라고 했던 사안에 해당한다.

【345d】

**左右佩用, 左佩紛·帨·刀礪·小觿·金燧.**

**직역** 左右로 用을 佩하니, 左로는 紛·帨·刀礪·小觿·金燧를 佩한다.

**의역** 홀(笏)을 꼽은 뒤에는 좌우측에 사용할 물건들을 차게 되니, 좌측에는 기물을 닦는 헝겊, 손을 닦는 수건, 작은 칼과 가는 숫돌, 작은 매듭을 푸는 작은 뿔송곳, 햇빛으로 불을 붙일 때 사용하는 금수(金燧)를 찬다.

**集說** 所佩之物, 皆是備尊者使令之用. 紛以拭器, 帨以拭手, 皆巾也. 刀礪, 小刀與礪石也. 觿, 狀如錐, 象骨爲之. 小觿, 所以解小結者. 金燧, 用以取火於日中者.

**번역** 차게 되는 물건은 모두 존귀한 자가 심부름을 시키거나 명령을 내릴 때 사용될 물건을 갖추는 것이다. 헝겊[紛]으로는 기물을 닦고, 수건[帨]으로는 손을 닦으니, 이 모두는 수건[巾]에 해당한다. '도려(刀礪)'는 작은 칼과 칼을 가는 돌이다. '휴(觿)'는 송곳[錐]의 모양처럼 생긴 것으로 상아로

10) 『예기』「내칙」【347d】: 男女未冠笄者, 鷄初鳴, 咸盥, 漱, 櫛, 縰, 拂髦, 總角, 衿纓, 皆佩容臭. 昧爽而朝, 問"何食飮矣?" 若已食, 則退, 若未食, 則佐長者視具.

만들게 된다. '소휴(小觿)'는 작은 매듭을 푸는 도구이다. '금수(金燧)'는 햇빛으로 불을 붙일 때 사용하는 것이다.

**大全** 嚴陵方氏曰: 鷄初鳴, 咸盥漱者, 夙興以致其潔也. 左右皆事也, 故言用, 而與德佩異矣.

**번역** 엄릉방씨가 말하길, "닭이 처음 울면, 모두 일어나서 손을 씻고 양치질을 한다."는 말은 일찍 일어나서, 정결하게 가다듬는 것이다. 좌우측에 다는 것들은 모두 어떠한 일들을 시행하기 위한 것이다. 그렇기 때문에 '용(用)'이라고 말한 것이니, 덕(德)을 드러내기 위해 차는 패옥(佩玉)과는 다른 것이다.

**鄭注** 自佩也. 必佩者, 備尊者使令也. 紛帨, 拭物之佩巾也, 今齊人有言紛者. 刀·礪, 小刀及礪礱也. 小觿, 解小結也, 觿貌如錐, 以象骨爲之. 金燧, 可取火於日.

**번역** 제 스스로 차는 물건들이다. 반드시 허리춤에 차는 것은 존귀한 자가 심부름을 시키거나 명령을 내릴 것에 대비하는 것이다. '분세(紛帨)'는 어떤 사물을 닦기 위해 차는 수건이니, 오늘날 제(齊)나라 지역 사람들에게는 '분(紛)'이라고 부르는 것이 있다. 도(刀)와 려(礪)는 작은 칼과 칼을 가는 숫돌이다. '소휴(小觿)'는 작은 매듭을 푸는 도구로, 휴(觿)의 모양은 송곳[錐]처럼 생겼고, 상아로 만들게 된다. '금수(金燧)'는 해를 통해서 불을 붙일 수 있는 도구이다.

**釋文** 令, 力呈反. 紛, 芳云反, 或作"帉", 同. 帨, 始銳反, 佩巾也. 觿, 許規反, 本或作"鑴", 音同, 解結錐. 燧音遂, 火鏡. 拭音式. 礱, 力工反.

**번역** '令'자는 '力(력)'자와 '呈(정)'자의 반절음이다. '紛'자는 '芳(방)'자와 '云(운)'자의 반절음이며, 혹은 '帉'자로도 기록하는데, 그 음은 동일하다.

'帨'자는 '始(시)'자와 '銳(예)'자의 반절음이며, 허리에 차는 수건이다. '觿'자는 '許(허)'자와 '規(규)'자의 반절음이며, 판본에 따라서는 '鑴'자로도 기록하는데, 그 음은 동일하며, 매듭을 풀 때 사용하는 송곳이다. '燧'자의 음은 '遂(수)'이며, 불을 붙일 때 사용하는 거울이다. '拭'자의 음은 '拭(식)'이다. '礲'자는 '力(력)'자와 '工(공)'자의 반절음이다.

**孔疏** ●"左佩紛帨·刀礪·小觿·金燧"者, 皇氏云: "左旁用力不便, 故佩小物."

**번역** ●經文: "左佩紛帨·刀礪·小觿·金燧". ○황간[11]은 "좌측으로는 힘을 쓰기에 불편하다. 그렇기 때문에 작은 물건들을 차는 것이다."라고 말했다.

**孔疏** ◎注"紛帨"至"於日". ○正義曰: 鄭恐人不識佩巾, 當鄭之時, 齊人呼佩巾爲紛, 故鄭指而言之. 云"今齊人有言紛者", 是也. 云"刀·礪, 小刀及礪礲也"者, 鄭恐刀·礪是一物, 故明之云"小刀及礪礲也". 知小刀者, 與小觿連文, 故知也.

**번역** ◎鄭注: "紛帨"~"於日". ○정현은 사람들이 허리에 차는 수건임을 알아채지 못할 것을 염려한 것인데, 정현이 생존했을 당시에, 제(齊)나라 지역 사람들은 허리에 차는 수건을 '분(紛)'이라고 불렀다. 그렇기 때문에 정현이 이러한 사실을 지목하여 언급한 것이다. 정현이 "오늘날 제(齊)나라 지역 사람들에게는 '분(紛)'이라고 부르는 것이 있다."라고 한 말이 바로 이러한 사실을 나타낸다. 정현이 "도(刀)와 려(礪)는 작은 칼과 칼을 가는 숫돌이다."라고 했는데, 정현은 도(刀)와 려(礪)를 한 가지 사물로 오해할 것을 염려했기 때문에, 그 사실을 명시하기 위해, "작은 칼과 칼을

11) 황간(皇侃, A.D.488~A.D.545) : =황씨(皇氏). 남조(南朝) 때 양(梁)나라의 경학자이다. 『주례(周禮)』, 『의례(儀禮)』, 『예기(禮記)』 등에 해박하여, 『상복문구의소(喪服文句義疏)』, 『예기의소(禮記義疏)』, 『예기강소(禮記講疏)』 등을 지었지만, 현재는 전해지지 않는다. 그 일부가 마국한(馬國翰)의 『옥함산방집일서(玉函山房輯佚書)』에 수록되어 있다.

가는 숫돌이다."라고 말한 것이다. 여기에서 말한 것이 작은 칼이 됨을 알 수 있는 이유는 '소휴(小觿)'와 연이어진 문장이므로, 이러한 사실을 알 수 있는 것이다.

**訓纂** 說文: 佩, 大帶佩也. 從人·從凡·從巾. 佩必有巾, 巾謂之飾.

**번역** 『설문해자』에서 말하길, '패(佩)'는 큰 허리띠에 차는 것이다. '인(人)'자, '범(凡)'자, '건(巾)'자를 구성요소로 한다. '패(佩)'자에 반드시 '건(巾)'자가 포함되는 것은 '건(巾)'은 장식을 뜻하기 때문이다.

**訓纂** 釋名: 佩, 倍也. 言其非一物, 有倍貳也. 有珠·有玉·有容刀·有帨巾·有觿之屬也.

**번역** 『석명』[12]에서 말하길, '패(佩)'자는 "많게 하다[倍]."는 뜻이다. 즉 차는 것은 한 가지 사물이 아니며, 여러 종류가 포함된다는 뜻이다. 주(珠)·옥(玉)·용도(容刀)·세건(帨巾)·휴(觿) 등의 부류가 여기에 해당한다.

**訓纂** 說文: 觿, 佩角銳耑, 可以解結.

**번역** 『설문해자』에서 말하길, '휴(觿)'는 허리에 차는 뿔로, 끝이 뾰족하여, 매듭을 풀 수 있는 것이다.

---

12) 『석명(釋名)』은 후한(後漢) 때의 학자인 유희(劉熙)가 지은 서적이다. 오래된 훈고학 서적의 하나로 꼽힌다.

【346a】

右佩玦·捍·管·遰·大觿·木燧.

**직역** 右로는 **玦**·**捍**·管·**遰**·大**觿**·木燧를 佩한다.

**의역** 우측에는 활을 쏠 때 오른쪽 엄지에 끼우는 결(**玦**), 왼쪽 팔뚝에 감는 한(**捍**), 칼집, 큰 매듭을 푸는 큰 뿔송곳, 나무를 마찰시켜 불을 붙이는 목수(木燧)를 찬다.

**集說** 玦, 射者著於右手大指, 所以鉤弦而開弓體也. 捍, 拾也, 韜左臂而收拾衣袖以利弦也. 管, 舊註云筆彄, 其形制未聞. 遰, 刀室也. 大觿, 所以解大結. 木燧, 鑽火之器. 晴則用金燧以取火, 陰則用木燧以鑽火也.

**번역** '결(玦)'은 활 쏘는 자가 오른손 엄지에 끼워서, 시위에 걸어 활을 당길 때 사용하는 것이다. '한(捍)'은 '습(拾)'을 뜻하니, 좌측 팔을 감싸서, 옷의 소매를 가려, 시위를 당기기 쉽도록 하는 것이다. '관(管)'자에 대해, 옛 주석에서는 붓대[筆彄]라고 했는데, 그 형태와 제작방법에 대해서는 들어보지 못했다. '체(遰)'는 칼집이다. '대휴(大觿)'는 큰 매듭을 풀 때 사용하는 것이다. '목수(木燧)'는 나무를 마찰시켜 불을 붙이는 도구이다. 날씨가 맑으면 금수(金燧)를 이용해서 불을 붙이고, 흐리면 목수(木燧)를 이용해서 불을 붙인다.

**大全** 嚴陵方氏曰: 或謂玦卽決也, 以鉤弦而決之, 且珍飾焉, 故從玉.

**번역** 엄릉방씨가 말하길, 혹자는 '결(玦)'은 '결(決)'에 해당하니, 이것으로는 시위를 당겨서 쏘게 되는데, 또한 보옥으로 장식을 하였기 때문에, '옥(玉)'자를 구성요소로 하는 것이라고 한다.

**鄭注** 捍, 謂拾也, 言可以捍弦也. 管, 筆彄也. 遰, 刀鞞也. 木燧, 鑽火也.

**번역** '한(捍)'은 '습(拾)'을 뜻하니, 이것을 통해 시위에 팔이 쓸리는 것을 막을 수 있다는 뜻이다. '관(管)'자는 붓대[筆彄]를 뜻한다. '체(遰)'자는 칼집을 뜻한다. '목수(木燧)'는 불을 붙이는 도구이다.

**釋文** 捍, 戶旦反, 謂射捍. 遰, 時世反, 徐作"滯". 彄, 苦侯反. 鞞, 必頂反. 鑽, 子官反.

**번역** '捍'자는 '戶(호)'자와 '旦(단)'자의 반절음이며, 사한(射捍)을 가리킨다. '遰'자는 '時(시)'자와 '世(세)'자의 반절음이며, 『서본(徐本)』에는 '滯'자로 기록되어 있다. '彄'자는 '苦(고)'자와 '侯(후)'자의 반절음이다. '鞞'자는 '必(필)'자와 '頂(정)'자의 반절음이다. '鑽'자는 '子(자)'자와 '官(관)'자의 반절음이다.

**孔疏** ●"右佩玦·捍·管·遰·大觿·木燧"者, 皇氏云: "以右廂用力爲便, 故佩大物."

**번역** ●經文: "右佩玦·捍·管·遰·大觿·木燧". ○황간은 "우측으로는 힘을 쓰기에 편리하기 때문에, 큰 물건들을 차는 것이다."라고 했다.

**孔疏** ◎注"捍謂"至"火也". ○正義曰: 拾, 斂也. 故鄕射·大射將射謂之"遂", 射罷謂之"拾". 拾是收斂之意也. 云"遰, 刀鞞也"者, 此刀大於左廂刀也. 云"木燧, 鑽火也"者, 皇氏云: 晴則以金燧取火於日, 陰則以木燧鑽火也.

**번역** ◎鄭注: "捍謂"~"火也". ○'습(拾)'자는 "수렴하다[斂]."라는 뜻이다. 그렇기 때문에 『의례』「향사례(鄕射禮)」편과 「대사(大射)」편에서는 활을 쏘려고 할 때, '수(遂)'라고 기록하고, 활을 쏜 뒤에는 '습(拾)'이라고 기록한 것이다. 따라서 '습(拾)'자는 수렴한다는 뜻을 가진다. 정현이 "'체(遰)'자는 칼집을 뜻한다."라고 했는데, 이 칼은 좌측에 꼽게 되는 칼보다도 크다. 정현이 "'목수(木燧)'는 불을 붙이는 도구이다."라고 했는데, 황간은 "날씨가 맑으면 금수(金燧)를 이용해서, 햇빛을 통해 불을 붙이고, 날씨가 흐리면 목수(木燧)를 마찰시켜서 불을 붙인다."라고 했다.

【346a】

偪.

**직역** **偪**한다.

**의역** 허리 좌우측에 물건을 찬 뒤에는 행전을 찬다.

**集說** 卽詩所謂邪幅也. 偪束其脛, 自足至膝, 故謂之偪也.

**번역** '핍(偪)'은 곧 『시』에서 말한 '사폭(邪幅)'에 해당한다.[13] '핍(偪)'은 정강이에 결속을 하니, 발부터 무릎까지 가리게 된다. 그렇기 때문에 죈다는 뜻의 '핍(偪)'이라고 부르는 것이다.

**鄭注** 偪, 行縢.

**번역** '핍(偪)'은 행전을 두른다는 뜻이다.

**釋文** 縢, 本又作"幅", 彼力反. 縢, 徒登反.

**번역** '縢'자는 판본에 따라서 또한 '幅'자로도 기록하는데, 그 음은 '彼(피)'자와 '力(력)'자의 반절음이다. '縢'자는 '徒(도)'자와 '登(등)'자의 반절

13) 『시』「소아(小雅)·채숙(采菽)」: 赤芾在股, 邪幅在下. 彼交匪紓, 天子所予. 樂只君子, 天子命之. 樂只君子, 福祿申之.

음이다.

【346b】

屨著綦.

**직역** 屨하고 綦를 著한다.

**의역** 행전을 찬 뒤에는 신발을 신고, 신코장식을 묶어서 드러낸다.

**集說** 綦, 屨頭之飾, 卽絇也, 說見曲禮. 著, 猶施也.

**번역** '기(綦)'자는 신코에 있는 장식으로, 곧 '구(絇)'에 해당하는데, 그 설명은 『예기』「곡례(曲禮)」편에 나온다. '저(著)'자는 "드러내다[施]."는 뜻이다.

**集說** 朱子曰: 綦, 鞋口帶也. 古人皆旋繫, 今人只從簡易, 綴之於上, 如假帶然.

**번역** 주자가 말하길, '기(綦)'자는 신발 코에 매다는 띠이다. 고대인들은 모두 굴곡이 지도록 묶었는데, 오늘날의 사람들은 단지 간이(簡易)한 것만 따르게 되어, 그 위에 꿰매어 붙였으니, 마치 옷에 다는 가대(假帶)처럼 만든 것이다.

**大全** 長樂陳氏曰: 帨, 佩巾也. 佩巾, 雖女子之事, 而男子亦有之. 礪, 謂之硎, 亦謂之礱, 書曰: "用汝作礪", 是也. 詩曰: "童子佩觿", 佩觿, 成人之服, 衛惠公服成人之服, 而有童子之行, 故詩人刺之. 捍, 韝臂也, 以韋爲之, 亦謂之拾. 先儒謂晴則取火以金燧, 陰則取火以木燧. 周禮曰: "烜氏, 夫遂取明火於日, 鑒取明水於月", 夫遂, 卽金燧也, 鑒, 鏡屬, 世謂之方諸. 蓋離者陽中之陰, 於物爲火, 坎者陰中之陽, 於物爲水, 以金燧取火, 則以陽召陰, 以方諸取水, 則以陰召陽, 以陽召陰, 夫道也, 故謂之夫, 夫能遂事, 故謂之遂, 夫遂以義言, 鑒以體言, 於取火言夫遂, 於取水言鑒, 互相備也. 詩曰: "赤芾在股, 邪幅在下." 左氏曰: "帶·裳·幅·舃." 內則"幅屨著綦", 鄭康成謂偪, 束其脛, 自足至膝, 故曰在下. 蓋以偪帛邪纏於足, 故謂之邪幅, 所以自偪束也, 故謂之偪, 偪, 卽縢約之也, 故漢謂之行縢, 男子事父母有偪, 詩諸侯朝天子有邪幅, 則凡行皆有偪, 特婦人不用, 故婦事舅姑無偪.

**번역** 장락진씨[14]가 말하길, '세(帨)'자는 허리에 차는 수건을 뜻한다. '패건(佩巾)'은 비록 여자들에게 해당하는 사안이지만, 남자 또한 이것을 차게 된다. '려(礪)'는 형(硎)이라고 하며, 또한 '롱(礱)'이라고도 하니, 『서』에서 "너를 숫돌로 삼는다."[15]라고 한 말이 바로 이러한 사실을 나타낸다. 『시』에서는 "어린아이가 뿔송곳을 차다."[16]라고 했는데, 뿔송곳을 차는 것은 성인(成人)의 복식에 해당한다. 그러나 위(衛)나라 혜공(惠公)은 성인의 복장을 착용했음에도, 어린아이와 같은 행동을 했기 때문에, 이 시를 지었던 자는 어린아이라고 표현하며, 비난했던 것이다. '한(捍)'은 팔을 감싸는 것인데, 무두질한 가죽으로 만들었기 때문에, 또한 이것을 '습(拾)'이라고도 부르는 것이다. 선대 학자들은 날씨가 맑으면, 불을 붙일 때 금수(金燧)를 이용했고, 날씨가 흐리면, 목수(木燧)를 이용해서 불을 붙였다고 했다. 『주례』에서는 "훤씨(烜氏)는 해에서 부수(夫遂)를 이용하여 명화(明火)[17]를

---

14) 진상도(陳祥道, A.D.1159~A.D.1223) : =장락진씨(長樂陳氏)·진씨(陳氏)·진용지(陳用之). 북송대(北宋代)의 유학자이다. 자(字)는 용지(用之)이다. 장락(長樂) 지역 출신으로, 1067년에 과거에 급제하여 태상박사(太常博士) 등을 지냈다. 왕안석(王安石)의 제자로, 그의 학문을 전파하는데 공헌하였다. 저서에는 『예서(禮書)』, 『논어전해(論語全解)』 등이 있다.

15) 『서』「상서(商書)·열명상(說命上)」 : 命之曰, 朝夕納誨, 以輔台德. 若金, <u>用汝作礪</u>, 若濟巨川, 用汝作舟楫, 若歲大旱, 用汝作霖雨.

16) 『시』「위풍(衛風)·환란(芄蘭)」 : 芄蘭之支, <u>童子佩觿</u>. 雖則佩觿, 能不我知. 容兮遂兮, 垂帶悸兮.

17) 명화(明火)는 고대에 점을 치거나 제사를 지낼 때에, 동으로 만든 거울을

취했고, 감(鑒)을 이용하여 달이 비친 우물에서 명수(明水)[18]를 취했다."[19] 라고 했는데, 여기에서 말한 '부수(夫遂)'는 곧 금수(金燧)에 해당하고, '감(鑒)'은 거울에 속하는 기물인데, 세간에서는 이것을 '방제(方諸)'라고도 불렀다. 무릇 리괘(離卦)는 양(陽) 중의 음(陰)이 되어, 사물에게 있어서는 화(火)가 되며, 감괘(坎卦)는 음(陰) 중의 양(陽)이 되어, 사물에게 있어서는 수(水)가 되니, 금수를 이용해서 불을 붙인다면, 양(陽)을 이용해서 음(陰)을 부르는 것이 되고, 방제를 이용해서 물을 뜬다면, 음(陰)을 이용해서 양(陽)을 부르는 것이 되며, 양(陽)을 이용해서 음(陰)을 부른다는 것은 지아비의 도(道)에 해당한다. 그렇기 때문에 그 기물에 '부(夫)'자를 붙여서 부르는 것이다. 또한 지아비는 어떠한 사안을 이뤄낼 수 있기 때문에, 그 기물에 '수(遂)'자를 붙여서 부르는 것이다. 따라서 '부수(夫遂)'라는 말은 그 의미에 따라서 말을 한 것이고, '감(鑒)'이라는 말은 사물의 본체에 초점을 맞춰서 말한 것이니, 불을 붙이는 것에 있어서, 부수(夫遂)라고 말하고, 물을 뜨는 것에 있어서, 감(鑒)이라고 말한 것은 상호 호환이 되도록 말을 한 것이다. 『시』에서는 "붉은 슬갑이 무릎에 있고, 행전이 그 아래에 있구나."[20]라고 했고, 『좌전』에서는 "대(帶)를 차고, 상(裳)을 입으며, 폭(幅)을 차고, 석(舃)을 한다."[21]라고 했으며, 「내칙」편에서는 "폭(幅)을 하고, 신발을 신으며, 기(綦)를 드러낸다."라고 했는데, 정현은 '핍(偪)'은 정강이에 묶고, 발로부터 무릎까지 이르게 한다고 했다. 그렇기 때문에 밑에 있다고 말한 것이다. 아마도 행전의 끈은 다리에 비스듬하게 묶기 때문에, 행전을 '사폭(邪幅)'이라고 부르는 것이며, 그 자체로 결속을 하는 것이기 때문에, '핍(偪)'이라고 부르는 것인데, '핍(偪)'자는 가려서 묶는다는 뜻이다. 그렇

---

돋보기처럼 이용하여, 햇빛을 모아 붙인 불을 뜻한다.

18) 명수(明水)는 제사 때 사용하는 깨끗한 물을 뜻한다.

19) 『주례』「추관(秋官)·사훤씨(司烜氏)」: 司烜氏掌以<u>夫遂取明火於日, 以鑒取明水於月</u>, 以共祭祀之明齍·明燭, 共明水.

20) 『시』「소아(小雅)·채숙(采菽)」: <u>赤芾在股, 邪幅在下</u>. 彼交匪紓, 天子所予. 樂只君子, 天子命之. 樂只君子, 福祿申之.

21) 『춘추좌씨전』「환공(桓公) 2년」: 袞·冕·黻·珽, <u>帶·裳·幅·舃</u>, 衡·紞·紘·綖, 昭其度也.

기 때문에 한(漢)나라 때에는 행전을 '행등(行縢)'이라고 불렀던 것인데, 남자가 부모를 섬길 때에는 행전을 착용하게 되며, 『시』에서 제후가 천자를 조회할 때 사폭(邪幅)을 착용한다고 했다면, 무릇 남자가 어떤 의식을 치를 때에는 모두 행전을 착용하는 것이지만, 부인의 경우에는 사용하지 않는다. 그렇기 때문에 며느리가 시부모를 섬길 때에는 행전이 없게 되는 것이다.

**鄭注** 綦, 屨繫也.

**번역** '기(綦)'는 신발에 달린 끈이다.

**釋文** 屨, 九具反. 綦, 其記反, 注及下同.

**번역** '屨'자는 '九(구)'자와 '具(구)'자의 반절음이다. '綦'자는 '其(기)'자와 '記(기)'자의 반절음이며, 정현의 주 및 아래문장의 글자도 그 음이 이와 같다.

**孔疏** ◎注"綦, 屨繫也". ○正義曰: 皇氏云: 屨頭施繫以爲行戒. 未知然否. 或可著屨之時, 屨上自有繫, 以結於足也. 故鄭注士冠禮"黑屨青絇" 云"絇之言拘也", 以爲行戒.

**번역** ◎鄭注: "綦, 屨繫也". ○황간은 신발의 코에 끈을 묶어서, 걸어 다닐 때 주의지침으로 삼는다고 했다. 그러나 실제로 그러한지는 알 수 없다. 혹자는 신발을 착용할 때, 신발에 그 자체로 끈이 있어서, 이것을 이용해서 다리에 묶는다고 주장한다. 그래서 『의례』「사관례(士冠禮)」편에서 "검은색의 신발에 청색의 구(絇)를 한다."[22]라고 한 기록에 대해, 정현의 주에서는 "'구(絇)'라는 말은 '굽히다[拘].'는 뜻이다."라고 했으니, 이것을 통해서 걸어 다닐 때 주의지침으로 삼았던 것이다.

22) 『의례』「사관례(士冠禮)」 : 屨, 夏用葛. 玄端黑屨, 青絇·繶·純, 純博寸.

**訓纂** 釋名: 偪, 所以自偪束, 今謂之行縢, 言以裹脚, 可以跳騰輕便也.

**번역** 『석명』에서 말하길, '핍(偪)'은 그 자체로 결속을 하는 것인데, 오늘날에는 '행등(行縢)'이라고 부르니, 다리를 감싸서, 뛰어 오를 때 편리하게 할 수 있다는 뜻이다.

**訓纂** 一切經音義引鄭注: "幅, 行縢也. 江南厮役皆有此物, 亦謂之行纏."

**번역** 『일체경음의』[23)]에서는 정현의 주를 인용하여, "'폭(幅)'은 행등(行縢)이다. 강남(江南) 지역의 노역꾼들은 모두 이 물건을 차고 있고, 이것을 또한 행전(行纏)이라고도 부른다."라고 했다.

**集解** 朱子曰: 屨繫, 或說爲是, 爲行戒者約也.

**번역** 주자가 말하길, '구계(屨繫)'에 대해서, 공영달(孔穎達)의 소(疏)에서 소개한 혹자의 주장이 옳으니, 걸어 다닐 때 주의지침으로 삼은 것은 '구(絇)'이다.

**集解** 愚謂: 子事父母, 謂男子已冠者也. 下文言"男女未冠笄者", 而不顯女子已笄者之禮, 蓋女子笄則適人, 故略之. 其或在室者, 則其禮與子婦同也. 婦人吉總尺有二寸, 則男子之總亦然. 刀皆有鞞, 左言"刀", 右言"遰", 互見之爾. 觿, 錐也. 字或作"鑴", 是有以金爲之者. 小觿以解小結, 大觿以解大結. "大觿"與"木燧"相連, 蓋鑽燧亦用之也. 金燧, 以金爲之, 考工記"金錫半謂之鑒燧之齊", 是也. 司烜氏"掌以夫遂取明火于日, 以鑒取明水于月", 鄭云: "夫

---

23) 『일체경음의(一切經音義)』는 당(唐)나라 때의 승려인 혜림(慧琳)이 찬술한 음운학 서적이다. 불경(佛經)에 나타난 난해한 글자들을 선별하여, 움과 뜻을 설명한 책이다. 한편 당나라 때의 승려인 현응(玄應)이 찬술한 음운학 서적을 뜻하기도 한다. 『현응음의(玄應音義)』라고도 부른다. 한(漢)나라 때의 고운(古韻)을 인용하고 있기 때문에, 고대 음운학 연구에 있어서는 중요한 서적이 된다.

遂, 陽遂也." 成伯璵謂"冬至日子時鑄銅爲鑒, 謂之陽遂; 夏至日午時鑄銅爲鑑, 謂之陰鑒." 是金遂亦鑒類, 其狀相似, 欲取火則向日照之, 以引取其火也. 木燧, 以木爲之, 春用楡柳, 夏用棗杏, 夏季用桑柘, 秋用柞楢, 冬用槐檀, 用鑴鑽之以出火, 論語云"鑽燧改火", 是也. 火出於日者屬陽, 故金燧佩於左; 火出於木者屬陰, 故木燧佩於右. 左所佩凡五物, 奇數, 陽也. 右所佩凡六物, 偶數, 陰也.

**번역** 내가 생각하기에, "자식이 부모를 섬긴다."는 말은 남자 중 이미 관례(冠禮)를 치른 자에게 해당하는 내용이다. 아래문장에서 '남녀 중 아직 관례나 계례(笄禮)를 치르지 않은 자'라고 언급했지만, 여자 중 이미 계례를 치른 자의 예법에 대해서 나타내지 않은 것은 여자가 계례를 치르게 된다면, 시집을 가게 되기 때문에, 생략한 것이다. 그리고 간혹 약혼을 했지만 아직 시집을 가지 않은 여자의 경우라면, 그녀가 따르는 예법은 아들의 며느리가 따르는 예법과 동일하다. 부인이 길(吉)한 시기에 착용하는 총(總)은 그 길이가 1척(尺) 2촌(寸)이 되니, 남자의 총(總) 또한 그러하다. 칼의 경우에는 모두 칼집이 있는데, 좌측에 차는 것에 대해서는 '도(刀)'라고 언급했고, 우측에 차는 것에 대해서는 '체(遰)'라고 언급했으니, 상호 호환이 되도록 기록한 것일 뿐이다. '휴(觿)'는 송곳[錐]을 뜻한다. 그 글자를 혹은 '휴(鑴)'라고도 기록하는데, 이것은 쇠[金]로 만든 것도 있었음을 나타낸다. 소휴(小觿)로는 작은 매듭을 풀고, 대휴(大觿)로는 큰 매듭을 푼다. '대휴(大觿)'라는 말과 '목수(木燧)'라는 말은 서로 연이어 있는데, 아마도 목수를 비벼서 불을 낼 때에도 대휴를 사용하기 때문일 것이다. '금수(金燧)'는 쇠로 만드는데, 『고공기』[24]에서 "쇠와 주석이 반반씩 섞인 것을 감

---

24) 『고공기(考工記)』는 『동관고공기(冬官考工記)』라고도 부른다. 공인(工人)들에 대한 공예기술(工藝技術) 서적이다. 작자는 미상이다. 강영(江永)은 『고공기』의 작자를 제(齊)나라 사람으로 추정하였고, 곽말약(郭沫若)은 춘추시대(春秋時代) 말기에 제나라에서 제작된 관서(官書)와 관련이 깊다고 추정하였다. 『주례(周禮)』는 천관(天官), 지관(地官), 춘관(春官), 하관(夏官), 추관(秋官), 동관(冬官) 등 육관(六官)의 체제로 구성되어 있는데, 그 중 '동관'에 대한 기록이 누락되어 있어서, 한(漢)나라 무제(武帝) 때, 『고공기』를

수(鑒燧)의 제(齊)라고 부른다."[25]라고 한 말이 바로 이러한 사실을 나타낸다. 『주례』「사훤씨(司烜氏)」편에서는 "부수(夫遂)로 해에게서 명화(明火)를 취하고, 감(鑒)으로 달이 비친 우물에서 명수(明水)를 취하는 일을 담당한다."[26]라고 했는데, 이에 대한 정현의 주에서는 "부수(夫遂)는 양수(陽遂)이다."라고 했다. 성백여[27]는 "동지(冬至)날 자시(子時)에는 동을 주조하여 거울[鑒]을 만드는데, 이것을 '양수(陽遂)'라고 부른다. 하지(夏至)날 오시(午時)에는 동을 주조하여 거울[鑑]을 만드는데, 이것을 '음감(陰鑒)'이라고 부른다."라고 했다. 이 말은 금수(金遂) 또한 거울의 부류에 해당하고, 그 형태가 서로 흡사했다는 사실을 나타내는데, 불을 붙이는데 이용하고자 했다면, 해를 향하게 하여 그 표면에 빛을 비추고, 그것을 통해서 불을 점화시켰을 것이다. '목수(木燧)'는 나무로 만드는데, 봄에는 느릅나무[楡]와 버드나무[柳]를 사용하고, 여름에는 대추나무[棗]와 은행나무[杏]를 사용하며, 중앙의 계절에 해당하는 계하(季夏)에는 뽕나무[桑]와 산뽕나무[柘]를 사용하고, 가을에는 조롱나무[柞]와 졸참나무[楢]를 사용하며, 겨울에는 회화나무[槐]와 박달나무[檀]를 사용하니, 송곳을 이용하여 마찰을 시켜서 불을 붙였던 것으로, 『논어』에서 "수(燧)에 마찰시켜 붙이는 불도 고쳤다."[28]라고 한 말이 바로 이러한 사실을 나타낸다. 태양을 통해서 붙인 불은 양(陽)에 해당한다. 그렇기 때문에 금수(金燧)는 좌측에 차는 것이다. 나무를

---

가지고 누락된 부분을 보충하게 되었다. 그렇기 때문에 『고공기』를 또한 『동관고공기』라고도 부르는 것이다. 각종 공인들의 직책과 직무들이 기록되어 있다.

25) 『주례』「동관고공기(冬官考工記)·축씨(築氏)」: 金有六齊: 六分其金而錫居一, 謂之鍾鼎之齊. 五分其金而錫居一, 謂之斧斤之齊. 四分其金而錫居一, 謂之戈戟之齊. 參分其金而錫居一, 謂之大刃之齊. 五分其金而錫居二, 謂之削殺矢之齊. 金錫半, 謂之鑒燧之齊.

26) 『주례』「추관(秋官)·사훤씨(司烜氏)」: 司烜氏掌以夫遂取明火於日, 以鑒取明水於月, 以共祭祀之明齍·明燭, 共明水.

27) 성백여(成伯璵, ?~?): 당(唐)나라 때의 학자이다. 저서로는 『모시지설(毛詩指說)』·『예기외전(禮記外傳)』 등이 있다.

28) 『논어』「양화(陽貨)」: 宰我問, "三年之喪, 期已久矣. 君子三年不爲禮, 禮必壞, 三年不爲樂, 樂必崩. 舊穀既沒, 新穀既升, 鑽燧改火, 期可已矣."

이용해서 붙인 불은 음(陰)에 해당한다. 그렇기 때문에 목수(木燧)는 우측에 차는 것이다. 좌측에 차는 물건은 모두 다섯 가지 사물이 되니, 이것은 홀수로, 양(陽)에 해당한다. 우측에 차는 물건은 모두 여섯 가지 사물이 되니, 이것은 짝수로, 음(陰)에 해당한다.

**集解** 孔疏謂"玄冠有纓約, 有纓者無笄", 蓋以士冠禮皮弁·爵弁有笄, 而於冠不言笄耳. 然士冠禮初加之冠乃大古之緇布冠, 其制質略, 不獨無笄, 且無武矣, 未可據此以決玄冠之制也. 冕·弁有紘又有笄, 冠有纓, 何必無笄乎? 國語范武子以杖擊文子, "折委笄", 註謂"委貌之笄", 則冠之有笄見於此矣. 男子有二笄: 一爲固髮之笄, 一爲固冠之笄. 此言"笄"在冠上, 則爲固髮之笄, 而非固冠之笄也.

**번역** 공영달의 소(疏)에서는 "현관(玄冠)에는 영약(纓約)이 있고, 영(纓)을 단 것에는 비녀가 없다."라고 했는데, 아마도 『의례』「사관례(士冠禮)」편에서 피변(皮弁)과 작변(爵弁)을 언급했을 때에는 모두 계(笄)가 포함되었지만, 관례를 치를 때에는 비녀에 대해서 언급을 하지 않았기 때문일 것이다. 그러나 「사관례」편에서 첫 번째로 씌워주는 관(冠)은 곧 태고 때 사용하던 치포관(緇布冠)이 되니, 그것을 만드는 형태는 질박하고 약소하여, 유독 비녀만 없었던 것이 아니라, 관(冠)의 테인 무(武) 또한 없었으니, 이 기록을 근거로, 현관(玄冠)에 대한 제도를 판단해서는 안 된다. 면(冕)과 변(弁)에는 굉(紘)도 들어가고, 또 비녀도 들어가는데, 관(冠) 중 영(纓)이 있는 것에 대해, 어떻게 반드시 비녀가 없다고 할 수 있겠는가? 『국어(國語)』에서 범무자(范武子)는 지팡이로 문자(文子)를 때렸는데, "위계(委笄)를 꺾었다."[29]라고 했고, 이 문장에 대한 주에서는 "위모(委貌)에 꼽는 비녀이다."라고 했으니, 관(冠)에도 비녀를 꼽았던 것임을 이 기록을 통해서 확인할 수 있다. 남자가 꼽게 되는 비녀에는 두 종류가 있다. 첫 번째는 머리다발을 고정시킬 때 사용하는 비녀이고, 두 번째는 관(冠)을 고정시

29) 『국어(國語)』「진어오(晉語五)」 : 武子怒曰: "大夫非不能也, 讓父兄也. 爾童子, 而三掩人於朝. 吾不在晉國, 亡無日矣." 擊之以杖, 折委笄.

킬 때 사용하는 비녀이다. 이곳에서 언급한 비녀는 관(冠)에 대한 내용 앞에 나오니, 이것은 곧 머리다발을 고정시킬 때 사용하는 비녀가 되는 것이지, 관(冠)을 고정시킬 때 사용하는 비녀가 아니다.

그림 2-1 ▣ 자사부모도(子事父母圖)

※ 출처: 『가산도서(家山圖書)』

그림 2-2 ■ 동자복용도(童子服用圖) Ⅰ

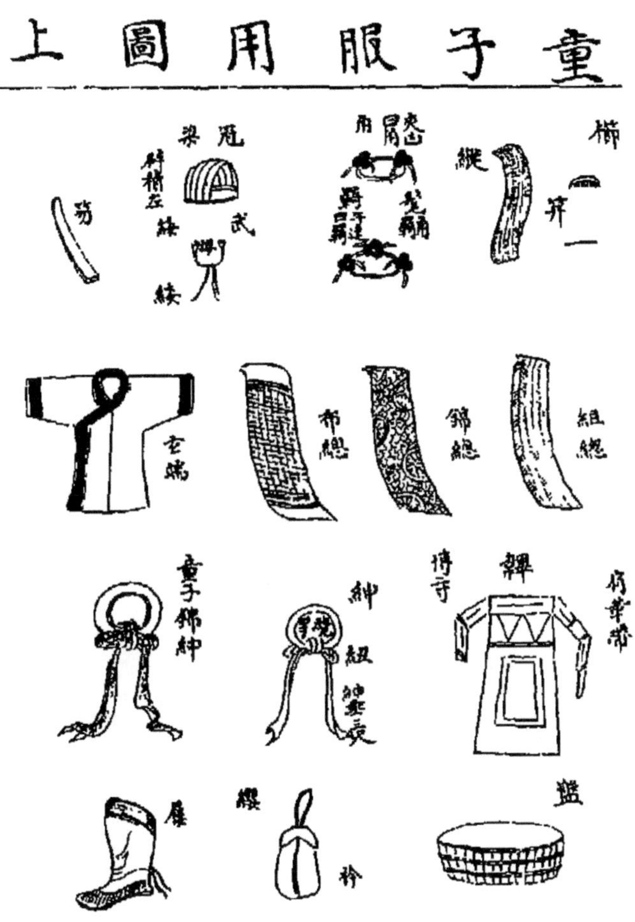


※ **출처:** 『가산도서(家山圖書)』

그림 2-3 ▣ 동자복용도(童子服用圖) II

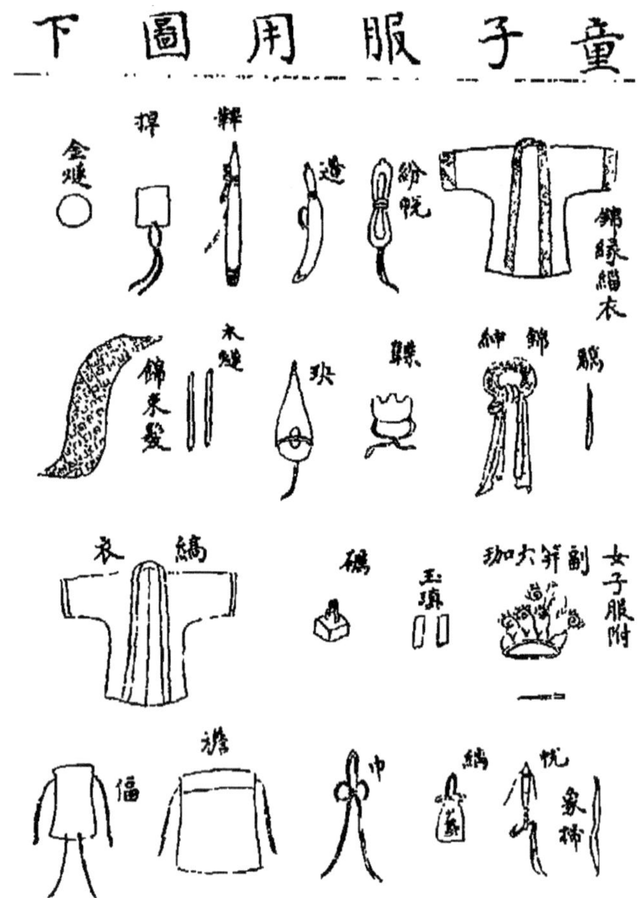


※ **출처:**『가산도서(家山圖書)』

그림 2-4 ▣ 사(士)의 현단복(玄端服)

端 玄

※ **출처:** 『삼례도집주(三禮圖集注)』 1권

그림 2-5 ▣ 심의(深衣)

深衣即中衣麻衣長衣註見本章

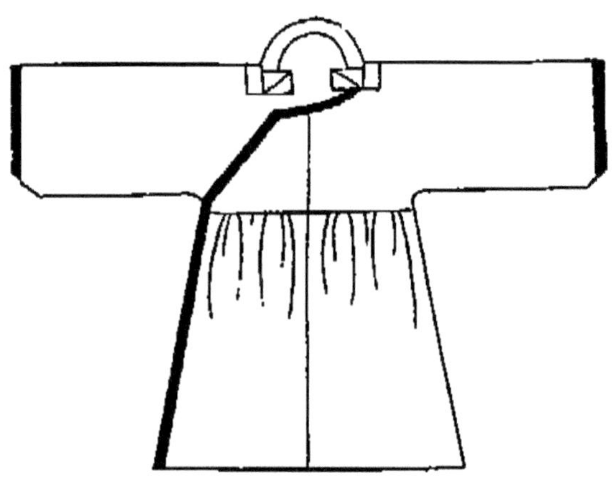

※ 출처: 『삼례도집주(三禮圖集注)』 3권

그림 2-6 ▣ 패옥(佩玉)

君子佩玉之圖

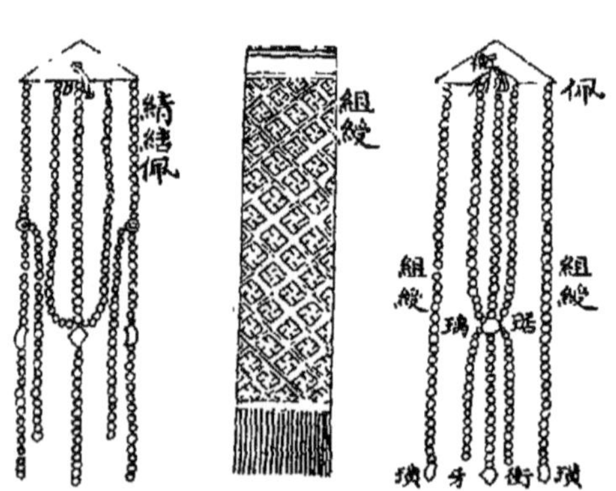


※ 출처: 『가산도서(家山圖書)』

그림 2-7 ▣ 피변(皮弁)과 작변(爵弁)

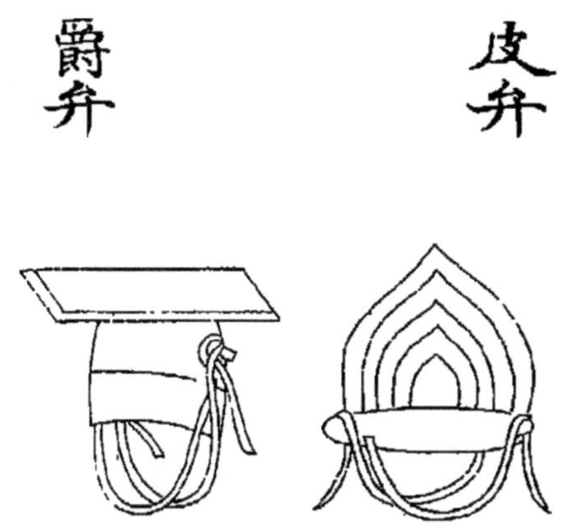


※ **출처:** 『삼례도집주(三禮圖集注)』 3권

그림 2-8 ▣ 결(決)과 습(拾)

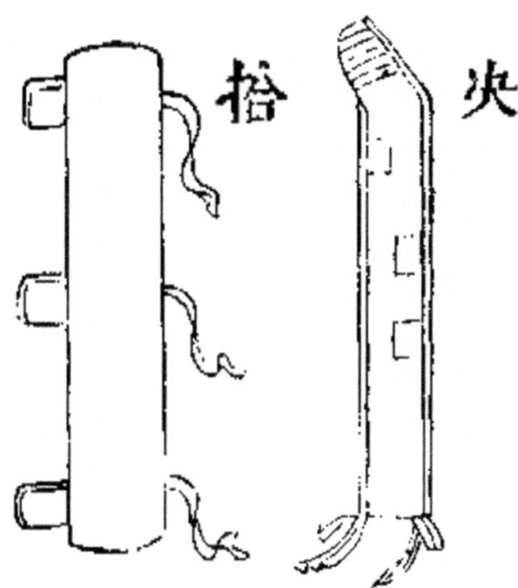


※ **출처:** 『삼재도회(三才圖會)』「기용(器用)」 6권

## • 제3절 •

### 며느리가 시부모를 섬길 때 몸을 단장하는 법도

【346c】

**婦事舅姑, 如事父母. 鷄初鳴, 咸盥漱, 櫛縰, 笄總, 衣紳.**

**직역** 婦가 舅姑를 事함에는 父母를 事함과 如하다. 鷄가 初鳴하면, 咸히 **盥**漱하고, 櫛**縰**하며, **笄**總하고, 衣하고 紳한다.

**의역** 며느리가 시부모를 섬길 때에는 자신의 부모를 섬기는 것처럼 한다. 닭이 아침에 처음으로 울면, 모두 일어나서 손을 씻고 양치질을 하고, 머리를 빗어서 싸매며, 비녀와 총(總)을 덧대어 다팔머리를 만들고, 현단(玄端)과 초의(**綃**衣)를 착용하고 허리띠를 두른다.

**集說** 笄, 今之簪也. 衣紳, 玄端綃衣之上加紳帶, 士妻之服也.

**번역** '계(笄)'는 오늘날의 비녀[簪]이다. '의신(衣紳)'은 현단(玄端)과 초의(綃衣) 위에 허리띠를 두르는 것으로, 사(士) 계급의 아내가 하는 복장 방식이다.

**大全** 朱子曰: 婦人不冠, 則所謂笄, 卽爲固髻之用, 亦名爲簪, 而非如二弁之簪矣

**번역** 주자가 말하길, 부인들은 관(冠)을 쓰지 않으니, 이른바 '계(笄)'라는 것은 곧 머리다발을 고정하는 용도로 사용하는 것인데, 이것을 또한 '잠(簪)'이라고도 부르는 것이지만, 두 종류의 변(弁)에 사용하는 잠(簪)과는 다른 것이다.

**鄭注** 笄, 今簪也. 衣紳, 衣而著紳.

**번역** '계(笄)'는 오늘날의 비녀[簪]이다. '의신(衣紳)'은 옷을 착용하고 허리띠를 두르는 것이다.

**釋文** 如父母, 一本作"如事父母". 衣紳, 如字, 又於旣反, 注同. 簪, 徐側林反, 又作南反.

**번역** '여부모(如父母)'라는 구문을 다른 판본에서는 '여사부모(如事父母)'라고도 기록한다. '衣紳'에서의 '衣'자는 글자대로 읽으며, 또한 '於(어)'자와 '旣(기)'자의 반절음으로도 읽는데, 정현의 주에 나오는 글자도 이와 동일하다. '簪'자의 서음(徐音)은 '側(측)'자와 '林(림)'자의 반절음이며, 또한 '作(작)'자와 '南(남)'자의 반절음도 된다.

**孔疏** ●"婦事"至"綦屨". ○正義曰: 此一節論女事父母, 婦事舅姑所服之衣, 所佩之物, 皆異於男子之事. 各依文解之.

**번역** ●經文: "婦事"~"綦屨". ○이곳 문단은 여자가 부모를 섬기며, 며느리가 시부모를 섬길 때 착용하는 의복 및 차게 되는 물건들은 모두 남자에게 해당하는 사안과는 다르게 한다는 사실을 논의하고 있다. 각각의 문장에 따라서 풀이하겠다.

**孔疏** ◎注"笄今"至"著紳". ○正義曰: 云: "笄, 今簪也"者, 謂婦人之笄異於上男子笄縰, 故於此始云"笄, 今之簪也", 則與士冠禮男子爵弁笄·皮弁笄同. 故鄭注冠禮亦云"笄, 今之簪也". 則喪服女子吉笄尺二寸也. 云"衣紳, 衣而著紳"者, 鄭恐經云"衣紳", 謂衣著此紳, 故云"衣而著紳", 謂加玄端綃衣而後著紳帶, 此異於男子, 故不有冠緌端韠紳搢笏之屬.

**번역** ◎鄭注: "笄今"~"著紳". ○정현이 "'계(笄)'는 오늘날의 비녀[簪]이다."라고 했는데, 이 말은 부인들이 꽂는 계(笄)는 앞서 남자들이 하는 계(笄)와 쇄(縰)와는 다르다는 사실을 뜻한다. 그렇기 때문에 이곳 문장에서 비로소 "'계(笄)'는 오늘날의 비녀[簪]이다."라고 말한 것이다. 즉 이것은 『의례』「사관례(士冠禮)」편에서 남자들이 착용하는 작변(爵弁)에 착용하는 계(笄)와 피변(皮弁)에 착용하는 계(笄)와 동일하다. 그렇기 때문에 「사관례」편에 대한 정현의 주에서도 "'계(笄)'는 오늘날의 비녀[簪]이다."라고 말한 것이다. 따라서 이것은 『의례』「상복(喪服)」편에서 여자가 길(吉)한 시기에 꽂는 계(笄)는 그 길이가 1척(尺) 2촌(寸)이라고 한 것에 해당한다. 정현이 "'의신(衣紳)'은 옷을 착용하고 허리띠를 두르는 것이다."라고 했는데, 정현은 경문에서 말한 '의신(衣紳)'이라는 것이 옷에 이러한 띠를 단다는 뜻으로 오해할 것을 염려했기 때문에, "옷을 착용하고 허리띠를 두른다."라고 말한 것이니, 현단(玄端)과 초의(綃衣)를 착용한 이후에야, 허리띠를 두른다는 뜻으로, 이것은 남자와 복장방식을 달리하는 것이다. 그렇기 때문에 관(冠)을 쓰고, 끈을 결속하며, 현단복(玄端服)을 착용하고, 무릎 가리개와 띠를 차며, 허리춤에 홀(笏)을 꽂는다는 등의 일들이 없는 것이다.

【346c~d】

**左佩紛·帨·刀礪·小觿·金燧, 右佩箴管·線·纊, 施縏袠, 大觿·木燧. 衿纓, 綦屨, 以適父母舅姑之所.**

**직역** 左로는 紛·**帨**·刀礪·小**觿**·金燧를 佩하고, 右로는 箴·管·線·**纊**과 **縏袠**을 施하고, 大**觿**·木燧를 佩한다. 纓을 衿하고, **屨**를 **綦**하여, 父母舅姑의 所로 適한다.

**의역** 허리띠를 두른 뒤, 허리에 물건을 차게 되니, 좌측에는 기물을 닦는 헝겊, 손을 닦는 수건, 작은 칼과 가는 숫돌, 작은 매듭을 푸는 작은 뿔송곳, 햇빛으로 불을 붙일 때 사용하는 금수(金燧)를 차고, 우측에는 바늘을 넣은 통, 실, 솜, 이것들을 넣는 주머니, 큰 매듭을 푸는 큰 뿔송곳, 나무를 마찰시켜 불을 붙이는 목수(木燧)를 찬다. 그리고 향낭을 차고, 신발 끈을 결속하여, 부모 및 시부모가 계신 장소로 간다.

**集說** 箴管, 箴在管中也. 縏袠, 皆囊屬. 施縏袠者, 爲貯箴線纊也. 衿, 結也. 纓, 香囊也.

**번역** '잠관(箴管)'은 바늘[箴]이 관(管) 속에 있는 것이다. '반(縏)'과 '질(袠)'은 모두 주머니[囊]에 해당한다. '시반질(施縏袠)'이라는 말은 이러한 주머니를 이용하여, 바늘[箴]·실[線]·솜[纊]을 넣는다는 뜻이다. '금(衿)'자는 "묶는다[結]."는 뜻이다. '영(纓)'은 향낭(香囊)을 뜻한다.

**大全** 山陰陸氏曰: 刀礪, 礪所以礪刀, 箴管, 管所以管箴, 綦屨, 以綦約屨.

**번역** 산음육씨[1]가 말하길, '도려(刀礪)'라고 했는데, '려(礪)'는 칼을 가는 도구이고, '잠관(箴管)'이라고 했는데, '관(管)'은 바늘을 담는 도구이며, '기구(綦屨)'라고 했는데, 기(綦)로는 신발을 결속한다.

**大全** 長樂陳氏曰: 男女事父母, 婦事舅姑, 皆有纓以佩容臭, 則與女子許嫁之纓不同. 鄭氏曰: "婦人有纓, 示有繫屬", 誤矣. 何則許嫁已纓? 將嫁無所復施, 旣嫁夫說之矣. 無所復用, 則事舅姑之衿纓, 非許嫁之纓也. 鄭氏曰: "許嫁之纓, 蓋以五采爲之", 然則事父母舅姑之纓, 亦五采歟.

**번역** 장락진씨가 말하길, 남녀가 부모를 섬기고, 며느리가 시부모를 섬

1) 산음육씨(山陰陸氏, A.D.1042~A.D.1102) : =육농사(陸農師)·육전(陸佃). 북송(北宋) 때의 유학자이다. 자(字)는 농사(農師)이며, 호(號)는 도산(陶山)이다. 어려서 집안이 매우 가난했다고 전해지며, 왕안석(王安石)에게 수학하였으나 왕안석의 신법에 대해서는 반대하였다. 저서로는 『비아(埤雅)』, 『춘추후전(春秋後傳)』, 『도산집(陶山集)』 등이 있다.

길 때에는 모두 영(纓)이 포함되어, 향기를 내는 물건을 차게 되는데, 여자들 중 이미 혼인이 결정된 자가 차는 영(纓)과는 다른 것이다. 정현은 "부인은 영(纓)을 차게 되니, 결속되어 있음을 드러내는 것이다."라고 했지만, 이것은 잘못된 주장이다. 왜 혼인이 결정된 여자가 미리 영(纓)을 차고 있는가? 대답을 해보자면, 장차 시집을 가게 되면, 다시금 사용할 곳이 없게 되며, 이미 시집을 가게 되면, 남편이 그것을 떼어내는 것이다. 다시금 사용할 일이 없게 된다면, 시부모를 섬길 때 차게 되는 금영(衿纓)은 혼인이 결정된 여자가 차는 영(纓)이 아니다. 정현은 "혼인이 허락된 여자가 차는 영(纓)은 아마도 오채색의 천으로 만들었을 것이다."라고 했으니, 그렇다면 부모와 시부모를 섬길 때 차게 되는 영(纓) 또한 오채색의 천으로 만들게 될 것이다.

**鄭注** 縏, 小囊也. 縏袠言"施", 明爲箴·管·線·纊有之. 衿猶結也. 婦人有纓, 示繫屬也. 適, 之.

**번역** '반(縏)'자는 작은 주머니를 뜻한다. 주머니에 대해서 '시(施)'라고 말한 것은 잠(箴)·관(管)·선(線)·광(纊)을 담기 위해 차게 됨을 나타내기 위해서이다. '금(衿)'자는 "묶는다[結]."는 뜻이다. 부인들은 영(纓)을 차게 되니, 어딘 가에 결속되어 있음을 드러내는 것이다. '적(適)'자는 "가다[之]."는 뜻이다.

**釋文** 箴, 之林反. 線, 本又作綫, 息賤反. 纊音曠. 縏, 字又作槃, 同步干反. 袠, 陳乙反, 又作帙. 囊, 奴郎反, 又作橐, 徐音託. 明爲, 于僞反. 衿嬰, 本又作紟, 其鴆反, 注同; 嬰又作纓.

**번역** '箴'자는 '之(지)'자와 '林(림)'자의 반절음이다. '線'자는 판본에 따라서 또한 '綫'자로도 기록하며, '息(식)'자와 '賤(천)'자의 반절음이다. '纊'자의 음은 '曠(광)'이다. '縏'자를 또한 '槃'자로도 기록하는데, 두 글자의 음은 모두 '步(보)'자와 '干(간)'자의 반절음이다. '袠'자는 '陳(진)'자와 '乙(을)'

자의 반절음이며, 또한 '帙'자로도 기록한다. '囊'자는 '奴(노)'자와 '郎(낭)'자의 반절음이며, 또한 '槖'자로도 기록하고, 서음(徐音)은 '託(탁)'이다. '明爲'에서의 '爲'자는 그 음이 '于(우)'자와 '僞(위)'자의 반절음이다. '衿纓'에서의 '衿'자는 판본에 따라서 또한 '紟'자로도 기록하며, 그 음은 '其(기)'자와 '鴆(짐)'자의 반절음이고, 정현의 주에 나오는 글자도 그 음이 이와 같으며; '纓'자는 또한 '纓'자로도 기록한다.

**孔疏** ◎注"鞶小"至"有之". ○正義曰: 熊氏云: "袟, 刺也. 以針刺袟而爲鞶囊, 故云鞶袟也. 餘物皆不言施, 獨於箴·管·線·纊之下而言施鞶袟, 明爲四物而施矣.

**번역** ◎鄭注: "鞶小"~"有之". ○웅안생이 말하길, "'질(袟)'자는 '찌른다[刺]'는 뜻이니, 침은 뾰족하여 찌르게 되므로, 주머니에 담게 된다. 그렇기 때문에 '반질(鞶袟)'이라고 말한 것이다. 나머지 사물들에 대해서는 모두 '시(施)'라고 언급하지 않았는데, 유독 바늘 · 통 · 실 · 솜이라고 한 구문 뒤에만 '시반질(施鞶袟)'이라고 언급했으니, 이것은 곧 주머니가 이 네 가지 사물들을 위해서 차게 된다는 사실을 나타낸다.

**孔疏** ◎注"衿猶"至"屬也". ○正義曰: 按鄭注昏禮云"婦人十五許嫁, 笄而禮之, 因著纓, 明有繫, 蓋以五采爲之, 其制未聞." 鄭注昏禮旣云"笄而著纓", 則未笄無纓也. 下"男女未冠笄", 亦云"衿纓"者, 彼未冠笄之纓用之以佩容臭, 故下注云"容臭香物, 以纓佩之", 故童子男女皆有之, 與此婦人旣笄之纓別也.

**번역** ◎鄭注: "衿猶"~"屬也". ○『의례』「사혼례(士昏禮)」편에 대한 정현의 주를 살펴보면, "부인들은 15세 때 혼인이 결정되면, 비녀를 꼽게 하여 예우를 한다. 또한 이러한 이유로 인하여 영(纓)을 차니, 결속되어 있음을 드러내는 것이며, 아마도 오채색의 천으로 영(纓)을 만들었을 것이지만, 그 제도에 대해서는 들어보지 못했다."[2]라고 했는데, 정현은 「사혼례」편에 대한 주에서 이미 "비녀를 꼽고 영(纓)을 찬다."라고 했으니, 아직 비녀를 꼽지 않은 여자들은 영(纓)을 차지 않는 것이다. 아래문장에서는 '남자와 여자 중 아직 관례(冠禮)나 계례(笄禮)를 치르지 않은 자'라고 말했고, 또한 '금영(衿纓)'이라고 했는데,[3] 그 문장에 나온 것은 아직 관례나 계례를 치르지 않았던 자들이 차는 영(纓)을 이용해서, 허리에 차는 향낭으로 삼았던 것이다. 그렇기 때문에 아래문장에 대한 정현의 주에서는 "용취(容臭)는 향기를 내는 물건으로, 영(纓)을 이용해서 허리에 차게 된다."라고 한 것이다. 그래서 남자아이와 여자아이는 모두 이것을 차게 되지만, 여기에서 말한 이미 비녀를 꼽고 있는 부인들이 차는 영(纓)과는 구별된다.

**訓纂** 說文: 綫, 縷也. 線, 古文綫. 纊, 絮也.

**번역** 『설문해자』에서 말하길, '선(綫)'은 실[縷]이다. '선(綫)'자의 고문(古文)은 '선(線)'이다. '광(纊)'자는 솜[絮]이다.

**訓纂** 小爾雅: 纊, 綿也. 絮之細者曰纊.

**번역** 『소이아』[4]에서 말하길, '광(纊)'은 솜[綿]이다. 솜[絮] 중에서도 가는 것을 '광(纊)'이라고 부른다.

**訓纂** 江氏永曰: 疑許嫁之纓繫之於首, 衿纓之纓繫之於身. 繫身者, 所以

---

2) 이 문장은 『의례』「사혼례(士昏禮)」편의 "主人入, 親說婦之纓."이라는 문장에 대한 정현의 주이다.

3) 『예기』「내칙(內則)」【347d】: <u>男女未冠笄者</u>, 鷄初鳴, 咸盥, 漱, 櫛, 縰, 拂髦, 總角, <u>衿纓</u>, 皆佩容臭. 昧爽而朝, 問"何食飮矣?" 若已食, 則退, 若未食, 則佐長者視具.

4) 『소이아(小爾雅)』는 고대에 편찬되었던 자전 중 하나이다. 찬자(撰者)에 대해서는 알려진 것이 없다. 『한서(漢書)』「예문지(藝文志)」편에는 "小爾雅一篇, 古今字一卷."이라고 하여, 찬자 미상의 『소이아』 1권이 존재했었다고 기록되어 있다. 또한 『수서(隋書)』「경적지(經籍志)」 및 『당서(唐書)』「예문지(藝文志)」편에도 이궤(李軌)의 주가 달린 『소이아』 1권이 있었다고 기록되어 있지만, 현재는 모두 전해지지 않는다. 다만 현재 전해지는 『소이아』는 『공총자(孔叢子)』에 기록된 일부 내용들을 편집하여, 편찬한 것이다.

爲飾也.

**번역** 강영[5]이 말하길, 아마도 혼인이 결정된 여자들이 차는 영(纓)은 머리에 결속을 했을 것이고, 금영(衿纓)이라고 했을 때의 영(纓)은 신체에 결속을 했을 것이다. 신체에 결속을 하는 것은 이것을 장식으로 삼기 때문이다.

**集解** 愚謂: 男子有二笄: 一以固髮, 一以固冠. 婦人惟有尺二寸之笄以固髮, 而因以爲飾, 與男子之冠相當, 所謂"男子冠而婦人笄"也. 而孔氏乃以當皮弁·爵弁之笄, 故朱子非之. 特牲禮"主人服玄端, 主婦笄纚綃衣", 是婦人之笄纚綃衣與男子之玄端相當. 士大夫以玄端爲常服, 則其妻以笄纚綃衣爲常服也. 婦人左佩五物, 悉與男子同; 右佩六物, 管·大觿·木燧與男子同, 餘三物則異. 蓋玦·捍用於射, 刀之大者用以割斷, 皆非婦人之所當佩, 而箴及線·纊則女工之所有事也. 陳用之據士昏禮壻脫婦纓, 謂"事舅姑之纓乃佩容臭之纓, 非許嫁之纓." 然香纓惟男女未冠笄者有之, 上男子已冠者無此, 則婦人可知. 昏禮"脫纓", 蓋昏夕暫脫之耳, 非一脫不復著也.

**번역** 내가 생각하기에, 남자에게는 두 종류의 비녀가 있게 되니, 하나는 머리다발을 고정시키는 것이고, 다른 하나는 관(冠)을 고정시키는 것이다. 부인들에게는 오직 1척(尺) 2촌(寸)의 길이를 한 비녀만 있게 되어, 이것을 통해서 머리다발을 고정시키고, 또한 이것을 장식으로 삼게 되므로, 남자가 쓰는 관(冠)에 해당하니, 이른바 "남자는 관(冠)을 쓰고, 부인은 비녀를 꼽는다."[6]라고 한 말에 해당한다. 그런데 공영달은 곧 이때의 비녀를 피변(皮弁)과 작변(爵弁)에 착용하는 비녀에 해당한다고 여겼다. 그렇기 때문에 주자가 그 주장을 비판했던 것이다. 『의례』「특생궤식례(特牲饋食禮)」편에

---

5) 강영(江永, A.D.1681~A.D.1762) : 청(淸)나라 때의 경학자이다. 자(字)는 신수(愼修)이다. 『십삼경주소(十三經注疏)』에 대한 연구를 했으며, 특히 삼례(三禮)에 대해 해박했다.

6) 『예기』「상복소기(喪服小記)」【407c】 : 男子冠而婦人笄, 男子免而婦人髽. 其義, 爲男子則免, 爲婦人則髽.

서는 "주인은 현단복(玄端服)을 착용하고, 주부는 비녀와 리(纚)를 착용하며 초의(綃衣)를 입는다."라고 했는데, 이 말은 부인들이 하는 비녀와 리(纚) 및 초의(綃衣)는 남자가 착용하는 현단복에 해당한다는 사실을 나타낸다. 사(士)와 대부(大夫)는 현단복을 일상복으로 삼게 되니, 그들의 처는 비녀와 리(纚) 및 초의(綃衣)를 착용하는 복식을 일상적인 복식으로 삼는 것이다. 부인들은 좌측에 다섯 가지 물건을 차게 되는데, 그것들은 모두 남자들이 차는 물건과 동일하다. 반면 부인들은 우측에 여섯 가지 물건을 차게 되는데, 관(管) · 대휴(大觿) · 목수(木燧)의 경우는 남자와 동일하지만, 나머지 세 가지 물건은 남자들과 다르다. 아마도 남자들이 우측에 차는 결(玦)과 한(捍)은 활을 쏠 때 사용하는 것이고, 큰 칼은 사물을 자를 때 사용하는 것이므로, 이 모두는 부인들이 차는 것에 해당하지 않는 것이고, 잠(箴)·선(線)·광(纊)의 경우는 여공들이 일을 할 때 사용하는 것들이기 때문이다. 진용지는 『의례』「사혼례(士昏禮)」편에서 남편이 부인의 영(纓)을 풀어준다는 기록에 근거해서, "시부모를 섬길 때 차게 되는 영(纓)은 곧 향기를 내는 물건의 영(纓)을 차는 것이니, 혼인이 결정된 여자가 차는 영(纓)이 아니다."라고 했다. 그렇다면 향기 나는 물건을 채운 영(纓)은 오직 관례(冠禮)와 계례(笄禮)를 아직 치르지 않은 남자와 여자만 차는 것이 되는데, 앞에 나온 기록은 남자들 중 이미 관례를 치른 자이므로, 그들에게도 이러한 물건이 없다면, 부인들의 경우에도 이것이 없다는 사실을 알 수 있다고 한 것이다. 그러나 「사혼례」편에서 "영(纓)을 푼다."라고 한 말은 아마도 저녁에 잠시 풀어둔다는 뜻일 따름이지, 한 번 풀어내면, 다시는 착용하지 않는다는 뜻이 아닐 것이다.

그림 3-1 ▣ 부사구고도(婦事舅姑圖)

※ 출처: 『가산도서(家山圖書)』

그림 3-2 ■ 계(笄)와 리(纚)

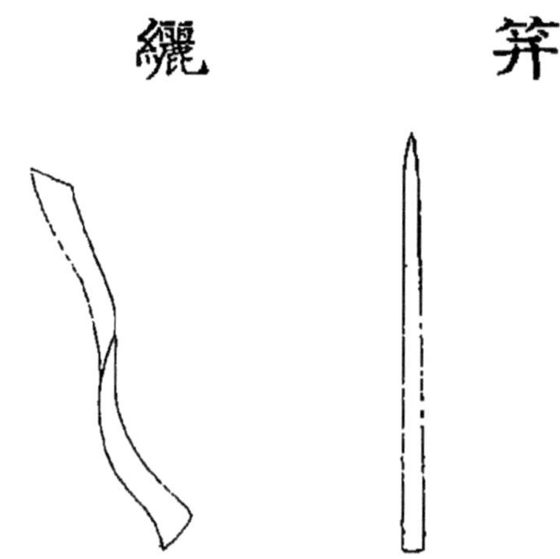


※ **출처:** 『삼례도집주(三禮圖集注)』 3권

## • 제 4 절 •

# 부모 및 시부모를 섬기는 법도 Ⅰ

【346d~347a】

及所, 下氣怡聲, 問衣燠寒, 疾痛苛癢, 而敬抑搔之. 出入, 則或先或後而敬扶持之. 進盥, 少者奉槃, 長者奉水, 請沃盥, 盥卒授巾, 問所欲而敬進之, 柔色以溫之.

**직역** 所에 及하면, 氣를 下하고 聲을 怡하며, 衣의 燠寒을 問하고, 疾痛苛癢에는 敬히 抑搔한다. 出入하면, 或히 先하고 或히 後하여 敬히 扶持한다. 盥을 進함에, 少者는 槃을 奉하고, 長者는 水를 奉하며, 沃盥을 請하고, 盥이 卒하면 巾을 授하며, 欲한 所를 問하고 敬히 進하며, 色을 柔하여 溫한다.

**의역** 부모 및 시부모가 계신 장소에 도착하면, 숨소리를 낮추고 목소리를 온화하게 하며, 입고 계신 옷이 더운지 또는 추운지를 여쭤보고, 질병에 걸리셨거나 가려운 곳이 있다면, 공경스러운 태도로 어루만지고 긁어드린다. 부모 및 시부모가 출입을 하게 되면, 앞서기도 하고 뒤서기도 하며 공경스럽게 부축해드린다. 세숫물을 떠서 드릴 때에는 나이가 어린 자는 대야를 들고 가고, 나이가 많은 자는 물을 가져가서, 씻을 물을 대야에 부어, 씻으시기를 청하며, 씻는 일이 끝나면 수건을 건넨다. 드시고 싶은 음식에 대해서 물어서, 공경스러운 태도로 바치며, 얼굴빛을 유순하게 하여 부모 및 시부모의 뜻을 받든다.

**集說** 苛, 疥也. 抑, 按; 搔, 摩也. 溫, 承藉之義. 謂以柔順之色, 承藉尊者之意, 若藻藉之承玉然.

**번역** '가(苛)'자는 옴[疥]을 뜻한다. '억(抑)'자는 "문지르다[按]."는 뜻이며, '소(搔)'자는 "긁는다[摩]."는 뜻이다. '온(溫)'자는 받든다는 뜻이다. 즉 유순한 얼굴빛을 하여, 존귀한 자의 뜻을 받드는데, 마치 옥을 바치는 깔개를 통해서 옥을 받드는 것처럼 한다는 의미이다.

**鄭注** 怡, 說也. 苛, 疥也. 抑, 按. 搔, 摩也. 先後之, 隨時便也. 槃, 承盥水者. 巾以帨手. 溫, 藉也. 承尊者必和顔色.

**번역** '이(怡)'자는 "기쁘다[說]."는 뜻이다. '가(苛)'자는 옴[疥]을 뜻한다. '억(抑)'자는 "문지르다[按]."는 뜻이다. '소(搔)'자는 "긁는다[摩]."는 뜻이다. 앞서고 뒤선다는 말은 시기마다 부모가 편리하게 여기는 것에 따르는 것이다. '반(槃)'은 씻을 물을 받치는 도구이다. '건(巾)'은 손을 씻는 것이다. '온(溫)'자는 "받든다[藉]."는 뜻이다. 존귀한 자를 받들 때에는 반드시 안색을 온화하게 해야 한다.

**釋文** 燠, 本又作奧, 同於六反, 暖也. 苛音何. 養, 本又作癢, 以想反. 搔, 素刀反. 說音悅. 疥音界. 說文云: "瘙, 癢也." 便, 婢面反. 少, 詩召反, 後皆同. 奉, 芳勇反, 本或作捧, 下同. 長, 丁丈反, 後皆同. 帨, 始銳反, 拭手也, 本又作挩, 同. 溫, 本又作薀, 又作慍, 同於運反, 注同. 藉, 字夜反.

**번역** '燠'자는 판본에 따라서 또한 '奧'자로도 기록하는데, 두 글자의 음은 모두 '於(어)'자와 '六(륙)'자의 반절음이며, 따뜻하다는 뜻이다. '苛'자의 음은 '何(하)'이다. '養'자는 판본에 따라서 또한 '癢'자로도 기록하는데, '以(이)'자와 '想(상)'자의 반절음이다. '搔'자는 '素(소)'자와 '刀(도)'자의 반절음이다. '說'자의 음은 '悅(열)'이다. '疥'자의 음은 '界(계)'이다. 『설문』에서는 "'소(瘙)'자는 가렵다는 뜻이다."라고 했다. '便'자는 '婢(비)'자와 '面(면)'자의 반절음이다. '少'자는 '詩(시)'자와 '召(소)'자의 반절음이며, 이후에 나오는 글자들도 모두 그 음이 이와 같다. '奉'자는 '芳(방)'자와 '勇(용)'자의 반절음이며, 판본에 따라서는 또한 '捧'자로도 기록하고, 이후에 나오는 글자들도 마찬가지이다. '長'자는 '丁(정)'자와 '丈(장)'자의 반절음이며, 이후에 나오는 글자들도 모두 이와 같다. '帨'자는 '始(시)'자와 '銳(예)'자의 반절음이며, 손을 문지른다는 뜻이고, 판본에 따라서는 '挩'자로도 기록하는데, 글자의 음은 동일하다. '縕'자는 판본에 따라서 또한 '薀'자로도 기록하고, 또한 '慍'자로도 기록하는데, 이 글자들은 모두 '於(어)'자와 '運(운)'자의 반절음이고, 정현의 주에 나오는 글자도 그 음이 동일하다. '藉'자는 '字(자)'자와 '夜(야)'자의 반절음이다.

**孔疏** ●"以適"至"后退". ○正義曰: 此一節論子事父母, 婦事舅姑, 至其處所奉扶沃盥之儀, 奉進酒醴膳羞之事. 各依文解之.

**번역** ●經文: "以適"～"后退". ○이곳 문단은 자식이 부모를 섬기고, 며느리가 시부모를 섬기는 일에 있어서, 처소에 나아가서 받들며, 부축을 하고, 세숫물을 떠서 바치는 절차들과 술과 음식들을 받들어서 바치는 사안에 대해서 논의하고 있다. 각각의 문장에 따라서 풀이하겠다.

**孔疏** ◎注"苛, 疥也". ○正義曰: "苛, 疥"者, 以其"苛"與"癢"共文, 故知"苛, 疥也".

**번역** ◎鄭注: "苛, 疥也". ○정현이 "'가(苛)'자는 옴[疥]을 뜻한다."라고 했는데, '가(苛)'자와 '양(癢)'자가 함께 기록되어 있기 때문에, "'가(苛)'자는 옴[疥]을 뜻한다."라고 한 말이 사실임을 알 수 있다.

**孔疏** ◎注"縕, 藉也". ○正義曰: 藉者, 所以承藉於物, 言子事父母, 當和柔顏色, 承藉父母, 若藻藉承玉然.

**번역** ◎鄭注: "縕, 藉也". ○'자(藉)'라는 것은 물건 밑에 깔아서 받드는 도구이니, 자식이 부모를 섬길 때에는 마땅히 안색을 온화하게 하여, 부모를 받들어야 하는데, 이것은 마치 옥을 받치는 깔개가 옥을 받들고 있는 것과 같다는 의미이다.

**訓纂** 釋詁: 柔, 安也.

**번역** 『이아』「석고(釋詁)」편에서 말하길, '유(柔)'자는 "편안하다[安]."는 뜻이다.[1]

**그림 4-1** ■ 옥을 받치는 깔개

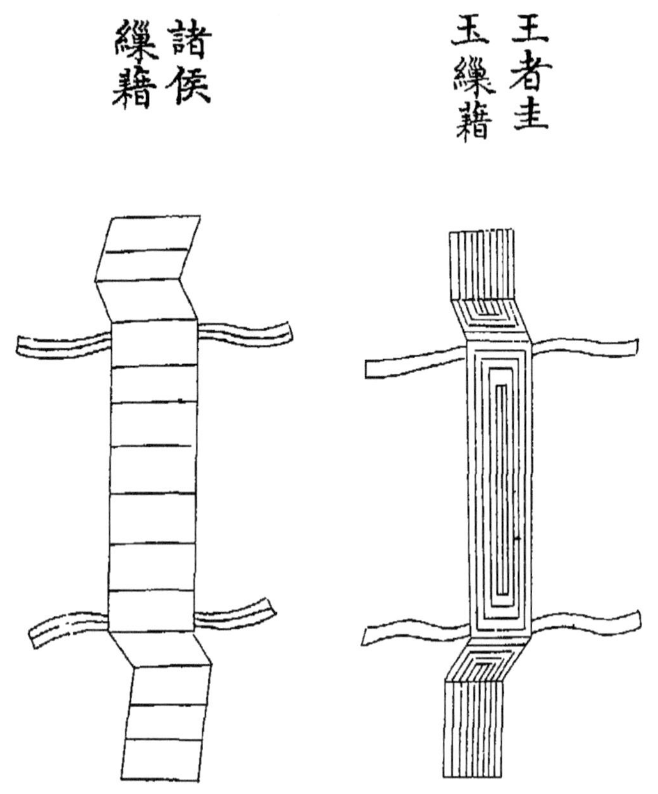


※ **출처:** 『삼례도집주(三禮圖集注)』 10권

1) 『이아』「석고(釋詁)」 : 豫·寧·綏·康·柔, 安也.

그림 4-2 ▣ 물을 따르는 이(匜)와 물을 받는 반(盤)

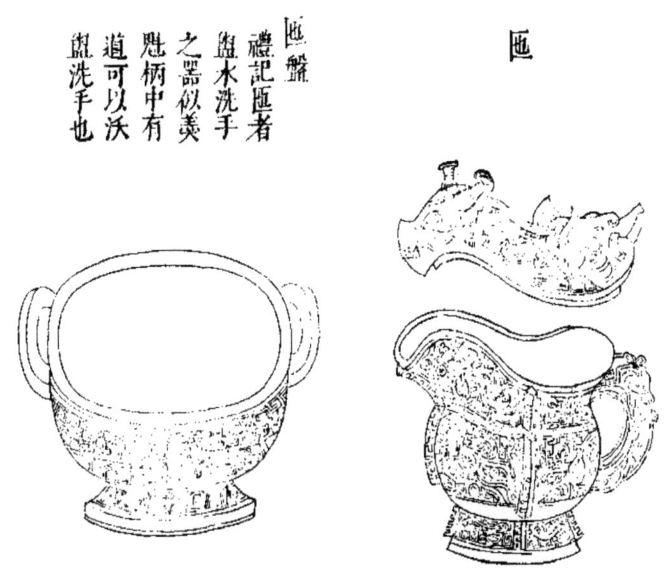


※ **출처:** 『삼재도회(三才圖會)』「기용(器用)」 1권

【347a】

**饘酏·酒醴·芼羹·菽·麥蕡·稻·黍·粱·秫, 唯所欲.**

**직역** **饘酏**·酒醴·芼羹·菽·麥**蕡**·稻·黍·粱·**秫**이니, 唯히 欲한 所라.

**의역** 된죽과 묽은 죽, 술과 단술, 채소 고깃국, 콩, 보리와 대마 열매, 쌀, 기장, 량(粱), 차조 등을 차리는데, 부모 및 시부모가 드시고 싶어 하는 것으로 차린다.

**集說** 饘, 厚粥. 酏, 薄粥也. 芼羹, 以菜雜肉爲羹也. 蕡, 大麻子.

**번역** '전(饘)'은 된죽이다. '이(酏)'는 묽은 죽이다. '모갱(芼羹)'은 채소를 고기와 섞어서 함께 끓인 국이다. '분(蕡)'은 대마(大麻)의 열매이다.

**鄭注** 酏, 粥也. 芼, 菜也. 蕡, 熬枲實.

**번역** '이(酏)'자는 죽을 뜻한다. '모(芼)'자는 채소를 뜻한다. '분(蕡)'자는 삼의 열매를 볶은 것이다.

**釋文** 饘, 之然反, 厚粥也. 酏, 羊皮反, 薄粥也. 芼, 毛報反. 蕡, 字又作黂, 扶云反, 徐扶畏反, 大麻子, 注同. 粱音良. 秫音述. 粥, 之六反, 又羊六反. 熬, 五羔反. 枲, 思里反.

**번역** '饘'자는 '之(지)'자와 '然(연)'자의 반절음이며, 된죽을 뜻한다. '酏'자는 '羊(양)'자와 '皮(피)'자의 반절음이며, 묽은 죽을 뜻한다. '芼'자는 '毛(모)'자와 '報(보)'자의 반절음이다. '蕡'자는 그 글자를 또한 '黂'자로도 기록하며, '扶(부)'자와 '云(운)'자의 반절음이고, 서음(徐音)은 '扶(부)'자와 '畏(외)'자의 반절음이고, 대마(大麻)의 열매이며, 정현의 주에 나오는 글자도 동일하다. '粱'자의 음은 '良(량)'이다. '秫'자의 음은 '述(술)'이다. '粥'자는 '之(지)'자와 '六(륙)'자의 반절음이고, 또한 '羊(양)'자와 '六(륙)'자의 반절음도 된다. '熬'자는 '五(오)'자와 '羔(고)'자의 반절음이다. '枲'자는 '思(사)'자와 '里(리)'자의 반절음이다.

**孔疏** ◎注"酏粥"至"枲實". ○正義曰: 酏旣爲粥, 粥是薄者, 則饘爲厚者, 故左傳云: "饘於是." 注云: "饘, 鬻也." 爾雅·釋言云: "餬, 饘也." 郭景純謂糜也. "芼, 菜"者, 按公食大夫禮三牲皆有芼者, "牛藿·羊苦·豕薇"也. 是芼乃爲菜也. 用菜雜肉爲羹. 云"蕡, 熬枲實"者, 釋草云: "黂, 枲實也." 此中菽豆以下, 供尊者所食, 悉皆須孰, 或煮或熬, 故云"熬枲實"也.

**번역** ◎鄭注: "酏粥"~"枲實". ○'이(酏)'자는 이미 죽을 뜻하는 글자인데, 죽 중에서도 묽은 것을 뜻하므로, '전(饘)'자는 된죽을 뜻한다. 그렇기 때문에 『좌전』에서는 "여기에 전(饘)을 끓이다."라고 한 것이고, 주에서는

"'전(饘)'자는 죽[鬻]이다."[2]라고 한 것이며, 『이아』「석언(釋言)」편에서는 "호(餬)는 전(饘)이다."[3]라고 했는데, 곽경순[4]은 죽[糜]이라고 풀이한 것이다. 정현이 "'모(芼)'자는 채소를 뜻한다."라고 했는데, 『의례』「공사대부례(公食大夫禮)」편을 살펴보면, 삼생(三牲)[5]에는 모두 모(芼)가 포함된다고 하여, "우곽(牛藿)·양고(羊苦)·시미(豕薇)이다."[6]라고 했다. 이것은 곧 '모(芼)'자가 채소가 된다는 사실을 나타낸다. 즉 채소를 고기와 섞어서 함께 끓인 국이다. 정현이 "'분(蕡)'자는 삼의 열매를 볶은 것이다."라고 했는데, 『이아』「석초(釋草)」편에서는 "분(黂)은 삼의 열매이다."[7]라고 했다. 이곳에서 나열한 음식들 중 콩으로부터 그 이하의 음식들은 존귀한 자가 먹을 음식으로 바치는 것인데, 이 모두는 익히게 되어, 어떤 것은 삶고, 또 어떤 것은 볶게 된다. 그렇기 때문에 "삼의 열매를 볶은 것이다."라고 말한 것이다.

**訓纂** 說文: 饘, 糜也. 周謂之饘, 宋謂之餬.

**번역** 『설문해자』에서 말하길, '전(饘)'자는 죽을 뜻한다. 주(周)나라 때에는 '전(饘)'이라고 불렀고, 송(宋)나라 지역에서는 '호(餬)'라고 불렀다.

---

2) 『춘추좌씨전』「소공(召公) 7년」 : 一命而僂, 再命而傴, 三命而俯, 循牆而走, 亦莫余敢侮. 饘於是, 鬻於是, 以餬余口.

3) 『이아』「석언(釋言)」 : 餬, 饘也.

4) 곽박(郭璞, A.D.276~A.D.324) : =곽경순(郭景純). 진(晉)나라 때의 학자이다. 자(字)는 경순(景純)이다. 저서로는 『이아주(爾雅注)』, 『방언주(方言注)』, 『산해경주(山海經注)』 등이 있다.

5) 삼생(三牲)은 희생물로 사용되는 세 종류의 가축을 뜻한다. 소[牛], 양(羊), 돼지[豕]가 여기에 해당한다. 『효경』「기효행장(紀孝行章)」편에는 "雖日用三牲之養, 猶不爲孝也."라는 기록이 있고, 이에 대한 형병(邢昺)의 소(疏)에서는 "三牲, 牛·羊·豕也."라고 풀이했다. 한편 후대에는 소, 양, 돼지를 '대삼생(大三牲)'으로 부르고, 새끼돼지[豬], 물고기[魚], 닭[鷄]을 '소삼생(小三牲)'으로 부르기도 했다.

6) 『의례』「공사대부례(公食大夫禮)」 : 鉶芼, 牛藿, 羊苦, 豕薇, 皆有滑.

7) 『이아』「석초(釋草)」 : 黂, 枲實. 枲, 麻.

**訓纂** 釋文·初學記並引宋·衛謂之餐. 醴, 一宿孰也.

**번역** 『경전석문』[8]과 『초학기』[9]에서는 모두 송(宋)나라와 위(衛)나라에서는 '찬(餐)'으로 불렀다는 내용을 인용하고 있다. '례(醴)'는 하룻밤 동안 숙성시킨 것이다.

**【347a~b】**

**棗·栗飴蜜以甘之, 菫·荁·枌·榆免薨, 滫瀡以滑之, 脂膏以膏之. 父母舅姑必嘗之而後退.**

**직역** 棗·栗은 飴蜜로 甘하며, **菫·荁·枌**·榆의 免**薨**는 **滫瀡**로 滑하고, 脂·膏는 膏한다. 父母와 舅姑가 必히 嘗한 後에 退한다.

**의역** 대추·밤 등은 엿이나 꿀 등으로 달게 만들며, 근(菫)·환(**荁**)·분(**枌**)·유(榆)의 신선한 것이나 말린 것들은 쌀뜨물로 매끄럽게 하거나 기름을 통해서 기름지게 만든다. 부모 및 시부모가 반드시 그것을 맛본 것은 본 이후에야 물러난다.

**集說** 飴, 餳也. 菫, 菜名. 荁, 似菫而葉大. 榆之白者名枌. 免, 新鮮者. 薨,

---

8) 『경전석문(經典釋文)』은 석문(釋文)이라고도 부른다. 당(唐)나라 때의 학자인 육덕명(陸德明)이 지은 책이다. 문자(文字)의 동이(同異) 및 음과 뜻에 대해서 풀이한 서적이다. 전체 30권으로 구성되어 있으며, 『역(易)』, 『서(書)』, 『시(詩)』, 『주례(周禮)』, 『의례(儀禮)』, 『예기(禮記)』 등 주요 유가경전(儒家經典)들에 대해 풀이하고 있다. 한편 노장사상(老莊思想)이 유행했던 당시의 영향으로, 『노자(老子)』와 『장자(莊子)』에 대한 내용 또한 수록되어 있다.

9) 『초학기(初學記)』는 당(唐)나라 때 서견(徐堅, A.D.659~A.D.729)이 편찬한 책이다. 총 30권으로 되어 있으며, 23개의 분야로 나눠져 있다. 여러 시문 및 작품들을 모아둔 것으로, 본래 제왕(諸王)들을 교육하기 위한 목적으로 편찬된 책이다.

乾陳者. 言菫荁枌榆四物, 或用新, 或用舊也. 滫, 說文久泔也. 瀡, 滑也. 滫瀡, 滫之滑者也. 凝者爲脂, 釋者爲膏. 甘之·滑之·膏之, 皆謂調和飮食之味也. 此篇所記飮食珍羞諸物, 古今異制, 風土異宜, 不能盡曉, 然亦可見古人察物之精, 用物之詳也.

**번역** '이(飴)'자는 엿[餳]을 뜻한다. '근(菫)'자는 채소의 이름이다. '환(荁)'은 근(菫)과 유사하지만, 잎사귀가 큰 것이다. 누릅[榆] 중 흰 것을 '분(枌)'이라고 부른다. '면(免)'은 신선한 것을 뜻한다. '고(薧)'는 널어서 말린 것을 뜻한다. 즉 근(菫)·환(荁)·분(枌)·유(榆)라는 네 가지 식재료는 어떤 것은 신선한 것으로 사용하고, 또 어떤 것은 오래전에 말린 것을 사용한다는 뜻이다. '수(滫)'자에 대해 『설문』에서는 뜨물이라고 풀이한다. '수(瀡)'자는 "매끄럽다."는 뜻이다. '수수(滫瀡)'라는 것은 수(滫) 중에서도 매끄러운 것을 뜻한다. 응결된 것은 '지(脂)'가 되며, 풀어진 것은 '고(膏)'가 된다. 달게 하고, 매끄럽게 하며, 기름지게 한다는 것은 모두 음식에 조미를 가미하여 맛을 낸다는 뜻이다. 이곳 「내칙」편에서 기록한 음식 및 맛좋은 여러 것들은 고대와 현재의 요리 방법이 다른데, 풍토의 적합함이 달랐으므로, 그것들에 대해서 모두 알 수는 없다. 그러나 이 기록을 통해서 또한 고대인들이 사물을 매우 정밀하게 파악했고, 사물을 매우 섬세하게 사용했음을 확인할 수 있다.

**大全** 長樂劉氏曰: 及所, 下氣怡聲, 恐驚其寐也. 問衣燠寒, 候其冷暖失節也. 疾痛苛癢, 省其體氣弗寧也. 抑, 謂按摩之, 搔, 謂抓撓之, 皆所以撫恤衰病, 而一出於敬, 不敢以爲儀也. 父母出入, 則或先或後, 敬扶持之, 相其所宜, 以助其力也. 又從而問其意之所欲食者, 則敬順其心以進之, 和柔其色以溫之, 芬芳其意以奉之, 庶其親喜而不之厭也. 孝子之事親也, 必養其志, 常使歡欣樂, 其子之能養, 則非如是莫之致矣.

**번역** 장락유씨[10]가 말하길, "계신 곳에 도착하면, 숨소리를 낮추고, 목

10) 장락유씨(長樂劉氏, A.D.1017~A.D.1086) : =유이(劉彝). 북송(北宋) 때의

소리를 온화하게 한다."는 것은 주무시는 것을 깨우지 않을까 염려했기 때문이다. "옷의 춥고 더운 정도를 여쭙다."는 말은 기후의 춥고 더운 정도에 따라 그 절도를 잃었는지를 살피는 것이다. '질병과 가려운 곳'이라는 말은 몸과 기운이 편안치 않은가를 살피는 것이다. '억(抑)'자는 문지른다는 뜻이다. '소(搔)'자는 긁는다는 뜻이다. 이 둘은 모두 쇠약해진 몸과 병환을 보살피는 것이고, 한결같이 공경함에서 비롯되는 행동이므로, 감히 형식적인 행위로 할 수 없다. 부모가 출입을 하게 되면, 혹은 앞서기도 하고, 혹은 뒤서기도 하며, 공경스러운 태도로 부축을 하여, 합당함에 맞춰서, 힘이 부치는 것을 돕는 것이다. 또한 뒤따라서 드시고 싶은 음식에 대해서 묻는 것은 그 마음을 공경스럽게 따르며 음식을 진설하는 것이고, 얼굴빛을 유순하게 하여 편안케 하는 것은 그 뜻을 기쁘게 해드리며 받드는 것이니, 이처럼 하면 부모를 기쁘게 만들면서도, 싫어하는 일이 없게끔 할 수 있다. 자식이 부모를 섬길 때에는 반드시 그 뜻을 보살펴서, 항상 기쁘고 즐겁게 만들어야 하니, 자식이 부모를 잘 봉양하게 된다면, 이처럼 지극히 하지 않는 것이 없게 된다.

**大全** 嚴陵方氏曰: 所卽寢室, 下氣則不盈, 怡聲則不厲. 問衣之燠, 將徹之使凊也, 問衣之寒, 將加之使溫也. 已發而傷者疾也, 宜通而塞者痛也, 體煩而爲苛, 氣虛而生癢, 疾痛則抑按, 苛癢則搔爬. 或先以引之, 或後以隨之, 左右扶持之, 如是而養, 可謂至矣. 然苟不以敬, 何以別於犬馬? 故每以敬言之. 奉槃者勞, 故少者以之, 奉水者逸, 故長者以之. 沃盥, 以水沃之而盥也. 夫色, 所以通人己之情也. 己能柔色, 斯足以溫親之色矣. 自菽以下, 其性其味各不同, 故唯父母舅姑之所欲, 順其所欲而進之也. 棗栗飴蜜, 故曰以甘之, 周官所謂調以甘者此也. 堇荁枌榆四者, 常用之物, 然不常有, 故有免有薨也. 數者其性爲滑, 故曰以滑之, 周官所謂調以滑者此也. 脂膏以膏之, 周官所謂膏香膏臊

---

성리학자이다. 자(字)는 집중(執中)이다. 복주(福州) 출신이며, 어려서 호원(胡瑗)에게서 학문을 배웠다. 『정속방(正俗方)』, 『주역주(周易注)』를 지었으나 현존하지 않는다. 『칠경중의(七經中議)』, 『명선집(明善集)』, 『거이집(居易集)』 등이 남아 있다.

之類者此也. 父母舅姑必嘗之而後退, 則以知其得所欲故也, 所欲者則嘗之也. 自下氣怡聲而下, 則所以養志也. 自饘酏酒醴而下, 則所以養口體也. 故先後之序如此.

**번역** 엄릉방씨가 말하길, 부모가 계신 침실로 나아가서, 숨소리를 낮춘다면, 교만하지 않게 되며, 목소리를 평온하게 한다면, 사납지 않게 된다. 옷이 더운가를 묻는 것은 장차 그 옷을 바꿔서 시원하게 해드리려는 것이다. 옷이 추운가를 묻는 것은 장차 다른 옷을 덧대어 따뜻하게 해드리려는 것이다. 이미 발병하여 상처가 생긴 것은 '질(疾)'이라고 하며, 나쁜 기운과 통하여 기운이 막힌 것은 '통(痛)'이라고 하며, 몸이 번거롭게 되면 '가(苛)'가 생기고, 기운이 허약해지면 양(癢)이 생겨나는데, 질(疾)과 통(痛)에 해당한다면, 문질러드리고, 가(苛)와 양(癢)이 생기면, 긁어드린다. 어떤 경우에는 부모보다 앞서 가며, 인도를 하게 되고, 또 어떤 경우에는 부모보다 뒤서서 따라가서, 좌우에서 부축을 하니, 이처럼 시행하며 봉양을 한다면, 지극한 행위라 할 수 있다. 그러나 진실로 공경함에 따르지 않는다면, 어찌 개나 말과 같은 짐승들과 구별을 할 수 있겠는가? 그렇기 때문에 매번 공경함을 언급한 것이다. 대야를 받들고 가는 것은 수고로운 일이기 때문에, 나이가 어린 자가 하는 것이며, 물을 받들고 가는 것은 상대적으로 편한 일이기 때문에, 나이가 많은 자가 하는 것이다. '옥관(沃盥)'은 물을 따라서 씻도록 하는 것이다. 무릇 얼굴빛은 타인과 자신의 감정을 소통시키는 방법이 된다. 자신이 얼굴빛을 유순하게 할 수 있다면, 이것을 통해 부모의 안색을 평온하게 할 수 있다. 콩으로부터 그 이하의 음식들은 그 성질과 맛이 각각 다르기 때문에, 오직 부모 및 시부모가 드시고 싶어 하는 것만 바치니, 드시고 싶어 하는 것에 따라서 음식을 바치는 것이다. 대추 · 밤 · 엿 · 꿀이기 때문에, "이로써 달게 한다."라고 말한 것이니, 『주례』에서 이른바 "단 것으로 조미를 한다."라고 한 말에 해당한다. 근(堇) · 환(荁) · 분(枌) · 유(榆)라는 네 가지 재료는 일상적으로 사용하는 식재료이지만, 항상 갖출 수 있는 것이 아니다. 그렇기 때문에 신선한 것도 있고, 오래전에 말려서 보관해두었던 것도 있는 것이다. 이러한 여러 재료들은 그 성질이 매끄럽기 때문에, "이로써 매끄럽게 한다."라고 말한 것이니, 『주례』에서 이른바 "매끄러운 것으로 조미를 한다."라고 한 말에 해당한다.[11] 지(脂)와 고(膏)로 기름지게 한다는 것은 『주례』에서 이른바 고향(膏香)과 고조(膏臊)라고 부르는 것들이 여기에 해당한다.[12] 부모와 시부모가 반드시 맛을 본 이후에 물러난다면, 드시고 싶어 하던 것을 맛보게 되었는지를 알 수 있기 때문이니, 드시고 싶어 하던 음식이라면, 맛을 보게 된다. 기운을 차분하게 하고 목소리를 평온하게 한다는 것으로부터 그 이하의 내용들은 부모의 뜻을 보살피는 방법이다. 된죽·묽은 죽·술·단술 등으로부터 그 이하의 내용들은 부모의 신체를 봉양하는 방법이다. 그렇기 때문에 선후의 순서가 이와 같은 것이다.

**鄭注** 謂用調和飮食也. 荁, 堇類也. 冬用堇, 夏用荁. 楡白曰枌. 免, 新生者. 薧, 乾也. 秦人溲曰滫, 齊人滑曰瀡也. 敬也.

**번역** 조미를 가미하여 음식을 맛있게 만든다는 뜻이다. '환(荁)'은 근(堇)의 종류이다. 겨울에는 근(堇)을 사용하고, 여름에는 환(荁)을 사용한다. 느릅[楡] 중 흰 것을 '분(枌)'이라고 부른다. '면(免)'은 새로 생겨난 것을 뜻한다. '고(薧)'는 말린 것을 뜻한다. 진(秦)나라 사람들은 적시는 것을 '수(滫)'라고 불렀고, 제(齊)나라 사람들은 매끄럽게 하는 것을 '수(瀡)'라고 불렀다. 부모가 맛을 본 이후에 물러나는 것은 공경하기 때문이다.

**釋文** 飴, 羊之反, 餳也. 堇音謹, 菜也. 荁音丸, 似堇而葉大也. 枌, 扶云反. 免音問, 注同. 薧, 字又作槀, 苦老反. 滫, 思酒反, 溲也. 瀡音髓, 滑也. 滑, 胡八反, 又于八反, 諸卷皆同. 膏之, 古報反. 調, 如字, 又徒弔反. 和如字, 又胡臥反. 夏用, 戶嫁反. 溲, 所九反.

---

11) 『주례』「천관(天官)·식의(食醫)」: 凡和, 春多酸, 夏多苦, 秋多辛, 冬多鹹, 調以滑甘.

12) 『주례』「천관(天官)·포인(庖人)」: 凡用禽獻, 春行羔豚, 膳膏香; 夏行腒鱐, 膳膏臊; 秋行犢麛, 膳膏腥; 冬行鮮羽, 膳膏羶.

**번역** '飴'자는 '羊(양)'자와 '之(지)'자의 반절음이며, 엿을 뜻한다. '堇'자의 음은 '謹(근)'이며, 채소이다. '荁'자의 음은 '丸(환)'이며, 근(堇)과 유사하지만, 잎사귀가 큰 것이다. '枌'자는 '扶(부)'자와 '云(운)'자의 반절음이다. '免'자의 음은 '問(문)'이며, 정현의 주에 나오는 글자도 그 음이 이와 같다. '薧'자는 글자를 또한 '槀'자로도 기록하는데, 그 음은 '苦(고)'자와 '老(로)'자의 반절음이다. '滫'자는 '思(사)'자와 '酒(주)'자의 반절음이며, 적신다는 뜻이다. '瀡'자의 음은 '髓(수)'이며, 매끄럽게 한다는 뜻이다. '滑'자는 '胡(호)'자와 '八(팔)'자의 반절음이고, 또한 '于(우)'자와 '八(팔)'자의 반절음도 되니, 여러 기록들에 나오는 글자도 모두 그 음이 이와 같다. '膏之'에서의 '膏'자는 '古(고)'자와 '報(보)'자의 반절음이다. '調'자는 글자대로 읽으며, 또한 '徒(도)'자와 '弔(조)'자의 반절음도 된다. '和'자는 글자대로 읽는데, 또한 '胡(호)'자와 '臥(와)'자의 반절음도 된다. '夏用'에서의 '夏'자는 '戶(호)'자와 '嫁(가)'자의 반절음이다. '溲'자는 '所(소)'자와 '九(구)'자의 반절음이다.

**孔疏** ●"棗栗"至"膏之", "以甘之"者, 謂以此棗栗飴蜜以和甘飲食.

**번역** ●經文: "棗栗"~"膏之". ○경문의 "以甘之"에 대하여. 이러한 대추·밤·엿·꿀을 이용해서 음식을 달게 조미한다는 뜻이다.

**孔疏** ●"以滑之"者, 謂用堇用荁, 及枌·楡, 及新生乾薧相和, 滫瀡之, 令柔滑之.

**번역** ●經文: "以滑之". ○근(堇)을 사용하고 환(荁)을 사용하며, 분(枌)과 유(楡)를 사용함에는 새로 난 것이나 말렸던 것을 이용해서 맛의 조화를 이루게 하며, 적시고 매끄럽게 하여, 유들유들하게 만든다는 뜻이다.

**孔疏** ●"脂·膏以膏之"者, 凝者爲脂, 釋者爲膏, 以膏沃之, 使之香美. 此等總謂調和飲食也.

**번역** ●經文: "脂·膏以膏之". ○응결된 것은 '지(脂)'가 되고, 풀어진 것은 '고(膏)'가 되는데, 기름을 부어서, 음식을 향미롭게 만드는 것이다. 이러한 구문 등은 음식에 대해서 조미를 가미하여 맛을 낸다는 뜻을 총괄적으로 나타내고 있다.

**孔疏** ◎注"冬用"至"瀡之". ○正義曰: 按士虞禮記"夏用葵, 冬用荁", 鄭玄云: "荁, 堇類也, 乾則滑, 夏秋用生葵, 冬春用乾荁." 與此不同者, 此經"堇"·"荁"相對, 故"冬用堇, 夏用荁". 士虞禮"葵"與"荁"相對, 故"夏用葵, 冬用荁"也. 所對不同, 故注有異. 云"榆白曰枌"者, 釋木云: "榆白, 枌." 孫炎云: "榆白者名枌." 郭景純曰: "枌, 榆, 先生葉, 却著莢皮, 色白." 云"免, 新生者. 薨, 乾也"者. 按庖人云: "共鮮·薨之物." 鮮·薨相對, 此經以"免"對"薨", 薨旣是乾, 故知免爲新生. 凡免·薨於周禮後因爲言, 熊氏·皇氏皆失云"文承堇·荁·枌·榆之下, 據堇·荁等爲免·薨". 義或爲然.

**번역** ◎鄭注: "冬用"~"瀡之". ○『의례』「사우례(士虞禮)」편의 기문(記文)을 살펴보면, "여름에는 규(葵)를 사용하고, 겨울에는 환(荁)을 사용한다."[13]라고 했고, 정현은 "'환(荁)'은 근(堇)의 부류이니, 말리게 되면 매끄럽게 되고, 여름과 가을에는 새로 생겨난 규(葵)를 사용하는 것이며, 겨울과 봄에는 말린 환(荁)을 사용하는 것이다."라고 하여, 이곳의 주석과 내용이 동일하지 않은데, 이곳 경문에서는 '근(堇)'과 '환(荁)'이 서로 대비가 되도록 기록했기 때문에, "겨울에는 근(堇)을 사용하고, 여름에는 환(荁)을 사용한다."라고 한 것이다. 또 「사우례」편에서는 '규(葵)'와 '환(荁)'을 서로 대비가 되도록 기록했기 때문에, "여름에는 규(葵)를 사용하고, 겨울에는 환(荁)을 사용한다."라고 한 것이다. 그러므로 대비시킨 점이 다르기 때문에, 주석에 있어서도 차이가 생긴 것이다. 정현이 "느릅[榆] 중 흰 것을 '분(枌)'이라고 부른다."라고 했는데, 『이아』「석목(釋木)」편에서는 "느릅[榆]

---

13) 『의례』「사우례(士虞禮)」: 鉶芼用苦若薇. 有滑, 夏用葵, 冬用荁. 有柶. 豆實葵菹, 菹以西嬴醢. 籩棗烝栗擇.

중 흰 것은 분(枌)이다."[14]라고 했고, 손염은 "느릅[楡] 중 흰 것의 이름은 분(枌)이다."라고 했으며, 곽경순은 "분(枌)과 유(楡)는 먼저 잎사귀가 나는데, 꼬투리와 껍질을 제거하면, 백색을 띈다."라고 했다. 정현이 "'면(免)'은 새로 생겨난 것을 뜻한다. '고(薨)'는 말린 것을 뜻한다."라고 했는데, 『주례』「포인(庖人)」편을 살펴보면, "선(鮮)하고 고(薨)한 재료를 공급한다."[15]라고 하여, 선(鮮)과 고(薨)를 서로 대비가 되도록 했고, 이곳 기록에서는 면(免)을 고(薨)와 대비시켰는데, 고(薨)는 이미 말린 재료가 되므로, 면(免)이 새롭게 생겨난 재료가 됨을 알 수 있다. 무릇 면(免)과 고(薨)는 『주례』의 기록에 따르면, 뒤의 재료로 인하여 말을 한 것이 되는데, 웅안생과 황간은 모두 그것을 부인하며, "문장이 근(堇)·환(荁)·분(枌)·유(楡) 뒤에 이어져 있으니, 이것은 근(堇)이나 환(荁) 등의 재료가 신선하고 말린 것이라는 뜻에 기준을 둔 기록이다."라고 했다. 그 의미가 혹여 그러하기도 할 것 같다.

**集解** 愚謂: 槃以承盥水, 其盛水蓋以匜, 左傳"奉匜沃盥", 是也. 槃輕, 故少者奉之; 水重, 故長者奉之. 飴, 餳也, 米蘖煎成, 亦謂之糖, 方言"餳謂之糖", 是也. 爾雅: "秫, 黏粟也." 然凡黍稻之黏者皆謂之秫, 不獨粟也. 爾雅"齧, 苦堇", 郭氏云: "今堇菜也. 子如米, 汋食之滑." 唐本草云: "俗謂之堇菜, 葉似蕺, 花紫色." 邢氏云: "本草云'味甘', 云'苦'者, 古人語倒, 猶甘草謂之大苦也." 荁, 堇類. 楡, 刺楡也, 一名樞又名荎. 陸璣云: "樞葉如楡, 爲茹美, 滑於白楡." 是枌爲白楡, 楡爲刺楡, 枌·楡之葉皆可爲茹, 而刺楡尤美也. 下云"命士父子異宮, 昧爽而朝", 則此不命之士, 至父母舅姑之所未昧爽也. 又下言"命士以上, 昧爽而朝, 慈以旨甘", "日入而夕, 慈以旨甘", 此不命之士, 父子同宮, 在父母之所無時焉, 不可以朝夕限也. 若日入而慈以旨甘, 則亦當與命士同, 此不言者文略爾.

---

14) 『이아』「석목(釋木)」: 楡白, 枌.

15) 『주례』「천관(天官)·포인(庖人)」: 凡其死生鱻薨之物, 以共王之膳與其薦羞之物及后·世子之膳羞.

**번역** 내가 생각하기에, 반(槃)은 씻을 물을 받치는 것이고, 그 물을 채우는 것은 아마도 이(匜)을 이용했을 것이니, 『좌전』에서 “이(匜)를 받들고 가서 씻을 물을 부었다.”16)라고 한 말이 바로 이러한 사실을 나타낸다. 반(槃)은 가볍기 때문에, 나이가 어린 자가 받들고 가는 것이고, 물은 무겁기 때문에, 나이가 많은 자가 받들고 가는 것이다. ‘이(飴)’자는 엿[餳]을 뜻하니, 쌀과 누룩을 끓여서 만들게 되며, 이것을 또한 ‘당(糖)’이라고도 부르는데, 『방언』17)에서 “‘당(餳)’을 당(糖)이라고 부른다.”라고 한 말이 바로 이러한 사실을 나타낸다. 『이아』에서는 “출(秫)은 차진 조이다.”라고 했다. 그러므로 서(黍)와 도(稻) 중에서도 차진 종류는 모두 ‘출(秫)’이라고 부르니, 유독 조에게만 국한된 것은 아니다. 『이아』에서는 “‘설(齧)’은 고근(苦堇)이다.”18)라고 했고, 곽경순은 “오늘날의 근도(堇荼)와 같은 것이다. 그 알갱이는 쌀과 같은데, 익혀서 먹으면 매끄럽게 된다.”라고 했다. 『당본초(唐本草)』에서는 “세속에서는 ‘경채(莖菜)’라고 부르는데, 잎사귀는 즙(蕺)과 유사하고, 꽃은 자색을 띈다.”라고 했으며, 형병19)은 “『본초』에서는 ‘맛이 달다.’라고 했는데, ‘고(苦)’라고 말한 것은 고대인이 반대로 말을 한 것으로, 마치 감초(甘草)를 대고(大苦)라고 부르는 경우와 같다.”라고 했다. ‘환(萱)’은 근(堇)의 부류이다. ‘유(楡)’는 자유(刺楡)인데, 다른 이름은 ‘추(樞)’이고, 또한 ‘치(荎)’라고도 부른다. 육기(陸璣)는 “추(樞)의 잎사귀는 유(楡)와 같아서

16) 『춘추좌씨전』「희공(僖公) 23년」 : 奉匜沃盥, 旣而揮之.

17) 『방언(方言)』은 『유헌사자절대어석별국방언(輶軒使者絶代語釋別國方言)』·『별국방언(別國方言)』이라고도 부른다. 한(漢)나라 때의 학자인 양웅(揚雄)이 편찬했다고 전해지는 서적이다. 총 13권으로 구성되어 있었으며, 각 지방에서 온 사신들의 방언을 모았다는 뜻에서, 『유헌사자절대어석별국방언』이라는 제목으로 출간되었고, 또 이 말을 줄여서 『별국방언』·『방언』이라고 부르게 되었다. 현존하는 『방언』은 곽박(郭璞)의 주(注)가 붙어 있는 판본이다. 그러나 『한서(漢書)』 등의 기록에는 양웅의 저술 목록에 『방언』이 포함되어 있지 않으므로, 편찬자에 대한 의혹이 끊임없이 제기되었다.

18) 『이아』「석초(釋草)」 : 齧, 苦堇.

19) 형병(邢昺, A.D.932~A.D.1010) : 북송(北宋) 때의 학자이다. 자(字)는 숙명(叔明)이다. 예부상서(禮部尙書) 등을 지냈다. 저서로는 『논어정의(論語正義)』, 『이아정의(爾雅正義)』 등이 있다.

먹기에 맛이 좋고, 백유(白楡)보다 매끄럽다."라고 했다. 이것은 곧 분(枌)은 백유(白楡)가 되고, 유(楡)는 자유(刺楡)가 되며, 분(枌)과 유(楡)의 잎사귀는 모두 먹을 수가 있고, 자유(刺楡)가 더욱 맛이 있다는 사실을 나타낸다. 아래문장에서는 "명사(命士) 중 부모와 자식이 다른 건물에 거주하는 경우, 동이 틀 때 아침 문안인사를 드린다."[20]라고 했으니, 이곳의 내용은 명(命)의 등급을 받지 못한 사(士)에 대한 것으로, 그들이 부모 및 시부모가 계신 곳에 찾아갈 때에는 동이 트기 이전에 가는 것이다. 또 아래문장에서는 "명사로부터 그 이상의 등급은 동이 트면 아침 문안인사를 드리고, 맛있는 음식을 바친다."라고 했고, "해가 떨어지면 저녁 문안인사를 드리고, 맛있는 음식을 바친다."라고 했으니, 이곳의 내용은 명(命)의 등급을 받지 못한 사(士) 중 부모와 같은 건물에 사는 자에게 해당하니, 이러한 자들이 부모가 계신 곳에 갈 때에는 정해진 때가 없으므로, 단지 아침과 저녁으로 국한될 수 없는 것이다. 만약 해가 떨어진 후 맛있는 음식을 바친다면, 이 또한 마땅히 명사(命士)와 동일하게 하는 것인데, 이곳에서 이러한 내용을 언급하지 않은 것은 문장을 생략해서 기록했기 때문이다.

20) 『예기』「내칙」【348b】: 由命士以上, 父子皆異宮. 昧爽而朝, 慈以旨甘; 日出而退, 各從其事; 日入而夕, 慈以旨甘.

## • 제 5 절 •

### 청소년이 부모를 섬기는 법도

【347d】

男女未冠笄者, 鷄初鳴, 咸盥漱, 櫛縰, 拂髦, 總角, 衿纓, 皆佩容臭. 昧爽而朝, 問何食飮矣, 若已食則退, 若未食則佐長者視具.

**직역** 男女 중 冠笄를 未한 者는 鷄가 初鳴하면, 咸히 盥漱하고, 櫛縰하며, 髦를 拂하고, 總角하며, 衿纓하니, 皆히 容臭를 佩한다. 昧爽하여 朝하여, 何를 食飮인가 問하고, 若히 已이 食하면 退하고, 若히 食을 未하면 長者를 佐하여 具를 視한다.

**의역** 남녀 중 아직 관례(冠禮)나 계례(笄禮)를 치르지 않은 자는 닭이 새벽에 처음으로 울면, 모두 일어나서 손을 씻고 양치질을 하고, 머리를 빗고 쇄(縰)를 착용하며, 머리다발을 털어서 먼지를 제거하고, 머리카락을 묶어서 뿔처럼 만들며, 금영(衿纓)을 하니, 남녀 모두 향기를 내는 물건을 허리에 차게 된다. 아직 동이 터 오르기 이전에 아침 문안인사를 드려서, 어떤 음식을 드시고 싶은가를 여쭙고, 만약 이미 식사를 끝냈다면 물러나고, 만약 아직 식사를 끝내지 않았다면, 나이가 많은 자를 도와서 음식 갖추는 것을 살펴본다.

**集說** 總角, 總聚其髮而結束之爲角, 童子之飾也. 容臭, 香物也, 助爲形容之飾, 故言容臭. 以纓佩之, 後世香囊, 卽其遺制. 昧, 晦也. 爽, 明也. 昧爽, 欲明未明之時.

**번역** '총각(總角)'은 머리카락을 한데 모아서, 결속을 하여, 뿔처럼 모양을 만드니, 어린아이들이 하는 머리모양이다. '용취(容臭)'는 향기를 내는 물건으로, 겉모습을 장식하는데 도움을 준다. 그렇기 때문에 '용취(容臭)'라고 부르는 것이다. 영(纓)을 이용해서 차게 되는데, 후대에 사용하고 있는 향낭(香囊)이 곧 그것의 남겨진 제도이다. '매(昧)'자는 "어둡다[晦]."는 뜻이다. '상(爽)'자는 "밝다[明]."는 뜻이다. 따라서 '매상(昧爽)'이라는 말은 동이 터 오르려고 하지만, 아직 밝지 않은 시기를 뜻한다.

**大全** 嚴陵方氏曰: 後言男角女羈, 此兼男女而止曰角者, 擧男以該之也. 臭謂香物, 若蘭茝之屬, 不佩用而止佩臭者, 示未能卽事也. 具謂膳具, 幼者於視膳之事, 未能專之也, 特可以佐長者而已.

**번역** 엄릉방씨가 말하길, 아래문장에서는 "남자는 각(角)을 하고, 여자는 기(羈)를 한다."[1]라고 했는데, 이곳에서는 남녀를 함께 언급하면서도, 단지 '각(角)'이라고 말한 것은 남자를 기준으로 풀이를 했기 때문이다. '취(臭)'는 향기를 내는 물건이니, 마치 난채(蘭茝)와 같은 부류인데, 용(用)을 찬다고 하지 않고, 단지 취(臭)만 찬다고 한 것은 아직 일들을 처리할 수 없음을 나타내기 위해서이다. '구(具)'는 음식을 갖춘 것을 뜻하니, 어린아이들은 음식 갖추는 것을 살펴보는 것에 있어서, 아직은 전적으로 담당을 할 수 없고, 단지 나이가 많은 자를 도울 수만 있을 따름이다.

**大全** 朱子曰: 註言佩容臭爲迫尊者, 蓋爲恐身有穢氣觸尊者, 故佩香物也.

**번역** 주자가 말하길, 정현의 주에서는 용취(容臭)를 찬다는 것은 존귀한 자를 가까이 하는 자가 하는 것이라고 했는데, 아마도 자신의 몸에서 풍기는 더러운 냄새가 존귀한 자에게 풍길 것을 염려했기 때문에, 향기가 나는 물건을 차게 되는 것이다.

**鄭注** 總角, 收髮結之. 容臭, 香物也, 以纓佩之, 爲迫尊者, 給小使也. 後成

---

1) 『예기』「내칙」【365a~b】: 三月之末, 擇日翦髮爲鬌, <u>男角, 女羈</u>. 否則男左女右.

人也. 具, 饌也.

**번역** '총각(總角)'은 머리카락을 모아서 묶는다는 뜻이다. '용취(容臭)'는 향기를 내는 물건이니, 영(纓)을 이용해서 차게 되고, 존귀한 자를 가까이 하는 자가 차니, 잡무를 맡아보는 미천한 자들에게 준다. 동이 틀 무렵에 문안인사를 드리는 것은 성인(成人)인 자들보다 뒤에 하기 위해서이다. '구(具)'자는 음식들을 뜻한다.

**釋文** 冠, 古亂反. 爲迫, 于僞反. 朝, 直遙反, 下"而朝"同. 後, 如字, 徐胡豆反, 下同.

**번역** '冠'자는 '古(고)'자와 '亂(란)'자의 반절음이다. '爲迫'에서의 '爲'자는 '于(우)'자와 '僞(위)'자의 반절음이다. '朝'자는 '直(직)'자와 '遙(요)'자의 반절음이며, 아래문장에 나오는 '而朝'에서의 '朝'자도 그 음이 이와 같다. '後'자는 글자대로 읽는데, 서음(徐音)은 '胡(호)'자와 '豆(두)'자의 반절음이고, 아래문장에 나오는 글자도 그 음이 이와 같다.

**孔疏** ●"男女"至"視具". ○正義曰: 此一節論未冠笄者事親之禮.

**번역** ●經文: "男女"~"視具". ○이곳 문단은 아직 관례(冠禮)나 계례(笄禮)를 치르지 않은 자가 부모를 섬기는 예법에 대해서 논의하고 있다.

**孔疏** ◎注"容臭"至"使也". ○正義曰: 臭謂芬芳, 臭物謂之容者, 庾氏云: "以臭物可以脩飾形容, 故謂之容臭. 以纓佩之者, 謂纓上有香物也."

**번역** ◎鄭注: "容臭"~"使也". ○'취(臭)'자는 향기로운 냄새를 뜻하는데, 향기를 내는 물건에 '용(容)'자를 붙여서 부르고 있다. 그 이유에 대해 유울[2]은 "향기가 나는 물건으로는 겉모습을 장식할 수 있다. 그렇기 때문

2) 유울(庾蔚, ?~?) : =유씨(庾氏). 남조(南朝) 때 송(宋)나라 학자이다. 저서로는 『예기약해(禮記略解)』, 『예론초(禮論鈔)』, 『상복(喪服)』, 『상복세요(喪

에 '용취(容臭)'라고 부르는 것이다. '영(纓)을 이용해서 찬다.'는 말은 영(纓) 위에 향기가 나는 물건을 단다는 뜻이다."라고 했다.

**集解** 愚謂: 下文言"孺子蚤起", 則此"男女未冠笄"謂十年以上者, 十年出就外傅, 學幼儀, 則其習此禮宜矣. 容臭, 謂爲小囊以容受香物也. 昧, 暗也. 爽, 明也. 昧爽, 謂天將明而未明時也. 昧爽而朝, 視成人差後也.

**번역** 내가 생각하기에, 아래문장에서는 "어린아이는 날이 밝으면 일어난다."라고 했으니, 이곳에서 '남녀 중 아직 관례(冠禮)와 계례(笄禮)를 치르지 않은 자'라고 한 말은 10살 이상이 된 자를 뜻하는데, 10살이 되면, 집을 벗어나서 외부에 있는 스승을 찾아가게 되며, 어린아이가 따라야 하는 의례를 익히니, 그들이 익히는 것은 바로 이곳에서 언급하는 예(禮)에 해당한다. '용취(容臭)'는 작은 주머니를 이용해서 향기가 나는 물건을 담은 것이다. '매(昧)'자는 "어둡다[晦]."는 뜻이다. '상(爽)'자는 "밝다[明]."는 뜻이다. 따라서 '매상(昧爽)'이라는 말은 하늘이 장차 밝아지려고 하지만, 아직 밝아지지 않았을 때를 뜻한다. 동이 틀 무렵에 아침 문안인사를 드리는 것은 성인(成人)에 비해서 조금 늦게 드리는 것이다.

---

服世要)』, 『상복요기주(喪服要記注)』 등을 남겼다.

## • 제 6 절 •

### 기타 계층의 부모를 섬기는 법도

【348a】

凡히 內外는 鷄가 初鳴하면, 咸히 盥漱하고, 衣服하며, 枕簟을 斂하고, 室堂 및 庭을 灑埽하며, 席을 布하고, 各히 그 事에 從한다. 孺子는 蚤寢하고 晏起하며, 唯히 欲한 所를 食함에 時가 無라.

**직역** 凡內外, 鷄初鳴, 咸**盥**漱, 衣服, 斂枕**簟**, **灑埽**室堂及庭, 布席, 各從其事. 孺子蚤寢晏起, 唯所欲, 食無時.

**의역** 무릇 집 안팎의 사람들은 닭이 처음 울면, 모두 일어나서 손을 씻고 양치질을 하고, 의복을 착용하며, 베개와 잠자리를 거두고, 실(室)과 당(堂) 및 마당에 물을 뿌려서 쓸며, 그런 뒤에 자리를 펴두고, 각각 자신의 일에 종사한다. 어린아이는 일찍 잠자리에 들고 늦게 일어나며, 오직 자신이 먹고 싶어 하는 것을 먹는데, 정해진 시기가 없다.

**集說** 古人枕席之具, 夜則設之, 曉則斂之, 不以私褻之用示人也.

**번역** 고대인은 잠자리의 도구들을 밤이 되면 설치했고, 깨어나면 거두었으니, 개인이 친근하게 사용하는 것들을 남에게 보여주지 않았기 때문이다.

**大全** 嚴陵方氏曰: 斂, 則收而藏之, 必斂枕簟, 則以晝夜異用故也. 灑掃, 則用水以斂塵而去之, 室堂及庭, 則自內以及外也. 布席, 則所以待尊者之行事. 各從其事, 若女服事於內, 男服事于外之類, 是矣. 早寢, 則未與乎日入之夕, 起晏, 則未與乎昧爽之朝. 唯所欲食無時, 則以弱而未勝其制節, 且養之, 不可不備也.

**번역** 엄릉방씨가 말하길, '염(斂)'은 거둬서 보관하는 것인데, 반드시 베개와 잠자리를 거두는 것은 낮과 밤에 사용하는 것이 다르기 때문이다. '쇄소(灑掃)'는 물을 이용해서 먼지를 적셔서 제거하는 것이며, 실(室)과 당(堂)을 쓸어서 마당으로 간다면, 안쪽에서부터 바깥쪽으로 청소하는 것이다. 자리를 펴두는 것은 존귀한 자가 일을 보는 것을 대비하기 위해서이다. 각자 자신의 일에 종사한다고 했는데, 여자의 경우라면 집안일에 종사하고, 남자의 경우라면 바깥일에 종사하는 등의 부류가 여기에 해당한다. 일찍 잔다면, 해가 떨어지면 저녁 문안인사를 드리는 일에 아직까지는 참여하지 않는 것이며, 늦게 일어난다면, 동틀 무렵에 아침 문안인사를 드리는 일에 아직까지는 참여하지 않는 것이다. 오직 먹고 싶은 음식들을 정해진 시기 없이 먹는 것은 몸이 유약하여, 제도와 절차를 감당할 수 없기 때문이며, 또한 어린아이를 보살피는 일에 있어서도, 모든 것을 갖추지 않을 수가 없는 것이다.

**鄭注** 斂枕簟者, 不使人見己褻者. 簟, 席之親身也. 又後未成人者, 孺子, 小子也.

**번역** 베개와 잠자리를 거둔다는 것은 다른 사람들로 하여금 자신이 친근하게 사용하는 것들을 보지 못하도록 하는 것이다. '점(簟)'은 자리[席] 중에서도 신체와 직접 닿는 것이다. 일찍 자고 늦게 일어난다면, 이것은 또한 아직 성인(成人)이 되지 못한 자보다도 늦게 하는 것으로, '유자(孺子)'는 매우 어린아이들을 뜻한다.

**釋文** 衣, 如字, 又於旣反. 簟, 徒玷反. 灑, 本又作洒, 所買反, 又所賣反. 埽, 素報反. 孺, 如樹反. 蚤音早.

**번역** '衣'자는 글자대로 읽으며, 또한 '於(어)'자와 '旣(기)'자의 반절음도 된다. '簟'자는 '徒(도)'자와 '玷(점)'자의 반절음이다. '灑'자는 판본에 따라서 또한 '洒'자로도 기록하고, 그 음은 '所(소)'자와 '買(매)'자의 반절음이고, 또한 '所(소)'자와 '賣(매)'자의 반절음도 된다. '埽'자는 '素(소)'자와 '報(보)'자의 반절음이다. '孺'자는 '如(여)'자와 '樹(수)'자의 반절음이다. '蚤'자의 음은 '早(조)'이다.

**孔疏** ●"凡內"至"無時". ○正義曰: 此一經總論子婦之外卑賤之人, 爰及僕隸之等, 故云"斂枕簟, 灑掃室堂及庭, 布席" 之屬.

**번역** ●經文: "凡內"~"無時". ○이곳 경문은 자식이나 며느리 외의 신분이 미천한 자들 및 종 등이 시행하는 일들에 대해서 총괄적으로 논의하고 있다. 그렇기 때문에 "베개와 잠자리를 거두고, 실(室)과 당(堂) 및 마당에 물을 뿌려서 쓸고, 자리를 펴둔다."는 등의 말을 한 것이다.

**訓纂** 說文: 枕, 臥所薦首者.

**번역** 『설문해자』에서 말하길, '침(枕)'은 누웠을 때, 머리를 받치는 물건이다.

**訓纂** 方言: 簟, 自關而西或謂之簟.

**번역** 『방언』에서 말하길, 잠자리[簟]의 경우, 관(關) 땅으로부터 서쪽 지역에서는 간혹 '점(簟)'이라고 부르기도 한다.

**集解** 愚謂: 凡內外, 謂尊卑長幼莫不皆然也. 枕·簟親身之物, 斂之者, 爲其褻露, 且避塵汚也. 灑埽室堂及庭, 內外皆徧灑埽之也. 自室及堂, 自堂及庭, 先後之序也. 布席, 布坐席也. 各從其事, 內治內事, 外治外事也.

**번역** 내가 생각하기에, '범내외(凡內外)'라는 말은 신분의 차이나 나이의 차이에 상관없이 모두 이처럼 한다는 뜻이다. 베개와 잠자리는 신체와 직접 접촉하는 물건인데, 그것을 거두는 것은 친근하게 사용되는 물건이 남에게 보이기 때문이며, 또한 먼지가 묻거나 더러워지는 것을 피하기 위해서이다. 실(室)과 당(堂)에 물을 뿌려서 청소하고, 마당에까지 도달한다면, 집 안팎 모두에 대해서 두루 물을 뿌려서 청소를 하는 것이다. 실(室)부터 당(堂)까지 청소하고, 당(堂)부터 마당까지 청소하는 것은 선후의 순서이다. '포석(布席)'은 앉는 자리를 편다는 뜻이다. 각각 그 일에 종사한다는 것은 내적으로 집안일을 다스리고, 외적으로 바깥일을 다스린다는 뜻이다.

**【348b】**

**由命士以上, 父子皆異宮. 昧爽而朝, 慈以旨甘; 日出而退, 各從其事; 日入而夕, 慈以旨甘.**

**직역** 命士로 由하여 上은 父子가 皆히 宮을 異한다. 昧爽하여 朝하고, 慈하길 旨甘으로써 하고; 日出하여 退하면, 各히 그 事에 從하며; 日入하여 夕하고, 慈하길 旨甘으로써 한다.

**의역** 명사(命士)로부터 그 이상의 계급은 부모와 자식이 모든 경우에 있어서, 다른 건물에 각각 거처한다. 이러한 경우 동이 틀 무렵에 아침 문안인사를 드리고, 감미로운 맛을 내는 음식을 통해 부모를 친애하는 마음을 드러내고, 해가 떠오르면 물러가서, 각자 자신의 일에 종사하며, 해가 저물면 저녁 문안인사를 드리고, 감미로운 맛을 내는 음식을 통해 부모를 친애하는 마음을 드러낸다.

**集說** 慈, 愛也. 謂敬愛其親, 故以旨甘之味致其愛. 各從其事者, 各治其所當爲之事也. 晩朝爲夕.

**번역** '자(慈)'자는 "친애하다[愛]."는 뜻이다. 즉 부모를 공경하고 친애한다는 의미이다. 그렇기 때문에 감미로운 맛을 내는 맛있는 음식으로 부모를 친애하는 마음을 지극히 나타내는 것이다. "각각 그 일에 종사한다."

는 말은 각자 담당해야 하는 일들을 처리한다는 뜻이다. 저녁에 문안인사를 드리는 것을 '석(夕)'이라고 한다.

**集說** 鄭氏曰: 異宮, 崇敬也.

**번역** 정현이 말하길, 건물을 달리해서 거주하는 것은 존숭하고 공경하기 때문이다.

**大全** 張子曰: 古者, 有東宮西宮, 有南宮北宮, 異宮而同財, 此禮亦可行. 古人慮遠目下, 雖似相疏, 其實如此, 乃能久相親. 蓋數十百口之家, 自是飮食衣服難爲得一, 故太庖則同之, 小庖則異之, 不爲害. 又異宮, 乃容子得伸其私, 所以避子之私也.

**번역** 장자[1]가 말하길, 고대에는 동궁(東宮)과 서궁(西宮)이 있었고, 남궁(南宮)과 북궁(北宮)이 있어서, 건물을 달리했지만, 재산을 공유하였으니, 이러한 예(禮) 또한 시행할 수 있었던 것이다. 고대인들은 눈에서 멀어지는 것을 염려했는데, 건물을 달리하는 것은 비록 서로 소원해지는 것 같지만, 실제로는 이와 같았으므로, 오래도록 서로 친근하게 지낼 수 있었던 것이다. 무릇 수십여 명이나 수백여 명이 사는 집이라면, 음식이나 의복 등에 대해서 통일시키기가 어렵다. 그렇기 때문에 큰 부엌은 함께 사용하고, 작은 부엌은 따로 사용하더라도, 해가 되지 않았던 것이다. 또한 건물을 달리해서 거주한다면, 자식이 개인적인 정감을 펼칠 수 있도록 포용하는 것으로, 곧 자식의 사적인 공간을 피해주는 방법이 된다.

**大全** 嚴陵方氏曰: 尊卑之際辨則敬, 同則褻, 故父子坐不同席, 居必異宮,

---

1) 장재(張載, A.D.1020～A.D.1077) : =장자(張子)·장횡거(張橫渠). 북송(北宋) 때의 유학자이다. 북송오자(北宋五子) 중 한 사람으로 칭해진다. 자(字)는 자후(子厚)이다. 횡거진(橫渠鎭) 출신으로, 이곳에서 장기간 강학을 했기 때문에 횡거선생(橫渠先生)으로 일컬어지기도 한다.

所以致其敬也. 然責貴者, 其禮宜詳, 責賤者, 其禮宜略, 故由命士以上, 然後父子異宮也. 周官典命子男之士不命, 則士固有不命者矣. 朝見曰朝, 夕見曰夕, 昧爽而朝, 則晨省之禮也, 日入而夕, 則昏定之禮也.

**번역** 엄릉방씨가 말하길, 신분의 차이에 있어서, 둘 사이를 구별하게 된다면 공경하게 되고, 동일하게 취급하면 너무 익숙하게 여긴다. 그렇기 때문에 부친과 자식이 앉을 때에는 같은 자리에 앉지 않는 것이니,[2] 거주할 때 반드시 건물을 달리해서 거주하는 것은 공경함을 지극히 나타내는 방법이 된다. 그러나 존귀한 자에게 책임을 부가할 때, 그에게 적용되는 예법은 마땅히 상세하게 되며, 미천한 자에게 책임을 부가할 때, 그에게 적용되는 예법은 마땅히 소략하게 된다. 그렇기 때문에 명사(命士)로부터 그 이상의 등급이 된 연후에야, 부자관계에서 건물을 달리해서 거주하는 것이다. 『주례』「전명(典命)」편에서는 자작과 남작에게 소속된 사(士)는 불명(不命)이라고 했으니,[3] 사(士) 계급에는 진실로 명(命)의 등급을 받지 못한 자도 있었던 것이다. 아침에 찾아뵈며 문안인사를 드리는 것을 '조(朝)'라고 부르고, 저녁에 찾아뵈며 문안인사를 드리는 것을 '석(夕)'이라고 부르는데, 동이 틀 무렵에 아침 문안인사를 드린다면, 밤 동안 별고가 없는지를 살피는 예(禮)가 되고, 해가 떨어질 무렵에 저녁 문안인사를 드린다면, 잠자리를 살피는 예(禮)가 된다.

**大全** 長樂劉氏曰: 不有旨甘以達其慈, 則曷異於無祿也?

**번역** 장락유씨가 말하길, 감미로운 맛을 내는 음식으로 부모를 친애하는 마음을 드러냄이 없다면, 어찌 녹봉이 없는 자들과 달리 모실 수 있겠는가?

**鄭注** 異宮, 至敬也. 慈, 愛敬進之. 日出乃從事, 食祿不免[4]農也.

---

2) 『예기』「곡례상(曲禮上)」【24b】: 父子不同席.

3) 『주례』「춘관(春官)·전명(典命)」: 子男之卿再命, 其大夫一命, <u>其士不命</u>, 其宮室·車旗·衣服·禮儀, 各視其命之數.

4) '면(免)'자에 대하여. 『십삼경주소(十三經注疏)』 북경대 출판본에서는 "혜동

**번역** 다른 건물에 거주하는 것은 공경함을 지극히 나타내기 위해서이다. '자(慈)'자는 친애하고 공경하는 마음으로 음식을 바친다는 뜻이다. 해가 떠오르면 곧 자신의 일에 종사하니, 명사(命士)들은 녹봉을 받지만, 농사일에서 면제되지는 않기 때문이다.

**釋文** 士以上, "以"或作"已"; 上, 時掌反, 後放此.

**번역** '士以上'에서의 '以'자를 '已'자로도 기록하며; '上'자는 '時(시)'자와 '掌(장)'자의 반절음이고, 뒤에 나오는 글자들도 모두 이에 따른다.

**孔疏** ●"由命"至"旨甘". ○正義曰: 此一經論命士以上事親, 異於命士以下之禮.

**번역** ●經文: "由命"~"旨甘". ○이곳 경문은 명사(命士) 이상의 계급이 부모를 섬길 때에는 명사 이하의 계급이 시행하는 예법과는 달리한다는 사실을 논의하고 있다.

**集解** 程子曰: 命士以上, 愈貴則愈嚴, 故異宮, 猶今有逐位, 非如異居也.

**번역** 정자가 말하길, 명사(命士) 이상의 계층에 있어서, 지위가 존귀해지면, 그만큼 엄격해진다. 그렇기 때문에 건물을 달리 쓰는 것이니, 마치 오늘날 위치를 뒤로 물리는 경우와 같은 것이지만, 다른 곳에 거처하는 것은 아니다.

---

(惠棟)의 『교송본(校宋本)』, 『송감본(宋監本)』·『악본(岳本)』·『가정본(嘉靖本)』, 위씨(衛氏)의 『집설(集說)』, 『고문(考文)』에서 인용하고 있는 『보본(補本)』·『족리본(足利本)』에서는 동일하게 기록하고 있고, 『고본(古本)』에서는 '면(勉)'자로 기록하였고, 『민본(閩本)』·『감본(監本)』·『모본(毛本)』에서는 '황(荒)'자로 잘못 기록하였다."라고 했다.

**集解** 愚謂: 宮, 謂牆垣之所周也. 凡言"宮", 有據牆之起乎大門而北周者, 若昏義"祖廟未毁, 教於公宮", 詩"于以用之, 公侯之宮", 周禮小宰"掌宮刑", 宮正"掌王宮之戒令糾禁", 是也. 有指牆之起乎寢門而北周者, 若喪服傳"有死於宮中者, 則爲之三月不擧祭", 公羊傳"群公子之宮則已卑矣", 是也. 父子異宮, 謂牆之起乎寢門而北周者也. 姑以大夫士言之: 大門之內爲正寢門, 正寢之後爲燕寢, 燕寢之後爲妻之正寢, 其旁爲側室. 自燕寢以後, 雖各有門, 而正寢之門實北遶而周乎其外. 不命之士, 其子之寢室亦別有門, 而包乎父之正寢門之內, 故謂之同宮; 命士父子各有寢門, 故謂之異宮. 異宮則父子之寢各有正寢·燕寢·側室之屬, 而其制備; 同宮則唯父備有此制, 而其子或唯有燕寢及妻之寢而已, 而其制簡. 昧爽而朝, 視不命之士稍晏也. 不命之士賤, 於父母抑·搔·沃·盥之事皆親之, 故其朝宜蚤; 命士旣貴, 其父母猥辱之事蓋僕御供之, 故其朝可稍晏也. 慈以旨甘, 卽上節所言"棗·栗·飴·蜜"諸物也, 但命士之物或當更備耳. 日出而退, 視朝膳而退也. 退則各治其官事. 人君日出視朝, 此命士日出猶得侍親者, 疑人君視朝, 惟卿大夫及一官之長則每日皆朝, 餘則不必然. 唐宋官制, 有常參·九參·六參之別, 意古制亦如此爾. 日入又夕, 每日再朝也. 不命之士, 在父母之所無時, 命士父子異宮, 則其體嚴敬, 故其朝限以二時, 自此以上以至於世子之事親皆然, 世子記言"朝夕至於大寢之門外", 是也. 日入而夕, 則當問親之夕膳, 而又慈以旨甘, 此又在夕食之後者也.

**번역** 내가 생각하기에, '궁(宮)'은 담장이 주변을 두르고 있는 건물을 뜻한다. 무릇 '궁(宮)'이라고 말한 것 중에는 담장이 대문(大門)에 연이어서 생겨나서, 북쪽으로 두르게 된다는 것에 기준을 두고 쓴 말도 있으니, 마치 『의례』「사혼례(士昏禮)」편에서 "조묘(祖廟)를 아직 허물지 않았다면, 공궁(公宮)에서 가르친다."[5]라고 말하며, 『시』에서 "이에 그것을 사용하길, 군주의 궁(宮)에서 한다."[6]라고 말하고, 『주례』「소재(小宰)」편에서 "궁(宮)에 대한 형벌을 담당한다."[7]라고 말하며, 『주례』「궁정(宮正)」편에서 "왕궁

---

5) 『의례』「사혼례(士昏禮)」: 女子許嫁, 笄而醴之稱字. 祖廟未毁, 教于公宮三月. 若祖廟已毁, 則教于宗室.

6) 『시』「소남(召南)·채번(采蘩)」: 于以采蘩, 于澗之中. 于以用之, 公侯之宮.

(王宮)에서 지켜야 하는 주의 사항 및 금령에 대해서 담당한다."[8]라고 한 말과 같으니, 이때의 '궁(宮)'이 바로 이것을 가리킨다. 또한 담장이 침문(寢門)[9]에 연이어서 생겨나서, 북쪽으로 두르게 된다는 것에 기준을 두고 쓴 말도 있으니, 마치 『의례』「상복(喪服)」편의 전문(傳文)에서 "궁(宮) 안에서 죽은 자가 있다면, 그를 위해서는 3개월 동안 제사를 지내지 않는다."[10]라고 말하고, 『공양전』에서 "뭇 공자(公子)들의 궁(宮)은 이미 그 지위가 낮다."[11]라고 한 말과 같으니, 이때의 '궁(宮)'이 바로 이것을 가리킨다. "부모와 자식이 궁(宮)을 달리한다."라고 했을 때의 '궁(宮)'은 담장이 침문(寢門)에 연이어서 생겨나서, 북쪽으로 두르게 되는 것을 가리킨다. 잠시 대부(大夫)와 사(士)의 계층을 기준으로 말을 해본다면, 대문(大門) 안은 정침(正寢)[12]의 문에 해당하고, 정침 뒤에는 연침(燕寢)[13]이 있으며, 연침 뒤에는 처의 정침이 있고, 그 곁에는 측실(側室)이 있게 된다. 연침으로부터 그 뒤

---

7) 『주례』「천관(天官)·소재(小宰)」: 小宰之職, 掌建邦之宮刑, 以治王宮之政令, 凡宮之糾禁.

8) 『주례』「천관(天官)·궁정(宮正)」: 宮正掌王宮之戒令·糾禁.

9) 침문(寢門)은 침문(寑門)이라고도 부른다. 노문(路門)을 가리킨다. '노문'은 궁실(宮室)의 건축물 중에서도 가장 안쪽에 있었던 정문을 뜻하는데, 여러 문들 중에서도 노침(路寢)과 가장 가까운 위치에 있었기 때문에, '노문'이라는 명칭이 생겼다. '침문'이라는 용어 또한 '노침'에 가까이 있었기 때문에 붙여진 명칭이다. 한편 가장 안쪽에 있었던 정문이었으므로, '침문'을 내문(內門)이라고도 부른다.

10) 『의례』「상복(喪服)」: 有死於宮中者, 則爲之三月不擧祭, 因是以服緦也.

11) 『춘추공양전』「장공(莊公) 1년」: 於路寢則不可, 小寢則嫌, 群公子之舍, 則以卑矣. 其道必爲之改築者也.

12) 정침(正寢)은 노침(路寢)과 같은 말이다. 또한 정전(正殿)이라고도 불렀다. 군주가 정무를 처리하던 장소이다. 천자에게는 6개의 침(寢)이 있었는데, 가장 앞쪽에 있는 1개의 침이 바로 정침(正寢)이 되고, 나머지는 5개의 침은 연침(燕寢)이 된다.

13) 연침(燕寢)은 본래 천자 및 제후들이 휴식을 취하던 장소를 가리킨다. 천자에게는 6개의 침(寢)이 있었는데, 앞쪽에 있는 1개의 침은 정전(正寢)으로, 이것을 노침(路寢)이라고 부르며, 뒤쪽에 있는 다섯 개의 침을 통칭하여, '연침'이라고 부른다. 『예기』「곡례하(曲禮下)」편에는 "天子有后, 有夫人"이라는 기록이 있는데, 이에 대한 공영달(孔穎達)의 소(疏)에서는 "周禮王有六寢, 一是正寢, 餘五寢在後, 通名燕寢."이라고 풀이하였다.

의 건물들은 비록 각각 문이 달려 있지만, 정침의 문은 실제로 북쪽으로 두르고 있으며, 그 바깥을 모두 두르고 있다. 명(命)의 등급을 받지 못한 사(士)의 경우, 그의 자식이 사용하는 침실(寢室) 또한 별도의 문을 가지고 있지만, 부친이 사용하는 정침의 문 안에 포함되어 있다. 그렇기 때문에 "궁(宮)을 함께 한다."라고 말한 것이다. 반면 명사(命士)에게 있어서, 부모와 자식은 각각 침문(寢門)을 갖게 된다. 그렇기 때문에 "궁(宮)을 달리한다."라고 말한 것이다. 궁(宮)을 달리한다면, 부모와 자식이 사용하는 침(寢)에는 각각 정침(正寢) · 연침(燕寢) · 측실(側室) 등의 건물들이 있게 되어, 그 제도도 상세하게 갖춰지게 된다. 반면 궁(宮)을 함께 쓰게 된다면, 오직 부친의 경우에만 이러한 제도를 상세하게 갖추게 되고, 자식의 경우에는 오직 연침(燕寢) 및 처의 침(寢)만 있었을 것이고, 그 제도도 간략했을 것이다. "동이 틀 때 아침 문안인사를 드린다."고 한 말은 명(命)의 등급을 받지 못한 사(士)와 견주었을 때, 조금 늦은 시간이 된다. 명(命)의 등급을 받지 못한 사(士)는 신분이 미천하여, 부모에 대해서, 문지르고, 긁으며, 물을 따르고, 손을 씻도록 하는 일들을 모두 직접 하게 된다. 그렇기 때문에 아침 문안인사를 드리는 경우에도 마땅히 더 일찍 시행해야만 하는 것이다. 그러나 명사는 그 신분이 이미 존귀해진 것이고, 부모를 보살피는 일들도 아마 종들이 하게 될 것이다. 그렇기 때문에 아침 문안인사를 드릴 때에도 조금 늦게 할 수 있는 것이다. "감미로운 음식으로써 친애함을 다한다."는 것은 곧 앞의 문장에서 말한 '대추 · 밤 · 엿 · 꿀' 등의 여러 사물들을 가리키는 것인데, 다만 명사가 사용하는 재료들은 마땅히 좀 더 많이 갖춰야만 했을 따름이다. "해가 뜨면 물러난다."는 말은 아침에 올리는 음식들을 살펴본 뒤에 물러난다는 뜻이다. 물러나게 되면 각자 그들이 맡고 있는 관부의 일들을 처리한다. 군주의 경우 해가 뜨면 조정에 참관하는데, 이곳에서 명사들이 해가 떠올라도, 여전히 부친의 시중을 들 수 있다고 한 것은 아마도 군주가 조정에 참관할 때, 오직 경(卿)과 대부(大夫) 및 한 관부의 수장만이 매일 조정에 참석하게 되고, 나머지 관리들의 경우에는 반드시 그렇게 할 필요가 없었기 때문이다. 당(唐)나라와 송(宋)나라의 관직 제도에 있어서는 항상 참석하고, 1달에 9차례 참석하며, 1달에 6차례 참석하는 등의 구별을 두었는데, 아마도 고대의 제도 또한 이와 같았을 것이다. 해가 떨어지면 또한 저녁 문안인사를 드리는데, 이것은 매일 두 차례 문안인사를 드리는 것을 나타낸다. 명(命)의 등급을 받지 못한 사(士)는 부모가 계신 장소에 수시로 가게 되지만, 명사들은 부모와 자식이 건물을 달리해서 거주하게 되므로, 몸가짐을 더욱 엄격하고 공경스럽게 다듬어야 한다. 그렇기 때문에 문안인사를 드리는 것도 두 시기로 제한을 두었던 것이니, 이로부터 그 이상으로 세자가 부모를 섬기는 일에 있어서도 모두 이처럼 했다. 그래서 「세자기(世子記)」에서는 "아침저녁으로만 대침(大寢)[14]의 문밖으로 간다."[15]라고 한 것이다. "해가 떨어지면 저녁 문안인사를 드린다."라고 했다면, 마땅히 부친이 저녁에 드실 음식들에 대해서도 여쭤봐야 하고, 또한 감미로운 음식들로 친애하는 마음을 지극히 나타내야 하는데, 이것은 또한 저녁식사를 한 이후에 시행하는 일이다.

14) 대침(大寢)은 노침(路寢)을 뜻한다. 천자나 제후가 정무(政務)를 처리하던 곳이다. 『주례』「하관(夏官)·태복(太僕)」편에는 "建路鼓于大寢之門外, 而掌其政."이라는 기록이 있고, 이에 대한 정현의 주에서는 "大寢, 路寢也."라고 풀이했다.

15) 『예기』「문왕세자(文王世子)」【264a~b】: 世子之記曰, 朝夕至于大寢之門外, 問於內豎曰, "今日安否何如?" 內豎曰, "今日安." 世子乃有喜色. 其有不安節, 則內豎以告世子, 世子色憂不滿容. 內豎言復初, 然後亦復初.

그림 6-1 ▣ 신하들의 명(命) 등급

| | 천자(天子) 신하 | 대국(大國) 신하 | 차국(次國) 신하 | 소국(小國) 신하 |
|---|---|---|---|---|
| 9명(九命) | 상공(上公=二伯)<br>하(夏)의 후손<br>은(殷)의 후손 | | | |
| 8명(八命) | 삼공(三公)<br>주목(州牧) | | | |
| 7명(七命) | 후작[侯]<br>백작[伯] | | | |
| 6명(六命) | 경(卿) | | | |
| 5명(五命) | 자작[子]<br>남작[男] | | | |
| 4명(四命) | 부용군(附庸君)<br>대부(大夫) | 고(孤) | | |
| 3명(三命) | 원사(元士=上士) | 경(卿) | 경(卿) | |
| 2명(再命) | 중사(中士) | 대부(大夫) | 대부(大夫) | 경(卿) |
| 1명(一命) | 하사(下士) | 사(士) | 사(士) | 대부(大夫) |
| 0명(不命) | | | | 사(士) |

◎ 『예기』와 『주례』의 기록에는 다소 차이가 있다.

※ **참조:** 『주례』「춘관(春官) · 전명(典命)」 및 『예기』「왕제(王制)」

# • 제7절 •

## 부모 및 시부모를 섬기는 법도 II

【348c】

**父母舅姑將坐, 奉席請何鄕; 將衽, 長者奉席請何趾, 少者執牀與坐, 御者擧几, 斂席與簟, 縣衾, 篋枕, 斂簟而襡之.**

**직역** 父母와 舅姑가 將히 坐함에, 席을 奉하여 何鄕을 請하고; 將히 **衽**함에, 長者는 席을 奉하여 何趾를 請하고, 少者는 牀을 執하여 與히 坐하며, 御者는 **几**를 擧하고, 席과 **簟**을 斂하며, 衾을 縣하고, 枕을 **篋**하며, **簟**을 斂하여 **襡**한다.

**의역** 부모와 시부모가 장차 앉으려고 할 때에는 앉을 자리를 받들고서, 어느 방향으로 자리를 펴야 하는지를 묻는다. 또한 누울 자리를 다시 바꾸려고 한다면, 나이가 많은 자는 자리를 받들고서 다리를 어느 방향으로 두실 지를 묻고, 나이가 어린 자는 몸을 편안하게 하는 상(牀)을 들고 가서 부모 및 시부모에게 앉을 자리를 마련해드리며, 시중을 드는 자는 몸을 기댈 수 있는 안석을 들고 나아가고, 눕는 자리와 그 위에 까는 점(簟)을 거두며, 이불을 매달고, 베개는 상자 안에 넣어두며, 점(簟)은 거둬서, 천으로 감싸서 보관한다.

**集說** 將坐, 旦起時也. 奉坐席而鋪者, 必問何鄕. 衽, 臥席也. 將衽, 謂更臥處也. 長者奉此臥席而鋪, 必問足向何所. 牀, 說文云"安身之几坐", 非今之臥牀也. 將坐之時, 少者執此牀以與之坐, 御侍者擧几進之, 使之憑以爲安. 臥必簟在席上, 旦起則斂之. 而簟又以襡韜之者, 以親身恐穢汚也. 衾則束而懸之, 枕則貯於篋也.

**번역** "장차 앉으려고 한다."는 말은 아침에 일어날 때를 뜻한다. 앉을 자리를 받들고 가서 펴는 자는 반드시 어느 방향으로 펴야 하는지를 묻는다. '임(衽)'자는 눕는 자리를 뜻한다. "장차 임(衽)하려고 한다."는 말은 눕는 자리로 바꾼다는 뜻이다. 나이가 많은 자는 이러한 눕는 자리를 받들고 가서 펴며, 반드시 다리를 어느 방향으로 해야 하는지를 묻는다. '상(牀)'자에 대해, 『설문』에서는 "몸을 편안하게 만드는 안석과 자리이다."라고 했는데, 이것은 오늘날 눕는 침상을 뜻하는 말이 아니다. 장차 앉으려고 할 때, 나이가 어린 자는 이러한 상(牀)을 들고 가서 부모에게 앉을 자리를 마련해 드리고, 시중을 드는 자는 안석을 들고 나아가게 되니, 부모로 하여금 그것에 기대어 몸을 편안하게 하도록 만드는 것이다. 누울 때에는 반드시 자리 위에 점(簟)을 깔게 되는데, 아침에 일어나게 되면, 그것을 거두게 된다. 그리고 점(簟)은 또한 자루로 감싸게 되는데, 그 이유는 부모의 신체가 직접 닿는 것이므로, 아마도 신체를 더럽히게 될까를 염려했기 때문이다. 이불의 경우에는 묶어서 걸어두게 되고, 베개의 경우에는 상자 안에 넣어두게 된다.

**大全** 長樂劉氏曰: 侍父母舅姑, 行遊於所, 至其將至也, 則長者奉席而前, 請欲何向也. 將憩而避於他所, 則長者奉席而前, 請衽欲何趾也. 不敢斥言其首, 敬之至也. 坐臥, 所以安老而憂尊也, 而席爲之主, 群子婦不敢專, 必讓於長者, 上下之分, 禮宜然也. 御者擧几, 斂席與簟, 縣衾, 篋枕, 斂簟而襡之者, 謂坐之將起寢之將興也. 几席之徹, 衾枕之斂, 則賤者尸之, 不必子婦也.

**번역** 장락유씨가 말하길, 부모와 시부모를 시중 들 때, 계신 곳으로 가게 되고, 장차 그곳에 도착하게 되면, 나이가 많은 자는 자리를 받들고 나아가서, 어느 방향으로 펴고 싶어 하는지를 청해 묻는다. 장차 휴식을 취하려고 하여, 다른 장소로 옮기려고 한다면, 나이가 많은 자는 자리를 받들고 나아가서, 누울 때 펴는 자리에 있어서, 다리를 어느 쪽으로 두고 싶어 하는지를 청해 묻는다. 감히 직접적으로 머리의 방향을 물어보지 않는 것은 공경함을 지극히 나타내기 때문이다. 앉을 자리와 눕는 자리는 노인을 편안하게 모시며, 존귀한 자가 고단할 것을 염려할 때 사용하는 것인데, '석(席)'

은 그 중에서도 대표가 되며, 뭇 자식들과 며느리들이 감히 자기 마음대로 하지 않고, 반드시 나이가 가장 많은 자가 하도록 양보를 하는 것은 상하에 따른 구분이며, 예(禮)에 있어서도 마땅히 그러한 것이다. 시중을 드는 자가 안석을 들고, 석(席)과 점(簟)을 거두며, 이불을 널고, 베개를 상자에 넣으며, 점(簟)을 거둬서 자루로 감싼다는 것은 앉아 있다가 장차 일어나려고 하는 때나 누워 있다가 장차 일어나려고 하는 때에 해당한다. 안석과 석(席)을 치우고, 이불과 베개를 거두는 것은 신분이 미천한 자가 담당하게 되므로, 반드시 자식이나 며느리가 할 필요는 없다.

**鄭注** 將衽, 謂更臥處. 須臥乃敷之也. 襡, 韜也.

**번역** '장임(將衽)'은 누울 자리를 고친다는 뜻이다. 시중을 드는 자는 존장자가 누워야 하게 되면, 곧 자리를 펼치게 된다. '촉(襡)'자는 "가린다[韜]."는 뜻이다.

**釋文** 奉, 芳勇反, 下同. 鄉, 許亮反. 衽, 而鴆反, 又而甚反, 臥席也. 止, 本又作趾, 足也. 處, 昌慮反. 縣音玄. 篋, 口協反. 襡音獨.

**번역** '奉'자는 '芳(방)'자와 '勇(용)'자의 반절음이며, 아래문장에 나오는 글자도 그 음이 이와 같다. '鄉'자는 '許(허)'자와 '亮(량)'자의 반절음이다. '衽'자는 '而(이)'자와 '鴆(짐)'자의 반절음이며, 또한 '而(이)'자와 '甚(심)'자의 반절도 되고, 누울 때 쓰는 자리를 뜻한다. '止'자는 판본에 따라서 또한 '趾'자로도 쓰는데, 발을 뜻한다. '處'자는 '昌(창)'자와 '慮(려)'자의 반절음이다. '縣'자의 음은 '玄(현)'이다. '篋'자는 '口(구)'자와 '協(협)'자의 반절음이다. '襡'자의 음은 '獨(독)'이다.

**孔疏** ●"父母"至"襡之". ○正義曰: 此一節論父母舅姑將坐將臥奉席之禮. 及未臥之前, 且斂枕簟衾篋擧藏, 須臥乃鋪.

**번역** ●經文: "父母"~"襡之". ○이곳 문단은 부모와 시부모가 장차 앉거나 누우려고 할 때, 자리를 받드는 예법에 대해서 논의하고 있으며, 또한 아직 눕기 이전에도, 베개와 점(簟)을 거두고, 이불과 상자 등을 들어서 보관하며, 누워야 할 때가 되면 펼치게 된다는 사안도 논의하고 있다.

**孔疏** ●"御者擧几"者, 謂早旦親起之後, 侍御之人則奉擧其几, 以進尊者, 使凭之.

**번역** ●經文: "御者擧几". ○이른 아침 부모가 일어난 이후, 모시며 시중을 드는 자는 안석을 받들고 가서 존장자에게 바치니, 그로 하여금 이것에 의지하여 기대게 하는 것이다.

**孔疏** ●"斂席與簟"者, 斂此所臥在下大席, 與上襯身之簟, 又縣其所臥之衾, 以篋貯所臥之枕也.

**번역** ●經文: "斂席與簟". ○누울 때 그 아래에 깔았던 큰 자리와 그 위에 깔아서 부친의 신체가 직접 닿았던 점(簟)을 거두며, 또한 누울 때 폈던 이불을 내걸고, 상자를 이용해서 누울 때 썼던 베개를 보관한다는 뜻이다.

**孔疏** ●"斂簟而襡之"者, 簟既襯身, 恐其穢汚, 故斂此細簟以襡韜之, 言簟則韜藏, 席則否.

**번역** ●經文: "斂簟而襡之". ○'점(簟)' 자체는 부친의 신체가 직접 닿는 것이므로, 아마도 그것이 더러워질 것을 염려했기 때문에, 촘촘하게 만든 점(簟)은 자루를 이용해서 감싸게 되니, 이것은 점(簟)은 감싸서 보관을 하고, 자리의 경우에는 그렇지 않다는 사실을 뜻한다.

**集解** 古人坐皆席地, 此云"執牀與坐"者, 蓋尊者偶然暫憩之所用. 周禮掌次"王大旅上帝, 則張氈案, 設皇邸", 賈疏謂"氈案, 牀上置氈." 是王於次中暫憩亦有牀也. 蚤旦親起之後, 斂臥席, 布坐席, 則少者執牀與坐, 侍御之人執几以進之, 使長者暫憩以待, 然後乃斂臥席等物也. 少者執牀, 則牀之制蓋不大鉅矣.

**번역** 고대인들은 앉을 때 모든 경우에 있어서 땅에 자리를 깔았는데, 이곳에서는 "상(牀)과 좌(坐)를 든다."라고 했다. 그 이유는 아마도 존장자가 우연하게 잠시 휴식을 취하며 사용하는 것이기 때문이다. 『주례』「장차(掌次)」편에서는 "천자가 상제(上帝)에게 대려(大旅)[1]를 지내게 되면, 전안(氈案)을 펴고, 황저(皇邸)를 설치한다."[2]라고 했고, 가공언[3]의 소(疏)에서는 "'전안(氈案)'은 상(牀) 위에 담요[氈]를 깐 것이다."라고 했다. 이 말은 천자가 제사를 지내기 위해 머무는 곳에서 잠시 휴식을 취할 때에도 또한 상(牀)을 사용했다는 사실을 나타낸다. 아침 일찍 부모가 일어난 이후에, 누울 때 폈던 자리를 거두고, 앉을 때 사용하는 자리를 펴게 된다면, 나이가 어린 자는 상(牀)과 좌(坐)를 들고 가게 되며, 시중을 드는 자는 안석을 가져가서 바치게 되니, 나이가 많은 자로 하여금 잠시 휴식을 취하여, 기다리도록 한 것이고, 그렇게 한 뒤에는 곧 누울 때 폈던 자리 및 기타 등등의 물건들을 거두는 것이다. 나이가 어린 자가 상(牀)을 들었다면, 상(牀)을 만들었던 방법은 아마도 크게 만들지는 않았을 것이다.

---

1) 대려(大旅)는 제천(祭天) 의식 중 하나이다. 원구(圓丘)에서 하늘에 대한 제사를 지내는 것을 뜻한다. 국가의 변고가 발생했을 때 제사를 지냈기 때문에 '려(旅)'자를 붙여서 부르는 것이다. '려'자는 제사를 지내게 된 원인을 진술한다는 뜻이다. 『주례』「천관(天官)·장차(掌次)」편에는 "至<u>大旅</u>上帝, 則張氈案·設皇邸."라는 기록이 있고, 이에 대한 정현의 주에서는 "大旅上帝, 祭天於圓丘. 國有故而祭亦曰旅."라고 풀이했다.

2) 『주례』「천관(天官)·장차(掌次)」: 王大旅上帝, 則張氈案, 設皇邸.

3) 가공언(賈公彦, ?~?): 당(唐)나라 때의 유학자이다. 정현(鄭玄)을 존숭하였다. 예학(禮學)에 조예가 깊었다. 『주례소(周禮疏)』, 『의례소(儀禮疏)』 등의 저서를 남겼으며, 이 저서들은 『십삼경주소(十三經注疏)』에 포함되었다.

【348d~349a】

父母舅姑衣·衾·簟·席·枕·几, 不傳, 杖屨, 祗敬之勿敢近. 敦·牟·巵·匜, 非餕莫敢用. 與恒食飮, 非餕莫之敢飮食.

**직역** 父母와 舅姑의 衣·衾·**簟**·席·枕·**几**는 不傳하고, 杖**屨**는 祗敬하여 敢히 近을 勿한다. 敦·牟·**巵**·**匜**는 **餕**이 非라면 敢히 用을 莫한다. 恒히 食飮에 與함에, **餕**이 非라면 敢히 飮食을 莫한다.

**의역** 부모 및 시부모가 사용하는 옷·이불·점(**簟**)·석(席)·베개·안석 등은 제 마음대로 옮길 수가 없고, 부모 및 시부모가 사용하는 지팡이와 신발은 공경스럽게 대하여, 감히 가까이 갈 수 없다. 부모 및 시부모가 사용하는 돈(敦)·모(牟)·치(**巵**)·이(**匜**) 등의 그릇들은 남겨준 음식을 먹는 경우가 아니라면, 감히 사용할 수 없다. 그리고 부모 및 시부모가 항상 먹고 마시는 음식들에 있어서도, 그것들을 남겨준 경우가 아니라면, 감히 먹거나 마실 수가 없다.

**集說** 傳, 移也. 謂此數者, 毎日置之有常處, 子與婦不得輒移置他所也. 近, 謂挨偪之也. 敦與牟, 皆盛黍稷之器. 牟, 讀爲堥, 土釜也. 此器則木爲之, 象土釜之形耳. 巵, 酒器. 匜, 盛水漿之器. 此四器皆尊者所用, 子與婦非餕其餘, 無敢用此器也. 與, 及也. 及尊者所常食飮之物, 子與婦非餕餘, 不敢擅飮食之也.

**번역** '전(傳)'자는 "옮기다[移]."는 뜻이다. 즉 이러한 여러 물건들은 매일 항상 정해진 장소에 놓아두니, 자식이나 며느리가 갑작스럽게 다른 장소로 옮길 수 없다는 뜻이다. '근(近)'자는 가까이 접근한다는 뜻이다. '돈(敦)'과 '모(牟)'는 모두 서직(黍稷)을 담는 그릇이다. '모(牟)'는 '무(堥)'자로 읽으니, 흙으로 만든 솥을 뜻한다. 그런데 이 그릇은 나무로 만들게 되며, 흙으로 만든 솥의 형상을 본뜰 따름이다. '치(巵)'는 술잔이다. '이(匜)'는 물과 음료를 담는 그릇이다. 이러한 네 가지 그릇들은 모두 존장자가 사용하는 것이므로, 자식이나 며느리는 남겨준 음식을 먹는 경우가 아니라면,

감히 이러한 그릇들을 사용할 수 없는 것이다. '여(與)'자는 '~과[及]'라는 뜻이다. 즉 존장자가 항상 먹고 마시는 음식들에 있어서, 자식과 며느리는 남겨준 음식을 먹는 경우가 아니라면, 감히 제 마음대로 먹거나 마실 수 없다.

**大全** 慶源輔氏曰: 凡此所以養其孝心也. 孝人心之所固有, 後世禮教不明, 日就銷鑠, 有不自知者矣. 若夫動容周旋中禮者, 則又成德者之事也.

**번역** 경원보씨[4]가 말하길, 무릇 이러한 것들은 자식의 효심(孝心)을 기르는 방법이다. 효(孝)는 사람의 마음에 고유하게 있는 것이지만, 후세에는 예악(禮樂)에 따른 교화가 불투명해지고, 날로 쇠락해져서, 제 스스로 그것을 가지고 있음을 깨닫지 못하는 자들이 생겨났다. 만약 행동거지를 예(禮)에 맞게끔 하게 된다면, 또한 이것은 덕(德)을 이룬 자의 행실이 될 것이다.

**鄭注** 傳, 移也. 餕乃用之. 牟讀曰鍪也. 卮·匜, 酒漿器. 敦·牟, 黍稷器也. 餕乃食之. 恒, 常也, 旦夕之常食.

**번역** '전(傳)'자는 "옮기다[移]."는 뜻이다. 남겨준 음식을 먹는 경우라면, 그릇들을 사용하게 된다. '모(牟)'자는 '무(鍪)'자로 읽는다. '치(卮)'와 '이(匜)'는 술과 음료를 담는 그릇이다. '돈(敦)'과 '모(牟)'는 서직(黍稷)을 담는 그릇이다. 남겨준 음식을 먹는 경우라면, 그 음식들을 먹을 수 있다. '항(恒)'자는 항상[常]이라는 뜻이니, 아침과 저녁식사 때 항상 먹는 음식들이다.

**釋文** 傳, 丈專反, 注同. 近, 附近之近. 敦音對, 又丁雷反. 牟, 木侯反, 齊人

---

4) 경원보씨(慶源輔氏, ?~?) : =보광(輔廣)·보한경(輔漢卿). 남송(南宋) 때의 학자이다. 자(字)는 한경(漢卿)이고, 호(號)는 잠암(潛庵)·전이(傳貽)이다. 여조겸(呂祖謙)과 주자(朱子)에게서 학문을 배웠다. 저서로는 『사서찬소(四書纂疏)』, 『육경집해(六經集解)』 등이 있다.

呼土釜爲牟. 巵音支. 匜, 羊支反, 一音以氏反, 杜預注左傳云: "沃盥器也." 餕音俊. 鍪, 字又作鍪, 木侯反.

**번역** '傳'자는 '丈(장)'자와 '專(전)'자의 반절음이며, 정현의 주에 나오는 글자도 그 음이 이와 같다. '近'자는 '부근(附近)'이라고 할 때의 '近(근)'자음이다. '敦'자의 음은 '對(대)'이며, 또한 '丁(정)'자와 '雷(뇌)'자의 반절음도 된다. '牟'자는 '木(목)'자와 '侯(후)'자의 반절음이며, 제(齊)나라 사람들은 흙으로 만든 솥을 '牟'라고 불렀다. '巵'자의 음은 '支(지)'이다. '匜'자는 '羊(양)'자와 '支(지)'자의 반절음이고, 다른 음은 '以(이)'자와 '氏(씨)'자의 반절음이며, 『좌전』에 대한 두예[5]의 주에서는 "손 씻는 물을 따를 때 사용하는 기물이다."라고 했다.[6] '餕'자의 음은 '俊(준)'이다. '鍪'자는 그 글자를 또한 '鍪'자로도 기록하며, 그 음은 '木(목)'자와 '侯(후)'자의 반절음이다.

**孔疏** ●"父母"至"飮食". ○正義曰: 此一節論父母舅姑所服用之物, 子婦不得輒用, 所恒飮食之饌, 不得輒食.

**번역** ●經文: "父母"~"飮食". ○이곳 문단은 부모와 시부모가 착용하고 사용하는 물건들에 대해서, 자식과 며느리가 마음대로 사용할 수 없고, 항상 드시는 음식들에 대해서는 마음대로 먹을 수가 없다는 사실을 논의하고 있다.

**孔疏** ●"衣·衾·簟·席·枕·几不傳"者, 侍御之人, 停貯常處, 子婦不得輒更傳移, 令嚮他處.

---

5) 두예(杜預, A.D.222~A.D.284) : =두원개(杜元凱). 서진(西晉) 때의 유학자이다. 경조(京兆) 두릉(杜陵) 출신이다. 자(字)는 원개(元凱)이다. 『춘추경전집해(春秋經典集解)』를 저술하였는데, 이 책은 현존하는 『춘추(春秋)』의 주석서 중 가장 오래된 것이며, 『십삼경주소(十三經注疏)』의 『춘추좌씨전정의(春秋左氏傳正義)』에도 채택되어 수록되었다.

6) 이 문장은 『춘추좌씨전』「희공(僖公) 23년」의 "奉匜沃盥. 旣而揮之."라는 기록에 대한 두예의 주이다.

**번역** ●經文: "衣·衾·簟·席·枕·几不傳". ○시중을 드는 자는 이러한 물건들을 항상 두던 장소에 보관하니, 자식과 며느리가 갑작스럽게 그 장소를 옮겨서, 다른 곳에 둘 수 없다는 뜻이다.

**孔疏** ●"杖·屨祗敬之, 勿敢近"者, 杖·屨是尊者服御之重, 彌須恭敬, 故云"祗敬之", 勿敢偪近也.

**번역** ●經文: "杖·屨祗敬之, 勿敢近". ○지팡이와 신은 존장자가 착용하고 사용하는 것 중에서도 매우 중요한 것이므로, 더욱 공경을 나타내야 한다. 그렇기 때문에 "공경한다."라고 말한 것이니, 감히 가까이 할 수 없는 것이다.

**孔疏** ●"與恒食飮, 非餕莫之敢飮食"者, 與, 及也. 接上"敦牟"之文, 非但不敢用, 及父母恒食飮食, 非因餕時, 莫敢飮食.

**번역** ●經文: "與恒食飮, 非餕莫之敢飮食". ○'여(與)'자는 '~과[及]'라는 뜻이다. 앞의 '돈모(敦牟)'라고 한 구문과 연결되어, 감히 사용할 수 없을 뿐만 아니라, 부모가 항상 드시는 음식들에 대해서는 남겨준 음식을 먹을 때가 아니라면, 감히 먹거나 마실 수 없다는 뜻이다.

**孔疏** ◎注"牟讀"至"漿器". ○正義曰: 敦則周禮有玉敦, 今之杯盂也. 隱義曰: "鍪, 土釜也." 今以木爲器, 象土釜之形. 卮, 酒器也. 匜, 盛酒漿之器, 故春秋僖二十三年左傳云"懷嬴奉匜沃盥", 是也.

**번역** ◎鄭注: "牟讀"~"漿器". ○'돈(敦)'은 곧 『주례』에 나오는 '옥돈(玉敦)'이라는 것인데,[7] 오늘날의 '배(杯)'와 '우(盂)'에 해당한다. 『은의(隱義)』에서는 "무(鍪)는 흙으로 만든 솥이다."라고 했다. 오늘날에는 나무로 그 기물을 만드는데, 흙으로 만들었던 솥의 형태를 본뜨게 된다. '치(卮)'자는

7) 『주례』「천관(天官)·옥부(玉府)」: 若合諸侯, 則共珠槃·<u>玉敦</u>.

술잔을 뜻한다. '이(匜)'자는 술과 음료를 담는 그릇이다. 그렇기 때문에 『춘추』 희공(僖公) 23년에 대해서, 『좌전』에서는 "회영(懷嬴)이 이(匜)를 받들어서 손을 씻을 물을 부었다."[8]라고 한 것이다.

**訓纂** 三禮圖云: 敦有足, 其形如今酒罇法. 牟受一斗, 如敦形, 平下, 漆赤中, 飾口以白金, 蓋亦龜形.

**번역** 『삼례도』[9]에서 말하길, '돈(敦)'에는 다리가 달려 있고, 그 형태는 마치 오늘날의 주준(酒罇)을 만드는 방법과 같다. '모(牟)'의 용적은 1두(斗)[10]이며, 돈(敦)의 모습처럼 되어 있지만, 밑면이 평평하고, 내부에는 옻칠을 하며, 입구에는 백금으로 장식을 했고, 덮개에는 또한 거북이 형상이 있었다.

**訓纂** 聶氏三禮圖云: 匜者, 盥手澆水之器. 按梁正·張鎰修阮氏等圖云: "匜受一斗, 流長六寸, 漆赤中. 諸侯以象飾, 天子以黃金飾, 皆畫赤雲氣. 今以黍寸之尺計之, 口徑八寸, 深四寸五分, 底徑六寸微殺. 乃容一斗之數. 流口徑可一寸, 然圖本又有作流長三寸者, 於義爲近."

**번역** 섭숭의의 『삼례도』에서 말하길, '이(匜)'라는 것은 손을 씻을 때 물을 따르는 기구이다. 양정(梁正)과 장일(張鎰)이 완심 등이 기록한 도설을 수정한 것을 살펴보면, "이(匜)는 1두(斗)만큼을 담고, 유장(流長)은 6촌(寸)이며, 내부에 옻칠을 했다. 제후는 상아를 이용해서 장식을 했고, 천자는 황금을 이용해서 장식을 했는데, 모두 적색의 구름을 그렸다. 현재의

---

8) 『춘추좌씨전』에 나오는 '봉이옥관(奉匜沃盥)'이라는 구문은 "이(匜) · 옥(沃) · 관(盥)을 들었다."라고 해석하기도 한다.

9) 『삼례도(三禮圖)』는 삼례(三禮)에 나타나는 각종 명물(名物) 등에 대한 도해(圖解)를 한 책이다. 『수서(隋書)』「경적지(經籍志)」를 비롯하여, 각종 사서(史書)에는 각 시대마다 편찬된 『삼례도』에 대한 기록이 나오지만, 현재는 전해지지 않는다. 현재 남아있는 『삼례도』는 송대(宋代) 섭숭의(聶崇義)의 『삼례도』 20권과 명대(明代) 유적(劉績)의 『삼례도』 4권이다.

10) 두(斗)는 곡식의 양을 재는 기구이자, 그 수량을 표시하는 단위였다. 지역 및 각 시대마다 다소 차이를 보이는데, 고대에는 10승(升)이 1두였다.

척도로 계산을 해보면, 입구의 지름은 8촌(寸)이고, 깊이는 4촌(寸) 5분(分)이며, 밑면의 지름은 6촌(寸)보다 조금 적다. 그리고 1두(斗)만큼을 수용한다. 따르는 구멍의 지름은 1촌(寸)이 될 수 있지만, 도설의 판본에 따라서는 또한 유장이 3촌(寸)이라고 기록한 것도 있는데, 그 기록이 의미상 정답에 가깝다."라고 했다.

**集解** 愚謂: 敦, 簋也. 疏以爲杯·盂, 非是. 敦·牟·巵·匜非重物而不敢輒用, 恒飲食非珍饌而不敢輒食, 則其貴重者可知.

**번역** 내가 생각하기에, '돈(敦)'은 궤(簋)에 해당한다. 공영달의 소(疏)에서 배(杯)와 우(盂)로 여긴 것은 잘못된 주장이다. 돈(敦)·모(牟)·치(巵)·이(匜)는 중요한 기물이 아닌데도 감히 마음대로 사용할 수 없고, 항상 먹는 음식들은 값진 음식들이 아닌데도 감히 마음대로 먹을 수 없다면, 귀중하게 여기는 것에 대해서는 어떻게 해야 하는지를 알 수 있다.

그림 7-1 ■ 돈(敦)·모(牟)·치(巵)·이(匜)

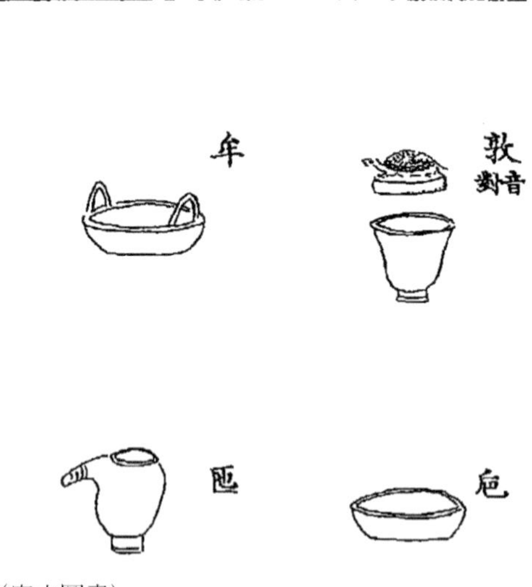


※ 출처: 『가산도서(家山圖書)』

【349b】

父母在, 朝夕恒食, 子婦佐餕, 旣食恒餕. 父沒母存, 冢子御食, 群子婦佐餕如初. 旨甘柔滑, 孺子餕.

**직역** 父母가 在어든, 朝夕으로 恒食함에, 子婦는 佐**餕**하여, 旣히 恒**餕**을 食한다. 父가 沒하고 母가 存하면, **冢**子가 食을 御하고, 群子婦는 佐**餕**하길 初와 如한다. 旨甘柔滑은 孺子가 **餕**한다.

**의역** 부모가 모두 생존해 계신다면, 아침식사와 저녁식사 때 항상 드시게 되는 음식에 대해서, 자식과 며느리는 권유를 하여 더 드시게 하고, 남은 음식들을 먹으며, 부모가 먹고 남긴 음식들을 모두 먹어치운다. 부친이 돌아가시고 모친만 생존해 계신다면, 총자(**冢**子)[11]는 모친이 식사하시는 것을 시중들고, 나머지 아들들과 며느리들은 권유를 하여 더 드시게 하며, 남은 음식을 먹는데, 부친이 생존해 계실 때처럼 한다. 기름지고 달며 부드럽고 윤기가 흐르는 음식들이 남게 되면, 어린아이가 그 음식들을 먹는다.

**集說** 佐餕者, 勸勉之使食而後餕其餘也. 旣食恒餕者, 盡食其常食之餘也. 御食, 侍母食也. 如初, 如父在時也.

**번역** '좌준(佐餕)'이라는 말은 권유를 하여, 식사를 드시게 한 이후에, 남은 음식들을 먹는다는 뜻이다. '기식항준(旣食恒餕)'이라는 말은 항상 먹게 되는 음식 중 남은 음식들을 모두 먹는다는 뜻이다. '어식(御食)'이라는 말은 모친이 식사하시는 것을 시중든다는 뜻이다. '여초(如初)'라는 말은 부친이 생존해 계실 때처럼 한다는 뜻이다.

11) 총자(冢子)는 적장자를 뜻한다. 『예기』「내칙(內則)」편에는 "父沒母存, 冢子御食."이라는 기록이 있는데, 이에 대한 정현의 주에서는 "御, 侍也, 謂長子侍母食也."라고 풀이했다.

**大全** 山陰陸氏曰: 謂之恒餕, 則著以其美者孺子餕故也. 言群子婦佐餕, 不言冢婦, 冢婦不預也.

**번역** 산음육씨가 말하길, '항준(恒餕)'이라고 말한 것은 이를 통해 맛있는 음식들이 남으면 어린아이가 그것들을 먹는다는 사실을 드러내기 위해서이다. 뭇 아들들과 며느리들이 권유를 하고 남은 음식들을 먹는다고 말하고, 적장자의 부인에 대해 언급하지 않았다면, 적장자의 부인은 그 일에 참여하지 않는 것이다.

**大全** 慶源輔氏曰: 父沒母存, 食則獨矣, 恐母心之傷也, 故冢子御食焉. 御, 侍也, 言御至矣. 群子婦佐餕如初, 然後可以至於無窮. 旨甘柔滑孺子餕者, 所以慈幼也. 養老慈幼, 於是爲至.

**번역** 경원보씨가 말하길, 부친이 돌아가시고 모친만 생존해 계신다면, 식사를 할 때 홀로 드시게 되니, 아마도 모친이 상심할 것을 염려했기 때문에, 적장자가 식사를 시중드는 것이다. '어(御)'자는 "시중을 든다[侍]."는 뜻이니, 시중을 지극히 든다는 뜻이다. 뭇 아들들과 며느리들이 식사를 권유하고 남은 음식을 먹을 때, 부친이 생존해 계실 때처럼 해야만, 그런 뒤에야 궁함이 없는 지경에 이르게 된다. 기름지고 달며 부드럽고 윤기가 흐르는 음식들이 남으면 어린아이가 그것을 먹으니, 어린아이를 자애롭게 대하는 방법이다. 노인을 봉양하고 어린아이에게 자애롭게 대하는 것은 이때에 지극해진다.

**鄭注** 婦皆與夫餕也. 每食餕而盡之, 末有原也. 御, 侍也. 謂長子侍母食也. 侍食者不餕, 其婦猶皆餕也.

**번역** 며느리들은 모두 자신의 남편과 함께 남은 음식을 먹게 된다. 매번 식사에서 남은 음식을 먹을 때에는 모두 먹게 되며, 재차 차리는 일은 없다. '어(御)'자는 "시중을 든다[侍]."는 뜻이다. 즉 장자는 모친이 식사를 할 때 시중을 든다는 뜻이다. 식사를 시중드는 자는 남은 음식을 먹지 않지만,

그의 부인은 다른 사람들과 같이 남은 음식을 먹는다.

**孔疏** ●"父母"至"子餕". ○正義曰: 此一節論父母之食, 子婦餕餘之禮也.

**번역** ●經文: "父母"~"子餕". ○이곳 문단은 부모가 식사를 할 때, 자식과 며느리가 남은 음식을 먹는 예법에 대해서 논의하고 있다.

**孔疏** ●"子婦佐餕"者, 謂長子及長子之婦佐餕者, 食必須盡, 以父母食不能盡, 故子婦佐助餕食之使盡, 勿使有餘, 恐再進, 故注云: "末有原也." 末, 無也. 原, 再也. 無使有餘而再設也.

**번역** ●經文: "子婦佐餕". ○장자 및 장자의 며느리가 식사를 권유하고 남은 음식을 먹을 때에는 남은 음식을 모두 먹게 되는데, 부모가 음식을 모두 먹지 못하기 때문에, 자식과 며느리는 식사를 권유하여 더 드시게 하고, 남은 음식들을 모두 먹어치워서, 남긴 음식이 없도록 하니, 재차 차려내게 됨을 염려했기 때문이다. 그래서 정현의 주에서는 "재차 차리는 일은 없다."라고 말한 것으로, '말(末)'자는 무(無)자의 뜻이다. '원(原)'자는 재차[再]라는 뜻이다. 즉 음식을 남도록 하여, 재차 음식을 차려내지 않도록 하는 것이다.

**孔疏** ●"群子婦佐餕如初"者, 冢子旣侍母而食, 群子婦謂冢子之弟婦及衆弟婦, 而佐餕如初者, 如上"父母在"·"子婦佐餕"之禮, 故云"如初"也.

**번역** ●經文: "群子婦佐餕如初". ○적장자는 이미 모친을 시중들며 식사를 하게 되는데, '군자부(群子婦)'라는 말은 적장자의 동생과 부인 및 뭇 동생들과 며느리들을 뜻하고, 그들이 식사 권유를 하며 남은 음식을 먹는 것을 처음처럼 한다는 말은 앞에서 "부모가 모두 생존해 계신다."라고 말하고, "자식과 며느리가 식사를 권유하고 남긴 음식을 먹는다."라고 했던 예법처럼 한다는 뜻이다. 그렇기 때문에 '여초(如初)'라고 말한 것이다.

**孔疏** ◎注"侍食"至"餕也". ○正義曰: 經云"冢子御食", 則云"群子婦佐餕", 不云冢子, 故知侍食者不餕, 冢子無父, 故得侍母而食. 冢婦旣不侍食, 故云"猶皆餕也".

**번역** ◎鄭注: "侍食"~"餕也". ○경문에서는 "적장자가 식사를 시중든다."라고 했으니, "뭇 자식과 며느리가 권유를 하고 남은 음식을 먹는다."라고 말하고, 적장자에 대해서 언급하지 않았기 때문에, 식사를 시중드는 자는 남은 음식을 먹지 않는다는 사실을 알 수 있다. 부친이 돌아가시면, 적장자에게는 부친이 없는 상황이기 때문에, 모친을 시중들며 식사를 할 수 있다. 적장자의 부인은 이미 식사의 시중을 들지 않기 때문에, "모두 남은 음식을 먹는 것과 같다."라고 말한 것이다.

**訓纂** 廣雅: 滑, 美也.

**번역** 『광아』[12]에서 말하길, '활(滑)'자는 맛이 좋다는 뜻이다.

**集解** 愚謂: 子婦佐餕, 謂長子衆子及其婦皆佐餕也. 甘滑之物, 於孺子爲宜, 故使孺子餕. 以此記觀之, 則士之禮夫婦共食矣. 大夫以上則同庖而各食與.

**번역** 내가 생각하기에, '자부좌준(子婦佐餕)'이라는 말은 적장자 및 나머지 아들들과 그들의 부인들이 모두 식사를 권유하고 남은 음식을 먹는다는 뜻이다. 달고 윤기가 흐르는 음식은 어린아이가 먹기에 적합하다. 그렇기 때문에 어린아이로 하여금 남은 음식을 먹도록 하는 것이다. 이러한 기록을 통해서 살펴본다면, 사(士) 계층이 따르는 예법에서 남편과 부인은

---

12) 『광아(廣雅)』는 위(魏)나라 때 장읍(張揖)이 지은 자전(字典)이다. 『박아(博雅)』라고도 부른다. 『이아』의 체제를 계승하고, 새로운 내용을 보충하여, 경전(經典)에 기록된 글자들을 해석한 서적이다. 본래 상·중·하 3권으로 구성되어 있었지만, 수(隋)나라 조헌(曺憲)이 재차 10권으로 편집하였다. 한편 '광(廣)'자가 수나라 양제(煬帝)의 시호였기 때문에, 피휘를 하여, 『박아』라고 부르게 되었다.

함께 식사를 하게 된다. 그러나 대부(大夫) 이상의 계층이라면, 부엌은 함께 사용하지만, 각자 식사를 했을 것이다.

【349b~c】

在父母舅姑之所, 有命之, 應唯敬對; 進退周旋愼齊, 升降出入揖遊, 不敢噦噫·嚏咳·欠伸·跛倚·睇視, 不敢唾洟.

**직역** 父母와 舅姑의 所에 在함에, 命함이 有하면, 應唯하고 敬對하며; 進退周旋에 愼齊하고, 升降出入揖遊에, **噦**噫·**嚏**咳·欠伸·跛倚·**睇**視를 不敢하고, 唾**洟**를 不敢한다.

**의역** 부모 및 시부모가 계신 곳에 위치할 때, 명령을 내리게 되면, 유(唯)라고 응답하고, 공손하게 대답을 하며, 나아가고 물러나는 등의 행동거지를 신중하고 가지런히 하고, 오르고 내리며 출입하고 신체를 굽히고 펴는 일에 있어서도, 구역질을 하거나 거친 숨소리를 내거나 재채기를 하거나 기침소리를 내거나 하품을 하거나 기지개를 펴거나 비스듬하게 서거나 어딘가에 기대거나 곁눈질을 하는 등의 행동거지를 감히 나타내지 않으며, 감히 침과 콧물을 흘리지 않는다.

**集說** 應之辭, 唯爲恭. 噦, 嘔逆之聲也. 莊子"大塊噫氣", 詩"願言則嚏". 咳, 嗽聲也. 氣乏則欠, 體疲則伸, 偏任爲跛, 依物爲倚. 睇視, 傾視也. 洟, 自鼻出者.

**번역** 응답하는 말에 있어서, '유(唯)'라고 대답하는 것은 공손한 말이 된다. '홰(噦)'자는 구역질을 내는 소리이다. 『장자(莊子)』에서는 '대지의 입김'[13]이라고 했고, 『시』에서는 "생각에 잠기다가 재채기를 한다."[14]라고 했

---

13) 『장자(莊子)』「제물론(齊物論)」 : 子綦曰: 夫<u>大塊噫氣</u>, 其名爲風. 是唯無作, 作則萬竅怒呺, 而獨不聞之翏翏乎?

다. '해(咳)'자는 기침할 때 내는 소리이다. 기가 부족하게 되면 하품을 하게 되고, 신체가 피로하면 기지개를 펴며, 한쪽으로 기대게 되면 비스듬히 서게 되고, 사물에 기대게 되면 어딘가에 의지하게 된다. '제시(睇視)'는 곁눈질을 한다는 뜻이다. '이(洟)'는 코로부터 흐르는 콧물을 뜻한다.

**鄭注** 齊, 莊也. 睇, 傾視也. 易曰: "明夷睇于左股."

**번역** '제(齊)'자는 "장엄하다[莊]."는 뜻이다. '제(睇)'자는 곁눈질을 한다는 뜻이다. 『역』에서는 "명이(明夷)함에, 왼쪽 넓적다리를 흘겨본다."[15] 라고 했다.

**釋文** 唯, 于癸反, 徐伊水反. 齊, 側皆反. 噦, 於月反. 噫, 於畏反. 嚔音帝. 咳, 苦愛反. 欠, 丘劍反. 伸音申. 跛, 彼義反. 倚, 於義反, 又其寄反. 睇, 大計反. 視如字, 徐市志反. 唾, 吐臥反. 涕, 本又作洟, 同吐細反.

**번역** '唯'자는 '于(우)'자와 '癸(계)'자의 반절음이며, 서음(徐音)은 '伊(이)'자와 '水(수)'자의 반절음이다. '齊'자는 '側(측)'자와 '皆(개)'자의 반절음이다. '噦'자는 '於(어)'자와 '月(월)'자의 반절음이다. '噫'자는 '於(어)'자와 '畏(외)'자의 반절음이다. '嚔'자의 음은 '帝(제)'이다. '咳'자는 '苦(고)'자와 '愛(애)'자의 반절음이다. '欠'자는 '丘(구)'자와 '劍(검)'자의 반절음이다. '伸'자의 음은 '申(신)'이다. '跛'자는 '彼(피)'자와 '義(의)'자의 반절음이다. '倚'자는 '於(어)'자와 '義(의)'자의 반절음이며, 또한 '其(기)'자와 '寄(기)'자의 반절음도 된다. '睇'자는 '大(대)'자와 '計(계)'자의 반절음이다. '視'자는 글자대로 읽으며, 서음은 '市(시)'자와 '志(지)'자의 반절음이다. '唾'자는 '吐(토)'자와 '臥(와)'자의 반절음이다. '涕'자는 판본에 따라서 또한 '洟(이)'자로도 기록하며, 두 글자의 음은 동일하게 '吐(토)'자와 '細(세)'자의 반절음이다.

---

14) 『시』「패풍(邶風)·종풍(終風)」: 終風且曀, 不日有曀. 寤言不寐, 願言則嚔.
15) 『역』「명이(明夷)·효사(爻辭)」: 六二, 明夷, 夷于左股, 用拯馬壯, 吉.

**孔疏** ●"在父"至"餉時". ○正義曰: 此一節論事父母舅姑, 在尊者之所, 畏敬之法, 幷論漱澣沐浴, 幷明少事長賤事貴, 如事父母舅姑.

**번역** ●經文: "在父"~"餉時". ○이곳 문단은 부모 및 시부모를 섬길 때, 존장자가 계신 장소에서, 외경하는 법도를 논의하고 있으며, 아울러 씻고 목욕을 하는 법도를 논의하며, 또한 나이가 어린 자가 연장자를 섬기고, 미천한 자가 존귀한 자를 섬길 때에는 부모와 시부모를 섬기는 일처럼 한다는 내용도 나타내고 있다.

**孔疏** ◎注"睇傾"至"左股". ○正義曰: "明夷睇于左股"者, 是明夷六二爻辭, 彼注云: "旁視爲睇, 六二辰在酉, 酉是西方." 又下體離, 離爲目, 九三體在震, 震東方, 九三又在辰, 辰得巽氣爲股. 此謂六二有明德, 欲承九三, 故云"睇于左股". 引之者, 證睇爲旁視也.

**번역** ◎鄭注: "睇傾"~"左股". ○정현이 "명이(明夷)함에, 왼쪽 넓적다리를 흘겨본다."라고 했는데, 이것은 명이괘(明夷卦) 육이(六二) 효사(爻辭)에 해당하는 것으로, 그 문장의 주에서는 "측면으로 흘겨보는 것은 '제(睇)'가 되는데, 육이의 진(辰)은 유(酉)에 있고, 유(酉)는 서쪽에 해당한다."라고 했다. 또한 하체(下體)는 리(離)가 되고, 리(離)는 눈에 해당하며, 구삼(九三)의 체(體)는 진(震)에 있고, 진(震)은 동쪽에 해당하며, 구삼 또한 진(辰)에 있는데, 진(辰)은 손(巽)의 기운을 얻어서 고(股)가 된다. 이것은 곧 육이에게 명덕(明德)이 있어서, 구삼을 계승하려고 한다는 뜻이다. 그렇기 때문에 "좌측 넓적다리를 흘겨본다."라고 말한 것이다. 정현이 이 내용을 인용한 이유는 '제(睇)'자가 곁눈질을 한다는 뜻이 됨을 증명하기 위해서이다.

**訓纂** 說文: 噦, 氣牾也. 噫, 飽出息也.

**번역** 『설문해자』에서 말하길, '홰(噦)'자는 기운이 거스르는 것이다. '희(噫)'자는 포만하게 되어 숨을 토해내는 것이다.

**訓纂** 蒼頡篇: 嚔, 噴鼻也.

**번역** 『창힐편』[16]에서 말하길, '체(嚔)'자는 코를 푸는 것이다.

**訓纂** 方言: 睇, 眄也. 陳楚之間, 南楚之外曰睇.

**번역** 『방언』에서 말하길, '제(睇)'자는 곁눈질을 한다는 뜻이다. 진(陳)나라와 초(楚)나라 지역 및 남초(南楚) 밖의 변경 지역에서는 '제(睇)'라고 불렀다.

**訓纂** 纂文曰: 顧視曰睇.

**번역** 『찬문』에서 말하길, 돌아다보는 것을 '제(睇)'라고 부른다.

**訓纂** 說文: 唾, 口液也. 涶, 或從水. 洟, 鼻液也.

**번역** 『설문해자』에서 말하길, '타(唾)'자는 침을 뜻한다. '타(涶)'자라고도 기록하여, '수(水)'자를 구성요소로 하기도 한다. '이(洟)'자는 콧물을 뜻한다.

**訓纂** 易萃虞注: 自鼻稱洟.

**번역** 『역』 췌괘(萃卦)에 대한 우주(虞注)에서 말하길, 코로부터 흐르는 것을 '이(洟)'라고 부른다.

---

16) 『창힐(倉頡)』은 또한 『창힐(蒼頡)』·『창힐편(倉頡篇)』·『창힐편(蒼頡篇)』 등으로 부른다. 『창힐』편은 본래 진(秦)나라 때의 이사(李斯)가 만들었다고 전해지는 자서(字書)이다. 본래 어린아이들에게 글자를 가르치기 위해서 작성된 자서(字書)이다. 진시황(秦始皇)이 문자(文字)를 통일한 이후 글자를 익히게 하기 위해서, 소전체(小篆體)로 작성되었다. 한(漢)나라 때에는 『창힐(倉頡)』, 『원력(爰歷)』, 『박학(博學)』을 합쳐서 한 권을 책으로 만들었고, 이것을 통칭하여 『창힐편』 또는 『삼창(三倉)』 등으로 불렀다.

【349c】

寒不敢襲, 癢不敢搔, 不有敬事, 不敢袒裼, 不涉不撅, 褻衣衾, 不見裏.

**직역** 寒이라도 襲을 不敢하고, 癢이라도 搔를 不敢하며, 敬事가 不有하면, 袒裼을 不敢하고, 不涉하면 不撅하며, 褻衣와 衾은 裏를 不見한다.

**의역** 부모 및 시부모가 계신 곳에서는 춥더라도 감히 옷을 껴입지 않고, 가렵더라도 감히 긁지 않으며, 공경을 나타내야 할 일이 있지 않다면, 감히 단(袒)과 석(裼)을 하지 않고, 물을 건너지 않는다면, 하의를 걷어 올리지 않으며, 속옷과 이불은 안감을 드러내지 않는다.

**集說** 襲, 重衣也. 袒與裼皆禮之敬, 故非敬事不袒裼也. 不因涉水, 則不揭裳, 不見裏, 爲其可穢.

**번역** '습(襲)'자는 옷을 껴입는다는 뜻이다. '단(袒)'[17]과 '석(裼)'[18]은 모두 예(禮)에 따라 공경을 나타내는 복장방식이다. 그렇기 때문에 공경을 표시해야 할 일이 아니라면, 단(袒)과 석(裼)을 하지 않는 것이다. 물을 건너는 일이 아니라면, 하의를 걷어 올리지 않고, 속을 보이지 않는 것은 그것이 더럽혀질 수도 있기 때문이다.

**大全** 嚴陵方氏曰: 噦·噫·嚏·咳, 則聲爲不恭, 欠·伸·跛·倚·睇視,

---

17) 단(袒)은 상중(喪中)에 남자들이 취하는 복장 방식이다. 상의 중 좌측 어깨쪽을 드러내는 방법이다. 한편 일반적인 의례절차에서도 단(袒)의 복장 방식을 취하는 경우가 있다.

18) 석(裼)은 고대에 의례를 시행할 때 하는 복장 방식 중 하나이다. 좌측 소매를 걷어 올려서, 안에 입고 있는 석의(裼衣)를 드러내는 것이다. 한편 '석'은 비교적 성대하지 않은 의식 때 시행하는 복장 방식으로도 사용되어, 좌측 소매를 걷어 올려서 공경의 뜻을 표하기도 했다.

則貌爲不恭, 唾·洟, 則聲貌俱爲不恭矣, 故每不敢爲也. 寒不敢襲, 癢不敢搔, 則不敢適己之便故也.

**번역** 엄릉방씨가 말하길, 구역질 · 한숨 · 재채기 · 기침은 소리가 공손하지 못한 것이고, 하품 · 기지개 · 비스듬히 서기 · 기대어 서기 · 곁눈질은 모습이 공손하지 못한 것이며, 침을 흘리고 콧물을 흘리는 것은 소리와 모습이 모두 공손하지 못한 것이다. 그렇기 때문에 매번 감히 시행하지 않는다고 한 것이다. 춥더라도 감히 옷을 껴입지 않고, 가렵더라도 감히 긁지 않는 것은 감히 자신의 편리함에 따를 수 없기 때문이다.

**鄭注** 襲謂重衣. 父黨無容. 撅, 揭衣也. 爲其可穢.

**번역** '습(襲)'자는 옷을 껴입는다는 뜻이다. 부친의 친족들을 뵐 때에는 너무 딱딱하게 격식을 갖추지 않는다.[19] '궤(撅)'자는 옷을 걷어 올린다는 뜻이다. 속을 보이지 않는 것은 그것들이 더렵혀질 수도 있기 때문이다.

**釋文** 重, 直龍反. 袒音但. 裼, 思歷反. 撅, 居衛反. 揭, 起例反, 又起列反, 一音起言反. 見, 賢遍反, 下同. 爲, 于僞反. 穢, 紆廢反, 又烏會反.

**번역** '重'자는 '直(직)'자와 '龍(룡)'자의 반절음이다. '袒'자의 음은 '但(단)'이다. '裼'자는 '思(사)'자와 '歷(력)'자의 반절음이다. '撅'자는 '居(거)'자와 '衛(위)'자의 반절음이다. '揭'자는 '起(기)'자와 '例(례)'자의 반절음이며, 또한 '起(기)'자와 '列(렬)'자의 반절음도 되며, 다른 음은 '起(기)'자와 '言(언)'자의 반절음이다. '見'자는 '賢(현)'자와 '遍(편)'자의 반절음이고, 아래문장에 나오는 글자도 그 음이 이와 같다. '爲'자는 '于(우)'자와 '僞(위)'자의 반절음이다. '穢'자는 '紆(우)'자와 '廢(폐)'자의 반절음이며, 또한 '烏(오)'자와 '會(회)'자의 반절음도 된다.

---

19) 『예기』「예기(禮器)」【302a】: 有以素爲貴者, 至敬無文, 父黨無容. 大圭不琢, 大羹不和, 大路素而越席, 犧尊疏布鼏, 樿杓. 此以素爲貴也.

**孔疏** ◎注"撅, 揭衣也". ○正義曰: 言於尊所, 不因涉水, 不敢揭衣.

**번역** ◎鄭注: "撅, 揭衣也". ○존귀한 자가 계신 장소에 대한 내용으로, 물을 건너는 것이 아니라면, 감히 옷을 걷어 올리지 않는다는 뜻이다.

**訓纂** 說文: 搔, 刮也.

**번역** 『설문해자』에서 말하길, '소(搔)'자는 "긁는다[刮]."는 뜻이다.

**訓纂** 說文: 褻, 私服. 詩曰: "是褻袢也."

**번역** 『설문해자』에서 말하길, '설(褻)'자는 속옷을 뜻한다. 『시』에서는 "저 촘촘한 속옷이여."[20]라고 했다.

**集解** 應唯者不敢諾, 敬對者不敢慢. 升降於堂階, 出入於門戶. 揖, 俯身也. 游, 行也. 進退·周旋於尊者之前, 則其心必肅敬, 其貌必齊莊, 升降出入, 雖於尊者稍遠, 亦必俯身而行, 而不敢縱肆其容體也. 噦, 氣逆聲. 噫, 飽食氣. 嚏, 噴嚏. 咳, 咳嗽. 欠, 張口出氣. 伸, 竦體也. 立而偏任一足曰跛, 依物曰倚. 睇視, 邪視也. 自口出爲唾, 自目出曰涕, 自鼻出爲洟. 襲, 重衣也. 敬事, 爲尊者執勞事也. 袒裼, 露臂也. 撅, 揭衣也. 褻衣衾不見裏, 爲其穢而不潔也. 此節言事父母恭敬之節也.

**번역** '유(唯)'라고 대답한다는 것은 감히 낙(諾)이라고 대답하지 않는 것이고, 공경스럽게 대답을 한다는 것은 감히 태만하게 굴지 않는 것이다. 당(堂)의 계단으로 오르고 내리며, 문호(門戶)를 출입하게 된다. '읍(揖)'자는 몸을 숙인다는 뜻이다. '유(游)'자는 "걸어간다[行]."는 뜻이다. 존장자 앞에서 나아가고 물러나며, 이리저리 움직이게 된다면, 그 마음은 반드시 엄숙하고 공경해야 하며, 그 모습은 반드시 가지런하고 장엄해야 하니, 오

---

20) 『시』「용풍(鄘風)·군자해로(君子偕老)」: 瑳兮瑳兮, 其之展也. 蒙彼縐絺, 是紲袢也. 子之淸揚, 揚且之顔也. 展如之人兮, 邦之媛也.

르고 내리며 출입을 할 때에는 비록 존장자와 조금 멀리 떨어져 있더라도, 또한 반드시 몸을 숙이고 걸어가야 하고, 감히 제멋대로 행동거지를 풀어지게 해서는 안 된다. '홰(噦)'자는 기운이 역류하며 나오는 소리를 뜻한다. '희(噫)'자는 포식을 했을 때 내쉬는 기운을 뜻한다. '체(嚏)'자는 재채기를 한다는 뜻이다. '해(咳)'자는 기침을 한다는 뜻이다. '흠(欠)'자는 입을 크게 벌리며 숨을 내뱉는 것이다. '신(伸)'자는 몸을 편다는 뜻이다. 서 있으면서 한쪽 발에 체중을 싣는 것을 '파(跛)'라고 부르고, 다른 사물에 기대어 있는 것을 '의(倚)'라고 부른다. '제시(睇視)'는 흘겨본다는 뜻이다. 입을 통해서 나오는 것은 '타(唾)'가 되며, 눈을 통해서 나오는 것을 '체(涕)'라고 부르고, 코를 통해서 나오는 것은 '이(洟)'가 된다. '습(襲)'자는 옷을 껴입는다는 뜻이다. '경사(敬事)'는 존장자를 위해서 수고스러운 일을 맡아본다는 뜻이다. '단석(袒裼)'은 팔을 걷어 올려서 노출시킨다는 뜻이다. '궤(撅)'자는 옷을 걷어 올린다는 뜻이다. 속옷과 이불에 대해, 그 속을 드러내지 않는 것은 그것이 더렵혀져서 청결하지 못하게 되기 때문이다. 이곳 문단은 부모를 섬기며 공경스럽게 행동하는 예절에 대해서 언급하고 있다.

**集解** 孔氏玉藻疏云: "子於父以質爲文, 故父母之所, 不敢袒裼." 愚謂: 至敬無文, 孔氏謂"父母之前不裼", 是也. 但此所言"裼"·"襲", 自爲別義, 與玉藻"裼"·"襲"不同: 玉藻所謂襲, 謂掩其中衣也; 此所謂襲, 謂重衣也. 玉藻所謂裼, 謂露其中衣也; 此所謂裼, 謂露臂也. 若混而爲一, 則誤矣.

**번역** 『예기』「옥조(玉藻)」편에 대한 공영달의 소(疏)에서는 "자식은 부모에 대해서, 질박한 것을 격식이 있는 것으로 여긴다. 그렇기 때문에 부모가 계신 장소에서는 감히 단석(袒裼)을 하지 않는다."라고 했다. 내가 생각하기에, 지극히 공경한 태도를 취해야 하는 곳에서는 화려한 꾸밈을 하지 않는다고 하였으니,[21] 공영달이 "부모의 앞에서는 석(裼)을 하지 않는다."

21) 『예기』「예기(禮器)」【302a】 : 有以素爲貴者, 至敬無文, 父黨無容. 大圭不琢, 大羹不和, 大路素而越席, 犧尊疏布鼏, 樿杓. 此以素爲貴也.

라고 한 말은 옳은 주장이다. 다만 이곳에서 언급한 '석(裼)'과 '습(襲)'은 그 자체로 별도의 의미가 되므로, 「옥조」편에서 언급한 '석(裼)'과 '습(襲)'과는 다르다. 「옥조」편에서 언급한 '습(襲)'은 중의(中衣)[22]를 가린다는 뜻이며, 이곳에서 말한 '습(襲)'은 옷을 껴입는다는 뜻이다. 「옥조」편에서 언급한 '석(裼)'은 중의를 노출시킨다는 뜻이며, 이곳에서 말한 석(裼)은 팔을 노출시킨다는 뜻이다. 만약 이 둘을 섞어서 동일한 내용으로 여기다면, 이것은 잘못된 주장이다.

【349d】

**父母唾洟不見. 冠帶垢, 和灰請漱; 衣裳垢, 和灰請澣; 衣裳綻裂, 紉箴請補綴.**

**직역** 父母의 唾洟를 不見한다. 冠帶가 垢하면, 灰를 和하여 漱하길 請하며; 衣裳이 垢하면, 灰를 和하여 澣하길 請하고; 衣裳이 綻裂하면, 箴을 紉하여 補綴하길 請한다.

**의역** 부모의 침과 콧물은 즉시 닦아서 다른 사람이 보지 못하도록 한다. 부모의 관(冠)과 대(帶)가 더러워졌다면, 잿물을 타서 세탁하기를 청하며, 상의와 하의가 더러워졌다면, 잿물을 타서 세탁하기를 청하고, 상의와 하의가 찢어졌다면, 바늘에 실을 꿰어서 꿰매기를 청한다.

**集說** 唾洟不見, 謂卽刷除之, 不使見示於人也. 漱, 澣, 皆洗濯之事. 和灰,

22) 중의(中衣)는 조복(朝服)이나 제복(祭服) 등의 예복(禮服) 안에 착용하는 옷이다. '중의' 안에는 속옷 등을 착용하고, '중의' 겉에는 예복 등을 착용하므로, 중간이라는 뜻에서 '중의'라고 부르는 것이다. 『예기』「교특생(郊特牲)」편에는 "繡黼丹朱中衣."라는 기록이 있고, 이에 대한 공영달(孔穎達)의 소(疏)에서는 "中衣, 謂以素爲冕服之裏衣."라고 풀이하였다.

如今人用灰湯也. 以線貫箴爲紉.

**번역** "침과 콧물을 드러내지 않는다."는 말은 즉시 닦아서 제거하여, 다른 사람들이 볼 수 없도록 한다는 뜻이다. '수(漱)'자와 '한(澣)'자는 모두 세탁하는 일에 해당한다. '화회(和灰)'는 오늘날의 사람들이 잿물을 사용하는 것과 같다. 실을 바늘에 꿰어서 꿰매는 것이다.

**大全** 嚴陵方氏曰: 子之於親也, 衣而寒燠則問之, 體之苛癢則搔之, 而於己則寒不敢襲, 癢不敢搔, 以至父母之唾洟不見, 而己則唾洟不敢, 其所以愛親之心, 可謂至矣.

**번역** 엄릉방씨가 말하길, 자식은 부모에 대해서, 옷의 경우 춥거나 덥게 되면, 옷이 적합한지를 여쭙게 되고, 부모의 신체에 옴이나 가려움증이 생기면 긁어 드리지만, 자신에게 있어서는 춥더라도 감히 옷을 껴입지 않고, 가렵더라도 감히 긁지 않으니, 이러한 일로부터 부모의 침과 콧물을 드러내지 않도록 하고, 자신에게 있어서는 침과 콧물을 감히 흘리지 않는 것에 이르게 되면, 부모를 친애하는 마음이 지극하다고 할 수 있다.

**鄭注** 輒刷去之. 手曰漱. 足曰澣. 和, 漬也. 綻猶解也.

**번역** 곧바로 닦아서 제거를 하는 것이다. 손으로 세탁하는 것을 '수(漱)'라고 부르며, 발로 밟아서 세탁하는 것을 '한(澣)'이라고 부른다. '화(和)'자는 "담그다[漬]."는 뜻이다. '탄(綻)'자는 "풀어지다[解]."는 뜻이다.

**釋文** 刷, 色劣反. 去, 丘呂反. 垢, 古口反. 漱, 素侯反, 後皆同. 澣, 本又作浣, 戶管反. 漬, 似賜反. 綻, 字或作▼(衤+定), 直莧反, 徐治見反. 裂, 本又作列. 紉箴, 女陳反, 徐而陳反; 下之林反. 綴, 丁劣反, 又丁衛反. 解, 胡賣反, 又佳買反.

**번역** '刷'자는 '色(색)'자와 '劣(렬)'자의 반절음이다. '去'자는 '丘(구)'자와 '呂(려)'자의 반절음이다. '垢'자는 '古(고)'자와 '口(구)'자의 반절음이다. '漱'자는 '素(소)'자와 '侯(후)'자의 반절음이며, 이후에 나오는 글자들은 그 음이 모두 이와 같다. '澣'자는 판본에 따라서 또한 '浣'자로도 기록하며, 그 음은 '戶(호)'자와 '管(관)'자의 반절음이다. '湏'자는 '似(사)'자와 '賜(사)'자의 반절음이다. '綻'자는 그 글자를 '▼(衤+定)'자로도 기록하며, '直(직)'자와 '莧(현)'자의 반절음이고, 서음(徐音)은 '治(치)'자와 '見(견)'자의 반절음이다. '裂'자는 판본에 따라서 또한 '列'자로도 기록한다. '紉箴'에서의 '紉'자는 '女(녀)'자와 '陳(진)'자의 반절음이고, 서음은 '而(이)'자와 '陳(진)'자의 반절음이고; '箴'자는 '之(지)'자와 '林(림)'자의 반절음이다. '綴'자는 '丁(정)'자와 '劣(렬)'자의 반절음이고, 또한 '丁(정)'자와 '衛(위)'자의 반절음도 된다. '解'자는 '胡(호)'자와 '賣(매)'자의 반절음이며, 또한 '佳(추)'자와 '買(매)'자의 반절음도 된다.

**孔疏** ◎注"手曰漱, 足曰澣". ○正義曰: 以冠帶旣尊, 故以手漱之, 用力淺也. 衣裳旣卑, 故以足澣之, 用力深也. 此據士, 故冠帶得漱. 晏子是大夫, 故譏其澣衣濯冠也. 此漱·澣對文爲例耳, 散則通也. 故上曲禮云"諸母不漱裳", 是裳亦漱也. 詩·周南箋云: "澣謂濯之耳." 亦是不用足.

**번역** ◎鄭注: "手曰漱, 足曰澣". ○관(冠)과 대(帶)는 복장 중에서도 존엄한 물건에 해당한다. 그렇기 때문에 손을 이용해서 세탁을 하는 것이니, 힘이 적게 들기 때문이다. 상의와 하의는 복장 중에서도 상대적으로 천한 물건에 해당한다. 그렇기 때문에 발을 이용해서 세탁을 하는 것이니, 힘이 많이 들기 때문이다. 이곳 문장은 사(士) 계층에 기준을 두고 있다. 그렇기 때문에 관(冠)과 대(帶)를 세탁할 수 있는 것이다. 안자(晏子)는 대부(大夫)의 계급이었다. 그렇기 때문에 의복을 세탁하고 관(冠)을 세탁한 사실을 기롱했던 것이다.[23] 이곳 기록에서는 '수(漱)'자와 '한(澣)'자를 대구가 되도록 나열했을 따름이니, 따로 따로 기록을 하게 된다면, 두 글자의 의미는

---

23) 『예기』「예기(禮器)」【304b】: 晏平仲祀其先人, 豚肩不揜豆, 澣衣濯冠以朝, 君子以爲隘矣.

통용된다. 그래서 『예기』「곡례상(曲禮上)」편에서는 "부친의 첩들 중 아들을 낳은 여자에게는 하의를 세탁시키지 않는다."[24]라고 한 것이니, 이 기록에서는 하의에 대해서도 '수(漱)'를 한다고 기록하고 있다. 『시』「주남(周南)」의 전문(箋文)에서는 "'한(澣)'은 세탁을 한다는 뜻일 따름이다."[25]라고 했는데, 이 기록 또한 '한(澣)'을 할 때 발을 이용해서 세탁하지 않았다는 사실을 나타낸다.

**訓纂** 說文: ▼((澣-干)+赤), 濯衣垢也. 浣, ▼((澣-干)+赤)或從完. 濯, ▼((澣-干)+赤)也.

**번역** 『설문해자』에서 말하길, '▼((澣-干)+赤)'자는 옷의 얼룩을 세탁한다는 뜻이다. '완(浣)'자는 ▼((澣-干)+赤)자의 뜻이니, '완(完)'자를 구성요소로 하기도 한다. '탁(濯)'자는 세탁한다는 뜻이다.

**訓纂** 方言: "擘, 楚謂之紉." 郭注: "今亦以線貫針爲紉."

**번역** 『방언』에서 말하길, "'벽(擘)'자를 초(楚)나라 지역에서는 '인(紉)'이라고 부른다."라고 했고, 곽박의 주에서는 "오늘날에도 또한 실을 바늘에 꿰는 것을 '인(紉)'이라고 한다."라고 했다.

**【350a】**

**五日則燂湯請浴, 三日具沐. 其間面垢, 燂潘請靧; 足垢, 燂湯請洗. 少事長, 賤事貴, 共帥時.**

**직역** 五日이면 湯을 **燂**하여 浴을 請하고, 三日에는 沐을 具한다. 그 間에 面이

24) 『예기』「곡례상(曲禮上)」【23d】: 嫂叔不通問, 諸母不漱裳.

25) 이 기록은 『시』「주남(周南)·갈담(葛覃)」편의 "薄汙我私, 薄澣我衣"라는 기록에 대한 전문(箋文)이다.

垢하면, 潘을 燂하여 靧를 請하고; 足이 垢하면, 湯을 燂하여 洗를 請한다. 少가 長을 事하고, 賤이 貴를 事함에도, 共히 時를 帥한다.

**의역** 5일째가 되면 물을 끓여서 목욕하시기를 청하고, 3일째가 되면 머리를 감으실 수 있도록 준비를 한다. 그 사이에 부모 및 시부모의 얼굴에 얼룩이 지면, 쌀뜨물을 데워서 세면하시기를 청하고, 발이 더러워지면, 물을 끓여서 발을 씻으시기를 청한다. 나이가 어린 자가 나이가 많은 자를 섬기고, 신분이 미천한 자가 신분이 존귀한 자를 섬길 때에도, 모두 이러한 예(禮)에 따른다.

**集說** 燂, 溫也. 潘, 淅米汁也. 靧, 洗面也. 共帥時, 皆循是禮也.

**번역** '첨(燂)'자는 "데운다[溫]."는 뜻이다. '반(潘)'자는 쌀을 씻은 물을 뜻한다. '회(靧)'자는 얼굴을 닦는다는 뜻이다. '공솔시(共帥時)'는 모두 이러한 예(禮)에 따른다는 뜻이다.

**大全** 慶源輔氏曰: 應唯, 無二志也. 敬對, 無隱情也. 進退敬齊, 無不敬也. 非精神篤志, 何以及此? 應以唯, 敏矣; 對以敬, 忠矣. 唯誠, 故敏故忠. 至於進退周旋愼齊, 誠之至也. 誠身, 所以悅親, 而敬親, 所以敬身也. 袒裼擫衣, 恐親之心不安也, 唯不得已而後爲之耳. 父母唾洟不見, 人情所不欲見也. 請澣漱, 請補綴, 請則容有不許, 然必先備灰與箴而後請, 敬之至也. 簡者爲之, 則必得請而後備矣. 沐不言請, 省文也. 循是而行之, 固無不有至者矣.

**번역** 경원보씨가 말하길, '유(唯)'라고 응답하는 것은 두 마음이 없는 것이다. 공경스럽게 대답하는 것은 숨겨둔 정감이 없는 것이다. 나아가고 물러나며 공경스럽고 가지런히 함에는 공경함이 아닌 것이 없다. 정신을 정밀하고 독실하게 하지 않는다면, 어찌 이러한 경지에 도달할 수 있겠는가? 유(唯)라고 응답하는 것은 민첩함에 해당하고, 공경스럽게 대답하는 것은 충의에 해당한다. 오직 진실됨으로써 시행하기 때문에, 민첩한 것이며, 또 충의로운 것이다. 나아가고 물러나는 등의 행동거지를 신중하고 가지런히 하는 것에 이르게 되면, 진실됨이 지극한 것이다. 자신을 진실되게 하는 것은 부모를 기쁘게 만드는 방법이며, 부모를 공경하는 것은 제 자신을 공경스럽게 만드는 방법이다. 팔을 걷고 옷을 걷어 올리게 되면, 부모의 마음을 불안하게 만들게 될까 염려된다. 그러므로 오직 부득이한 경우에만 이처럼 하는 것이다. 부모의 침과 콧물을 드러내지 않는 것은 사람의 정감상 보고 싶어 하지 않는 것이기 때문이다. 세탁하기를 청하고, 꿰매기를 청하는데, 청하게 된다면, 허락을 하지 않는 일도 받아들이는 것이다. 그러나 반드시 그보다 앞서서 잿물과 바늘을 갖춘 뒤에야 청을 하는 것은 공경함이 지극한 것이다. 간소하게 행동한다면, 반드시 청원을 하여 승낙을 받은 이후에야 갖추게 된다. 머리를 감는 것에 있어서는 청한다는 말을 하지 않았는데, 문장을 생략해서 기록했기 때문이다. 이러한 예법에 따라 시행한다면, 진실로 지극히 되지 않는 경우가 없게 된다.

**鄭注** 潘, 米瀾也. 共猶皆也. 帥, 循也. 時, 是也. 禮皆如此也.

**번역** '반(潘)'자는 쌀을 씻은 물이다. '공(共)'자는 모두[皆]라는 뜻이다. '솔(帥)'자는 "따르다[循]."는 뜻이다. '시(時)'자는 이것[是]이라는 뜻이다. 예(禮)에 따르면 모든 경우에 있어서 이처럼 하는 것이다.

**釋文** 燂, 詳廉反, 溫也. 潘, 芳煩反, 淅米汁. 靧音悔, 洗面. 瀾, 力旦反.

**번역** '燂'자는 '詳(상)'자와 '廉(렴)'자의 반절음이며, 데운다는 뜻이다. '潘'자는 '芳(방)'자와 '煩(번)'자의 반절음이며, 쌀을 씻은 물이다. '靧'자의 음은 '悔(회)'이며, 얼굴을 닦는다는 뜻이다. '瀾'자는 '力(력)'자와 '旦(단)'자의 반절음이다.

**訓纂** 說文: 燂, 大熱也. 沐, 濯髮也. 浴, 洒身也. 洗, 灑足也. 潘, 淅米汁也.

**번역** 『설문해자』에서 말하길, '첨(燂)'자는 물을 뜨겁게 끓인다는 뜻이다. '목(沐)'자는 머리를 감는다는 뜻이다. '욕(浴)'자는 몸을 씻는다는 뜻이다. '세(洗)'자는 발을 씻는다는 뜻이다. '반(潘)'자는 쌀을 씻은 물을 뜻한다.

**集解** 愚謂: 唾洟不見, 恐父母見之而生憎穢也. 綻, 解也. 紉, 以線貫針也. 燂, 溫也. 潘, 米瀾也. 此節言事父母服勤之禮也.

**번역** 내가 생각하기에, 침과 콧물을 드러내지 않는 것은 부모가 그것을 보면, 싫어하고 더럽게 느끼게 될까를 염려했기 때문이다. '탄(綻)'자는 "풀어진다[解]."는 뜻이다. '인(紉)'자는 실을 바늘에 꿴다는 뜻이다. '첨(燂)'자는 "데운다[溫]."는 뜻이다. '반(潘)'자는 쌀을 씻은 물이다. 이곳 문단은 부모를 섬기며 열심히 노력하는 예법에 대해서 언급하고 있다.

**集解** 帥, 循也. 時, 是也, 謂上二節所言之禮也.

**번역** '솔(帥)'자는 "따른다[循]."는 뜻이다. '시(時)'자는 이것[是]이라는 뜻이니, 앞의 두 문단에서 언급한 예법을 가리킨다.

**集解** 自篇首至此, 言事父母舅姑及尊長之法.

**번역** 편의 첫 문장부터 이곳 문장까지는 부모와 시부모 및 존장자를 섬기는 예법에 대해서 언급하고 있다.

## • 제8절 •

## 남녀 간의 법도

【350b】

男不言內, 女不言外. 非祭非喪, 不相授器. 其相授, 則女受以篚; 其無篚, 則皆坐, 奠之而后取之.

**직역** 男은 內에서 不言하고, 女는 外에서 不言한다. 祭가 非이며 喪이 非이면, 相히 器를 授함을 不한다. 相히 授하면, 女는 受하길 **篚**로써 하며; **篚**가 無하면, 皆히 坐하여, 奠한 后에 取라.

**의역** 남자는 집안에서 집밖의 일을 언급하지 않고, 여자는 집밖에서 집안의 일을 언급하지 않는다. 제사나 상사(喪事)가 아니라면, 서로 물건을 주고받지 않는다. 서로 물건을 주고받게 된다면, 여자는 광주리를 이용해서 받고, 광주리가 없는 경우라면, 둘 모두 무릎을 꿇고서, 땅에 물건을 놓아두면, 그 이후에 땅에 있는 물건을 들고 간다.

**集說** 男正位乎外, 不當於外而言內庭之事; 女正位乎內, 不當於內而言捆外之事. 惟喪祭二事, 乃得以器相授受者, 以祭爲嚴肅之地, 喪當急遽之時, 乃無他嫌也. 非此二者, 則女必執篚, 使授者置之篚中也. 皆坐, 男女皆跪也. 授者跪而置諸地, 則受者亦跪而就地以取之也.

**번역** 남자는 밖에서 위치를 바르게 하니, 바깥에서 집안의 일들을 언급하는 것은 합당하지 않고, 여자는 안에서 위치를 바르게 하니, 집안에서 바깥의 일들을 언급하는 것은 합당하지 않다.[1)] 오직 상사(喪事)나 제사(祭祀)라는 두 가지 사안이라야만, 기물을 서로 주고받을 수 있는 것은 제사는 엄숙한 공간에서 치르고, 상사는 황급한 시기에 해당하므로, 곧 타인들의 혐의를 받지 않기 때문이다. 이러한 두 가지 사안이 아니라면, 여자는 반드시 광주리[篚]를 들고서, 건네는 사람으로 하여금 물건을 광주로 안에 두도록 한다. '개좌(皆坐)'는 남자와 여자 모두 무릎을 꿇는다는 뜻이다. 건네는 자가 무릎을 꿇고서 땅바닥에 놓아두면, 받는 사람 또한 무릎을 꿇고서 땅에서 그것을 들어서 가져간다는 뜻이다.

**大全** 嚴陵方氏曰: 女受以篚, 則男所受可知, 言女受而不及男者, 受陰事, 女以受爲正故也. 奠, 謂定之於地也. 以於地, 故言皆坐. 坐亦跪也, 與曲禮言坐而遷之同義.

**번역** 엄릉방시가 말하길, 여자가 광주리를 이용해서 물건을 받는다면, 남자가 물건을 받는 방법에 대해서도 알 수 있다. 그런데 여자가 물건을 받는다고 언급하고, 남자에 대해서 언급하지 않은 것은 받는 것은 음(陰)에 해당하는 일이고, 여자는 받는 것을 올바름으로 삼기 때문이다. '전(奠)'자는 땅에 물건을 놓아둔다는 뜻이다. 땅에 놓아두기 때문에, "모두 좌(坐)한다."라고 말한 것이다. '좌(坐)'자 또한 무릎을 꿇는다는 뜻으로, 『예기』「곡례(曲禮)」편에서, "무릎을 꿇고서 물건을 옮긴다."[2]라고 했을 때의 '좌(坐)'자와 같은 의미이다.

**大全** 有問: 避嫌是否? 朱子曰: 合避處, 豈可不避如瓜田不納履, 李下不整冠? 豈可不避如男女授受不親, 君不與同姓同車, 與異姓同車不同服? 皆是合避處.

**번역** 어떤 자가 묻기를, 혐의를 피한 것입니까? 아닙니까? 주자가 말하길, 혐의를 피한 것에 해당하니, 어찌 오이 밭에서 신발을 고쳐 매지 않고,

---

1) 『역』「가인(家人)·단전(彖傳)」: 彖曰, 家人, <u>女正位乎內, 男正位乎外</u>, 男女正, 天地之大義也. 家人有嚴君焉, 父母之謂也. 父父, 子子, 兄兄, 弟弟, 夫夫, 婦婦, 而家道正, 正家而天下定矣.

2) 『예기』「곡례상(曲禮上)」【20d】: 先生書策琴瑟在前, <u>坐而遷之</u>, 戒勿越.

배나무 아래에서 관(冠)을 고쳐 매지 않는 것처럼 피하지 않을 수가 있겠는가? 어찌 남녀가 물건을 주고받을 때 직접 건네지 않고, 군주가 동성(同姓)과는 수레를 함께 타지 않으며, 이성(異姓)과는 수레를 같이 타지만 복식을 동일하게 하지 않는 것처럼 피하지 않을 수가 있겠는가?[3] 그러므로 이 모두는 혐의를 피한 것에 해당한다.

**鄭注** 謂事業之次序. 祭嚴, 喪遽, 不嫌也. 奠, 停地也.

**번역** 사업을 하는 순서를 뜻한다. 제사는 엄숙하고, 상사는 급작스럽게 치르니, 혐의를 두지 않는다. '전(奠)'자는 땅에 놓아둔다는 뜻이다.

**釋文** 遽, 其據反. 篚, 非鬼反.

**번역** '遽'자는 '其(기)'자와 '據(거)'자의 반절음이다. '篚'자는 '非(비)'자와 '鬼(귀)'자의 반절음이다.

**孔疏** ●"男不"至"由左". ○正義曰: 此經論男子女子殊別之宜.

**번역** ●經文: "男不"~"由左". ○이곳 문단은 남자와 여자가 서로 구별을 두어야 하는 마땅함에 대해서 논의하고 있다.

**孔疏** ◎注"祭嚴, 喪遽, 不嫌也". ○正義曰: 以經云"非祭非喪, 不相授器", 則是祭與喪時得相授器, 所以得者, 祭是嚴敬之處, 喪是促遽之所, 於此之時, 不嫌男女有淫邪之意.

**번역** ◎鄭注: "祭嚴, 喪遽, 不嫌也". ○경문에서 "제사나 상사가 아니라면, 서로 기물을 건네지 않는다."라고 했다면, 제사와 상사를 치를 때에는

---

3) 『예기』「방기(坊記)」【611c~d】: 子云, 天無二日, 土無二王, 家無二主, 尊無二上, 示民有君臣之別也. …… 君不與同姓同車, 與異姓同車不同服, 示民不嫌也.

서로 기물을 건넬 수 있으니, 건넬 수 있는 이유는 제사는 엄숙하고 공경스러운 장소에서 치르는 것이고, 상사는 급작스럽게 발생한 것이니, 이러한 시기에는 남녀사이에 물건을 주고받았다고 하더라도, 음란하고 사벽한 뜻이 있어서라는 혐의를 두지 않기 때문이다.

**訓纂** 說文: 匪, 器似竹篋. 逸周書曰: "實元黃于匪."

**번역** 『설문해자』에서 말하길, '비(匪)'는 기물로, 대나무로 짠 상자[篋]와 유사하다. 『일주서(逸周書)』에서는 "비(匪)에 원황(元黃)을 담는다."라고 했다.

**訓纂** 彬謂: 匪·篚同.

**번역** 내가 생각하기에, '비(匪)'와 '비(篚)'는 같은 물건이다.

**그림 8-1** ▣ 비(篚)

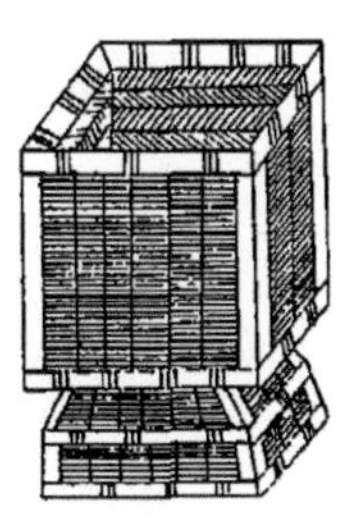


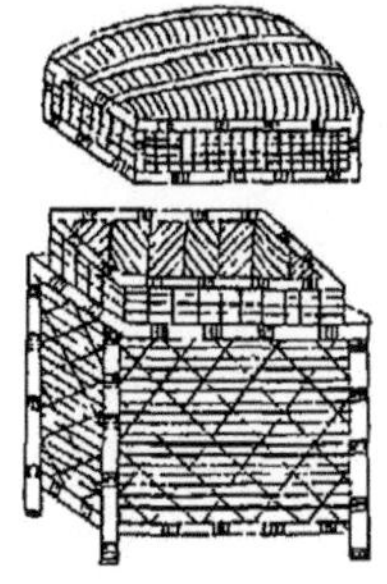


※ **출처:** 『삼례도집주(三禮圖集注)』 12권

【350c】

外內不共井，不共湢浴，不通寢席，不通乞假．男女不通衣裳．內言不出，外言不入．男子入內，不嘯不指，夜行以燭，無燭則止．女子出門，必擁蔽其面，夜行以燭，無燭則止．道路，男子由右，女子由左．

**직역** 外內로 井을 不共하고, 湢浴을 不共하며, 寢席을 不通하고, 乞假를 不通한다. 男女는 衣裳을 不通한다. 內言은 不出하고, 外言은 不入한다. 男子는 內에 入하면, 不嘯하고 不指하며, 夜行에는 燭으로써 하며, 燭이 無하면 止한다. 女子는 門을 出하면, 必히 그 面을 擁蔽하며, 夜行에는 燭으로써 하며, 燭이 無하면 止한다. 道路에서, 男子는 右로 由하고, 女子는 左로 由한다.

**의역** 바깥채의 사람들과 안채의 사람들은 우물을 함께 쓰지 않고, 욕실을 함께 쓰지 않으며, 침구를 함께 사용하지 않고, 빌리거나 빌려주지 않는다. 남자와 여자는 의복을 함께 사용하지 않는다. 집안의 말은 집밖으로 나가지 않고, 집밖의 말은 집안으로 들이지 않는다. 남자가 집안으로 들어오면 휘파람을 불거나 손가락질을 하지 않으며, 밤에 길을 갈 때에는 등불을 밝히고, 등불이 없다면 나가기를 그만둔다. 여자가 대문을 벗어나게 되면, 반드시 자신의 얼굴을 가리며, 밤에 길을 갈 때에는 등불을 밝히고, 등불이 없다면 나가기를 그만둔다. 도로에서 남자는 우측 길로 다니고, 여자는 좌측 길로 다닌다.

**集說** 湢, 浴室也. 不嘯不指, 謂聲容有異, 駭人視聽也. 舊讀嘯爲叱, 今詳嘯非家庭所發之聲, 宜其不可, 叱或有當發者, 如見非禮擧動, 安得不叱以儆之乎? 讀如本字爲是. 擁, 猶障也. 由右由左, 見王制.

**번역** '벽(湢)'자는 욕실을 뜻한다. "휘파람을 불지 않고, 손가락질을 하지 않는다."는 말은 소리와 모습에 다른 점이 생기면, 남들이 보고 들음에 놀라게 만든다는 뜻이다. 옛 학설에서는 '소(嘯)'자를 '질(叱)'자로 해석했는데, 현재 자세히 살펴보니, 휘파람은 가정에서 내는 소리가 아니므로, 마땅히 해서는 안 되는 것이지만, 꾸짖는 것은 간혹 그러한 소리를 내는 경우도 발생하니, 예를 들어 비례(非禮)에 따른 행동거지를 보게 되면, 어찌 꾸짖어서 주의를 주지 않을 수가 있겠는가? 따라서 본래의 글자대로 해석하는 것이 옳다. '옹(擁)'자는 "가린다[障]."는 뜻이다. '유우유좌(由右由左)'에 대해서는 그 설명이 『예기』「왕제(王制)」편에 나온다.[4)]

**大全** 長樂劉氏曰: 外內不共井, 嫌同汲也. 不共湢浴, 嫌相褻也. 不通寢席, 嫌相親也. 不通乞假, 嫌往來也. 不通衣裳, 惡淆雜也. 內言不出, 惡交於外也. 外言不入, 惡交於內也. 禮當入內, 嘯則涉乎異也, 指則涉乎覘也. 有燭則行夜, 有不可得而已也. 無燭則止, 行則涉於不明也. 道路之法, 其右以行男子, 其左以行女子, 古之道也.

**번역** 장락유씨가 말하길, 바깥채와 안채의 사람들이 우물을 함께 사용하지 않는 것은 함께 물을 긷는다는 혐의를 받기 때문이다. 욕실을 함께 사용하지 않는 것은 서로 너무 친근하게 대한다는 혐의를 받기 때문이다. 침구를 함께 사용하지 않는 것은 서로 너무 친애한다는 혐의를 받기 때문이다. 서로 빌리거나 빌려주지 않는 것은 서로 왕래를 한다는 혐의를 받기 때문이다. 의복을 함께 사용하지 않는 것은 뒤섞이게 됨을 싫어하기 때문이다. 집안의 말이 밖으로 나가지 않는 것은 외적으로 교류하는 것을 싫어하기 때문이다. 집밖의 말을 안으로 들이지 않는 것은 내적으로 교류하는 것을 싫어하기 때문이다. 예법에 있어서 집안으로 들어와서, 휘파람을 불게 된다면, 특이하게 행동하는 것이 되고, 손가락질을 하게 된다면, 엿보는 것

4) 『예기』「왕제(王制)」【181a】에는 "道路, 男子由右, 婦人由左, 車從中央."이라는 기록이 나온다. 즉 "도로에서는 남자는 멀리 떨어져 부인의 우측으로 다니고, 부인은 멀리 떨어져 남자의 좌측으로 다니며, 수레는 중앙으로 다닌다."라는 뜻이다. 이 문장에 대한 진호(陳澔)의 『집설(集說)』에서는 "凡男子婦人同出一塗者, 則男子常由婦人之右, 婦人常由男子之左, 爲遠別也."이라고 풀이했다. 즉 "무릇 남자와 부인이 함께 한 길을 지나갈 때에는, 남자는 항상 부인의 우측으로 가고, 부인은 항상 남자의 좌측으로 가서, 멀리 떨어지는 것이다."라는 뜻이다.

이 된다. 등불이 있다면 밤에 길을 나서게 되지만, 부득이해서 가는 것일 뿐이다. 등불이 없다면, 멈추게 되니, 등불이 없는데도 나서게 된다면, 사리에 어두운 것이 된다. 도로에서의 법도는 우측 길은 남자가 걸어가게 되고, 좌측 길은 여자가 걸어가게 되니, 고대의 법도이다.

**大全** 嚴陵方氏曰: 言外內, 則男女在其中矣, 而於衣裳特言男女者, 以男女之衣裳異制, 尤所不可通故也. 內言不出, 外言不入, 與曲禮所言同. 擁蔽其面者, 惡外有所褻也.

**번역** 엄릉방씨가 말하길, '외내(外內)'라고 말했다면, 남자와 여자는 그 안에 포함된 것인데, 의복에 대해서만 특별히 '남녀(男女)'라고 말한 것은 남자와 여자의 복장은 그 제작방법이 달라서, 더욱이 함께 사용할 수 없기 때문이다. 집안의 말이 밖으로 나가지 않고, 집밖의 말이 집안으로 들어가지 않는다는 말은 『예기』「곡례(曲禮)」편에서 언급한 내용과 동일하다.[5] 그 얼굴을 가리는 것은 외부에서 무례한 짓을 당하는 경우가 생길 것을 싫어하기 때문이다.

**鄭注** 湢, 浴室也. 嘯, 讀爲叱, 叱, 嫌有隱使也. 擁猶障也. 地道尊右.

**번역** '벽(湢)'자는 욕실을 뜻한다. '소(嘯)'자는 '질(叱)'자로 풀이하니, 꾸짖게 된다면, 은밀하게 시키는 일이 있다는 혐의를 받게 된다. '옹(擁)'자는 "가린다[障]."는 뜻이다. 땅의 도리에서는 우측을 존귀하게 높인다.

**釋文** 湢, 彼力反, 本又作偪. 嘯, 依注音叱, 尺失反. 障音章.

**번역** '湢'자는 '彼(피)'자와 '力(력)'자의 반절음이며, 판본에 따라서는 또한 '偪'자로도 기록한다. '嘯'자는 정현의 주에 따르면 그 음은 '叱'이니, '尺(척)'자와 '失(실)'자의 반절음이다. '障'자의 음은 '章(장)'이다.

---

5) 『예기』「곡례상(曲禮上)」【23d】: 外言不入於梱, 內言不出於梱.

**孔疏** ◎注"嘯讀"至"使也". ○正義曰: 嘯是自嘯, 叱謂叱人. 經言"不嘯", 與"不指"連文, 而指旣指物, 明嘯是叱人, 故以嘯爲叱矣. 云"嫌有隱使"者, 若其常事, 以言語處分, 是顯使人也. 如有姦私, 恐人知聞, 不以言語, 但諷叱而已. 是幽隱而使, 故云"叱, 嫌有隱使也".

**번역** ◎鄭注: "嘯讀"~"使也". ○'소(嘯)'자는 제 스스로 휘파람을 분다는 뜻이고, '질(叱)'자는 남을 꾸짖는다는 뜻이다. 경문에서는 '불소(不嘯)'라고 말했는데, 이것은 '부지(不指)'라는 말과 연이어 있고, '지(指)'자 자체가 사물을 가리킨다는 뜻이 되므로, 이 말은 곧 '소(嘯)'자가 남을 꾸짖는다는 뜻이 됨을 나타낸다. 그렇기 때문에 '소(嘯)'자를 '질(叱)'자로 여긴 것이다. 정현이 "은밀하게 시키는 일이 있다는 혐의를 받게 된다."라고 했는데, 만약 일상적인 사안이라면, 말을 통해 처리하게 되니, 이것은 드러내놓고 남을 시키는 것이다. 만약 간사하고 사사로운 일이 있다면, 남이 그것을 지시하는 소리를 듣게 될까 걱정하게 되어, 말로 지시를 하지 않고, 단지 은유적으로 표현하거나 꾸짖음을 통해서 나타내게 될 따름이다. 이것은 은밀하게 시키는 것이다. 그렇기 때문에 "꾸짖게 된다면, 은밀하게 시키는 일이 있다는 혐의를 받게 된다."라고 말한 것이다.

**集解** 愚謂: 內謂內事, 外謂外事, 在內言內, 在外言外, 各治其事而不得相預也. 其相授, 謂非喪祭而相授也. 男不言內, 女不言外, 所以別男女之職; 內言不出, 外言不入, 所以嚴內外之限.

**번역** 내가 생각하기에, '내(內)'자는 집안일을 뜻하고, '외(外)'자는 바깥일을 뜻하며, 집안에서는 집안일에 대해서 언급하고, 집밖에서는 바깥일에 대해서 언급하니, 각자 그 일을 담당하여, 서로 간여를 할 수 없기 때문이다. 서로 건넨다는 말은 상사(喪事)나 제사가 아닌데도, 서로 물건을 건넨다는 뜻이다. 남자는 집안일에 대해서 언급하지 않고, 여자는 바깥일에 대해서 언급하지 않으니, 남녀의 직무를 구별하는 것이며, 집안의 말이 밖으로 나가지 않고, 집밖의 말이 안으로 들어오지 않는 것은 내외의 구분을 엄격히 하는 것이다.

**集解** 今按: 嘯如字.

**번역** 현재 살펴보니, '소(嘯)'자는 글자대로 읽는다.

**集解** 愚謂: 嘯, 蹙口出聲也. 不嘯不指, 爲其聲容不肅, 且惑人也. 夜行必皆以燭者, 所以遠暗昧之嫌也.

**번역** 내가 생각하기에, '소(嘯)'자는 입을 오므려서 휘파람 소리를 낸다는 뜻이다. 휘파람을 불지 않고, 손가락질을 하지 않는 것은 그 소리와 모습이 엄숙하지 못하며, 또한 남을 의혹시킬 수 있기 때문이다. 밤에 길을 나설 때에는 반드시 모든 경우에 등불을 이용하니, 어리석고 사리에 어둡다는 혐의를 멀리하기 위해서이다.

**集解** 此謂宮中之道路也. 地道尊右, 男子由右, 女子由左, 蓋以相避遠, 而因以爲尊卑之別也.

**번역** 도로에 대한 내용은 궁(宮) 안에서의 도로를 뜻한다. 땅의 도리에서는 우측을 존귀하게 높이고, 남자는 우측 길로 다니며, 여자는 좌측 길로 다니니, 무릇 서로 떨어져서 멀리하는 것이고, 이에 따라 존비(尊卑)의 구별로 삼은 것이다.

**集解** 自"男不言內"至此, 論男女遠嫌厚別之法, 朱子移於"男不入, 女不出"之下.

**번역** "남자는 집안일을 언급하지 않는다."라는 구문으로부터 이곳 문장까지는 남자와 여자가 혐의를 멀리하며, 유별함을 두텁게 하는 법도를 논의하고 있는데, 주자는 "남자는 들어가지 않고, 여자는 나오지 않는다."[6]라는 구문 뒤로 이동시켰다.

---

6) 『예기』「내칙」【362d】: 禮始於謹夫婦, 爲宮室, 辨外內, 男子居外, 女子居內. 深宮固門, 閽寺守之, 男不入, 女不出.

## • 제9절 •

# 부모 및 시부모를 섬기는 법도 Ⅲ

【350d】

**子婦孝者敬者, 父母舅姑之命, 勿逆勿怠.**

**직역** 子婦 중 孝한 者와 敬한 者는 父母와 舅姑의 命을 勿逆하며 勿怠한다.

**의역** 자식과 며느리 중 효도를 하고 공경하는 자는 부모와 시부모의 명령을 거역해서는 안 되고 태만하게 굴어서도 안 된다.

**集說** 子而孝, 父母必愛之; 婦而敬, 舅姑必愛之. 然猶恐其恃愛而於命或有所違也, 故以勿逆勿怠爲戒.

**번역** 아들로 태어나서 효도를 한다면, 부모는 반드시 그를 사랑하게 되고, 며느리가 되어서 공경한다면, 시부모는 반드시 그녀를 사랑하게 된다. 그러나 본인을 사랑한다는 사실을 믿고서, 명령에 대해서 간혹 위배하는 일이 발생할 것을 염려했기 때문에, 거역하지 말고, 태만하게 굴지 말라는 말로써 주의를 준 것이다.

**大全** 朱子曰: 勿逆勿怠, 此謂不可變節, 以傷尊者平日慈愛之心也.

**번역** 주자가 말하길, 거역하지 말고 태만하게 굴지 말라고 했는데, 이 말은 변절해서는 안 된다는 뜻으로, 존장자가 평소에 자애롭게 대했던 마음을 상심시키기 때문이다.

**大全** 東萊呂氏曰: 旣孝敬也, 何必戒其逆怠? 蓋孝敬之人事親, 至於與親相忘, 則慢心易生, 恐或至於逆怠, 故在所戒.

**번역** 동래여씨가 말하길, 이미 효도를 하고 공경하고 있는데, 하필이면 거역하는 것과 태만하게 구는 것에 대해서 주의를 준 것인가? 무릇 효도를 하고 공경을 시행하는 사람이 부모를 섬길 때, 부모와 함께 서로의 입장을 망각하는 지경에 이르게 된다면, 태만한 마음이 쉽게 발생하므로, 간혹 거역을 하거나 태만하게 구는 지경에 이르게 될 것을 염려한 것이다. 그렇기 때문에 이러한 내용에 대해서 주의를 준 것이다.

**鄭注** 恃其孝敬之愛, 或則違解.

**번역** 효도와 공경에 대한 친애하는 마음을 믿는다면, 간혹 어기거나 풀어지게 된다.

**釋文** 解, 佳賣反, 下"解倦"同.

**번역** '解'자는 '佳(추)'자와 '賣(매)'자의 반절음이며, 아래에 나오는 '解倦'에서의 '解'자도 그 음이 이와 같다.

**孔疏** ●"子婦"至"禮焉". ○正義曰: 此一節論子婦事父母舅姑, 受飮食衣服之事, 並明父母舅姑接待子婦之禮. "子婦孝者敬者, 父母舅姑之命勿逆勿怠"者, 子孝於父母, 婦敬於舅姑, 或恐倚恃孝敬之心, 違逆其命意, 有怠惰具身, 故戒令勿逆勿怠也.

**번역** ●經文: "子婦"~"禮焉". ○이곳 문단은 자식과 며느리가 부모 및 시부모를 섬길 때, 음식과 의복을 받는 사안을 논의하고 있으며, 아울러 부모와 시부모가 자식과 며느리를 대하는 예법을 나타내고 있다. 경문의 "子婦孝者敬者, 父母舅姑之命勿逆勿怠"에 대하여. 자식은 부모에 대해서 효도를 실천하고, 며느리는 시부모에 대해서 공경하는데, 혹여 효도와 공경하는 마음만 믿고서, 명령과 뜻을 어기고, 갖춰야 할 것과 자신의 몸가짐에 대해서 태만하게 구는 경우도 발생하게 된다. 그렇기 때문에 거역하지 말고 태만하게 굴지 말라는 말로 주의를 준 것이다.

【351a】

**若飮食之, 雖不耆, 必嘗而待; 加之衣服, 雖不欲, 必服而待.**

**직역** 若히 飮食하면, 雖히 不耆라도, 必히 嘗하고서 待하며; 衣服을 加하면, 雖히 不欲이라도, 必히 服하고서 待한다.

**의역** 만약 부모 및 시부모가 음식을 맛보게 한다면, 비록 즐기는 음식이 아니더라도, 반드시 맛을 보고서 다음 명령을 기다리며, 의복을 입도록 시키면, 비록 바라는 의복이 아니더라도, 반드시 그 의복을 착용하고서 다음 명령을 기다린다.

**集說** 嘗而待, 服而待, 皆謂俟尊者, 察其不耆不欲而改命之, 則或置之, 或藏去, 乃敢如己意也.

**번역** 맛을 보고서 기다린다는 말과 옷을 입고서 기다린다는 말은 모두 존장자의 말을 기다리는 것으로, 즐기지 않고 바라지 않는다는 것을 살피고서, 재차 다른 명령을 내린다면, 치우기도 하고, 보관하기도 하게 되니, 이것은 결국 자기의 뜻대로 된다는 의미이다.

**鄭注** 待後命而去也. 待後命釋藏也.

**번역** 이후의 명령을 기다리고서 제거한다. 이후의 명령을 기다리고서 옷을 벗어 보관한다.

**釋文** 飲, 於鴆反. 食音嗣. 耆, 市志反. 去, 起呂反, 本又作"而食之".

**번역** '飲'자는 '於(어)'자와 '鴆(짐)'자의 반절음이다. '食'자의 음은 '嗣(사)'이다. '耆'자는 '市(시)'자와 '志(지)'자의 반절음이다. '去'자는 '起(기)'자와 '呂(려)'자의 반절음이며, 판본에 따라서는 또한 '而食之'로 기록하기도 한다.

**孔疏** ●"若飲食之, 雖不耆, 必嘗而待"者, 謂尊者以飲食與己, 己雖不嗜愛, 必且嘗之, 而待尊者後命, 令己去之, 而後去之.

**번역** ●經文: "若飲食之, 雖不耆, 必嘗而待". ○존장자가 음식을 자신에게 주면, 본인이 비록 즐겨하는 음식이 아니더라도, 반드시 그것을 맛보고, 존장자가 이후에 내리는 명령을 기다려서, 자신으로 하여금 치우게 한 이후에야 치운다.

**孔疏** ●"加之衣服, 雖不欲, 必服而待"者, 爲尊者加己衣服, 己雖不欲, 必且服之, 而待後命而藏去之.

**번역** ●經文: "加之衣服, 雖不欲, 必服而待". ○존장자가 자신에게 의복을 입히면, 본인이 비록 바라는 옷이 아니더라도, 반드시 그것을 착용하고, 이후의 명령을 기다린 뒤에 보관하여 치우게 된다.

**訓纂** 江氏永曰: 不欲, 謂若時已溫而尊者猶使加衣, 衣未垢而尊者欲其易衣之類.

**번역** 강영이 말하길, '불욕(不欲)'이라는 말은 만약 그 시기가 이미 따뜻해졌는데도, 존장자가 여전히 옷을 더 껴입도록 하거나 의복이 아직 더러워지지 않았는데, 존장자가 그 옷을 다른 옷으로 바꾸고자 하는 상황 등을 뜻한다.

【351a~b】

加之事, 人代之, 己雖弗欲, 姑與之, 而姑使之, 而后復之.

**직역** 事를 加했는데, 人으로 代하면, 己가 雖히 弗欲이라도, 姑히 與하고, 姑히 使하며, 后에 復한다.

**의역** 존장자가 자신에게 일을 맡겼는데, 수고로울 것을 염려하여, 다른 사람을 대신 시키게 되면, 본인이 비록 바라지 않더라도, 잠시 그에게 일을 맡기고, 그가 잘 하지 못할 것이 염려되면, 잠시 그에게 가르쳐주어, 그로 하여금 그 일을 처리하도록 하고, 그가 완수하지 못한 이후에야 본인이 다시 그 일을 처리한다.

**集說** 尊者任之以事, 而已既爲之矣, 或念其勞, 又使他人代爲, 己意雖不以爲勞而不欲其代, 然必順尊者之意而姑與之. 若慮其爲之不如己意, 姑教使之, 及其果不能而後己復爲之也.

**번역** 존장자가 일을 맡겼고, 본인이 이미 그 일을 시행하고 있는데, 간혹 그 수고로움을 염려하여, 또 다시 다른 사람으로 하여금 대신 시행하게 하면, 본인이 비록 수고롭다고 여기지 않고, 다른 사람을 대신 시키고 싶지 않더라도, 반드시 존장자의 뜻에 따라서, 잠시 다른 사람에게 맡겨야 한다. 만약 다른 사람이 하는 것이 자신의 뜻과 맞지 않을 것을 염려한다면, 잠시 그를 교육시키고 그 일을 시키며, 결국 그 자가 잘 할 수 없게 된 뒤에라야 본인이 재차 그 일을 한다.

**大全** 慶源輔氏曰: 既加之事, 又使人代之, 己雖不欲人代己, 然不可不順父母之命, 故姑與之, 而姑使之, 而後復之者, 終以身親之也.

**번역** 경원보씨가 말하길, 이미 자신에게 일을 맡겼는데, 재차 다른 사람을 시켜서 대신하게 하면, 본인이 비록 다른 사람이 자신을 대신하여 그 일을 처리하는 것을 바라지 않더라도, 부모의 명령을 거스를 수 없기 때문에, 잠시 그에게 맡기고, 또 잠시 그에게 그 일을 시키고 난 뒤에야, 본인이 재차 그 일을 처리하는 것은 자신을 통해 부모를 친애하는 도리로써 마무리를 짓기 때문이다.

**大全** 金華應氏曰: 味偶不甘而必嘗, 衣偶不稱而必服, 徐而待之, 則親知其果非所安而不可强也. 加己以事, 而又代之以人, 亦姑與而姑使之, 待夫人之果不克勝, 而後復之, 亦不敢辭其難也. 是非故爲矯情, 蓋委曲以行其意, 雖至親之間, 亦有不容以直遂者, 必如是而後無所拂也.

**번역** 금화응씨[1]가 말하길, 음식이 자신에게 달갑지 않은 것이라 하더라도, 반드시 맛을 보고, 옷이 자신에게 맞지 않더라도, 반드시 입어보며, 그런 뒤에 느긋하게 기다리게 되면, 부모가 자신에게 맞지 않으므로, 강요할 수 없음을 알게 된다. 본인에게 일을 맡겼는데, 재차 다른 사람으로 대신하게 하면, 또한 잠시 그에게 일을 맡기고, 잠시 그로 하여금 그 일을 시행하도록 하여, 그 사람이 결국 그 일을 감당할 수 없게 될 때까지 기다린 이후에, 재차 자신이 일을 시행하니, 이 또한 감히 그 일이 어렵다는 이유로 부모의 명령을 거역할 수 없기 때문이다. 이것은 일부러 자신의 진실된 감정을 감추는 것이 아니니, 무릇 완곡하게 자신의 뜻을 실천하는 것으로, 비록 지극히 친근한 관계라 하더라도, 또한 직접적으로 표현하지 못하는 점이 있는 것이니, 반드시 이처럼 한 이후에야 거스르는 점이 없게 된다.

**鄭注** 謂難其妨己業. 遠懟怨於勞事. 姑猶且也.

**번역** 바라지 않는다는 말은 자신의 업무를 방해하는 것을 꺼려한다는 뜻이다. 다른 사람에게 맡겼다가 자신이 다시 하는 것은 수고로운 일에 대해서 원망하는 것과는 거리가 멀다. '고(姑)'자는 우선[且]이라는 뜻이다.

---

1) 금화응씨(金華應氏, ?~?) : =응용(應鏞)·응씨(應氏)·응자화(應子和). 이름은 용(鏞)이다. 자(字)는 자화(子和)이다. 『예기찬의(禮記纂義)』를 지었다.

**釋文** 難, 乃旦反. 姑與, 以渚反, 下同. 遠, 于萬反. 懟, 直類反, 本又作懟.

**번역** '難'자는 '乃(내)'자와 '旦(단)'자의 반절음이다. '姑與'에서의 '與'자는 '以(이)'자와 '渚(저)'자의 반절음이며, 아래문장에 나오는 글자도 그 음이 이와 같다. '遠'자는 '于(우)'자와 '萬(만)'자의 반절음이다. '懟'자는 '直(직)'자와 '類(류)'자의 반절음이며, 판본에 따라서는 또한 '懟'자로도 기록한다.

**孔疏** ●"加之事, 人代之, 己雖弗欲"者, 謂尊者言加己以事業, 事業欲成, 尊者又使人代己. 此事既嚮成, 不欲他人代己而難其妨己之業.

**번역** ●經文: "加之事, 人代之, 己雖弗欲". ○존장자가 본인에게 그 업무를 맡긴다고 말하여, 그 업무에 대해서 완성을 시키고자 하는데, 존장자가 재차 다른 사람을 시켜서, 본인을 대신하게 했다는 뜻이다. 그 업무가 이미 이루어지려고 하여, 다른 사람이 자신을 대신하길 바라지 않고, 자신의 업무를 방해함을 꺼려하는 것이다.

**孔疏** ●"姑與之, 而姑使之"者, 姑, 且也. 且與代己者之事, 而且使代己者爲之.

**번역** ●經文: "姑與之, 而姑使之". ○'고(姑)'자는 우선[且]이라는 뜻이다. 우선 자신의 업무를 대신하게 하고, 우선 자신을 대신하여, 그 일을 시행하도록 한다는 의미이다.

**孔疏** ●"而后復之"者, 待代己者休解, 而后復本事業於己身也.

**번역** ●經文: "而后復之". ○자신을 대신해서 그 일을 처리하는 자가 포기할 때까지 기다린 이후에, 재차 자신이 그 업무를 처리하는 것이다.

**集解** 朱子曰: 人代之而弗欲者, 慮以自逸而違命. 姑與姑使者, 嫌於怨懟而必爭.

**번역** 주자가 말하길, 다른 사람이 대신하는 것을 바라지 않는 것은 제 스스로 여유로움을 부려서 명령을 위배한 것이 아닐까 염려하기 때문이다. 잠시 그에게 일을 맡기고, 잠시 그를 시키는 것은 대신 시키는 명령에 대해 원망을 하여 반드시 대신하는 자와 다투려고 한다는 혐의를 받기 때문이다.

**集解** 愚謂: 子婦之孝敬者, 必爲父母舅姑之所愛, 恐其恃愛而驕, 故戒以勿逆勿怠. 加之事, 人代之者, 謂尊者旣命之事, 又惜其勞而使人代之也. 弗欲者, 爲其所爲不必能如己之意也. 姑與之者, 姑聽其代也. 姑使之者, 姑以己之意教使之也. 而后復之者, 俟代者休解而後復其本業於己也. 凡此皆勿逆勿怠之事也.

**번역** 내가 생각하기에, 자식과 며느리 중 효와 공경함을 나타내는 자는 반드시 부모와 시부모로부터 사랑을 받게 되는데, 그 사랑하는 마음만 믿고 교만하게 굴 것을 염려했기 때문에, 거역하지 말며 태만하게 굴지 말라는 말로 주의를 준 것이다. "일을 맡겼는데, 다른 사람으로 대신 시킨다."는 말은 존장자가 이미 명령을 내린 일인데, 또한 그 수고로움을 애석하게 여겨서, 다른 사람을 대신 시킨다는 뜻이다. 바라지 않는 것은 다른 사람이 시행한 것이 반드시 자신이 본래 원하던 대로 할 수 없기 때문이다. '고여지(姑與之)'라는 말은 잠시 대신하라고 했던 명령을 받아들인다는 뜻이다. '고사지(姑使之)'라는 말은 자신의 의도에 따라 그를 교육하여, 그 일을 시킨다는 뜻이다. '이후복지(而后復之)'라는 말은 대신 했던 자가 잘 해내지 못할 때까지 기다린 이후에야, 자신에게 부여되었던 본래의 과업을 재차 맡는다는 뜻이다. 무릇 이러한 내용들은 모두 거역하지 말며 교만하게 굴지 말라는 사안에 해당한다.

## • 제 10 절 •

### 아랫사람에 대한 법도

【351c】

子婦有勤勞之事, 雖甚愛之, 姑縱之, 而寧數休之.

**직역** 子婦에게 勤勞의 事가 有하면, 雖히 甚히 愛라도, 姑히 縱하고, 寧히 數히 休한다.

**의역** 자식과 며느리에게 수고스러운 일이 있다면, 비록 그들을 깊이 사랑하더라도, 잠시 그대로 그 일을 처리하도록 나두며, 차라리 자주 휴식을 시켜서, 그 일을 완수하도록 하는 것이 더 낫다.

**集說** 謂雖甚愛此子婦而不忍其勞, 然必且縱使爲之, 而寧數數休息之, 必使終竟其事而後已. 不可以姑息爲愛, 而使之不事事也.

**번역** 비록 자신의 자식과 며느리를 깊이 사랑하여, 그들이 수고롭게 되는 것을 참아낼 수 없더라도, 반드시 잠시 그대로 놔두어, 그들로 하여금 그 일을 시행하도록 하고, 차라리 자주 휴식을 시켜서, 반드시 그들로 하여금 그 일을 끝맺게 한 뒤에야 그치게 한다는 뜻이다. 일부러 휴식을 시키는 것을 사랑함으로 여겨서, 그들로 하여금 그 일을 처리하지 못하게 해서는 안 된다.

**鄭注** 不可愛此而移苦於彼也.

**번역** 이들을 사랑하여, 그 수고로움을 다른 사람에게 전가시켜서는 안 된다.

**釋文** 縱, 本又作從, 足用反. 數, 色角反.

**번역** '縱'자는 판본에 따라서 또한 '從'자로도 기록하는데, 그 음은 '足(족)'자와 '用(용)'자의 반절음이다. '數'자는 '色(색)'자와 '角(각)'자의 반절음이다.

**孔疏** ●"子婦有勤勞之事, 雖甚愛之"者, 從此以下, 論尊者接待卑者之禮. "有勤勞之事"者, 謂子婦有辛苦勤勞之事. "雖甚愛之"者, 謂父母舅姑素來雖甚愛此勤勞之子婦.

**번역** ●經文: "子婦有勤勞之事, 雖甚愛之". ○이곳 문장으로부터 그 이하의 내용들은 존장자가 자신보다 신분이 미천한 자를 대우하는 예법을 논의하고 있다. 경문의 "有勤勞之事"에 대하여. 자식과 며느리에게 힘들고 수고로운 일이 있다는 뜻이다. 경문의 "雖甚愛之"에 대하여. 부모 및 시부모가 평소에 이처럼 수고로운 일을 하는 자식과 며느리를 깊이 아낀다는 뜻이다.

**孔疏** ●"姑縱之"者, 姑, 且也. 所愛子婦, 旣有勤勞, 且緩縱之.

**번역** ●經文: "姑縱之". ○'고(姑)'자는 우선[且]이라는 뜻이다. 깊이 사랑하는 자식과 며느리가 이미 수고로운 일을 하고 있더라도, 우선 그대로 놔둔다는 뜻이다.

**孔疏** ●"而寧數休之"者, 寧可數數休息此所愛子婦, 不可移此勤勞於他不愛之子婦也.

**번역** ●經文: "而寧數休之". ○이처럼 아끼는 자식과 며느리에 대해서는 차라리 자주 휴식을 시키는 것이 낫고, 깊이 사랑하지 않는 자식이나 며느리에게 수고로운 일을 전가시켜서는 안 된다는 뜻이다.

【351c】

子婦未孝未敬, 勿庸疾怨, 姑教之. 若不可教, 而后怒之. 不可怒, 子放婦出, 而不表禮焉.

**직역** 子婦가 未孝하고 未敬이라도, 疾怨을 勿庸하고, 姑히 教한다. 若히 教가 不可한 后에 怒한다. 怒가 不可하면, 子는 放하고 婦는 出이나, 禮를 不表한다.

**의역** 자식과 며느리가 아직 제대로 효도를 못하고, 제대로 공경함을 나타내지 않더라도, 원망하거나 미워하지 않고, 우선 그들을 가르친다. 만약 가르쳐도 제대로 하지 못한다면, 그런 이후에야 꾸짖는다. 꾸짖어도 고쳐지지 않는다면, 자식을 내쫓고, 며느리를 쫓아내되, 그들이 범한 죄목을 드러내서는 안 된다.

**集說** 庸, 用也. 怒之, 譴責之也. 不可怒, 謂雖譴責之而不改也. 雖放逐其子, 出棄其婦, 而不表明其失禮之罪, 示不終絶之也.

**번역** ‘용(庸)’자는 “쓰다[用].”는 뜻이다. “성낸다.”는 말은 꾸짖는다는 뜻이다. ‘불가노(不可怒)’라는 말은 비록 꾸짖더라도 고치지 못한다는 뜻이다. 비록 자식을 내쫓고, 며느리를 쫓아내더라도, 그들이 실례(失禮)를 한 죄목에 대해서 공표해서는 안 되니, 완전히 관계를 끊지 않았음을 나타내는 것이다.

**大全** 嚴陵方氏曰: 子婦有勤勞之事, 甚愛之, 姑縱之, 而寧數休之, 則彼共爲子婦之職, 而吾不可以愛故奪之也. 子婦未孝未敬, 勿庸疾怨, 則爲傷恩故也.

**번역** 엄릉방씨가 말하길, 자식과 며느리에게 수고로운 일이 있는데, 그들을 깊이 사랑하더라도, 잠시 그대로 내버려두고, 차라리 자주 휴식을 시키는 것은 그들은 모두 자식과 며느리의 직무를 수행하는 것이므로, 내가 사랑한다는 이유로 일부러 그들의 직무를 빼앗아서는 안 되기 때문이다. 자식과 며느리가 아직 제대로 효도를 못하고 공경을 나타내지 못하더라도, 원망하거나 미워하지 않는 것은 은혜로운 마음에 해를 끼치기 때문이다.

**大全** 慶源輔氏曰: "子曰: 愛之, 能勿勞乎?" 勤勞之事, 若遽止之, 是姑息之愛也. 子婦未孝未敬, 勿庸疾怨, 是存父母之心也. 子婦放逐, 不得已也. 不表禮焉, 是猶有不忍之心也.

**번역** 경원보씨가 말하길, "공자(孔子)가 말하길, '사랑한다면, 수고롭게 하지 않을 수 있겠는가?'"[1]라고 했다. 수고로운 일에 대해서, 만약 갑작스럽게 멈추게 한다면, 이것은 잠시 휴식을 시키는 사랑함에 해당한다. 자식과 며느리가 아직 제대로 효도를 못하고 공경함을 나타내지 못하더라도, 원망하거나 미워하지 않는 것은 부모의 마음을 보존하는 것이다. 자식과 며느리를 내쫓는 것은 부득이해서이다. 그들이 범한 실례를 드러내지 않는 것은 여전히 차마 하지 못하는 마음을 갖고 있기 때문이다.

**大全** 東萊呂氏曰: 明言其惡而出之之謂表. 父母愛子之心, 舅姑待婦之禮, 雖彼有過, 猶欲遮護, 故放出, 而不明言其所以過.

**번역** 동래여씨가 말하길, 그들의 악함을 드러내어 내쫓는 것을 '표(表)'라고 부른다. 부모가 자식을 사랑하는 마음과 시부모가 며느리를 대하는 예법에서는 비록 그들에게 과실이 있더라도, 여전히 감싸주고 보호해주려고 한다. 그렇기 때문에 내쫓더라도, 그들이 범한 과실에 대해서는 나타내지 않는 것이다.

---

1) 『논어』「헌문(憲問)」: 子曰, "愛之, 能勿勞乎? 忠焉, 能勿誨乎?"

**大全** 金華應氏曰: 自子婦孝者敬者而下, 勉子婦之孝於父母舅姑也. 自子婦有勤勞之事而下, 勉父母舅姑之慈於子婦也. 兩者交盡其道, 而孝慈之懽交結而不可解矣.

**번역** 금화응씨가 말하길, "자식과 며느리 중 효도를 하고 공경을 한다."는 구문으로부터 그 이하의 내용들은 자식과 며느리가 부모 및 시부모에게 효도를 하도록 독려하는 내용이다. "자식과 며느리에게 수고로운 일이 있다."는 구문으로부터 그 이하의 내용은 부모 및 시부모가 자식과 며느리에 대해서 자애를 하도록 독려하는 내용이다. 두 대상이 상호 그 도리를 극진히 하여, 효도와 자애로움을 통한 기쁨이 서로 결합되어, 풀어질 수 없는 것이다.

**鄭注** 庸之言用也. 怒, 譴責也. 表猶明也. 猶爲之隱, 不明其犯禮之過也.

**번역** '용(庸)'자는 "쓰다[用]."는 뜻이다. '노(怒)'자는 꾸짖는다는 뜻이다. '표(表)'자는 "드러낸다[明]."는 뜻이다. 여전히 그들을 숨겨주기 때문에, 그들이 예법을 범한 과실에 대해서는 드러내지 않는 것이다.

**釋文** 譴, 棄戰反. 爲, 于僞反.

**번역** '譴'자는 '棄(기)'자와 '戰(전)'자의 반절음이다. '爲'자는 '于(우)'자와 '僞(위)'자의 반절음이다.

**孔疏** ●"子婦未孝未敬, 勿庸疾怨"者, 庸, 用也. 子婦旣不孝敬, 勿用憎疾怨惡之.

**번역** ●經文: "子婦未孝未敬, 勿庸疾怨". ○'용(庸)'자는 "쓰다[用]."는 뜻이다. 자식과 며느리가 이미 효와 공경함을 시행하지 못하더라도, 증오나 원망의 감정으로 인해 그들을 미워해서는 안 된다는 뜻이다.

**孔疏** ●"姑教之"者, 姑, 且也. 且教誨之.

**번역** ●經文: "姑教之". ○'고(姑)'자는 우선[且]이라는 뜻이다. 우선 그들을 교육하여 뉘우치게 한다는 뜻이다.

**孔疏** ●"若不可教, 而后怒之"者, 不可教, 謂教而不從, 然後責怒之.

**번역** ●經文: "若不可教, 而后怒之". ○'불가교(不可教)'라는 말은 가르쳐도 따르지 않는다는 뜻으로, 그런 뒤에야 그들을 꾸짖게 된다.

**孔疏** ●"不可怒"者, 謂雖責怒之而不從命者.

**번역** ●經文: "不可怒". ○비록 꾸짖더라도, 명령에 따르지 않는 자를 뜻한다.

**孔疏** ●"子放婦出而不表禮焉"者, 旣不可責怒, 子被放逐, 婦被出棄. 表, 明也. 雖被出棄, 猶爲之隱, 不顯明言其犯禮之過也.

**번역** ●經文: "子放婦出而不表禮焉". ○이미 꾸짖어도 따르지 않았으므로, 자식은 쫓겨나게 되고, 며느리도 내쫓기게 된 것이다. '표(表)'자는 "드러내다[明]."는 뜻이다. 비록 그들이 내쫓기게 되었더라도, 여전히 그들을 위해서 숨겨주게 되므로, 그들이 예법을 범한 과실을 드러내지 않는 것이다.

**訓纂** 朱氏軾曰: 婦出而不明其罪, 何以服婦父母乎? 不表禮者, 不表著放出之禮也. 放出之禮維何? 告之宗廟·族黨·鄉里曰: "是不足以承家, 放出之無使復也." 不如是者, 冀其悔而不忍終絶也.

**번역** 주식[2]이 말하길, 며느리가 쫓겨나더라도, 그녀의 죄목을 드러내지

---

2) 주식(朱軾, A.D.1665~A.D.1735) : 청(淸)나라 때의 명신(名臣)이다. 자(字)는 약섬(若瞻)·백소(伯蘇)이고, 호(號)는 가정(可亭)이다.

않는데, 어떻게 며느리의 부모를 설복시킬 수 있는가? '불표례(不表禮)'라는 말은 내쫓아내는 예(禮)를 드러내지 않는다는 뜻이다. 내쫓아내는 예(禮)라는 것은 무엇인가? 종묘(宗廟), 친족 무리, 마을에 알리며, "가업을 계승하기에 부족하여, 내쫓아서 다시금 가업을 맡지 못하게 했습니다."라고 하는 것이다. 이처럼 하지 않는 것은 그들이 뉘우치기를 바라고, 완전히 관계를 끊는 것을 차마 할 수 없기 때문이다.

**集解** 愚謂: 不可怒, 謂怒之而不從命也. 子放婦出而不表禮, 忠厚之道也.

**번역** 내가 생각하기에, '불가노(不可怒)'라는 말은 꾸짖었지만, 명령에 따르지 않는다는 뜻이다. 자식을 내쫓고 며느리를 쫓아내더라도, 그들이 범한 실례를 드러내지 않는 것은 충후(忠厚)의 도리에 해당한다.

# • 제 11 절 •

## 부모 및 시부모를 섬기는 법도 Ⅳ

【351d~352a】

父母有過, 下氣怡色柔聲以諫. 諫若不入, 起敬起孝, 說則復諫. 不說, 與其得罪於鄕黨州閭, 寧孰諫. 父母怒不說, 而撻之流血, 不敢疾怨, 起敬起孝.

**직역** 父母에 過가 有하면, 氣를 下하고 色을 怡하며 聲을 柔하여 諫한다. 諫이나 若히 不入하면, 敬을 起하고 孝를 起하며, 說하면 復히 諫한다. 不說하더라도, 與히 그 鄕黨과 州閭에 罪를 得하기보다는 寧히 孰諫한다. 父母가 怒하고 不說하여, 撻하여 血을 流라도, 疾怨을 不敢하고, 敬을 起하고 孝를 起한다.

**의역** 부모에게 과실이 있다면, 숨소리를 낮추고, 얼굴빛을 평온하고 하며, 목소리를 유순하게 하여 간언을 한다. 간언을 했는데도, 만약 받아들이지 않는다면, 공경함과 효도를 더욱 발휘하고, 부모가 기뻐하면 재차 간언을 하다. 부모가 기뻐하지 않더라도, 부모가 마을 사람들에게 죄를 얻기보다는 차라리 조심스럽고 성숙된 자세로 간언을 하는 것이 낫다. 부모가 노여워하며 기뻐하지 않아서, 회초리를 때려 피가 흐르더라도, 감히 원망하지 않고, 공경함과 효도를 더욱 발휘한다.

**集說** 疏曰: 孰諫, 謂純熟殷勤而諫, 若物之成熟然.

**번역** 공영달의 소(疏)에서 말하길, '숙간(孰諫)'은 익숙하고 은근하게 간언을 하는 것으로, 마치 사물이 성숙한 것처럼 간언을 하는 것이다.

**大全** 西山眞氏曰: 起者, 悚然興起之意. 孰者, 反覆純熟之謂. 不諫, 是陷其親於不義, 得罪於州里等而上之, 諸侯而不諫, 則使其親得罪於國人, 天子而不諫, 則使其親得罪於天下, 是以寧孰諫也. 怒而撻之, 猶不敢怨, 況下如此者乎? 諫不入, 起敬起孝, 諫而怒, 亦起敬起孝, 敬孝之外, 豈容有他念哉? 豈容一息望哉? 是說也, 聖人著之論語矣, 曰“事父母幾諫, 見志不從, 又敬不違, 勞而不怨.” 事親者, 當合二書而思焉.

**번역** 서산진씨[1]가 말하길, ‘기(起)’라는 것은 조심스럽게 일으킨다는 뜻이다. ‘숙(孰)’이라는 것은 반복하여 익숙하게 한다는 뜻이다. 간언을 하지 않는 것은 그의 부모를 불의(不義)한 곳에 빠트려서, 마을 사람들에게 죄를 얻도록 하여, 그 죄명을 알리게 되는 것이고, 제후가 된 자가 간언을 하지 않는다면, 그의 부모로 하여금 나라 사람들로부터 죄를 얻도록 하는 것이며, 천자가 된 자가 간언을 하지 않는다면, 그의 부모로 하여금 천하 사람들로부터 죄를 얻도록 하는 것이니, 이러한 까닭으로 차라리 익숙하게 간언을 하는 것이 낫다는 것이다. 부모가 노여워하며 종아리를 때리더라도, 감히 원망하지 않는데, 하물며 이처럼 하는 자들보다 못한 자에게 있어서는 어찌하겠는가? 간언을 했는데도 받아들이지 않는다면, 공경함과 효도를 더욱 나타내고, 간언을 했는데, 부모가 노여워하더라도, 또한 공경함과 효도를 더욱 나타내니, 공경과 효도 이외에 어찌 다른 생각을 가질 수 있겠는가? 또 어찌 한 차례라도 고치기를 바라는 마음을 그칠 수가 있겠는가? 이러한 설명에 대해서, 성인(聖人)은 『논어』에 나타냈으니, “부모를 섬길 때에는 조심스럽게 간언을 하고, 부모의 뜻이 자신의 간언을 따르지 않는 것을 보더라도, 또한 공경하여 어기지 말아야 하고, 수고스럽더라도 원망하지 말아야 한다.”[2]라고 했다. 따라서 부모를 섬기는 자는 마땅히 이 두 서적의 내용을 함께 고려해야만 한다.

---

1) 서산진씨(西山眞氏, A.D.1178~A.D.1235) : =건안진씨(建安眞氏)·진덕수(眞德秀). 남송(南宋) 때의 성리학자이다. 자(字)는 경원(景元)이고, 호(號)는 서산(西山)이다. 저서로는 『독서기(讀書記)』, 『사서집론(四書集論)』, 『경연강의(經筵講義)』 등이 있다.

2) 『논어』「이인(里仁)」: 子曰, “事父母幾諫, 見志不從, 又敬不違, 勞而不怨.”

**大全** 慶源輔氏曰: 下氣怡色柔聲, 所以自牧也. 起敬起孝, 所以自策也. 自牧則無戾心, 自策則無倦意. 諫而父母不悅, 非己之罪也. 不諫而鄕閭責焉, 則己之罪也.

**번역** 경원보씨가 말하길, 숨소리를 낮추고, 얼굴빛을 온화하게 하며, 목소리를 유순하게 하는 것은 제 스스로를 통제하는 방법이다. 공경함과 효도를 일으키는 것은 제 스스로를 채찍질하는 방법이다. 스스로를 통제한다면, 어그러진 마음이 없게 되고, 제 스스로를 채찍질하게 된다면, 나태한 뜻이 없게 된다. 간언을 했는데 부모가 기뻐하지 않는다면, 이것은 본인의 죄가 아니다. 그러나 간언을 하지 않아서, 부모가 마을 사람들로부터 추궁을 당한다면, 이것은 본인의 죄이다.

**鄭注** 子事父母, 有隱無犯. 起猶更也. 子從父之令, 不可謂孝也. 周禮曰: "二十五家爲閭, 四閭爲族, 五族爲黨, 五黨爲州, 五州爲鄕也." 撻, 擊也.

**번역** 자식이 부모를 섬길 때에는 감춰줌은 있어도 범함은 없다. '기(起)'자는 다시[更]라는 뜻이다. 자식이 부친의 명령에만 따르는 것은 효(孝)라고 할 수 없다. 『주례』에서는 "25개의 가(家)는 1려(閭)가 되고, 4개의 려(閭)는 1족(族)이 되며, 5개의 족(族)은 1당(黨)이 되고, 5개의 당(黨)은 1주(州)가 되며, 5개의 주(州)는 1향(鄕)이 된다."[3]라고 했다. '달(撻)'자는 "때린다[擊]."는 뜻이다.

**釋文** 說音悅, 下同. 撻, 吐達反.

**번역** '說'자의 음은 '悅(열)'이며, 아래문장에 나오는 글자도 그 음이 이와 같다. '撻'자는 '吐(토)'자와 '達(달)'자의 반절음이다.

---

3) 『주례』「지관(地官)·대사도(大司徒)」: 令五家爲比, 使之相保; 五比爲閭, 使之相受; 四閭爲族, 使之相葬; 五族爲黨, 使之相救; 五黨爲州, 使之相賙; 五州爲鄕, 使之相賓.

**孔疏** ●"父母"至"起孝". ○正義曰: 此一節論父母有過子諫諍之禮.

**번역** ●經文: "父母"~"起孝". ○이곳 문단은 부모에게 과실이 있을 때, 자식이 간언을 하는 예법에 대해서 논의하고 있다.

**孔疏** ●"不說"者, 謂父母有過, 子犯顏諫諍, 使父母不說也.

**번역** ●經文: "不說". ○부모에게 과실이 있는데, 자식이 좋지 않은 얼굴빛으로 간언을 하여, 부모로 하여금 기쁘지 않게 만들었다는 뜻이다.

**孔疏** ●"與其得罪於鄕黨州閭"者, 謂子恐父母不說, 不敢孰諫, 使父母有過, 得罪於鄕黨州閭, 謂鄕黨州閭所共罪也. "寧孰諫"者, 犯顏而諫, 使父母不說, 其罪輕. 畏懼不諫, 使父母得罪於鄕黨州閭, 其罪重. 二者之間, 寧可孰諫, 不可使父母得罪. 孰諫, 謂純孰殷勤而諫, 若物之成孰然.

**번역** ●經文: "與其得罪於鄕黨州閭". ○부모가 기뻐하지 않을 것을 자식이 걱정하여, 감히 자주 간언을 하지 않아서, 부모로 하여금 과실을 범하게 하여, 마을로부터 죄를 얻도록 했다는 뜻이니, 즉 마을 사람들이 모두 그에게 벌을 내렸다는 의미이다. 경문의 "寧孰諫"에 대하여. 좋지 않은 얼굴빛으로 간언을 하여, 부모로 하여금 기뻐하지 않게끔 한 것은 그 죄가 가볍다. 두려워하여 간언을 하지 않아서, 부모로 하여금 마을 사람들에게 죄를 얻도록 하는 것은 그 죄가 무겁다. 두 죄목 중에서 차라리 익숙하게 간언을 하여, 부모로 하여금 죄를 얻지 않게끔 하는 것이 낫다. '숙간(孰諫)'이라는 것은 익숙하고 은근하게 간언을 하는 것으로, 마치 사물이 성숙한 것처럼 간언을 하는 것이다.

**集解** 下·怡·柔, 皆和順之意, 所謂 "事父母幾諫"也. 起者, 悚然興起之意. 諫之所以不入者, 必己之孝敬有未至, 故復興起其孝敬, 冀以感動乎親而復進其說也. 有隱無犯者, 雖事親之道, 而陷親不義者, 乃不孝之大, 故父母之過足以得罪於鄕·黨·州·閭者, 雖不說而必圖復諫, 雖犯顏而有所不憚也.

**번역** '하(下)'·'이(怡)'·'유(柔)'자는 모두 온화하고 유순하다는 뜻으로, 이른바 "부모를 섬길 때에는 조심스럽게 간언을 한다."[4]는 말에 해당한다. '기(起)'라는 것은 조심스럽게 일으킨다는 뜻이다. 간언이 받아들여지지 않는 것은 분명 자신의 효와 공경함이 미진하기 때문이다. 그래서 다시금 자신의 효와 공경함을 일으켜서, 이를 통해 부모를 감동시키기를 기대하고, 재차 그 말을 올리는 것이다. "숨겨주는 경우는 있지만, 범하는 일은 없다."는 말은 비록 부모를 섬기는 도리에 따라야하지만, 부모를 불의(不義)에 빠트리는 것은 불효 중에서도 매우 큰 것이 된다. 그렇기 때문에 부모의 과실이 마을 사람들에게 죄를 얻기에 충분하다면, 비록 부모가 기뻐하지 않더라도, 반드시 재차 간언을 올리기를 도모해야 하니, 비록 얼굴빛이 좋지 않더라도, 꺼리지 않는 바가 있는 것이다.

**그림 11-1** ■ 향(鄕)의 행정구역 및 담당자

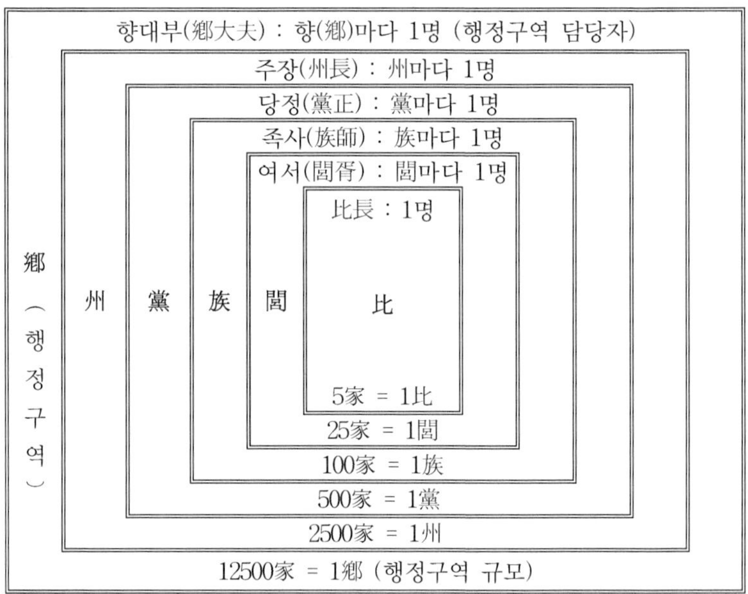


4) 『논어』「이인(里仁)」: 子曰, "事父母幾諫, 見志不從, 又敬不違, 勞而不怨."

【352a~b】

**父母有婢子若庶子庶孫, 甚愛之, 雖父母沒, 沒身敬之不衰.**

**직역** 父母에게 婢子와 庶子庶孫이 有한데, 甚히 愛하면, 雖히 父母가 沒이라도, 身이 沒터라도 敬함에 不衰한다.

**의역** 부모에게 미천한 자에게서 출생한 자식이나 서자(庶子)나 서손(庶孫)이 있는데, 부모가 그들을 매우 사랑했다면, 비록 부모가 돌아가시더라도, 본인 또한 종신토록 그들을 공경해야 하며, 공경하는 마음이 줄어들어서는 안 된다.

**集說** 婢子, 賤者之所生也. 若, 及也, 或也. 沒身, 終身也. 父母之所愛亦愛之, 至於犬馬盡然, 而況於人乎?

**번역** '비자(婢子)'는 미천한 자에게서 출생한 자식을 뜻한다. '약(若)'자는 '~과[及]'라는 뜻이며, 혹은[或]이라는 뜻이다. '몰신(沒身)'은 '종신토록'이라는 뜻이다. 부모가 사랑했던 자에 대해서는 본인 또한 사랑해야 하니, 부모가 사랑했던 개나 말에 대해서도 사랑함을 다하는데, 하물며 사람에게 있어서는 어떠하겠는가?

**鄭注** 婢子, 所通賤人之子.

**번역** '비자(婢子)'는 미천한 자에게서 출생한 자식을 뜻한다.

**孔疏** ●"父母"至"不衰". ○正義曰: 此一節謂父母有婢子·庶子·庶孫, 父母所愛, 己亦愛之. 并明己有妻妾, 被父母之所愛, 己亦當愛之.

**번역** ●經文: "父母"~"不衰". ○이곳 문단은 부모에게 비자(婢子)·서자(庶子)·서손(庶孫)이 있는데, 부모가 사랑했던 자들에 대해서는 본인 또한 사랑을 한다는 뜻이다. 아울러 본인에게 처와 첩이 있는데, 부모로부터 사랑을 받은 자들에 대해서는 본인 또한 마땅히 사랑해야 한다는 사실도 나타내고 있다.

**集解** 婢子, 賤妾也, 檀弓陳乾昔曰"使夫二婢子夾我", 是也. 若, 及也.

**번역** '비자(婢子)'는 미천한 신분의 첩을 뜻하니, 『예기』「단궁(檀弓)」편에서 진간석(陳乾昔)이 "내가 총애했던 소첩 2명을 죽여서, 내 몸의 양쪽 옆에 넣어 순장(殉葬)해라."[5]라고 한 말이 바로 이러한 사실을 나타낸다. '약(若)'자는 '~과[及]'라는 뜻이다.

**集解** 高氏愈曰: 父母愛而己則敬之, 重親之意, 愛之不足以盡其意故也.

**번역** 고유[6]가 말하길, 부모가 사랑을 하여, 본인이 공경을 하는 것은 부모를 중시하는 뜻으로, 사랑하는 것으로는 그 뜻을 다하기에 부족하기 때문이다.

**【352b】**

**子有二妾, 父母愛一人焉, 子愛一人焉, 由衣服飮食, 由執事, 毋敢視父母所愛, 雖父母沒不衰.**

**직역** 子에게 二妾이 有한데, 父母가 一人을 愛하고, 子가 一人을 愛하면, 衣服飮食으로 由하고, 執事를 由함에, 敢히 父母가 愛한 所에 視함을 毋하고, 雖히 父母

---

5) 『예기』「단궁하(檀弓下)」【126a】: 陳乾昔寢疾, 屬其兄弟而命其子尊己曰: "如我死, 則必大爲我棺, 使吾二婢子夾我." 陳乾昔死, 其子曰: "以殉葬, 非禮也, 況又同棺乎!" 弗果殺.

6) 고유(高愈, ?~?): 청(淸)나라 때의 학자이다. 자(字)는 자초(紫超)이다. 저서로는 『주역우존(周易偶存)』, 『주례소의(周禮疏義)』, 『춘추의의(春秋疑義)』 등이 있다.

가 沒하더라도 不衰한다.

**의역** 자식에게 두 명의 첩이 있는데, 부모가 그 중 한 명을 사랑하고, 자식이 다른 한 명을 사랑한다면, 의복과 음식을 사용하고, 일을 맡아보는 일에 있어서, 감히 부모가 사랑했던 자에게 부여되는 것들과 견주지 않고, 비록 부모가 돌아가시더라도, 이러한 행동 및 마음이 줄어들어서는 안 된다.

**集說** 由, 自也. 不敢以私愛違父母之情故也.

**번역** '유(由)'자는 '~로부터[自]'라는 뜻이다. 감히 사적인 애정으로 인해 부모의 정감을 위배할 수 없기 때문이다.

**大全** 嚴陵方氏曰: 於父母所愛之事, 猶若是, 況父母之身乎? 父母沒猶不衰, 況父母之存乎?

**번역** 엄릉방씨가 말하길, 부모가 사랑하던 사안에 대해서도 여전히 이처럼 하는데, 하물며 부모 본인에 대해서는 어찌하겠는가? 부모가 돌아가셔도 여전히 공경하거나 사랑하는 마음을 줄이지 않는데, 하물며 부모가 생존해계실 때에는 어찌하겠는가?

**鄭注** 由, 自也.

**번역** '유(由)'자는 '~로부터[自]'라는 뜻이다.

**孔疏** ●"由衣服飮食, 由執事, 毋敢視父母所愛"者, 由, 自也. 爲自己身所愛妾衣服飮食及執事, 毋敢比於父母所愛者, 故鄭云: "由, 自也."

**번역** ●經文: "由衣服飮食, 由執事, 毋敢視父母所愛". ○'유(由)'자는 '~로부터[自]'라는 뜻이다. 자신이 사랑하는 처의 의복이나 음식 및 일을 맡아보는 것을 감히 부모가 사랑했던 첩에 대한 사안과 견주지 말아야 한다. 그렇기 때문에 정현은 "'유(由)'자는 '~로부터[自]'라는 뜻이다."라고 말한 것이다.

**集解** 高氏愈曰: 由, 自也. 視, 比也. 親之所愛, 服食厚而執事常逸, 己之所愛, 服食薄而執事常勞, 不敢以己之所愛並於親也.

**번역** 고유가 말하길, '유(由)'자는 '~로부터[自]'라는 뜻이다. '시(視)'자는 "견주다[比]."라는 뜻이다. 부모가 사랑하는 첩에 대해서는 의복과 음식을 풍족하게 하며, 일을 맡을 때에도 항상 여유롭게 하고, 본인이 사랑하는 첩에 대해서는 의복과 음식을 상대적으로 빈약하게 하며, 일을 맡을 때에도 항상 수고롭게 하니, 감히 자신이 사랑하는 첩을 부모가 사랑하는 첩과 나란히 할 수 없기 때문이다.

**【352b】**

**子甚宜其妻, 父母不說, 出. 子不宜其妻, 父母曰: "是善事我", 子行夫婦之禮焉, 沒身不衰.**

**직역** 子가 甚히 그 妻를 宜라도, 父母가 不說하면, 出한다. 子가 그 妻를 不宜한데, 父母가 曰, "是는 善히 我를 事한다", 子는 夫婦의 禮를 行하며, 身이 沒토록 不衰한다.

**의역** 자식이 자신의 처를 매우 좋게 여기고 있더라도, 부모가 기뻐하지 않으면, 집에서 내보낸다. 자식이 자신의 처를 좋지 않게 여기고 있더라도, 부모가 "그 아이가 나를 잘 섬긴다."라고 말씀하시면, 자식은 부부의 예(禮)에 따라 시행하고, 종신토록 그 자세를 낮추지 않는다.

**集說** 宜, 猶善也. 大戴禮"婦有七出, 不順父母一, 無子二, 淫三, 妒四, 惡疾五, 多言六, 竊盜七. 三不去, 有所受無所歸不去; 曾經三年喪不去; 前貧賤後富貴不去."

**번역** '의(宜)'자는 "좋게 여긴다[善]."는 뜻이다. 『대대례기』[7]에서는 "며느리에게는 7종류 내쫓기는 법도가 있으니, 부모에게 순종하지 않는 것이 첫 번째이고, 자식이 없는 것이 두 번째이며, 음란한 것이 세 번째이고, 질투가 심한 것이 네 번째이며, 나쁜 질병이 있는 것이 다섯 번째이고, 말이 많은 것이 여섯 번째이며, 도적질을 하는 것이 일곱 번째이다. 또한 세 가지 내쫓기지 않는 법도가 있으니, 쫓김을 당한 뒤에 돌아갈 곳이 없는 경우에는 쫓겨나지 않고, 삼년상을 치른 경우에는 쫓겨나지 않으며, 혼인 전에는 가난하고 미천한 신분이었으나 혼인 후에 부귀해진 경우에는 쫓겨나지 않는다."[8]라고 했다.

**大全** 金華應氏曰: 婢子, 賤微而可遺, 庶孽, 賤微而可忽, 然父母有所鍾愛焉, 非特加愛, 而又當加敬可也. 然婢子庶孽, 是固所當聽命, 至於妻妾之切近乎吾身者, 而亦不敢不聽焉. 妾雖吾所甚愛, 不敢與父母所愛者, 敵妻雖吾所甚宜, 不敢以父母不悅而留, 苟父母以爲善, 子之情雖替, 而夫婦之禮不可不

---

7) 『대대례기(大戴禮記)』는 『대대례(大戴禮)』·『대대기(大戴記)』라고도 부른다. 대덕(戴德)이 편찬한 예(禮)에 대한 서적이다. 당시 사람들은 그를 대대(大戴)라고 불렀고, 그의 조카 대성(戴聖)을 소대(小戴)라고 불렀기 때문에, 이러한 명칭이 생겨났다. '대성'이 편찬한 『소대례기(小戴禮記)』는 성행을 하였지만, 『대대례기』는 성행하지 못하여, 많은 편들이 없어졌다. 현재는 단지 삼십여 편만이 남아 있다. 정현(鄭玄)의 『육예론(六藝論)』에서는 그가 85편을 전수하였다고 기록하고 있는데, 현재 남아 있는 기록 중에는 1편부터 38편까지의 내용이 모두 없어져서 남아 있지 않다. 남아 있는 편들은 39번 째 「주언(主言)」편부터 81번 째 「역본명(易本命)」편까지인데, 그 중에서도 43~35편, 61편이 없어졌으며, 73편은 특이하게도 2편으로 구성되어 있다.

8) 『대대례기(大戴禮記)』「본명(本命)」: 婦有七去: 不順父母去, 無子去, 淫去, 妒去, 有惡疾去, 多言去, 竊盜去. 不順父母去, 爲其逆德也; 無子, 爲其絶世也; 淫, 爲其亂族也; 妒, 爲其亂家也; 有惡疾, 爲其不可與共粢盛也; 口多言, 爲其離親也; 盜竊, 爲其反義也. 婦有三不去: 有所取無所歸, 不去; 與更三年喪, 不去; 前貧賤後富貴, 不去.

行, 知有親而不知有己也.

**번역** 금화응씨가 말하길, 비자(婢子)는 미천하여 빠트릴 수가 있고, 서얼(庶孽)은 미천하여 소홀할 수가 있는데, 부모에게 특별히 총애를 받았다면, 단지 더욱 사랑할 뿐만이 아니라, 또한 마땅히 더욱 공경해야 옳다. 그러므로 비자와 서얼에 대해서는 명령을 따라야만 하고, 처와 첩처럼 자신과 매우 가까운 자들에 있어서도, 또한 감히 명령을 듣지 않을 수가 없다. 첩을 비록 내가 깊이 사랑하더라도, 감히 부모가 사랑하는 자에게 견줄 수가 없고, 정부인을 비록 내가 깊이 사랑하더라도, 감히 부모가 기뻐하지 않는데 그대로 머물게 할 수가 없으며, 진실로 부모가 좋다고 여기고 있다면, 그녀에 대한 자식의 정이 비록 줄어들었더라도, 부부의 예(禮)를 시행하지 않을 수가 없으니, 부모가 계신 것은 알고 있지만, 자기가 있다는 것을 모르기 때문이다.

**鄭注** 宜猶善也.

**번역** '의(宜)'자는 "좋게 여긴다[善]."는 뜻이다.

**孔疏** ●"子甚宜其妻"者, 宜, 謂與之相善而寵愛.

**번역** ●經文: "子甚宜其妻". ○'의(宜)'자는 더불어서 서로 선하게 되어, 총애를 받는다는 뜻이다.

**孔疏** ●"子不宜其妻"者, 謂不與之相善, 被疏薄.

**번역** ●經文: "子不宜其妻". ○더불어서 서로 선하게 되지 못하여, 소박을 당한다는 뜻이다.

**孔疏** ●"父母曰'是善事我'"者, 言此妻汝雖疏薄, 是善能事我, 子當行夫婦之禮焉. 子雖寵愛其妻.

**번역** ●經文: "父母曰'是善事我'". ○아내가 너에게는 비록 소박을 당하였더라도, 그녀는 우리를 잘 섬긴다는 뜻으로, 자식은 마땅히 부부의 예(禮)를 시행해야 한다. 즉 자식은 비록 그녀에 대한 정감이 줄었더라도, 그 처를 총애해야 한다.

**孔疏** ●"父母不說, 出"者, 出, 謂出去也. 按大戴禮·本命云: "婦有七出: 不順父母, 去. 無子, 去. 淫, 去. 妒, 去. 有惡疾, 去. 口多言, 去. 竊盜, 去. 不順父母爲逆德也, 無子爲其絶世也, 淫爲亂其族也, 妒爲亂其家也, 有惡疾爲其不可共粢盛也, 口多言爲其離親也, 竊盜爲其反義也." 大戴禮又云: "婦有三不去: 有所受無所歸, 不去. 曾經三年喪, 不去. 前貧賤, 後富貴, 不去." 何休又云: "喪婦長女, 不娶, 無教戒. 世有惡疾, 不娶, 棄於天. 世有刑人, 不娶, 棄於人. 亂家女, 不娶, 類不正. 逆家女, 不娶, 廢人倫也." 按周易·同人·六二鄭注云"天子諸侯后夫人, 無子不出", 則猶有六出也. 其天子之后雖失禮, 亦不出, 故鼎卦·初六鄭注云: "嫁於天子, 雖失禮, 無出道, 廢遠而已. 若其無子, 不廢, 遠之. 后尊, 如其犯六出, 則廢之."

**번역** ●經文: "父母不說, 出". ○'출(出)'자는 내쫓는다는 뜻이다. 『대대례기(大戴禮記)』「본명(本命)」편을 살펴보면, "며느리에게는 일곱 가지 쫓겨나는 경우가 있다. 부모를 따르지 않는다면 쫓겨난다. 자식을 낳지 못하면 쫓겨난다. 음란하면 쫓겨난다. 질투가 심하면 쫓겨난다. 나쁜 병이 있으면 쫓겨난다. 말이 많으면 쫓겨난다. 도적질을 하면 쫓겨난다. 부모를 따르지 않는 것은 덕(德)을 거스르는 행위가 되고, 자식이 없으면, 후세를 끊게 되며, 음란하게 되면, 친족을 문란하게 만들고, 질투가 심하면, 집안을 문란하게 만들며, 나쁜 질병이 있으면, 자성(粢盛)[9]을 공급하지 못하고, 말이

---

9) 자성(粢盛)의 자(粢)자는 곡식의 한 종류인 기장을 뜻하고, 성(盛)자는 그릇에 기장을 풍성하게 채워놓은 모양을 뜻한다. 따라서 '자성'은 제기(祭器)에 곡물을 가득 채워놓은 것을 뜻하며, 제물(祭物)로 사용되었다. 『춘추공양전』「환공(桓公) 14년」편에는 "御廩者何, 粢盛委之所藏也."라는 기록이 있는데, 이에 대한 하휴(何休)의 주에서는 "黍稷曰粢, 在器曰盛."이라고 풀

많으면, 부모를 이간질시키게 되며, 도적질을 하면, 도의를 거스르게 된다."라고 했다. 『대대례기』에서는 또한 "며느리에게는 세 가지 쫓겨나지 않는 경우가 있다. 쫓겨나면 돌아갈 곳이 없을 때에는 쫓겨나지 않는다. 삼년상을 치른 경우라면 쫓겨나지 않는다. 혼인 전에는 가난하고 미천했지만, 혼인을 한 이후에 부귀해진 경우라면, 쫓겨나지 않는다."라고 했다. 하휴[10]는 또한 "어머니가 돌아가신 장녀는 아내로 들이지 않으니, 아녀자로써 받아야할 가르침과 주의를 못 받았기 때문이다. 그 세대에 나쁜 질병을 앓았던 집안의 여식은 아내로 들이지 않으니, 하늘로부터 버림을 당했기 때문이다. 그 세대에 형벌을 받은 자가 있는 집안의 여식은 아내로 들이지 않으니, 사람들로부터 버림을 당했기 때문이다. 문란한 집안의 여식은 아내로 들이지 않으니, 동족 부류가 올바르지 않기 때문이다. 역모를 꾀한 집안의 여식은 아내로 들이지 않으니, 인륜을 저버렸기 때문이다."라고 했다. 『주역』 동인괘(同人卦)의 육이(六二)에 대해서, 정현의 주에서는 "천자와 제후의 왕후 및 부인은 자식이 없더라도 내쫓기지 않는다."라고 했으니, 그녀들에게도 여전히 여섯 가지 내쫓기는 경우는 해당하는 것이다. 천자의 왕후는 비록 실례(失禮)를 범하더라도, 또한 내쫓기지 않는다. 그렇기 때문에 『주역』 정괘(鼎卦)의 초륙(初六)에 대한 정현의 주에서는 "천자에게 시집을 가면, 비록 실례(失禮)를 범하더라도, 내쫓기는 도리가 없지만, 버려져서 멀리 떨어져 있을 따름이다. 만약 그녀에게 자식이 없더라도, 버리지 않으니, 멀리 떨어져 지내게 된다. 왕후는 존귀하지만, 만약 여섯 가지 내쫓기는 죄악을 범하게 된다면, 버려지게 된다."라고 했다.

**集解** 高氏愈曰: 宜猶善也. 出, 謂出其妻也. 行夫婦之禮者, 恩情不敢稍殺也. 宜與不宜, 子與父母未知孰是, 然人子之心, 卽父母之僻惡僻愛而亦不敢

---

이하였다.

10) 하휴(何休, A.D.129~A.D.182) : 전한(前漢) 때의 금문경학자(今文經學者)이다. 자(字)는 소공(邵公)이다. 『춘추공양전해고(春秋公羊傳解詁)』를 지었으며, 『효경(孝經)』, 『논어(論語)』 등에 대해서도 주를 달았고, 『춘추한의(春秋漢議)』를 짓기도 하였다.

有所違, 順親之道當然也.

**번역** 고유가 말하길, '의(宜)'자는 "좋게 여기다[善]."는 뜻이다. '출(出)'자는 그 아내를 내쫓는다는 뜻이다. "부부의 예(禮)를 시행한다."는 것은 그 은정에 대해서 감히 줄일 수가 없기 때문이다. '의(宜)'와 '불의(不宜)'에 대해서는 자식과 부모 중 누가 옳은지 알 수가 없다. 그러나 자식의 마음에 따르면, 부모가 한쪽으로 치우쳐 싫어하거나 편애하더라도, 또한 감히 위배할 수 없으니, 부모에게 순종하는 도리에 있어서는 당연한 것이다.

**集解** 愚謂: 婦以事舅姑也, 能事舅姑則婦, 不能事舅姑則不婦, 而其他事之得失有不必計矣. 此以上三節, 言爲人子者當以父母之愛惡爲愛惡, 雖婢妾庶孼之微賤而有所不敢忽, 雖妻妾之親私而有所不敢專, 至於父母沒而不衰焉, 則又事死如事生之孝也.

**번역** 내가 생각하기에, 며느리가 시부모를 섬길 때, 시부모를 잘 섬긴다면, 며느리다운 것이고, 시부모를 잘 섬길 수 없다면, 며느리답지 못한 것이니, 다른 일의 득실에 대해서는 따질 필요가 없는 것이다. 이곳 문장과 그 위의 세 문단은 자식된 자는 마땅히 부모의 사랑하고 싫어하는 마음을 자신의 사랑하고 싫어하는 마음의 기준으로 삼아서, 비록 미천한 첩이나 서얼이라고 하더라도, 감히 소홀하게 대하지 못하는 점이 있고, 비록 친근하고 개인적으로 가까운 처와 첩이라고 하더라도, 감히 자기 마음대로 할 수 없는 점이 있으니, 부모가 돌아가신 이후에도 줄어들지 않는다면, 이것은 또한 죽은 자를 섬기길 마치 살아있는 자를 섬기는 것처럼 하는 효(孝)에 해당한다.[11]

---

11) 『예기』「제의(祭義)」【555b~c】: 文王之祭也, 事死者如事生, 思死者如不欲生, 忌日必哀, 稱諱如見親, 祀之忠也. / 『중용』「19장」: 踐其位, 行其禮, 奏其樂, 敬其所尊, 愛其所親, 事死如事生, 事亡如事存, 孝之至也. / 『춘추좌씨전』「애공(哀公) 15년」: 且臣聞之曰, 事死如事生, 禮也.

【352c~d】

**父母雖沒, 將爲善, 思貽父母令名, 必果; 將爲不善, 思貽父母羞辱, 必不果. 舅沒則姑老, 冢婦所祭祀賓客, 每事必請於姑, 介婦請於冢婦.**

**직역** 父母가 雖히 沒이라도, 將히 善을 爲함에는 父母에게 令名이 貽함을 思하여, 必히 果하고; 將히 不善을 爲함에는 父母에게 羞辱이 貽함을 思하여, 必히 不果한다. 舅가 沒하면 姑는 老이나, 冢婦는 祭祀와 賓客한 所에, 每事에 必히 姑에게 請하고, 介婦는 冢婦에게 請한다.

**의역** 부모가 비록 돌아가셨더라도, 장차 선(善)한 일을 시행하려고 할 때에는 부모에게 명예가 미칠 것을 생각하여, 반드시 실천하고, 장차 선(善)하지 못한 일을 시행하려고 할 때에는 부모에게 오명이 미칠 것을 생각하여, 반드시 실천하지 말아야 한다. 시아비가 돌아가시면, 시어미는 큰 며느리에게 가사를 전수하지만, 큰 며느리는 제사를 지내거나 빈객(賓客)을 접대해야 하는 일에 있어서, 매사에 시어미에게 자문을 구해야만 하고, 나머지 며느리들은 큰 며느리에게 자문을 구해야 한다.

**集說** 老, 謂傳家事於長婦也. 然長婦猶不敢專行, 故祭祀賓客之事, 必稟問焉. 介婦, 衆婦也.

**번역** '노(老)'자는 큰 며느리에게 가사를 전수한다는 뜻이다. 그러나 큰 며느리도 여전히 자기 마음대로 시행할 수 없다. 그렇기 때문에 제사를 지내거나 빈객(賓客)을 접대하는 일에 있어서는 반드시 자문을 구해야 한다. '개부(介婦)'는 나머지 며느리들을 뜻한다.

**大全** 嚴陵方氏曰: 將者, 萌其始之謂. 果者, 成其終之謂. 夫君子之心, 將有爲也, 不必盡善以能有所思, 故不善終不成焉. 小人之心, 將有爲也, 非盡不善以不能有所思, 故善終不成焉. 然則善不善, 亦在乎思不思果不果之間而已.

**번역** 엄릉방씨가 말하길, '장(將)'이라는 말은 그 시작이 막 일어나려고 할 때를 뜻한다. '과(果)'라는 말은 그 마침을 이룬다는 뜻이다. 무릇 군자의 마음은 장차 어떤 일을 시행하고자 하면, 선(善)을 다하지 않더라도, 깊이 사고하는 바가 있게 된다. 그렇기 때문에 선하지 못한 일은 끝내 완수하지 않는 것이다. 소인의 마음은 장차 어떤 일을 시행하고자 할 때, 불선함을 다하지 못한다면, 깊이 사고하는 바도 없게 된다. 그렇기 때문에 선한 일을 끝내 완수하지 못하는 것이다. 그렇다면 선하고 선하지 못한 것은 또한 깊이 생각을 하고 그렇지 못하며, 끝맺음을 맺고 끝맺음을 맺지 못하는 사이에 달려 있는 것일 뿐이다.

**鄭注** 貽, 遺也. 果, 決也. 謂傳家事於長婦也. 婦雖受傳, 猶不敢專行也. 以其代姑之事. 介婦, 衆婦.

**번역** '이(貽)'자는 "끼치다[遺]."라는 뜻이다. '과(果)'자는 "결단하다[決]."는 뜻이다. '노(老)'자는 큰 며느리에게 가사를 전수한다는 뜻이다. 며느리가 비록 전수를 받았더라도, 여전히 자기마음대로 시행할 수 없다. 나머지 며느리들이 큰 며느리에게 자문을 구하는 것은 그녀가 시어미의 가업을 계승했기 때문이다. '개부(介婦)'는 나머지 며느리들을 뜻한다.

**釋文** 貽, 以之反. 遺, 以季反. 傳, 丈專反. 介音界, 注及下同.

**번역** '貽'자는 '以(이)'자와 '之(지)'자의 반절음이다. '遺'자는 '以(이)'자와 '季(계)'자의 반절음이다. '傳'자는 '丈(장)'자와 '專(전)'자의 반절음이다. '介'자의 음은 '界(계)'이며, 정현의 주 및 아래문장에 나오는 글자도 그 음이 이와 같다.

**孔疏** ●"父母"至"不果". ○正義曰: 此一節論子事父母, 父母雖沒, 思行善事, 必果決爲之. 若爲不善, 思遺父母羞辱, 必不得果決爲之.

**번역** ●經文: "父母"~"不果". ○이곳 문단은 자식이 부모를 섬기는 일에 대해서 논의하고 있는데, 부모가 비록 돌아가셨더라도, 선(善)한 일을 시행하려고 생각하여, 반드시 결단을 내려서 행동해야만 한다. 만약 불선한 일을 행하게 되면, 부모에게 오명이 끼칠 것을 생각하여, 반드시 결단을 내려서 시행해서는 안 된다.

**孔疏** ◎注"謂傳"至"婦也". ○正義曰: 若舅姑未沒, 年七十以上, 傳家事於長子, 其婦亦從夫知家事也. 若舅沒姑未老, 則其婦不得專知家事也, 故經云"姑老". 若其不老, 則不得知也.

**번역** ◎鄭注: "謂傳"~"婦也". ○만약 시부모가 아직 돌아가시지 않았다면, 그 연세가 70세 이상이 되어야, 가업을 장자에게 전수하게 되고, 그의 부인 또한 남편을 따라서, 가사를 맡아보게 된다. 만약 시아비가 돌아가시고, 시어미가 가사를 전수하지 않았다면, 그 며느리는 제 마음대로 가사에 대해서 알려고 할 수 없다. 그렇기 때문에 경문에서는 '고로(姑老)'라고 기록한 것이다. 즉 가사를 전수하지 않았다면, 가사에 대해서 알려고 할 수 없다는 뜻이다.

**訓纂** 輔漢卿曰: 曾子曰: "父母旣沒, 愼行其身, 不貽父母惡名, 可謂能終矣."

**번역** 보한경이 말하길, 증자(曾子)는 "부모가 이미 돌아가셨다면, 자신의 몸가짐을 신중히 행동해서, 부모에게 오명이 끼치지 않도록 하니, 이렇게 한다면, 그 끝맺음을 잘했다고 할 수 있다."[12]라고 했다.

**訓纂** 吳幼淸曰: 老, 與孟子"堯老而舜攝", 左傳"吾將老焉"·"桓公立乃老"之老同, 謂謝事也.

---

12) 『예기』「제의(祭義)」【566a~b】: 亨孰羶薌, 嘗而薦之, 非孝也, 養也. …… 父母旣沒, 愼行其身, 不遺父母惡名, 可謂能終矣, 仁者, 仁此者也.

**번역** 오유청이 말하길, '노(老)'자는 『맹자』에서 "요(堯)임금이 늙자 순(舜)임금이 섭정을 했다."[13]라고 하고, 『좌전』에서 "나는 장차 노쇠해질 것이다."[14]라고 하며, 또 "환공(桓公)이 즉위하자 곧 노쇠해졌다."[15]라고 했을 때의 '노(老)'자와 같은 뜻이니, 일선에서 물러난다는 뜻이다.

**訓纂** 輔漢卿曰: 祭祀賓客, 禮之大者, 亦必請於姑, 然後從事.

**번역** 보한경이 말하길, 제사와 빈객(賓客)을 대접하는 일은 예(禮) 중에서도 중대한 것에 해당하니, 또한 반드시 시어미에게 청하여 물은 뒤에야 일을 처리할 수 있다.

**集解** 高氏愈曰: 貽, 遺也. 爲善未決, 去惡未勇, 人情之常也. 喜其榮親, 則善必爲; 惡其辱親, 則惡必去. 榮辱不繫於其身而繫於親, 蓋孝子之心如此.

**번역** 고유가 말하길, '이(貽)'자는 "끼치다[遺]."라는 뜻이다. 선(善)을 시행하는데 결단을 내리지 못하고, 악(惡)을 제거하는데 용맹함을 발휘하지 못한 것은 인정상 일반적인 것이다. 부모를 영예롭게 하는 것을 기쁘게 생각한다면, 선에 대해서는 반드시 시행해야 하며, 부모를 욕되게 하는 것을 싫어한다면, 악에 대해서는 반드시 제거해야 한다. 영예롭게 만들고 욕되게 만드는 것은 제 자신과 관련된 것이 아니고, 부모와 관련된 것이니, 무릇 효자의 마음은 이와 같은 것이다.

**集解** 老, 謂傳家事於長婦也. 男子七十而傳, 婦人之傳重則不係於己之年而係於其夫. 蓋祭必夫婦親之, 夫沒則妻不得不傳重矣. 每事必請於姑者, 婦

---

13) 『맹자』「만장상(萬章上)」: 孟子曰, 否, 此非君子之言, 齊東野人之語也. <u>堯老而舜攝也</u>.

14) 『춘추좌씨전』「은공(隱公) 11년」: 公曰, "爲其少故也, 吾將授之矣. 使營菟裘, <u>吾將老焉</u>."

15) 『춘추좌씨전』「은공(隱公) 3년」: 弗聽. 其子厚與州吁游, 禁之, 不可. <u>桓公立, 乃老</u>.

雖受傳, 猶不敢專行也. 介婦, 衆婦也. 介婦請於冢婦, 以其代姑統家事也.

**번역** '노(老)'자는 가사를 큰 며느리에게 전수한다는 뜻이다. 남자는 70세가 되면 가업을 전수하는데,[16] 부인이 중책을 전수하는 것은 부인 본인의 나이와 연관된 것이 아니며, 그녀의 남편 나이와 연관된다. 무릇 제사에서는 반드시 부부가 직접 그 일을 맡아서 처리해야 하는데, 남편이 죽었다면, 아내는 그 중책을 전수하지 않을 수가 없는 것이다. 매사에 반드시 시어미에게 청해서 묻는다는 것은 며느리가 비록 가사를 전수받았지만, 여전히 자기 마음대로 시행할 수 없는 것이다. '개부(介婦)'는 나머지 며느리들을 뜻한다. 나머지 며느리들이 큰 며느리에게 청해서 묻는 것은 그녀가 시어미의 뒤를 이어서 가사를 총괄하기 때문이다.

【352d】

舅姑使冢婦, 毋怠, 不友無禮於介婦.

**직역** 舅姑가 冢婦를 使하면, 怠를 毋하며, 友히 介婦에게 無禮함을 不한다.

**의역** 시부모가 큰 며느리에게 어떤 일을 시키면, 큰 며느리는 태만하게 굴어서는 안 되며, 나머지 며느리들에게 감히 무례하게 굴어서도 안 된다.

**集說** 石梁王氏曰: 友, 謂當作敢者是.

**번역** 석량왕씨가 말하길, '우(友)'자에 대해서, 마땅히 '감(敢)'자로 기록해야 한다는 주장이 옳다.

16) 『예기』「곡례상(曲禮上)」【12b】: 人生十年曰幼, 學. 二十曰弱, 冠. 三十曰壯, 有室. 四十曰强, 而仕. 五十曰艾, 服官政. 六十曰耆, 指使. 七十曰老, 而傳. 八十九十曰耄, 七年曰悼, 悼與耄, 雖有罪, 不加刑焉. 百年曰期, 頤.

**集說** 劉氏曰: 使, 以事使也. 毋, 禁止辭. 不友者, 不愛也. 無禮者, 不敬也. 言舅姑以事命冢婦, 則冢婦當自任其勞, 不可怠於勞而怨介婦不助己, 遂不愛敬之也.

**번역** 유씨[17]가 말하길, '사(使)'자는 일을 시킨다는 뜻이다. '무(毋)'자는 금지사이다. '불우(不友)'라는 말은 사랑하지 않는다는 뜻이다. '무례(無禮)'라는 말은 공경하지 않는다는 뜻이다. 즉 시부모가 어떤 일을 큰 며느리에게 시키면, 큰 며느리는 마땅히 제 스스로 그 수고스러운 일을 처리해야 하며, 수고로운 일에 태만히 하며, 나머지 며느리들이 자신을 돕지 않는 것을 원망해서, 결국 그녀들을 사랑하지 않거나 공경하지 않아서는 안 된다는 뜻이다.

**鄭注** 雖有勤勞, 不敢解倦. 衆婦無禮, 冢婦不友之也. 善兄弟爲友, 娣姒猶兄弟也.

**번역** 비록 수고로운 일을 맡게 되더라도, 감히 태만하게 굴 수 없다. 나머지 며느리들이 무례하다면, 큰 며느리는 그녀들을 우애롭게 대하지 않는다. 형제관계에서의 윤리를 잘 따르는 것은 '우(友)'가 되니, 동서 사이도 형제 사이와 같은 것이다.

**釋文** 勸, 本又作倦, 其卷反.

**번역** '勸'자는 판본에 따라서 또한 '倦'자로도 기록하는데, 그 음은 '其(기)'자와 '卷(권)'자의 반절음이다.

**孔疏** ●"父母"至"與之". ○正義曰: 此一節論婦事舅姑之禮, 幷明冢婦介婦相於[18]之節, 又明婦有私親賜之美物當獻於舅姑也.

---

17) 유씨(劉氏, ?~?) : =유맹야(劉孟冶). 자세한 이력이 남아 있지 않다.
18) '어(於)'자에 대하여. 『십삼경주소(十三經注疏)』 북경대 출판본에서는 "'어'

**번역** ●經文: "父母"~"與之". ○이곳 문단은 며느리가 시부모를 섬기는 예(禮)에 대해서 논의하고 있으며, 아울러 큰 며느리와 나머지 며느리들이 서로 따르는 예절에 대해서 나타내고 있고, 또한 며느리에게 개인적으로 받은 좋은 물건이 있다면, 마땅히 시부모에게 바쳐야 한다는 사안도 나타내고 있다.

**孔疏** ◎注"衆婦"至"弟也". ○正義曰: "衆婦無禮, 冢婦不友之也"者, 以其無禮, 故冢婦疏薄之. 此無禮, 謂非七出之罪者; 若其七出, 自當棄之. 若冢婦無禮, 罪非七出, 衆婦當友之, 以適婦尊故也.

**번역** ◎鄭注: "衆婦"~"弟也". ○정현이 "나머지 며느리들이 무례하다면, 큰 며느리는 그녀들을 우애롭게 대하지 않는다."라고 했는데, 그녀들이 무례하기 때문에, 큰 며느리가 소원하게 대하는 것이다. 여기에서 '무례(無禮)'라고 말한 것은 일곱 가지 내쫓기는 죄목을 가리키는 것이 아니니, 만약 일곱 가지 내쫓기는 죄목에 해당한다면, 제 스스로 마땅히 내쫓기게 된다. 만약 큰 며느리가 무례하고, 그 죄가 일곱 가지 내쫓기는 죄목이 아니라면, 나머지 며느리들은 마땅히 그녀에 대해서 우애롭게 대해야 하니, 적장자의 며느리는 존귀한 신분이기 때문이다.

**訓纂** 項平甫曰: 言舅姑若使冢婦, 毋得以尊自怠, 而凌辱衆婦也. "怠"也, "不友"也, "無禮"也, 皆當以"毋"字統之. 下文"毋敢敵耦於冢婦", 亦謂不得恃舅姑之使令而傲冢婦也.

**번역** 항평보가 말하길, 시부모가 만약 큰 며느리에게 일을 시키면, 자기 마음대로 하여 제 스스로 태만하게 굴고, 나머지 며느리들을 능욕할 수 없

---

자를 혜동(惠棟)의 『교송본(校宋本)』에서는 동일하게 기록하고 있는데, 『민본(閩本)』·『감본(監本)』·『모본(毛本)』에서는 '여(與)'자로 기록하고 있고, 위씨(衛氏)의 『집설(集說)』에서도 동일하게 '여'자로 기록하고 있다."라고 했다.

다는 뜻이다. '태(怠)'라고 말하고, '불우(不友)'라고 말하며, '무례(無禮)'라고 말했는데, 이 모든 구문은 마땅히 '무(毋)'자가 전체 금지사로 걸리게 된다. 아래문장에서 "감히 큰 며느리에게 대등하게 맞서서는 안 된다."라고 했는데, 이 또한 시부모가 일을 시킨 것만을 믿고, 큰 며느리에 대해 오만하게 굴 수 없다는 뜻이다.

**訓纂** 彬謂: "毋怠不友"爲句.

**번역** 내가 생각하기에, '무태불우(毋怠不友)'에서 구문을 끊어야 한다.

**集解** 愚謂: 友猶愛也. 不友·無禮, 皆怠之所生也. 怠於事而以勞加介婦, 則不友矣. 怠於敬而以慢加介婦, 則無禮矣. 舅姑使冢婦, 冢婦不可以己之尊而懈怠, 以至不友·無禮於介婦也.

**번역** 내가 생각하기에, '우(友)'자는 "사랑한다[愛]."는 뜻이다. 사랑하지 않고, 무례(無禮)하게 되는 것은 모두 태만함에서 생겨난 행위이다. 일에 대해서 태만하여, 수고로운 일을 나머지 며느리들에게 전가한다면, 이것은 그녀들을 사랑하지 않는 것이다. 공경함에 대해 태만하여, 태만한 자세로 나머지 며느리들을 대한다면, 이것은 무례한 것이다. 시부모가 큰 며느리에게 일을 시켰으면, 큰 며느리는 자신의 존귀한 신분을 가지고 태만하게 굴어서, 나머지 며느리들에 대해 사랑하지 않거나 무례하게 굴어서는 안 된다.

**【353a】**

**舅姑若使介婦, 毋敢敵耦於冢婦.**

**직역** 舅姑가 若히 介婦를 使하면, 敢히 **冢**婦에 敵**耦**함을 毋한다.

**의역** 시부모가 만약 나머지 며느리들에게 일을 시킨다면, 며느리들은 감히 큰 며느리와 대등하다고 여기며, 큰 며느리에게까지 그 일을 균등하게 나누고자 해서는 안 된다.

**集說** 劉氏曰: 敵耦者, 欲求分任均勞之意. 言舅姑若以事使介婦爲之, 則介婦亦當自任其勞, 不可謂己與冢婦爲敵耦, 欲求均配其勞也.

**번역** 유씨가 말하길, '적우(敵耦)'라는 것은 맡은 소임을 나눠서 수고로운 일을 균등하게 하고자 한다는 의미이다. 즉 시부모가 만약 어떤 일을 나머지 며느리들에게 시켜서 일을 하게 되었다면, 나머지 며느리들은 또한 마땅히 제 스스로 그 수고로운 일을 맡아야 하며, 자신과 큰 며느리가 대등하다고 여겨서, 그 수고로움을 균등하게 나누기를 요구해서는 안 된다는 뜻이다.

**大全** 慶源輔氏曰: 舅沒則姑老, 不以年計之也. 有婦則可以傳家事矣. 然至於祭祀賓客, 禮之大者, 亦必請於姑, 然後從事, 夫然後婦姑各得其宜. 介婦不敢敵耦於冢婦, 必如是而後冢婦之志行而家事宜矣.

**번역** 경원보씨가 말하길, 시아비가 돌아가셔서, 시어미가 가사를 전수하는 것은 그 나이에 따라 셈을 한 것이 아니다. 며느리가 있다면, 가사를 전수할 수 있다. 그러나 제사나 빈객(賓客)을 대우하는 일들은 예(禮) 중에서도 중대한 것이니, 또한 반드시 시어미에게 청하여 물어본 이후에야 시행해야 한다. 무릇 이처럼 한 연후에야 며느리와 시어미도 각각 그 합당함을 얻게 된다. 나머지 며느리들은 감히 큰 며느리와 대등하게 굴 수 없으니, 반드시 이처럼 한 이후에야 큰 며느리의 뜻이 시행되고, 가사도 합당하게 되는 것이다.

**鄭注** 雖有勤勞, 不敢掉磬.

**번역** 비록 수고로운 일이 있더라도, 감히 따질 수 없다.

**釋文** 掉磬, 徒弔反. 隱義云: "齊人以相絞訐爲掉磬." 崔云: "北海人謂相激事爲掉磬也."

**번역** '掉磬'에서의 '掉'자는 '徒(도)'자와 '弔(조)'자의 반절음이다. 『음의』에서는 "제(齊)나라 사람들은 서로 헐뜯고 비방하는 것을 '도경(掉磬)'이라고 했다."라고 했다. 최영은[19]은 "북해(北海) 지역 사람들은 서로 일을 나눠서 분담하는 것을 '도경(掉磬)'이라고 했다."라고 했다.

**孔疏** ◎注"雖有"至"掉磬". ○正義曰: 庾氏云: "齊人謂之差訐." 崔氏云: "北海人謂相激之事爲掉磬." 隱義云: "齊人謂相絞訐爲掉磬."

**번역** ◎鄭注: "雖有"~"掉磬". ○유울은 "제(齊)나라 사람들은 그것을 '차알(差訐)'이라고 불렀다."라고 했다. 최영은은 "북해(北海) 지역 사람들은 서로 일을 나눠서 분담하는 것을 '도경(掉磬)'이라고 했다."라고 했다. 『음의』에서는 "제(齊)나라 사람들은 서로 헐뜯고 비방하는 것을 '도경(掉磬)'이라고 했다."라고 했다.

**【353a】**

**不敢並行, 不敢並命, 不敢並坐.**

**직역** 敢히 **並**行을 不하며, 敢히 **並**命을 不하고, 敢히 **並**坐를 不한다.

**의역** 나머지 며느리들은 큰 며느리에 대해서, 감히 나란히 걸을 수 없으며, 감히 나란히 명령을 받거나 내릴 수도 없고, 감히 나란히 앉을 수도 없다.

---

19) 최영은(崔靈恩, ?~?) : =최씨(崔氏). 남북조(南北朝) 때의 학자이다. 오경(五經)에 능통하였고, 다른 경전에도 두루 해박하였다고 전해진다. 『모시(毛詩)』, 『주례(周禮)』 등에 주석을 달았고, 『삼례의종(三禮義宗)』, 『좌씨경전의(左氏經傳義)』 등을 지었다.

**集說** 又言介婦之與冢婦, 分有尊卑, 非惟任事毋敢敵耦, 亦且不敢比肩而行, 不敢並受命於尊者, 不敢並出命於卑者, 蓋介婦當請命於冢婦也. 坐次亦必異列.

**번역** 또한 나머지 며느리들과 큰 며느리들의 관계에 있어서, 그 신분에는 존비의 차이가 있으니, 오직 임무를 맡았을 때에만 감히 대등하게 맞먹을 수가 없을 뿐만 아니라, 또한 감히 나란히 걸어갈 수도 없고, 감히 존장자로부터 나란히 명령을 받을 수도 없으며, 감히 자신들보다 신분이 낮은 자에 대해서 나란히 명령을 내릴 수도 없다는 뜻이니, 무릇 나머지 며느리들은 마땅히 큰 며느리에게 청하여 명령을 들어야 하기 때문이다. 앉을 때의 자리 순서 또한 반드시 그 줄을 달리해서 앉는다.

**大全** 嚴陵方氏曰: 婦人以從人爲事, 故冢子之妻謂之冢婦, 猶之宗子之妻謂之宗婦也. 舅姑使冢婦毋怠者, 不以居長而敢自怠也. 毋敢敵耦於冢婦者, 兩相抗爲敵, 兩相合爲耦, 言事之勞逸, 不敢與冢婦均也. 不敢並行·並坐, 亦毋敢敵耦之事也.

**번역** 엄릉방씨가 말하길, 부인들은 남을 따르는 것을 자신의 소임으로 삼는다.[20] 그렇기 때문에 총자(冢子)의 처에 대해서는 총부(冢婦)라고 부르는 것이니, 이것은 마치 종자(宗子)의 처를 종부(宗婦)라고 부르는 경우와 같다. 시어미가 큰 며느리에게 일을 맡겼을 때, 태만하게 굴지 않는다는 것은 어른의 자리에 위치하면서, 감히 제 스스로 태만하게 굴 수 없기 때문이다. 또 감히 큰 며느리와 맞먹을 수 없다고 했는데, 상호 대등한 것을 '적(敵)'이라고 하며, 상호 합치되는 것을 '우(耦)'라고 하니, 수고로운 일에 대해서, 감히 큰 며느리와 함께 균등하게 나눠서 할 수 없다는 뜻이다. 감히

20) 『예기』「교특생(郊特牲)」【338b~c】: 壻親御授綏, 親之也. 親之也者, 親之也. 敬而親之, 先王之所以得天下也. 出乎大門而先, 男帥女, 女從男, 夫婦之義由此始也. <u>婦人從人者也</u>, 幼從父兄, 嫁從夫, 夫死從子. 夫也者, 夫也. 夫也者, 以知帥人者也.

나란히 걷지 못하고, 또 나란히 앉지 못하는 것 또한 감히 맞먹을 수 없다는 사안에 해당한다.

**鄭注** 下冢婦也. 命, 爲使令.

**번역** 큰 며느리보다 낮추기 때문이다. '명(命)'은 심부름을 한다는 뜻이다.

**釋文** 下, 戶嫁反. 令, 力呈反.

**번역** '下'자는 '戶(호)'자와 '嫁(가)'자의 반절음이다. '令'자는 '力(력)'자와 '呈(정)'자의 반절음이다.

**孔疏** ◎注"命, 爲使令". ○正義曰: 謂介婦不敢與冢婦並有敎令之命, 下冢婦也.

**번역** ◎鄭注: "命, 爲使令". ○나머지 며느리들은 감히 큰 며느리와 나란히 서서 가르침이나 심부름을 시키는 명령을 받을 수 없다는 뜻으로, 큰 며느리보다 낮추기 때문이다.

**訓纂** 朱氏軾曰: 敵耦, 謂相抗. "不敢並行"三事, 不敵耦之目也.

**번역** 주식이 말하길, '적우(敵耦)'는 서로 대등하다는 뜻이다. "감히 나란히 걷지 않는다."라고 한 세 가지 사안들은 서로 대등하게 굴 수 없다는 항목에 해당한다.

**集解** 命, 謂使令其下. 舅姑使介婦, 介婦不可以舅姑之任已而敵耦於冢婦, 至於並行·並命·並坐而皆不敢焉, 其所以尊冢婦者至矣. 蓋冢婦卽異日之宗婦, 介婦所宗而事之者, 故雖未受傳而所以敬之者如此. 此二節, 言冢婦·介婦相與敬事之道. 蓋家人睽常起於婦人, 誠使爲冢婦者能屈已以下介婦, 爲介婦者能盡禮以事冢婦, 彼此各盡其道, 而家無不和矣.

**번역** '명(命)'자는 그녀들보다 아랫사람들에게 명령을 내린다는 뜻이다. 시부모가 나머지 며느리들에게 일을 맡기면, 나머지 며느리들은 시부모가 자신에게 일을 맡겼다는 것을 이유로 큰 며느리와 대등하게 굴 수 없으니, 나란히 걷거나 나란히 명령을 내리거나 나란히 앉는 일에 있어서도 모두 감히 시행할 수 없는 것으로, 큰 며느리를 존귀하게 대하길 지극히 하는 방법이다. 무릇 큰 며느리는 훗날의 종부(宗婦)가 되며, 나머지 며느리들은 그녀를 종주로 삼아서 섬겨야 하는 자들이다. 그렇기 때문에 비록 아직 가사를 완전히 전수받은 것은 아니지만, 그녀를 이처럼 공경하게 되는 것이다. 이 두 문단은 큰 며느리와 나머지 며느리들이 서로를 공경하며 섬기는 도리에 대해서 언급하고 있다. 무릇 가족 사이에서 발생하는 불화는 항상 아녀자들을 통해서 생겨나니, 진실로 큰 며느리로 하여금 자신을 굽혀서 나머지 며느리들보다 낮춰서 행동하게 하며, 나머지 며느리들로 하여금 그 예(禮)를 다하여, 큰 며느리를 섬기게 하여, 상호 간에 각각 그 도리를 다하게 한다면, 가족 간에 불화가 생기는 일은 없게 된다.

【353b】

凡婦不命適私室, 不敢退. 婦將有事, 大小必請於舅姑. 子婦無私貨, 無私畜, 無私器. 不敢私假, 不敢私與.

**직역** 凡婦는 私室로 適하라고 不命하면, 敢히 退를 不한다. 婦에게 將히 事가 有하면, 大小에 必히 舅姑에게 請한다. 子婦에는 私貨가 無하며, 私畜이 無하고, 私器가 無한다. 敢히 私假를 不하며, 敢히 私與를 不한다.

**의역** 모든 며느리들은 개인의 방으로 가라는 명령을 받지 않으면, 감히 물러나지 않는다. 며느리에게 장차 어떤 일이 있게 되면, 대소사에 관계없이, 반드시 시부모에게 청하여 자문을 구한다. 자식과 며느리는 사적인 재화가 없고, 사적으로 비축하는 일이 없으며, 사적으로 사용하는 기물이 없다. 따라서 감히 사적으로 빌려올 수도 없고, 사적으로 빌려줄 수도 없다.

**集說** 鄭氏曰: 家事統於尊也.

**번역** 정현이 말하길, 가사는 존장자에게 통솔받기 때문이다.

**大全** 嚴陵方氏曰: 私室, 卽婦室也, 其視舅姑之室, 若公所故也. 舅沒冢婦, 唯祭祀賓客之事, 則請於姑爾, 其餘則否也. 子婦無私貨, 以至不敢私與, 以家事統於尊故也.

**번역** 엄릉방씨가 말하길, '사실(私室)'은 며느리가 사용하는 방이니, 시부모가 사용하는 방과 비교해보면, 시부모의 방은 마치 공적으로 사용되는 장소처럼 여겨지기 때문이다. 시아비가 돌아가셨을 때, 큰 며느리는 오직 제사와 빈객(賓客)을 접대하는 일에 대해서만, 시어미에게 청하여 자문을 구할 따름이며, 나머지 사안에 대해서는 그처럼 하지 않는다. 자식과 며느리에게 사적인 재화가 없다는 것으로부터 감히 사적으로 빌려주지 않는다는 것에 이르기까지, 이처럼 하는 이유는 가사는 존귀한 자에게 통솔받기 때문이다.

**鄭注** 婦侍舅姑者也. 不敢專行. 家事統於尊也.

**번역** 며느리가 시부모를 시중드는 경우에 대한 내용이다. 시부모에게 청해서 묻는 것은 감히 자기 마음대로 할 수 없기 때문이다. 물건들을 빌려주지 못하는 것은 가사는 존장자에게 통솔받기 때문이다.

**釋文** 畜, 許六反, 又許又反, 又勑六反.

**번역** '畜'자는 '許(허)'자와 '六(륙)'자의 반절음이며, 또한 '許(허)'자와 '又(우)'자의 반절음도 되고, 또한 '勑(칙)'자와 '六(륙)'자의 반절음도 된다.

**訓纂** 吳幼淸曰: 貨, 謂所儲資財. 畜, 謂畜牲. 器, 謂所用之物. 假, 謂以借人. 與, 謂以物遺人也.

**번역** 오유청이 말하길, '화(貨)'자는 저축해둔 재화를 뜻한다. '축(畜)'자는 기르는 희생물을 뜻한다. '기(器)'자는 사용되는 기물을 뜻한다. '가(假)'자는 남에게 빌린다는 뜻이다. '여(與)'자는 물건을 남에게 준다는 뜻이다.

**集解** 高氏愈曰: 凡婦, 通冢婦·介婦而言. 私室, 婦所居室也. 事, 謂私事. 私室不敢擅退, 私事大小必請, 蓋重舅姑之命如此.

**번역** 고유가 말하길, '범부(凡婦)'는 큰 며느리와 나머지 며느리들을 통괄해서 말한 것이다. '사실(私室)'은 며느리가 거처하는 방이다. '사(事)'자는 개인적인 일을 뜻한다. 개인이 사용하는 방에 대해서는 감히 자기 마음대로 물러날 수 없고, 개인적인 일에 대해서는 대소사에 상관없이 반드시 청해서 물어야 하니, 무릇 시부모의 명령을 이처럼 중시여기기 때문이다.

**集解** 畜, 養牲也. 假, 以物借人. 與, 以物遺人也.

**번역** '축(畜)'자는 기르는 희생물을 뜻한다. '가(假)'자는 물건을 남에게서 빌린다는 뜻이다. '여(與)'자는 물건을 남에게 준다는 뜻이다.

**【353c】**

婦或賜之飮食·衣服·布帛·佩帨·茝蘭, 則受而獻諸舅姑. 舅姑受之則喜, 如新受賜. 若反賜之, 則辭. 不得命, 如更受賜, 藏以待乏.

**직역** 婦가 或히 飮食·衣服·布帛·佩**帨**·**茝**蘭을 賜하면, 受하여 舅姑에게 獻한다. 舅姑가 受하면 喜하니, 新히 賜를 受함과 如한다. 若히 反히 賜하면, 辭한다.

命을 不得하면, 更히 賜를 受함과 如하며, 藏하여 乏을 待한다.

**의역** 며느리가 간혹 자신의 형제 등이 준 음식 · 의복 · 옷감 · 패세(佩帨) · 향초 등을 얻게 된다면, 그것을 받아서 시부모에게 바친다. 시부모는 그것을 받으면, 며느리는 기뻐해야 하니, 마치 처음에 다른 사람에게서 그 물건을 받아서 기뻐할 때처럼 기뻐한다. 만약 되돌려준다면, 사양을 한다. 사양함을 허락하지 않으면, 마치 다시 받은 것처럼 하고, 보관하여, 시부모가 사용하던 물건이 떨어질 때까지 기다린다.

**集說** 或賜之, 謂私親兄弟也. 茝蘭, 皆香草也. 受之, 則如新受賜, 不受, 則如更受賜, 孝愛之至也. 不得命者, 不見許也. 待乏, 待尊者之乏也.

**번역** "혹자가 준다."고 했을 때의 혹자는 개인적으로 친분이 있는 형제들을 뜻한다. '채(茝)'와 '난(蘭)'은 모두 향기를 내는 풀이다. 시부모가 받아들이면, 마치 처음에 그 물건을 받았을 때처럼 하고, 받아들이지 않는다면, 마치 다시금 준 것을 받는 것처럼 하니, 효와 친애함의 지극함이다. '부득명(不得命)'이라는 말은 허락을 얻지 못했다는 뜻이다. '대핍(待乏)'은 존장자가 사용하던 것이 떨어질 때까지 기다린다는 뜻이다.

**鄭注** 或賜之, 謂私親兄弟. 待舅姑之乏也. 不得命者, 不見許也.

**번역** "혹자가 준다."고 했을 때의 혹자는 개인적으로 친분이 있는 형제들을 뜻한다. 시부모가 사용하던 것이 떨어질 때까지 기다리는 것이다. '부득명(不得命)'이라는 말은 허락을 얻지 못했다는 뜻이다.

**釋文** 茝蘭, 本又作芷, 昌改反, 韋昭注漢書云"香草也", 昌以反. 又說文云: "虈也." 虈, 火喬反. 齊人謂之茝, 昌在反.

**번역** '茝蘭'에서의 '茝'자는 판본에 따라서 또한 '芷'자로도 기록하며, 그 음은 '昌(창)'자와 '改(개)'자의 반절음이며, 『한서(漢書)』에 대한 위소[21]의 주에서는 "향기를 내는 풀이다."라고 했으며, 그 음은 '昌(창)'자와 '以(이)'자의 반절음이다. 또 『설문』에서는 "효(虈)이다."라고 했다. '虈'자는 '火(화)'자와 '喬(교)'자의 반절음이다. 제(齊)나라 사람들은 그것을 '茝'라고 불렀는데, 그 음은 '昌(창)'자와 '在(재)'자의 반절음이다.

**孔疏** ◎注"或賜"至"兄弟". ○正義曰: 以下文云"婦若有私親兄弟, 將賜之", 此云"或賜之", 獻諸舅姑, 故知私親兄弟賜也. 雖藏之以待舅姑之乏, 若舅姑不乏, 私親兄弟旣貧, 將欲以物與之, 不敢別請其財, 則必於舅姑處復請其故賜所藏之物. 舅姑旣許, 然後取而與之.

**번역** ◎鄭注: "或賜"~"兄弟". ○아래문장에서는 "부인에게 만약 개인적으로 친분이 있는 형제가 장차 물건을 주는 경우가 있다."라고 했고, 이곳에서는 "혹자가 물건을 준다."라고 했는데, 이것을 시부모에게 바치게 되므로, 개인적으로 친분이 있는 형제가 물건을 준 것임을 알 수 있는 것이다. 비록 보관을 하여, 시부모가 사용하던 것이 떨어질 때까지 기다리지만, 만약 시부모가 사용하던 것이 떨어지지 않았고, 개인적으로 친분이 있는 형제가 가난한 상태인데, 장차 어떠한 물건을 그에게 주고 싶어 하지만, 감히 별도로 그 재화에 대해서 청을 할 수 없다면, 반드시 시부모가 계신 장소에서 예전에 받아서 보관해 두었던 사물을 재차 청한다. 시부모가 허락을 한 이후에야, 그것을 가져다가 줄 수 있다.

**訓纂** 吳幼淸曰: 佩, 謂雜佩. 帨, 謂帨巾. 茝, 一作芷, 卽香白芷也. 蘭似澤蘭. 二物皆香草, 乾燥則囊而佩之於身, 取其芳馨也. 新, 猶初也. 若尊者受己所獻則喜, 一如己初受他人所賜.

**번역** 오유청이 말하길, '패(佩)'라는 것은 잡패(雜佩)[22]를 뜻한다. '세

---

21) 위소(韋昭, A.D.204~A.D.273) : 삼국시대(三國時代) 때 오(吳)나라의 학자이다. 자(字)는 홍사(弘嗣)이다. 사마소(司馬昭)의 이름을 피휘하여, 요(曜)로 고쳤다. 저서로는 『국어주(國語注)』 등이 있다.

(帨)'라는 것은 허리에 차는 수건을 뜻한다. '채(茝)'자는 '지(芷)'자로도 기록하니, 향기를 내는 백지(白芷)라는 식물이다. '난(蘭)'은 택란(澤蘭)과 유사하다. 두 사물은 모두 향기를 내는 풀인데, 건조를 시키게 되면, 주머니에 담아서 몸에 차니, 향기로운 냄새를 내기 때문이다. '신(新)'자는 '초(初)'자와 같다. 만약 존장자가 자신이 바친 사물을 받아들인다면, 기뻐하며, 한결같이 본인이 최초 다른 사람이 준 물건을 받을 때처럼 기뻐하는 것이다.

**訓纂** 吳幼淸曰: 舅姑雖不受, 不敢視爲己物也. 藏以待舅姑之乏, 則將此物與舅姑用之.

**번역** 오유청이 말하길, 시부모가 비록 받아들이지 않더라도, 감히 그것을 자신의 사물로 간주할 수 없다. 그것을 보관하여, 시부모가 사용하던 것이 떨어질 때까지 기다린다면, 장차 이 사물을 시부모에게 드려서 사용하시도록 하는 것이다.

**集解** 婦或賜之者, 謂其私親兄弟也. 茝·蘭, 皆香草可佩者. 新, 初也. 如初受賜者, 如其初受於私親兄弟之時, 蓋物之藏於舅姑, 不啻其藏於己也. 不得命, 不見許也. 如更受賜者, 如更受舅姑之賜, 蓋物雖出於私親兄弟, 不啻其出於舅姑也. 藏以待乏者, 待舅姑之乏而獻之也. 此言婦受賜之法, 所以申上"無私貨"三句之意.

**번역** "며느리에게 혹자가 물건을 준다."고 했을 때의 혹자는 개인적으로 친분이 있는 형제를 뜻한다. '채(茝)'자와 '난(蘭)'자는 모두 향기를 내는 풀로, 몸에 찰 수 있는 것들이다. '신(新)'자는 '초(初)'자의 뜻이다. '여초수사(如初受賜)'라는 말은 최초 개인적으로 친분이 있는 형제로부터 물건을 받았을 때처럼 한다는 뜻이니, 무릇 시부모가 그 물건을 보관하는 것은 본인이 그 물건을 보관하는 것과 같기 때문이다. '부득명(不得命)'이라는 말은

22) 잡패(雜佩)는 허리에 차고 있는 일련의 패옥(佩玉)들을 총칭하는 말이다. 형(珩) · 황(璜) · 거(琚) · 우(瑀) · 충아(衝牙)가 여기에 해당한다.

허락을 받지 못했다는 뜻이다. '여경수사(如更受賜)'라는 말은 다시금 시부모가 준 물건을 받는 것처럼 한다는 뜻이니, 무릇 사물이 비록 개인적으로 친분이 있는 형제로부터 나온 것이라 하더라도, 시부모에게서 나온 것과 같기 때문이다. '장이대핍(藏以待乏)'이라는 말은 시부모가 사용하던 것이 떨어질 때까지 기다린 뒤에 그 물건을 바친다는 뜻이다. 이 내용은 며느리가 하사품을 받는 예법에 대해서 언급하고 있는데, 위에서 "사적인 재화가 없다."라고 했던 세 구문의 뜻을 거듭 밝힌 것이다.

【353c~d】

**婦若有私親兄弟, 將與之, 則必復請其故, 賜而后與之.**

**직역** 婦가 若히 私親한 兄弟가 有하여, 將히 與한다면, 必히 復히 그 故를 請하고, 賜한 后에야 與한다.

**의역** 며느리에게 만약 개인적으로 친분이 있는 형제가 있어서, 며느리가 장차 그에게 물건을 건네려고 한다면, 반드시 지난번에 시부모가 받지 않았던 물건에 대해 재차 여쭤보고, 시부모가 허락을 한 이후에야 그에게 건넨다.

**集說** 故, 卽前者所獻之物而舅姑不受者, 雖藏於私室, 今必請於尊者, 旣許, 然后取以與之也.

**번역** '고(故)'자는 앞서 시부모에게 바쳤던 물건을 시부모가 받지 않았을 경우, 비록 개인의 방에 보관을 하고 있더라도, 현재의 상황에서는 반드시 존장자에게 청하여 여쭤보니, 허락을 한 연후에야, 그것을 가져다가 그에게 주는 것이다.

**大全** 嚴陵方氏曰: 獻諸舅姑者, 不敢私受人故也. 請其故, 賜而後與之者,不敢私與人故也.

**번역** 엄릉방씨가 말하길, 시부모에게 바친다는 것은 감히 사적으로 남에게서 물건을 받을 수 없기 때문이다. 예전에 받았던 물건에 대해서 청하고, 허락을 한 이후에야 준다는 것은 감히 사적으로 남에게 물건을 줄 수 없기 때문이다.

**大全** 慶源輔氏曰: 姑嚴則婦賢, 凡此非特舅姑之便其私, 乃所以成婦之德也. 有事則私事大小也. 必請於舅姑, 無所隱也. 私貨, 謂不請於舅姑, 而專有之者. 喜如新受賜人以與己, 己得以獻諸舅姑, 其喜一也. 始也, 人賜之, 今也, 親賜之, 又藏以待乏, 其心終一於舅姑也. 必請其故, 非誠於無私畜不私與者, 不能如此也.

**번역** 경원보씨가 말하길, 시어미가 엄격하면, 며느리는 현명하게 되니, 무릇 이러한 것들은 단지 시부모가 개인적으로 편하게 하고자 함이 아니며, 이것은 곧 며느리의 덕성을 완성하는 방법이 된다. 어떤 일이 있다는 것은 개인적인 일로, 대소사를 모두 뜻한다. 반드시 시부모에게 청하는 것은 숨기는 바가 없기 때문이다. '사화(私貨)'는 시부모에게 청하지 않고, 자기마음대로 소유한 것이다. 기뻐할 때, 최초 다른 사람이 자신에게 건넨 물건을 받았을 때처럼 하는 것은 본인이 그 물건을 통해서 시부모에게 바칠 수 있어서이니, 그 기뻐함은 동일한 감정이 된다. 최초 남이 물건을 준 것인데, 현재는 시부모가 그것을 주었으며, 또한 그것을 보관하여 시부모가 사용하던 물건이 떨어질 때까지 기다리니, 그 마음은 시종일관 시부모를 향하고 있는 것이다. 반드시 옛 물건에 대해서 청하는 것은 진실로 사적으로 재물을 축적한 것이 없고, 사적으로 물건을 주지 않는 자가 아니라면, 이처럼 할 수 없다.

**釋文** 復, 扶又反.

**번역** '復'자는 '扶(부)'자와 '又(우)'자의 반절음이다.

**集解** 復, 白也. 復請其故者, 謂以當與之故, 白請於舅姑, 舅姑賜之物而後與之. 此申上"不敢私假, 不敢私與"之義.

**번역** '복(復)'자는 "아뢴다[白]."는 뜻이다. "예전에 받았던 물건에 대해서 아뢰어 청한다."는 말은 마땅히 그에게 예전에 받았던 물건을 주어야 함을 시부모에게 아뢰어 청해서, 시부모가 그 물건을 하사한 이후에야 그에게 준다는 뜻이다. 이것은 앞에서 "감히 사적으로 빌리지 않으며, 감히 사적으로 주지 않는다."라고 했던 뜻을 거듭 밝힌 것이다.

## • 제 12 절 •

### 종자(宗子)에 대한 법도

**【353d】**

**適子庶子, 祇事宗子宗婦, 雖貴富, 不敢以貴富入宗子之家. 雖衆車徒, 舍於外, 以寡約入.**

**직역** 適子와 庶子는 宗子와 宗婦를 祇事하니, 雖히 貴富라도, 敢히 貴富로써 宗子의 家에 入함을 不한다. 雖히 車徒가 衆하더라도, 外에 舍하고, 寡約으로써 入한다.

**의역** 소종(小宗)의 적장자와 나머지 아들들은 대종(大宗)의 적장자와 그의 부인을 공경스럽게 섬기니, 비록 소종의 아들들이 부귀하더라도, 감히 자신의 부귀함을 뽐내며, 종자의 집으로 들어갈 수 없다. 비록 소종의 아들들이 가져온 수레나 사람들이 많더라도, 그것들은 밖에 머물도록 하고, 간소한 차림으로 들어간다.

**集說** 疏曰: 適子, 謂父及祖之適子, 是小宗也. 庶子, 謂適子之弟. 宗子, 謂大宗子. 宗婦, 謂大宗子之婦.

**번역** 공영달의 소(疏)에서 말하길, '적자(適子)'는 부친 및 조부의 적장자를 뜻하니, 소종(小宗)을 가리킨다. '서자(庶子)'는 적장자의 동생을 뜻한다. '종자(宗子)'자는 대종(大宗)[1]인 적장자를 뜻한다. '종부(宗婦)'는 대종

---

1) 대종(大宗)은 소종(小宗)과 상대되는 말이다. 소종과 '대종'은 고대 종법제(宗法制)에 따른 구분이다. 적장자(嫡長子)의 한 계통만이 '대종'이 되고, 나머지 아들들은 소종이 된다. 예를 들어 천자의 적장자는 '대종'이 되고, 나머지 아들들은 소종이 된다. 만약 소종인 천자의 나머지 아들들이 제후

인 적장자의 부인을 뜻한다.

**鄭注** 祇, 敬也. 宗, 大宗. 入, 謂入宗子家.

**번역** '지(祇)'자는 "공경하다[敬]."라는 뜻이다. '종(宗)'자는 대종(大宗)을 뜻한다. '입(入)'자는 종자의 집으로 들어간다는 뜻이다.

**釋文** 適, 丁歷反.

**번역** '適'자는 '丁(정)'자와 '歷(력)'자의 반절음이다.

**孔疏** ●"適子"至"私祭". ○正義曰: 此一節論族人敬事宗子之禮.

**번역** ●經文: "適子"~"私祭". ○이곳 문단은 족인들이 종자(宗子)를 공경스럽게 섬기는 예법에 대해서 논의하고 있다.

**孔疏** ●"適子·庶子, 祇事宗子·宗婦"者, 適子謂父及祖之適子, 是小宗也. 庶子謂適子之弟. 宗子謂大宗子. 宗婦謂大宗子之婦. 言小宗及庶子等敬事大宗子及宗婦也.

**번역** ●經文: "適子·庶子, 祇事宗子·宗婦". ○'적자(適子)'는 부친 및 조부의 적장자를 뜻하니, 소종(小宗)을 가리킨다. '서자(庶子)'는 적장자의 동생을 뜻한다. '종자(宗子)'는 대종(大宗)인 적장자를 뜻한다. '종부(宗婦)'는 대종인 적장자의 부인을 뜻한다. 즉 소종 및 나머지 아들들은 대종인 적장자 및 그의 부인을 공경스럽게 섬겨야 한다는 뜻이다.

---

가 되었다면, 본인의 나라에서는 '대종'이 되지만, 천자에 대해서는 역시 소종이 된다. 제후가 된 자의 적장자는 본인의 나라에서 '대종'이 되고, 나머지 아들들은 소종이 된다.

**集解** 適子, 謂父及祖之適子. 庶子, 謂適子之弟. 宗子, 謂大宗也. 宗婦, 大宗子之婦. 舍, 止也. 舍於外而不敢畢入, 所以降下於宗子也.

**번역** '적자(適子)'는 부친 및 조부의 적장자를 뜻한다. '서자(庶子)'는 적장자의 동생들을 뜻한다. '종자(宗子)'는 대종(大宗)을 뜻한다. '종부(宗婦)'는 대종의 부인을 뜻한다. '사(舍)'자는 "멈춘다[止]."는 뜻이다. 밖에 멈추게 하고, 감히 모두를 이끌고 들어가지 않는 것은 종자보다 낮추기 위해서이다.

**【354a】**

子弟猶歸器, 衣服·裘衾·車馬, 則必獻其上而后敢服用其次也. 若非所獻, 則不敢以入於宗子之門, 不敢以貴富加於父兄宗族.

**직역** 子弟에게 猶히 器를 歸하면, 衣服·裘衾·車馬는 必히 그 上을 獻하고 后에 敢히 그 次를 服用한다. 若히 獻한 所가 非이면, 敢히 이로써 宗子의 門에 入을 不하니, 敢히 貴富를 父兄宗族보다 加함을 不한다.

**의역** 자손들 중 군왕 등으로부터 기물을 하사받게 되어, 의복·이불·수레나 말 등을 받게 된다면, 반드시 그 중에서도 상등품을 종자(宗子)에게 바치고, 그런 뒤에야 그 다음 등급의 것을 제 자신이 사용한다. 만약 종자의 작위가 그 물건을 사용할 수 없어서, 바치지 못했다면, 감히 그것을 착용하거나 사용하며, 종자의 집 대문으로 들어가지 않으니, 감히 자신의 부귀함을 친족들보다 더 높일 수 없기 때문이다.

**集說** 猶, 若也. 謂子弟中若有以功德顯榮, 而蒙尊上歸遺之以器用衣服等物, 則必獻其上等者於宗子, 而自服用其次者. 若非宗子之爵所當服用而不可獻者, 則己亦不敢服用之, 以入宗子之門也. 加, 高也.

**번역** '유(猶)'자는 만약[若]이라는 뜻이다. 즉 자손들 중 만약 공덕(功德)과 현저하게 드러나는 영달을 얻은 자가 있고, 그가 군왕 등으로부터 기물이나 의복 등의 물건을 하사받게 된다면, 반드시 그 중에서도 상등에 속하는 물건을 종자(宗子)에게 바치고, 제 스스로는 그 다음 급에 해당하는 것을 사용한다. 만약 종자의 작위로는 착용하거나 사용할 수 있는 물건들이 아니라서 바칠 수 없는 것들이라면, 본인은 또한 감히 그것을 착용하거나 사용하며, 종자의 집 대문으로 들어갈 수 없다. '가(加)'자는 "~보다 높인다[高]."는 뜻이다.

**大全** 嚴陵方氏曰: 大傳曰: "敬宗故收族, 收族故宗廟嚴", 則祗事宗子宗婦, 乃所以嚴宗廟而已. 雖貴富, 不敢以貴富入宗子之家, 雖衆車徒, 舍於外, 以寡約入者, 不敢以支臨宗也. 加於父兄宗族, 與獻子加於人一等之加同, 蓋彼賤而我貴, 彼貧而我富, 而我以貴富服御入其門, 則是以貴富而加貧賤也.

**번역** 엄릉방씨가 말하길, 『예기』「대전(大傳)」편에서는 "종가를 공경하기 때문에, 친족들을 친소관계에 따라 서열을 나누고, 서열을 나누기 때문에, 종묘(宗廟)가 엄존해진다."[2]라고 했으니, 종자(宗子)와 종부(宗婦)를 공경스럽게 섬기는 것은 곧 종묘를 엄존하는 방법일 따름이다. 비록 자신이 부귀하더라도, 감히 부귀함을 뽐내며, 종자의 집으로 들어가지 못하고, 비록 수레와 데려온 인원이 많더라도, 밖에 놔두고, 약소한 차림으로 들어가는 것은 감히 지자(支子)[3]의 입장에서 종자에게 임할 수가 없기 때문이다. 종족인 종자보다 가(加)한다는 것은 "맹헌자(孟獻子)는 남보다 한 등급 더 뛰어나구나."[4]라고 했을 때의 '가(加)'자와 같은 뜻이니, 무릇 상대방이

---

2) 『예기』「대전(大傳)」【430a~b】: 自仁率親, 等而上之至于祖. 自義率祖, 順而下之至於禰. 是故人道親親也. 親親故尊祖, 尊祖故敬宗, 敬宗故收族, 收族故宗廟嚴, 宗廟嚴故重社稷, 重社稷故愛百姓, 愛百姓故刑罰中, 刑罰中故庶民安, 庶民安故財用足, 財用足故百志成, 百志成故禮俗刑, 禮俗刑然後樂.

3) 지자(支子)는 적장자(嫡長子)를 제외한 나머지 아들들을 말한다.

4) 『예기』「단궁상(檀弓上)」【77b】: 孟獻子禫, 縣而不樂, 比御而不入. 夫子曰: "獻子加於人一等矣."

미천하고, 자신이 존귀하며, 상대방이 빈곤하고, 자신이 부유한데, 자신의 부귀함을 뽐내며, 그러한 의복 등을 착용하고 수레를 몰아서 그 집의 문으로 들어가게 된다면, 이것은 자신의 부유함과 존귀함을 빈곤하고 천한 자보다 높이는 것이다.

**鄭注** 猶, 若也. 子弟若有功德, 以物見饋賜, 當以善者與宗子也. 謂非宗子之爵所當服也. 加猶高也.

**번역** '유(猶)'자는 만약[若]이라는 뜻이다. 자손들 중에 만약 공덕(功德)을 가지고 있어서, 사물을 하사받게 된다면, 마땅히 좋은 것은 종자(宗子)에게 주어야 한다. 바치지 못했다는 것은 종자의 작위로는 마땅히 착용하거나 사용할 수 없는 경우를 뜻한다. '가(加)'자는 "~보다 높인다[高]."는 뜻이다.

**孔疏** ●"子弟猶歸器, 衣服·裘衾·車馬"者, 猶, 若也. 歸謂歸遺也. 子弟若有功德, 被尊上歸遺衣服裘衾車馬, 則必獻其善者於宗子.

**번역** ●經文: "子弟猶歸器, 衣服·裘衾·車馬". ○'유(猶)'자는 만약[若]이라는 뜻이다. '귀(歸)'자는 물건을 하사받았다는 뜻이다. 자손들 중 만약 공덕(功德)을 갖춘 자가 있어서, 군왕 등으로부터 의복·이불·수레와 말 등을 받게 된다면, 반드시 그 중에서도 가장 좋은 것을 종자(宗子)에게 바쳐야 한다는 뜻이다.

**集解** 愚謂: 貴富驕人, 無往而可, 故非但不敢以入宗子之家, 至於父兄宗族, 皆不可以此加之也.

**번역** 내가 생각하기에, 부귀하며 교만한 사람에 대해서는 왕래를 하지 않아도 좋다. 그렇기 때문에 단지 이러한 것들을 가지고 종자(宗子)의 집으로 들어갈 수 없는 것이 아니며, 친족과 종족에 대해서도 모두 이러한 것들을 가지고 자신을 뽐낼 수 없는 것이다.

【354b】

**若富, 則具二牲, 獻其賢者於宗子. 夫婦皆齊而宗敬焉, 終事而后敢私祭.**

**직역** 若히 富하다면, 二牲을 具하고, 그 賢者를 宗子에게 獻한다. 夫婦가 皆히 齊하고 宗敬하며, 事가 終한 后에 敢히 私祭한다.

**의역** 종자(宗子)가 아닌 자손들 중 부귀한 자가 있다면, 두 마리의 희생물을 준비하고, 그 중에서도 좋은 것을 종자(宗子)에게 바친다. 두 부부는 모두 재계를 하고, 종자의 집에 있는 종묘(宗廟)에 찾아가서, 제사를 도와 공경하는 마음을 표한다. 그 일을 끝낸 이후에야 되돌아와서 개인적인 제사를 지낸다.

**集說** 賢, 猶善也. 齊而宗敬, 謂齊戒而往助祭事, 以致宗廟之敬也. 私祭祖禰, 則用二牲之下者.

**번역** '현(賢)'자는 "좋다[善]."는 뜻이다. '제이종경(齊而宗敬)'이라는 말은 재계를 하고 찾아가서 제사의 일을 돕고, 이를 통해 종묘(宗廟)에 대한 공경하는 마음을 지극히 한다는 뜻이다. 개인적으로 조부와 부친에게 제사를 지낸다면, 두 마리 이하의 희생물을 사용할 수 있는 자에 해당한다.

**大全** 嚴陵方氏曰: 終事而後敢私祭者, 蓋宗之親爲正統, 己之親爲旁出也. 正統之有祭公義也, 旁出之有祭私恩也. 終宗子之事, 而後敢私祭, 則是不以旁出先正統, 不以私恩勝公義也.

**번역** 엄릉방씨가 말하길, "일을 끝낸 이후에 사적인 제사를 지낸다."라는 말은 무릇 종자(宗子)의 부친은 직계 정통이 되고, 자신의 부친은 방계에서 나온 자이기 때문이다. 정통에게 지내는 제사는 공적인 도의에 해당하고, 방계에서 나온 자에게 지내는 제사는 사적인 은정에 해당한다. 종자가 지내는 제사를 끝낸 이후에, 사적인 제사를 지낸다면, 이것은 방계에서 나온 자를 정통보다 앞세울 수 없기 때문이며, 사적인 은정을 공적인 도의보다 앞세울 수 없기 때문이다.

**大全** 慶源輔氏曰: 不以貴富入宗子者, 此不專爲宗子, 於父兄宗族皆不可也. 前言人事而後言鬼事, 於鬼事而如此, 然後爲至者, 其所以敬宗子者, 當如此, 則宗子之所以自處者, 當如何?

**번역** 경원보씨가 말하길, 자신의 존귀함을 뽐내며, 종자(宗子)의 집으로 들어갈 수 없다고 했는데, 이것은 전적으로 종자에게만 해당하는 것이 아니며, 다른 친족들에 대해서도 모두 해서는 안 되는 것이다. 앞에서는 사람과 관련된 일을 언급하고, 뒤에서는 귀신에 대한 일을 언급했는데, 귀신에 대한 일을 이처럼 한 이후에야 지극해지는 것이니, 종자에 대해서 공경하는 것이 마땅히 이와 같다면, 종자가 자처하는 것은 마땅히 어떠하겠는가?

**鄭注** 賢猶善也. 當助祭於宗子之家. 祭其祖禰.

**번역** '현(賢)'자는 "좋다[善]."는 뜻이다. 마땅히 종자(宗子)의 집에서 제사를 도와야 한다. 사적으로 제사를 지낸다는 것은 자신의 조부와 부친에 대해서 제사를 지낸다는 뜻이다.

**釋文** 齊, 側皆反.

**번역** '齊'자는 '側(측)'자와 '皆(개)'자의 반절음이다.

**孔疏** ●"若富, 則具二牲, 獻其賢者於宗子"者, 賢猶善也. 善者獻宗子使祭之, 不善者私用自祭也.

**번역** ●經文: "若富, 則具二牲, 獻其賢者於宗子". ○'현(賢)'자는 "좋다[善]."는 뜻이다. 좋은 것은 종자(宗子)에게 바쳐서, 제사를 지내는데 사용하도록 하고, 보다 덜 좋은 것은 개인적으로 사용하여, 제 스스로 제사를 지낸다.

**孔疏** ●"夫婦皆齊而宗敬焉"者, 大宗子將祭之時, 小宗夫婦皆齊戒以助祭於大宗, 以加敬焉, 謂敬事大宗之祭.

**번역** ●經文: "夫婦皆齊而宗敬焉". ○대종(大宗)의 적장자가 장차 제사를 지내려고 할 때, 소종(小宗)에 해당하는 남편과 부인은 모두 재계를 하고, 대종의 집안에서 제사를 도와서, 이를 통해 공경함을 나타내니, 이것은 대종의 제사에 대해서 공경스럽게 섬긴다는 뜻이다.

**孔疏** ●"終事而后敢私祭"者, 謂大宗終竟祭事, 而后敢以私祭祖禰也. 此文雖主事大宗子, 其大宗之外, 事小宗子者亦然.

**번역** ●經文: "終事而后敢私祭". ○대종(大宗)이 제사에 대한 일을 모두 끝낸 이후에, 사적으로 자신의 조부와 부친에 대해서 제사를 지낼 수 있다는 뜻이다. 이곳 문장은 비록 대종의 적장자를 위주로 언급했지만, 대종 이외에도 소종(小宗)의 적장자를 섬기는 방법 또한 이와 같다.

**集解** 愚謂: 宗子者, 先祖之正體, 尊祖, 故敬宗. 此上三節, 言事宗子·宗婦之禮, 又因事父母之孝敬而推而廣之者也.

**번역** 내가 생각하기에, '종자(宗子)'라는 대상은 선조의 혈통을 정통으로 물려받은 대상이니, 선조를 존귀하게 여기기 때문에, 종자를 공경하는 것이다. 이곳 구문 위의 세 문단은 종자와 종부를 섬기는 예법을 언급하고 있고, 또한 시부모를 섬기며 나타내는 효와 공경함에 따라서, 그것을 미루어서 폭넓게 설명한 것이다.

## • 제 13 절 •

### 음식에 대한 법도 : 반(飯)

【354c】

**飯: 黍 · 稷 · 稻 · 粱 · 白黍 · 黃粱, 稰穛.**

**직역** 飯은 黍 · 稷 · 稻 · 粱 · 白黍 · 黃粱이며, **稰**와 **穛**이다.

**의역** 밥 종류로는 메기장 · 차기장 · 벼 · 조 · 백색 메기장 · 황색 조가 있으며, 이러한 것들은 곡식이 다 여물고 난 뒤에 수확한 것도 있고, 아직 다 익기 전에 수확한 것도 있다.

**集說** 飯之品有黃黍 · 稷 · 稻 · 白粱 · 白黍 · 黃粱, 凡六. 其穀熟而穫之則曰稰, 生穫之曰穛. 穛是斂縮之名, 以生穫, 故其物縮斂也. 此諸侯之飯, 天子又有麥與苽.

**번역** 밥의 종류에는 황색 메기장 · 차기장 · 벼 · 백색 조 · 백색 메기장 · 황색 조 등으로, 총 6종류가 있다. 그 곡식이 여물면 수확을 하게 되니, 그것을 '서(稰)'라고 부르고, 아직 다 익지 않았을 때 수확한 것을 '착(穛)'이라고 부른다. '착(穛)'자는 줄어든다는 뜻이다. 다 익지 않았을 때 수확을 하기 때문에, 그 사물이 줄어든 상태에서 거두는 것이다. 이것은 제후가 먹는 밥에 해당하니, 천자의 경우에는 여기에 보리와 줄이 포함된다.

**鄭注** 目諸飯也. 孰穫曰稰. 生穫曰穛. 黍, 黃黍也.

**번역** 여러 밥 종류들을 가리킨다. 익은 뒤에 수확한 것을 '서(稰)'라고 부른다. 다 익기 전에 수확한 것을 '착(穛)'이라고 부른다. '서(黍)'는 황색 메기장을 뜻한다.

**釋文** 稰, 思呂反. 穛, 側角反.

**번역** '稰'자는 '思(사)'자와 '呂(려)'자의 반절음이다. '穛'자는 '側(측)'자와 '角(각)'자의 반절음이다.

**孔疏** ●"飯黍"至"薑桂". ○正義曰: 此一節總論飯·飲·膳·羞調和之宜, 又明四時膳食所用, 幷明善惡治擇之等, 又顯貴賤所食之別. 各依文解之.

**번역** ●經文: "飯黍"~"薑桂". ○이곳 문단은 밥·음료·음식·후식 등을 조화롭게 하는 합당함에 대해서 논의하고 있으며, 또한 사계절마다 음식으로 사용되는 것들을 나타내고, 아울러 좋고 나쁜 것에 따라 선별하는 것 등을 나타내며, 또 귀천의 등급에 따라 먹는 것이 구별된다는 사실도 나타내고 있다. 각각의 문장에 따라 풀이하겠다.

**孔疏** ●"飯黍"至"稰穛", 此飯之所載, 凡有六種, 下云白黍, 則上黍是黃黍也. 下言黃粱, 則上粱是白粱也. 按玉藻諸侯朔食四簋: 黍·稷·稻·粱. 此則據諸侯, 其天子則加以麥·苽爲六, 但記文不載耳.

**번역** ●經文: "飯黍"~"稰穛". ○이처럼 차려내는 밥 종류에는 총 6가지가 있는데, 뒤에서 백색의 메기장을 언급했다면, 앞에 나온 메기장이라는 것은 황색의 메기장에 해당한다. 그리고 뒤에서 황색의 조를 언급했다면, 앞에 나온 조라는 것은 백색의 조에 해당한다. 『예기』「옥조(玉藻)」편을 살펴보면, 제후가 삭식(朔食)[1]을 할 때 4개의 궤(簋)를 차려내는데, 그때 담는

---

1) 삭식(朔食)은 고대의 예법 중 하나이다. 제왕 및 신분이 높은 자들은 매월 초하루에 평상시보다 음식을 풍성하게 차려내서, 먹게 된다. 천자의 경우에는 '삭식' 때 태뢰(太牢)를 사용하고, 제후는 소뢰(少牢)를 사용하며, 대부(大夫)는 한 마리의 돼지를 바치고, 사(士)는 한 마리의 새끼 돼지를 바

밥은 메기장 · 차기장 · 벼 · 조라고 했다. 따라서 이곳 기록은 제후에 대한 경우를 기준으로 한 것으로, 천자의 경우라면, 보리와 줄을 더하여 여섯 종류로 삼게 되는데, 『예기』의 기록에서는 그 내용을 수록하지 않은 것일 뿐이다.

**孔疏** ◎注"孰穫"至"曰穛". ○正義曰: 穛是斂縮之名, 明以生穫, 故其物縮斂也. 稰旣對穛, 故爲孰穫.

**번역** ◎鄭注: "孰穫"~"曰穛". ○'착(穛)'자는 거둬서 줄인다는 뜻으로, 아직 다 익지 않았을 때 수확을 했기 때문에, 그 사물이 줄어든 상태에서 거둔 것임을 나타낸다. '서(稰)'자는 이미 '착(穛)'자와 대비가 된다. 그렇기 때문에 '서(稰)'자는 다 익은 뒤에 수확한 것을 뜻한다.

**集解** 愚謂: 稰 · 穛者, 言六種之飯, 其穀皆有生穫孰穫之異也.

**번역** 내가 생각하기에, '서(稰)'와 '착(穛)'이라는 것은 여섯 종류의 밥에 있어서, 그 곡식들에는 모두 다 익기 전에 수확하거나 완전히 익은 뒤에 수확한 차이가 있음을 뜻한다.

**集解** 愚謂: 諸侯朔食四簋, 天子六簋, 皆黍 · 稷也. 蓋食以黍 · 稷爲正, 以稻 · 粱爲加, 四簋六簋, 惟據其正者言之, 其加者不在此數也. 膳夫天子"食用六穀", 則朔食自當有麥 · 苽, 但不在六簋之數耳.

**번역** 내가 생각하기에, 제후는 삭식(朔食)을 할 때 4개의 궤(簋)를 차려내고, 천자는 6개의 궤(簋)를 차려내는데, 여기에는 모두 메기장과 차기장이 담긴다. 무릇 밥에 있어서는 메기장과 차기장을 본래 올리는 밥으로 삼

---

치기도 한다. 『예기』「내칙(內則)」편에는 "男女夙興, 沐浴衣服, 具視<u>朔食</u>."이라는 기록이 있고, 이에 대한 정현의 주에서는 "朔食, 天子大牢, 諸侯少牢, 大夫特豕, 士特豚也."라고 풀이했다.

고, 벼나 조로는 추가적으로 올리는 밥으로 삼으니, 4개의 궤(簋)와 6개의 궤(簋)는 모두 본래 올리는 밥에 기준을 두어서 말한 것일 뿐이며, 추가적으로 올리는 밥은 그 수에 포함시키지 않은 것이다. 『주례』「선부(膳夫)」편에서는 천자의 경우, "밥을 차리며 여섯 가지 곡식을 사용한다."[2]라고 했으니, 삭식에는 마땅히 보리와 줄이 포함되는 것이지만, 단지 6개의 궤(簋)에 올리는 곡식의 수에는 포함시키지 않은 것일 뿐이다.

그림 13-1 ▣ 궤(簋)

※ 출처: 상좌-『삼례도집주(三禮圖集注)』 13권 ; 상우-『삼례도(三禮圖)』 4권
하좌-『육경도(六經圖)』 6권 ; 하우-『삼재도회(三才圖會)』「기용(器用)」 1권

2) 『주례』「천관(天官)·선부(膳夫)」: 凡王之饋, 食用六穀, 膳用六牲, 飮用六淸, 羞用百二十品, 珍用八物, 醬用百有二十罋.

**그림 13-2** ▣ 단서미(丹黍米)

※ **출처:** 『삼재도회(三才圖會)』「초목(草木)」 11권

그림 13-3 ■ 직미(稷米)

※ **출처:**『삼재도회(三才圖會)』「초목(草木)」 11권

그림 13-4 ▣ 도미(稻米)

※ **출처:** 『삼재도회(三才圖會)』「초목(草木)」 11권

그림 13-5 ▣ 량미(粱米)

※ 출처: 『삼재도회(三才圖會)』「초목(草木)」 11권

## • 제 14 절 •

### 음식에 대한 법도 : 선(膳)

【354c】

膳: 腳·膷·臐·膮·醢·牛炙.

**직역** 膳으로는 **膷·臐·膮·醢**·牛炙가 있다.

**의역** 음식으로는 소고깃국·양고깃국·돼지고깃국·구운 소고기를 차려내니, 이것이 1열을 이룬다.

**集說** 膷, 牛臛. 臐, 羊臛. 膮, 豕臛. 皆香美之名也. 醢字衍, 當刪. 牛炙, 炙牛肉也. 此四物爲四豆, 共爲一行.

**번역** '향(膷)'자는 소고깃국을 뜻한다. '훈(臐)'자는 양고깃국을 뜻한다. '효(膮)'자는 돼지고깃국을 뜻한다. 이 모두는 향미로운 음식들을 뜻한다. '해(醢)'자는 연문(衍文)으로 잘못 기록된 글자이니, 마땅히 삭제를 해야 한다. '우적(炙)'은 소고기를 구운 것이다. 이 네 가지 음식들은 4개의 두(豆)에 차려내니, 이 모두는 1열을 이룬다.

**大全** 嚴陵方氏曰: 飯者, 食之本, 然制造之齊無他焉, 反其生熟之而已. 自黍稷而下, 皆言其材也. 牛曰膷, 薌也, 土畜也. 羊曰臐, 焄也, 火畜也. 豕曰膮, 水畜也. 皆以其氣臭名之.

**번역** 엄릉방씨가 말하길, 밥은 음식의 근본이 되지만, 그것을 짓는 방법은 다른 것이 없고, 생것을 반대로 익힐 따름이다. 메기장과 차기장으로부터 그 이하의 곡식들은 모두 밥을 짓는 재료에 대해서 언급한 것이다. 소에 대해서 '향(膷)'이라고 말했는데, "향기가 난다[薌]."는 뜻으로, 오행(五行) 중 토(土)에 해당하는 가축이다. 양에 대해서 '훈(臐)'이라고 말했는데, "불에 태운다[熏]."는 뜻으로, 오행 중 화(火)에 해당하는 가축이다. 돼지에 대해서 '효(膮)'라고 말했는데, 오행 중 수(水)에 해당하는 가축이다. 이 모두는 그 기운과 냄새를 기준으로 이름을 붙인 것이다.

**鄭注** 目諸膳也.

**번역** 여러 음식 종류를 가리킨다.

**釋文** 膷音香, 牛臛也. 臐, 許云反, 羊臛也. 膮, 許堯反, 豕臛也, 字林云"豕羹也", 火攸反. 炙, 章夜反, 下同.

**번역** '膷'자의 음은 '香(향)'으로, 소고깃국을 뜻한다. '臐'자는 '許(허)'자와 '云(운)'자의 반절음이며, 양고깃국을 뜻한다. '膮'자는 '許(허)'자와 '堯(요)'자의 반절음이며, 돼지고깃국을 뜻하며, 『자림』[1]은 "돼지를 삶은 국이다."라고 했으며, 그 음은 '火(화)'자와 '攸(유)'자의 반절음이다. '炙'자는 '章(장)'자와 '夜(야)'자의 반절음이며, 아래문장에 나오는 글자도 그 음이 이와 같다.

**孔疏** ●"膳膷"至"鶉鴽", 此一節論豆上所盛美膳, 謂羹與胾醢之屬也.

**번역** ●經文: "膳膷"~"鶉鴽". ○이곳 문단은 두(豆)에 담아내는 맛좋은 음식들에 대해서 논의하고 있으니, 이것들은 국이나 산적 및 젓갈 등의 부류를 뜻한다.

---

1) 『자림(字林)』은 고대의 자서(字書)이다. 진(晉)나라 때 학자인 여침(呂忱)이 지었다. 원본은 일실되어 전해지지 않고, 다른 문헌들 속에 일부 기록들만 남아 있다.

**그림 14-1** ■ 두(豆)

※ **출처:** 상좌-『육경도(六經圖)』 6권; 상우-『삼례도(三禮圖)』 4권
하좌-『삼례도집주(三禮圖集注)』 13권; 하우-『삼재도회(三才圖會)』
「기용(器用)」 1권

**【354d】**

醓 · 牛胾 · 醢 · 牛膾.

**직역** **醓** · 牛**胾** · **醢** · 牛膾이다.

**의역** 음식으로는 육장 · 저민 소고기 · 젓갈 · 소고기 육회를 차려내니, 이것이

2열을 이룬다.

**集說** 醢, 肉醬也. 牛胾, 切牛肉也. 並醢與牛膾四物爲四豆, 是第二行.

**번역** '해(醢)'자는 고기로 담근 젓갈이다. '우자(牛胾)'는 소고기를 잘게 저민 것이다. 젓갈 및 소고기 육회와 함께, 이 음식들은 4개의 두(豆)에 차려내니, 이것들은 제 2열에 차려낸다.

**釋文** 胾, 側吏反. 膾, 古外反.

**번역** '胾'자는 '側(측)'자와 '吏(리)'자의 반절음이다. '膾'자는 '古(고)'자와 '外(외)'자의 반절음이다.

**訓纂** 說文: 胾, 大臠也.

**번역** 『설문해자』에서 말하길, '자(胾)'자는 저며서 큰 덩어리로 자른 고기이다.

**【354d】**

羊炙·羊胾·醢·豕炙.

**직역** 羊炙·羊**胾**·**醢**·豕炙이다.

**의역** 음식으로는 양고기 적·저민 양고기·젓갈·돼지고기 적을 차려내니, 이것이 3열을 이룬다.

**集說** 此四物爲四豆, 是第三行.

**번역** 이러한 네 가지 음식들은 4개의 두(豆)에 차려내니, 이것들은 제

3열에 차려낸다.

【345d】

醢 · 豕胾 · 芥醬 · 魚膾.

**직역** **醢** · 豕**胾** · 芥醬 · 魚膾이다.

**의역** 음식으로는 젓갈 · 저민 돼지고기 · 개장(芥醬) · 물고기 회를 차려내니, 이것이 4열을 이룬다.

**集說** 此四物爲四豆, 是第四行. 共十六豆, 下大夫之禮也.

**번역** 이러한 네 가지 음식들은 4개의 두(豆)에 차려내니, 이것들은 제4열에 차려낸다. 지금까지의 음식들은 총 16개의 두(豆)에 음식을 차려내는데, 이것은 하대부(下大夫)에게 적용되는 예법이다.

**大全** 山陰陸氏曰: 炙, 小肉也. 胾, 大肉也. 膾, 腥肉也.

**번역** 산음육씨가 말하길, '적(炙)'은 크기가 작은 고기이다. '자(胾)'는 크기가 큰 고기이다. '회(膾)'는 생고기이다.

**釋文** 芥, 徐姬邁反.

**번역** '芥'자의 서음(徐音)은 '姬(희)'자와 '邁(매)'자의 반절음이다.

【355a】

雉·兎·鶉·鷃.

**직역** 雉·兎·**鶉**·**鷃**이다.

**의역** 음식으로는 꿩고기·토끼고기·메추라기고기·세가락 메추라기고기를 차려내니, 이것이 5열을 이룬다.

**集說** 此四物爲四豆, 列爲第五行. 共二十豆, 則上大夫之禮也.

**번역** 이러한 네 가지 음식들은 4개의 두(豆)에 차려내는데, 일렬로 진설하여, 제 5열에 차려낸다. 지금까지의 음식들은 총 20개의 두(豆)에 음식을 차려내는데, 이것은 상대부(上大夫)에게 적용되는 예법이다.

**鄭注** 此上大夫之禮, 庶羞二十豆也. 以公食大夫禮饌校之, 則膮·牛炙間不得有"醢", "醢", 衍字也. 又以"鷃"爲"鴽"也.

**번역** 이것은 상대부(上大夫)에게 적용되는 예법으로, 여러 음식들을 20개의 두(豆)에 차려내게 된다. 『의례』「공사대부례(公食大夫禮)」편에서 차려내는 음식들을 통해 비교해보면, 효(膮)와 우적(牛炙) 사이에는 '해(醢)'가 있을 수 없으니, '해(醢)'자는 연문으로 잘못 기록된 글자이다. 또한 '안(鷃)'을 '여(鴽)'라고 하였다.[2)]

**釋文** 鶉, 順倫反. 鷃音晏. 食音嗣, "酏食"·"糝食"並同. 鴽音如, 下文同.

**번역** '鶉'자는 '順(순)'자와 '倫(륜)'자의 반절음이다. '鷃'자의 음은 '晏(안)'이다. '食'자의 음은 '嗣(사)'이며, '酏食'와 '糝食'에서의 '食'자도 그 음

---

2) 『의례』「공사대부례(公食大夫禮)」: 上大夫庶羞二十, 加於下大夫以雉·兎·鶉·鴽.

이 모두 이와 같다. '鴽'자의 음은 '如(여)'이며, 아래문장에 나오는 글자도 그 음이 이와 같다.

**孔疏** ◎注"此上"至"鴽也". ○正義曰: 知"上大夫之禮, 庶羞二十豆"者, 按公食大夫禮文云: 二十豆者, 膷一, 謂牛臛也; 臐二, 謂羊臛也; 膮三, 謂豕臛也; 牛炙四, 炙牛肉也. 此依公食大夫禮所陳設, 此等四物共爲一行, 最在於北, 從西爲始. 醢五謂肉醬也, 牛胾六謂切牛肉, 醢七, 牛膾八, 此等四物, 又爲第二行, 陳之從東爲始. 羊炙九, 羊胾十, 醢十一, 豕炙十二, 此等四物爲第三行, 陳之從西爲始. 醢十三, 豕胾十四, 芥醬十五, 魚膾十六, 此等四物爲第四行, 陳之從東爲始. 以上十六豆, 是下大夫之禮也. 雉十七, 兎十八, 鶉十九, 鴽二十, 此等四物爲第五行, 陳之從西爲始, 此是上大夫所加二十豆. 按公食大夫禮, "膮"之下, "牛炙"爲上無"醢"字, 故云以公食大夫禮饌校之, 則"膮"·"牛炙"間不得有"醢", "醢", 衍字也. 又公食大夫禮以"鴽"爲"鴽". 按釋鳥云: "鴽, 鴾母." 某氏云: "謂鶉." 李巡云: "鴽鶉, 一云鴾母." 郭景純云: "鶉, 青州呼爲鴾母." 皇氏用賀氏之說"鴽, 蝙蝠", 其義未聞. 熊氏云: "此經'醢'文豕·牛·羊之下, 則是牛肉羊肉之醢, 以其庶羞, 故得用三牲爲醢. 若其正羞, 則不得用三牲, 故醢人職無云牲之醢也."

**번역** ◎鄭注: "此上"~"鴽也". ○정현이 "상대부(上大夫)에게 적용되는 예법에서는 음식들을 차려내는 두(豆)가 20개이다."라고 했는데, 이 말이 사실임을 알 수 있는 이유는 『의례』「공사대부례(公食大夫禮)」편을 살펴보면, 20개의 두(豆)에 있어서, 향(膷)이 1번째이니, 이것은 소고깃국을 뜻하고, 훈(臐)이 2번째이니, 이것은 양고깃국을 뜻하며, 효(膮)가 3번째이니, 이것은 돼지고깃국을 뜻하고, 우적(牛炙)이 4번째이니, 이것은 소고기를 구운 것을 뜻한다. 이 음식들은 「공사대부례」편에서 진설하는 내용에 따르면, 이러한 4개의 음식들은 모두 1열을 이루고, 가장 북쪽에 놓아두되, 서쪽으로부터 놓아둔다. 해(醢)가 5번째인데, 이것은 고기로 담근 젓갈을 뜻하며, 우자(牛胾)가 6번째인데, 이것은 소고기를 저민 것을 뜻하며, 해(醢)가 7번째이고, 소고기 육회가 8번째인데, 이러한 4개의 음식들은 또한 제 2열을 이루며, 진열을 할 때 동쪽부터 진설을 한다. 양고기 적은 9번째이고, 양고기 자(胾)는 10번째이며, 젓갈은 11번째이고, 돼지고기 적은 12번째인데, 이러한 4개의 음식들은 제 3열을 이루며, 진열을 할 때 서쪽부터 진설을 한다. 젓갈은 13번째이고, 돼지고기 자(胾)는 14번째이며, 개장(芥醬)은 15번째이고, 물고기 회는 16번째인데, 이러한 4개의 음식들은 제 4열을 이루며, 진열을 할 때 동쪽부터 진설을 한다.[3] 이상의 음식들은 16개의 두(豆)에 차려내는데, 이것은 하대부(下大夫)에게 적용되는 예법이다. 꿩고기가 17번째이고, 토끼고기가 18번째이며, 메추라기고기가 19번째이고, 세가락메추라기고기가 20번째인데, 이러한 4개의 음식들은 제 5열을 이루며, 진열을 할 때 서쪽부터 진설을 하니, 이것은 상대부(上大夫)의 경우에 추가적으로 차려내어, 20개의 두(豆)에 음식을 차려내게 된다.[4] 「공사대부례」편을 살펴보면, '효(膮)'자 뒤와 '우적(牛炙)' 앞에는 '해(醢)'라는 글자가 없다. 그렇기 때문에 정현이 「공사대부례」편에서 차려내는 음식들을 통해 비교해 보면, 효(膮)와 우적(牛炙) 사이에는 '해(醢)'가 있을 수 없으므로, '해(醢)'자는 연문으로 잘못 기록된 글자라고 말한 것이다. 또 「공사대부례」편에서는 '안(鷃)'자를 '여(鴽)'자로 기록했다. 『이아』「석조(釋鳥)」편을 살펴보면, "'여(鴽)'는 모모(鴾母)라는 새이다."[5]라고 했고, 모씨(某氏)는 "암(鵪)이라는 새를 뜻한다."라고 했으며, 이순(李巡)은 "여암(鴽鵪)을 모모(鴾母)라고도 부른다."라고 했고, 곽경순은 "암(鵪)을 청주(青州)에서는 모모(鴾母)라고 부른다."라고 했다. 황간은 하창의 주장을 인용하여, "여(鴽)는 편복(蝙蝠)이라는 새를 뜻한다."라고 했는데, 이러한 뜻에 대해서는 들이보지 못했다. 웅안생은 "이곳 경문에서는 해(醢)라는 글자가 돼지·소·양 보다 뒤에 기

3) 『의례』「공사대부례(公食大夫禮)」: 旁四列, 西北上, 腳以東臐·膮·牛炙, 炙南醢, 以西牛胾·醢·牛鮨, 鮨南羊炙, 以東羊胾·醢·豕炙, 炙南醢, 以西豕胾·芥醬·魚膾.

4) 『의례』「공사대부례(公食大夫禮)」: 上大夫八豆·八簋·六鉶·九俎, 魚·腊皆二俎. 魚·腸胃·倫膚, 若九若十有一, 下大夫則若七若九. 庶羞西東毋過四列. 上大夫庶羞二十, 加於下大夫以雉·兎·鶉·鴽.

5) 『이아』「석조(釋鳥)」: 鴽, 鴾母.

록되어 있으니, 이것은 소고기와 양기고로 담근 젓갈을 뜻하며, 여러 음식들을 차려내는 것이기 때문에, 세 가지 희생물을 사용해서 젓갈을 담근 것이다. 정규 절차에 따라 음식들을 차려내는 경우라면, 세 가지 희생물을 사용할 수 없다. 그렇기 때문에 『주례』「해인(醢人)」편의 직무 기록에는 희생물로 담그는 젓갈에 대한 기록이 없는 것이다."라고 했다.

**訓纂** 說文: ▼((音/羊)+隹), 䳺屬, 䳺, ▼((音/羊)+隹)屬.

**번역** 『설문해자』에서 말하길, '▼((音/羊)+隹)'는 䳺(암: 메추라기) 부류이고, '암(䳺)'자는 ▼((音/羊)+隹) 부류이다.

**訓纂** 廣雅: 隹, ▼((音/羊)+隹)也. 鴽䳺也.

**번역** 『광아』에서 말하길, '추(隹)'는 ▼((音/羊)+隹)이다. 여암(鴽䳺)이라는 새이다.

**集解** 愚謂: 醢·醬皆所以配胾·膾也. 此饌絭設之, 膷·臐·膮·牛炙最在北, 牛炙南醢, 醢西牛胾, 醢爲牛胾設也. 牛胾西醢, 醢西牛膾, 醢爲牛膾設也. 牛膾南羊炙, 羊炙東羊胾, 羊胾東醢, 醢爲羊胾設也. 羊胾東豕炙, 豕炙南醢, 醢西豕胾, 醢爲豕胾設也. 胾西芥醬, 醬西魚膾, 芥醬爲魚膾設也. 公食大夫記云: "凡炙無醬."

**번역** 내가 생각하기에, 해(醢)와 장(醬)은 모두 자(胾)와 회(膾)에 짝을 이루는 것이다. 이러한 음식들을 차례대로 진설하게 되면, 향(膷)·훈(臐)·효(膮)·우적(牛炙)은 가장 북쪽에 놓이고, 우적(牛炙)의 남쪽에는 해(醢)가 있으며, 해(醢)의 서쪽에는 우자(牛胾)가 있으니, 해(醢)는 우자(牛胾)를 위해서 진설하는 것이다. 우자(牛胾)의 서쪽에는 해(醢)가 있고, 해(醢)의 서쪽에는 우회(牛膾)가 있으니, 이때의 해(醢)는 우회(牛膾)를 위해서 진설한 것이다. 우회(牛膾)의 남쪽에는 양적(羊炙)이 있고, 양적(羊炙)의 동쪽에는 양자(羊胾)가 있으며, 양자(羊胾)의 동쪽에는 해(醢)가 있으니, 이때의 해(醢)는 양자(羊胾)를 위해서 진설한 것이다. 양자(羊胾)의 동쪽에는 시적(豕炙)이 있고, 시적(豕炙)의 남쪽에는 해(醢)가 있으며, 해(醢)의 서쪽에는 시자(豕胾)가 있으니, 이때의 해(醢)는 시자(豕胾)를 위해서 진설한 것이다. 시자(豕胾)의 서쪽에는 개장(芥醬)이 있고, 개장(芥醬)의 서쪽에는 어회(魚膾)가 있으니, 개장(芥醬)은 어회(魚膾)를 위해서 진설한 것이다. 『의례』「공사대부례(公食大夫禮)」편의 기문(記文)에서는 "무릇 적(炙)에는 장(醬)이 없다."[6]라고 했다.

**그림 14-2** ■ 치(雉)

雉

※ **출처:** 『삼재도회(三才圖會)』「조수(鳥獸)」 1권

6) 『의례』「공사대부례(公食大夫禮)」: 凡炙無醬.

그림 14-3 ■ 순(鶉)

※ **출처:** 『삼재도회(三才圖會)』「조수(鳥獸)」 1권

## • 제 15 절 •

### 음식에 대한 법도 : 음(飮)

【355a】

**飮: 重醴, 稻醴清糟, 黍醴清糟, 粱醴清糟. 或以酏爲醴, 黍酏·漿水·醷·濫.**

**직역** 飮은 醴를 重하니, 稻醴에는 清糟하고, 黍醴에는 清糟하며, 粱醴에는 清糟한다. 或은 **酏**로써 醴를 爲하고, 黍**酏**·漿水·**醷**·濫한다.

**의역** 마실 것을 진설할 때에는 감주를 짝이 되도록 진설하니, 벼로 빚은 감주에는 맑은 것이 있으며 또 탁한 것이 있고, 메기장으로 빚은 감주에는 맑은 것이 있고 또 탁한 것이 있으며, 조로 빚은 감주에는 맑은 것이 있으며 또 탁한 것이 있다. 혹은 죽으로 감주를 빚기도 하며, 메기장으로 만든 죽·식초·매실로 만든 식초·남(濫) 등이 있다.

**集解** 醴者, 稻黍粱三者各爲之, 已泲者爲清, 未泲者爲糟, 是三醴各有清有糟也. 以清與糟相配重設, 故云重醴, 蓋致飮於賓客則兼設之也. 以酏爲醴, 釀粥爲醴也. 黍酏, 以黍爲粥也. 漿, 酢水也. 醷, 梅漿也. 濫, 雜糗飯之屬和水也.

**번역** '례(醴)'라는 것은 벼·메기장·조 등 3종류로 각각 만들게 되는데, 이미 걸러낸 것은 맑은 것이 되고, 아직 걸러내지 않은 것은 탁한 것이 되니, 이 세 가지 감주에는 각각 맑은 것도 있고, 탁한 것도 있다. 맑은 것과 탁한 것을 서로 짝이 되도록 중복해서 진설하기 때문에, 감주를 중복해서 진설한다고 말한 것이니, 무릇 빈객(賓客)에게 마실 것을 대접하게 된다면, 이것들을 함께 진설한다. '이이위례(以酏爲醴)'라는 말은 죽을 빚어서 감주를 만든다는 뜻이다. '서이(黍酏)'는 메기장으로 죽을 만든 것이다. '장(漿)'자는 식초이다. '의(醷)'자는 매실로 담근 식초이다. '남(濫)'은 볶은 쌀이나 밥 등을 섞어서 물에 탄 것이다.

**鄭注** 目諸飮也. 重, 陪也. 糟, 醇也. 清, 泲也. 致飮有醇者, 有泲者, 陪設之也. 釀粥爲醴. 酏, 粥. 酢截. 清新. 梅漿. 以諸和水也. 以周禮六飮校之, 則濫, 涼也. 紀·莒之間, 名[1]諸爲濫.

**번역** 여러 마실 것들을 가리킨다. '중(重)'자는 "더하다[陪]."는 뜻이다. '조(糟)'자는 걸쭉한 것을 뜻한다. '청(淸)'자는 맑게 걸러낸 것을 뜻한다. 음료를 진설할 때에는 걸쭉한 것도 있고, 걸러낸 것도 있어서, 함께 짝이 되도록 진설한다. '이이위례(以酏爲醴)'는 죽을 빚어서 감주로 만든 것이다. '이(酏)'자는 죽[粥]을 뜻한다. '장(漿)'자는 식초를 뜻한다. '수(水)'자는 맑고 깨끗한 물을 뜻한다. '의(醷)'자는 매실로 담근 식초이다. 이러한 여러 가지 것들을 물에 섞는다. 『주례』에 기록된 육음(六飮)과 비교해보면, '남(濫)'은 '양(涼)'이 된다. 기(紀)와 거(莒) 지역에서는 '제(諸)'를 '남(濫)'이라고 부른다.

**釋文** 重, 直龍反, 注同. 糟, 子曹反, 徐但到反. 醇, 常倫反. 泲, 子禮反. 酢, 七故反. 截, 才載反. 醷, 本又作臆, 於紀反, 徐於力反. 濫, 力暫反. 以諸乾桃乾梅皆曰諸.

**번역** '重'자는 '直(직)'자와 '龍(룡)'자의 반절음이며, 정현의 주에 나오는 글자도 그 음이 이와 같다. '糟'자는 '子(자)'자와 '曹(조)'자의 반절음이며, 서음(徐音)은 '但(단)'자와 '到(도)'자의 반절음이다. '醇'자는 '常(상)'자와 '倫(륜)'자의 반절음이다. '泲'자는 '子(자)'자와 '禮(례)'자의 반절음이다. '酢'

---

1) '명(名)'자에 대하여. 『십삼경주소(十三經注疏)』 북경대 출판본에서는 "'명'자는 본래 '우(右)'자로 잘못 기록되어 있었는데, 『예기훈찬(禮記訓纂)』의 기록에 따라 글자를 수정하였다."라고 했다.

자는 '七(칠)'자와 '故(고)'자의 반절음이다. '截'자는 '才(재)'자와 '載(재)'자의 반절음이다. '醷'자는 판본에 따라서 또한 '臆'자로도 기록하는데, 그 음은 '於(어)'자와 '紀(기)'자의 반절음이고, 서음은 '於(어)'자와 '力(력)'자의 반절음이다. '濫'자는 '力(력)'자와 '暫(잠)'자의 반절음이다. 여러 말린 복숭아 및 매화 등을 모두 '제(諸)'라고 부른다.

**孔疏** ●"飮重"至"醷濫", 此一節明諸飮之物也.

**번역** ●經文: "飮重"～"醷濫". ○이곳 문단은 여러 마실 것들에 대해서 나타내고 있다.

**孔疏** ◎注"重陪"至"之也". ○正義曰: 此稻·黍·粱三醴各有淸·糟, 以淸·糟相配重設, 故云"重醴". 凡致飮之時有淸者, 有糟者, 按周禮·漿人"共王之六飮", 有水·漿·醴·涼·醫·酏, 不云糟也. "共夫人致飮于賓客之禮, 淸醴, 醫·酏糟", 注云: "三物有淸有糟, 夫人不體王, 得備之. 若后之致飮於賓客, 有糟無淸." 故酒正"共后之致飮于賓客之禮, 醫·酏糟", 注云: "后致飮無醴, 醫·酏不淸者, 與王同體, 屈也."

**번역** ◎鄭注: "重陪"～"之也". ○이러한 벼·메기장·조로 마든 세 가지 감주에는 각각 맑은 것도 있고 탁한 것도 있는데, 맑은 것과 탁한 것을 서로 짝이 되도록 거듭 진설하기 때문에, "감주를 거듭 진설한다."라고 말한 것이다. 무릇 마실 것을 진설할 때에는 맑은 것도 있고, 탁한 것도 있는데, 『주례』「장인(漿人)」편을 살펴보면, "천자가 사용하는 여섯 가지 마실 것을 공급한다."[2]라고 하여, 여섯 가지 마실 것에는 수(水)·장(漿)·례(醴)·량(涼)·의(醫)·이(酏)가 포함되며, 조(糟)에 대해서는 언급하지 않았다. 또 "부인이 빈객에게 마실 것을 바치는 예(禮)를 시행할 때, 필요한 것을 공급하니, 청례(淸醴), 의(醫)와 이(酏) 중 조(糟)를 공급한다."[3]라고 했고, 이

2) 『주례』「천관(天官)·장인(漿人)」: 漿人掌共王之六飮, 水·漿·醴·涼·醫·酏, 入于酒府.

문장에 대한 정현의 주에서는 "세 가지 사물에는 맑은 것도 있고 탁한 것도 있는데, 부인은 천자와 동체를 이룰 수 없으므로, 갖추기만 할 수 있는 것이다. 만약 왕후(王后)가 빈객에게 마실 것을 바치는 경우라면, 탁한 것은 있되, 맑은 것은 없게 된다."라고 했다. 그래서 『주례』「주정(酒正)」편에서는 "왕후가 빈객에게 마실 것을 바치는 예(禮)를 시행할 때, 필요한 것을 공급하니, 의(醫)와 이(酏) 중 조(糟)를 공급한다."[4]라고 했고, 이 문장에 대한 정현의 주에서는 "왕후가 마실 것을 바칠 때에는 감주는 없고, 의(醫)와 이(酏)도 맑은 것으로 하지 않으니, 천자와 동체를 이루지만, 굽히기 때문이다."라고 한 것이다.

**孔疏** ◎注"以諸"至"爲濫". ○正義曰: 按漿人六飮有"涼", 注云: "涼, 今寒粥, 若糗飯雜水也." 康成以涼與濫是一物矣, 則此以諸和水, 謂以諸雜糗飯之屬和水也. 諸者, 衆雜之辭. 按漿人六飮, 一曰水, 則此經"水"一也; 二曰漿, 則此經"漿"一也; 三曰醴, 則此經"重醴"一也, 但用淸耳; 四曰涼, 則此經"濫"一也; 五曰醫, 則此經"或以酏爲醴"一也. 六曰酏, 則此經"黍酏"一也. 除六飮之外, 此經別有"醷"也. 若鄭司農之意, 醷與醫爲一物, 卽以酏爲醴者, 非康成義也. 鄭必知醷爲梅漿者, 見下文云"調之以醯醢", 及"若醯醷", 則醷是醯之類也. 又云"獸用梅", 故知梅漿也. 按酒正云: "一曰淸", 則此"醴"也; "二曰醫", 則此"以酏爲醴"也; "三曰漿", 則此"漿"也. "四曰酏", 則此"黍酏"也. 但無水·涼二物. 鄭云無厚薄之齊, 故酒正不辨矣.

**번역** ◎鄭注: "以諸"~"爲濫". ○『주례』「장인(漿人)」편을 살펴보면, 육음(六飮)이 나오며, 그 중에는 '량(涼)'이라는 것이 포함되고, 정현의 주에서는 "'량(涼)'은 오늘날의 찬 죽으로, 마치 볶은 곡식과 밥을 물에 섞은 것과 같은 것이다."라고 했다. 정현은 '량(涼)'과 '남(濫)'을 동일한 사물로 여겼으니, 이것은 제(諸)를 물에 섞은 것으로, 즉 여러 볶은 곡식과 밥을 물에 섞은

---

3) 『주례』「천관(天官)·장인(漿人)」: <u>共夫人致飮于賓客之禮, 淸醴醫酏糟</u>, 而奉之.

4) 『주례』「천관(天官)·주정(酒正)」: 共賓客之禮酒, <u>共后之致飮于賓客之禮醫酏糟</u>, 皆使其士奉之.

것을 뜻한다. '제(諸)'자는 많고 여러 개가 섞여 있을 때 쓰는 말이다. 「장인」편을 살펴보면, '육음(六飮)'이 나오는데, 첫 번째를 '수(水)'라고 부르니, 이곳 경문에서 '수(水)'라고 한 것과 동일하다. 두 번째를 '장(漿)'이라고 부르니, 이곳 경문에서 '장(漿)'이라고 한 것과 동일하다. 세 번째를 '례(醴)'라고 부르니, 이곳 경문에서 '중례(重醴)'라고 한 것과 동일하지만, 맑은 것을 사용할 따름이다. 네 번째를 '량(涼)'이라고 부르니, 이곳 경문에서 '남(濫)'이라고 한 것과 동일하다. 다섯 번째를 '의(醫)'라고 부르니, 이곳 경문에서 "어떤 것은 죽으로 감주를 빚는다."라고 한 것과 동일하다. 여섯 번째를 '이(酏)'라고 부르니, 이곳 경문에서 '서이(黍酏)'라고 한 것과 동일하다. 이러한 여섯 가지 마실 것 외에도, 이곳 경문에는 별도로 '의(醷)'라는 것이 기록되어 있다. 만약 정사농(鄭司農)의 주장대로라면, 의(醷)와 의(醫)는 동일한 사물이 되니, 곧 죽으로 감주를 빚은 것이 되는데, 이것은 정현의 주장이 아니다. 정현이 의(醷)가 매실로 담근 장(漿)이 됨을 확신할 수 있었던 것은 아래문장에서 "혜(醯)와 해(醢)로써 맛의 조화를 맞춘다."[5]라고 했고, '혜의(醯醷)와 같은 것'[6]이라고 했으니, '의(醷)'는 곧 혜(醯)의 부류가 된다. 또한 "고기에는 매(梅)를 사용한다."[7]라고 했기 때문에, 매장(梅漿)이 된다는 사실을 알 수 있었던 것이다. 「주정」편을 살펴보면, "첫 번째는 청(淸)이다."라고 했는데, 이곳에서 말한 '례(醴)'에 해당한다. 또 "두 번째는 의(醫)이다."라고 했는데, 이곳에서 말한 "죽으로써 감주를 빚는다."라고 한 것에 해당한다. 또 "세 번째는 장(漿)이다."라고 했는데, 이곳에서 말한 '장(漿)'에 해당한다. 또 "네 번째는 이(酏)이다."라고 했는데, 이곳에서 말한 '서이(黍酏)'에 해당한다. 다만 '수(水)'와 '량(涼)'이라는 두 가지 사물은 없을 따름이다. 정현은 농도를 조절함이 없다고 했다. 그렇기 때문에 「주정」편에서

---

5) 『예기』「내칙」【361b~c】: 炮, 取豚若將, 刲之刳之, …… 使其湯毋滅鼎, 三日三夜毋絶火, 而后調之以醯醢.

6) 『예기』「내칙」【362a】: 漬, 取牛肉, 必新殺者, 薄切之, 必絶其理, 湛諸美酒, 期朝而食之, 以醢若醯醷.

7) 『예기』「내칙」【357c】: 膾, 春用葱. 秋用芥, 豚春用韭. 秋用蓼, 脂用葱, 膏用薤, 三牲用藙, 和用醯, 獸用梅.

는 구별하지 않았던 것이다.

**訓纂** 鄭注士冠禮曰: 凡醴事, 質者用糟, 文者用淸.

**번역** 『의례』「사관례(士冠禮)」편에 대한 정현의 주에서 말하길, 무릇 례(醴)를 사용하는 일에 있어서, 그 의례가 질박한 경우에는 탁한 것을 사용하고, 화려한 경우에는 맑은 것을 사용한다.[8)]

**訓纂** 說文: 酏, 黍酒也. 一曰甛也. 賈侍中說: "酏爲鬻淸."

**번역** 『설문해자』에서 말하길, '이(酏)'자는 메기장으로 빚은 술이다. '첨(甛)'이라고도 부른다. 가의[9)]는 "이(酏)는 묽고 맑은 죽이다."라고 했다.

**訓纂** 說文: 醇, 雜味也.

**번역** 『설문해자』에서 말하길, '량(醇)'은 이것저것 섞은 것이다.

**訓纂** 廣雅: 醇, 漿也.

**번역** 『광아』에서 말하길, '량(醇)'은 장(漿)이다.

**訓纂** 彬謂: 醇·涼同.

**번역** 내가 생각하기에, '량(醇)'자와 '량(涼)'자는 동일한 글자이다.

---

8) 이 문장은 『의례』「사관례(士冠禮)」편의 "乃醴賓以壹獻之禮."라는 기록에 대한 정현의 주이다.

9) 가의(賈誼, B.C.200~B.C.168) : =가생(賈生)·가장사(賈長沙)·가태부(賈太傅). 전한(前漢) 때의 유학자이다. 23세 때 박사(博士)가 되었고, 이후 태중대부(太中大夫)에 올랐다. 오행설(五行說)을 유학에 가미하여, 국가 및 예악(禮樂) 등에 대한 제도를 제정하였다. 저서로는 『신서(新書)』 등이 있다.

**集解** 愚謂: 或以酏爲醴, 此卽上文之"重醴"而爲之異法者. 康成注漿人以此爲醫, 非是. 蓋醷爲梅漿, 當從康成; 醫·醷一物, 當從司農. 黍酏, 以黍爲粥也. 水, 卽井水也. 此飮凡六物, 與漿人"六飮"相當: 醴一, 酏二, 漿三, 水四, 醷五, 卽漿人之"醫", 濫六, 卽漿人之"涼"也.

**번역** 내가 생각하기에, "혹은 이(酏)로써 례(醴)를 삼는다."라고 했는데, 이것은 앞 구문에서 '중례(重醴)'라고 했던 것과 다른 방법이 된다. 『주례』「장인(漿人)」편에 대한 정현의 주에서는 이것을 '의(醫)'라고 여겼는데, 이것은 잘못된 주장이다. 무릇 의(醷)라는 것은 매실로 만든 장(漿)이니, 마땅히 정현의 주장에 따라야 하지만, 의(醫)와 의(醷)는 동일한 사물이니, 마땅히 정사농(鄭司農)의 주장에 따라야 한다. '서이(黍酏)'는 메기장으로 만든 죽이다. '수(水)'자는 우물에서 뜬 물이다. 여기에 기록된 마실 것은 모두 여섯 가지가 되는데, 「장인」편에서 '육음(六飮)'이라고 한 것과 합치된다. 례(醴)가 첫 번째이고, 이(酏)가 두 번째이며, 장(漿)이 세 번째이고, 수(水)가 네 번째이며, 의(醷)가 다섯 번째이니, 곧 「장인」편에서 말한 '의(醫)'에 해당한다. 그리고 람(濫)은 여섯 번째이니, 곧 「장인」편에서 말한 '량(涼)'에 해당한다.

# • 제16절 •

## 음식에 대한 법도 : 주(酒)

【355b】

**酒: 清 · 白.**

**직역** 酒는 清 · 白이다.

**의역** 술로는 청주(淸酒)와 백주(白酒) 등이 있다.

**集說** 淸, 淸酒也. 祭祀之酒, 事酒 · 昔酒俱白, 故以白名之. 有事而飮者謂之事酒, 無事而飮者名昔酒.

**번역** '청(淸)'자는 청주(淸酒)를 뜻한다. 제사를 지낼 때 사용하는 주(酒) 중 사주(事酒)와 석주(昔酒)는 모두 백색이다. 그렇기 때문에 '백(白)'이라고 부르는 것이다. 어떤 사안이 있어서 마시는 것을 '사주(事酒)'라고 부르고, 특별한 일이 없는데 마시는 것을 '석주(昔酒)'라고 부른다.

**鄭注** 目諸酒也. 白, 事酒 · 昔酒也.

**번역** 여러 술들을 가리킨다. '백(白)'자는 사주(事酒)와 석주(昔酒)를 가리킨다.

**孔疏** ●"酒: 淸 · 白", 此一節論酒之所用. 淸謂淸酒, 白謂事酒 · 昔酒, 以二酒俱白, 故以一"白"標之, 配淸酒則三酒, 故鄭云: "白, 事酒 · 昔酒也." 此無"五齊"者, 五齊是祭祀獻神所飮, 非人常用故也.

**번역** ●經文: "酒: 淸·白". ○이곳 문단은 술을 사용하는 것에 대해서 논의하고 있다. '청(淸)'자는 청주(淸酒)를 뜻하고, '백(白)'자는 사주(事酒)와 석주(昔酒)를 뜻하는데, 두 술은 모두 백색이므로, 두 술을 모두 '백(白)'이라고 나타낸 것으로, 청주와 짝해서 진설하면, 세 가지 술을 진설하는 것이 된다.[1] 그렇기 때문에 정현은 "'백(白)'자는 사주(事酒)와 석주(昔酒)를 가리킨다."라고 말한 것이다. 이곳에는 '오제(五齊)'[2]가 기록되지 않았

---

1) 삼주(三酒)는 상황에 따라 사용되는 세 가지 술을 뜻한다. 세 가지 술은 사주(事酒), 석주(昔酒), 청주(淸酒)를 가리킨다. 『주례』「천관(天官)·주정(酒正)」편에는 "辨三酒之物, 一曰事酒, 二曰昔酒, 三曰淸酒."라는 기록이 있다. 각 술들에 설명은 주석마다 약간의 차이를 보인다. 위의 기록에 대해서 정현의 주에서는 "鄭司農云, '事酒, 有事而飮也, 昔酒, 無事而飮也, 淸酒, 祭祀之酒.' 玄謂事酒, 酌有事者之酒, 其酒則今之醳酒也. 昔酒, 今之酋久白酒, 所謂舊醳者也. 淸酒, 今中山冬釀接夏而成."이라고 풀이했다. 즉 정사농(鄭司農)의 주장에 따르면, '사주'는 어떤 사안이 있어서 마시게 되는 술을 뜻하고, '석주'는 특별한 일이 없을 때 마시는 술을 뜻하며, '청주'는 제사를 지낼 때 쓰는 술을 뜻한다. 한편 정현의 주장에 따르면, '사주'는 일을 맡아본 자에게 따라주는 술을 뜻하는데, 그 술은 정현 시대의 역주(醳酒)에 해당하고, '석주'는 오래 숙성시킨 술로 백주(白酒)와 같은 것이며, '청주'는 중산(中山) 지역에서 겨울에 술을 담가서 여름쯤 다 익은 술을 뜻한다. 그리고 위의 기록에 대해서 손이양(孫詒讓)의 『정의(正義)』에서는 "三酒之中, 事酒較濁, 亦隨時釀之, 酋繹卽孰. 昔酒較淸, 則冬釀春孰. 淸酒尤淸, 則冬釀夏孰."이라고 풀이했다. 즉 손이양의 주장에 따르면, '사주'는 비교적 탁한 술이며, 또한 수시로 빚은 술을 말하는데, 술독을 열어두어서 곧바로 숙성시키는 술을 뜻한다. '석주'는 비교적 맑은 술이며, 겨울에 빚어서 봄쯤에 다 익는 술을 뜻한다. '청주'는 더욱 맑은 술이며, 겨울에 빚어서 여름쯤에 익는 술을 뜻한다.

2) 오제(五齊)는 술의 맑고 탁한 정도에 따라서 다섯 가지 등급으로 분류한 술을 뜻한다. 또한 술을 범칭하는 용어로도 사용된다. 다섯 가지 술은 범제(泛齊), 례제(醴齊), 앙제(盎齊), 제제(緹齊), 침제(沈齊)를 가리킨다. 『주례』「천관(天官)·주정(酒正)」편에는 "辨五齊之名, 一曰泛齊, 二曰醴齊, 三曰盎齊, 四曰緹齊, 五曰沈齊."라는 기록이 있다. 각 술들에 대해 설명하자면, 위의 기록에 대한 정현의 주에서는 "泛者, 成而滓浮泛泛然, 如今宜成醪矣. 醴猶體也, 成而汁滓相將, 如今恬酒矣. 盎猶翁也, 成而翁翁然, 蔥白色, 如今酇白矣. 緹者, 成而紅赤, 如今下酒矣. 沈者, 成而滓沈, 如今造淸矣. 自醴以上尤濁, 縮酌者. 盎以下差淸. 其象類則然, 古之法式未可盡聞. 杜子春讀齊皆爲粢. 又禮器曰, '緹酒之用, 玄酒之尙.' 玄謂齊者, 每有祭祀, 以度量節作之."라고 풀

는데, 오제는 제사 때 신이 마시는 용도로 바치는 것이지, 사람들이 일상적으로 사용할 수 있는 것이 아니기 때문이다.

---

이했다. 즉 '범제'는 술이 익고 나서 앙금이 둥둥 떠 있는 것으로 정현 시대의 의성료(宜成醪)와 같은 술이고, '례주'는 술이 익고 나서 앙금을 한 차례 걸러낸 것으로 염주(恬酒)와 같은 것이며, '앙제'는 술이 익고 나서 새파란 빛깔을 보이는 것으로 찬백(酇白)과 같은 술이고, '제제'는 술이 익고 나서 붉은 빛깔을 보이는 것으로 하주(下酒)와 같은 술이며, '침제'는 술이 익고 나서 앙금이 모두 가라앉아 있는 것으로 조청(造淸)과 같은 술이다. '범주'는 가장 탁한 술이며, '례주'는 그 다음으로 탁한 술이고, '앙제'부터는 뒤로 갈수록 맑은 술에 해당한다.

## • 제 17 절 •

### 음식에 대한 법도 : 수(羞)

【355b】

羞: 糗餌 · 粉酏.

**직역** 羞는 **糗**餌 · 粉**酏**이다.

**의역** 변(籩)에 담아내는 음식으로는 경단과 인절미가 있다.

**集說** 周禮"羞籩之實, 糗餌粉餈." 此酏字當讀爲餈, 記者誤耳. 許愼云: "餈, 稻餠也. 炊米擣之." 粉餈, 以豆爲粉, 糝餈上也. 糗, 炒乾米麥也. 擣之以爲餌. 蓋先屑爲粉, 然後溲之, 餌之言堅潔若玉珥也. 餈之言滋也.

**번역** 『주례』에서는 "변(籩)에 담아내는 음식으로는 구이(糗餌)와 분자(粉餈)가 있다."[1]라고 했다. 이곳의 '이(酏)'자는 마땅히 '자(餈)'자로 풀이해야 하니, 『예기』를 기록한 자가 글자를 잘못 기록한 것일 뿐이다. 허신[2]은 "'자(餈)'는 쌀로 만든 떡이다. 밥을 짓고서 찧어서 만든다."라고 했다. '분자(粉餈)'는 콩을 가루로 만들어서, 떡 위에 묻힌 것이다. '구(糗)'는 말린 쌀과 보리를 볶은 것이다. 그것을 찧어서 경단으로 만든다. 무릇 먼저 빻아서 가루를 만들고, 그런 뒤에 반죽을 하는 것으로, '이(餌)'는 단단하고 깨끗

---

1) 『주례』「천관(天官) · 변인(籩人)」 : 羞籩之實, 糗餌 · 粉餈.

2) 허신(許愼, A.D.30~A.D.124) : =허숙중(許叔重). 후한(後漢) 때의 학자이다. 자(字)는 숙중(叔重)이다. 『설문해자(說文解字)』의 저자로 널리 알려져 있으며, 다른 저서로는 『오경이의(五經異義)』가 있으나 산일되었다. 『오경이의』는 송대(宋代) 때 다시 편찬되었으나 진위를 따지기 힘들다.

한 것이 마치 옷으로 만든 귀고리와 같다는 뜻이다. '자(餈)'자는 "윤기가 흐른다[滋]."라는 뜻이다.

**大全** 山陰陸氏曰: 淸, 淸酒, 若今煮酒. 白, 昔酒·事酒, 若今生酒. 糗餌·粉餈, 謂之羞, 則以甚美故也.

**번역** 산음육씨가 말하길, '청(淸)'은 청주(淸酒)로, 마치 오늘날의 자주(煮酒)와 같은 것이다. '백(白)'은 석주(昔酒)와 사주(事酒)로, 마치 오늘날의 생주(生酒)와 같은 것이다. 구이(糗餌)와 분자(粉餈)에 대해서, '수(羞)'라고 말한 것은 그것이 매우 맛있는 음식이기 때문이다.

**鄭注** 目諸羞也. 糗, 擣熬穀也, 以爲粉餌與餈, 此記似脫. 周禮: "羞籩之實, 糗餌粉餈", "羞豆之實, 酏食糝食." 此"酏"當爲"餰", 以稻米與狼臅膏爲餰是也.

**번역** 여러 음식들을 가리킨다. '구(糗)'는 곡식을 찧고 볶아서, 가루로 만들어, 경단과 인절미를 만든 것인데, 이곳 기록에는 아마도 누락된 글자가 있는 것 같다. 『주례』에서는 "변(籩)에 담아내는 음식으로는 구이(糗餌)와 분자(粉餈)가 있다."고 했고, "두(豆)에 담아내는 음식으로는 이식(酏食)과 삼식(糝食)이 있다."고 했다. 따라서 이곳에 기록된 '이(酏)'자는 마땅히 '전(餰)'자가 되어야 하니, 쌀알과 이리의 기름을 섞어서 된죽으로 만든 것에 해당한다.

**釋文** 糗, 起九反, 又昌紹反. 餌音二, 下同. 酏讀曰餰, 又作饘, 之然反, 又之善反. 擣, 本又作搗, 丁老反, 下同. 餈, 本又作粢, 自私反, 下同. 糝, 西感反. 臅, 昌錄反, 徐又音燭.

**번역** '糗'자는 '起(기)'자와 '九(구)'자의 반절음이며, 또한 '昌(창)'자와 '紹(소)'자의 반절음도 된다. '餌'자의 음은 '二(이)'이며, 아래문장에 나오는 글자도 그 음이 이와 같다. '酏'자는 '餰'자로 풀이하며, 또한 '饘'자로도 기록하니, 그 음은 '之(지)'자와 '然(연)'자의 반절음이고, 또한 '之(지)'자와 '善(선)'자의 반절음도 된다. '擣'자는 판본에 따라서 또한 '搗'자로도 기록하며, '丁(정)'자와 '老(로)'자의 반절음이고, 아래문장에 나오는 글자도 그 음이 이와 같다. '餈'자는 판본에 따라서 또한 '粢'자로도 기록하며, '自(자)'자와 '私(사)'자의 반절음이고, 아래문장에 나오는 글자도 그 음이 이와 같다. '糝'자는 '西(서)'자와 '感(감)'자의 반절음이다. '膕'자는 '昌(창)'자와 '錄(록)'자의 반절음이며, 서음(徐音)은 또한 '燭(촉)'이다.

**孔疏** ●"羞: 糗餌·粉酏", 按周禮: "羞籩之實, 糗餌·粉餈." 鄭注云: "合蒸曰餌, 餅之曰餈, 此二物皆粉稻米黍米爲之. 糗者, 擣粉熬大豆, 爲餌餈之黏著, 故以粉糗擣之." 據周禮"粉"下有"餈", 今無者, 記人脫漏, 更以"酏"益之. 酏者, 於周禮"羞豆之實", 故周禮云: "羞豆之實, 酏食糝食." 酏, 謂餰也.

**번역** ●經文: "羞: 糗餌·粉酏". ○『주례』를 살펴보면, "변(籩)에 담아내는 음식으로는 구이(糗餌)와 분자(粉餈)가 있다."라고 했고, 정현의 주에서는 "섞어서 찐 것을 '이(餌)'라고 부르며, 떡으로 만든 것을 '자(餈)'라고 부르는데, 이 두 가지 음식은 모두 쌀알과 메기장 알갱이를 가루로 내서 만든다. '구(糗)'라는 것은 대두(大豆)를 볶아서 찧고, 이(餌)와 자(餈) 겉에 묻힌다. 그렇기 때문에 볶아서 찧는 것이다."라고 했다. 『주례』에 따르면, '분(粉)'자 뒤에는 '자(餈)'자가 기록되어 있는데, 현재 이곳 기록에 이 글자가 없는 것은 『예기』를 기록한 자가 누락한 것이며, 다시금 '이(酏)'자를 덧붙인 것이다. 그런데 '이(酏)'라는 것은 『주례』에 따르면, '두(豆)에 올려서 바치는 음식'에 해당한다. 그렇기 때문에 『주례』에서는 "두(豆)에 담아내는 음식으로는 이식(酏食)과 삼식(糝食)이 있다."라고 한 것이다. 이때의 '이(酏)'라는 것은 전(餰)에 해당한다.

**孔疏** ◎注"此'酏'當爲'餰'". ○正義曰: 上以黍酏是粥, 知此酏當爲餰者, 按周禮"酏食"共"糝食"文連, 則酏是糝之般類, 此內則作糝與餰其事相連, 故云"此'酏'當爲'餰'". 若其黍酏, 非膳羞所用, 且餰雖雜以狼膕膏, 亦粥之般類也.

**번역** ◎鄭注: “此‘酏’當爲‘餰’”. ○앞에서는 ‘서이(黍酏)’를 죽으로 여겼으므로, 이곳의 ‘이(酏)’자는 마땅히 ‘전(餰)’자가 되어야 함을 알 수 있는데, 『주례』를 살펴보면, ‘이식(酏食)’이라는 것과 ‘삼식(糝食)’이라는 것은 연이어 기록되어 있으니, ‘이(酏)’는 곧 죽의 부류가 되며, 이곳 「내칙」편에서는 ‘삼(糝)’이라고 기록했는데, 이것은 ‘전(餰)’과 그 사안이 서로 연이어 있다. 그렇기 때문에 정현이 “‘이(酏)’자는 마땅히 ‘전(餰)’자가 되어야 한다.”라고 말한 것이다. 메기장으로 만든 죽의 경우, 이것은 음식들로 바치는 것이 아니며, 또한 전(餰)은 비록 이리의 지방을 섞어서 만들지만, 이 또한 죽의 부류가 된다.

**集解** 愚謂: 羞有庶羞・內羞, 上文“膳”是庶羞, 此言內羞也. 此云“羞”, 蓋總籩・豆之內羞而言之, 當云“糗餌・粉餈・酏食・糝食”, 而“粉”下脫去一字, “酏”下脫去三字也.

**번역** 내가 생각하기에, ‘수(羞)’에는 서수(庶羞)와 내수(內羞)가 있는데, 앞에서 말한 ‘선(膳)’은 곧 서수에 해당하고, 이곳에서 말한 것은 내수에 해당한다. 이곳에서 ‘수(羞)’라고 말한 것은 무릇 변(籩)과 두(豆)에 담아내는 내수를 총괄해서 말했기 때문이니, 마땅히 “구이(糗餌)・분자(粉餈)・이식(酏食)・삼식(糝食)이 있다.”라고 말해야 하므로, ‘분(粉)’자 뒤에는 한 글자가 누락된 것이고, ‘이(酏)’자 뒤에는 세 글자가 누락된 것이다.

그림 17-1 ■ 변(籩)

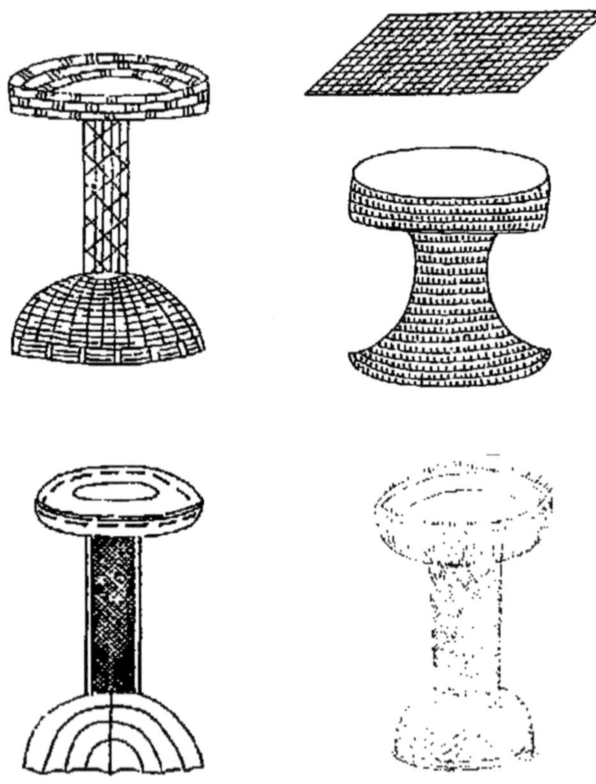

※ 출처:

상좌-『삼례도집주(三禮圖集注)』 13권; 상우-『삼례도(三禮圖)』 4권
하좌-『육경도(六經圖)』 6권; 하우-『삼재도회(三才圖會)』「기용(器用)」 2권

## • 제 18 절 •

### 군주의 연사(燕食)에 사용되는 음식

**【355c】**

食蝸醢, 而苽食雉羹, 麥食脯羹 · 雞羹, 折稌犬羹 · 兎羹, 和糝不蓼.

**직역** 食에는 蝸醢하고, 苽食에는 雉羹하며, 麥食에는 脯羹 · 雞羹하고, 折稌에는 犬羹 · 兎羹하되, 和糝에 不蓼한다.

**의역** 쌀밥을 먹을 때에는 소라로 담근 젓갈을 곁들이고, 고미밥을 먹을 때에는 꿩국을 곁들이며, 보리밥을 먹을 때에는 포로 끓인 국 · 닭국을 곁들이고, 쌀을 찧어서 만든 밥에는 개고깃국 · 토끼고깃국을 곁들이되, 맛의 조화를 맞추고, 풀죽에는 요(蓼)라는 풀은 넣지 않는다.

**集說** 此言進飯之宜. 蝸, 與螺同. 苽, 雕胡也. 脯羹, 折脯爲羹也. 稌, 稻. 折稌, 謂細折稻米爲飯也. 此五羹者, 宜以五味調和, 米屑爲糝, 不須加蓼, 故云和糝不蓼也.

**번역** 이 문장은 밥을 진설할 때 밥과 어울리는 음식에 대해서 언급하고 있다. '와(蝸)'자는 '라(螺: 소라)'자와 동일하다. '고(苽)'자는 조호(雕胡)라는 식물의 열매이다. '포갱(脯羹)'은 포를 찢어서 국으로 만든 것이다. '도(稌)'자는 쌀[稻]을 뜻한다. '절도(折稌)'는 쌀알을 가늘게 찧어서 밥으로 만든 것을 뜻한다. 이러한 다섯 가지 국은 마땅히 오미(五味)[1]로 조화를 이루

---

1) 오미(五味)는 다섯 가지 맛을 뜻한다. 맛의 종류를 총칭하는 용어로도 사

고, 쌀가루로 풀죽을 만드는데, 요(蓼)라는 풀은 첨가할 필요가 없다. 그렇기 때문에 "맛의 조화를 이루고, 풀죽에는 요(蓼)는 넣지 않는다."라고 말한 것이다.

**鄭注** 目人君燕食所用也. 苽, 彫胡也. 稌, 稻也. 凡羹齊宜五味之和, 米屑之糝, 蓼則不矣. 此脯, 所謂析乾牛羊肉也.

**번역** 군주가 연사(燕食)[2]를 할 때 사용되는 것들을 가리킨다. '고(苽)'자는 조호(雕胡)라는 식물의 열매이다. '도(稌)'자는 쌀[稻]을 뜻한다. 무릇 국들은 마땅히 오미(五味)로 조화를 이루게 하고, 쌀가루로 풀죽을 만들 때, 요(蓼)라는 풀은 넣지 않는다. 여기에서 말한 '포(脯)'는 말린 소고기와 양고기를 찢어둔 것이다.

**釋文** 食音嗣, 飯也, 下"苽食"·"麥食"·"食齊"皆同, 徐如字. 蝸, 力戈反. 苽音孤, 字又作菰, 同. 雉羹, 絶句. 麥食脯羹雞羹, 絶句. 折, 之列反. 稌音杜, 徐他古反. 和糝, 上胡臥反, 下三敢反, 注同. 蓼音了. 齊, 才細反, 下文同. 析, 星歷反, 下同.

**번역** '食'자의 음은 '嗣(사)'로, 밥을 뜻하며, 뒤의 '苽食'·'麥食'·'食齊'

---

용된다. '오미'는 구체적으로 산(酸: 신맛), 고(苦: 쓴맛), 신(辛: 매운맛), 함(鹹: 짠맛), 감(甘: 단맛)을 가리킨다. 『예기』「예운(禮運)」편에는 "五味, 六和, 十二食, 還相爲質也."라는 기록이 있는데, 이에 대한 정현의 주에서는 "五味, 酸, 苦, 辛, 鹹, 甘也."라고 풀이하였다.

2) 연사(燕食)는 군주를 포함한 모든 계층들이 일상적으로 먹는 오찬이나 만찬을 뜻한다. 『주례』「천관(天官)·선부(膳夫)」에는 "王燕食, 則奉膳贊祭."라는 기록이 있고, 이에 대한 정현의 주에서는 "燕食, 謂日中與夕食."라고 풀이했다. 한편 손이양(孫詒讓)의 『주례정의(周禮正義)』에서는 "王日三食, 日中與夕食, 饌具減殺, 別於禮食及朝食盛饌, 故謂之燕食."라고 풀이했다. 즉 군주는 하루에 세 차례 식사를 하는데, 오찬 및 만찬에는 반찬의 가짓수가 적기 때문에, 예사(禮食)나 조찬 때 차려내는 성찬(盛饌)과는 구별이 된다. 그렇기 때문에 '연사'라고 부른다. 또한 연회를 시행할 때, 사용하는 음식을 뜻하기도 한다.

에서의 '食'자도 모두 그 음이 이와 같고, 서음(徐音)은 글자대로 읽는다. '蝸'자는 '力(력)'자와 '戈(과)'자의 반절음이다. '苽'자의 음은 '孤(고)'이며, 그 글자는 또한 '菰'자로도 기록하는데, 그 음은 동일하다. '雉羹'에서 구문을 끊는다. '麥食脯羹雞羹'에서 구문을 끊는다. '折'자는 '之(지)'자와 '列(렬)'자의 반절음이다. '稌'자의 음은 '杜(두)'이며, 서음은 '他(타)'자와 '古(고)'자의 반절음이다. '和糝'에서의 '和'자는 '胡(호)'자와 '臥(와)'자의 반절음이며, '糝'자는 '三(삼)'자와 '敢(감)'자의 반절음이고, 정현의 주에 나오는 글자도 그 음이 이와 같다. '蓼'자의 음은 '了(료)'이다. '齊'자는 '才(재)'자와 '細(세)'자의 반절음이고, 아래문장에 나오는 글자도 그 음이 이와 같다. '析'자는 '星(성)'자와 '歷(력)'자의 반절음이며, 아래문장에 나오는 글자도 그 음이 이와 같다.

**孔疏** ●"食蝸"至"卵鹽", 此一節總明人君燕食所用.

**번역** ●經文: "食蝸"~"卵鹽". ○이곳 문단은 군주가 연사(燕食)를 할 때 사용되는 음식들을 총괄적으로 나타내고 있다.

**孔疏** ●"蝸醢而苽食雉羹"者, 謂以蝸爲醢, 以苽米爲飯, 以雉爲羹. 三者味相宜.

**번역** ●經文: "蝸醢而苽食雉羹". ○소라로 젓갈을 담그고, 고미(苽米)로 밥을 지으며, 꿩고기로 국을 만든 것을 뜻한다. 이 세 가지 음식은 그 맛이 서로 어울린다.

**孔疏** ●"麥食脯羹 · 雉羹"者, 謂以麥爲飯, 析脯爲羹, 又以雞爲羹. 此三者亦味相宜也.

**번역** ●經文: "麥食脯羹 · 雉羹". ○보리로 밥을 짓고, 포를 찢어서 국을 만들며, 또 닭고기로 국을 만든 것을 뜻한다. 이 세 가지 음식 또한 그 맛이 서로 어울린다.

**孔疏** ●"析稌犬羹·兎羹"者, 稌, 稻也, 謂細析稻米爲飯, 以犬·兎爲羹. 此三者亦味相宜也.

**번역** ●經文: "析稌犬羹·兎羹". ○'도(稌)'자는 쌀[稻]을 뜻하는데, 쌀알갱이를 가늘게 빻아서 밥을 짓는 것이고, 개고기와 토끼고기로 국을 만든 것을 뜻한다. 이 세 가지 음식 또한 그 맛이 서로 어울린다.

**孔疏** ●"和糝不蓼"者, 此等之羹, 宜以五味調和, 米屑爲糝, 不須加蓼也.

**번역** ●經文: "和糝不蓼". ○이러한 여러 종류의 국은 마땅히 오미(五味)로 맛의 조화를 맞추고, 쌀가루로 만든 풀죽에는 요(蓼)라는 풀을 첨가할 필요가 없다.

**訓纂** 段氏玉裁曰: 折當是析之誤. 析同淅, 汰米也.

**번역** 단옥재[3]가 말하길, '절(折)'자는 마땅히 '석(析)'자의 오자가 된다. '석(析)'자는 '석(淅)'자와 같으니, 씻은 쌀을 뜻한다.

3) 단옥재(段玉裁, A.D.1735~A.D.1815) : 청(淸)나라 때의 학자이다. 자(字)는 약응(若膺)이고, 호(號)는 무당(懋堂)이다. 저서로는 『설문해자주(說文解字注)』, 『육서음균표(六書音均表)』, 『고문상서찬이(古文尙書撰異)』 등이 있다.

그림 18-1 ▣ 와(蝸)

※ **출처:** 『삼재도회(三才圖會)』「조수(鳥獸)」 6권

그림 18-2 ▣ 맥(麥)

※ 출처: 『삼재도회(三才圖會)』「초목(草木)」 11권

그림 18-3 ▣ 요(蓼)

※ 출처: 『삼재도회(三才圖會)』「초목(草木)」 7권

【355c】

濡豚, 包苦實蓼; 濡雞, 醢醬實蓼; 濡魚, 卵醬實蓼; 濡鼈, 醢醬實蓼.

**직역** 豚을 濡함에은 苦를 包하고 蓼를 實하며; 雞를 濡함에는 醢醬하고 蓼를 實하고; 魚를 濡함에는 卵醬하고 蓼를 實하며; 鼈을 濡함에는 醢醬하고 蓼를 實한다.

**의역** 돼지고기를 삶을 때에는 씀바귀로 겉을 싸고, 배 안에 요(蓼)라는 식물을 채워서 삶으며, 닭고기를 삶을 때에는 젓갈로 국물의 간을 맞추고, 배 안에 요(蓼)라는 식물을 채워서 삶고, 물고기를 삶을 때에는 물고기 알로 담근 젓갈로 국물의 간을 맞추고, 배 안에 요(蓼)라는 식물을 채워서 삶으며, 자라를 삶을 때에는 젓갈로 국물의 간을 맞추고, 배 안에 요(蓼)라는 식물을 채워서 삶는다.

**集說** 濡, 讀爲胹, 烹煮之也. 胹豚者, 包裹之以苦菜, 而實蓼於腹中. 此四物, 皆以蓼實其腹而煮之也. 卵醬, 魚子爲醬也. 三物之用醬, 蓋以調和其汁耳.

**번역** '유(濡)'자는 '이(胹)'자로 풀이하니, 삶는다는 뜻이다. 따라서 '이돈(胹豚)'이라는 것은 고채(苦菜)라는 식물을 이용하여, 돼지고기를 싸고, 돼지 배 안에는 요(蓼)라는 식물을 채워서 만든 것이다. 이 네 가지 음식들은 모두 요(蓼)라는 식물을 그 배 안에 채워서 삶게 된다. '난장(卵醬)'은 물고기 알로 젓갈을 담근 것이다. 이 세 가지 음식들에는 젓갈을 사용하게 되는데, 무릇 젓갈을 이용해서 그 국물의 간을 맞추기 때문이다.

**鄭注** 凡濡, 謂亨之以汁和也. 苦, 苦荼也, 以包豚, 殺其氣. 卵讀爲鯤. 鯤, 魚子, 或作▼(扌+關)也.

**번역** 무릇 '유(濡)'라는 것은 재료를 삶아서 국물의 맛을 낸다는 뜻이다. '고(苦)'자는 고도(苦荼)라는 식물로, 이것을 이용해서 돼지고기를 싸서, 그 냄새를 없애는 것이다. '난(卵)'자는 '곤(鯤)'자로 풀이한다. '곤(鯤)'자는 물고기 알로, 혹은 '▼(扌+關)'자로도 기록한다.

**釋文** 濡音而, 下同. 苞, 伯交反. 醢音海, 一本作醯, 呼兮反, 次下句同. 卵, 依注音鯤, 古門反. 亨, 普彭反, 煮也. 荼音徒. ▼(扌+關)音關, 本又作捫, 音門.

**번역** '濡'자의 음은 '而(이)'이며, 아래문장에 나오는 글자도 그 음이 이와 같다. '苞'자는 '伯(백)'자와 '交(교)'자의 반절음이다. '醢'자의 음은 '海(해)'이며, 다른 판본에서는 '醯'자로도 기록하고, 그 음은 '呼(호)'자와 '兮(혜)'자의 반절음이며, 아래 구문에 나오는 글자들도 그 음이 이와 같다. '卵'자는 정현의 주에 따르면 그 음은 '鯤'이니, '古(고)'자와 '門(문)'자의 반절음이다. '亨'자는 '普(보)'자와 '彭(팽)'자의 반절음으로, 삶는다는 뜻이다. '荼'자의 음은 '徒(도)'이다. '▼(扌+關)'자의 음은 '關(관)'이며, 판본에 따라서는 또한 '捫'자로도 기록하니, 그 음은 '門(문)'이다.

**孔疏** ●"濡豚包苦實蓼"者, 濡謂亨煮, 以其汁調和. 言濡豚之時, 苞裹豚肉, 以苦菜殺其惡氣, 又實之以蓼.

**번역** ●經文: "濡豚包苦實蓼". ○'유(濡)'자는 삶는다는 뜻으로, 삶아서 국물의 맛을 내는 것이다. 즉 돼지고기를 삶을 때에는 고채(苦菜)로 돼지고기를 감싸서, 잡냄새를 제거하고, 또한 그 안에는 요(蓼)라는 식물을 채운다는 뜻이다.

**孔疏** ●"濡雞醢醬實蓼"者, 言亨濡此雞, 加之以醢及醬, 又實之以蓼. "濡魚卵醬實蓼"者, 卵, 謂魚子, 以魚子爲醬, 濡亨其魚, 又實之以蓼.

**번역** ●經文: "濡雞醢醬實蓼". ○닭을 삶을 때에는 젓갈과 장을 곁들이고, 또한 요(蓼)라는 식물을 채운다는 뜻이다. 경문의 "濡魚卵醬實蓼"에 대하여. '난(卵)'자는 물고기 알을 뜻하는 것으로, 즉 물고기 알로 담근 젓갈인데, 이러한 젓갈을 이용해서 물고기를 삶고, 또 요(蓼)라는 식물을 채운다는 뜻이다.

**孔疏** ●"濡鱉醢醬實蓼"者, 謂亨其鱉, 加醢及醬, 又實之以蓼. 凡言實蓼者, 皇氏云: "謂破開其腹, 實蓼於其腹中, 又更縫而合之."

**번역** ●經文: "濡鱉醢醬實蓼". ○자라를 삶을 때에는 젓갈과 장을 첨가하고, 또 요(蓼)라는 식물을 채운다는 뜻이다. 무릇 요(蓼)라는 식물을 채운다고 말한 것에 대해, 황간은 "그 배를 갈라서, 그 안에 요(蓼)라는 식물을 채우고, 또한 다시 봉합을 하여 벌어지지 않게 한다는 뜻이다."라고 했다.

**孔疏** ◎注"卵讀"至"魚子". ○正義曰: 知"卵讀爲鯤"者, 以鳥卵非爲醬之物, 蚳醢是蚍蜉之子, 今卵醬承濡魚之下, 宜是魚之般類, 故讀爲鯤. 鯤是魚子也.

**번역** ◎鄭注: "卵讀"~"魚子". ○정현의 말처럼 "'난(卵)'자는 '곤(鯤)'자로 풀이한다."라는 말이 사실임을 알 수 있는 이유는 새의 알은 장으로 담지 않고, '지해(蚳醢)'는 왕개미의 알로 담근 것이며, 현재 '난장(卵醬)'이라는 말이 '유어(濡魚)' 뒤에 나오므로, 이것은 마땅히 물고기 종류가 되어야 한다. 그렇기 때문에 '곤(鯤)'자로 풀이한 것이다. '곤(鯤)'은 물고기의 알을 뜻한다.

**訓纂** 說文: 醬, 醢也, 從肉從酉, 酒以和醬也. 醢, 肉醬也.

**번역** 『설문해자』에서 말하길, '장(醬)'자는 고(醢)자의 뜻으로, '육(肉)'자와 '유(酉)'자를 구성요소로 하며, 술을 이용해서 젓갈에 섞은 것이다. '해(醢)'자는 고기로 담근 젓갈을 뜻한다.

**【355d】**

**腶脩蚳醢, 脯羹兎醢, 麋膚魚醢, 魚膾芥醬, 麋腥醢醬, 桃諸梅諸卵鹽.**

**직역** **腶**脩에는 **蚳醢**하고, 脯羹에는 兎**醢**하며, **麋**膚에는 魚**醢**하고, 魚膾에는

芥醬하며, 麋腥에는 醢醬하고, 桃諸와 梅諸에는 卵鹽함다.

**의역** 조미육포에는 왕개미 알로 담근 젓갈을 곁들이고, 포(脯)로 끓인 국에는 토끼고기로 담근 육장을 곁들이며, 큰 사슴의 저민 고기에는 물고기로 담근 젓갈을 곁들이고, 물기기 회에는 개장(芥醬)을 곁들이며, 큰 사슴의 생고기에는 젓갈과 장을 곁들이고, 복숭아 절임과 매실 절임에는 난염(卵鹽)을 곁들인다.

**集說** 腶脩, 見前. 蚳醢, 以蚍蜉子爲醢也. 謂食腶脩者, 以蚳醢配之; 食脯羹者, 以兎醢配之. 餘倣此. 麋, 鹿之大者. 膚, 切肉也. 麋腥, 生麋肉也. 諸, 菹也. 桃梅皆爲菹藏之, 欲藏必令稍乾, 故周禮謂之乾穛. 食之則和以卵鹽. 大鹽形似鳥卵, 故名卵鹽也.

**번역** '단수(腶脩)'에 대해서는 앞에 그 설명이 나온다.[4] '지해(蚳醢)'는 왕개미의 알로 젓갈을 담근 것이다. 즉 단수를 먹을 때에는 지해를 함께 곁들여서 먹는다는 뜻이며, 포(脯)로 만든 국을 먹을 때에는 토끼고기로 담근 젓갈을 곁들인다는 의미이다. 나머지 음식들도 모두 이러한 의미이다. '미(麋)'는 사슴 중에서도 몸집이 큰 것이다. '부(膚)'는 잘게 썬 고기이다. '미성(麋腥)'은 생으로 된 미(麋)의 고기이다. '제(諸)'자는 채소 절임을 뜻한다. 복숭아와 매실은 모두 절임을 해서 보관하니, 보관을 하려고 하면, 반드시 좀 더 건조를 시켜야 하기 때문에, 『주례』에서는 이것을 '건료(乾穛)'라고 부른 것이다. 이것을 먹을 때에는 난염(卵鹽)을 곁들여서 맛을 낸다. 대염(大鹽)의 모습은 마치 새의 알과 같기 때문에, '난염(卵鹽)'이라고도 부르는 것이다.

**大全** 長樂劉氏曰: 二十有六物, 士庶不可得而備之也. 偶其有者, 則如此法以制之. 凡爲人子婦者, 預當知之, 以敬於祭祀, 則鬼神享之, 以奉於燕飮,

4) 『예기』「교특생(郊特牲)」【317d】의 "諸侯爲賓, 灌用鬱鬯, 灌用臭也. 大饗尙腶脩而已矣."라는 기록에 대한 진호(陳澔)의 『집설(集說)』: 脯加薑桂曰腶脩. / 즉 포(脯)에 생강과 계피를 첨가한 것을 '단수(腶脩)'라고 부른다.

則賓客樂之, 以饌於尊親, 則衰病宜之, 其在敎也, 爲婦功焉, 聖人所以致婦人於孝敬, 惜衰老於充肥者, 其道如是也.

**번역** 장락유씨가 말하길, 이러한 26종류의 음식들은 사(士)나 서인(庶人) 계층에서는 구비할 수가 없다. 이러한 것들을 갖출 수 있는 자들에 대해서, 이와 같은 예법으로써 제도를 마련한 것이다. 무릇 사람의 자식이나 며느리가 된 자들은 이러한 것들을 미리 알아야만 하며, 이를 통해서 제사를 공경스럽게 시행하면, 귀신들이 흠향을 하는 것이고, 이를 통해 연회의 음식들을 제공하면, 빈객들이 즐거워하게 되며, 이를 통해 존장자나 부모에게 음식을 바치면, 쇠약해진 몸이 그 음식들을 받아들이게 되니, 가르침에 있어서는 며느리가 시행해야 할 일들이 되고, 성인(聖人)이 며느리에게 효와 공경함을 지극히 하도록 하고, 살찐 자들에 비해 노쇠해진 자들을 애석하게 여겼던 도리 또한 이와 같은 것이다.

**鄭注** 腶脩, 捶脯施薑桂也. 蚳, 蚍蜉子也. 自蝸醢至此二十六物似皆人君燕所食也. 其饌則亂. 膚, 切肉也. 膚或爲胖. 卵鹽, 大鹽也.

**번역** '단수(腶脩)'는 포(脯)를 두들겨 펴서, 생강과 계피를 첨가한 것이다. '지(蚳)'는 왕개미의 알을 뜻한다. '와해(蝸醢)'로부터 이곳 구문까지 기록된 총 26개의 음식들은 아마도 군주가 일상적으로 먹는 음식인 것 같다. 그 찬(饌)들은 뒤죽박죽으로 기록되어 있다. '부(膚)'는 저민 고기이다. '부(膚)'자를 다른 판본에서는 '반(胖)'자로 기록하기도 한다. '난염(卵鹽)'은 대염(大鹽)을 뜻한다.

**釋文** 腶, 丁亂反. 蚳, 直其反, 蟻子也. 捶, 徐之縈反. 蜱, 本又作蚍, 音毗. 蜉, 本又作▼(虫+不), 音浮. 卵, 力管反. 胖音判.

**번역** '腶'자는 '丁(정)'자와 '亂(란)'자의 반절음이다. '蚳'자는 '直(직)'자와 '其(기)'자의 반절음으로, 개미의 알이다. '捶'자의 서음(徐音)은 '之(지)'자와 '縈(예)'자의 반절음이다. '蜱'자는 판본에 따라서 또한 '蚍'자로도 기록하며, 그 음은 '毗(비)'이다. '蜉'자는 판본에 따라서 또한 '▼(虫+不)'자로도 기록하며, 그 음은 '浮(부)'이다. '卵'자는 '力(력)'자와 '管(관)'자의 반절음이다. '胖'자의 음은 '判(판)'이다.

**孔疏** ●"腶脩, 蚳醢"者, 腶脩謂腶脯也. 言食腶脯之時, 以蚳醢配之.

**번역** ●經文: "腶脩, 蚳醢". ○'단수(腶脩)'는 조미육포를 뜻한다. 즉 조미육포를 먹을 때에는 왕개미 알로 담근 젓갈을 곁들인다는 뜻이다.

**孔疏** ●"脯羹, 兎醢"者, 脯羹, 卽上析脯爲羹, 以兎醢配之.

**번역** ●經文: "脯羹, 兎醢". ○'포갱(脯羹)'은 곧 앞에서 포(脯)를 찢어서 끓인 국에 해당하며, 이 음식에는 토끼고기로 담근 육장을 곁들인다.

**孔疏** ●"麋膚, 魚醢"者, 麋膚謂麋肉外膚, 食之以魚醢配之.

**번역** ●經文: "麋膚, 魚醢". ○'미부(麋膚)'는 사슴고기의 껍질을 뜻하니, 그것을 먹을 때에는 물고기로 담근 젓갈을 곁들인다.

**孔疏** ●"麋腥, 醢, 醬"者, 腥謂生肉, 言食麋生肉之時, 還以麋醢配之. 此云"麋腥", 卽上麋膚謂孰也.

**번역** ●經文: "麋腥, 醢, 醬". ○'성(腥)'자는 생고기를 뜻하니, 큰 사슴의 생고기를 먹을 때에는 다시금 큰 사슴고기로 담근 육장을 곁들인다는 의미이다. 여기에서 '미성(麋腥)'이라고 했으니, 앞에서 '미부(麋膚)'라고 한 것은 곧 익힌 것을 뜻한다.

**孔疏** ●"桃諸, 梅諸, 卵鹽"者, 言食桃諸·梅諸之時, 以卵鹽和之. 王肅云: "諸, 菹也, 謂桃菹·梅菹, 卽今之藏桃也·藏梅也. 欲藏之時, 必先稍乾之, 故周禮謂之'乾穛', 鄭云'桃諸·梅諸', 是也."

**번역** ●經文: "桃諸, 梅諸, 卵鹽". ○복숭아 절임과 매실 절임을 먹을 때에는 난염(卵鹽)으로 맛을 낸다는 뜻이다. 왕숙은 "'제(諸)'자는 채소절임을 뜻하니, 곧 복숭아 절임과 매실 절임은 오늘날의 장도(藏桃)와 장매(藏梅)에 해당한다. 보관을 하려고 할 때에는 반드시 그보다 앞서서 조금 더 건조를 시켜야 한다. 그렇기 때문에 『주례』에서는 이것을 '건료(乾穛)'라고 했던 것이며, 정현은 '도제(桃諸)와 매제(梅諸)이다.'라고 했던 것이다."라고 했다.

**孔疏** ◎注"自蝸"至"鹽也". ○正義曰: "自蝸醢至此二十六物"者, 皇氏云: "蝸, 一也. 苽食, 二也. 雉羹, 三也. 麥食, 四也. 脯羹, 五也. 雞羹, 六也. 析稌, 七也. 犬羹, 八也. 兎羹, 九也. 濡豚, 十也. 濡雞, 十一也. 濡魚, 十二也. 濡鱉, 十三也. 自此以上, 醢之與醬, 皆和調濡漬雞豚之屬, 爲他物而設之, 故不數矣. 自此以下, 醢及醬各自爲物, 但相配而食, 故數之. 腶脩, 十四也. 蚳醢, 十五也. 脯羹重出. 兎醢, 十六也. 麋膚, 十七也. 魚醢, 十八也. 魚膾, 十九也. 芥醬, 二十也. 麋醢, 二十一也. 醢, 二十二也. 醬, 二十三也. 桃諸, 二十四也. 梅諸, 二十五也. 卵鹽, 二十六也." 諸儒更無所說, 今依用之. 云"似皆人君燕所食也"者, 按周禮·掌客云: 諸侯相食, 皆鼎·簋十有二. 其正饌與此不同. 其食臣下, 則公食大夫禮具有其文, 與此又異, 故疑是人君燕食也. 云"其饌則亂"者, 按上陳庶羞有膷·臐·膮, 有牛炙·牛胾, 始云牛炙·豕炙, 而依牲大小先後而陳, 此則先云"雉羹", 後云"脯羹", 又先云"雞羹", 後云"犬羹", 不依牲之次第, 又飯食在簋, 醢羹之屬在豆, 是上下雜亂, 故云"其饌則亂"也. 云"膚, 切肉也"者, 以其與醢醬相類, 在豆之物, 故爲"切肉". 若其正膚則在俎, 故少牢·特牲膚皆在俎也. 云"卵鹽, 大鹽也"者, 以其鹽形似鳥卵, 故云"大鹽也".

**번역** ◎鄭注: "自蝸"~"鹽也". ○정현이 "'와해(蝸醢)'로부터 이곳 구문까지는 총 26개의 음식이다."라고 했는데, 황간은 "와(蝸)가 첫 번째이고, 고사(苽食)가 두 번째이며, 치갱(雉羹)이 세 번째이고, 맥사(麥食)가 네 번째이며, 포갱(脯羹)이 다섯 번째이고, 계갱(雞羹)이 여섯 번째이며, 석도(析稌)가 일곱 번째이고, 견갱(犬羹)이 여덟 번째이며, 토갱(兎羹)이 아홉 번째이고, 유돈(濡豚)이 열 번째이며, 유계(濡雞)가 열한 번째이고, 유어(濡魚)가 열두 번째이며, 유별(濡鱉)이 열세 번째이다. 이 음식들로부터 그 이상의 음식들 중 젓갈과 장은 모두 간을 맞추고, 닭고기나 돼지고기를 찍어 먹을 때 사용하는 것으로, 다른 음식을 위해 진설하는 것이기 때문에, 음식의 수에는 포함시키지 않는다. 그리고 이 음식들로부터 그 이하의 음식들 중 젓갈과 장은 각각 그 자체로 음식이 되는데, 다만 다른 음식과 함께 곁들여서 먹는 것이기 때문에, 음식의 수에 포함시키는 것이다. 단수(腶脩)가 열네 번째이고, 지해(蚳醢)가 열다섯 번째이다. 포갱(脯羹)은 중복해서 나온다. 토해(兎醢)가 열여섯 번째이고, 미부(麋膚)가 열일곱 번째이며, 어해(魚醢)가 열여덟 번째이고, 어회(魚膾)가 열아홉 번째이며, 개장(芥醬)이 스무 번째이고, 미해(麋醢)가 스물한 번째이며, 해(醢)가 스물두 번째이고, 장(醬)이 스물세 번째이며, 도제(桃諸)가 스물네 번째이고, 매제(梅諸)가 스물다섯 번째이며, 난염(卵鹽)이 스물여섯 번째이다."라고 했다. 여러 학자들은 이러한 음식들에 대해 별다른 설명을 하지 않았으므로, 이곳에서는 황간의 주장에 따라 그 내용을 기술하였다. 정현이 "아마도 군주가 일상적으로 먹는 음식인 것 같다."라고 했는데, 『주례』「장객(掌客)」편을 살펴보면, 제후들끼리 서로 식사를 대접할 때에는 모두 정(鼎)과 궤(簋)가 12개 사용된다고 했다. 그런데 정찬(正饌)으로 차려내는 음식들은 이곳의 내용과 다르다. 그리고 신하들에게 베푸는 음식들에 대한 것은 『의례』「공사대부례(公食大夫禮)」편에 모두 그 기록들이 수록되어 있는데, 이곳의 기록과도 또한 차이를 보인다. 그렇기 때문에 정현은 이 내용이 군주의 연사(燕食)일 것이라고 의심을 했던 것이다. 정현이 "그 찬(饌)들은 뒤죽박죽으로 기록되어 있다."라고 했는데, 앞에서 진술한 서수(庶羞)에는 향(膷)·훈(臐)·효(膮)가 포함되어 있고, 또 우적(牛炙)과 우자(牛胾)가 포함되어 있는데, 처음에 우적(牛炙)과 시적(豕炙)이라고 말한 것은 희생물의 몸집 크기에 따라 진술을 한 것이지만, 이곳에서는 먼저 '치갱(雉羹)'을 언급했고, 그 이후에 '포갱(脯羹)'을 언급했으며, 또한 '계갱(雞羹)'을 먼저 언급하고, 그 이후에 '견갱(犬羹)'을 언급했으니, 이것은 희생물의 순서에 따른 것이 아니다.

또 밥은 궤(簋)에 담아내고, 젓갈이나 국 등은 두(豆)에 담아내는데, 그 순서가 뒤섞여 있다. 그렇기 때문에 "그 찬(饌)들은 뒤죽박죽으로 기록되어 있다."라고 말한 것이다. 정현이 "'부(膚)'는 저민 고기이다."라고 했는데, 이 음식은 젓갈이나 장과 비슷한 부류가 되어, 두(豆)에 담게 되는 음식이다. 그렇기 때문에 '절육(切肉)'이 되는 것이다. 만약 그 껍질을 요리한 정식 음식이었다면, 조(俎)에 담게 된다. 그렇기 때문에 『의례』「소뢰궤식례(少牢饋食禮)」편과 「특생궤식례(特牲饋食禮)」편에서는 껍질을 요리한 음식을 모두 조(俎)에 담는다고 기록한 것이다. 정현이 "'난염(卵鹽)'은 대염(大鹽)을 뜻한다."라고 했는데, 소금 덩어리의 모습이 새의 알처럼 생겼기 때문에, "대염(大鹽)이다."라고 말한 것이다.

**訓纂** 釋名: 桃諸, 藏桃也. 諸, 儲也. 藏以爲儲, 待給冬月用之也.

**번역** 『석명』에서 말하길, '도제(桃諸)'는 복숭아를 절여서 보관한 것이다. '제(諸)'자는 "저장하다[儲]."라는 뜻이다. 보관을 하여 저장을 해서, 겨울에 사용될 용도로 공급하는 것이다.

**集解** 愚謂: 人君燕食, 得用此諸物, 然每用自有常數, 非一食盡用之也. 濡雞醢醬實蓼, "醢醬"承"濡雞"之下, 卽雞之之醢醬也. 濡鱉之醢醬, 卽鱉之醢醬也. 麋腥醢醬, 卽麋之醢醬也. 腶脩乃籩實, 不用於食. 此與下"大夫有脯無膾", 皆以脯用於食者. 案八珍中之熬, 有濡食·乾食之異, 熬捶而加薑桂, 鄭氏以爲若今之火脯. 是脯脩有濡食之法, 則其用於食者也. 其皆釋而煮之以醢, 而盛之則以豆與. 麋腥, 謂生切麋肉, 以醢釀之, 卽下文"麋·鹿·魚爲菹", 是也. 周禮之"乾薐"亦籩實, 此桃諸·梅諸, 孔氏以爲菹, 蓋亦用醢釀之者, 故用之於食也.

**번역** 내가 생각하기에, 군주가 연사(燕食)를 할 때에는 여기에서 말한 여러 음식들을 모두 사용할 수 있지만, 매번 음식을 차릴 때에는 그 의례 자체에 정해진 수가 있으니, 한 차례 식사를 할 때 이러한 음식들을 모두 차린다는 뜻이 아니다. '유계해장실료(濡雞醢醬實蓼)'라고 했는데, '해장(醢醬)'이 '유계(濡雞)' 뒤에 이어져 있으므로, 이것은 닭고기로 담근 젓갈을 뜻한다. '유별(濡鼈)'에서의 해장(醢醬)도 곧 자라로 담근 젓갈을 뜻한다. 그리고 '미성해장(麋腥醢醬)'이라는 것은 큰 사슴의 고기로 담근 젓갈이다. 단수(腶脩)는 곧 변(籩)에 담아내는 음식이며, 식사를 할 때 사용하는 음식이 아니다. 그런데 이곳 구문과 아래에서는 "대부(大夫)에게는 포(脯)는 있지만, 회(膾)는 없다."[5]라고 하여, 두 기록에서 모두 포(脯)를 식사 때 사용하는 것으로 기록하고 있다. 살펴보니 팔진(八珍)[6] 중의 오(熬)는 유식(濡

5) 『예기』「내칙」【357b】: 大夫燕食, 有膾無脯, 有脯無膾. 士不貳羹胾. 庶人耆老不徒食.

6) 팔진(八珍)은 여덟 가지 맛 좋은 음식들을 뜻한다. 구체적으로는 순오(淳熬), 순모(淳母), 포돈(炮豚), 포장(炮牂), 도진(擣珍), 지(漬), 오(熬), 간료(肝膋) 등을 가리킨다. 이 음식들은 『예기』「내칙(內則)」편에 기록된 것들인데, '순오'는 젓갈을 달여서, 밭에서 생산된 쌀로 지은 밥 위에 얹어 놓고, 그 위에 기름을 바른 음식이다. '순모'에서의 '모(母)'자는 "본뜬다."는 의미의 '모(模)'자로, '순오'와 똑같지만, 쌀 대신 기장을 사용한 음식이다. '포돈'과 '포장'은 조리 방법이 동일한데, 돼지[豚]를 사용하느냐, 또는 '암컷 양[牂]'을 사용하느냐의 차이가 있다. '포돈'과 '포장'에서의 '포(炮)'라는 조리 방법은 먼저 해당 가축을 잡은 뒤에, 배를 갈라서 내장을 제거한다. 그리고 그 안에 대추[棗]를 채우고, 익모초[萑]로 묶은 뒤, 진흙을 발라서 굽는다. 진흙이 다 마르면, 그것들을 떼어낸 뒤에 쌀가루를 다시 입힌다. 고기가 모두 잠길 정도로 기름을 충분히 채우고서 다시 달인다. 큰 솥에 물을 끓이고, 고기들은 다시 작은 솥으로 옮겨서, 향신료를 가미한다. 고기가 담긴 작은 솥을 큰 솥에 넣고 3일 동안 달인다. 이후 식초와 젓갈 등을 가미하게 된다. 이것이 바로 '포돈'과 '포장'의 조리방법이다. '도진'을 만들 때에는 소[牛], 양[羊], '큰 사슴[麋]', 사슴[鹿], 노루[麕]의 고기들을 골고루 준비하는데, 반드시 등심살을 사용하며, 각 고기들의 양은 소고기의 양과 균일하도록 준비한다. 질긴 부위를 제거하고, 나머지 부위들을 버무린 뒤에, 익힌 음식이다. '지'는 소고기와 양고기를 사용하는데, 반드시 새로 잡은 것으로 사용한다. 얇게 썰고, 힘줄을 제거한 뒤에 술에 담갔다가, 하루 정도 지난 뒤에 먹는 음식이다. '오'는 소고기나 양고기를 사용하는데, 겉살을 벗겨낸 다음 익모초 위에 펼쳐둔다. 계피[桂]나 생강[薑] 등을 뿌리고, 소금을 그 위에 뿌린 뒤에, 말려서 먹는 음식이다. '간료'는 개의 간으로 만드는데, 개의 지방질[膋]을 간 위에 덮고, 지방 부위를 태워서 조리한 음식이다. 『주례』「천관(天官)·선부(膳夫)」편에는 "珍用八物."이라는 기록이

食) 및 건식(乾食)과는 다른 점이 있고, 오(熬)는 고기를 두들겨 펴서, 생강과 계피를 첨가한 것으로, 정현은 이것을 마치 오늘날의 화포(火脯)와 같은 것이라고 여겼다. 따라서 이 말은 포(脯)를 만들 때 축축하게 만드는 방법도 있었음을 뜻하므로, 이것을 식사 때 사용했던 것이다. 그리고 이러한 것들은 모두 잘게 찢어서, 젓갈을 이용해 삶고, 그것을 담을 때에는 두(豆)를 이용했을 것이다. '미성(麋腥)'은 큰사슴의 고기를 생고기 상태에서 잘게 자른 것으로, 그것은 젓갈을 이용해서 숙성을 시키니, 아래문장에서 "미(麋)·녹(鹿)·어(魚)로 절임을 만든다."[7]라고 한 말에 해당한다. 『주례』에서 말한 '건료(乾穛)'라는 것 또한 변(籩)에 담아내는 음식인데, 이곳에서 말한 도제(桃諸)와 매제(梅諸)를 공영달은 절임류라고 여겼으니, 아마도 젓갈을 이용해서 숙성을 시킨 것이기 때문에, 식사 때 사용했던 것이다.

---

있고, 이에 대한 정현의 주에서는 "珍, 謂淳熬·淳母·炮豚·炮牂·擣珍·漬·熬·肝膋也."라고 풀이했으며, 가공언(賈公彦)의 소(疏)에서는 "云'珍謂淳熬'已下, 皆內則文. 按內則, '淳熬, 煎醢加于陸稻上, 沃之以膏, 曰淳熬. 淳母, 煎醢加于黍食上, 沃之以膏, 曰淳母. 母, 模也. 炮, 取豚若牂, 刲之刳之, 實棗於其腹中, 編萑以苴之, 塗之以墐塗, 炮之. 塗皆乾, 擘之, 濯手以摩之, 去其皽. 爲稻粉, 糔溲之以爲酏, 以付豚, 煎諸膏, 膏必滅之. 鉅鑊湯, 以小鼎薌脯於其中, 使其湯毋滅鼎, 三日三夜毋絶火, 而後調之以醯醢. 擣珍, 取牛羊麋鹿麕之肉, 必脄, 每物與牛若一. 捶反側之, 去其餌, 孰出之, 去其皽, 柔其肉. 漬, 取牛羊肉, 必新殺者, 薄切之, 必絶其理, 湛諸美酒, 期朝而食之, 以醢若醯醷意. 爲熬, 捶之, 去其皽, 編萑, 布牛肉焉, 屑桂與薑, 以洒諸上而鹽之, 乾而食之. 施羊亦如之. 肝膋, 取狗肝一, 幪之以其膋, 濡炙之, 擧焦其膋, 不蓼也."라고 풀이했다.

7) 『예기』「내칙」【358d~359a】: 肉腥細者爲膾, 大者爲軒. 或曰: "麋鹿魚爲菹, 麕爲辟雞, 野豕爲軒, 兎爲宛脾. 切葱若薤, 實諸醯以柔之."

그림 18-4 ▣ 미(麋)

※ 출처: 『삼재도회(三才圖會)』「조수(鳥獸)」 3권

그림 18-5 ▣ 정(鼎)과 조(俎)

鼎

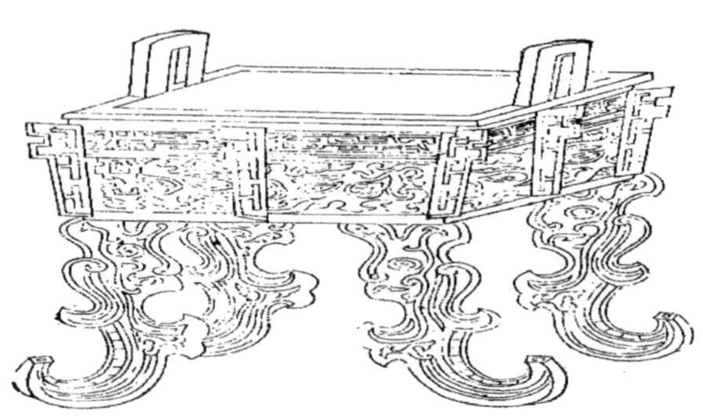

俎

※ **출처:**

정-『삼재도회(三才圖會)』「기용(器用)」 1권

조-『육경도(六經圖)』 6권

## • 제 19 절 •

### 음식의 온도에 대한 법도

【356a】

**凡食齊視春時, 羹齊視夏時, 醬齊視秋時, 飮齊視冬時.**

**직역** 凡食齊는 春時에 視하고, 羹齊는 夏時에 視하며, 醬齊는 秋時에 視하고, 飮齊는 冬時에 視한다.

**의역** 무릇 밥을 차릴 때에는 봄철의 기운에 견주어 따뜻하게 내놓고, 국을 차릴 때에는 여름철의 기운에 견주어 뜨겁게 내놓으며, 장을 차릴 때에는 가을철의 기운에 견주어 서늘하게 내놓고, 음료를 차릴 때에는 겨울철의 기운에 견주어 시원하게 내놓는다.

**集說** 鄭氏曰: 飯宜溫, 羹宜熱, 醬宜涼, 飮宜寒也.

**번역** 정현이 말하길, 밥은 마땅히 따뜻해야 하고, 국은 마땅히 뜨거워야 하며, 장은 마땅히 서늘해야 하고, 마실 것은 마땅히 시원해야 한다.

**大全** 嚴陵方氏曰: 食齊則黍稷稌粱之類, 是也. 羹齊則雉兎雞犬之類, 是也. 醬齊則醯醢韲菹之類, 是也. 飮齊則水漿醴涼之類, 是也.

**번역** 엄릉방씨가 말하길, '사제(食齊)'는 메기장 · 차기장 · 쌀 · 조 등으로 지은 밥을 뜻한다. '갱제(羹齊)'는 꿩 · 토끼 · 닭 · 개 등으로 만든 국을 뜻한다. '장제(醬齊)'는 식초 · 장 · 양념 · 절임 등을 뜻한다. '음제(飮齊)'는 물 · 장(漿) · 단술 · 량(涼) 등을 뜻한다.

**鄭注** 飯宜溫也. 羹宜熱也. 醬宜涼也. 飮宜寒也.

**번역** 밥은 마땅히 따뜻해야 하고, 국은 마땅히 뜨거워야 하며, 장은 마땅히 서늘해야 하고, 마실 것은 마땅히 시원해야 한다.

**釋文** 夏, 戶嫁反, 下放此.

**번역** '夏'자는 '戶(호)'자와 '嫁(가)'자의 반절음으로, 뒤에 나오는 것도 모두 이에 따른다.

## • 제 20 절 •

### 음식에 양념을 하는 법도

【356b】

**凡和, 春多酸, 夏多苦, 秋多辛, 冬多鹹, 調以滑甘.**

**직역** 凡和에는 春에는 酸이 多하고, 夏에는 苦가 多하며, 秋에는 辛이 多하고, 冬에는 鹹이 多하니, 調하길 滑甘으로써 한다.

**의역** 무릇 조미료를 가미할 때에는 봄에는 신맛을 많이 내고, 여름에는 쓴맛을 많이 내며, 가을에는 매운 맛을 많이 내고, 겨울에는 짠맛을 많이 내니, 단맛을 이용해서 맛을 조율한다.

**集說** 酸·苦·辛·鹹, 木·火·金·水之所屬, 多其時味, 所以養氣也. 四時皆調以滑甘, 象土之寄與.

**번역** 신맛·쓴맛·매운맛·짠맛은 오행(五行) 중 목(木)·화(火)·금(金)·수(水)에 해당하는데, 해당 계절의 맛을 많이 하는 것은 기운을 기르는 방법이다. 사계절에 대해 모두 단맛으로 조율하는 것은 오행 중 사행(四行)에 토(土)가 깃들어 있음을 본뜬 것이다.

**大全** 延平黃氏曰: 四時之氣, 各欲其强, 春欲木强, 夏欲火强, 秋欲金强, 冬欲水强, 其勢少弱則他氣乘之矣. 五行之於四時如此, 則五藏之於四時, 可不以時致其强哉? 是故春多酸, 則助木而强之, 夏多苦, 則助火而强之, 秋多辛, 冬多鹹, 皆然. 夫運四味之所養, 分於四藏者, 脾之爲物也. 載四行之所用, 均於四時者, 土之爲物也. 是故脾土屬也, 甘土味也, 寓於四味而調之, 所以養土養脾, 而後脾能運是四味以行焉, 然則五味之用, 不亦大乎?

**번역** 연평황씨[1]가 말하길, 사계절의 기운이 각각 강성해지려고 할 때, 봄에는 목(木)의 기운을 강성하게 하려고 하고, 여름에는 화(火)의 기운을 강성하게 하려고 하며, 가을에는 금(金)의 기운을 강성하게 하려고 하고, 겨울에는 수(水)의 기운을 강성하게 하려고 하는데, 그 세력이 적고 약하게 된다면, 다른 기운이 해당 기운을 올라타게 된다. 오행(五行)과 사계절의 관계가 이와 같다면, 오장(五臟)과 사계절의 관계에서도, 해당 계절에 해당 장기를 강성하게 하지 않을 수 있겠는가? 이러한 까닭으로 봄에 신맛을 많이 하는 것은 목(木)을 도와서 강성하게 만드는 것이며, 여름에 쓴맛을 많이 하는 것은 화(火)를 도와서 강성하게 만드는 것이고, 가을에 매운맛을 많이 내며, 겨울에 짠맛을 많이 내는 것도 모두 이와 같다. 무릇 네 가지 맛이 기르는 것을 운용하여, 네 가지 장기에 분산시키는 것은 지라가 해당 사물이 된다. 그리고 이것을 사행(四行)이 사용하는 것에 실어서, 사계절에 균등하게 분산시키는 것은 토(土)가 해당 사물이 된다. 이러한 까닭으로 지라는 토(土)에 속하는 장기가 되는 것이며, 단맛은 토(土)에 속하는 맛이 된다. 그리고 단맛은 다른 네 가지 맛에 깃들어서, 맛을 조화롭게 하는 것으로, 토(土)를 기르고, 지라를 기른 이후에, 지라가 이러한 네 가지 맛을 사행에 따라 운용을 할 수 있게 되니, 오미(五味)의 운용 또한 중대한 것이 아니겠는가?

**鄭注** 多其時味以養氣也.

**번역** 해당 계절의 맛을 많게 해서, 해당하는 기운을 기르는 것이다.

**孔疏** ◎注"多其"至"氣也". ○正義曰: 依經方"春不用食酸, 夏不用食苦,

1) 황상(黃裳, A.D.1044~A.D.1130) : =연평황씨(延平黃氏)·황면중(黃冕仲). 북송(北宋) 때의 학자이다. 자(字)는 도부(道夫)·면중(冕仲)이다. 저서로는 『연산선생문집(演山先生文集)』 등이 있다.

四時各減其時味也". 此云"多其時味以養氣"者, 經方所云, 謂時氣壯者, 減其時味以殺盛氣. 此經所云食以養人, 恐氣虛羸, 故多其時味以養氣也.

**번역** ◎鄭注: "多其"~"氣也". ○경방(經方)[2]에 따르면, "봄에는 신맛을 내는 음식을 사용하지 않고, 여름에는 쓴맛을 내는 음식을 사용하지 않으니, 사계절마다 각각 해당 계절의 맛을 줄인다."라고 했다. 그런데 이곳 문장에서는 "해당 계절의 맛을 늘려서, 해당 기운을 기른다."라고 했다. 그 이유는 경방에서 말한 내용은 해당 계절의 기운이 장성한 것으로, 해당 계절의 맛을 줄여서, 융성한 기운을 줄이는 것을 뜻한다. 이곳 경문에서 말한 내용은 음식을 먹어서 신체를 기르는 것인데, 그 기운이 비거나 줄어들 것을 염려했기 때문에, 해당 계절의 맛을 많게 하여, 해당하는 기운을 기른다는 뜻이다.

**集解** 周禮註曰: 各尙其時味, 而甘以成之, 猶木·火·金·水之成於土.

**번역** 『주례』에 대한 정현의 주에서 말하길, 각각 해당 계절의 맛을 숭상하고, 단맛으로 완성을 시키니, 목(木)·화(火)·금(金)·수(水)가 토(土)를 통해서 완성되는 것과 같다.[3]

---

2) 경방(經方)은 중국 한의학에서 한(漢)나라 이전에 약을 제조하던 방책을 뜻한다.

3) 이 기록은 『주례』「천관(天官)·식의(食醫)」편의 "凡和, 春多酸, 夏多苦, 秋多辛, 冬多鹹, 調以滑甘."이라는 기록에 대한 정현의 주이다.

# • 제21절 •

## 음식의 궁합

【356b】

**牛宜稌, 羊宜黍, 豕宜稷, 犬宜粱, 鴈宜麥, 魚宜苽.**

**직역** 牛에는 稌가 宜하며, 羊에는 黍가 宜하며, 豕에는 稷이 宜하고, 犬에는 粱가 宜하며, 鴈에는 麥이 宜하고, 魚에는 苽가 宜하다.

**의역** 소고깃국에는 쌀밥이 적합하며, 양고깃국에는 메기장밥이 적합하고, 돼지고깃국에는 차기장밥이 적합하며, 개고깃국에는 조밥이 적합하고, 기러기 고깃국에는 보리밥이 적합하며, 생선국에는 고미밥이 적합하다.

**集說** 上云折稌犬羹兎羹, 此云牛宜稌者, 上是人君燕食, 以滋味爲美, 此據尊者正食而言也.

**번역** 앞에서는 쌀을 빻아서 지은 밥에는 개고깃국과 토끼고깃국을 곁들인다고 했는데,[1] 이곳에서는 소고깃국에는 쌀밥이 합당하다고 했다. 그 이유는 군주의 연사(燕食)에서는 영양과 맛이 풍부한 음식을 맛있는 음식으로 여기기 때문이니, 이 기록은 존장자가 먹는 정식(正食)을 기준으로 말한 것이다.

**大全** 長樂劉氏曰: 飮食欲溫, 故比春時, 羹汁宜熟, 故比夏時, 醬齊宜涼,

---

1) 『예기』「내칙」【355c】: 食蝸醢, 而苽食雉羹, 麥食脯羹·雞羹, 折稌犬羹·兎羹, 和糝不蓼.

故比秋時, 飮齊欲冷, 故比冬時, 由是以飮食, 老者則易化而難傷矣. 春夏秋冬, 五行之氣也. 天地之化成品彙, 聖人順天地, 而養萬民者也. 欲其飮食, 春多酸, 夏多苦, 秋多辛, 冬多鹹, 所以參配四時, 長養五藏之氣, 以助乎五行也. 調以滑甘者, 四時仰土以成其能也. 此經所以養老而補病扶衰, 故經方之減者以少壯言也. 牛宜稌, 牛肉稌飯尤相宜也. 羊宜黍, 豕宜稷, 犬宜粱, 鴈宜麥, 魚宜苽, 皆其類也. 豈獨於味爲宜? 實亦於人有補焉.

**번역** 장락유씨가 말하길, 음식을 따뜻하게 데우려고 하기 때문에, 봄철 기후에 견주는 것이고, 국물은 마땅히 끓여야 하기 때문에, 여름철 기후에 견주는 것이며, 장에 해당하는 것들을 마땅히 서늘해야 하기 때문에, 가을철 기후에 견주는 것이고, 마실 것들을 시원하게 하려고 하기 때문에, 겨울철 기후에 견주는 것이니, 이를 통해서 음식을 먹는다면, 몸이 노쇠한 자라도 쉽게 음식에 조화가 되어, 쉽사리 몸이 상하지 않는다. 봄 · 여름 · 가을 · 겨울은 오행(五行)의 기운에 해당한다. 천지(天地)는 만물을 조화롭게 완성하고, 성인(聖人)은 천지에 순응하여, 모든 백성을 보살피는 자이다. 해당하는 음식을 먹게끔 하기 위해서, 봄에는 신맛을 많이 내도록 하고, 여름에는 쓴맛을 많이 내도록 하며, 가을에는 매운맛을 많이 내도록 하고, 겨울에는 짠맛을 많이 내도록 한 것이니, 이것은 사계절에 짝을 맞춰서, 오장의 기운을 기르는 것이며, 이를 통해서 오행(五行)을 돕는 것이다. 단맛으로 조화를 낸다는 것은 사계절이 토(土)에 의지하여, 그 능력을 완성하기 때문이다. 이곳 경문은 노인을 봉양하고, 노쇠한 자를 보필하는 내용이다. 따라서 경방(經方)에서 해당 계절의 맛을 덜어낸다고 한 것은 젊은 사람들을 기준으로 말한 것이다. '우의도(牛宜稌)'라고 했는데, 소고기와 쌀밥은 더욱더 서로 어울리는 음식이 된다는 뜻이다. 양고깃국에 메기장밥이 적합하고, 돼지고깃국에 차기장밥이 적합하며, 개고깃국에 조밥이 적합하고, 기러기고깃국에 보리밥이 적합하며, 생선국에 고미밥이 적합하다는 것도 모두 이러한 부류이다. 따라서 어찌 유독 맛에 있어서만 적합한 것이겠는가? 실제로도 사람에게 있어서 도움이 되는 것이다.

**鄭注** 言其氣味相成.

**번역** 그 기운과 맛이 서로 완성시켜준다는 뜻이다.

**孔疏** ◎注"言其氣味相成". ○正義曰: 此云"牛宜稌", 上云"析稌"用"犬羹", 又云"犬宜粱", 而以犬羹配析稌者, 此"牛宜稌"之屬, 據尊者正食, 上之所云, 據人君燕食以滋味爲美, 故與此不同.

**번역** ◎鄭注: "言其氣味相成". ○이곳 경문에서는 "소고깃국에는 쌀밥이 적합하다."라고 했는데, 앞에서는 '쌀을 빻아서 지은 밥'에는 '개고깃국'을 곁들인다고 했고, 또한 이곳에서는 "개고깃국에는 조밥이 적합하다."라고 했는데, 앞에서는 개고깃국을 쌀을 빻아서 지은 밥에 곁들인다고 했다. 이곳에서 "소고깃국에는 쌀밥이 적합하다."라고 했던 부류들은 존장자가 먹는 정식(正食)에 기준을 둔 것이고, 앞에서 언급한 내용은 군주의 연사(燕食)에서 영양과 맛이 풍부한 음식을 맛있는 음식으로 여기는 것에 기준을 둔 기록이다. 그렇기 때문에 이곳 기록과 차이를 보이는 것이다.

**集解** 劉氏彝曰: 周官食醫"掌和王之六食·六飮·六膳·百羞·百醬·八珍之齊", 而曰"凡君子之食恒放焉." 此大司徒以施諸敎, 人子皆視此以養親也.

**번역** 유이가 말하길, 『주례』「식의(食醫)」편에서는 "천자가 먹는 육식(六食)·육음(六飮)·육선(六膳)·백수(百羞)·백장(百醬) 등을 조화롭게 하는 일을 담당한다."[2]라고 했고, "무릇 군자(君子)가 먹는 음식도 항상 이에 따른다."[3]라고 했다. 이것은 대사도(大司徒)가 가르치는 내용으로, 사람의 자식된 자들은 모두 이에 준하여, 부모를 봉양한다.

---

2) 『주례』「천관(天官)·식의(食醫)」: 食醫掌和王之六食·六飮·六膳·百羞·百醬·八珍之齊.

3) 『주례』「천관(天官)·식의(食醫)」: 凡君子之食恒放焉.

【356c】

春宜羔豚, 膳膏薌; 夏宜腒鱐, 膳膏臊; 秋宜犢麛, 膳膏腥; 冬宜鮮羽, 膳膏羶.

**직역** 春에는 羔豚이 宜하고, 膏**薌**을 膳하며; 夏에는 **腒鱐**을 宜하고, 膏**臊**를 膳하며; 秋에는 犢**麛**를 宜하고, 膏腥을 膳하며; 冬에는 鮮羽를 宜하고, 膏**羶**을 膳한다.

**의역** 봄에는 새끼양고기와 돼지고기가 적합하고, 그것을 조리할 때에는 소의 지방을 이용하며, 여름에는 말린 꿩고기와 말린 물고기가 적합하고, 그것을 조리할 때에는 개의 지방을 이용하며, 가을에는 송아지 고기와 새끼 사슴고기가 적합하고, 그것을 조리할 때에는 닭의 지방을 이용하며, 겨울에는 살아있는 물고기와 기러기 고기가 적합한데, 그것을 조리할 때에는 양의 지방을 이용한다.

**集說** 牛膏薌, 犬膏臊, 雞膏腥, 羊膏羶. 如春時食羔豚, 則煎之以牛膏, 故云膳膏薌也. 餘倣此. 腒, 乾雉. 鱐, 乾魚. 麛, 鹿子. 鮮, 生魚. 羽, 鴈也. 舊說此膳所宜, 以五行衰王相參, 乃方氏燥濕疾遲强弱之說, 今皆略之.

**번역** 소의 지방, 개의 지방, 닭의 지방, 양의 지방을 뜻한다. 이것들은 마치 봄철에 새끼양과 돼지를 먹는다면, 그것을 끓일 때, 소의 지방을 이용하는 것과 같다. 그렇기 때문에 "소의 지방으로 조리를 한다."라고 말한 것이다. 나머지도 모두 이러한 방식이다. '거(腒)'자는 말린 꿩고기를 뜻한다. '숙(鱐)'자는 말린 물고기를 뜻한다. '미(麛)'자는 새끼 사슴을 뜻한다. '선(鮮)'자는 살아있는 물고기를 뜻한다. '우(羽)'자는 기러기를 뜻한다. 옛 학설에서는 이러한 선(膳)들에 적합한 것은 오행(五行) 중 쇠약해지고 왕성해지는 것들이 서로 어울리는 것으로써 한다고 했는데, 이것은 곧 방씨가 마르고 축축하며, 빠르고 더디며, 강하고 약하다고 했던 주장에 해당하는 것으로, 현재 이곳에서는 그 주장들을 모두 생략한다.

**大全** 嚴陵方氏曰羔豚羊豚之小者, 方春品物之小, 故以小者爲宜. 腒鱐者, 雉魚之乾者, 方夏物有餒敗之患, 故以乾者爲宜也. 秋則物成, 而可嘗之時, 故雖犢與麛, 皆得以嘗之矣. 冬則物衆而可進之時, 故雖飛與潛者, 皆得以進之矣.

**번역** 엄릉방씨가 말하길, 새끼양·새끼돼지는 양과 돼지 중에서도 작은 것인데, 봄철에는 만물의 크기가 작기 때문에, 작은 것을 적합한 것으로 삼는 것이다. '거(腒)'와 '숙(鱐)'은 꿩과 물고기를 말린 것인데, 여름철에는 만물에 부패하고 변질될 우려가 있기 때문에, 말린 것을 적합한 것으로 삼는 것이다. 가을은 만물이 완성되어, 맛을 볼 수 있는 계절이 된다. 그렇기 때문에 비록 송아지나 새끼 사슴이라고 하더라도, 이 모두에 대해서 맛을 볼 수 있는 것이다. 겨울은 수확한 사물이 많아져서 진상을 할 수 있는 계절이 된다. 그렇기 때문에 비록 날아다니는 짐승이나 물속에 사는 짐승이라고 하더라도, 이 모두에 대해서 진상할 수 있는 것이다.

**大全** 王氏曰: 人者, 五土之所生, 五行之所致, 養口納味, 養形納氣, 一味之不調, 一氣之不順, 則疾癘得以乘而至. 先王乘時之消息, 因理之盈虛, 以節飮食, 以養性命, 春行羔豚, 秋行犢麛, 所以順陰陽之中氣, 夏行腒鱐, 冬行鮮羽, 所以順陰陽之正氣也.

**번역** 왕씨[4]가 말하길, 사람은 오토(五土)[5]가 만들고, 오행(五行)이 이룬 것이니, 입을 봉양하며 맛있는 음식을 들이고, 형체를 봉양하며 기운을 들이게 되는데, 한 가지 맛이라도 조화를 이루지 못하고, 한 가지 기운이라

---

4) 왕자묵(王子墨, ?~?) : =왕씨(王氏). 자세한 이력이 남아 있지 않다.

5) 오토(五土)는 다섯 종류의 지형을 뜻한다. '산림지형[山林]', '하천이나 연못지형[川澤]', '구릉지형[丘陵]', '저지대나 평탄한 지형[墳衍]', '평탄하거나 습한 지형[原隰]'을 가리킨다. 『공자가어(孔子家語)』「상로(相魯)」편에는 "乃別五土之性, 而物各得其所生之宜."라는 기록이 있는데, 이에 대한 왕숙(王肅)의 주에서는 "五土, 一曰山林, 二曰川澤, 三曰丘陵, 四曰墳衍, 五曰原隰."이라고 풀이하였다.

도 따르지 않는다면, 질병이 그 틈을 타서 발생하게 된다. 선왕(先王)은 당시 기운의 변화에 따르고, 이치의 차고 비는 정도에 연유하여, 음식에 대한 절도를 만들고, 생명을 길러주었으니, 봄에 새끼 양고기와 새끼 돼지고기를 먹게 하고, 가을에 송아지 고기와 새끼 사슴고기를 먹게 한 것은 음양(陰陽)의 중화된 기운에 따르는 것이며, 여름에 말린 꿩고기와 말린 물고기를 먹게 하고, 겨울에 살아있는 물고기와 기러기를 먹게 한 것은 음양의 충만한 기운에 따르는 것이다.

**鄭注** 此八物, 四時肥美也. 爲其大盛, 煎以休廢之膏, 節其氣也. 牛膏薌, 犬膏臊, 雞膏腥, 羊膏羶. 腒, 乾雉也. 鱐, 乾魚也. 鮮, 生魚也. 羽, 鴈也.

**번역** 이러한 여덟 가지 음식들은 각 계절마다 가장 살찌고 맛이 좋은 것들이다. 이것들은 먹는 것은 크게 융성하기 때문이다. 끓일 때 굳어 있는 지방을 이용하는 것은 그 기운을 절제시키기 때문이다. 소의 지방, 개의 지방, 닭의 지방, 양의 지방을 가리킨다. '거(腒)'자는 말린 꿩고기를 뜻한다. '숙(鱐)'자는 말린 물고기를 뜻한다. '선(鮮)'자는 살아있는 물고기를 뜻한다. '우(羽)'자는 기러기를 뜻한다.

**釋文** 薌音香. 腒, 其居反, 盧云: "雉腊." 說文云: "北方謂鳥腊曰腒." 鱐, 本又作驌, 所求反. 臊, 素刀反. 麛音迷, 鹿子也. 腥音星, 雞膏也, 說文作胜, 云: "犬膏臭也." 羶, 升然反. 爲, 于僞反. 大盛音太.

**번역** '薌'자의 음은 '香(향)'이다. '腒'자는 '其(기)'자와 '居(거)'자의 반절음이며, 노식은 "꿩고기를 말려서 만든 포이다."라고 했고, 『설문』에서는 "북쪽 지역에서는 새고기를 말려서 만든 포를 '腒'라고 부른다."라고 했다. '鱐'자는 판본에 따라서 또한 '驌'자로도 기록하는데, 그 음은 '所(소)'자와 '求(구)'자의 반절음이다. '臊'자는 '素(소)'자와 '刀(도)'자의 반절음이다. '麛'자의 음은 '迷(미)'이며, 사슴의 새끼를 뜻한다. '腥'자의 음은 '星(성)'이며, 닭의 지방을 뜻하고, 『설문』에서는 '胜'자로 기록하고, "개기름 냄새를 내는 것이다."라고 했다. '羶'자는 '升(승)'자와 '然(연)'자의 반절음이다. '爲'자는 '于(우)'자와 '僞(위)'자의 반절음이다. '大盛'에서의 '大'자 음은 '太(태)'이다.

**孔疏** ●"春宜"至"膏羶". ○上文"食齊視春時"至"魚宜苽", 皆周禮·食醫之文, 記者載之於此, 論調和食飮之法. 此"春宜羔·豚"一經, 又記庖人論四時煎和膳食之宜, 以王相休廢相參, 其味乃善.

**번역** ●經文: "春宜"~"膏羶". ○앞 문장에서 "밥은 봄철의 기운에 견준다."라고 한 문장부터 "생선국에는 고미밥이 적합하다."라고 한 문장까지는 모두 『주례』「식의(食醫)」편에 나오는 기록으로,[6] 『예기』를 기록한 자가 이곳에 기록을 해서, 음식을 조리하고 간을 맞추는 방법을 논의한 것이다. 이곳에는 "봄에는 새끼 양고기와 새끼 돼지고기가 적합하다."라고 했던 한 단락의 경문이 있고, 또 『주례』「포인(庖人)」편에서는 사계절마다 끓일 때 섞는 양념과 음식을 조리할 때 적합한 것들을 논의하고 있는데,[7] 왕성한 것과 쇠약해진 것들이 서로 어우러져서, 그 맛이 좋게 되는 것이다.

**孔疏** ●"春宜羔·豚, 膳膏薌"者, 春爲木王. 膏薌, 牛膏也. 牛中央, 土畜春, 春東方木, 木剋土, 木盛則土休廢, 用休廢之膏, 故用牛膏也.

**번역** ●經文: "春宜羔·豚, 膳膏薌". ○봄은 목(木)의 기운이 왕성하게 되는 계절이다. '고향(膏薌)'은 소의 지방을 뜻한다. 소는 오방(五方)으로 분류하면, 중앙에 해당하는 가축이고, 토(土)는 봄을 길러주며, 봄은 동쪽 방위로 목(木)에 해당하고, 목(木)은 토(土)를 이기는데, 목(木)이 왕성해지면, 토(土)가 쇠약해지므로, 쇠약해지는 기운에 해당하는 가축의 지방을 사용하는 것이다. 그렇기 때문에 소의 지방을 이용하는 것이다.

---

6) 『주례』「천관(天官)·식의(食醫)」: 凡食齊眡春時, 羹齊眡夏時, 醬齊眡秋時, 飮齊眡冬時. 凡和, 春多酸, 夏多苦, 秋多辛, 冬多鹹, 調以滑甘. 凡會膳食之宜, 牛宜稌, 羊宜黍, 豕宜稷, 犬宜粱, 鴈宜麥, 魚宜苽.

7) 『주례』「천관(天官)·포인(庖人)」: 凡用禽獻, 春行羔豚, 膳膏香; 夏行腒鱐, 膳膏臊; 秋行犢麛, 膳膏腥; 冬行鮮羽, 膳膏羶.

**孔疏** ●"夏宜腒 · 鱐, 膳膏臊"者, 腒, 乾雉; 鱐, 乾魚; 膏臊, 犬膏也. 犬屬西方金, 夏南方火, 火剋金, 火盛則金休廢, 故用犬膏也.

**번역** ●經文: "夏宜腒 · 鱐, 膳膏臊". ○'거(腒)'자는 말린 꿩고기를 뜻하고, '숙(鱐)'자는 말린 물고기를 뜻하며, '고조(膏臊)'는 개의 기름을 뜻한다. 개는 오방(五方)으로 따지면 서쪽에 해당하며, 오행(五行)으로 따지면 금(金)에 해당하는 가축이고, 여름은 남쪽에 해당하며, 화(火)에 해당하고, 화(火)는 금(金)을 이기는데, 화(火)가 왕성해지면, 금(金)이 쇠약해지므로, 개의 지방을 이용하는 것이다.

**孔疏** ●"秋宜犢 · 麛, 膳膏腥"者, 膏腥謂雞膏也. 雞屬東方木, 秋西方金, 金剋木, 金盛則木休廢, 故用雞膏也.

**번역** ●經文: "秋宜犢 · 麛, 膳膏腥". ○'고성(膏腥)'은 닭의 지방을 뜻한다. 닭은 오방(五方)으로 따지면 동쪽에 해당하고, 오행(五行)으로 따지면 목(木)에 해당하는 가축이며, 가을은 서쪽에 해당하고, 금(金)에 해당하며, 금(金)은 목(木)을 이기는데, 금(金)이 왕성해지면, 목(木)이 쇠약해지므로, 닭의 지방을 이용하는 것이다.

**孔疏** ●"冬宜鮮 · 羽, 膳膏羶"者, 鮮, 魚; 羽, 鴈. 膏羶謂羊膏也. 羊屬南方火, 冬水王, 水剋火, 水盛則火休廢, 故用羊膏也. 周禮 · 庖人文與此同. 鄭彼注云: 羔 · 豚物生而肥, 犢與麛[8]物成而充, 腒 · 鱐暵熱而乾, 魚 · 鴈水涸而性定, 此八物者, 得四時之氣尤盛, 爲人食之弗勝, 是以用休廢之脂膏煎和膳之. 義與此同.

**번역** ●經文: "冬宜鮮 · 羽, 膳膏羶". ○'선(鮮)'자는 물고기를 뜻하며, '우

---

8) '미(麛)'자는 본래 '미(麋)'자로 기록되어 있었는데, 완원(阮元)의 『교감기(校勘記)』에서는 "『주례』의 정현 주에서도 '미(麛)'라고 기록했으니, 이 기록이 옳다."라고 했다.

(羽)'자는 기러기를 뜻한다. '고전(膏羶)'은 양의 지방을 뜻한다. 양(羊)은 오방(五方)으로 따지면 남쪽에 해당하고, 오행(五行)으로 따지면 화(火)에 해당하는 가축이며, 겨울은 수(水)의 기운이 왕성해지는 계절이고, 수(水)는 화(火)를 이기는데, 수(水)가 왕성해지면, 화(火)가 쇠약해지므로, 양의 지방을 이용하는 것이다. 『주례』「포인(庖人)」편의 문장은 이곳 기록과 동일하다. 「포인」편에 대한 정현의 주에서는 새끼 양고기와 새끼 돼지고기는 사물이 생겨나서 살찌게 되는 것을 뜻하고, 송아지 고기와 새끼 사슴고기는 완성이 되어 충만한 것을 뜻하며, 말린 꿩고기와 말린 물고기는 말려서 건조를 시킨 것이고, 물고기와 기러기는 물이 마르면 성질이 안정되니, 이러한 여덟 가지 음식들은 사계절의 매우 왕성한 기운을 얻어서, 사람이 그냥 먹게 되면 그 기운을 이길 수가 없다. 이러한 이유로 쇠약해진 기운에 해당하는 가축 지방을 이용하여, 끓여서 조리를 하는 것이라고 했다. 그 의미가 이곳의 내용과 동일하다.

**孔疏** ◎注"牛膏"至"鴈也". ○正義曰: 按洪範五行傳云: "思之不叡, 則有牛禍, 牛屬土也. 言之不從, 則有犬禍, 犬屬金也. 貌之不恭, 則有雞禍, 雞屬木也. 視之不明, 則有羊禍, 羊屬火也." 今四時各有所剋脂膏而和膳食, 故知牛膏薌, 犬膏臊, 雞膏腥, 羊膏羶也. 云"腒, 乾雉也"者, 士相見禮云: "冬執雉, 夏執腒." 故知腒爲乾雉. 云"鱐, 乾魚也"者, 周禮·籩人云: "膴·鮑魚·鱐." "鱐"與"鮑"相對, 鮑爲濕魚, 故知鱐是乾魚也. 云"鮮, 生魚也"者, 鱐旣爲乾魚, 故鮮爲生魚也. 月令云"季冬獻魚", 又王制云"獺祭魚, 然後虞人入澤梁", 是冬魚成也. 云"羽, 鴈也"者, 羽族旣多, 而冬來可食者唯鴈, 故知"羽, 鴈也". 庖人云: "春行羔豚." 行謂行用, 此云宜, 謂氣味相宜, 其事同也.

**번역** ◎鄭注: "牛膏"~"鴈也". ○『홍범오행전(洪範五行傳)』을 살펴보면, "생각함이 밝지 못하다면, 소의 신체에 괴이한 병이 생겨나니, 소는 토(土)에 속하는 가축이다. 말이 따르지 않는다면, 개의 신체에 괴이한 병이 생겨나니, 개는 금(金)에 속하는 가축이다. 모습이 공손하지 않다면, 닭의 신체에 괴이한 병이 생겨나니, 닭은 목(木)에 속하는 가축이다. 보는 것이

밝지 못하다면, 양의 신체에 괴이한 병이 생겨나니, 양은 화(火)에 속하는 가축이다."라고 했다. 현재에도 사계절에 따라 각각 해당 계절이 이기는 기운의 가축 기름을 사용하여, 음식을 조리한다. 그렇기 때문에 경문에서 언급하는 것들이 소의 지방이고, 개의 지방이며, 닭의 지방이고, 양의 지방이 됨을 알 수 있는 것이다. 정현이 "'거(腒)'자는 말린 꿩고기를 뜻한다."라고 했는데, 『의례』「사상견례(士相見禮)」편을 살펴보면, "겨울에는 꿩을 예물로 가져가며, 여름에는 거(腒)를 예물로 가져간다."[9]라고 했다. 그렇기 때문에 '거(腒)'자가 말린 꿩고기를 뜻한다는 사실을 알 수 있는 것이다. 정현이 "'숙(鱐)'자는 말린 물고기를 뜻한다."라고 했는데, 『주례』「변인(籩人)」편에서는 "무(膴)·포어(鮑魚)·숙(鱐)이다."[10]라고 하여, '숙(鱐)'자와 '포(鮑)'자를 서로 대비가 되도록 했는데, '포(鮑)'는 물기가 있는 생선이 되므로, '숙(鱐)'자가 말린 물고기가 된다는 사실을 알 수 있다. 정현이 "'선(鮮)'자는 살아있는 물고기를 뜻한다."라고 했는데, 숙(鱐) 자체가 이미 말린 물고기가 되기 때문에, '선(鮮)'자는 살아있는 물고기를 뜻하게 된다. 『예기』「월령(月令)」편에서는 "계동(季冬)에 물고기를 바친다."[11]라고 했고, 또 『예기』「왕제(王制)」편에서는 "수달이 물고기를 제사지낸 연후에야, 우인(虞人)이 못에 들어가 물고기를 잡는다."[12]라고 했는데, 이것은 겨울에 물고기가 성숙하게 된다는 사실을 나타낸다. 정현이 "'우(羽)'자는 기러기를 뜻한다."라고 했는데, 조류에 속하는 것들은 매우 많지만, 겨울이 도래했을 때, 식용으로 먹을 수 있는 것은 오직 기러기뿐이다. 그렇기 때문에 "'우(羽)'자는 기러기를 뜻한다."라고 한 말이 사실임을 알 수 있는 것이다. 『주례』「포인(庖人)」편에서는 "봄에는 새끼 양고기와 새끼 돼지고기를 사용한

9) 『의례』「사상견례(士相見禮)」: 士相見之禮. 摯, 冬用雉, 夏用腒, 左頭奉之.

10) 『주례』「천관(天官)·변인(籩人)」: 朝事之籩, 其實麷·蕡·白·黑·形鹽·膴·鮑魚·鱐.

11) 『예기』「월령(月令)」【223b】: 是月也, 命漁師, 始漁, 天子親往, 乃嘗魚, 先薦寢廟.

12) 『예기』「왕제(王制)」【156c】: 獺祭魚然後, 虞人入澤梁. 豺祭獸然後, 田獵. 鳩化爲鷹然後, 設罻羅. 草木零落然後, 入山林. 昆蟲未蟄, 不以火田. 不麛, 不卵, 不殺胎, 不殀夭, 不覆巢.

다.”라고 했는데, ‘행(行)’자는 사용한다는 뜻이고, 이곳에서는 ‘의(宜)’라고 했으니, 기운과 맛이 서로 합당하다는 의미로, 그 사안은 동일하다.

**集解** 賈氏公彦曰: 殺牲謂之用, 煎和謂之膳. 五行: 春, 木王火相, 土死金囚, 水爲休廢. 夏, 火王土相, 金死水囚, 木爲休廢. 以下推之, 可知王所剋者死, 相所剋者囚, 新謝者爲休廢. 若然, 嚮所膳膏, 皆是死之脂膏. 鄭云“休廢”者, 相對死與休廢, 別散則死亦爲休廢, 故鄭以休廢言之.

**번역** 가공언이 말하길, 희생물을 도축하는 것을 ‘용(用)’이라고 부르며, 끓이고 맛을 가미하는 것을 ‘선(膳)’이라고 부른다. 오행(五行)에 있어서, 봄은 목(木)이 왕성해지고 화(火)가 도우며, 토(土)는 죽고 금(金)은 갇히며, 수(水)는 휴식을 취하게 된다. 여름은 화(火)가 왕성해지고 토(土)가 도우며, 금(金)은 죽고 수(水)는 갇히며, 목(木)은 휴식을 취하게 된다. 이러한 방식으로 따져보면, 왕성해지는 것에게 지는 것은 죽게 되고, 돕는 것에 지게 되는 것은 갇히게 되며, 새로 대두된 것에 양보를 하는 것은 휴식을 취한다는 사실을 알 수 있다. 만약 그렇다면 조리를 하며 지방을 사용하는 것은 모두 죽은 기운에 해당하는 가축의 기름이 된다. 정현이 ‘휴폐(休廢)’라고 했는데, 죽은 것과 휴식을 취하는 것은 상대적인 것이지만, 별도로 말을 한다면, 죽은 것 또한 휴식을 취하는 것이 된다. 그렇기 때문에 정현은 ‘휴폐(休廢)’라고 말한 것이다.[13]

13) 이 기록은 『주례』「천관(天官)·포인(庖人)」편의 “凡用禽獻, 春行羔豚, 膳膏香; 夏行腒鱐, 膳膏臊; 秋行犢麛, 膳膏腥; 冬行鮮羽, 膳膏羶.”이라는 문장에 대한 가공언(賈公彦)의 소(疏)이다.

## • 제 22 절 •

### 군주의 연사(燕食)에 추가적으로 차리는 음식

【357a】

**牛脩 · 鹿脯 · 田豕脯 · 麋脯 · 麕脯. 麋 · 鹿 · 田豕 · 麕皆有軒, 雉 · 兎皆有芼.**

**직역** 牛脩 · 鹿脯 · 田豕脯 · **麋**脯 · **麕**脯이다. **麋** · 鹿 · 田豕 · **麕**은 皆히 軒이 有하고, 雉 · 兎는 皆히 芼가 有하다.

**의역** 군주의 연사(燕食)에서 추가적으로 차리는 음식들로는 소고기 육포 · 사슴고기 육포 · 멧돼지 육포 · 큰사슴고기 육포 · 노루고기 육포가 있다. 큰사슴고기 · 사슴고기 · 멧돼지고기 · 노루고기는 포(脯)로만 먹는 것이 아니라, 이들은 모두 생고기를 크게 잘라서도 먹고, 꿩고기와 토끼고기는 국으로 끓일 때, 모두 모채(芼菜)를 섞어서 맛을 낸다.

**集說** 疏曰: 麋 · 鹿 · 田豕 · 麕皆有軒者, 言此等非但爲脯, 又可腥食. 腥食之時, 皆以藿葉起之而不細切, 故云皆有軒. 不云牛者, 牛惟可細切爲膾, 不宜大切爲軒. 雉 · 兎皆有芼者, 爲雉羹 · 兎羹, 皆有芼菜以和之.

**번역** 공영달의 소(疏)에서 말하길, 큰사슴 · 사슴 · 멧돼지 · 노루 중에는 헌(軒)으로 사용하는 것도 있다고 했는데, 이 말은 이러한 등등의 음식들은 단지 포(脯)로만 만들어서 사용하는 것뿐만 아니라, 생고기로도 먹을 수가 있다는 뜻이다. 생고기로 먹을 때에는 모두 콩잎처럼 크게 자르며, 잘게 저미지 않는다. 그렇기 때문에 "모두 크게 자른 생고기가 있다."라고 말한 것이다. '우(牛)'를 언급하지 않았는데, 소는 오직 잘게 저며서 육회로만 먹으니, 크게 자르는 헌(軒)의 방식에는 합당하지 않기 때문이다. 꿩과 토끼에 모두 모(芼)가 포함된다는 것은 꿩고깃국과 토끼고깃국을 만들 때에는 모두 모채(芼菜)를 섞어서, 맛을 낸다는 뜻이다.

**集說** 鄭氏曰: 軒, 讀爲憲. 憲, 謂藿葉切也.

**번역** 정현이 말하길, '헌(軒)'자는 '헌(憲)'자로 풀이하니, '헌(憲)'자는 콩잎처럼 크게 자른다는 뜻이다.

**鄭注** 脯, 皆析乾其[1]肉也. 軒, 讀爲憲, 憲, 謂藿葉切也. 芼, 謂菜釀也. 軒或爲胖.

**번역** '포(脯)'자는 모두 그 고기를 잘게 찢어서 말린 것을 뜻한다. '헌(軒)'자는 '헌(憲)'자로 풀이하니, '헌(憲)'자는 콩잎처럼 크게 자른다는 뜻이다. '모(芼)'자는 나물을 숙성시킨 것이다. '헌(軒)'자를 다른 판본에서는 '반(胖)'자로도 기록한다.

**釋文** 麕, 九倫反, 本又作麇, 又作麏, 下"田豕麏"同. 軒音憲, 出注, 後放此.

**번역** '麕'자는 '九(구)'자와 '倫(륜)'자의 반절음이며, 판본에 따라서는 또한 '麇'자로도 기록하고, 또 '麏'자로도 기록하며, 아래문장에 나오는 '田豕麏'에서의 '麏'자도 그 음이 이와 같다. '軒'자의 음은 '憲(헌)'이며, 그 이유는 정현의 주에 나오고, 뒤의 글자들도 모두 이에 따른다.

---

1) '기(其)'자에 대하여. '기'자는 본래 없던 글자인데, 완원(阮元)의 『교감기(校勘記)』에서는 "혜동(惠棟)의 『교송본(校宋本)』에는 '육(肉)'자 앞에 '기'자가 기록되어 있고, 『송감본(宋監本)』·『악본(岳本)』·『가정본(嘉靖本)』도 동일하게 기록하고 있으니, 이곳 판본은 잘못하여 글자가 누락된 것이며, 『민본(閩本)』·『감본(監本)』·『모본(毛本)』 및 위씨(衛氏)의 『집설(集說)』에도 동일하게 글자가 누락되었다."라고 했다.

**孔疏** ●"牛脩"至"薑桂". ○"麋·鹿·田豕·麕皆有軒"者, 言此等非但爲脯, 又可腥食. 腥食之時, 皆以藿葉起之, 而不細切, 故云"皆有軒". 不云牛者, 牛唯可細切爲膾, 不宜大切爲軒, 故不言之.

**번역** ●經文: "牛脩"~"薑桂". ○경문의 "麋·鹿·田豕·麕皆有軒"에 대하여. 이러한 음식들은 단지 포(脯)로만 만드는 것이 아니며, 또한 생고기로도 먹을 수 있다는 뜻이다. 생고기로 먹을 때에는 모두 콩잎의 크기로 자르며, 잘게 저미지 않는다. 그렇기 때문에 "모두 헌(軒)이 있다."라고 말한 것이다. '우(牛)'를 언급하지 않았는데, 소는 오직 잘게 저며서 육회로만 먹을 수가 있으므로, 크게 자르는 헌(軒)의 방식에는 합당하지 않다. 그렇기 때문에 언급하지 않은 것이다.

**孔疏** ●"雉·兎皆有芼"者, 爲雉羹兎羹, 皆有芼菜以和之.

**번역** ●經文: "雉·兎皆有芼". ○꿩고깃국과 토끼고깃국을 만들 때에는 모두 모채(芼菜)를 섞어서 맛을 낸다는 뜻이다.

**그림 22-1** ▣ 균(麕)

麕

※ **출처:**『삼재도회(三才圖會)』「조수(鳥獸)」3권

**【357a】**

爵·鷃·蜩·范·芝·栭·蔆·椇·棗·栗·榛·柿·瓜·桃·李·梅·杏·楂·梨·薑·桂.

**직역** 爵·**鷃**·**蜩**·范·芝·**栭**·**蔆**·**椇**·棗·栗·榛·**柿**·瓜·桃·李·梅·杏·**楂**·梨·薑·桂이다.

**의역** 군주의 연사(燕食)에서 추가적으로 차리는 음식들로는 참새 · 세가락메추라기 · 매미 · 벌 · 버섯 · 작은 밤 · 마름 · 호깨나무 열매 · 대추 · 밤 · 개암나무 열매 · 감 · 복숭아 · 자두 · 매실 · 살구 · 사(楂) · 배 · 생강 · 월계수 등이 있다.

**集說** 蜩, 蟬; 范, 蜂; 芝, 如今木耳之類; 栭, 韻會註云"江淮呼小栗爲栭栗"; 蔆, 芰也. 椇, 形似珊瑚, 味甛美, 一名白石李.

**번역** '조(蜩)'자는 매미를 뜻하며, '범(范)'자는 벌을 뜻하고, '지(芝)'는 마치 오늘날의 목이(木耳)라는 버섯의 부류와 같은 것이며, '이(栭)'에 대해서, 『운회(韻會)』의 주에서는 "강회(江淮) 지역에서는 작은 밤을 '이률(栭栗)'이라고 부른다."라고 했고, '능(蔆)'은 마름이라는 수초를 뜻한다. '구(椇)'는 그 모습이 마치 산호(珊瑚)와 유사한데, 맛이 달고 좋으며, 백석리(白石李)라고도 부른다.

**集說** 鄭氏曰: 自牛脩至此三十一物, 皆人君燕食所加庶羞也. 周禮天子羞用百有二十品, 記者不能次錄.

**번역** 정현이 말하길, '우수(牛脩)'라는 것부터 이곳에 기록된 음식까지는 모두 31종류의 음식이 되는데, 이 모두는 군주가 연사(燕食)를 할 때, 추가적으로 차려내는 음식들에 해당한다. 『주례』에서 천자에게는 반찬으로 120종류의 음식이 들어간다고 했는데, 『예기』를 기록한 자는 차례대로 기록하지 못한 것이다.

**大全** 長樂劉氏曰: 自牛脩至此, 凡三十有一物, 四時之和氣, 可以脯, 可以乾, 可以藏, 以備乎老者之所欲也. 士庶之力, 雖不得畢備, 有則儲之, 亦子婦所以盡於孝敬也.

**번역** 장락유씨가 말하길, '우수(牛脩)'로부터 이곳에 기록된 음식까지는 모두 31종류의 음식이 되는데, 사계절의 조화로운 기운에 따라, 포(脯)로 만들 수도 있고, 말릴 수도 있으며, 절여서 보관할 수도 있는데, 이를 통해 노인들이 드시고 싶어 하는 음식을 준비하는 것이다. 사(士)와 서인(庶人)의 힘으로는 비록 모두 갖출 수가 없지만, 이러한 것들이 생기면 보관을 해두는 것이니, 이것은 또한 자식과 며느리가 효(孝)와 공경함을 다하는 방법이 된다.

**鄭注** 蜩, 蟬也. 范, 蜂也. 蔆, 芰也. 椇, 枳椇也. 柤, 梨[2]之不臧者. 自"牛脩"至此三十一物, 皆人君燕食所加庶羞也. 周禮天子羞用百有二十品, 記者不能次錄.

**번역** 조(蜩)'자는 매미를 뜻한다. '범(范)'자는 벌을 뜻한다. '능(蔆)'자는 마름을 뜻한다. '구(椇)'자는 지구(枳椇)를 뜻한다. '사(柤)'는 배 중에서 절여서 보관할 수 없는 것이다. '우수(牛脩)'라는 것부터 이곳에 기록된 음식까지는 모두 31종류의 음식이 되는데, 이 모두는 군주가 연사(燕食)를 할 때, 추가적으로 차려내는 음식들에 해당한다. 『주례』에서 천자에게는 반찬으로 120종류의 음식이 들어간다고 했는데, 『예기』를 기록한 자는 차례대로 기록하지 못한 것이다.

**釋文** 蜩范, 上音條; 下音犯. 范, 蠭也. 蠭, 本又作蜂, 芳凶反. 芝音之. 栭音而, 本又作檽. 蔆音陵. 椇音矩. 榛, 側巾反. 柹音俟. 柤, 側加反. 芰, 其寄反. 枳, 居氏反.

**번역** '蜩范'에서의 '蜩'자는 그 음이 '條(조)'이며; '范'자는 그 음이 '犯(범)'이다. '范'은 메뚜기를 뜻한다. '蠭'자를 판본에 따라서는 또한 '蜂'자로

---

2) '사리(柤梨)'에 대하여. '사리'는 본래 '구려(椇藜)'라고 기록되어 있었는데, 완원(阮元)의 『교감기(校勘記)』를 살펴보면, "『가정본(嘉靖本)』에는 '려(藜)'자가 '리(梨)'자로 기록되어 있고, 위씨(衛氏)의 『집설(集說)』에도 동일하게 기록되어 있으며, 『악본(岳本)』에서는 '구려'를 '사리'로 기록하고 있고, 『송감본(宋監本)』도 동일하게 기록하고 있고, 『고문(考文)』에서 인용하고 있는 『보본(補本)』·『고본(古本)』·『족리본(足利本)』에서는 '사리(楂梨)'라고 기록하고 있는데, 살펴보면, '구(椇)'자는 마땅히 '사(柤)'자가 되어야 한다."라고 했다.

도 기록하는데, 그 음은 '芳(방)'자와 '凶(흉)'자의 반절음이다. '芝'자의 음은 '之(지)'이다. '栭'자의 음은 '而(이)'이며, 판본에 따라서는 또한 '檽'자로도 기록한다. '蔆'자의 음은 '陵(릉)'이다. '椇'자의 음은 '矩(구)'이다. '榛'자는 '側(측)'자와 '巾(건)'자의 반절음이다. '柿'자의 음은 '俟(사)'이다. '柤'자는 '側(측)'자와 '加(가)'자의 반절음이다. '芰'자는 '其(기)'자와 '寄(기)'자의 반절음이다. '枳'자는 '居(거)'자와 '氏(씨)'자의 반절음이다.

**孔疏** ●"芝栭"者, 庾蔚云: "無華葉而生者曰芝栭." 盧氏云: "芝, 木芝也." 王肅云: "無華而實者名栭, 皆芝屬也." 庾又云: "自'牛脩'至'薑桂' 凡三十一物." 則芝栭應是一物也. 今春夏生於木, 可用爲菹, 其有白者不堪食也. 賀氏云: "栭, 軟棗, 亦云芝, 木椹也." 以芝栭爲二物. 鄭下注云"三十一物", 則數芝栭爲一物也, 賀氏說非也.

**번역** ●經文: "芝栭". ○유울이 말하길, "꽃과 잎사귀가 없이 자라는 것을 '지이(芝栭)'라고 부른다."라고 했다. 노식은 "'지(芝)'는 나무에서 자라나는 버섯이다."라고 했다. 왕숙은 "꽃이 없이 열매를 맺는 것을 '이(栭)'라고 부르니, 이 모두는 버섯 종류에 해당한다."라고 했다. 유울은 또한 "'우수(牛脩)'로부터 '강계(薑桂)'까지는 모두 31종류의 음식이 된다."라고 했으니, '지이(芝栭)'는 마땅히 한 가지 음식이 된다. 현재는 봄과 여름에 나무에서 생겨나서, 이것을 이용하여 절임을 만들 수가 있고, 그 중 백색을 띄는 것은 먹을 수가 없다. 하창[3]은 "'이(栭)'는 연조(軟棗)라는 것인데, 이 또한 지(芝)라고 부르며, 목심(木椹)에 해당한다."라고 했다. 즉 지(芝)와 이(栭)를 별개의 두 음식으로 여긴 것이다. 정현은 그 뒤의 주에서 "31종류의 음식이다."라고 했으니, '지이(芝栭)'를 한 종류의 음식으로 여긴 것으로, 하창의 주장은 잘못되었다.

---

3) 하창(賀瑒, A.D.452~A.D.510) : 남조(南朝) 때의 학자이다. 남조의 제(齊)나라와 양(梁)나라에서 각각 활동하였다. 자(字)는 덕연(德璉)이다. 『예기신의소(禮記新義疏)』 등을 찬술하였다.

**孔疏** ◎注"蔆芝"至"次錄". ○正義曰: "柤[4], 梨之不臧者", 柤是梨屬, 其味不善, 故云"不臧"也.

**번역** ◎鄭注: "蔆芝"~"次錄". ○정현이 "'사(柤)'는 배 중에서 절여서 보관할 수 없는 것이다."라고 했는데, '사(柤)'는 배 종류에 해당하며, 그 맛이 좋지 않기 때문에, "절여서 보관할 수 없다."라고 말한 것이다.

**孔疏** ◎云"自牛脩至此三十一物"者, 牛脩一, 鹿脯二, 田豕脯三, 麋脯四, 麕脯五, 麋軒六, 鹿軒七, 田豕軒八, 麕軒九, 雉芼十, 兎芼十一, 爵十二, 鷃十三, 蜩十四, 范十五, 芝栭十六, 蔆十七, 椇十八, 棗十九, 栗二十, 榛二十一, 柿二十二, 瓜二十三, 桃二十四, 李二十五, 梅二十六, 杏二十七, 柤二十八, 梨二十九, 薑三十, 桂三十一. 云"皆人君燕食所加庶羞也"者, 以下文云"大夫燕食, 有膾無脯", 故知此是人君燕食也. 按周禮·籩人·醢人正羞, 惟有棗·栗·榛桃, 無以外雜物, 故知所加庶羞也. 引"周禮天子惟用百有二十品"以下者, 證天子庶羞旣多, 不惟三十一物而已. 云"記者不能次錄"者, 謂作記之人, 不能依次條錄天子之事, 但錄諸侯燕食三十一物而已, 亦不能依次也.

**번역** ◎鄭注: "自牛脩至此三十一物". ○우수(牛脩)가 첫 번째가 되며, 녹포(鹿脯)가 두 번째가 되고, 전시포(田豕脯)가 세 번째가 되며, 미포(麋脯)가 네 번째가 되고, 균포(麕脯)가 다섯 번째가 되며, 미헌(麋軒)이 여섯 번째가 되고, 녹헌(鹿軒)이 일곱 번째가 되며, 전시헌(田豕軒)이 여덟 번째가 되고, 균헌(麕軒)이 아홉 번째가 되며, 치모(雉芼)가 열 번째가 되고, 토모(兎芼)가 열한 번째가 되며, 작(爵)이 열두 번째가 되고, 안(鷃)이 열세 번째가 되며, 조(蜩)가 열네 번째가 되고, 범(范)이 열다섯 번째가 되며, 지이(芝栭)가 열여섯 번째가 되고, 능(蔆)이 열일곱 번째가 되며, 구(椇)가 열여덟 번째가 되고, 조(棗)가 열아홉 번째가 되며, 율(栗)이 스무 번째가 되

4) '사(柤)'자에 대하여. '사'자는 본래 '구(椇)'자로 기록되어 있었는데, 완원(阮元)의 『교감기(校勘記)』에서는 "혜동(惠棟)의 『교송본(校宋本)』에서는 '구'자를 '사'자로 기록하고 있으니, 이곳 판본이 잘못 기록한 것이다."라고 했다.

고, 진(榛)이 스물한 번째가 되며, 시(柹)가 스물두 번째가 되고, 과(瓜)가 스물세 번째가 되며, 도(桃)가 스물네 번째가 되고, 이(李)가 스물다섯 번째가 되며, 매(梅)가 스물여섯 번째가 되고, 행(杏)이 스물일곱 번째가 되며, 사(柤)가 스물여덟 번째가 되고, 리(梨)가 스물아홉 번째가 되며, 강(薑)이 서른 번째가 되고, 계(桂)가 서른한 번째가 된다. 정현이 "이 모두는 군주가 연사(燕食)를 할 때, 추가적으로 차려내는 음식들에 해당한다."라고 했는데, 아래문장에서는 "대부(大夫)가 연사(燕食)를 하며 음식을 먹을 때에는 회(膾)는 포함되지만 포(脯)는 없다."라고 했다. 그렇기 때문에 이곳 기록에 나오는 음식들이 군주가 연사(燕食)를 할 때 먹는 음식임을 알 수 있는 것이다. 『주례』「변인(籩人)」편과 「해인(醢人)」편을 살펴보면, 정식으로 차려내는 음식에는 오직 조(棗)·율(栗)·진도(榛桃)만 있고, 그 외의 잡다한 음식들에 대한 기록은 없다. 그렇기 때문에 여기에 기록된 음식들이 추가적으로 차려내는 음식에 해당한다는 사실을 알 수 있다. 정현이 "『주례』에서 천자는 반찬으로 120종류의 음식이 들어간다."라고 한 말을 인용한 것으로부터 그 이하의 내용은 천자에게 차려내는 서수(庶羞)는 이미 많은 음식들이 포함되어, 단지 31가지 음식에만 그치는 것이 아님을 증명한 것이다. 정현이 "『예기』를 기록한 자는 차례대로 기록하지 못한 것이다."라고 했는데, 이 말은 『예기』를 기록한 자는 천자에게 해당하는 사안을 차례대로 조목별로 열거하지 못하고, 단지 제후가 연사(燕食)를 하며 먹게 되는 31가지 음식들에 대해서만 기록했을 뿐이며, 또한 이것은 그 음식의 순서에 따르지 못했다는 뜻이다.

**訓纂** 說文: 萮, 木耳也. 一曰蕧茈. ▼(立/未), 果實如小栗. 柹, 赤實果. 杏, 果也. 桃, 果也. 樝, 果似梨而酢. 梨, 果名.

**번역** 『설문해자』에서 말하길, '연(萮)'자는 목이(木耳)이다. 유자(蕧茈)라고도 부른다. '▼(立/未)'자는 작은 밤과 같은 과실이다. '시(柹)'는 붉은 색의 과실이다. '행(杏)'자는 그 나무의 과실을 뜻한다. '도(桃)'자는 그 나무의 과실을 뜻한다. '사(樝)'자는 과실인데, 배와 비슷하며 신맛을 낸다. '리

(梨)'는 그 나무의 과실 이름이다.

**訓纂** 段氏玉裁說文注曰: 鄭君謂芝栭爲一物. 栭卽萮字, 今人謂光滑者木耳, 皺者蕈.

**번역** 『설문해자』에 대한 단옥재의 주에서 말하길, 정현은 '지이(芝栭)'를 하나의 음식으로 여겼다. '이(栭)'는 곧 '연(萮)'자에 해당하니, 오늘날 사람들은 표면이 매끌매끌한 것을 목이(木耳)라고 부르고, 표면에 주름이 잡힌 것을 심(蕈)이라고 부른다.

**訓纂** 柤, 爾雅郭注·山海經郭傳皆云: 似梨而酢澀. 按卽今梨之肉粗味酸者也.

**번역** '사(柤)'에 대해, 『이아』에 대한 곽박의 주와 『산해경』에 대한 곽박의 전(傳)에서는 모두 배와 유사하며, 신맛이 나고 표면이 거칠다고 했다. 살펴보니, 이것은 오늘날 배 중에서도 과육이 거칠고 신맛을 내는 것에 해당한다.

**集解** 愚謂: 孔氏以芝栭爲一, 則爲三十一物, 賀氏以芝栭爲二, 則爲三十二物, 未知孰是. 脩·脯·蔆·棗·栗·榛·桃·梅, 皆籩人之籩實也. 芝栭·堧·柿·瓜·桃·杏·楂·梨, 蓋亦盛之以籩, 而不見於籩人, 則此乃人君私燕所用也. 麋·鹿·田豕·麕之軒, 及雉·兎·爵·鷃·蜩·范, 庶羞也. 皆用以食者也. 上大夫庶羞二十豆, 惟有雉·兎及鷃, 則此人君所用庶羞也. 薑·桂二者, 則調和羞膳及爲腶脩皆用之. 鄭以此三十一物並爲庶羞, 非也. 庶羞盛於豆, 皆濡物, 無脯·脩之屬也.

**번역** 내가 생각하기에, 공영달은 '지이(芝栭)'를 한 가지 음식으로 여겼으니, 총 31가지 음식이 되고, 하창은 '지(芝)'와 '이(栭)'를 별개의 다른 음식으로 여겼으니, 총 32가지 음식이 되지만, 누구의 주장이 옳은지는 모르겠다. 수(脩)·포(脯)·능(蔆)·조(棗)·율(栗)·진(榛)·도(桃)·매(梅)는 모두 『주례』「변인(籩人)」편에서 말한 변(籩)에 담아내는 음식에 해당한다. 지이(芝栭)·구(堪)·시(柹)·과(瓜)·도(桃)·행(杏)·사(樝)·리(梨)는 아마도 또한 변(籩)에 담아냈을 것인데, 「변인」편에 기록되어 있지 않으니, 이것은 곧 군주가 사적으로 연회를 베풀며 사용하는 음식이 될 것이다. 미(麋)·녹(鹿)·전시(田豕)·균(麕) 중의 헌(軒)한 것과 치(雉)·토(兎)·작(爵)·안(鷃)·조(蜩)·범(范)은 서수(庶羞)에 해당한다. 따라서 이 모두는 밥을 먹을 때 사용하는 음식들이다. 상대부(上大夫)는 서수(庶羞)를 차릴 때 20개의 두(豆)를 갖추는데, 다만 치(雉)와 토(兎) 및 안(鷃)을 갖추게 된다면, 이것은 군주가 서수(庶羞)를 차릴 때 사용하는 것이 된다. 강(薑)과 계(桂)라는 두 가지 재료는 음식들에 맛을 내거나 단수(腶脩)를 가공할 때에도 모두 사용된다. 정현은 여기에서 언급한 31가지 음식들을 모두 서수(庶羞)라고 여겼는데, 이것은 잘못된 주장이다. 서수(庶羞)는 두(豆)에 담아내니, 그것들은 모두 축축하게 젖어 있는 음식들이기 때문으로, 포(脯)나 수(脩)와 같은 마른 음식들은 포함되지 않는다.

## • 제 23 절 •

### 대부(大夫) 이하 계층의 연사(燕食)에 대한 규정

【357b】

**大夫燕食, 有膾無脯, 有脯無膾. 士不貳羹胾. 庶人耆老不徒食.**

**직역** 大夫의 燕食에는 膾가 有하면 脯가 無하고, 脯가 有하면 膾가 無하다. 士는 羹胾를 不貳한다. 庶人의 耆老는 食을 不徒한다.

**의역** 대부(大夫)의 연사(燕食)에 회(膾)가 포함되면 포(脯)가 없게 되고, 포(脯)가 포함되면 회(膾)가 없게 된다. 사(士) 계급은 국과 고기를 함께 차려서 먹지 않는다. 서인(庶人)이라고 하더라도 노인인 경우라면, 밥을 먹을 때 항상 맛있는 요리들이 포함된다.[1]

**集說** 因上文言人君燕食之物, 而言大夫燕食, 士不貳羹胾, 亦謂燕食也. 徒, 猶空也. 不徒食, 言必有饌.

**번역** 앞 문장에서 군주가 연사(燕食)를 할 때 먹는 음식들을 언급한 것에 연유하여, 대부(大夫)가 연사를 할 때 먹는 음식들을 언급한 것이며, "사(士)는 국과 자(胾)를 함께 먹지 않는다."는 말 또한 연사에 대한 내용이다. '도(徒)'자는 "비다[空]."는 뜻이다. '부도식(不徒食)'이라는 말은 반드시 맛있는 요리가 포함된다는 뜻이다.

---

1) 『예기』「왕제(王制)」【181b】: 君子耆老, 不徒行, 庶人耆老, 不徒食.

**集說** 疏曰: 若朝夕常食, 則下云羹食, 自諸侯以下至於庶人無等.

**번역** 공영달의 소(疏)에서 말하길, 만약 아침저녁으로 먹는 일상적인 식사라면, 아래문장에서는 국과 밥의 경우, 제후로부터 그 이하로 서인(庶人)에 이르기까지 차등이 없다고 했다.[2)]

**大全** 嚴陵方氏曰: 燕食, 謂燕饗之食也. 膾脯, 羞也, 故不得兼之. 言大夫如此, 則士可知. 羹胾者, 食之配, 士雖降於大夫, 然闕一不可, 特不貳之而已. 言士如此, 則大夫貳之可知.

**번역** 엄릉방씨가 말하길, '연사(燕食)'는 연회를 하며 먹는 음식들을 뜻한다. '회(膾)'와 '포(脯)'는 수(羞)에 해당한다. 그렇기 때문에 함께 차려서 먹을 수 없는 것이다. 대부(大夫)에 대해서 이처럼 언급했다면, 사(士)의 경우에도 함께 차려서 먹지 않는다는 사실을 알 수 있다. '갱(羹)'과 '자(胾)'는 밥과 짝을 이루는 음식인데, 사(士)가 비록 대부보다도 그 예법을 낮추게 되지만, 하나를 빼버려서는 안 되고, 단지 거듭 차려내지 않을 따름이다. 사(士)에 대해서 이처럼 말했다면, 대부의 경우에는 그 음식들을 거듭 차려낸다는 사실을 알 수 있다.

**鄭注** 尊卑差也.

**번역** 신분에 따른 차등을 뜻한다.

**孔疏** ●"大夫"至"徒食". ○正義曰: 此一經接上人君燕食, 因明大夫·士·庶人燕食不同.

**번역** ●經文: "大夫"~"徒食". ○이곳 경문은 앞에서 군주의 연사(燕食)를 언급한 문장과 연결되므로, 그에 따라 대부(大夫)·사(士)·서인(庶人)

2) 『예기』「내칙」【359a】: 羹食, 自諸侯以下至於庶人, 無等. 大夫無秩膳, 大夫七十而有閣.

들이 먹는 연사가 동일하지 않음을 나타내고 있다.

**孔疏** ●"有脯無膾"者, 言大夫燕食, 若有脯則不得有膾. 按鄭志云: "脯非食殽." 此燕得食脯者, 脯非食殽, 謂食不專用脯以爲食肴. 若有餘饌兼之, 則得有脯.

**번역** ●經文: "有脯無膾". ○대부(大夫)의 연사(燕食)에 만약 포(脯)가 포함되었다면, 회(膾)를 포함시킬 수 없다는 뜻이다. 『정지』[3]를 살펴보면, "포(脯)를 차리는 것은 살점이 붙은 고기를 먹는 것이 아니다."라고 했다. 이 말은 연사에서 포(脯)를 먹을 수 있는 경우, 포(脯)는 살점이 붙은 고기를 먹는 것이 아니므로, 곧 식사를 할 때, 전적으로 포(脯)만을 이용해서, 살점이 붙은 고기를 먹는 것을 대체하는 것이 아니라는 의미이다. 만약 다른 음식들도 함께 곁들인다면, 포(脯)를 포함시킬 수 있다.

**孔疏** ●"士不貳羹·胾"者, 謂士燕食也. 若朝夕常食, 則下云"羹食, 自諸侯以下至於庶人, 無等".

**번역** ●經文: "士不貳羹·胾". ○사(士)의 연사(燕食)에 대한 내용이다. 만약 아침저녁으로 먹는 일상적인 식사라면, 아래문장에서는 "국과 밥의 경우, 제후로부터 그 아래로 서인(庶人)에 이르기까지 차등이 없다."라고 했다.

**訓纂** 鄭注周禮腊人: 大物解肆乾之, 謂之乾肉. 薄析曰脯.

**번역** 『주례』「석인(腊人)」편에 대한 정현의 주에서 말하길, 큰 고기 덩어리를 부위별로 갈라서 건조를 시키면, 그것을 '건육(乾肉)'이라고 부르며,

---

3) 『정지(鄭志)』는 정현(鄭玄)과 그의 제자들이 오경(五經)에 대해서 문답을 주고받은 내용을 기록한 문헌이다. 『논어』의 형식에 의거하여, 정현의 제자들이 편찬하였다. 『후한서(後漢書)』「장조정열전(張曹鄭列傳)」편에는 "門人相與撰玄荅諸弟子問五經, 依論語作鄭志八篇."라는 기록이 있다.

얇게 자른 것을 '포(脯)'라고 부른다.

**集解** 燕食, 謂朝夕常食. 周禮膳夫"王燕食則奉膳贊祭", 賈疏"燕食, 朝夕常食", 是也. 孔氏分燕食與朝夕常食爲二, 非是. 脯爲籩實, 凡食無籩, 惟飮酒有之. 此大夫燕食乃有脯者, 蓋燕食, 物不必備, 或偶無膾, 則得以脯代之. 蓋釋而煎之以醢, 而盛之則以豆也. 貳, 重也. 士燕食得有羹·胾, 而不得重設也. 胾出於牲, 士朔食惟特豚, 則不得貳胾矣. 六十曰耆. 庶人耆老不徒食者, 六十非肉不飽. 食得有胾, 非六十者不得食也. 羹則庶人皆有之, 下云"羹食無等", 是也.

**번역** '연사(燕食)'는 아침저녁으로 먹는 일상적인 식사를 뜻한다. 『주례』「선부(膳夫)」편에서는 "천자의 연사인 경우라면, 남은 음식들을 받들어서 음식에 대한 제사를 돕는다."[4]라고 했고, 이 문장에 대한 가공언의 소(疏)에서, "'연사(燕食)'는 아침저녁으로 먹는 일상적인 식사이다."라고 한 말이 바로 이러한 사실을 나타낸다. 그런데 공영달은 연사(燕食)와 아침저녁으로 먹는 일상적인 식사를 구분하여, 둘로 여겼으니, 이것은 잘못된 주장이다. '포(脯)'는 변(籩)에 담아내는 음식인데, 무릇 식사를 할 때에는 변(籩)을 차려내지 않고, 오직 음주를 할 때에만 차려내게 된다. 이곳의 내용은 대부(大夫)가 연사를 하는 경우인데도, 곧 포(脯)를 포함시키고 있는 것은 아마도 연사에는 음식들을 반드시 규정에 맞게 갖출 수가 없으므로, 간혹 회(膾)가 없는 경우라면, 포(脯)로 대체할 수 있다는 뜻이 된다. 무릇 이때의 포(脯)는 부드럽게 다지고, 젓갈을 넣고 끓였을 것이고, 그것을 담을 때에는 두(豆)를 이용했을 것이다. '이(貳)'자는 거듭[重]이라는 뜻이다. 사(士)가 연사를 할 때에는 국과 고기요리를 포함시킬 수 있지만, 거듭 진설할 수는 없다. '자(胾)'는 희생물에서 나오는 것인데, 사(士)는 삭식(朔食)을 할 때 단지 한 마리의 돼지만 사용하므로, 자(胾)를 거듭 진설할 수 없는 것이다. 60세가 된 자를 '기(耆)'라고 부른다.[5] 서인들 중의 노인들이 부도

4) 『주례』「천관(天官) · 선부(膳夫)」 : 王燕食, 則奉膳贊祭.

식(不徒食)을 한다는 말은 60세가 된 자는 고기가 아니라면 포만감을 느끼지 못하기 때문이다. 따라서 밥을 먹을 때 자(胾)를 포함시킬 수 있는 것이지만, 60세가 아닌 자라면, 먹을 수가 없다. 국의 경우 서인들도 모두 갖출 수 있었으니, 아래문장에서 "국과 밥의 경우에는 등급에 따른 차등이 없다."라고 한 말이 바로 이러한 사실을 나타낸다.

5) 『예기』「곡례상(曲禮上)」【12b】 人生十年曰幼, 學. 二十曰弱, 冠. 三十曰壯, 有室. 四十曰強, 而仕. 五十曰艾, 服官政. 六十曰耆, 指使.

## • 제24절 •

### 음식의 간을 맞추는 법도

【357c】

膾, 春用葱, 秋用芥. 豚, 春用韭, 秋用蓼. 脂用葱, 膏用薤[1], 三牲用藙, 和用醯, 獸用梅.

**직역** 膾는 春에는 **葱**을 用하고, 秋에는 芥를 用한다. 豚은 春에는 **韭**를 用하고, 秋에는 蓼를 用한다. 脂에는 **葱**을 用하고, 膏에는 **薤**를 用하며, 三牲에는 **藙**를 用하고, 和에는 醯를 用하며, 獸에는 梅를 用한다.

**의역** 회를 먹을 때, 봄에는 파를 곁들이고, 가을에는 개장을 곁들인다. 돼지고기를 먹을 때, 봄에는 부추를 곁들이고, 가을에는 요(蓼)라는 채소를 곁들인다. 굳어 있는 지방을 요리할 때에는 파를 이용하고, 녹아있는 지방을 요리할 때에는 염교를 이용하며, 세 가지 희생물의 고기를 조리할 때에는 수유를 이용하고, 간을 맞출 때에는 젓갈을 이용하며, 뭍짐승 고기는 매실을 이용하여 간을 맞춘다.

**集說** 芥, 芥醬也. 肥凝者爲脂, 釋者爲膏. 三牲, 牛·羊·豕也. 藙, 茱萸也. 和用醯, 以醯和三牲也. 獸用梅, 以梅和獸也.

---

1) '해(薤)'자에 대하여. 『십삼경주소(十三經注疏)』 북경대 출판본에서는 "'해(薤)'자를 『민본(閩本)』·『감본(監本)』·『석경(石經)』·『악본(岳本)』 및 위씨(衛氏)의 『집설(集說)』에서는 동일하게 기록했고, 혜동(惠棟)의 『교송본(校宋本)』·『송감본(宋監本)』·『모본(毛本)』에서는 '해(韰)'자로 기록했으며, 『가정본(嘉靖本)』에서도 '해(韰)'자로 기록했고, 『경전석문(經典釋文)』에는 '용해(用韰)'라는 기록이 나오며, '세속본에서는 대부분 해(薤)자로 기록하고 있는데, 이것은 잘못된 기록이다.'라고 했고, 포당(浦鏜)은 '해(薤)자는 마땅히 『모본(毛本)』에 따라서 해(韰)자로 기록해야 한다.'"라고 했다.

**번역** '개(芥)'자는 개장(芥醬)을 뜻한다. 비계가 응고된 것을 '지(脂)'라고 하며, 풀어진 것을 '고(膏)'라고 한다. '삼생(三牲)'은 소·양·돼지를 뜻한다. '의(藙)'는 수유(茱萸)이다. '화용혜(和用醯)'라는 말은 젓갈을 이용해서 세 가지 희생물에 대한 간을 맞춘다는 뜻이다. '수용매(獸用梅)'라는 말은 매실을 이용해서 뭍짐승 고기에 대한 간을 맞춘다는 뜻이다.

**大全** 嚴陵方氏曰: 蔥以氣達爲悤, 芥以味辛爲介, 春物方生, 故宜食性之悤者, 秋物方成, 故宜食性之介者, 故膾用二物以和之. 韭性溫而生能久, 蓼味辛而氣能散, 溫而生, 固春所宜也, 辛而散, 固秋所宜也, 故豚用二物以和之. 三牲肉體之大者, 氣之所聚不能無毒, 故用藙之辛以散其毒焉. 凡物未始無毒, 三牲必散之者, 以肉體特大故也. 芥蓼之味, 非不辛, 然必用藙者, 能殺蟲故也. 和用醯, 謂三牲也. 荀子曰: "醯酸而蚋聚." 書曰: "若作和羹, 爾惟鹽梅." 蓋醯與梅皆酸也, 和之以此, 收其味而已, 然牲用醯獸用梅者, 亦各以其類而已.

**번역** 엄릉방씨가 말하길, 총(蔥: 파)은 기운을 소통시켜서 총(悤: 빠르게 하다.)하게 하고, 개(芥: 겨자)는 매운 맛을 통해서 개(介: 깔끔하다.)하게 하며, 봄에는 만물이 이제 막 생겨나게 되므로, 그 성질이 빠른 것을 먹는 게 합당하고, 가을에는 만물이 이제 막 완성되므로, 그 성질이 깔끔한 것을 먹는 게 합당하다. 그렇기 때문에 회를 먹을 때, 이 두 재료를 이용해서 맛을 조화롭게 하는 것이다. 구(韭: 부추)는 성질이 온순하며, 생장하길 오래도록 할 수 있고, 요(蓼: 여뀌)는 매운 맛을 내며, 기를 흩어지게 할 수 있는데, 온순하고 생장하는 것은 진실로 봄에 합당한 것이고, 맵고 흩어지게 하는 것은 진실로 가을에 합당하다. 그렇기 때문에 돼지고기를 먹을 때에는 이 두 가지 재료를 이용해서 맛을 조화롭게 하는 것이다. 세 가지 희생물은 고기 덩어리 중에서도 매우 큰 것인데, 기운이 집결된 것에는 독성이 없을 수가 없다. 그렇기 때문에 의(藙: 수유)의 매운 맛을 이용해서, 그 독성을 흩어지게 하는 것이다. 무릇 만물에는 처음부터 독성이 없는 것이 없지만, 세 가지 희생물에 대해서 반드시 그 독성을 흩어지게 만드는 것은 그 고깃덩어리가 특히 크기 때문이다. 개(芥)와 요(蓼)의 맛도 맵지 않은 것이 아니지만, 반드시 의(藙)를 이용하는 것은 그것이 독충을 죽일 수 있기 때문이다. 맛을 조화롭게 낼 때 젓갈을 이용한다는 것은 세 가지 희생물에 대한 경우이다. 『순자(荀子)』에서는 "젓갈이 신맛을 내면, 파리가 모여든다."[2]라고 했고, 『서』에서는 "국에 간을 맞추려거든 그대는 소금과 매실이 되어라."[3]라고 했다. 무릇 젓갈과 매실은 모두 신맛을 내는데, 이 재료를 이용해서 간을 맞추는 것은 잡미를 거둬들이기 때문이다. 그런데 희생물에는 젓갈을 사용하고, 뭍짐승 고기에는 매실을 이용한다는 것은 또한 각각 해당하는 부류에 따르기 때문이다.

**鄭注** 芥, 芥醬也. 脂肥凝者, 釋者曰膏. 藙, 煎茱萸也. 漢律: "會稽獻焉." 爾雅謂之榝. 畜與家物, 自相和也. 亦野物自相和.

**번역** '개(芥)'자는 개장(芥醬)을 뜻한다. '지(脂)'는 지방이 응고된 것이며, 풀어진 것을 '고(膏)'라고 부른다. '의(藙)'는 수유(茱萸)를 끓인 것이다. 『한률(漢律)』에서는 "회계(會稽) 지역에서 헌상한다."라고 했다. 『이아』에서는 '살(榝)'이라고 부른다. 가축과 집에서 만든 식재료는 그 자체로 서로 조화를 이룬다. 매실과 뭍짐승의 고기를 조화시키는 것은 또한 야생에서 나온 사물들은 그 자체로 서로 조화를 이루기 때문이다.

**釋文** 齄, 戶界反, 俗本多作薤, 非也. 藙, 魚氣反. 會, 古外反. 稽, 古兮反. 榝, 色八反, 似茱萸而實赤小. 和, 戶臥反, 注皆同, 注又如字. 醯, 呼兮反, 酢也. 畜, 許又反, 又許六反.

**번역** '齄'자는 '戶(호)'자와 '界(계)'자의 반절음이며, 세속본에서는 대부분 '薤'자로 기록하는데, 이것은 잘못된 기록이다. '藙'자는 '魚(어)'자와 '氣

---

2) 『순자(荀子)』「권학(勸學)」: 成蔭, 而衆鳥息焉. 醯酸, 而蜹聚焉. 故言有招禍也, 行有招辱也, 君子愼其所立乎!

3) 『서』「상서(商書)·열명하(說命下)」: 爾惟訓于朕志, 若作酒醴, 爾惟麴蘖, 若作和羹, 爾惟鹽梅.

(기)'자의 반절음이다. '會'자는 '古(고)'자와 '外(외)'자의 반절음이다. '穭'자는 '古(고)'자와 '兮(혜)'자의 반절음이다. '樧'자는 '色(색)'자와 '八(팔)'자의 반절음이며, 수유와 비슷하지만 열매가 적색이며 수유보다 작다. '和'자는 '戶(호)'자와 '臥(와)'자의 반절음이며, 정현의 주에 나오는 글자들도 모두 그 음이 이와 같다, 정현의 주에 나오는 글자는 또한 글자대로 읽기도 한다. '醯'자는 '呼(호)'자와 '兮(혜)'자의 반절음이며, 식초를 뜻한다. '畜'자는 '許(허)'자와 '又(우)'자의 반절음이고, 또한 '許(허)'자와 '六(륙)'자의 반절음도 된다.

**孔疏** ●"膾春"至"無蓼". ○正義曰: 此一節論調和飲食之宜.

**번역** ●經文: "膾春"~"無蓼". ○이곳 문단은 음식에 간을 맞추고 맛을 조화롭게 할 때 적합한 재료에 대해서 논의하고 있다.

**孔疏** ◎注"芥, 芥醬也". ○正義曰: 上云魚膾芥醬, 則謂秋時用芥. 芥辛, 於秋宜也.

**번역** ◎鄭注: "芥, 芥醬也". ○앞에서는 어회(魚膾)에는 개장(芥醬)을 곁들여서 먹는다고 했으니,[4] 가을에는 개(芥)를 이용한다는 뜻이다. '개(芥)'는 매운 맛을 내므로, 가을에 사용하는 것이 합당하다.

**孔疏** ◎注"藙煎"至"之樧". ○正義曰: 賀氏云: "今蜀郡作之, 九月九日取茱萸, 折其枝, 連其實, 廣長四五寸, 一升實, 可和十升膏, 名之藙也."

**번역** ◎鄭注: "藙煎"~"之樧". ○하창은 "현재의 촉군(蜀郡) 지역에서는 이것을 만드는데, 9월 9일에 수유(茱萸)를 채취하고, 그 가지를 잘라서, 그 열매를 연결시키니, 너비의 길이는 4~5촌(寸) 정도이고, 1승(升)[5]의 열매

4) 『예기』「내칙」【355d】: 腶脩蚳醢, 脯羹兎醢, 麋膚魚醢, 魚膾芥醬, 麋腥醢醬, 桃諸梅諸卵鹽.

로는 10승(升)의 기름에 간을 맞출 수 있으며, 이것을 '의(蘙)'라고 부른다." 라고 했다.

【357d】

**鶉羹 · 雞羹 · 鴽, 釀之蓼. 魴鱮烝 · 雛燒 · 雉, 薌無蓼.**

**직역** 鶉羹 · 雞羹 · 鴽는 蓼로 釀한다. 魴鱮烝 · 雛燒 · 雉는 薌하며 蓼가 無하다.

**의역** 메추라기 국 · 닭국 · 세가락메추라기 찜에는 요(蓼)라는 식물을 섞어서 맛을 낸다. 방어와 연어의 찜 · 새끼 새 구이 · 꿩 요리는 향초를 섞어서 맛을 내되 요(蓼)는 섞지 않는다.

**集說** 鴽不爲羹, 惟烝煮而已, 故不曰羹. 此三味皆切蓼以雜和之, 故曰釀之蓼. 魴鱮二魚, 烝而食之, 故曰魴鱮烝. 雛, 鳥之小者, 燒熟然後調和, 故云雛燒. 雉則或燒或烝, 或以爲羹皆可. 薌, 謂香草, 若白蘇紫蘇之屬也. 言烝魴鱮 · 燒雛及烹雉, 皆調和之以香草, 無用蓼也.

**번역** 여(鴽: 세가락메추라기)로는 국을 만들지 않으니, 오직 찌거나 삶을 따름이다. 그렇기 때문에 '갱(羹)'자를 붙여서 말하지 않은 것이다. 이 세 가지 음식들에는 모두 요(蓼)라는 식물을 잘게 잘라서, 그곳에 섞어서 맛을 조화롭게 한다. 그렇기 때문에 "요(蓼)를 섞어서 맛을 낸다."라고 말한 것이다. 방(魴: 방어)과 서(鱮: 연어)라는 두 가지 물고기는 쪄서 먹게 된다. 그렇기 때문에 '방어와 연어의 찜'이라고 말한 것이다. 추(雛: 새끼 새)는

---

5) 승(升)은 용량을 재는 단위이다. 지역 및 각 시대마다 다소 차이를 보이는데, 고대에는 10합(合)을 1승(升)으로 여겼고, 10승(升)을 1두(斗)로 여겼다. 『한서(漢書)』「율력지상(律曆志上)」편에는 "合龠爲合, 十合爲升."이라는 기록이 있다.

새 중에서도 크기가 작은 것인데, 불로 구운 뒤에야 맛이 조화롭게 된다. 그렇기 때문에 '새끼 새 구이'라고 말한 것이다. 치(雉: 꿩)는 굽기도 하고 찌기도 하며, 간혹 국으로 만들기도 하여, 이 모든 방법이 가능하다. '향(薌)' 자는 향기를 내는 식물을 뜻하니, 마치 백소(白蘇)나 자소(紫蘇)와 같은 부류들이다. 방어와 연어를 찐 것과 새끼 새를 구운 것 및 꿩을 삶은 것들은 모두 향초를 이용해서 맛을 조화롭게 하되, 요(蓼)는 사용하지 않는다.

**大全** 山陰陸氏曰: 魴鱮, 弱魚也, 烹或易爛, 烝之可也. 無蓼與不蓼異, 不蓼, 不必用蓼爾, 無蓼, 直無蓼也.

**번역** 산음육씨가 말하길, 방어와 연어는 살이 연한 물고기이니, 삶게 되면 문드러지기 쉬우므로, 찌는 것이 옳다. '무료(無蓼)'와 '불료(不蓼)'는 다른 것으로, '불료(不蓼)'라고 한다면, 요(蓼)를 쓸 필요가 없다는 뜻일 뿐이며, '무료(無蓼)'라고 한다면, 단지 요(蓼)를 사용하지 않는다는 뜻이다.

**鄭注** 釀謂切雜之也. 駕在羹下, 烝之, 不羹也. 薌, 蘇荏之屬也. 燒煙於火中也. 自膾用至此, 言調和菜釀之所宜也.

**번역** '양(釀)'자는 잘게 잘라서 섞는다는 뜻이다. '여(駕)'자는 '갱(羹)'자 뒤에 기록되어 있으니, 그것은 찌는 것이며, 국으로 끓이는 것이 아니다. '향(薌)'은 소임(蘇荏) 등의 풀을 뜻한다. 불 속에서 구우며 훈증을 시키는 것이다. '회용(膾用)'으로부터 이곳 문장까지는 간을 맞추고 맛을 낼 때, 함께 섞게 되는 채소들 중 합당한 것들을 언급하고 있다.

**釋文** 鶉雞羹, 本又作鶉羹雞羹. 魴鱮, 上音房, 下音敍. 烝, 皇絶句, 之丞反. 雛, 字又作鶵, 仕俱反, 又匠俱反, 賀讀"魴鱮烝雛"爲句. 燒如字, 一音焦, 皇絶句. 雉, 皇此一句, 一讀"雉薌"爲句. 蘇荏, 而甚反. 調, 徒弔反.

**번역** '鶉雞羹'은 판본에 따라서 또한 '鶉羹雞羹'이라고 기록하기도 한다. '魴鱮'에서의 '魴'자는 그 음이 '房(방)'이고, '鱮'자는 그 음이 '敍(서)'이다.

'烝'자에 대해, 황간은 이곳에서 구문을 끊었고, 그 음은 '之(지)'자와 '丞(승)'자의 반절음이다. '雛'자는 그 글자를 또한 '鶵'자로도 기록하며, 그 음은 '仕(사)'자와 '俱(구)'자의 반절음이고, 또한 '匠(장)'자와 '俱(구)'자의 반절음도 되며, 하창은 '魴鱮烝雛'가 하나의 구문이 된다고 했다. '燒'자는 글자대로 읽으며, 다른 음은 '焦(초)'이고, 황간은 이곳에서 구문을 끊었다. '雉'자에 대해, 황간은 이 글자가 하나의 구문이 된다고 하였고, '雉薌'을 하나의 구문으로 끊기도 한다. '蘇荏'에서의 '荏'자는 '而(이)'자와 '甚(심)'자의 반절음이다. '調'자는 '徒(도)'자와 '弔(조)'자의 반절음이다.

**孔疏** ●"鶉羹 · 雞羹"者, 謂用鶉用雞爲羹, 鴽者唯烝煮之而已, 不以爲羹, 故文在羹下.

**번역** ●經文: "鶉羹 · 雞羹". ○메추라기와 닭을 이용해서 국을 만든 것을 뜻하며, 세가락메추라기는 오직 찌거나 삶기만 할 따름이니, 국으로 만들지 않는다. 그렇기 때문에 그 글자를 '갱(羹)'자 뒤에 기록한 것이다.

**孔疏** ●"釀之蓼"者, 釀謂切雜和之, 言鶉羹雞羹, 及烝之等, 三者皆釀之以蓼.

**번역** ●經文: "釀之蓼". ○'양(釀)'자는 잘게 썬 것을 섞어서 맛을 조화롭게 한다는 뜻으로, 메추라기국과 닭국 및 찐 요리 등 이 세 가지 요리에는 모두 요(蓼)를 잘게 썬 것을 섞어서 맛을 낸다는 의미이다.

**孔疏** ●"魴·鱮烝"者, 魴 · 鱮二魚皆烝熟之.

**번역** ●經文: "魴 · 鱮烝". ○방어와 연어라는 두 가지 물고기는 모두 쪄서 익히게 된다.

**孔疏** ●"雛燒"者, 雛是鳥之小者, 火中燒之, 然後調和. 若今之臘也.

**번역** ●經文: "雛燒". ○'추(雛)'는 새 중에서도 몸집이 작은 것으로, 불

속에서 굽고, 그런 뒤에야 맛이 조화롭게 된다. 마치 오늘날의 참(臘)과 같은 것이다.

**孔疏** ●"雉"者, 文在烝燒之下, 或燒或烝, 或可爲羹, 其用無定, 故直云"雉".

**번역** ●經文: "雉". ○이 글자는 '증(烝)'과 '소(燒)' 뒤에 기록되어 있는데, 어떤 때는 굽고, 어떤 때는 찌기도 하며, 어떤 때는 국으로 만드는데, 이 모든 방법이 가능하여, 이 재료를 사용할 때에는 조리방법이 고정되어 있지 않다. 그렇기 때문에 단지 '치(雉)'라고만 말한 것이다.

**孔疏** ●"薌, 無蓼"者, 薌謂蘇荏之屬, 言魴·鱮烝及雛燒幷雉等三者, 調和唯以蘇荏之屬, 無用蓼也.

**번역** ●經文: "薌, 無蓼". ○'향(薌)'은 소임(蘇荏) 등의 식물을 뜻하니, 곧 방어와 연어를 찐 것과 새끼 새를 구운 것 및 꿩을 요리한 것 등 이러한 세 가지 요리에는 맛을 낼 때 소임(蘇荏) 등의 식물만 이용하고, 요(蓼)를 사용하지 않는다는 의미이다.

**訓纂** 爾雅釋草: 薔, 虞蓼.

**번역** 『이아』「석초(釋草)」편에서 말하길, '장(薔)'은 우료(虞蓼)이다.

**訓纂** 邵氏晉涵曰: 太平御覽引吳普本草云: "蓼實, 一名澤蓼, 古者用以調和. 內則云: '膾, 秋用蓼.' 又云: '鶉羹雞羹鴽釀之蓼.' 蓋取其辛以爲和也."

**번역** 소진함[6]이 말하길, 『태평어람(太平御覽)』에서는 오보(吳普)의 『본

6) 소진함(邵晉涵, A.D.1743~A.D.1796) : 청(淸)나라 때의 학자이다. 자(字)는 여동(與桐)이고, 호(號)는 이운(二雲)·남강(南江)이다. 사학(史學)과 경학 분야에 명성이 높았다.

초(本草)』를 인용하여, "요(蓼)의 열매를 '택료(澤蓼)'라고도 부르는데, 고대에는 이것을 이용하여, 음식의 맛을 냈다. 「내칙」편에서는 '회의 경우 가을에는 요(蓼)를 이용한다.'라고 했고, 또 '메추라기국과 닭국 및 세가락메추라기 요리에는 요(蓼)를 썰어 넣어서 맛을 낸다.'라고 했는데, 무릇 그 매운 맛을 이용해서, 맛을 조화롭게 하는 것이다."라고 했다.

**集解** 按: 皇氏"烝"字"燒"字"雉"字"薌"字爲句, 賀氏讀"魴鱮烝雛"爲句. 孔氏同皇, 今從之.

**번역** 살펴보니, 황간은 '증(烝)'자, '소(燒)'자, '치(雉)'자, '향(薌)'자에서 구문을 끊었고, 하창은 '방서증추(魴鱮烝雛)'를 하나의 구문으로 끊어서 풀이했다. 공영달은 황간의 주장에 동의를 했는데, 여기에서도 그 주장에 따른다.

**集解** 愚謂: 此論調和之宜, 與魚膾·芥醬食時相配者不同也. 膾, 春用葱, 卽下文云"肉腥, 細者爲膾", "切葱若薤, 實諸醯以柔之", 是也. 若秋則用芥. 豚, 秋用蓼, 卽上文"濡豚包苦實蓼", 是也. 若春則用韭. 自"葱"至"蓼"五者, 皆用以釀, 醯及梅則用以和也. 用菜謂之釀, 用醯酸之屬謂之和. 釀者雜之以亨煮, 和則旣熟而和之也.

**번역** 내가 생각하기에, 이곳 문단에서는 맛을 낼 때 합당한 재료들을 논의하고 있으니, 물고기 회와 개장(芥醬)을 먹을 때, 각각의 계절에 따라 서로 짝을 이루게 한다는 내용과는 다른 것이다. 회를 먹을 경우, 봄에는 파를 이용하니, 아래문장에서 "생고기를 잘게 저민 것을 회(膾)라고 한다."라고 하고, "파를 잘게 썰어서 해(薤: 염교)처럼 만들고, 젓갈에 담가서 부드럽게 한다."라고 한 말[7]이 바로 이러한 뜻을 나타낸다. 만약 가을에 먹는다면, 겨자를 이용한다. 돼지고기를 먹을 경우, 가을에는 요(蓼)를 이용하는

7) 『예기』「내칙」【358d~359a】: 肉腥細者爲膾, 大者爲軒. 或曰: "麋鹿魚爲菹, 麕爲辟雞, 野豕爲軒, 兎爲宛脾. 切葱若薤, 實諸醯以柔之."

데, 앞 문장에서 “돼지고기를 삶을 때에는 씀바귀로 겉을 싸고, 배 안에 요(蓼)라는 식물을 채워서 삶는다.”[8]라고 한 말이 바로 이러한 뜻을 나타낸다. 만약 봄에 먹는다면, 부추를 이용한다. ‘총(葱)’으로부터 ‘의(蘔)’까지의 다섯 가지 재료들은 모두 이것을 이용해서 양(釀)을 하고, 젓갈과 매실의 경우에는 이것을 이용해서 화(和)를 한다. 채소를 이용하는 것을 ‘양(釀)’이라고 부르며, 젓갈이나 신맛을 내는 조미료를 이용하는 것을 ‘화(和)’라고 부른다. 양(釀)을 하는 것은 채소를 섞어서 삶거나 끓이게 되며, 화(和)를 하는 것은 익히는 일이 끝나면, 섞어서 맛을 조화롭게 낸다.

---

8) 『예기』「내칙」【355c】: <u>濡豚, 包苦實蓼</u>; 濡雞, 醢醬實蓼; 濡魚, 卵醬實蓼; 濡鱉, 醢醬實蓼.

# • 제25절 •

## 식재료의 손질 및 선별

【358a】

不食雛鼈. 狼去腸, 狗去腎, 狸去正脊, 兎去尻, 狐去首, 豚去腦, 魚去乙, 鼈去醜.

**직역** 雛鼈을 不食한다. 狼은 腸을 去하고, 狗는 腎을 去하며, 狸는 正脊을 去하고, 兎는 尻를 去하며, 狐는 首를 去하고, 豚은 腦를 去하며, 魚는 乙을 去하고, 鼈은 醜를 去한다.

**의역** 새끼 자라는 먹지 않는다. 이리를 먹을 때에는 창자를 제거하고 먹고, 개를 먹을 때에는 콩팥을 제거하고 먹으며, 살쾡이를 먹을 때에는 등뼈를 제거하고 먹고, 토끼를 먹을 때에는 꽁무니를 제거하고 먹으며, 여우를 먹을 때에는 머리를 제거하고 먹고, 돼지를 먹을 때에는 뇌를 제거하고 먹으며, 물고기를 먹을 때에는 아가미에 있는 을(乙)자 모양의 뼈를 제거하고 먹고, 자라를 먹을 때에는 항문을 제거하고 먹는다.

**集說** 此九者皆爲不利於人. 雛鼈, 伏乳者. 魚體中有骨如篆乙之形, 去之, 爲鯁人也. 醜, 竅也. 或云頸下有骨能毒人.

**번역** 이러한 아홉 가지 부위들은 모두 사람에게 이롭지 않은 것이다. '추별(雛鼈)'은 아직 젖을 먹게 되는 새끼를 뜻한다. 물고기 몸체에는 '을(乙)'자를 새겨 넣은 것처럼 생긴 뼈가 있는데, 그것을 제거하는 것은 먹을 때 가시가 박히도록 만들기 때문이다. '추(醜)'자는 항문[竅]을 뜻한다. 혹자는 목 아래에 있는 뼈로, 사람에게 독을 퍼트리는 부위라고도 한다.

**鄭注** 皆爲不利人也. 雛鱉, 伏乳者. 乙, 魚體中害人者名也, 今東海容[1]魚有骨名乙, 在目旁, 狀如篆乙, 食之鯁人, 不可出. 醜, 謂鱉竅也.

**번역** 이 모든 부위들은 사람에게 해를 끼치기 때문이다. '추별(雛鱉)'은 아직 젖을 먹게 되는 새끼를 뜻한다. '을(乙)'은 물고기 몸체 중 사람에게 해를 끼치는 부위를 뜻하는 명칭인데, 오늘날 동해(東海) 지역에서 잡히는 용어(鰫魚)라는 물고기에는 그 뼈 중에 을(乙)이라고 부르는 것이 있으니, 눈 옆에 있고, 그 모양이 마치 을(乙)자를 새긴 것처럼 되어 있으며, 그것을 먹게 되면, 사람에게 가시가 박히게 되며, 다시 빼낼 수가 없다. '추(醜)'는 자라의 항문을 뜻한다.

**釋文** 去, 起呂反, 下並同. 尻, 苦刀反. 腦, 奴老反. 爲, 于僞反, 下"皆爲"同. 伏, 扶又反. 乳, 而樹反. 鰫音容. 篆, 直轉反. 鯁, 本又作哽, 古猛反, 字林云"鯁, 魚骨也", 又工孟反. 竅, 苦叫反.

**번역** '去'자는 '起(기)'자와 '呂(려)'자의 반절음이며, 아래문장에 나오는 글자들도 모두 그 음이 이와 같다. '尻'자는 '苦(고)'자와 '刀(도)'자의 반절음이다. '腦'자는 '奴(노)'자와 '老(로)'자의 반절음이다. '爲'자는 '于(우)'자와 '僞(위)'자의 반절음이며, 아래문장에 나오는 '皆爲'에서의 '爲'자도 그 음이 이와 같다. '伏'자는 '扶(부)'자와 '又(우)'자의 반절음이다. '乳'자는 '而(이)'자와 '樹(수)'자의 반절음이다. '鰫'자의 음은 '容(용)'이다. '篆'자는 '直(직)'자와 '轉(전)'자의 반절음이다. '鯁'자는 판본에 따라서 또한 '哽'자로도 기록하는데, 그 음은 '古(고)'자와 '猛(맹)'자의 반절음이고, 『자림』에서는 "鯁은 물고기의 가시이다."라고 했으며, 또한 그 음은 '工(공)'자와 '孟(맹)'자의 반절음도 된다. '竅'자는 '苦(고)'자와 '叫(규)'자의 반절음이다.

**孔疏** ●"不食"至"攢之". ○正義曰: 此一節論治擇肉物惡者及果實之屬.

---

1) '용(容)'자에 대하여. 『십삼경주소(十三經注疏)』 북경대 출판본에서는 "'용(容)'자를 『예기훈찬(禮記訓纂)』에서는 '용(鰫)'자로 기록하였다."라고 했다.

**번역** ●經文: "不食"~"攢之". ○이곳 문단은 고기의 부위 중 나쁜 것을 제거하고, 과실 등을 손질하는 방법을 논의하고 있다.

**集解** 陸氏佃曰: 狼腸直, 狗腎熱, 狸脊上一道如界, 兎尻有九孔, 豕俯精聚在腦. 醫方云: "豕腦食之昏人精神."

**번역** 육전이 말하길, 이리의 창자는 곧고, 개의 콩팥은 더운 기운이 있으며, 살쾡이의 등뼈 위에는 경계처럼 하나의 길이 파여 있고, 토끼의 꽁무니에는 9개의 구멍이 있으며, 돼지는 머리를 처박고 있어서, 그 정기가 뇌에 모여 있다. 『의방(醫方)』에서는 "돼지의 뇌를 먹게 되면, 사람의 정신을 흐리게 한다."라고 했다.

**集解** 方氏慤曰: 爾雅: "魚腸謂之乙." 餒自腸始, 故去乙.

**번역** 방각이 말하길, 『이아』에서는 "물고기의 창자를 '을(乙)'이라고 부른다."[2]라고 했다. 부패는 창자로부터 시작되기 때문에, 을(乙)을 제거하는 것이다.

**【358b】**

**肉曰脫之, 魚曰作之, 棗曰新之, 栗曰撰之, 桃曰膽之, 相梨曰攢之.**

**직역** 肉은 脫한다고 曰하고, 魚는 作한다고 曰하며, 棗는 新한다고 曰하고, 栗은 撰한다고 曰하며, 桃는 膽한다고 曰하고, **相**梨는 **攢**한다고 曰한다.

**의역** 고기의 경우, 껍질과 힘줄을 벗겨내고 제거하는 것을 탈(脫)한다고 부르

---

2) 『이아』「석어(釋魚)」: 魚枕謂之丁. 魚腸謂之乙. 魚尾謂之丙.

고, 물고기의 경우, 움직이게 하여 신선한지를 살펴보는 것을 작(作)한다고 부르며, 대추의 경우, 깨끗하게 씻는 것을 신(新)한다고 부르고, 밤의 경우, 벌레 먹은 것을 골라내는 것을 찬(撰)한다고 부르며, 복숭아의 경우, 씻고 문질러서 푸르고 매끄럽게 만드는 것을 담(膽)한다고 부르고, 사(柤)와 배의 경우, 벌레 먹은 것을 도려내는 것을 찬(攢)한다고 부른다.

**集說** 脫者, 剝除其筋膜. 作者, 搖動之以觀其鮮餒. 一說, 作, 猶斮也, 謂削其鱗. 棗則拭治而使之新潔. 撰, 猶選也. 栗多蟲蠹, 宜選擇之. 桃多毛, 拭治令青滑如膽. 攢之者, 攢治其蠹處也. 此皆治擇之名.

**번역** '탈(脫)'이라는 것은 힘줄과 껍질을 벗겨내고 제거한다는 뜻이다. '작(作)'이라는 것은 움직이게 하여, 그것이 신선한지 또는 오래되었는지를 확인한다는 뜻이다. 일설에는 '작(作)'자를 '착(斮)'자와 같다고 했으니, 비늘을 제거한다는 뜻이다. 대추의 경우 닦아내서 신선하고 청결하게 만든다. '찬(撰)'자는 '선(選)'자와 같다. 밤은 벌레가 먹은 것들이 많으니, 마땅히 가려내야 한다. 복숭아는 솜털이 많으니, 닦아내고 솜털을 정리하여 쓸개처럼 푸르고 매끄럽게 만들어야 한다. '찬(攢)'을 한다는 말은 벌레가 먹은 부위를 도려낸다는 뜻이다. 이것들은 모두 다듬고 선별한다는 명칭들이다.

**鄭注** 皆治擇之名也.

**번역** 이 모두는 손질하고 골라낸다는 뜻의 명칭이다.

**釋文** 膽, 丁敢反. 攢, 再官反, 本又作鑽.

**번역** '膽'자는 '丁(정)'자와 '敢(감)'자의 반절음이다. '攢'자는 '再(재)'자와 '官(관)'자의 반절음이며, 판본에 따라서는 또한 '鑽'자로도 기록한다.

**孔疏** ●"肉曰脫之"者, 皇氏云: "治肉除其筋膜, 取好處." 故李巡注爾雅·

釋器云: "肉去其骨曰脫." 郭云: "剝其皮也."

**번역** ●經文: "肉曰脫之". ○황간은 "고기를 손질하여, 힘줄과 껍질을 제거하여, 좋은 부위를 가려내는 것이다."라고 했다. 그렇기 때문에 『이아』「석기(釋器)」편에 대한 이순의 주에서는 "고기의 경우 그 뼈를 제거하는 것을 탈(脫)이라고 부른다."[3]라고 한 것이고, 곽박은 "껍질을 벗겨내는 것이다."[4]라고 한 것이다.

**孔疏** ●"魚曰作之"者, 皇氏云: "作, 謂動搖也. 凡取魚, 搖動之, 視其鮮餒, 餒者不食." 李巡注爾雅云: "作之, 魚骨小, 無所去." 郭氏爾雅今本作"斮之", 注云: "謂削鱗也."

**번역** ●經文: "魚曰作之". ○황간은 "'작(作)'자는 움직이게 한다는 뜻이다. 무릇 물고기를 가려서 쓸 때에는 움직이게 해서, 신선한지 또는 오래되었는지를 살펴보고, 오래된 것은 먹지 않는다."라고 했다. 『이아』에 대한 이순의 주에서는 "작(作)한다는 것은 물고기의 뼈가 작아서, 제거할 것이 없기 때문이다."[5]라고 했다. 『이아』의 『금본(今本)』에는 '착지(斮之)'라고 기록되어 있는데, 이 문장에 대한 곽박의 주에서는 "비늘을 제거한다는 뜻이다."[6]라고 했다.

**孔疏** ●"棗曰新之"者, 棗易有塵埃, 恒治拭之使新.

**번역** ●經文: "棗曰新之". ○대추는 먼지가 눌러앉기 쉬우니, 항상 문지

---

3) 이 기록은 『이아』「석기(釋器)」편의 "肉曰脫之."라는 문장에 대한 소(疏) 기록이다.

4) 이 기록은 『이아』「석기(釋器)」편의 "肉曰脫之."라는 문장에 대한 주(注) 기록이다.

5) 이 기록은 『이아』「석기(釋器)」편의 "魚曰斮之."라는 문장에 대한 소(疏) 기록이다.

6) 이 기록은 『이아』「석기(釋器)」편의 "魚曰斮之."라는 문장에 대한 주(注) 기록이다.

르고 닦아내서, 새것처럼 만들어야 한다.

**孔疏** ●"栗曰撰之"者, 栗, 蟲好食, 數數布陳, 撰, 省視之.

**번역** ●經文: "栗曰撰之". ○밤은 벌레가 먹기 좋아하는 것으로, 항상 펼쳐두어야 하니, '찬(撰)'이라는 것은 자세히 살핀다는 뜻이다.

**孔疏** ●"桃曰膽之"者, 桃多毛, 拭治去毛, 令色靑滑如膽也. 或曰: 膽謂苦, 桃有苦如膽者, 擇去之.

**번역** ●經文: "桃曰膽之". ○복숭아에는 솜털이 많으니, 문지르고 닦아내서 솜털을 제거하여, 그 빛깔을 청색이 되도록 하고, 담(膽)처럼 매끄럽게 만들어야 한다. 혹자는 쓸개는 쓴데, 복숭아 중 쓸개처럼 쓴 맛을 내는 것들이 있으니, 이것을 솎아낸다는 뜻이라고 했다.

**孔疏** ●"柤梨曰攢之"者, 恐有蟲, 故一一攢看其蟲孔也.

**번역** ●經文: "柤梨曰攢之". ○벌레 먹은 것이 있을까 염려를 하기 때문에, 일일이 만져보며, 벌레가 먹은 구멍이 있는지를 살펴봐야 한다.

**【358b】**

**牛夜鳴, 則庮; 羊泠毛而毳, 羶; 狗赤股而躁, 臊; 鳥皫色而沙鳴, 鬱; 豕望視而交睫, 腥; 馬黑脊而般臂, 漏.**

**직역** 牛가 夜에 鳴하면, **庮**하고; 羊이 **泠**毛하고 **毳**하면, **羶**하며; 狗가 赤股하고 躁하면, **臊**하고; 鳥가 **皫**色하고 沙鳴하면, 鬱하며; 豕가 望視하고 睫이 交하면, 腥하고; 馬가 黑脊하고 般臂하면, 漏한다.

**의역** 소가 밤에 운다면, 그 고기에서는 썩은 나무 냄새가 나고, 양의 털이 가늘고 끝이 구부러져 있다면, 그 고기에서는 누린내가 나며, 개의 정강이에 털이 없어서, 그 속살이 훤히 드러나며, 방정맞게 움직인다면, 그 고기에서는 누린내가 나고, 새의 털색이 변하여 윤기가 없고, 서글프게 운다면, 그 고기에서는 썩은 냄새가 나며, 돼지가 눈을 치켜뜨고, 속눈썹이 길어서 서로 교차했다면, 그 고기에는 쌀알처럼 흰 반점들이 나타나고, 말의 척추가 검고 앞쪽 정강이에 얼룩무늬가 있다면, 그 고기에서는 땅강아지 냄새가 난다. 따라서 이러한 것들은 먹어서는 안 된다.

**集說** 牛之夜鳴者, 其肉庮臭. 羊之毛本稀泠, 而毛端毳結者, 其肉羶氣. 狗股裏無毛而擧動急躁者, 其肉臊惡. 𤚍色, 色變而無潤澤也. 沙, 嘶也, 鳴而其聲沙嘶者. 鬱, 謂腐臭也. 望視, 擧目高也. 交睫, 目睫毛交也. 腥, 讀爲星, 肉中生小息肉如米者也. 般臂, 前脛毛斑也. 漏, 讀爲螻, 謂其肉如螻蛄臭也. 牛至馬六物若此者, 皆不可食.

**번역** 소 중에 밤에 우는 것들은 그 고기에서 썩은 나무 냄새가 난다. 양의 털 줄기가 구부러져 있고 듬성듬성 있으며, 털의 끝이 가늘고 구부러져 있는 것은 그 고기에서 누린내가 난다. 개의 넓적다리 속살에 털이 없고, 거동이 방정맞은 것은 그 고기에서 누린내가 난다. '표색(𤚍色)'은 색이 변하여, 윤기가 없다는 뜻이다. '사(沙)'자는 "애처롭게 울다[嘶]."는 뜻으로, 새가 울 때 그 소리가 애처로운 것을 뜻한다. '울(鬱)'자는 부패할 때 나는 냄새를 뜻한다. '망시(望視)'는 눈을 높이 치켜뜬다는 뜻이다. '교첩(交睫)'은 속눈썹의 털이 서로 엇갈려 있다는 뜻이다. '성(腥)'자는 '성(星)'자로 해석하니, 생고기 상태로 잠시 놔두게 되면, 고기 중에 쌀처럼 하얀 반점이 생기는 것을 뜻한다. '반비(般臂)'는 앞정강이에 있는 털이 얼룩무늬인 것을 뜻한다. '누(漏)'자는 '누(螻)'자로 풀이하니, 그 고기에서 땅강아지와 같은 냄새를 풍기는 것을 뜻한다. 소로부터 말에 이르기까지, 총 6가지 고기 중 이와 같은 것이 있다면, 모두 먹어서는 안 된다.

**大全** 嚴陵方氏曰: 夜鳴, 謂非時而鳴. 赤股者, 股無毛則股著見矣, 故以赤言之. 躁則言其性之不靜, 鷹, 言如麃之色白, 沙, 嗚嗚之悲涼者. 豕俯首以食, 首俯則下視, 曰望視則首昂矣. 交睫, 目毛以長, 故交. 黑脊, 言衆體皆異, 而脊獨黑也. 般在前脛, 故曰般臂.

**번역** 엄릉방씨가 말하길, '야명(夜鳴)'은 울 때가 아닌데도 운다는 뜻이다. '적고(赤股)'라는 것은 정강이에 털이 없다면, 정강이 살이 훤히 드러나게 된다. 그렇기 때문에 '적(赤)'자를 붙여서 말한 것이다. '조(躁)'는 그 성질이 정숙하지 못한 것을 뜻하며, '표(鷹)'는 큰 사슴의 털색처럼 흰 것을 뜻하고, '사(沙)'는 울 때 매우 비통하고 처량하게 우는 것을 뜻한다. 돼지는 머리를 처박고 먹이를 먹는데, 머리를 숙이면, 눈을 밑으로 내려뜨게 되어 있다. 그런데 '망시(望視)'라고 했다면, 머리를 위로 치켜든 것을 뜻한다. '교첩(交睫)'은 속눈썹이 길기 때문에, 서로 교차되는 것을 뜻한다. '흑척(黑脊)'이라는 것은 여러 부위들이 모두 다른데, 척추만이 유독 검은 것을 뜻한다. 얼룩무늬가 앞쪽 정강이에 있기 때문에, '반비(般臂)'라고 말한 것이다.

**鄭注** 亦皆爲不利人也. 庮, 惡臭也. 春秋傳曰: "一薰一庮." 泠毛毳, 毛別聚于不解者也. 赤股, 股裏無毛也. 鷹色, 毛變色也. 沙, 猶嘶也. 鬱, 腐臭也. 望視, 視遠也. 腥, 當爲"星", 聲之誤也. 星, 肉中如米者. 般臂, 前脛般般然也. 漏, 當爲"螻", 如螻蛄臭也.

**번역** 이 또한 모두 사람을 이롭게 하지 않는 것들이다. '유(庮)'자는 악취를 뜻한다. 『춘추전』에서는 "향기로운 풀과 악취를 풍기는 것."[7]이라고 했다. '영모취(泠毛毳)'라는 말은 털의 가닥들이 풀어지지 않도록 엉켜 있다는 뜻이다. '적고(赤股)'는 정강이 안쪽 살에 털이 없다는 뜻이다. '표색(鷹色)'은 털색이 변했다는 뜻이다. '사(沙)'자는 "흐느끼다[嘶]."라는 뜻이다. '울(鬱)'자는 부패한 냄새를 뜻한다. '망시(望視)'는 먼 곳을 바라보는 모습을 뜻한다. '성(腥)'자는 마땅히 '성(星)'자가 되어야 하니, 소리가 비슷해서

7) 『춘추좌씨전』「희공(僖公) 4년」: 專之渝, 攘公之羭. 一薰一蕕, 十年尙猶有臭.

생긴 오자이다. '성(星)'은 고기에 쌀알처럼 흰 반점이 있는 것을 뜻한다. '반비(般臂)'는 앞쪽 정강이가 얼룩얼룩한 것을 뜻한다. '누(漏)'자는 마땅히 '누(螻)'자가 되어야 하며, 땅강아지와 같은 냄새가 난다는 뜻이다.

**釋文** 庮音由. 泠音零, 泠, 結毛如氈也. 毳, 昌銳反. 躁, 早報反. 麃, 本又作皫, 劉昌宗音普保反, 徐芳表反, 又普表反. 沙如字, 一音所嫁反, 注同. 睫音接. 腥, 依注作星, 說文云: "腥, 星見食豕, 令肉中生小息肉也." 字林音先定反. 般音班. 臂, 本又作擘, 必避反, 徐方避反. 漏, 依注音螻, 力侯反.

**번역** '庮'자의 음은 '由(유)'이다. '泠'자의 음은 '零(령)'이며, '泠'은 털이 엉킨 것이 담요처럼 단단하게 묶여 있다는 뜻이다. '毳'자는 '昌(창)'자와 '銳(예)'자의 반절음이다. '躁'자는 '早(조)'자와 '報(보)'자의 반절음이다. '麃'자는 판본에 따라서 또한 '皫'자로도 기록하는데, 유창종[8]은 그 음이 '普(보)'자와 '保(보)'자의 반절음이라고 했고, 서음(徐音)은 '芳(방)'자와 '表(표)'자의 반절음이며, 또한 그 음은 '普(보)'자와 '表(표)'자의 반절음도 된다. '沙'자는 글자대로 읽으며, 다른 음은 '所(소)'자와 '嫁(가)'자의 반절음이고, 정현의 주에 나오는 글자도 그 음이 이와 같다. '睫'자의 음은 '接(접)'이다. '腥'자는 정현의 주에 따르면 '星'자로 기록하니, 『설문』에서는 "성(星)은 돼지고기를 먹을 때 나타나니, 고기를 생것 자체로 잠시 나둔 고기이다."라고 했다. 『자림』에서는 그 음을 '先(선)'자와 '定(정)'자의 반절음이라고 했다. '般'자의 음은 '班(반)'이다. '臂'자는 판본에 따라서 또한 '擘'자로도 기록하며, 그 음은 '必(필)'자와 '避(피)'자의 반절음이고, 서음은 '方(방)'자와 '避(피)'자의 반절음이다. '漏'자는 정현의 주에 따르면 그 음은 '螻'이니, '力(력)'자와 '侯(후)'자의 반절음이다.

**孔疏** ●"牛好[9]夜"至"鹿胃". ○正義曰: 此一節論腥臊羶臭及諸物不可食

8) 유창종(劉昌宗, ?~?) : 자세한 이력은 남아 있지 않다. 동진(東晋) 때의 학자이다. 삼례(三禮)에 대한 주를 달아서 이름을 떨쳤다.

9) '호(好)'자에 대하여. '호'자는 본래 없던 글자인데, 완원(阮元)의 『교감기(校

者, 從"牛夜鳴"至"般臂漏", 皆與周禮·內饔職文同.

**번역** ●經文: "牛好夜"~"鹿胃". ○이곳 문단은 비린내가 나며 누린내가 나고 썩은 냄새가 나는 것들과 여러 식재료들 중 먹을 수 없는 것들에 대해서 논의하고 있다. '우야명(牛夜鳴)'이라는 기록부터 '반비루(般臂漏)'라는 기록까지는 모두 『주례』「내옹(內饔)」편의 직무 기록에 기록된 문장과 동일하다.[10)]

**孔疏** ●"牛好夜鳴則庮"者, 庮, 是臭惡之氣, 牛夜鳴則其肉庮臭.

**번역** ●經文: "牛好夜鳴則庮". ○'유(庮)'자는 악취에 해당하니, 소가 밤에 울면, 그 고기에서는 악취가 난다.

**孔疏** ●經"羊泠毛而毳, 羶"者, 羶, 謂羶氣. 泠, 謂毛本稀泠. 毳, 謂毛頭毳結. 羊若如此, 其肉羶氣.

**번역** ●經文: "羊泠毛而毳, 羶". ○'전(羶)'자는 누린내를 뜻한다. '영(泠)'자는 털의 줄기가 듬성듬성 있고 구부러진 것을 뜻한다. '취(毳)'자는 털의 끝이 엉켜 있는 것을 뜻한다. 양의 털이 이와 같다면, 그 고기는 누린내를 낸다.

**孔疏** ●"狗赤股而躁, 臊"者, 臊, 謂臊惡. 赤股, 股裏無毛. 躁, 謂擧動急躁. 狗若如此, 其肉臊惡.

---

勘記)』를 살펴보면, "혜동(惠棟)의 『교송본(校宋本)』에는 '호'자가 기록되어 있고, 위씨(衛氏)의 『집설(集說)』에도 동일하게 기록되어 있으니, 이곳 판본에는 '호'자가 누락된 것이며, 『민본(閩本)』·『감본(監本)』·『모본(毛本)』에도 동일하게 글자가 누락되어 있다."라고 했다.

10) 『주례』「천관(天官)·내옹(內饔)」: 辨腥臊羶香之不可食者. 牛夜鳴則庮; 羊泠毛而毳, 羶; 犬赤股而躁, 臊; 鳥皫色而沙鳴, 貍; 豕盲眡而交睫, 腥; 馬黑脊而般臂, 螻.

**번역** ●經文: "狗赤股而躁, 臊". ○'조(臊)'자는 누린내가 나고 나쁘다는 뜻이다. '적고(赤股)'는 정강이 안쪽 살에 털이 없다는 뜻이다. '조(躁)'는 행동거지가 경박하다는 뜻이다. 개가 이처럼 생기고 행동한다면, 그 고기는 누린내와 나쁜 냄새를 낸다.

**孔疏** ●"鳥皫色而沙鳴, 鬱"者, 鬱, 謂腐臭也. 皫色, 其色變無潤澤. 沙鳴者, 沙, 嘶也, 謂鳴而聲嘶. 鳥若如此, 其肉腐臭.

**번역** ●經文: "鳥皫色而沙鳴, 鬱". ○'울(鬱)'자는 썩은 냄새를 뜻한다. '표색(皫色)'은 그 색이 변색되어 윤택이 없다는 뜻이다. '사명(沙鳴)'에서의 '사(沙)'자는 '시(嘶)'자를 뜻하니, 새가 우는데, 그 목소리가 구슬프다는 뜻이다. 새가 이처럼 울고 또 이처럼 생겼다면, 그 고기는 썩은 냄새를 낸다.

**孔疏** ●"豕望視而交睫, 腥"者, 腥, 謂肉結如星. 望視, 謂豕視望揚. 交睫, 謂目睫毛交. 豕若如此, 則其肉似星也.

**번역** ●經文: "豕望視而交睫, 腥". ○'성(腥)'자는 고기의 뭉친 부위가 별처럼 희끗하다는 뜻이다. '망시(望視)'는 돼지가 멀리 바라보며 머리를 치켜 든다는 뜻이다. '교첩(交睫)'은 속눈썹이 교차한다는 뜻이다. 돼지가 이처럼 생겼다면, 그 고기는 성(星)처럼 된다는 뜻이다.

**孔疏** ●"馬黑脊而般臂, 漏"者, 漏, 謂螻蛄臭. 黑, 謂馬脊黑. 般臂, 謂馬之前脛, 其色般般然. 馬若如此, 其肉如螻蛄臭也.

**번역** ●經文: "馬黑脊而般臂, 漏". ○'누(漏)'자는 땅강아지 냄새가 난다는 뜻이다. '흑(黑)'자는 말의 등뼈가 흑색인 것을 뜻한다. '반비(般臂)'는 말의 앞쪽 정강이 색깔이 얼룩얼룩한 것을 뜻한다. 말이 이처럼 생겼다면, 그 고기는 마치 땅강아지와 같은 냄새를 낸다.

**訓纂** 廣韻: 腥, 豕息肉, 肉中似米.

**번역** 『광운』[11]에서 말하길, '성(腥)'은 돼지고기 중 군더더기 살을 뜻하니, 고기 중에 쌀처럼 생긴 반점들이 포함되어 있다.

**集解** 愚謂: 此周禮內饔文, 鄭司農云: "庮, 朽木臭也." 說文"腥臊"之腥作"胜". 腥字云: "星見食豕, 令肉中生小息肉也." 是腥者, 豕生小肉如星, 故從肉從星.

**번역** 내가 생각하기에, 이것은 『주례』「내옹(內饔)」편의 문장인데, 정사농(鄭司農)은 "'유(庮)'자는 썩은 나무 냄새이다."라고 했다. 『설문』에서는 '성조(腥臊)'의 '성(腥)'자를 '성(胜)'자로 기록하였다. 그리고 '성(腥)'자에 대해서는 "성(星)은 돼지고기를 먹을 때 나타나니, 고기를 생것 자체로 잠시 나둔 고기이다."라고 했다. 따라서 '성(腥)'이라는 것은 돼지고기를 생것으로 잠시 놔둬서, 고기가 희끗하게 변한 것이다. 그렇기 때문에 '육(肉)'자와 '성(星)'자를 구성요소로 하는 것이다.

---

11) 『광운(廣韻)』은 수(隋)나라 때의 학자인 육법언(陸法言, ?~?)이 찬(撰)한 음운학 서적이다. 여러 학자들과 논의하여 『절운(切韻)』을 만들었는데, 당(唐)나라 때 그의 후손인 육눌언(陸訥言) 등이 주를 달았고, 손면(孫愐)이 증보(增補)를 하여 『광운(廣韻)』으로 제목을 고쳤다. 송(宋)나라 때에는 칙명으로 다시 증보를 하여, 『대송중수광운(大宋重修廣韻)』으로 제목을 고쳤다. 『대송중수광운』으로 개명되면서, 최초 육법언 및 손면이 편찬한 원본의 체제가 없어지게 되었다.

【358d】

雛尾不盈握, 弗食. 舒鴈翠 · 鵠鴞胖 · 舒鳧翠 · 雞肝 · 鴈腎 · 鴇奧 · 鹿胃.

**직역** 雛尾가 握에 不盈하면, 弗食한다. 舒**鴈**의 翠 · 鵠**鴞**의 **胖** · 舒鳧의 翠 · **雞**의 肝 · **鴈**의 腎 · **鴇**의 奧 · 鹿의 胃이다.

**의역** 몸집이 작은 새의 꼬리가 한 줌도 안 되면, 먹지 않는다. 거위의 꼬리 · 고니와 부엉이의 옆구리 · 오리의 꼬리 · 닭의 간 · 기러기의 콩팥 · 너새의 지라 · 사슴의 위는 먹지 않는다.

**集說** 舒鴈, 鵝也. 翠, 尾肉也. 胖, 脅側薄肉也. 舒鳧, 鴨也. 鴇, 似鴈而大, 無後指. 奧, 脾肶也, 藏之深奧處也. 此九物亦不可食.

**번역** '서안(舒鴈)'은 거위[鵝]를 뜻한다. '취(翠)'자는 꼬리 고기를 뜻한다. '반(胖)'은 갈비 측면에 붙어 있는 얇은 살을 뜻한다. '서부(舒鳧)'는 오리[鴨]를 뜻한다. '보(鴇)'는 기러기와 유사하지만 몸집이 큰 것으로, 뒷발가락이 없는 것이다. '오(奧)'자는 지라 주머니를 뜻하는데, 장기 중 가장 깊숙한 곳에 있다. 이러한 아홉 가지 부위들 또한 먹어서는 안 된다.

**大全** 嚴陵方氏曰: 握, 手一握也. 尾不盈握, 則形未成, 故弗食. 言此弗食, 則下陳者可知.

**번역** 엄릉방씨가 말하길, '악(握)'은 손을 한 번 쥔 정도의 크기이다. 꼬리가 한 줌도 채우지 못한다면, 그 형체가 아직 완성된 것이 아니다. 그렇기 때문에 먹지 않는 것이다. 이러한 음식을 먹지 않는다고 했다면, 그 뒤에 열거한 것들에 대해서도 먹지 않는다는 사실을 알 수 있다.

**大全** 王氏曰: 天産之物, 所以資氣體之養者也. 所稟之氣, 一有不和, 則資其味者, 疾癘或乘之, 而至於爲害, 不少矣. 每物而辨, 則膳脩之用, 無陰陽偏勝之氣, 而氣體之養賴之而安矣.

**번역** 왕씨가 말하길, 하늘이 낳아준 산물은 기운과 몸체를 봉양하는데 도움을 주는 것들이다. 품수 받은 기운 중 하나라도 조화롭지 못한 것이 있다면, 그 음식 맛을 북돋을 때, 질병이 간혹 그 틈을 타고 나타나서, 해악을 끼치는 지경에 이르게 되니, 이러한 경우가 적지 않다. 매 음식에 대해서 변별을 한다면, 선(膳)이나 수(脩)를 사용하는 것에 있어서도, 음양(陰陽)의 치우친 기운이 없는 것이고, 기운과 몸체를 봉양하는 것도 이것에 힘입어서 안정되는 것이다.

**鄭注** 舒鴈, 鵝也. 翠, 尾肉也. 鵠·鴞胖, 謂脅側薄肉也. 舒鳧, 鶩也. 鴇奥, 脾胵也. 鵠, 或爲鴞也.

**번역** '서안(舒鴈)'은 거위[鵝]를 뜻한다. '취(翠)'자는 꼬리 고기를 뜻한다. '곡(鵠)'과 '효(鴞)'의 '반(胖)'은 옆구리에 붙어 있는 얇은 살을 뜻한다. '서부(舒鳧)'는 집오리[鶩]를 뜻한다. '보오(鴇奥)'에서의 '오(奥)'는 지라와 썩은 부위를 뜻한다. '곡(鵠)'자를 다른 판본에서는 '효(鴞)'자로 기록하기도 한다.

**釋文** 鵠, 胡篤反. 鴞, 于驕反. 胖音判. 鴇音保. 奥, 於六反. 胃音謂, 字又作▼(月+胃), 同. 薰, 許云反, 或作焄, 又作葷. 解, 胡買反. 嘶音西, 字又作斯, 音同. 腐, 扶甫反. 脛, 胡定反. 蛄音姑. 鵝, 五何反. 鶩音木. 脾, 扶移反. 胵, 昌私反.

**번역** '鵠'자는 '胡(호)'자와 '篤(독)'자의 반절음이다. '鴞'자는 '于(우)'자와 '驕(교)'자의 반절음이다. '胖'자의 음은 '判(판)'이다. '鴇'자의 음은 '保(보)'이다. '奥'자는 '於(어)'자와 '六(륙)'자의 반절음이다. '胃'자의 음은 '謂

(위)'이며, 그 글자는 또한 '▼(月+胃)'자로도 기록하는데, 그 음은 동일하다. '薰'자는 '許(허)'자와 '云(운)'자의 반절음이며, 혹은 '焄'자로도 기록하고, 또한 '葷'자로도 기록한다. '解'자는 '胡(호)'자와 '買(매)'자의 반절음이다. '嘶'자의 음은 '西(서)'이며, 그 글자는 또한 '斯'자로도 기록하는데, 그 음은 동일하다. '腐'자는 '扶(부)'자와 '甫(보)'자의 반절음이다. '脛'자는 '胡(호)'자와 '定(정)'자의 반절음이다. '蛄'자의 음은 '姑(고)'이다. '鵝'자는 '五(오)'자와 '何(하)'자의 반절음이다. '鶩'자의 음은 '木(목)'이다. '髀'자는 '扶(부)'자와 '移(이)'자의 반절음이다. '胔'자는 '昌(창)'자와 '私(사)'자의 반절음이다.

**孔疏** ●"雛尾不盈握弗食"者, 雛, 謂小鳥. 尾盈一握, 然後堪食. 若其過小未盈握, 不堪食也. 自此以下, 因廣言不堪食之物.

**번역** ●經文: "雛尾不盈握弗食". ○'추(雛)'자는 몸집이 작은 새를 뜻한다. 꼬리가 한 줌을 채운 뒤에야 먹을 수 있다. 만약 그 몸집이 지나치게 작아서, 한 줌도 안 된다면, 먹을 수가 없다. 이로부터 그 이하의 내용들은 앞의 내용에 따라서, 먹을 수 없는 부위들에 대해서 폭넓게 설명하고 있다.

**孔疏** ●"舒鴈翠"者, 舒鴈, 鵝也. 翠, 謂尾肉也. 言鵝尾之肉不堪食也.

**번역** ●經文: "舒鴈翠". ○'서안(舒鴈)'은 거위[鵝]를 뜻한다. '취(翠)'자는 꼬리 살을 뜻한다. 즉 거위의 꼬리 살은 먹을 수가 없다는 뜻이다.

**孔疏** ●"鵠·鴞胖"者, 胖, 謂脅側薄肉也. 謂鵠鳥·鴞鳥脅側薄肉不可食.

**번역** ●經文: "鵠·鴞胖". ○'반(胖)'은 옆구리에 붙어 있는 엷은 살을 뜻한다. 즉 고니와 부엉이의 옆구리에 붙어 있는 엷은 살은 먹을 수가 없다는 뜻이다.

**孔疏** ●"舒鳧翠"者, 舒鳧謂鶩, 鶩卽是鴨, 其翠不可食. 雞肝鴈腎亦不可食.

**번역** ●經文: "舒鳧翠". ○'서부(舒鳧)'는 '목(鶩)'을 뜻하니, '목(鶩)'은 곧 오리[鴨]에 해당하며, 그 꼬리 살은 먹을 수가 없다. 닭의 간과 기러기의 콩팥 또한 먹을 수가 없다.

**孔疏** ●"鴇奧"者, 奧, 謂脾胵, 謂藏之深奧處. 鴇奧及鹿胃亦不可食. 凡此皆爲不利人也.

**번역** ●經文: "鴇奧". ○'오(奧)'자는 지라 주머니를 뜻하니, 장기 중 깊숙한 곳에 있는 것이다. 너새의 지라 및 사슴의 위 또한 먹을 수가 없다. 무릇 이러한 부위들은 모두 사람에게 이롭지 않은 것이 된다.

**孔疏** ◎注"庮惡"至"鴇也". ○正義曰: 引春秋傳者, 僖四年左傳文, 論晉獻公卜娶驪姬, 其繇曰: "一薰一蕕, 十年尙猶有臭." 薰謂香草, 蕕謂臭草, 薰蕕一時相和, 十年臭氣尙在, 言善易銷, 惡難除也, 蕕比於驪姬之惡也. 云"沙, 猶嘶也"者, 嘶, 謂酸嘶, 古之"嘶"字, 單作"斯"耳. 云"腥, 當爲'星'"者, 謂肉中白點似星也, 故不得爲腥臊之字也. 云"漏, 當爲'螻'"者, 以漏非臭惡氣名, 故讀爲螻也. 云"舒鴈, 鵝"·"舒鳧, 鶩也"者, 爾雅·釋鳥文. 某氏云: "在野舒翼飛, 遠者爲鵝." 李巡云: "野曰鴈, 家曰鵝." 李巡又云: "野曰鳧, 家曰鶩."

**번역** ◎鄭注: "庮惡"~"鴇也". ○정현이 『춘추전』을 인용했는데, 이것은 희공(僖公) 4년에 대한 『좌전』의 문장으로, 진(晉)나라 헌공(獻公)이 여희(驪姬)를 아내로 들이며 점을 쳤는데, 그 점괘에서는 "향기가 나는 풀과 악취를 풍기는 풀을 한 곳에 두면, 10년이 지나더라도, 여전히 악취를 낸다."라고 했다. '훈(薰)'자는 향기를 내는 풀을 뜻하고, '유(蕕)'자는 악취를 내는 풀을 뜻하는데, 향기를 내는 풀과 악취를 내는 풀을 동시에 합쳐 놓으면, 10년 동안 그 악취가 남아 있게 된다는 뜻으로, 선(善)함은 쉽게 사라지지만, 악(惡)함은 제거하기 어렵다는 의미로, 악취를 내는 풀을 여희의 악(惡)함에 비유한 것이다. 정현이 "'사(沙)'자는 '흐느끼다[嘶].'라는 뜻이다."라고 했는데, '시(嘶)'자는 애통하게 우는 모습을 뜻하며, 고대의 '시(嘶)'자를 간략히 '사(斯)'자로 기록한 것일 뿐이다. 정현이 "'성(腥)'자는 마땅히 '성(星)'자가 되어야 한다."라고 했는데, 고기 중에 흰색 반점이 있는 것이 마치 별과 같다는 뜻이다. 그렇기 때문에 이 글자는 비린내를 낸다는 뜻의 '성(腥)'자가 될 수 없는 것이다. 정현이 "'누(漏)'자는 마땅히 '누(螻)'자가 되어야 한다."라고 했는데, '누(漏)'자는 악취를 낸다는 뜻의 글자가 아니기 때문에, '누(螻)'자로 풀이한 것이다. 정현이 "'서안(舒鴈)'은 거위[鵝]를 뜻한다."라고 했고, "'서부(舒鳧)'는 집오리[鶩]를 뜻한다."라고 했는데, 이것은 『이아』「석조(釋鳥)」편의 문장이다.[12] 이 문장에 대해 모씨(某氏)는 "야생에서 서식하며, 느릿하게 날개를 펴서 날고, 멀리 날아가는 것을 아(鵝)라고 한다."라고 했고, 이순은 "야생에 있는 것은 안(鴈)이라고 부르고, 집에서 키우는 것을 아(鵝)라고 부른다."라고 했다. 이순은 또한 "야생에 있는 것을 부(鳧)라고 부르며, 집에서 키우는 것을 목(鶩)이라고 부른다."라고 했다.

**集解** 愚謂: 上節所言, 全體之不可食者, 因物形之變而察之也. 此節所言, 一體之不可食者, 據物理之常而知之也.

**번역** 내가 생각하기에, 앞 단락에서 언급한 내용은 그 재료의 전체를 먹을 수 없는 것들이다. 따라서 그 식재료의 변화된 형체에 따라서 살펴보는 것이다. 이곳 단락에서 언급한 내용은 그 재료 중 일부를 먹을 수 없는 것들이다. 따라서 사물에 대한 일반적인 기준에 근거해보면, 먹을 수 있는지 또는 없는지를 알 수 있다.

12) 『이아』「석조(釋鳥)」: 舒鴈, 鵝. / 『이아』「석조(釋鳥)」: 舒鳧, 鶩.

그림 25-1 ▣ 보(鴇)

※ 출처: 『삼재도회(三才圖會)』「조수(鳥獸)」 1권

# • 제 26 절 •

## 저(菹) · 헌(軒) · 벽계(辟雞) · 완비(宛脾)의 조리법

【358d~359a】

肉腥細者爲膾, 大者爲軒. 或曰: "麋鹿魚爲菹, 麕爲辟雞, 野豕爲軒, 兎爲宛脾. 切葱若薤, 實諸醯以柔之."

**직역** 肉腥의 細者는 膾가 爲하며, 大者는 軒이 爲한다. 或은 曰, "**麋** · 鹿 · 魚로는 菹를 爲하고, **麕**으로는 **辟雞**를 爲하며, 野豕로는 軒을 爲하며, 兎로는 宛脾를 爲한다. **薤**와 若한 **葱**을 切한 것은 醯에 實하여 柔한다."

**의역** 생고기를 가늘게 저민 것은 회(膾)가 되며, 크게 자른 것은 헌(軒)이 된다. 혹은 "큰 사슴고기 · 사슴고기 · 물고기로는 절임을 만들고, 노루로는 벽계(**辟雞**)를 만들며, 멧돼지로는 헌(軒)을 만들고, 토끼로는 완비(宛脾)를 만든다. 염교나 파를 썰어서, 젓갈에 담가서 부드럽게 만든다."라고 했다.

**集說** 細縷切者爲膾, 大片切者爲軒. 或用葱或用薤, 故云切葱若薤. 肉與葱薤皆置之醋中, 故云實諸醯. 浸漬而熟, 則柔軟矣, 故曰柔之.

**번역** 가늘고 잘게 저민 것은 '회(膾)'가 되고, 크게 자른 것은 '헌(軒)'이 된다. 혹은 파를 이용하기도 하고, 혹은 염교를 이용하기도 한다. 그렇기 때문에 "염교나 파를 자른다."라고 말한 것이다. 고기와 파 및 염교는 모두 식초에 재우게 된다. 그렇기 때문에 "젓갈에 담근다."라고 말한 것이다. 재워서 숙성을 시키게 된다면, 연하고 부드럽게 된다. 그렇기 때문에 "연하게 한다."라고 말한 것이다.

**集說** 疏曰: 爲記之時, 無菹軒辟雞宛脾之制, 作之未審, 舊有此言, 記者承而用之, 故稱或曰. 其辟雞·宛脾及軒之名, 其義未聞.

**번역** 공영달의 소(疏)에서 말하길, 『예기』를 기록했을 당시에는 저(菹)·헌(軒)·벽계(辟雞)·완비(宛脾)를 만드는 방법이 남아 있지 않았으므로, 기록을 상세하게 하지 못한 것인데, 옛 기록에 이러한 말들이 남아 있어서, 『예기』를 기록한 자가 그 내용을 가져와서 인용한 것이다. 그렇기 때문에 '혹왈(或曰)'이라고 지칭한 것이다. 벽계(辟雞)·완비(宛脾) 및 헌(軒)의 명칭에 대해서는 그 자세한 의미를 들어보지 못했다.

**鄭注** 言大切·細切異名也. 膾者必先軒之, 所謂"聶而切之也". 此軒·辟雞·宛脾, 皆菹類也. 釀菜而柔之以醯, 殺腥肉及其氣. 今益州有鹿▼(歹+委)者, 近由此爲之矣. 菹·軒, 聶而不切; 辟雞·宛脾, 聶而切之. 軒或爲胖, 宛或作鬱.

**번역** 크게 자르고, 가늘게 저미느냐에 따라 명칭을 달리한다는 의미이다. '회(膾)'라는 것은 그것을 만들 때, 반드시 그보다 앞서서 헌(軒)으로 만드니, 이른바 "크게 갈라서 자른다."[1]는 뜻에 해당한다. 여기에서 말하는 헌(軒)·벽계(辟雞)·완비(宛脾)는 모두 절임을 하는 종류들이다. 채소를 절여서 부드럽게 할 때에는 젓갈을 이용하고, 생고기의 육질 및 그 기운을 상쇄시킨다. 현재 익주(益州) 지역에는 '녹위(鹿▼(歹+委))'라는 것이 있는데, 이러한 방법으로 만든 것에 가까웠을 것이다. 저(菹)와 헌(軒)은 크게 자르되 잘게 저미지 않고, 벽계(辟雞)와 완비(宛脾)는 크게 잘라서 잘게 저민다. '헌(軒)'자를 다른 판본에서는 '반(胖)'자로 기록하기도 하며, '완(宛)'자를 다른 판본에서는 '울(鬱)'자로 기록하기도 한다.

**釋文** 腥音星, 字林作胜, 云"不熟也", 先丁反. 聶, 本又作攝, 又作牒, 皆之

1) 『예기』「소의(少儀)」【441d】: 牛與羊魚之腥, 聶而切之爲膾. 麋鹿爲菹, 野豕爲軒, 皆聶而不切. 麕爲辟雞, 兎爲宛脾, 皆聶而切之, 切蔥若薤實之醯以柔之.

涉反, 下同. 麏爲, 九倫反. 辟, 必益反, 徐芳益反, 注同. 宛, 于晩反. 脾, 婢支反. 醯, 徐呼兮反, 本或作醢. ▼(歹+委), 於僞反, 益州人取鹿殺而埋之地中, 令臭乃出食之, 名鹿▼(歹+委)是也. 近, 附近之近.

**번역** '腥'자의 음은 '星(성)'이며, 『자림』에서는 '胜'자로 기록하고, "숙성시키지 않은 것이다."라고 했으며, 그 음은 '先(선)'자와 '丁(정)'자의 반절음이다. '聶'자는 판본에 따라서 또한 '攝'자로도 기록하고, 또 '牒'자로도 기록하는데, 이 글자들은 모두 '之(지)'자와 '涉(섭)'자의 반절음이고, 아래문장에 나오는 글자들은 모두 그 음이 이와 같다. '麏爲'에서의 '麏'자는 '九(구)'자와 '倫(륜)'자의 반절음이다. '辟'자는 '必(필)'자와 '益(익)'자의 반절음이며, 서음(徐音)은 '芳(방)'자와 '益(익)'자의 반절음이고, 정현의 주에 나오는 글자도 그 음이 이와 같다. '宛'자는 '于(우)'자와 '晩(만)'자의 반절음이다. '脾'자는 '婢(비)'자와 '支(지)'자의 반절음이다. '醯'자의 서음은 '呼(호)'자와 '兮(혜)'자의 반절음이고, 판본에 따라서는 또한 '醢'자로도 기록한다. '▼(歹+委)'자는 '於(어)'자와 '僞(위)'자의 반절음이며, 익주(益州) 지역의 사람들은 사슴 죽은 것을 가져다가 땅속에 매장을 하고, 냄새가 나도록 한 뒤에, 꺼내서 먹는데, 그것을 '녹위(鹿▼(歹+委))'라고 부르는데, 바로 이 음식에 해당한다. '近'자는 '부근(附近)'이라고 할 때의 '近'자 음이다.

**孔疏** ●"或曰"至"柔之". ○正義曰: 此一節明齏菹之異, 用肉不同. 言"或曰"者, 作記之人, 爲記之時, 無菹·軒·辟雞·宛脾之制, 作之未審, 舊有此言, 記者承而用之, 故稱"或曰".

**번역** ●經文: "或曰"~"柔之". ○이곳 문단은 회와 절임이 다르고, 사용하는 고기도 다르다는 사실을 나타내고 있다. 경문에서 '혹왈(或曰)'이라고 말한 것은 『예기』를 기록한 자가 『예기』를 기록한 당시에는 저(菹)·헌(軒)·벽계(辟雞)·완비(宛脾)를 만드는 방법이 남아 있지 않았으므로, 기록을 상세하게 하지 못한 것인데, 옛 기록에 이러한 말들이 남아 있어서, 『예기』를 기록한 자가 그 내용을 가져와서 인용한 것이다. 그렇기 때문에 '혹왈(或

曰)'이라고 지칭한 것이다.

**孔疏** ●"麋·鹿·魚爲菹"者, 凡大切, 若全物爲菹, 細切者爲齏. 其牲體大者菹之, 其牲體小者齏之. 用此麋鹿魚爲菹, 及野豕爲軒, 是菹也. 麕爲辟雞·兎爲宛脾者, 是齏也. 故鄭注醢人云: "細切爲齏, 全物若牒爲菹." 少儀曰: "麋鹿爲菹, 野豕爲軒, 皆牒而不切. 麕爲辟雞, 兎爲宛脾, 皆牒而切之." 是菹大而齏小也. 按少儀不云魚, 此云魚者, 記者異聞也. 此"魚"與"麋鹿"相對, 是魚之大者, 故以爲菹, 其辟雞·宛脾及軒之名, 其義未聞.

**번역** ●經文: "麋·鹿·魚爲菹". ○무릇 크게 자른 것은 마치 식재료 전체를 절이는 것과 같은데, 가늘게 저민 것은 '제(齏: 회)'를 만든다. 희생물의 몸체 중 큰 부위는 절이고, 희생물의 몸체 중 작은 부위는 회로 썬다. 이곳에서는 큰 사슴고기·사슴고기·물고기를 이용해서 저(菹)를 만든다고 했고, 멧돼지로는 헌(軒)을 만든다고 했는데, 이것들은 바로 절임에 해당한다. 노루로는 벽계(辟雞)를 만들고, 토끼로는 완비(宛脾)를 만든다고 했는데, 이것들은 바로 회에 해당한다. 그렇기 때문에 『주례』「해인(醢人)」편에 대한 정현의 주에서는 "가늘게 저민 것은 회로 만들고, 크게 자른 것이나 몸체 전체로는 절임을 만든다."[2]라고 한 것이다. 『예기』「소의(少儀)」편에서는 "큰 사슴고기와 사슴고기로는 절임을 만들고, 멧돼지로는 헌(軒)을 만드는데, 모두 크게 썰어서 잘게 저미지 않는다. 노루로는 벽계(辟雞)를 만들고, 토끼로는 완비(宛脾)를 만드는데, 이 모두는 크게 썰어서 잘게 저미게 된다."[3]라고 했는데, 이때의 절임은 크게 자른 것이고, 회는 작게 자른 것이다. 「소의」편을 살펴보면, 물고기에 대해서는 언급하지 않았고, 이곳에서는 물고기를 언급했는데, 『예기』를 기록한 자가 들은 내용이 각각

---

2) 이 문장은 『주례』「천관(天官)·해인(醢人)」편의 "凡祭祀, 共薦羞之豆實, 賓客·喪紀亦如之. 爲王及后·世子共其內羞. 王擧, 則共醢六十罋, 以五齊·七醢·七菹·三臡實之."라는 기록에 대한 정현의 주이다.

3) 『예기』「소의(少儀)」【441d】: 牛與羊魚之腥, 聶而切之爲膾. 麋鹿爲菹, 野豕爲軒, 皆聶而不切. 麕爲辟雞, 兎爲宛脾, 皆聶而切之, 切葱若薤實之醯以柔之.

달랐기 때문이다. 이곳의 '어(魚)'자와 '미록(麋鹿)'이라는 글자는 서로 대비가 되고 있으니, 이때의 물고기는 물고기 중에서도 큰 것이다. 그렇기 때문에 그것을 절임으로 만들 수 있었던 것이며, 벽계(辟雞)와 완비(宛脾) 및 헌(軒)의 명칭들에 대해서는 그 의미를 들어보지 못했다.

**孔疏** ●"切葱若薤, 實諸醯以柔之"者, 此亦少儀文也. 或用葱, 或用薤, 故云"切葱若薤". 肉與葱薤, 置諸醋中, 故云"實諸醯". 物置醯中, 悉皆濡熟, 故云"柔之".

**번역** ●經文: "切葱若薤, 實諸醯以柔之". ○이 또한 『예기』「소의(少儀)」편에 나오는 문장이다. 어떤 것은 파를 이용하고, 어떤 것은 염교를 이용하기 때문에, "염교나 파를 자른다."라고 말한 것이다. 고기와 파 및 염교는 식초에 담그게 된다. 그렇기 때문에 "젓갈에 담는다."라고 말한 것이다. 식재료를 젓갈에 담그면, 모두 부드럽게 되고 숙성이 된다. 그렇기 때문에 "부드럽게 한다."라고 말한 것이다.

**孔疏** ◎注"釀菜"至"切之". ○正義曰: 此經云"葱薤" 是釀菜而柔之, 故鄭注醢人云: "齏菹之稱, 菜肉通也." 云"今益州有鹿▼(歹+委)者, 近由此爲之矣"者, 鄭以今益州人有將鹿肉畜之▼(歹+委)爛, 謂之鹿▼(歹+委), 附近由此名古之菹軒, 而爲此鹿▼(歹+委)也. 云"菹軒, 聶而不切, 辟雞·宛脾, 聶而切之"者, 皆少儀文. 聶, 則牒也, 聲相近耳.

**번역** ◎鄭注: "釀菜"~"切之". ○이곳 경문에서는 '총해(葱薤)'라고 했는데, 이것은 채소를 숙성시켜서 부드럽게 만든 것이다. 그렇기 때문에 『주례』「해인(醢人)」편에 대한 정현의 주에서는 "회와 절임을 지칭하니, 채소와 고기에 모두 통용된다."라고 한 것이다.[4] 정현이 "현재 익주(益州) 지역에

---

4) 이 문장은 『주례』「천관(天官)·해인(醢人)」편의 "凡祭祀, 共薦羞之豆實, 賓客·喪紀亦如之. 爲王及后·世子共其內羞. 王舉, 則共醢六十甕, 以五齊·七醢·七菹·三臡實之."라는 기록에 대한 정현의 주이다.

는 '녹위(鹿▼(歹+委))'라는 것이 있는데, 이러한 방법으로 만든 것에 가까웠을 것이다."라고 했는데, 정현은 현재의 익주 지역 사람들에게는 사슴고기를 숙성시킨 것이 있는데, 그것을 '녹위(鹿▼(歹+委))'라고 부르니, 이러한 명칭에 따라 고대의 저(菹)와 헌(軒)이라는 것도 바로 '녹위(鹿▼(歹+委))'라는 것과 비슷하다고 한 것이다. 정현이 "저(菹)와 헌(軒)은 크게 자르되 잘게 저미지 않고, 벽계(辟雞)와 완비(宛脾)는 크게 잘라서 잘게 저민다."라고 했는데, 이 모두는 「소의」편에 나오는 문장이다. '섭(聶)'자는 '접(牒)'자의 뜻이니, 소리가 서로 비슷해서 이처럼 기록한 것일 뿐이다.

**訓纂** 說文: 牒, 薄切肉也. 膾, 細切肉也.

**번역** 『설문해자』에서 말하길, '접(牒)'자는 고기를 얇게 자른 것을 뜻한다. '회(膾)'자는 고기를 가늘게 자른 것을 뜻한다.

**集解** 愚謂: 肉腥, 謂用生肉釀而食之也. 細者爲膾, 大者爲軒, 此謂不辨牲之大小, 凡細切者皆爲膾, 大切者皆爲軒也. 或者之說, 則謂切肉之名, 牲各不同, 故又記之. 鄭註周禮云: "全物若牒爲菹, 細切爲齏." 此謂切菜大小之異名, 故醢人云: "掌五齏七菹." 此專謂菜爲齏·菹也. 然齏·菹之名, 菜肉通, 故此言菹與軒, 皆菹也; 辟雞 · 宛脾, 皆齏也. 齏 · 菹雖異, 然皆是以醯釀牲肉, 故鄭云"軒 · 辟雞 · 宛脾, 皆菹類也."

**번역** 내가 생각하기에, '육성(肉腥)'이라는 말은 생고기를 숙성시켜서 먹는다는 뜻이다. 가늘게 자른 것을 '회(膾)'라고 하며, 크게 자른 것을 '헌(軒)'이라고 하는데, 이곳에서는 희생물의 몸집 크기에 따른 구분을 하지 않고, 무릇 가늘게 자른 것들을 모두 회(膾)라고 한 것이고, 크게 자른 것들을 모두 헌(軒)이라고 한 것이다. 혹자의 주장은 곧 고기를 자르는 명칭이 희생물에 따라 각각 다르다는 뜻이다. 그렇기 때문에 또한 이 내용을 기록해둔 것이다. 『주례』에 대한 정현의 주에서는 "크게 자른 것이나 몸체 전체를 이용한 것을 '저(菹)'라고 하며, 가늘게 저민 것을 '제(齏)'라고 부른다."

라고 했다. 이것은 곧 채소를 자른 크기에 따라 명칭을 달리한다는 뜻이다. 그렇기 때문에 『주례』「해인(醢人)」편에서는 "오제(五齏)와 칠저(七菹)에 대한 일을 담당한다."라고 했는데, 이것은 전적으로 채소를 이용해서 제(齏)와 저(菹)를 만든 것을 뜻한다. 그렇다면 제(齏)와 저(菹)라는 명칭은 채소와 고기에 모두 통용이 된다. 그렇기 때문에 이곳에서 말한 '저(菹)'와 '헌(軒)'은 모두 저(菹)에 해당하고, '벽계(辟雞)'와 '완비(宛脾)'는 모두 제(齏)에 해당한다. 제(齏)와 저(菹)는 비록 다른 것이지만, 이 모두는 젓갈을 이용해 희생물의 고기를 숙성시키는 것이다. 그렇기 때문에 정현은 "헌(軒) · 벽계(辟雞) · 완비(宛脾)는 모두 저(菹)의 종류이다."라고 말한 것이다.

그림 26-1 ▣ 해(薤)

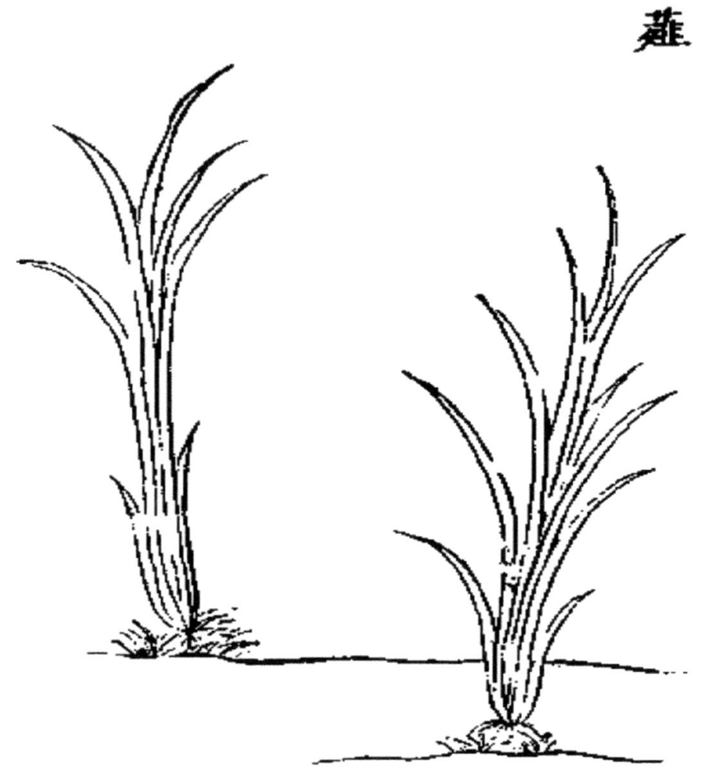


※ **출처:** 『삼재도회(三才圖會)』「초목(草木)」 10권

# • 제27절 •

## 신분에 따른 평등과 차등

【359a】

**羹食，自諸侯以下至於庶人，無等．大夫無秩膳，大夫七十而有閣．**

**직역** 羹食는 諸侯로 自하여 下로 庶人에 至하여, 等이 無한다. 大夫는 秩膳이 無하고, 大夫는 七十하고 閣이 有하다.

**의역** 국과 밥은 평상시에 먹는 것들이니, 제후로부터 서인(庶人)에 이르기까지 신분에 따른 차등이 없다. 대부(大夫)에게는 항상 차리게 되는 요리가 없고, 대부의 나이가 70이 되어서야, 음식물을 올려두는 각(閣)을 두게 된다.

**集說** 羹與飯常日所食，故無貴賤之等差．秩，常也．五十始命，未爲甚老，故無常膳．七十有閣，則有秩膳矣．閣以板爲之，所以庋飮食之物．

**번역** 국과 밥은 평상시에 먹는 것들이다. 그렇기 때문에 귀천의 등급에 따른 차등이 없는 것이다. '질(秩)'자는 항상[常]이라는 뜻이다. 50세가 되어서야 비로소 명(命)을 받아 대부(大夫)가 되는데, 아직은 매우 늙은 것이 아니다. 그렇기 때문에 항상 먹게 되는 요리가 없는 것이다. 70세가 되어 각(閣)을 둔다면, 항상 먹게 되는 요리가 있는 것이다. 각(閣)은 널판을 이용해서 만드는데, 음식물을 올려두는 것이다.

**大全** 嚴陵方氏曰：食爲主，羹爲配，人所日用者也．唯稱有無，隨其所宜，不制豐殺而預爲之等．雖然此特自諸侯以下而已．若夫四海之奉一人之尊，又安得無等乎? 所以言諸侯以下也. 前言士不貳羹胾, 則士羹亦有等矣. 蓋彼主燕食, 此主常食言之也. 燕食以禮爲等, 故不可無等, 常食以養爲主, 故不可不隨宜焉.

**번역** 엄릉방씨가 말하길, 밥은 식사의 중심이 되고, 국은 밥과 짝을 이루니, 사람들이 매일 먹는 음식이다. 오직 가지고 있는 것에 걸맞게 하고, 합당한 것에 따르게 되며, 성대하게 하거나 낮춰서 미리 그것들에 대한 차등을 제정하지 않은 것이다. 비록 그렇다고 하지만, 이곳에서는 단지 제후(諸侯)로부터 그 이하의 계층에게만 이처럼 적용될 따름이라고 했다. 만약 사해(四海) 이내의 모든 사람들이 받드는 존귀한 천자인 경우라면, 또한 어떻게 차등이 없을 수 있겠는가? 이것이 바로 제후 이하의 계층에 대해서만 언급한 이유이다. 앞에서 사(士) 계층은 국과 자(胾)를 중복되게 진설하지 않는다고 했다면,[1] 사(士)가 먹는 국에도 또한 차등이 있는 것이다. 무릇 그 기록에서는 연회 때의 음식을 위주로 언급한 것이고, 이곳에서는 일상적으로 먹는 음식을 위주로 말을 했기 때문이다. 연회 때 먹는 음식에서는 예(禮)에 따른 차등을 둔다. 그렇기 때문에 차등이 없을 수 없는 것이고, 일상적으로 먹는 음식에서는 봉양하는 뜻을 위주로 삼는다. 그렇기 때문에 합당한 것에 따르지 않을 수가 없는 것이다.

**鄭注** 羹食, 食之主也. 庶羞乃異耳. 謂五十始命, 未甚老也. 秩, 常也. 有秩膳也. 閣以板爲之, 庋食物也.

**번역** 국과 밥은 식사의 중심이 된다. 다른 반찬들은 차이를 보일 따름이다. 50세가 되면 비로소 명(命)을 받아서 대부(大夫)가 되는데, 아직까지는 매우 늙은 것이 아니라는 의미이다. '질(秩)'자는 항상[常]이라는 뜻이다. 각(閣)이 있다는 말은 항상 차리는 요리가 있다는 뜻이다. 각(閣)은 널판을 이용해서 만드는데, 음식을 올려두는 것이다.

---

1) 『예기』「내칙」【357b】: 大夫燕食, 有膾無脯, 有脯無膾. 士不貳羹胾. 庶人耆老不徒食.

**釋文** 食音嗣, 注"羹食"幷下文"食禮"同. 庪, 又作庋, 九委反, 或居彼反, 本亦作處.

**번역** '食'자의 음은 '嗣(사)'이며, 정현의 주에 나오는 '羹食'와 아래문장에 나오는 '食禮'에서의 '食'자도 모두 그 음이 이와 같다. '庪'자는 또한 '庋'자로도 기록하며, '九(구)'자와 '委(위)'자의 반절음이고, 혹은 '居(거)'자와 '彼(피)'자의 반절음도 되고, 판본에 따라서는 또한 '處'자로도 기록한다.

**孔疏** ●"羹食"至"坫一". ○正義曰: 此一節論天子諸侯及大夫士等尊卑膳食節級之等差.

**번역** ●經文: "羹食"~"坫一". ○이곳 문단은 천자(天子)·제후(諸侯) 및 대부(大夫)·사(士) 등의 계급이 신분의 차이에 따라 차려내는 음식들과 등급에 따른 차등을 논의하고 있다.

**孔疏** ◎注"羹食"至"異耳". ○正義曰: 食, 謂飯也. 言羹之與飯, 是食之主, 故諸侯以下無等差也. 此謂每日常食, 若非是依常禮, 食之外, 或別有牛羊豕之肉, 隨時得爲羹也. 其黍稷稻粱之屬, 依禮正食之外, 隨等別有稼穡收穫, 皆得爲飯, 故云羹食無等. 若依禮正食 · 天子日食, 卽周禮 · 膳夫王日一擧, 鼎十有二物, 皆有俎. 及天子八簋, 諸侯六簋, 大夫四簋, 此等卽尊卑亦有差降也. 言"羹食, 食之主也"者, 凡人所食, 羹飯爲主, 助以雜物, 醬是衆食所須, 故曲禮云: "醯醬處內." 注云: "近醯醬者, 食之主." 又按公食大夫禮"宰夫自東房授醯醬, 公設之", 注云"以其爲饌本", 是也. 又牲與黍稷亦諸食之本, 故掌客云"鼎簋十有二", 注云: "合言鼎簋者, 牲與黍稷俱食之主也." 雖文各有所施, 大理不異. 云"庶羞乃異耳"者, 公食大夫禮: "下大夫十六豆, 上大夫二十豆." 又周禮 · 掌客云: "上公食四十, 侯伯食三十二, 子男食二十四." 鄭注云: "食, 謂庶羞美[2]可食者." 是"庶羞乃異"也.

---

2) '미(美)'자에 대하여. '미'자는 본래 '갱(羹)'자로 기록되어 있었는데, 손이양(孫詒讓)의 『교기(校記)』에서는 "'미'자는 『주례』「장객(掌客)」편의 주 기록

**번역** ◎鄭注: "羹食"~"異耳". ○'사(食)'자는 밥을 뜻한다. 즉 국과 밥은 음식의 중심이 된다는 뜻이다. 그렇기 때문에 제후(諸侯)로부터 그 이하의 계층에는 차등이 없다고 말한 것이다. 이 내용은 매일 먹는 일상적인 식사에 대한 내용이니, 만약 이 내용이 일상적인 예법에 따른 것이 아니라면, 밥 이외에 간혹 별도로 소·양·돼지의 고기가 포함되는데, 이것은 당시의 시기에 따라서 국으로 만들 수 있는 것들이다. 메기장·차기장·쌀·조 등에 있어서, 예법에 따른 정식(正食) 이외의 경우라면, 등급에 따라 별도로 농작물을 수확한 것이 있을 때, 이 모두는 밥으로 만들 수가 있다. 그렇기 때문에 국과 밥에는 차등이 없다고 말한 것이다. 만약 예법에 따른 정식과 천자가 날마다 먹는 밥의 경우라면, 『주례』「선부(膳夫)」편에서 천자는 날마다 한 차례 성찬을 들며, 정(鼎)을 갖춰 12가지 음식을 갖추고, 이 모두를 조(俎)에 차려낸다고 했다. 그리고 천자의 경우 8개의 궤(簋)를 차리고, 제후는 6개의 궤(簋)를 차리며, 대부는 4개의 궤(簋)를 차린다고 했는데, 이러한 기록 등은 곧 신분에 따라서 또한 차등적으로 낮춤이 있었음을 나타낸다. 정현이 "국과 밥은 식사의 중심이 된다."라고 했는데, 일반사람들이 식사를 하는 경우, 국과 밥이 중심이 되고, 여러 사물들이 식사를 돕게 되는데, 장(醬)은 여러 음식들을 찍어 먹을 때 필요로 한 것이다. 그렇기 때문에 『예기』「곡례(曲禮)」편에서는 "젓갈류는 안쪽에 놓아둔다."[3]라고 한 것이고, 이 문장에 대한 정현의 주에서는 "젓갈류를 가까이에 두는 이유는 음식을 먹는데 주가 되기 때문이다."라고 말한 것이다. 또 『의례』「공사대부례(公食大夫禮)」편을 살펴보면, "재부(宰夫)는 동방(東房)으로부터 젓갈류를 건네고, 군주가 그것을 진설한다."[4]라고 했고, 이 문장에 대한 주에서 "그것들이 반찬들의 중심이 되기 때문이다."라고 한 말이 바로 이러한 사실을 나타낸다. 또한 희생물의 고기와 메기장·차기장 또한 여러 음식들의 중심

---

에 따라 수정하였다."라고 했다.

3) 『예기』「곡례상(曲禮上)」【26d】: 凡進食之禮, 左殽右胾, 食居人之左, 羹居人之右. 膾炙處外, 醯醬處內, 葱渫處末, 酒漿處右, 以脯脩置者, 左朐右末.

4) 『의례』「공사대부례(公食大夫禮)」: 公降盥. 賓降, 公辭. 卒盥, 公壹揖, 壹讓, 公升, 賓升. 宰夫自東房授醯醬. 公設之.

이 된다. 그렇기 때문에 『주례』「장객(掌客)」편에서는 "정(鼎)과 궤(簋)가 12개이다."라고 한 것이고, 이 문장에 대한 정현의 주에서는 "정(鼎)과 궤(簋)를 합해서 말한 것은 희생물과 메기장·차기장은 모두 음식의 중심이 되기 때문이다."라고 말한 것이다. 비록 각각의 문장들은 주안점을 둔 것이 따로 있지만, 대체적인 이치에서는 차이가 없다. 정현이 "다른 반찬들은 차이를 보일 따름이다."라고 했는데, 「공사대부례」편에서는 "하대부(下大夫)는 16개의 두(豆)를 진설하고, 상대부(上大夫)는 20개의 두(豆)를 진설한다."라고 했고, 또 『주례』「장객」편에서는 "상공(上公)의 식사에는 40개를 진설하고, 후작·백작의 식사에는 32개를 진설하며, 자작·남작의 식사에는 24개를 진설한다."라고 했으며, 정현의 주에서는 "'식(食)'자는 여러 음식들 중 맛이 좋아서 먹을 수 있는 것들을 뜻한다."라고 했다. 이것이 바로 "다른 반찬들은 차이를 보인다."는 내용에 해당한다.

**孔疏** ◎注"謂五"至"常也". ○正義曰: 知"五十始命, 未甚老也"者, 以下云: "六十宿肉", 是有常秩." 此經云"無秩膳", 故知是五十也. "秩, 常", 釋詁文.

**번역** ◎鄭注: "謂五"~"常也". ○정현이 "50세가 되면 비로소 명(命)을 받아서 대부(大夫)가 되는데, 아직까지는 매우 늙은 것이 아니다."라고 했는데, 이 말이 사실임을 알 수 있는 이유는 아래문장에서 "60세가 되면, 숙육(宿肉)을 먹는다."라고 했는데, 이 말은 항상 차려내는 요리가 있다는 사실을 나타낸다. 이곳 경문에서는 "질선(秩膳)이 없다."라고 했다. 그렇기 때문에 그 나이가 50세임을 알 수 있는 것이다. 정현이 "'질(秩)'자는 항상[常]이라는 뜻이다."라고 했는데, 이것은 『이아』「석고(釋詁)」편의 문장이다.[5]

5) 『이아』「석고(釋詁)」: 典·彝·法·則·刑·範·矩·庸·恒·律·戛·職·秩, 常也.

**孔疏** ◎注"有秩"至"物也". ○正義曰: 此經云"七十而有閣", 故知有"秩膳也". 然則六十者, 比五十者則有常肉, 比七十者則有無肉時也.

**번역** ◎鄭注: "有秩"~"物也". ○이곳 경문에서는 "70세가 되면 각(閣)을 둔다."라고 했다. 그렇기 때문에 항상 차리게 되는 요리가 있다는 사실을 알 수 있는 것이다. 그렇다면 60세가 된 경우, 50세인 자와 비교해보면, 항상 먹게 되는 고기요리가 있지만, 70세가 된 자와 비교를 해보면, 고기요리가 포함되지 않을 때도 있는 것이다.

**集解** 愚謂: 無等, 謂常食皆得有羹食也. 士不貳羹·胾, 庶人耆老不徒食, 則庶人非耆老, 常食不得有胾矣. 大夫燕食, 有脯無膾, 有膾無脯, 則士常食不得有脯·膾矣. 諸侯日食特牲, 則大夫日食不得有成牲矣. 此之謂有等. 若羹食, 則上下皆有之, 故曰"無等". 若羹食所用之物, 與其多少之差, 則諸侯以下遞有降殺, 未嘗無等也.

**번역** 내가 생각하기에, '무등(無等)'이라는 말은 일상적으로 먹는 식사에서는 모두 국과 밥을 갖출 수 있다는 뜻이다. 사(士)는 국과 자(胾)를 중복되게 차릴 수 없다고 했고, 서인(庶人) 중 노인들은 반찬을 갖추지 않고 음식을 먹지 않는다고 했으니, 서인들 중 노인이 아닌 자들은 일상적인 식사에서 자(胾)를 갖출 수 없는 것이다. 대부(大夫)가 연사(燕食)를 하는 경우, 포(脯)가 있다면 회(膾)가 없고, 회(膾)가 있다면 포(脯)가 없다고 했으니, 사(士)가 일상적으로 식사를 할 때에는 포(脯)와 회(膾)를 갖출 수 없는 것이다. 제후(諸侯)의 경우, 날마다 식사를 할 때, 한 마리의 희생물을 잡게 되니, 대부가 날마다 식사를 할 때에는 희생물의 고기 전체를 갖출 수 없는 것이다. 이러한 것들을 바로 '유등(有等)'이라고 부른다. 만약 국과 밥과 같은 경우라면, 상하 계급에서 모두 이것들을 갖추게 된다. 그렇기 때문에 "차등이 없다."라고 말한 것이다. 국과 밥을 만들 때 사용되는 식재료와 그것에 사용되는 수량의 차등에 있어서는 제후로부터 그 이하의 계급에서 차등적으로 줄이는 차이가 있게 되니, 일찍이 차등이 없었던 적이 없다.

【359b】

**天子之閣, 左達五, 右達五. 公侯伯於房中五, 大夫於閣三, 士於坫一.**

**직역** 天子의 閣은 左達에 五하고, 右達에 五한다. 公·侯·伯은 房中에 五하고, 大夫는 閣에 대해 三하고, 士는 **坫**에 대해 一한다.

**의역** 천자(天子)가 설치하는 각(閣)은 좌측 협실(夾室)에 5개를 설치하고, 우측 협실에 5개를 설치한다. 공작[公]·후작[侯]·백작[伯]의 경우에는 방(房) 안에 5개의 각(閣)을 설치하고, 대부(大夫)는 협실에 각(閣)을 설치하되 3개를 설치하며, 사(士)는 각(閣) 대신 흙으로 쌓은 받침을 1개 설치한다.

**集說** 疏曰: 宮室之制, 中央爲正室, 正室左右爲房, 房外有序, 序外有夾室. 天子尊, 庖廚遠, 故左夾室五閣, 右夾室五閣. 諸侯卑, 庖廚宜稍近, 故於房中, 惟一房之中而五閣也. 大夫卑而無嫌, 故亦於夾室而三閣. 士卑不得爲閣, 但於室中爲土坫以庋食. 五者, 三牲之肉及魚·腊. 三者, 豕·魚·腊也.

**번역** 공영달의 소(疏)에서 말하길, 궁실(宮室)의 제도에 있어서, 중앙에 있는 것은 정실(正室)이 되며, 정실의 좌우측에 있는 것은 방(房)이 되고, 방(房) 바깥에는 서(序)가 있으며, 서(序) 바깥에는 협실(夾室)이 있다. 천자는 존귀한 존재이므로, 부엌이 멀리 떨어져 있다. 그렇기 때문에 좌측 협실에는 5개의 각(閣)을 갖추고, 우측 협실에는 5개의 각(閣)을 갖추는 것이다. 제후는 상대적으로 신분이 낮으므로, 부엌의 위치에 있어서도, 마땅히 천자보다 조금 더 가까이 있게 된다. 그렇기 때문에 방(房) 안에 두며, 단지 1개의 방(房) 안에 5개의 각(閣)을 갖출 뿐이다. 대부(大夫)는 제후보다도 신분이 낮으므로, 예법을 높이더라도 혐의를 받지 않는다. 그렇기 때문에 또한 협실에 마련하며 3개의 각(閣)을 둔다. 사(士)는 신분이 더욱 낮으므로, 각(閣)을 만들 수가 없고, 단지 실(室) 안에 흙으로 쌓은 대를 만들어서, 음식을 올려둘 따름이다. 5개의 각(閣)을 갖추는 경우에는 3종류 희생물의 고기 및 물고기와 석(腊)을 둔다. 3개의 각(閣)을 갖추는 경우에는 돼지고기 · 물고기 · 석(腊)을 둔다.

**大全** 嚴陵方氏曰: 夾室, 以自是而達於外, 故謂之達. 必於夾室者, 遠庖廚之義也. 自諸侯而下, 則有遠近之殊, 多少之別者, 尊者詳, 卑者略, 尊者隆, 卑者殺故也.

**번역** 엄릉방씨가 말하길, '협실(夾室)'은 이곳으로부터 밖과 소통을 하기 때문에, 그곳을 '달(達)'이라고 부르는 것이다. 반드시 협실에 설치하는 것은 부엌을 멀리한다는 도의 때문이다.[6] 제후로부터 그 이하의 계층인 경우, 거리에 따른 차등이 있고, 수량에 따른 구별이 있는데, 존귀한 자는 관련 제도가 상세하며, 신분이 낮은 자는 약소하고, 존귀한 자는 융성하게 마련하며, 신분이 낮은 자는 줄이기 때문이다.

**鄭注** 達, 夾室, 大夫言於閣, 與天子同處, 天子二五, 倍諸侯也. 五者, 三牲之肉, 及魚 · 腊也.

**번역** '달(達)'자는 협실(夾室)을 뜻하니, 대부(大夫)에 대해서 '어각(於閣)'이라고 말했다면, 천자와 동일한 장소에 마련하는 것이며, 천자가 2 곱하기 5인 10개를 마련하는 것은 제후의 것보다 2배로 한 것이다. 5개의 경우 세 가지 희생물의 고기 및 물고기와 석(腊)을 올려둔다.

**釋文** 坫, 丁念反. 夾, 古洽反, 又古協反. 處, 昌慮反.

**번역** '坫'자는 '丁(정)'자와 '念(념)'자의 반절음이다. '夾'자는 '古(고)'자

---

6) 『예기』「옥조(玉藻)」【373b】: 君無故不殺牛, 大夫無故不殺羊, 士無故不殺犬豕. 君子遠庖廚, 凡有血氣之類, 弗身踐也. 至于八月不雨, 君不擧. / 『맹자』「양혜왕상(梁惠王上)」: 曰, "無傷也, 是乃仁術也, 見牛未見羊也. 君子之於禽獸也, 見其生, 不忍見其死, 聞其聲, 不忍食其肉. 是以君子遠庖廚也."

와 '洽(흡)'자의 반절음이며, 또한 '古(고)'자와 '協(협)'자의 반절음도 된다. '處'자는 '昌(창)'자와 '慮(려)'자의 반절음이다.

**孔疏** ◎注"達夾"至"腊也". ○正義曰: 崔氏云: 宮室之制, 中央爲正室, 正室左右爲房, 房外有序, 序外有夾室. 天子尊, 庖廚遠, 故左夾室五閣, 右夾室五閣. 諸侯卑, 庖廚宜稍近, 故於房中, 減降於天子, 唯在一房之中而五閣也. 大夫旣卑無嫌, 故亦於夾室而閣三也. 三者, 豕·魚·腊也. 士卑不得作閣, 但於室中爲土坫庋食也. 云"五者, 三牲之肉, 及魚腊也"者, 以天子膳[7]用六牲, 今云五閣, 是不一牲爲一閣, 以魚腊是常食之物, 故知三牲及魚腊也.

**번역** ◎鄭注: "達夾"~"腊也". ○최영은은 궁실(宮室)의 제도에 있어서, 중앙에 있는 것은 정실(正室)이 되며, 정실의 좌우측에 있는 것은 방(房)이 되고, 방(房) 밖에는 서(序)가 있으며, 서(序) 밖에는 협실(夾室)이 있다고 했다. 천자는 존귀한 존재이므로, 부엌을 멀리한다. 그렇기 때문에 좌측 협실에 5개의 각(閣)을 설치하고, 우측 협실에 5개의 각(閣)을 설치하는 것이다. 제후는 상대적으로 신분이 낮으므로, 부엌에 있어서도, 마땅히 천자보다는 조금 더 가깝게 된다. 그렇기 때문에 방(房) 안에 각(閣)을 설치하여, 천자보다도 낮추고 줄이는 것이니, 오직 1개의 방(房) 안에만 5개의 각(閣)을 설치한다. 대부(大夫)는 이미 그 신분이 제후보다도 낮기 때문에, 상위의 예법을 따라 해도 혐의를 받지 않는다. 그렇기 때문에 또한 협실에 각(閣)을 마련하되, 3개를 설치하는 것이다. 3개를 설치하는 경우에는 돼지고기·물고기·석(腊)을 놓아둔다. 사(士)는 신분이 매우 낮으므로, 각(閣)을 만들 수가 없고, 단지 실(室) 안에 흙을 쌓아서 받침대를 만들고, 그 위에 음식을 올려두게 된다. 정현이 "5개의 경우 세 가지 희생물의 고기 및 물고기와 석(腊)을 올려둔다."라고 했는데, 천자가 먹는 요리를 만들 때에는 여섯 가지 희생물을 사용한다. 그런데 현재 이곳 문장에서는 5개의 각(閣)을

7) '선(膳)'자에 대하여. '선'자는 본래 '석(腊)'자로 기록되어 있었는데, 손이양(孫詒讓)의 『교기(校記)』에서는 "'석'자는 마땅히 '선'자로 기록해야 하니, 이것은 『주례』「선부(膳夫)」편의 문장에 따른 것이다."라고 했다.

설치한다고 했으니, 이 말은 곧 한 종류의 희생물을 1개의 각(閣)에 올려두지 않았다는 사실을 나타낸다. 그리고 물고기와 석(腊)은 일상적으로 먹는 식재료이기 때문에, 세 가지 희생물 및 물고기와 석(腊)을 올려두게 된다는 사실을 알 수 있는 것이다.

**集解** 愚謂: 膳, 美食也. 秩膳, 謂常置美食於左右, 以備食也. 夾室與房, 謂燕寢之夾室與房也. 檀弓: "始死之奠, 其餘閣也與!" 士喪禮"醴酒·脯·醢, 升自阼階", "奠於尸東." 疾必居正寢, 而餘閣之奠別從他處來, 是閣在燕寢明矣. 士禮如此, 天子諸侯可知. 坫, 土坫也. 士不得爲閣, 爲土坫以庋食也. 公侯伯不言"閣"者, 蒙天子之文也. 大夫士不言"於房中"者, 蒙公侯之文也. 大夫特言"於閣"者, 別於士之坫也. 士之坫亦在房, 王制曰"九十飮食不離寢", 則未九十者飮食不得在寢室, 當在房可知也. 曰"五"曰"三"曰"一"者, 謂閣與坫之數, 非謂膳之種數也. 士於坫一, 而餘閣有脯·醢, 則大夫以上非一閣惟置一種明矣. 士坫亦七十乃有之. 對文則板爲者曰閣, 土爲者曰坫, 散文則坫亦謂之閣, 檀弓言"餘閣", 是也.

**번역** 내가 생각하기에, '선(膳)'자는 맛있는 음식들을 뜻한다. '질선(秩膳)'은 좌우에 항상 맛있는 음식들을 놔두어서, 식사를 할 때 먹는 음식들을 갖춘다는 뜻이다. 협실(夾室)과 방(房)은 연침(燕寢)에 있는 협실과 방(房)을 뜻한다. 『예기』「단궁(檀弓)」편에서는 "이제 막 돌아가셨을 때, 시신 옆에 차려두는 음식들은 생전에 드시던 찬장 위의 음식들로도 충분하다!"[8]라고 했고, 『의례』「사상례(士喪禮)」편에서는 "단술·포(脯)·젓갈은 동쪽 계단을 통해서 가지고 올라간다."라고 했고, "시신의 동쪽에 진설한다."라고 했다.[9] 질병에 걸리면 반드시 정침(正寢)에 거처하게 되고, 다른 장소에 설치한 각(閣)에 올려두었던 음식들은 별도로 다른 장소로부터 가지고 오게 되니, 각(閣)은 연침에 있었던 것이 분명하다. 사(士) 계층이 따르는 예

---

8) 『예기』「단궁상(檀弓上)」【80a】: 曾子曰: "始死之奠, 其餘閣也與!"

9) 『의례』「사상례(士喪禮)」: 楔齒用角柶, 綴足用燕几. 奠脯醢醴酒, 升自阼階, 奠于尸東. 帷堂.

법도 이와 같으니, 천자와 제후의 예법도 동일하다는 사실을 알 수 있다. '점(坫)'은 흙을 쌓아서 만든 받침대이다. 사(士)는 각(閣)을 만들 수가 없어서, 흙을 쌓아서 만든 받침대를 이용하여, 음식들을 놓아두게 된다. 공작·후작·백작에 대해서, '각(閣)'을 언급하지 않은 것은 앞의 천자에 대한 구문과 연결되기 때문이다. 대부(大夫)와 사(士)에 대해서는 '어방중(於房中)'이라고 말하지 않았는데, 그것은 공작·후작에 대한 구문과 연결되기 때문이다. 대부에 대해서는 단지 '어각(於閣)'이라고 했는데, 사(士)가 만드는 점(坫)과 구별하기 위해서이다. 사(士)가 만드는 점(坫)은 또한 방(房) 안에 설치하니, 『예기』「왕제(王制)」편에서는 "나이가 90세가 된 자에게는 마시고 먹는 것들이 그가 거쳐하는 곳에서 떨어져서는 안 된다."[10]라고 했으니, 아직 90세가 안 된 자들은 음식들을 침실에 둘 수 없는 것이며, 마땅히 방(房)에 두어야 함을 알 수 있다. '5', '3', '1'이라고 말했는데, 이것은 각(閣)과 점(坫)의 수량을 뜻하는 것이지, 음식의 종류를 뜻하는 말이 아니다. 사(士)는 점(坫)을 1개 설치하고, 나머지 각(閣)에는 포(脯)와 젓갈 등이 있게 되니, 대부 이상의 계층에서는 1개의 각(閣)에 단지 1종류의 음식을 놓아두었던 것이 아님이 분명해진다. 그리고 사(士) 계층이 만드는 점(坫)에 있어서도, 70세가 되어야만 곧 갖출 수 있는 것이다. 문장을 대비하게 되면, 널판으로 만드는 것을 '각(閣)'이라고 부르며, 흙으로 만드는 것을 '점(坫)'이라고 부르는데, 별도로 말을 하게 된다면, 점(坫) 또한 각(閣)이라고 부를 수 있으니, 「단궁」편에서 '여각(餘閣)'이라고 한 말이 바로 이러한 사실을 나타낸다.

**集解** 鄭氏謂"諸侯之五, 爲三牲·魚·腊", 非也. 諸侯朔食止少牢, 則閣不得備三牲矣. 鄭氏又謂"大夫之閣與天子同處", 亦非也. 諸侯於房中亦爲閣, 大夫之閣·士之坫亦於房中, 非大夫與天子同處也. 孔疏謂"天子尊, 庖廚遠, 故左夾室五閣, 右夾室五閣, 諸侯卑, 庖廚宜稍近, 故於房中", 亦非也. 夾室與

10) 『예기』「왕제(王制)」【177a】: 五十異粻, 六十宿肉, 七十貳膳, 八十常珍, 九十飮食不離寢, 膳飮從於遊, 可也.

房, 特庋食之所耳, 庖廚初不在此也.

**번역** 정현은 "제후가 설치하는 5개의 각(閣)에는 3가지 희생물, 물고기, 석(腊)을 올려둔다."라고 했는데, 이것은 잘못된 주장이다. 제후가 삭식(朔食)을 할 때에는 단지 소뢰(少牢)[11]를 사용할 따름이니, 각(閣)에는 세 가지 희생물의 고기를 갖춰둘 수 없다. 정현은 또한 "대부(大夫)의 각(閣)은 천자와 동일한 장소에 설치한다."라고 했는데, 이 또한 잘못된 주장이다. 제후는 방(房) 안에 또한 각(閣)을 설치하며, 대부의 각(閣)과 사(士)의 점(坫) 또한 방(房) 안에 두니, 대부가 천자와 동일한 장소에 설치하는 것이 아니다. 공영달의 소(疏)에서는 "천자는 존귀한 존재이므로, 부엌을 멀리한다. 그렇기 때문에 좌측 협실(夾室)에 5개의 각(閣)을 설치하고, 우측 협실에 5개의 각(閣)을 설치하는데, 제후는 상대적으로 신분이 낮으므로, 부엌에 있어서도 마땅히 천자보다도 가까워야 한다. 그렇기 때문에 방(房) 안에 설치한다."라고 했는데, 이 또한 잘못된 주장이다. 협실과 방(房)은 단지 음식을 놓아두는 장소일 따름이니, 부엌은 애초에 이곳에 있지 않은 것이다.

**集解** 自"飯黍稷"至此, 雜記飲食之法.

**번역** '반서직(飯黍稷)'이라는 기록부터 이곳 기록까지는 음식에 대한 법도를 잡되게 기록하고 있다.

---

11) 소뢰(少牢)는 제사에서 양(羊)과 돼지[豕] 두 가지 희생물을 사용하는 것을 뜻한다. 『춘추좌씨전』「양공(襄公) 22년」편에는 "祭以特羊, 殷以少牢."라는 기록이 있는데, 이에 대한 두예(杜預)의 주에서는 "四時祀以一羊, 三年盛祭以羊豕. 殷, 盛也."라고 풀이하였다.

## • 제 28 절 •

### 노인을 봉양하는 예법

【359c~360a】

凡養老, 有虞氏以燕禮, 夏后氏以饗禮, 殷人以食禮, 周人脩而兼用之. 凡五十養於鄕; 六十養於國; 七十養於學, 達於諸侯; 八十拜君命, 一坐再至, 瞽亦如之; 九十者使人受. 五十異粻, 六十宿肉, 七十貳膳, 八十常珍, 九十飮食不違寢, 膳飮從於遊可也. 六十歲制, 七十時制, 八十月制, 九十日修, 惟絞·紟·衾·冒, 死而後制. 五十始衰, 六十非肉不飽, 七十非帛不煖, 八十非人不煖, 九十雖得人不煖矣. 五十杖於家, 六十杖於鄕, 七十杖於國, 八十杖於朝, 九十者天子欲有問焉, 則就其室, 以珍從. 七十不俟朝, 八十月告存, 九十日有秩. 五十不從力政, 六十不與服戎, 七十不與賓客之事, 八十齊喪之事弗及也. 五十而爵, 六十不親學, 七十致政. 凡自七十以上, 惟衰麻爲喪. 凡三王養老皆引年. 八十者一子不從政, 九十者其家不從政, 瞽亦如之. 凡父母在, 子雖老不坐. 有虞氏養國老於上庠, 養庶老於下庠; 夏后氏養國老於東序, 養庶老於西序; 殷人養國老於右學, 養庶老於左學; 周人養國老於東膠, 養庶老於虞庠. 虞庠在國之西郊. 有虞氏皇而祭, 深衣而養老; 夏后氏收而祭, 燕衣而養老; 殷人冔而祭, 縞衣而養老; 周人冕而祭, 玄衣而養老.

**직역** 凡히 老를 養함에, 有虞氏는 燕禮로써 했고, 夏后氏는 饗禮로써 했으며, 殷人은 食禮로써 했고, 周人은 脩하여 兼히 用했다. 凡히 五十은 鄕에서 養했고; 六十은 國에서 養했으며; 七十은 學에서 養했으니, 諸侯에게 達했고; 八十은 君命에 拜하며, 一坐하여 再至하고, **瞽**도 亦히 如하며; 九十者는 人을 使하여 受한다.

五十은 粻을 異하고, 六十은 肉을 宿하며, 七十은 膳을 貳하고, 八十은 常히 珍하며, 九十은 飮食을 寢에서 不違하며, 膳飮을 遊에 從함이 可하다. 六十은 歲制하고, 七十은 時制하며, 八十은 月制하고, 九十은 日修하며, 惟히 絞·紟·衾·冒는 死한 後에 制한다. 五十은 始히 衰하며, 六十은 肉이 非하면 不飽하고, 七十은 帛이 非하면 不煖하며, 八十은 人이 非하면 不煖하고, 九十은 雖히 人을 得이라도 不煖하다. 五十은 家에서 杖하고, 六十은 鄕에서 杖하며, 七十은 國에서 杖하고, 八十은 朝에서 杖하며, 九十者는 天子가 問이 有함을 欲하면, 그 室에 就하며, 珍으로써 從한다. 七十은 朝를 不俟하고, 八十은 月마다 存을 告하고, 九十은 日마다 秩이 有하다. 五十은 力政에 不從하고, 六十은 服戎에 不與하며, 七十은 賓客의 事에 不與하고, 八十은 齊喪의 事가 弗及한다. 五十하고 爵하며, 六十에는 學을 不親하고, 七十에는 政을 致한다. 凡히 七十으로 自하여 上에는 惟히 衰麻하여 喪을 爲한다. 凡히 三王이 老를 養함에는 皆히 年을 引했다. 八十者는 一子가 政에 不從하고, 九十者는 그 家가 政에 不從하며, 瞽도 亦히 如한다. 凡히 父母가 在하면, 子는 雖히 老라도 不坐한다. 有虞氏는 上庠에서 國老를 養했고, 下庠에서 庶老를 養했으며; 夏后氏는 東序에서 國老를 養했고, 西序에서 庶老를 養했으며; 殷人은 右學에서 國老를 養했고, 左學에서 庶老를 養했으며; 周人은 東膠에서 國老를 養했고, 虞庠에서 庶老를 養했다. 虞庠은 國의 西郊에 在한다. 有虞氏는 皇하고 祭했고, 深衣하고 老를 養했으며; 夏后氏는 收하고 祭했고, 燕衣하고 老를 養했으며; 殷人은 冔하고 祭했고, 縞衣하고 老를 養했으며; 周人은 冕하고 祭했고, 玄衣하고 老를 養했다.

**의역** 무릇 노인을 봉양할 때,[1] 유우씨(有虞氏) 때에는 연례(燕禮)로써 시행했

1) 『예기』「왕제(王制)」【175d】의 "凡養老."라는 기록에 대해, 진호(陳澔)의 『집설(集說)』에서는 "養老之禮, 其目有四. 養三老五更, 一也. 子孫死於國事, 則養其父祖, 二也. 養致仕之老, 三也. 養庶人之老, 四也. 一歲之間, 凡七行之. 飮養陽氣, 則用春夏. 食養陰氣, 則用秋冬. 四時各一也. 凡大合樂, 必遂養老. 謂春入學, 舍菜合舞, 秋頒學合聲, 則通前爲六. 又季春大合樂, 天子視學亦養老, 凡七也."라고 풀이했다. 즉 "노인을 봉양하는 예(禮)에는 그 절목에 네 가지가 있다. 삼로(三老)와 오경(五更)을 봉양하는 것이 그 첫 번째이다. 자손이 국가의 공무를 수행하다 죽었다면, 그의 부친과 조부를 봉양하는 것이 그 두 번째이다. 나이가 들어 관직에서 퇴임한 노인을 봉양하는 것이 그 세 번째이다. 서인(庶人)들 중에서 나이든 노인을 봉양하는 것이 그 네

었고,[2] 하후씨(夏后氏) 때에는 향례(饗禮)로써 시행했으며,[3] 은(殷)나라 때에는

---

번째이다. 한 해 동안에는 모두 일곱 번 봉양의 예(禮)를 시행한다. 술을 마시게 하여 양기(陽氣)를 키워주는 것은 곧 봄과 여름에 한다. 맛좋은 음식을 먹게 하여 음기(陰氣)를 키워주는 것은 곧 가을과 겨울에 한다. 네 계절에 각각 1번씩 시행한다. 무릇 크게 합악(合樂)할 때에는 반드시 노인을 봉양하는 의식에 까지 이른다. 봄에 학사(學士)들이 학관(學宮)에 입학하게 되면, 향기 있는 풀인 채(菜)를 들고 무(舞)를 화합되게 추게 하고, 가을에는 재목에 따라 배우는 과정을 구분하고, 노래를 화합되게 부르게 한다고 했으니, 앞의 봄과 가을에 합무(合舞)하고 합성(合聲)하면서 시행하는 이 두 가지를 통틀어서 다섯 번째와 여섯 번째가 된다. 또한 계춘(季春)에는 대합악(大合樂)을 하며, 천자가 태학(太學)에 친히 가서 보게 되는데, 이때에도 또한 노인을 봉양하니, 무릇 이것이 그 일곱 번째인 것이다."라는 뜻이다.

2) 『예기』「왕제(王制)」【176a】의 "有虞氏以燕禮."라는 기록에 대해, 진호(陳澔)의 『집설(集說)』에서는 "燕禮者, 一獻之禮旣畢, 皆坐而飮酒, 以至於醉. 其牲用狗, 其禮亦有二, 一是燕同姓, 二是燕異姓也."라고 풀이했다. 즉 "'연례(燕禮)'라는 것은 처음 첫잔을 따라 바치는 예(禮)가 끝나면, 모두 자리에 앉아서 술을 마시는데, 취할 때까지 마시는 것이다. 그 희생물에는 구(狗)를 쓰고, 그 예법에도 또한 두 가지가 있으니, 첫 번째는 성(姓)이 같은 이들과 연회를 하는 것이며, 두 번째는 성(姓)이 다른 이들과 연회를 하는 것이다."라는 뜻이다.

3) 『예기』「왕제(王制)」【176a】의 "夏后氏以饗禮."라는 기록에 대해, 진호(陳澔)의 『집설(集說)』에서는 "饗禮者, 體薦而不食, 爵盈而不飮, 立而不坐, 依尊卑爲獻, 數畢而止. 然亦有四焉, 諸侯來朝, 一也. 王親戚及諸侯之臣來聘, 二也. 戎狄之君使來, 三也. 享宿衛及耆老孤子, 四也. 惟宿衛及耆老孤子, 則以酒醉爲度, 酒正云."이라고 풀이했다. 즉 "'향례(饗禮)'라는 것은 희생물을 통째로 바치지만, 그것을 먹지는 않으며, 술잔을 가득 채우지만, 마시지는 않으며, 서 있고 자리에 앉지 않으며, 신분의 존비 서차에 의거해서 술잔을 바치며, 정해진 술잔 바치는 회수가 끝나면, 의식을 끝낸다. 그러나 또한 이 예법에도 네 가지 종류가 있으니, 제후가 천자의 수도로 찾아와 조빙(朝聘)을 할 때 시행하는 것이 그 첫 번째이다. 천자의 친척이나 제후의 신하가 찾아와서 조빙을 할 때 시행하는 것이 그 두 번째이다. 오랑캐 군주나 그 사신이 찾아왔을 때 시행하는 것이 그 세 번째이다. 경호를 담당하는 숙위(宿衛)들과 기로(耆老) 및 고아들에게 잔치를 열어줄 때 시행하는 것이 그 네 번째이다. 이때 오직 숙위들과 기로 및 고아들에게 잔치를 열어줄 때 시행하는 것에 한해서만, 술을 취할 때까지 마시게 하는 것을 법도로 삼았으니, 『주례』「주정(酒正)」편에서 그렇게 이야기했다."라는 뜻이다.

사례(食禮)로써 시행했었고,[4] 주(周)나라 때에는 이러한 제도들을 정비하여, 함께 사용을 했다.[5] 나이가 50세가 된 사람들은 향(鄕)에서 봉양을 받고, 60세가 된 사람들은 국(國)에서 봉양을 받으며, 70세가 된 사람들은 학(學)에서 봉양을 받으니, 이러한 제도의 시행은 천자로부터 제후까지 통용된다.[6] 또 나이가 80세가 된 자는

---

4) 『예기』「왕제(王制)」【176b】의 "殷人以食禮."라는 기록에 대해, 진호(陳澔)의 『집설(集說)』에서는 "食禮者, 有飯有殽, 雖設酒而不飮, 其禮以飯爲主, 故曰食也. 然亦有二焉, 大行人云 食禮九擧, 及公食大夫之類, 謂之禮食. 其臣下自與賓客旦夕共食, 則謂之燕食也. 饗食禮之正, 故行之於廟. 燕以示慈惠, 故行之於寢也."라고 풀이했다. 즉 "'사례(食禮)'라는 것은 그 행사에 밥이 있고 반찬이 있는 것이니, 비록 술도 두었지만 마시지는 않고, 그 예법에서는 밥을 위주로 한 것이기 때문에, '사(食)'라고 부른 것이다. 그러나 또한 이 예법에도 두 가지가 있으니, 그 첫 번째로, 『주례』「대행인(大行人)」편에서 말한, 상공(上公)의 사례(食禮)에서 희생물로 만든 아홉 가지의 성찬을 먹는 예법과, 『의례』의 「공사대부례(公食大夫禮)」편과 같은 부류를 예사(禮食)라고 부른다. 두 번째로 신하들이 스스로 빈객과 더불어 아침저녁으로 함께 식사를 하는 것을, 연사(燕食)라고 부른다. 하후씨(夏后氏) 때의 향례(饗禮)와 은(殷)나라 때의 사례(食禮)는 예(禮) 중에서도 정식적인 것이기 때문에, 묘(廟)에서 그 예법을 시행한다. 유우씨(有虞氏) 때의 연례(燕禮)는 그것으로써 자혜로움을 보이는 것이기 때문에, 침(寢)에서 그 예법을 시행한다."라는 뜻이다.

5) 『예기』「왕제(王制)」【176c】의 "周人脩而兼用之."라는 기록에 대해, 진호(陳澔)의 『집설(集說)』에서는 "春夏則用虞之燕, 夏之饗, 秋冬則用殷之食. 周尙文, 故兼用三代之禮也."라고 풀이했다. 즉 "봄과 여름에는 유우씨(有虞氏) 때의 제도인 연례(燕禮)를 사용했고, 하후씨(夏后氏) 때의 제도인 향례(饗禮)를 사용했으며, 가을과 겨울에는 은(殷)나라 때의 사례(食禮)를 사용했다. 주(周)나라는 문화를 숭상했기 때문에, 우(虞)·하(夏)·은(殷) 삼대(三代)의 예(禮)를 함께 사용한 것이다."라는 뜻이다.

6) 『예기』「왕제(王制)」【176d】의 "五十養於鄕, 六十養於國, 七十養於學, 達於諸侯."라는 기록에 대해, 진호(陳澔)의 『집설(集說)』에서는 "鄕, 鄕學也. 國, 國中小學也. 學, 大學也. 達於諸侯者, 天子養老之禮, 諸侯通得行之, 無降殺也."라고 풀이했다. 즉 "향(鄕)은 지방학교인 향학(鄕學)을 말한다. 국(國)은 수도 안에 있는 소학(小學)을 말한다. 학(學)은 태학(太學)을 말한다. 제후에게까지 해당된다는 것은 천자가 노인을 봉양하는 예법을 諸侯도 또한 그 제도를 그대로 시행할 수 있다는 뜻으로, 그 예(禮)를 주관하는 자의 작위에 따른 예(禮)의 형식에 높이고 낮추는 차이가 없다는 것이다."라는 뜻이다.

군주의 명(命)을 받을 때, 절을 하며 한쪽 다리만 꿇고 머리만 두 번 땅에 닿게 절한다. 장님도 또한 이와 같이 한다. 나이가 90세가 된 자는 사람을 시켜서 대신 명(命)을 받게 한다.[7] 나이가 50세가 된 자에게 바치는 양식은 젊은이들과 달리 좋은 것으로 하며, 나이가 60세가 된 자에게는 항상 격일로 고기를 먹게 하고, 나이가 70세가 된 자에게는 맛좋은 음식을 두 가지 이상 준비하며, 나이가 80세가 된 자에게는 항상 맛좋고 귀한 음식이 있어야 하고, 나이가 90세가 된 자에게는 마시고 먹는 것들이 그가 거쳐하는 곳에서 떨어져서는 안 되며, 맛좋은 음식과 마실 것들을 가지고 그가 가는 곳마다 따라다니는 것이 좋다.[8] 나이가 60세가 되면 관(棺)을

7) 『예기』「왕제(王制)」【176d】의 "八十拜君命, 一坐再至. 瞽亦如之. 九十使人受."라는 기록에 대해, 진호(陳澔)의 『집설(集說)』에서는 "人君有命, 人臣拜受, 禮也. 惟八十之老, 與無目之人, 爲難備禮, 故其拜也, 足一跪而首再至地, 以備再拜之數. 九十則又不必親拜, 特使人代受. 此言君致享食之禮於其家, 而受之之禮如此, 然他命則亦必然矣."라고 풀이했다. 즉 "군주가 명(命)을 내리면 신하는 절을 하며 받는 것이 예(禮)이다. 오직 80세가 된 노인들과 눈이 먼 사람들은 예(禮)를 갖추기가 어렵기 때문에, 그 절을 함에는 다리는 한쪽만 꿇고서 머리는 두 번 땅에 닿게 절하여, 원래 채워야 하는 재배(再拜)의 수를 갖춘다. 나이가 90세가 된 자들은 또한 반드시 직접 절을 할 필요가 없고, 다만 사람을 시켜서 대신해서 명(命)을 받게 한다. 이것은 80~90세가 된 자들에 대해서 군주가 그의 집에 흠향할 수 있는 예물(禮物)을 보내줄 때, 그것을 받는 예(禮)가 이와 같음을 말하는 것이니, 그렇다면 군주의 다른 명(命)을 받아들일 때에도 또한 반드시 이렇게 했던 것이다."라는 뜻이다.

8) 『예기』「왕제(王制)」【177a】의 "五十異粻, 六十宿肉, 七十貳膳, 八十常珍, 九十飮食不離寢, 膳飮從於遊, 可也."라는 기록에 대해, 진호(陳澔)의 『집설(集說)』에서는 "粻, 糧也. 異者, 精粗與少者殊也. 宿肉, 謂恒隔日備之, 不使求而不得也. 膳, 食之善者. 每有副貳, 不使闕乏也. 常珍, 常食皆珍味也. 不離寢, 言寢處之所恒有庋閣之飮食也. 美善之膳, 水漿之飮, 隨其常遊之處, 而爲之備具, 可也."라고 풀이했다. 즉 "'장(粻)'자는 양식을 뜻한다. 달리한다는 것은 양식의 정결하고 거친 차이가 젊은이들과는 다르다는 것이다. '숙육(宿肉)'은 항상 격일로 고기를 준비하여, 그가 고기를 찾았는데도 그것을 먹을 수 없게 해서는 안 된다는 것을 말한다. '선(膳)'은 음식 중의 좋은 것이다. 매번의 식사에 두 가지 이상의 맛좋은 음식을 곁들이게 하며, 이것을 빠트려서는 안 된다. 상진(常珍)은 매번의 식사 때마다 맛좋고 귀한 음식을 곁들이는 것이다. '불리침(不離寢)'이란 말은 그가 거처하는 곳에, 항상 시렁 위에 마실 것과 먹을 것이 있어야 한다는 것을 말한다. 보기 좋고 맛좋은 음

미리 제작해서 준비해 두고, 70세가 되면 부장하게 될 의복과 기물(器物)들 중 비교적 얻기 힘든 것들을 미리 제작해서 준비해 두며, 80세가 되면 부장하게 될 의복과 기물들 중 비교적 얻기 쉬운 것들을 미리 제작해서 준비해 두고, 90세가 되면 미리 준비해둔 것들을 날마다 손질하며, 오직 염(斂)할 때 시신을 묶는 끈인 교(絞), 홑이불인 금(紟), 이불인 금(衾), 시신을 전체적으로 감싸는 모(冒)는 그가 죽은 뒤에야 제작한다.[9] 나이가 50세가 되면 비로소 쇠약해지기 시작하며, 60세가 되면

---

식과 물이나 음료와 같은 마실 것들을 준비하여, 그가 항상 가는 곳마다 따라가서, 그를 위해 준비해 놓는 것이 좋다."라는 뜻이다.

9) 『예기』「왕제(王制)」【177b】의 "六十歲制, 七十時制, 八十月制, 九十日修, 唯絞紟衾冒, 死而后制."라는 기록에 대해, 진호(陳澔)의 『집설(集說)』에서는 "此言漸老, 則漸近死期, 當豫爲送終之備也. 歲制, 謂棺也, 不易可成, 故歲制. 衣物之難得者, 須三月可辦, 故云時制. 衣物之易得者, 則一月可就, 故云月制. 至九十, 則棺衣皆具, 無事於制作, 但每日修理之, 恐或有不完整也. 絞, 所以收束衣服爲堅急者也. 紟, 單被也. 絞與紟, 皆用十五升布爲之. 凡衾皆五幅, 士小斂, 緇衾赬裏, 大斂則二衾. 冒, 所以韜尸, 制如直囊, 上曰質, 下曰殺. 其用之, 先以殺韜足而上, 次以質韜首而下, 齊于手. 士緇冒赬殺, 象生時玄衣纁裳也. 此四物須死乃制, 以其易成故也."라고 풀이했다. 즉 "이 문장에서는 점차 늙어갈 수록 점점 죽을 때에 가까워지게 되니, 마땅히 미리 상(喪)을 지낼 때의 준비물들을 만들어야 함을 말하는 것이다. 세제(歲制)라는 것은 관(棺)을 말하니, 쉽게 완성시킬 수가 없기 때문에, 한 해 동안 제작한다는 의미에서 '세제(歲制)'라고 한 것이다. 의복과 기물(器物)들 중 얻기 어려운 것들은 모름지기 3개월 정도 걸려야 갖출 수가 있기 때문에, 한 계절 동안 제작한다는 의미에서 '시제(時制)'라고 말한 것이다. 의복과 기물들 중 얻기 쉬운 것들은 한 달이면 얻을 수가 있기 때문에, 한 달 동안 제작한다는 의미에서 '월제(月制)'라고 말한 것이다. 나이가 90세에 이르게 되면, 관과 의복 등이 모두 갖추어져서, 제작하는 일에 종사할 것이 없고, 다만 매일 그것들을 손질하는 것이니, 그 이유는 혹여 완전하지 못한 것이 있을까를 걱정해서이다. 교(絞)는 그것으로 의복을 묶어서 단단히 결속시키는 것이다. 금(紟)은 홑이불이다. 교(絞)와 금(紟)은 모두 그 올이 15승(升)이 되는 베를 사용해서 그것을 만든다. 무릇 금(衾)은 모두 너비가 5폭(幅)인데, 사(士)의 소렴(小斂)에는 이불을 흑색으로 하고 안감을 적색으로 만든 금(衾) 하나만을 사용하고, 대렴(大斂)에는 두 개의 금(衾)을 사용한다. 모(冒)는 시신을 가리는 것으로, 제단된 것이 마치 직사각형의 주머니처럼 생겼으며, 시신의 윗부분을 덮는 것을 질(質)이라 부르고, 아랫부분을 덮는 것을 쇄(殺)라고 부른다. 그것을 사용함에는, 먼저 아랫부분을 덮는 쇄(殺)로써 발부터 덮어서 위로 올리고, 다음으로는 윗부분을 덮는 질(質)로써 머리부

고기로 만든 음식이 아니라면, 배가 부르지 않게 되고, 70세가 되면 비단으로 된 옷이 아니라면, 따뜻해지지 않게 되며, 80세가 되면 다른 사람의 체온이 아니라면, 따뜻해지지 않게 되고, 90세가 되면 비록 다른 사람의 체온을 얻게 되더라도 따뜻해지지 않게 된다. 나이가 50세가 되면 그의 집안에서 지팡이를 짚을 수 있고, 60세가 되면 향(鄕) 안에서 지팡이를 짚을 수 있으며, 70세가 되면 국(國) 안에서 지팡이를 짚을 수 있고, 80세가 되면 조정에서도 지팡이를 짚을 수 있으며, 나이가 90세가 된 자에게, 천자가 자문하고자 한다면, 천자가 그의 집에 직접 찾아가서 하되, 맛좋고 귀한 음식물을 가지고 간다.[10] 나이가 70세가 된 자는 군주를 알현할 때, 조정의 일이 끝날 때까지 기다리지 않고, 군주가 읍(揖)을 하면 곧 물러나오며, 80세가 된 자에게는 군주는 사람을 시켜 달마다 맛좋은 음식을 가지고 가서 안부를 묻고, 90세가 된 자에게는 군주는 사람을 시켜 날마다 항상 맛좋은 음식을 보내, 항상 맛좋은 음식들을 먹게끔 한다.[11] 나이가 50세가 되면, 힘으로써 복역해야 하는 정

---

터 덮어서 아래로 내려서, 시신의 손이 있는 곳에서 두 부분을 포갠다. 사(士)는 모(冒)를 흑색으로 하고, 쇄(殺)부분은 적색으로 하는데, 이것은 그가 살아있을 때에 입었던 검은 웃옷과 분홍빛의 치마를 형상화한 것이다. 이 네 가지 물건들은 모름지기 그가 죽고 나서야 제작하니, 그 이유는 그것들은 손쉽게 만들 수 있는 것들이기 때문이다."라는 뜻이다.

10) 『예기』「왕제(王制)」【177d】의 "五十始衰, 六十非肉不飽, 七十非帛不煖, 八十非人不煖, 九十雖得人不煖矣. 五十杖於家, 六十杖於鄕, 七十杖於國, 八十杖於朝, 九十者, 天子欲有問焉, 則就其室, 以珍從."이라는 기록에 대해, 진호(陳澔)의 『집설(集說)』에서는 "杖, 所以扶衰弱. 五十始衰, 故杖. 未五十者, 不得執也. 巡守而就見百年者, 泛言衆庶之老也. 此就見九十者, 專指有爵者也. 祭義又言八十君問則就之者, 亦異禮也. 珍, 與常珍之珍同. 從之以往, 致尊養之義也."라고 풀이했다. 즉 "지팡이는 쇠약해진 몸을 받치는 도구이다. 나이가 50세가 되면 비로소 쇠약해지기 시작하기 때문에, 지팡이를 짚는 것이다. 나이가 50세가 안된 자는 지팡이를 짚을 수가 없다. 천자가 순수(巡守)를 함에, 나이가 100세가 된 자에게는 직접 찾아가서 본다는 것은 일반 백성들 중 나이든 노인을 포함하여 말한 것이다. 여기에서 천자가 90세가 된 자에게 찾아가 본다는 것은 전적으로 작위(爵位)를 가지고 있는 자들을 가리킨다. 『예기』「제의(祭義)」편에서는 또한 '80세가 된 자에게, 군주가 자문하게 되면, 곧 직접 찾아간다.'고 말한 것은 다른 경우의 예법이다. 진(珍)이란 앞의 경문에서 나온 '상진(常珍)'이라고 할 때의 '진(珍)'과 같은 뜻이다. 그것을 가지고서 찾아가는 것은 그를 존중하고 봉양하는 뜻을 지극히 하는 것이다."라는 뜻이다.

사에는 나아가지 않고, 60세가 되면, 병역의 일에는 참여하지 않으며, 70세가 되면, 국가에서 시행하는 행사 중 빈객을 접대하는 일에는 참여하지 않고, 80세가 되면, 재계를 하여 상(喪)을 지내는 일이 그에게는 해당하지 않게 된다.[12] 나이가 50세가 되면, 작위(爵位)를 받고, 60세가 되면, 직접 제자의 예(禮)를 갖춰 배우는 것을 하지 않으며, 70세가 되면, 정사(政事)에서 물러난다. 무릇 70세로부터 그 이상에 해당하는 자들은 오직 최마복(衰麻服)만을 입고서 상례(喪禮)를 지낸다.[13] 무릇

---

11) 『예기』「왕제(王制)」【178b】의 "七十不俟朝, 八十月告存, 九十日有秩."이라는 기록에 대해, 진호(陳澔)의 『집설(集說)』에서는 "不俟朝者, 謂朝君之時, 入至朝位, 君出揖卽退, 不待朝事畢也, 此謂當致仕之年而不得謝者. 告, 猶問也, 君每月使人致膳告問存否也. 秩, 常也, 日使人以常膳致也."라고 풀이했다. 즉 "조(朝)를 기다리지 않는다는 것은 군주를 알현할 때, 궁(宮)으로 들어가 조정에서의 자신의 자리에 이르러, 군주가 조정으로 나와 신하들에게 읍(揖)하면 곧바로 물러나오며, 조정의 일이 끝날 때까지 기다리지 않는다는 것을 말하니, 이러한 자들은 퇴임해야 할 나이가 되었음에도 사퇴할 수 없었던 자들을 말한다. 고(告)라는 것은 안부를 묻는다는 뜻과 같은 것으로, 군주는 매월마다 사람을 시켜서, 좋은 음식을 가지고 가서, 그의 안부를 묻는 것이다. 질(秩)은 항상이라는 뜻으로, 군주는 날마다 사람을 시켜 항상 맛좋은 음식으로써 그에게 찾아가도록 하는 것이다."라는 뜻이다.

12) 『예기』「왕제(王制)」【178b】의 "五十不從力政, 六十不與服戎, 七十不與賓客之事, 八十齊喪之事, 弗及也."이라는 기록에 대해, 진호(陳澔)의 『집설(集說)』에서는 "方氏曰 力政, 力役之政也. 服戎, 兵戎之事也. 力政事之常者, 故五十已不從矣. 服戎則事之變者, 必六十然後不與焉. 從, 謂行其事也. 與, 則與之而已. 及, 則旁有所加之謂, 以其老甚, 非特不能從與於事, 而事固不當及於我矣."라고 풀이했다. 즉 "방씨가 말하길, 역정(力政)은 힘으로 복역해야 하는 정사(政事)이다. 복융(服戎)은 병역의 일이다. 역정(力政)은 정사 중의 항상 해야 하는 것이기 때문에, 나이가 50세가 되면 이미 거기에 나아가지 않게 되는 것이다. 복융(服戎)은 정사 중에 갑작스럽게 생긴 것이기 때문에, 반드시 60세가 된 연후에야 거기에 참여하지 않는 것이다. 종(從)이란 그 일을 시행한다는 것을 말한다. 여(與)는 거기에 참여할 따름이다. 급(及)은 곁에서 도움을 주는 것만 있다는 것을 말함이니, 그의 노쇠함이 깊어져서, 단지 일을 시행하거나 참여할 수 없을 뿐만이 아니라, 일이 진실로 그 자신에게 이르는 것에도 해당되지 않는 것이다."라는 뜻이다.

13) 『예기』「왕제(王制)」【178c】의 "五十而爵, 六十不親學, 七十致政, 唯衰麻爲喪."이라는 기록에 대해, 진호(陳澔)의 『집설(集說)』에서는 "五十而爵, 命爲大夫也. 不親學, 以其不能備弟子之禮也. 致政事, 以其不能勝職任之勞也. 或有死喪之事, 惟備衰麻之服而已, 其他禮節, 皆在所不責也."라고 풀이했다. 즉

하(夏)·은(殷)·주(周) 삼대(三代)의 삼왕(三王)이 노인을 봉양할 때에는 모두 인년(引年)으로 하였다.[14] 나이가 80세가 된 자에겐, 자식 한 명을 부역에 종사하지 않게 하고, 90세가 된 자에겐, 그 집안 전체를 부역에 종사하지 않게 한다. 장님에 대해서도 또한 이처럼 한다.[15] 무릇 부모가 모두 생존해 계시다면, 그 자식은 비록 노년에 이르렀다고 하더라도, 자리에 앉지 않는다. 유우씨 때에는 태학(太學)인 상상(上庠)에서 국로(國老)를 봉양했고, 소학(小學)인 하상(下庠)에서 서로(庶老)를 봉양했다.[16] 하후씨 때에는 태학인 동서(東序)에서 국로를 봉양했고, 소학인

---

"50세가 되면 작위(爵位)를 받는다는 것은 명(命)을 받아 대부(大夫)가 되는 것이다. 직접 제자의 예(禮)를 갖춰 배우는 것을 하지 않는 것은 그가 제자의 예(禮)를 갖출 수 없는 상태이기 때문이다. 정사(政事)에서 물러나는 것은 그가 직위와 임무에 소요되는 노고를 이겨낼 수 없기 때문이다. 간혹 누가 죽는 일이 생기게 되면, 오직 최마복(衰麻服)만 갖춰 입을 뿐이니, 다른 예절들은 모두 그에게 추궁할 수 없다."라는 뜻이다.

14) 『예기』「왕제(王制)」【180a】의 "凡三王養老, 皆引年."이라는 기록에 대해, 진호(陳澔)의 『집설(集說)』에서는 "四海之內, 老者衆矣. 安得人人而養之. 待國老庶老之禮畢, 卽行引戶校年之令, 而恩賜其老者焉."이라고 풀이했다. 즉 "사해(四海) 안에는 늙은이들이 매우 많은데, 어찌 일일이 모든 개개인을 봉양해줄 수 있었겠는가. 국로(國老)와 서로(庶老)를 봉양하는 예(禮)가 끝나길 기다렸다가 그 예(禮)가 끝나면 곧 집집마다 나이든 사람을 맞아들여 대면해서 나이를 비교해보는 교령(敎令)을 시행하여, 그 중 나이가 많은 자에게 하사품을 내리는 것이다."라는 뜻이다.

15) 『예기』「왕제(王制)」【180a】의 "八十者一子不從政, 九十者其家不從政. 廢疾非人不養者, 一人不從政. 父母之喪, 三年不從政, 齊衰大功之喪, 三月不從政. 將徙於諸侯, 三月不從政, 自諸侯來徙家, 期不從政."이라는 기록에 대해, 진호(陳澔)의 『집설(集說)』에서는 "從政, 謂給公家之力役也."라고 풀이했다. 즉 "'종정(從政)'은 제후의 공실(公室)에서 부여한 부역에 나가는 것을 말한다."라는 뜻이다.

16) 『예기』「왕제(王制)」【178d】의 "有虞氏, 養國老於上庠, 養庶老於下庠."이라는 기록에 대해, 진호(陳澔)의 『집설(集說)』에서는 "行養老之禮必於學, 以其爲講明孝弟禮義之所也. 國老, 有爵有德之老, 庶老, 庶人及死事者之父祖也. 國老尊, 故於大學, 庶老卑, 故於小學. 上庠, 大學在西郊, 下庠, 小學在國中王宮之東."이라고 풀이했다. 즉 "노인을 봉양하는 예(禮)를 시행함에, 반드시 학교에서 한 것은 그곳이 효제(孝弟)의 예의(禮義)를 강의하고 천명하던 장소가 되기 때문이다. 국로(國老)는 작위(爵位)를 가지고 있고 덕(德)이 있는 노인이며, 서로(庶老)는 서인들과 국가의 정사(政事)를 시행하다 죽은 자들의 부모와 조부들이다. 국로(國老)는 존귀하기 때문에, 태학(太學)에서

서서(西序)에서 서로를 봉양했다.[17] 은나라 때에는 태학인 우학(右學)에서 국로를 봉양했고, 소학인 좌학(左學)에서 서로를 봉양했다.[18] 주나라 때에는 태학인 동교(東膠)에서 국로를 봉양했고, 소학인 우상(虞庠)에서 서로를 봉양했다. 우상(虞庠)은 수도의 서교(西郊)에 위치했다.[19] 유우씨 때 천자는 황(皇)이라는 면류관을 쓰고 제사를 지냈으며, 심의(深衣)를 입고서 노인을 봉양했다.[20] 하후씨 때 천자는 수(收)라는 면류관을 쓰고 제사를 지냈으며, 연의(燕衣)를 입고서 노인을 봉양했다.[21] 은나라 때 천자는 후(冔)라는 면류관을 쓰고 제사를 지냈으며, 호의(縞衣)를

---

그 양로(養老)의 예(禮)를 시행하는 것이며, 서로(庶老)는 상대적으로 신분이 낮기 때문에, 소학(小學)에서 시행하는 것이다. 상상(上庠)은 태학(太學)이라는 뜻으로 서교(西郊)에 위치하며, 하상(下庠)은 소학(小學)이라는 뜻으로 국성(國城) 안에 있는 왕궁(王宮)의 동쪽에 위치한다."라는 뜻이다.

17) 『예기』「왕제(王制)」【179a】의 "夏后氏, 養國老於東序, 養庶老於西序."라는 기록에 대해, 진호(陳澔)의 『집설(集說)』에서는 "東序, 大學在國中王宮之東. 西序, 小學在西郊."라고 풀이했다. 즉 "동서(東序)는 태학(太學)으로, 국성(國城) 안에 있는 왕궁(王宮)의 동쪽에 위치하고, 서서(西序)는 소학(小學)으로, 서교(西郊)에 위치한다."라는 뜻이다.

18) 『예기』「왕제(王制)」【179a】의 "殷人, 養國老於右學, 養庶老於左學."이라는 기록에 대해, 진호(陳澔)의 『집설(集說)』에서는 "右學, 大學在西郊. 左學, 小學在國中王宮之東."라고 풀이했다. 즉 "우학(右學)은 태학(太學)으로, 서교(西郊)에 위치하고, 좌학(左學)은 소학(小學)으로, 국성(國城) 안에 있는 왕궁(王宮)의 동쪽에 위치한다."라는 뜻이다.

19) 『예기』「왕제(王制)」【179a~b】의 "周人, 養國老於東膠, 養庶老於虞庠, 虞庠在國之西郊."라는 기록에 대해, 진호(陳澔)의 『집설(集說)』에서는 "東膠, 大學在國中王宮之東. 虞庠, 小學在西郊."라고 풀이했다. 즉 "동교(東膠)는 태학(太學)으로, 국성(國城) 안에 있는 왕궁(王宮)의 동쪽에 위치하고, 우상(虞庠)은 소학(小學)으로, 서교(西郊)에 위치한다."라는 뜻이다.

20) 『예기』「왕제(王制)」【179b】의 "有虞氏, 皇而祭, 深衣而養老."라는 기록에 대해, 진호(陳澔)의 『집설(集說)』에서는 "皇收冔, 皆冠冕之名. 然制度詳悉, 則不可考矣. 深衣, 白布衣也."라고 풀이했다. 즉 "황(皇)·수(收)·후(冔)는 모두 면류관의 이름이다. 그러나 그 제도의 상세한 내용은 고찰할 수 없다. 심의(深衣)는 백색의 베로 만든 옷이다."라는 뜻이다.

21) 『예기』「왕제(王制)」【179c】의 "夏后氏, 收而祭, 燕衣而養老."라는 기록에 대해, 진호(陳澔)의 『집설(集說)』에서는 "燕衣, 黑衣也, 夏后氏尙黑. 君與群臣燕飮之服, 卽諸侯日視朝之服也. 其冠則玄冠, 而緇帶素韠白舃也."라고 풀이했다. 즉 "연의(燕衣)는 흑색의 옷이니, 하후씨 때에는 흑색을 숭상했다. 천자가 여러 신하들과 함께 연회를 할 때 입는 복장은, 곧 제후가 날마다

입고서 노인을 봉양했다.[22] 주나라 때 천자는 면류관을 쓰고 제사를 지냈으며, 현의(玄衣)를 입고서 노인을 봉양했다.[23]

**集說** 此一節, 並說見王制.

**번역** 이곳 문단에 대해서, 모든 설명은 『예기』「왕제(王制)」편에 나온다.

**大全** 山陰陸氏曰: 王制主國, 故先言養國老於上庠, 後言凡三王養老皆引年, 八十者一子不從政. 內則主家, 故先言三王養老皆引年, 八十者一子不從政, 後言養國老於上庠.

**번역** 산음육씨가 말하길, 『예기』「왕제(王制)」편은 국가에 주안점을 둔

---

조정에서 정사를 들을 때의 복장이다. 그 때의 관(冠)은 검은색의 현관(玄冠)이며, 검은색 띠인 치대(緇帶)와 흰색 슬갑인 소필(素韠), 흰색 신인 백석(白舃)을 착용한다."라는 뜻이다.

22) 『예기』「왕제(王制)」【179c】의 "殷人, 冔而祭, 縞衣而養老."라는 기록에 대해, 진호(陳澔)의 『집설(集說)』에서는 "縞, 生絹, 亦名素. 此縞衣, 則謂白布深衣也."라고 풀이했다. 즉 "호(縞)는 가공하지 않은 명주로, 또한 소(素)라고 부르기도 한다. 여기에서의 호의(縞衣)는 곧 백색의 베로 만든 심의(深衣)를 말한다."라는 뜻이다.

23) 『예기』「왕제(王制)」【179c】의 "周人, 冕而祭, 玄衣而養老."라는 기록에 대해, 진호(陳澔)의 『집설(集說)』에서는 "玄衣, 亦朝服也. 緇衣素裳, 十五升布爲之, 六入爲玄, 七入爲緇, 故緇衣亦名玄衣也. 又按夏氏尙黑, 衣裳皆黑, 殷尙白, 則衣裳皆白. 周兼用之, 故玄衣而素裳. 凡諸侯朝服, 卽天子燕服, 而諸侯之行燕禮, 亦此服也."라고 풀이했다. 즉 "현의(玄衣)는 또한 조회할 때 입는 조복(朝服)이다. 검은 색 상의와 흰색 하의로, 올 수가 15승(升)으로 된 베로 그것을 만드는데, 여섯 번 물들인 것은 현(玄)이 되고, 일곱 번 물들인 것은 치(緇)가 되기 때문에, 치의(緇衣)를 또한 현의(玄衣)라고 부르는 것이다. 또한 하후씨 때에는 흑색을 숭상해서, 상의와 하의가 모두 흑색이었고, 은나라 때에는 백색을 숭상해서, 상의와 하의가 모두 백색이었다는 것을 고찰해보면, 주나라에서는 이 둘을 겸용하였기 때문에, 상의는 검은색으로 하고, 하의는 흰색으로 한 것이다. 무릇 제후의 조복(朝服)은 곧 天子한테는 연복(燕服)에 해당하고, 제후가 연례(燕禮)를 시행할 때에도 또한 이 조복(朝服)의 복식을 입었다."라는 뜻이다.

기록이기 때문에, 먼저 "상상(上庠)에서 국로(國老)를 봉양한다."라고 말하고, 이후에 "무릇 삼왕(三王)은 노인을 봉양하며, 모두 인년(引年)으로 했고, 80이 된 자에 대해서는 1명의 자식을 정사(政事)에 복무시키지 않는다."라고 말한 것이다. 「내칙」편은 집에 주안점을 둔 기록이기 때문에, 먼저 "무릇 삼왕은 노인을 봉양하며, 모두 인년(引年)으로 했고, 80이 된 자에 대해서는 1명의 자식을 정사에 복무시키지 않는다."라고 말한 것이고, 이후에 "상상(上庠)에서 국로를 봉양한다."라고 말한 것이다.

**鄭注** 記王制有此.

**번역** 『예기』「왕제(王制)」편에도 이 기록이 나온다.

**釋文** 粻, 知良反, 糧也, 字林云: "量也." 絞, 古交反. 紟, 其鴆反, 本又作衿, 同. 冒, 亡報反. 煖, 乃管反. 朝, 直遙反, 下同. 珍從, 才用反, 又如字. 與音預, 下同. 齊, 側皆反. 衰, 七回反. 膠音交. 皐, 況甫反. 縞, 古老反, 又古報反.

**번역** '粻'자는 '知(지)'자와 '良(량)'자의 반절음이며, 양식[糧]이라는 뜻이고, 『자림』에서는 "측량하다는 뜻이다."라고 했다. '絞'자는 '古(고)'자와 '交(교)'자의 반절음이다. '紟'자는 '其(기)'자와 '鴆(짐)'자의 반절음이며, 판본에 따라서는 또한 '衿'자로도 기록하는데, 그 음은 동일하다. '冒'자는 '亡(망)'자와 '報(보)'자의 반절음이다. '煖'자는 '乃(내)'자와 '管(관)'자의 반절음이다. '朝'자는 '直(직)'자와 '遙(요)'자의 반절음이며, 아래문장에 나오는 글자도 그 음이 이와 같다. '珍從'에서의 '從'자는 '才(재)'자와 '用(용)'자의 반절음이며, 또한 글자대로 읽기도 한다. '與'자의 음은 '預(예)'이며, 아래문장에 나오는 글자도 그 음이 이와 같다. '齊'자는 '側(측)'자와 '皆(개)'자의 반절음이다. '衰'자는 '七(칠)'자와 '回(회)'자의 반절음이다. '膠'자의 음은 '交(교)'이다. '皐'자는 '況(황)'자와 '甫(보)'자의 반절음이다. '縞'자는 '古(고)'자와 '老(로)'자의 반절음이며, 또한 '古(고)'자와 '報(보)'자의 반절음도 된다.

**孔疏** ●"凡養"至"養老". ○正義曰: 此一節皆王制文, 記者重而錄之, 後人雖知其重, 因而不去, 愼疑, 不敢删易也.

**번역** ●經文: "凡養"~"養老". ○이곳 문단은 모두 『예기』「왕제(王制)」편에 기록된 문장인데, 『예기』를 기록한 자가 중복되게 그 기록을 수록하였고, 후대 사람들은 비록 이 기록이 중복된 것임을 알았지만, 그 뜻에 따라 삭제를 하지 않았던 것인데, 신중히 고려를 해봐도, 감히 삭제하거나 바꿀 수가 없다.

**集解** 子雖老不坐, 謂在父母之側也.

**번역** "자식이 비록 노년이 되었더라도, 앉지 않는다."는 말은 부모의 곁에 위치한다는 의미이다.

**그림 28-1** ■ 교(絞) 우: 소렴(小斂)의 교(絞), 좌: 대렴(大斂)의 교(絞)

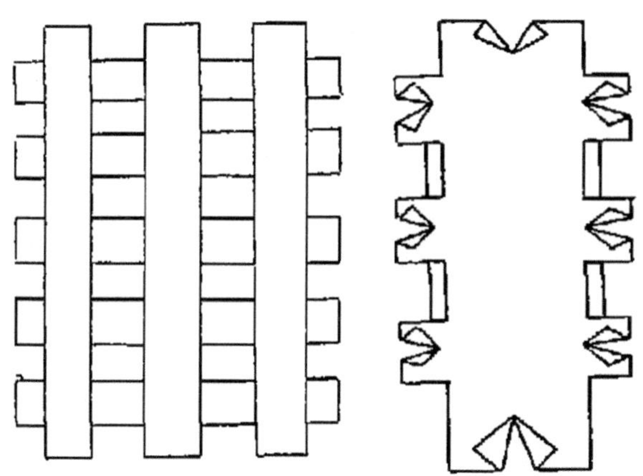


※ **출처:** 『삼례도집주(三禮圖集注)』 17권

그림 28-2 ▣ 금(紟)과 금(衾)

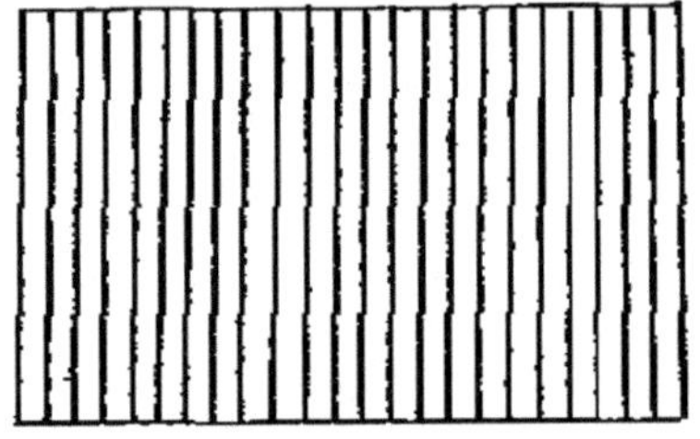

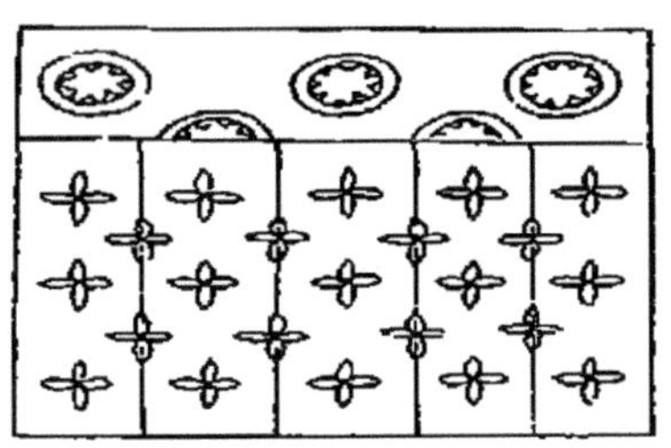

※ **출처:**『삼례도집주(三禮圖集注)』17권

**그림 28-3** ▣ 모(冒)

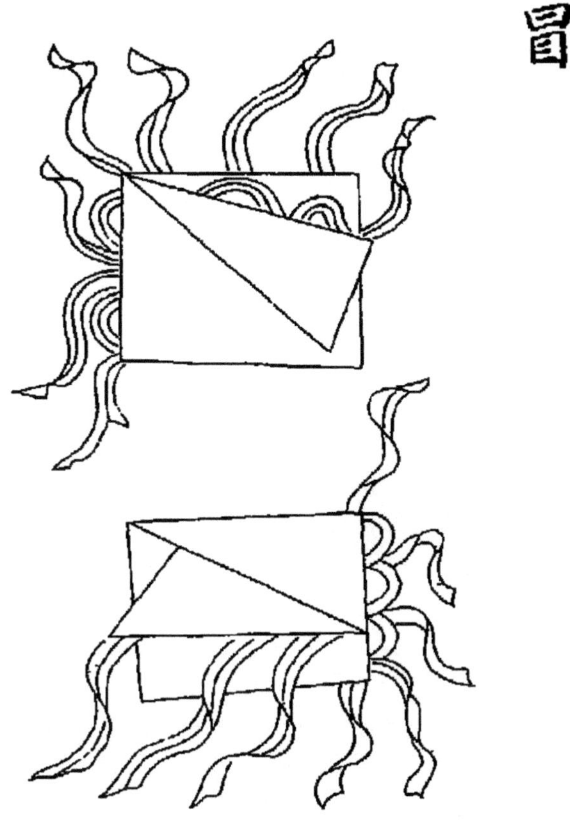


※ **출처:** 『삼례도집주(三禮圖集注)』 17권

그림 28-4 ▣ 황(皇)·수(收)·후(冔)

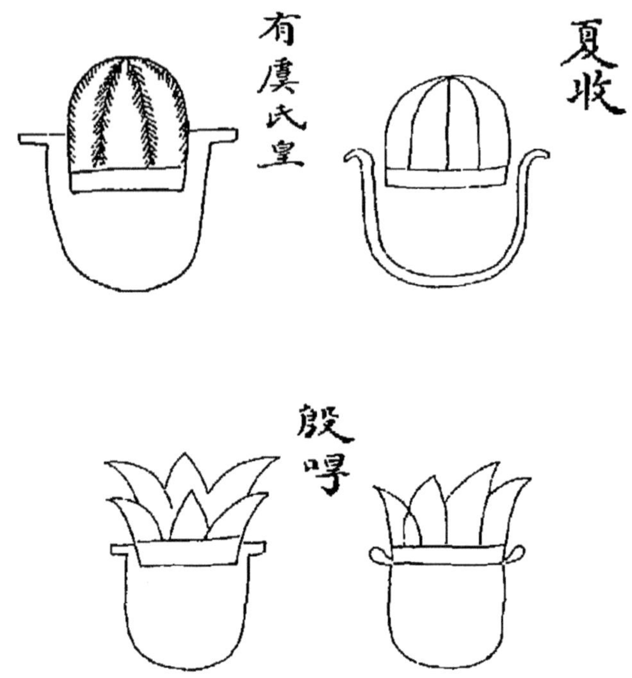


※ 출처: 『삼례도(三禮圖)』 2권

【360b】

曾子曰: "孝子之養老也."

**직역** 曾子가 曰, "孝子가 老를 養함에는"

**의역** 증자(曾子)가 말하길, "자식이 나이든 부모를 봉양할 때에는"

**大全** 石梁王氏曰: 此一養字蒙上文當從上聲, 忠養之養當從去聲.

**번역** 석량왕씨가 말하길, 이곳 기록에 나오는 1개의 '양(養)'자는 앞 문장과 연결되어, 마땅히 상성(上聲)으로 읽어야 하며, '충양(忠養)'이라고 할 때의 '양(養)'자는 마땅히 거성(去聲)으로 읽어야 한다.

【360b】

"樂其心, 不違其志, 樂其耳目, 安其寢處, 以其飮食忠養之, 孝子之身終. 終身也者, 非終父母之身, 終其身也. 是故父母之所愛亦愛之, 父母之所敬亦敬之. 至於犬馬盡然, 而況於人乎!"

**직역** "그 心을 樂하며, 그 志를 不違하고, 그 耳目을 樂하며, 그 寢處를 安하고, 그 飮食으로써 忠養하니, 孝子의 身이 終토록 한다. 身이 終한다는 것은 父母의 身이 終함이 非이며, 그 身이 終함이다. 是故로 父母가 愛한 所에는 亦히 愛하고, 父母가 敬한 所에는 亦히 敬한다. 犬馬에 至하여도 盡然한데, 況히 人에서랴!"

**의역** 계속하여 증자(曾子)가 말하길, "부모의 마음을 즐겁게 해드리며, 부모의 뜻을 위배하지 않고, 부모의 귀와 눈을 즐겁게 해드리며, 부모가 주무시는 잠자리를 편안하게 해드리고, 음식으로써 충심을 다하여 봉양을 하니, 자식이 죽을 때까지 이처럼 시행한다. 그 몸이 죽는다고 했는데, 이것은 부모가 돌아가신 것을 뜻하는 말이 아니며, 자식이 죽을 때를 뜻한다. 이러한 까닭으로 부모가 사랑하는 대상에 대해서는 자식 또한 사랑을 하고, 부모가 공경하던 대상에 대해서는 자식 또한 공경을 한다. 부모가 아끼던 개나 말에 대해서도 이처럼 그 마음을 다하게 되는데, 하물며 사람에게 있어서는 어떠하겠는가!"라고 했다.

**集說** 樂其心, 喩父母於道也. 不違其志, 能養志也. 飮食忠養以上, 是終父母之身; 愛所愛, 敬所敬, 則終孝子之身也.

**번역** "그 마음을 즐겁게 한다."는 말은 부모에게 도(道)에 대해 아뢴다는 뜻이다. "그 뜻을 어기지 않는다."는 말은 부모의 뜻을 잘 보필한다는 의미이다. '음식충양(飮食忠養)'이라는 구문부터 그 이상의 내용은 부모가 돌아가실 때까지 시행하는 것이며, 사랑하던 대상을 사랑하고, 공경하던 대상을 공경한다는 것은 곧 자식 본인이 죽을 때까지 시행하는 것이다.

**大全** 嚴陵方氏曰: 怡聲而問, 所以樂其耳也. 柔色以溫, 所以樂其目也. 定於昏, 所以安其寢也. 省於晨, 所以安其處也. 以其飮食忠養之者, 蓋養親之道, 雖非卽飮食以能盡, 亦非舍飮食以能爲君子, 何以處之? 亦曰忠養之而已. 夫養之以物, 止足以養其口體, 養之以忠, 則足以養其志矣.

**번역** 엄릉방씨가 말하길, 목소리를 온화하게 하며, 입고 계신 옷이 더운지 또는 추운지를 여쭤보는 것은 부모의 귀를 즐겁게 하는 방법이다. 얼굴빛을 유순하게 하여 부모 및 시부모의 뜻을 받드는 것은 부모의 눈을 즐겁게 하는 방법이다.[24] 저녁에 부모의 잠자리를 살피는 것은 부모의 침소를 편안하게 만드는 방법이다. 새벽에 부모의 건강을 살피는 것은 부모가 거처하는 것을 편안하게 만드는 방법이다. 음식을 통해서 충심을 다하여 봉양한다고 했는데, 무릇 부모를 봉양하는 도리에 있어서, 비록 음식을 통해서 도리를 다할 수 있는 것은 아니지만, 또한 음식과 관련된 일을 내버리고서는 군자답게 행동을 잘 한다고 할 수 없다. 그렇다면 어떻게 대처해야 하는가? 또한 충심으로 봉양을 해야 한다고 말할 수 있을 따름이다. 무릇 사물을 통해서 봉양을 하는 것은 단지 그 입과 몸을 기를 수 있는 것에만 그치고, 충심으로써 봉양을 한다면, 그 뜻도 봉양할 수 있게 된다.

**大全** 西山眞氏曰: 孝子愛敬之心, 無所不至, 故父母之所愛敬者, 雖犬馬之賤, 亦愛敬之, 況人乎哉? 姑擧其近者言之, 若兄若弟, 吾父母之所愛也, 吾其可以不愛之乎? 若薄之, 是薄吾父母也. 若親若賢, 吾父母之所敬也, 吾其

---

24) 『예기』「내칙」【346d~347a】: 及所, 下氣怡聲, 問衣燠寒, 疾痛苛癢, 而敬抑搔之. 出入, 則或先或後而敬扶持之. 進盥, 少者奉槃, 長者奉水, 請沃盥, 盥卒授巾, 問所欲而敬進之, 柔色以溫之.

可以不敬之乎? 若嫚之, 是嫚吾父母也. 推類而長, 莫不皆然. 若晉武惑馮紞之譏, 不思太后之言, 而疎齊王攸, 唐高宗溺武氏之寵, 不念太宗顧託之命, 而殺長孫無忌, 皆禮經之罪人也.

**번역** 서산진씨가 말하길, 자식이 부모를 사랑하고 공경하는 마음은 미치지 않는 곳이 없다. 그렇기 때문에 부모가 사랑하고 공경하던 대상이 비록 개나 말처럼 미천한 동물이라 하더라도, 또한 공경하고 사랑을 하는데, 하물며 사람에게 있어서는 어떻겠는가? 잠시 관계가 가까운 자들을 기준으로 말을 해보자면, 형이나 동생과 같은 자들은 자신의 부모가 사랑하던 대상인데, 자신이 그들을 사랑하지 않을 수 있겠는가? 만약 그들에 대해 야박하게 대한다면, 이것은 자신의 부모에 대해서 야박하게 대하는 꼴이 된다. 친근하게 대하고 현명하게 여겼던 자들이라면, 자신의 부모가 공경했던 자들인데, 본인이 그들에 대해서 공경하지 않을 수 있겠는가? 만약 그들에 대해서 거만하게 군다면, 이것은 자신의 부모에 대해서 거만하게 구는 꼴이 된다. 이러한 부류에 따라 미루어본다면, 이러한 관계에 처하지 않는 것이 없다. 진무(晉武)가 풍담(馮紞)의 참소에 의혹되어, 태후(太后)의 말을 생각해보지 않고, 제왕(齊王) 유(攸)를 소원하게 대한 것과 당(唐) 고종(高宗)이 무씨(武氏)의 총애에만 빠져서, 태종이 남긴 유언을 유념하지 않고, 장손무기(長孫無忌)를 죽였던 일들은 모두 예법에서 죄인으로 일컫는 것이다.

**鄭注** 賤喩貴也.

**번역** 미천한 대상을 통해서 존귀한 대상에 대해서도 이처럼 해야 한다는 사실을 깨우쳐주는 것이다.

**釋文** 樂音洛, 下同. 養, 羊亮反.

**번역** '樂'자의 음은 '洛(낙)'이며, 아래문장에 나오는 글자도 그 음이 이와 같다. '養'자는 '羊(양)'자와 '亮(량)'자의 반절음이다.

**孔疏** ●"曾子"至"人乎". ○正義曰: 此一節因上陳養老之事, 遂陳孝子事親之禮.

**번역** ●經文: "曾子"~"人乎". ○이곳 문단은 앞서 노인을 봉양했던 일들을 기술한 것에 따라서, 결국 자식이 부모를 섬기는 예법에 대해서도 진술한 것이다.

**孔疏** ●"孝子之身終"者, 謂安樂其親之心, 不違其志, 樂其耳目, 安其寢處, 以其飮食, 中心養之, 是孝子事親之身終也.

**번역** ●經文: "孝子之身終". ○부모의 마음을 안락하게 만들고, 그 뜻을 위배하지 않으며, 부모의 귀와 눈을 즐겁게 하고, 부모의 침소를 편안하게 만들며, 음식을 통해서 충심을 다해 봉양을 하는 것들은 자식이 부모를 섬기며, 죽을 때까지 해야 한다는 뜻이다.

**孔疏** ●"終身也者, 非終父母之身, 終其身也"者, 作記之人旣云: "孝子之身終", 恐人不解, 謂言孝子事親, 至親身終, 故解云"終身也者, 非終竟父母之身也", 終其孝子之身也. 言父母雖沒, 終竟是身而行孝道, 與親在無異. "至於犬馬盡然, 而況於人乎"者, 言父母所敬愛犬馬之屬, 盡須敬愛, 而況於父母所敬愛人乎.

**번역** ●經文: "終身也者, 非終父母之身, 終其身也". ○『예기』를 기록한 자는 이미 "자식의 신(身)이 마칠 때까지 한다."라고 했는데, 사람들이 이해하지 못하여, 자식이 부모를 섬길 때, 부모가 돌아가실 때까지 이처럼 시행한다고 말하게 될까를 염려했다. 그렇기 때문에 "몸이 끝난다는 것은 부모가 돌아가신다는 뜻이 아니다."라고 풀이한 것이니, 자식이 죽을 때까지 시행한다는 뜻이다. 즉 부모가 비록 이미 돌아가셨더라도, 자신이 죽을 때까지 이러한 효(孝)의 도리를 시행하여, 부모가 살아계셨을 때와 차이가 없도록 한다는 뜻이다. 경문의 "至於犬馬盡然, 而況於人乎"에 대하여. 부모가 공경하고 사랑했던 대상, 즉 개나 말과 같은 부류에 대해서도 공경하고 사랑하는 도리를 다해야만 하는데, 하물며 부모가 공경하고 사랑했던 사람에 대해서는 어찌하겠느냐는 뜻이다.

**集解** 忠養, 謂盡其心以養之, 非徒養口體而已也. 孝子之身終者, 父母雖沒, 而事死如生, 事亡如存, 沒身而後已也. 父母之所愛亦愛之, 所敬亦敬之, 以父母之心爲心, 而隨在曲體之也.

**번역** '충양(忠養)'은 그 마음을 다하여 봉양을 한다는 뜻으로, 단지 부모의 입과 몸을 봉양할 뿐만이 아니라는 의미이다. '효자지신종(孝子之身終)'이라는 말은 부모가 비록 돌아가셨더라도, 돌아가신 부모를 섬기길 살아계신 부모를 섬기는 것처럼 하고, 이미 안 계신 부모를 섬기길 마치 그 자리에 계신 부모를 섬기는 것처럼 하는데, 자신이 죽은 이후에야 이러한 행동을 그만둔다는 뜻이다. 부모가 사랑하는 대상에 대해서도 사랑을 하고, 공경하는 대상에 대해서도 공경을 하니, 부모의 마음을 자신의 마음으로 삼아서, 곡진하게 몸소 시행하는 것이다.

**【360d】**

**凡養老, 五帝憲, 三王有乞言. 五帝憲, 養氣體而不乞言, 有善則記之爲惇史. 三王亦憲, 旣養老而后乞言, 亦微其禮, 皆有惇史.**

**직역** 凡히 老를 養함에, 五帝는 憲했고, 三王은 言을 乞함이 有했다. 五帝에는 憲하여, 氣體를 養이나 言을 不乞하고, 善이 有하면 記하여 惇史로 爲했다. 三王도 亦히 憲했고, 旣히 老를 養한 后에 言을 乞이나, 亦히 그 禮를 微하고, 皆히 惇史가 有라.

**의역** 무릇 노인을 봉양함에 있어서, 오제(五帝) 때에는 그들의 덕행(德行)을 본받는 것을 위주로 했고, 삼왕(三王) 때에는 그들에게 말씀을 구하는 의식이 포함되었다. 오제 때에는 노인들의 덕행을 본받는 것을 위주로 했으므로, 그들의 기운과 신체를 봉양했으나, 말씀을 구하지는 않았고, 선(善)한 일을 했던 자가 있다면, 그것을 기록하여, 후세의 교훈으로 정하는 돈사(惇史)로 삼았다. 삼왕 때에도 또한 노인들의 덕행을 본받았는데, 노인을 봉양하는 의식이 끝나면, 그 이후에 말씀을 구하는 절차를 시행했었고, 또한 이전보다는 그 예법을 간소하게 하였다. 그러나 모두에게 있어서 돈사(惇史)를 기록하는 것이 있었다.

**集說** 憲, 法也. 養老之禮, 五帝之世, 主於法其德行而已. 至三王之世, 則又有乞言之禮焉. 惇史, 所以記其惇厚之德也. 三王亦未嘗不法其德行, 然於乞言之際, 其禮微略, 不誠切以求之, 故云微其禮. 然亦皆有惇史焉.

**번역** '헌(憲)'자는 "본받다[法]."는 뜻이다. 노인을 봉양하는 예(禮)에 있어서, 오제(五帝)[25] 시대에는 그 덕행을 본받는 것을 위주로 했을 따름이다. 삼왕(三王)[26] 시대에 이르게 되면, 또한 말씀을 구하는 예(禮)가 생겼

---

25) 오제(五帝)는 전설시대에 존재했다고 전해지는 다섯 명의 제왕(帝王)을 뜻한다. 그러나 다섯 명이 누구였는지에 대해서는 이설(異說)이 많다. 첫 번째 주장은 황제(黃帝: =軒轅), 전욱(顓頊: =高陽), 제곡(帝嚳: =高辛), 당요(唐堯), 우순(虞舜)으로 보는 견해이다. 『사기정의(史記正義)』「오제본기(五帝本紀)」편에는 "太史公依世本·大戴禮, 以黃帝·顓頊·帝嚳·唐堯·虞舜爲五帝. 譙周·應劭·宋均皆同."이라는 기록이 있고, 『백호통(白虎通)』「호(號)」편에도 "五帝者, 何謂也? 禮曰, 黃帝·顓頊·帝嚳·帝堯·帝舜也."라는 기록이 있다. 두 번째 주장은 태호(太昊: =伏羲), 염제(炎帝: =神農), 황제(黃帝), 소호(少昊: =摯), 전욱(顓頊)으로 보는 견해이다. 이 주장은 『예기』「월령(月令)」편에 나타난 각 계절별 수호신들의 내용을 종합한 것이다. 세 번째 주장은 소호(少昊), 전욱(顓頊), 고신(高辛), 당요(唐堯), 우순(虞舜)으로 보는 견해이다. 『서서(書序)』에는 "少昊·顓頊·高辛·唐·虞之書, 謂之五典, 言常道也."라는 기록이 있다. 또 『제왕세기(帝王世紀)』에는 "伏羲·神農·黃帝爲三皇, 少昊·高陽·高辛·唐·虞爲五帝."라는 기록이 있다. 네 번째 주장은 복희(伏羲), 신농(神農), 황제(黃帝), 당요(唐堯), 우순(虞舜)으로 보는 견해이다. 이 주장은 『역』「계사하(繫辭下)」편의 내용에 근거한 주장이다.

26) 삼왕(三王)은 하(夏), 은(殷), 주(周) 삼대(三代)의 왕을 뜻한다. 『춘추곡량전』「은공(隱公) 8年」편에는 "盟詛不及<u>三王</u>."이라는 기록이 있고, 이에 대한

다. '돈사(惇史)'는 도탑고 후덕한 덕을 기록한 것이다. 삼왕 때에도 일찍이 그 덕행을 본받지 않은 적이 없었지만, 말씀을 구할 때에는 그 예(禮)를 다소 간소하게 했으니, 간절하게 구했던 것은 아니다. 그렇기 때문에 "그 예(禮)를 은미하게 하다."라고 말한 것이다. 그러나 이때에도 또한 모두 돈사(惇史)가 포함되었다.

**集說** 方氏曰: 五帝之憲也, 而老者亦未嘗無言, 要之以德爲主耳. 故曰有善則記之, 蓋可記者言故也. 三王之乞言, 而老者未嘗無德, 要之以言爲主耳. 故曰三王亦憲.

**번역** 방씨가 말하길, 오제(五帝) 때에는 노인들의 몸을 봉양했지만, 노인들은 또한 일찍이 말을 남기지 않은 적이 없었다. 다만 덕을 위주로 요약했을 따름이다. 그렇기 때문에 선(善)함을 갖춘 자가 말을 하면 기록을 했던 것이니, 기록을 남겨둘만한 자가 말을 했기 때문이다. 삼왕(三王) 때에는 말씀을 구했지만, 노인들 또한 일찍이 덕이 없었던 적이 없었다. 다만 말을 위주로 요약했을 따름이다. 그렇기 때문에 "삼왕 때에는 또한 헌(憲)을 했다."라고 말한 것이다.

**大全** 東萊呂氏曰: 年之貴乎天下久矣. 五帝三王皆尊德尙齒, 然五帝三王養老之禮, 雖同憲, 與乞言不同. 蓋道有升降, 風氣有厚薄, 所以如此, 五帝憲, 則是瞻儀容, 視起居, 不曾有乞言之禮. 蓋當時風氣未開, 人情淳厚, 朝夕與老者親炙, 其仁義之容·道德之光, 自得於觀感不言之際. 三王不及五帝, 所以有乞言之禮, 比之於觀瞻不言之中, 氣味稍薄.

**번역** 동래여씨가 말하길, 천하의 가치 중 나이를 존귀하게 여긴 것은

---

범녕(範寧)의 주에서는 '삼왕'을 하나라의 우(禹), 은나라의 탕(湯), 주나라의 무왕(武王)을 지칭한다고 풀이했다. 그리고 『맹자』「고자하(告子下)」편에는 "五覇者, 三王之罪人也."이라는 기록이 있고, 이에 대한 조기(趙岐)의 주에서는 '삼왕'을 범녕의 주장과 달리, 주나라의 무왕 대신 문왕(文王)을 지칭한다고 풀이했다.

매우 오래되었다. 오제(五帝)와 삼왕(三王) 때에는 모두 덕(德)을 존중하고, 나이를 존숭하였다. 그러나 오제와 삼왕 때 노인을 봉양하는 예(禮)에 있어서는 비록 덕행을 존숭하던 것은 같았지만, 말씀을 구하는 것에 있어서는 차이를 보였다. 무릇 도(道)에는 높고 낮은 차이가 있고, 풍속에도 두텁고 엷은 차이가 있으니, 이와 같았으므로, 오제 때 덕행을 본받았던 것은 그 자태와 행동거지를 우러러보고 살펴봤던 것이며, 일찍이 별도로 말씀을 구하는 예(禮)는 없었다. 무릇 당시의 풍속이 아직 완전히 개화된 것이 아니었지만, 사람의 정감은 돈후하였으며, 아침저녁으로 노인에게 직접 고기를 구워서 바쳤는데, 그 인의(仁義)에 따른 행동거지와 밝게 빛나는 도덕(道德)은 별도의 말을 하지 않아도, 살펴보고 느끼는 그 시기에 제 스스로 터득할 수 있었다. 그러나 삼왕 때에는 오제 때에 미치지 못했으니, 말씀을 구하는 예(禮)가 생겨나게 된 이유로, 말씀을 구하는 것을 말을 하지 않더라도, 살펴보고 우러러보며 자득하는 것과 비교해보면, 그 의식과 정감이 오제 때보다 쇠퇴한 것이다.

**鄭注** 憲, 法也. 養之爲法其德行. "有"讀爲"又". 又從之求善言可施行也. 惇史, 史惇厚是也. "微其禮"者, 依違言之, 求而不切也.

**번역** '헌(憲)'자는 "본받다[法]."는 뜻이다. 봉양을 하며, 그들의 덕행을 본받는 의식으로 삼았던 것이다. '유(有)'자는 '우(又)'자로 풀이한다. 또한 그에 따라 시행할 수 있는 좋은 말을 구했던 것이다. '돈사(惇史)'는 돈후한 일을 기록해둔 문서를 가리킨다. "그 예(禮)를 미약하게 했다."라는 말은 식순에 의거하여 말을 한 것이니, 말을 구하되 간절하게 구하지 않았다는 의미이다.

**釋文** 惇音敦.

**번역** '惇'자의 음은 '敦(돈)'이다.

**孔疏** ●"凡養"至"惇史". ○正義曰: 此一節論五帝三王養老之禮.

**번역** ●經文: "凡養"~"惇史". ○이곳 문단은 오제(五帝)와 삼왕(三王)이 노인을 봉양했던 예(禮)에 대해서 논의하고 있다.

**孔疏** ●"五帝憲"者, 憲, 法也. 言五帝養老, 法其德行.

**번역** ●經文: "五帝憲". ○'헌(憲)'자는 "본받다[法]."는 뜻이다. 오제(五帝) 때 노인을 봉양하며, 그들의 덕행(德行)을 본받았다는 의미이다.

**孔疏** ●"三王有乞言"者, 言三王其德漸薄, 非但法其德行, 又從求乞善言.

**번역** ●經文: "三王有乞言". ○삼왕(三王) 때에는 그들의 덕(德)이 이전보다 옅어졌으니, 단지 그들의 덕행(德行)을 본받았던 것뿐만 아니라, 또한 그 의식에 따라 좋은 말을 해주기를 청했다는 뜻이다.

**孔疏** ●"五帝憲, 養氣體而不乞言"者, 覆說上五帝憲之法, 奉養老人, 就氣息身體, 恐其勞動, 故不乞言, 有善, 則記之爲惇史者. 惇, 厚也. 言老人有善德行, 則記錄之, 使衆人法則, 爲惇厚之史.

**번역** ●經文: "五帝憲, 養氣體而不乞言". ○앞서 오제(五帝) 때 덕행을 본받았다고 했던 법도를 재차 풀이한 것이니, 노인을 봉양할 때, 그 기운과 신체에 대해서, 아마도 수고롭게 하지는 않을까 염려를 했기 때문에, 별도로 말씀을 청하지 않았던 것인데, 선(善)한 것이 있다면, 그것을 기록하여 '돈사(惇史)'로 삼았던 것이다. '돈(惇)'자는 "두텁다[厚]."는 뜻이다. 즉 노인에게 좋은 덕행이 있다면, 그것을 기록하여, 많은 사람들로 하여금 법칙으로 삼도록 했으니, 이것은 돈후한 덕행을 기록한 문서가 된다.

**孔疏** ●"亦微其禮, 皆有惇史"者, 言三王養老, 旣法德行, 又從乞言, 其乞言之禮, 亦依違求之, 而不偪切. 三代皆法其德行善言, 爲惇厚之史, 故云"皆".

皆者, 皆三代也.

**번역** ●經文: "亦微其禮, 皆有惇史". ○삼왕(三王)이 노인을 봉양할 때에는 이미 그들의 덕행(德行)을 본받았지만, 또한 그에 따라서 말씀을 구했는데, 말씀을 구하는 예(禮)는 또한 식순에 의거해서 구했던 것이니, 간절하게 구했던 것은 아니었다. 삼대(三代) 때에는 모두 그들의 덕행과 좋은 말을 본받아서, 돈후한 덕행과 말을 기록해둔 문서로 삼았다. 그렇기 때문에 '개(皆)'라고 말한 것이다. '개(皆)'라는 말은 삼대 때 모두 이처럼 했다는 뜻이다.

**訓纂** 彬謂: 亦微其禮者, 言簡略其禮, 無"執醬"·"執爵"之文也.

**번역** 내가 생각하기에, '역미기례(亦微其禮)'라는 말은 그 의례를 간소하게 했다는 뜻으로, "군주가 장을 들고 시중을 든다."라는 것이나 "술잔을 직접 들고 건넨다."는 등의 절차가 없었다는 의미이다.[27]

**集解** 愚謂: 五帝以老人宜安靜, 故務養其氣體, 而不欲乞言以勞動之, 老人有德行之善, 則記錄之爲惇厚之史也. 三王旣養老而後乞言, 則其求之也不敢遽; 微略其禮, 則其求之也不敢堅. 然則雖曰"乞言", 而亦未至於勞老者之氣體矣. 若夫憲之以爲法於一身, 記之以垂訓於後世, 則帝王養老之所同也.

**번역** 내가 생각하기에, 오제(五帝) 때에는 노인에 대해서 마땅히 안정을 시켜야 한다고 여겼다. 그렇기 때문에 그들의 기운과 신체를 봉양하는데 힘쓰고, 별도의 말씀을 청하여, 그들을 수고롭게 움직이도록 하고자 하지 않았던 것이며, 노인들 중에 선(善)에 해당하는 덕행(德行)이 있다면,

27) 『예기』「악기(樂記)」【485a~b】: 食三老五更於大學, 天子袒而割牲, 執醬而饋, 執爵而酳, 冕而摠干, 所以敎諸侯之弟也. 若此則周道四達, 禮樂交通. 則夫武之遲久不亦宜乎? / 『예기』「제의(祭義)」【570c~d】: 食三老五更於大學, 天子袒而割牲, 執醬而饋, 執爵而酳, 冕而摠干, 所以敎諸侯之弟也. 是故鄕里有齒, 而老窮不遺, 强不犯弱, 衆不暴寡, 此由大學來者也.

그것을 기록하여 후덕한 덕행을 기록한 문서로 삼았던 것이다. 삼왕(三王) 때에는 노인을 봉양하는 의식이 끝나면, 그 이후에 말씀을 구했으니, 그 말씀을 구할 때에는 감히 갑작스럽게 할 수 없었기 때문이고, 또 그 의식을 간소하게 치렀으니, 말씀을 구할 때에도 감히 완고하게 부탁할 수가 없기 때문이다. 그렇다면 비록 '걸언(乞言)'이라고 말했지만, 이 또한 노인들의 기운과 신체를 수고롭게 만드는 지경에는 이르지 않았던 것이다. 무릇 그러한 것들을 본받아서, 자신이 따라야 할 법도로 삼고, 또 그것들을 기록하여 후세에 교훈으로 전해주었던 것들은 오제와 삼왕 때 노인을 봉양하는 의식에서 공통으로 나타났던 점들이다.

**集解** 自"凡養老, 有虞氏以燕禮"至此, 疑他篇之脫簡, 說見篇首.

**번역** "무릇 노인을 봉양할 때, 유우씨(有虞氏) 때에는 연례(燕禮)로써 했다."라는 기록으로부터 이곳 문장까지는 아마도 다른 편의 기록이 누락되어, 잘못하여 이곳으로 편입된 것이니, 자세한 설명은 편의 첫 부분에 나온다.

## • 제 29 절 •

### 팔진(八珍) 등의 조리법

【361a】

**淳熬: 煎醢加于陸稻上, 沃之以膏, 曰淳熬.**

**직역** 淳熬에 대해, 醢를 煎하여 陸稻의 上에 加하고, 沃하길 膏로써 하니, 淳熬라 曰한다.

**의역** 여덟 가지 진미 중 첫 번째 요리인 순오(淳熬)에 대해 설명하자면, 젓갈을 달여서 쌀밥 위에 붓고, 다시 기름을 부어서 완성한다. 그렇기 때문에 이러한 뜻에서 '순오(淳熬)'라고 부르는 것이다.

**集說** 淳, 沃也. 熬, 煎也. 陸稻, 陸地之稻也. 以陸稻爲飯, 煎醢加于飯上, 又恐味薄, 故更沃之以膏. 此八珍之一也.

**번역** '순(淳)'자는 "붓다[沃]."는 뜻이다. '오(熬)'자는 "달이다[煎]."는 뜻이다. '육도(陸稻)'는 육지에서 생산된 벼를 뜻한다. 육도로써 밥을 짓고, 젓갈을 달여서 밥 위에 붓고, 또 그 맛이 싱거울 것을 염려했기 때문에, 재차 기름을 붓는 것이다. 이것은 팔진(八珍) 중 첫 번째 요리이다.

**鄭注** 淳, 沃也. 熬亦煎也. 沃煎成之, 以爲名.

**번역** '순(淳)'자는 "붓다[沃]."는 뜻이다. '오(熬)'자 또한 "달이다[煎]."는 뜻이다. 붓고 달여서 완성을 시키기 때문에, 이러한 뜻에서 명칭을 정한 것이다.

**釋文** 淳熬, 之純反, 下五羔反, 下及注同.

**번역** '淳熬'에서의 '淳'자는 '之(지)'자와 '純(순)'자의 반절음이며, '熬자는 '五(오)'자와 '羔(고)'자의 반절음이고, 아래문장 및 정현의 주에 나오는 글자도 그 음이 이와 같다.

**孔疏** ●"淳熬"至"淳毋". ○正義曰: 此一節論養老須飲食如養親之事, 明八珍之饌, 並明羞豆糝餰之等.

**번역** ●經文: "淳熬"~"淳毋". ○이곳 문단은 노인을 봉양하며 갖춰야 하는 음식을 부모를 봉양하는 사안과 동일하게 한다는 사실을 나타내고 있으며, 여덟 가지 진미에 속하는 요리들을 나타내고 있고, 아울러 여러 두(豆)에 올리는 나물죽이나 된죽 등에 대해서도 나타내고 있다.

**孔疏** ●"淳熬"者, 是八珍之內, 一珍之膳名也. 淳謂沃也, 則沃之以膏是也. 熬謂煎也, 則煎醢是也.

**번역** ●經文: "淳熬". ○이것은 여덟 가지 진미에 포함된 것으로, 그 중 하나의 요리에 대한 명칭에 해당한다. '순(淳)'자는 "붓다[沃]."는 뜻이니, 기름을 붓는 것이다. '오(熬)'자는 "달이다[煎]."는 뜻이니, 젓갈을 달이는 것이다.

**孔疏** ●"陸稻"者, 謂陸地之稻也, 謂以陸地稻米熟之爲飯, 煎醢, 使熬加于飯上, 恐其味薄, 更沃之以膏, 使味相湛漬曰淳熬.

**번역** ●經文: "陸稻". ○육지에서 생산된 벼를 뜻하니, 육지에서 생산된 벼를 익혀서 밥을 만들고, 젓갈을 달여서, 밥 위에 붓고, 그 맛이 싱거울 것을 염려하여, 다시금 기름을 부어서, 그 맛이 서로 어우러지도록 하므로, '순오(淳熬)'라고 부르는 것이다.

**訓纂** 說文: 煎, 熬也.

**번역** 『설문해자』에서 말하길, '전(煎)'자는 "오래 끓이다[熬]."는 뜻이다.

**【361b】**

**淳毋: 煎醢加于黍食上, 沃之以膏, 曰淳毋.**

**직역** 淳毋에 대해, 醢를 煎하여 黍食의 上에 加하고, 沃하길 膏로써 하니, 淳毋라 曰한다.

**의역** 여덟 가지 진미 중 두 번째 요리인 순무(淳毋)에 대해 설명하자면, 젓갈을 달여서 메기장으로 지은 밥 위에 붓고, 다시 기름을 부어서 완성한다. 그렇기 때문에 이러한 뜻에서 '순무(淳毋)'라고 부르는 것이다.

**集說** 疏曰: 毋, 是禁辭, 非膳羞之體, 故讀爲模, 象也. 蓋法象淳熬而爲之. 但用黍飯爲異耳. 此八珍之二也.

**번역** 공영달의 소(疏)에서 말하길, '무(毋)'라는 말은 금지사에 해당하니, 요리와 음식들을 가리키는 말이 아니다. 그렇기 때문에 '모(模)'자로 풀이하니, '모(模)'자는 "본받다[象]."는 뜻이다. 무릇 순오(淳熬)의 조리방법을 본받아서 만들기 때문이다. 다만 메기장으로 지은 밥을 이용하는 점만 다를 따름이다. 이것은 여덟 가지 진미 중 두 번째 요리이다.

**鄭注** 毋讀曰模, 模, 象也. 作此象淳熬.

**번역** '무(毋)'자는 '모(模)'자로 풀이하니, '모(模)'자는 "본받다[象]."는 뜻이다. 이 요리의 조리방법은 순오(淳熬)에 따른다는 뜻이다.

**釋文** 毋, 依注音模, 莫胡反, 下同. 食音嗣.

**번역** '毋'자는 정현의 주에 따르면 그 음은 '模'이니, '莫(막)'자와 '胡(호)'자의 반절음이고, 아래문장에 나오는 글자도 그 음이 이와 같다. '食'자의 음은 '嗣(사)'이다.

**孔疏** ◎注"毋讀"至"淳熬". ○正義曰: 以經云"淳毋", "毋"是禁辭, 非膳羞之體, 故讀爲"模". 模, 象也. 法象淳熬而爲之, 但用黍爲異耳. 經云"黍食", 食, 飯也, 謂以黍米爲飯. 不言陸者, 黍皆在陸, 無在水之嫌, 故不言陸.

**번역** ◎鄭注: "毋讀"~"淳熬". ○이곳 경문에서는 '순무(淳毋)'라고 했는데, '무(毋)'자는 금지사를 뜻하는 말이며, 요리나 음식을 가리키는 용어가 아니다. 그렇기 때문에 '모(模)'자로 풀이하는 것이다. '모(模)'자는 "본받다[象]."는 뜻이다. 순오(淳熬)의 조리방법을 본받아서 이 요리를 만드는데, 단지 메기장을 이용한다는 점만 다를 따름이다. 경문에서는 '서사(黍食)'라고 했는데, '사(食)'자는 밥을 뜻하니, 메기장의 낱알로 밥을 지은 것을 말한다. '육(陸)'자를 함께 기록하지 않았는데, 메기장도 모두 육지에서 생산되는 것이지만, 물가에서 생산된 것이 아니냐는 의혹 자체가 들지 않기 때문에, '육(陸)'자를 기록하지 않은 것이다.

**訓纂** 集韻: 毋, 熬餌也.

**번역** 『집운』[1]에서 말하길, '무(毋)'자는 음식을 오래도록 끓인다는 뜻이다.

1) 『집운(集韻)』은 송(宋)나라 때의 정탁(丁度, A.D.990~A.D.1053) 등이 칙명(勅命)을 받아서 편찬한 음운학 서적이다.

【361b~c】

炮: 取豚若將, 封之刳之, 實棗於其腹中, 編萑以苴之, 塗之以謹塗. 炮之, 塗皆乾, 擘之, 濯手以摩之, 去其皽, 爲稻粉, 糔溲之以爲酏, 以付豚, 煎諸膏, 膏必滅之. 鉅鑊湯, 以小鼎薌脯於其中, 使其湯毋滅鼎, 三日三夜毋絶火, 而后調之以醯醢.

**직역** **炮**에 대해, 將과 若한 豚을 取하여, **封**하고 **刳**하며, 그 腹中에 棗를 實하고, **萑**를 編하여 **苴**하며, 塗하길 謹塗로써 한다. **炮**하여, 塗가 皆히 乾하면, 擘하고, 手를 濯하여 摩하여, 그 **皽**을 去하고, 稻粉을 爲하여, **糔**를 **溲**하여 **酏**를 爲하고, 이로써 豚에 付하며, 膏에 煎하되, 膏를 必히 滅한다. 鉅**鑊**에 湯하고, 그 中에 小鼎에 脯에 **薌**하며, 그 湯을 使하여 鼎을 滅함을 毋하고, 三日三夜에 火를 絶함을 毋하며, 后에 調하길 醯**醢**로써 한다.

**의역** 여덟 가지 진미 중 세 번째와 네 번째 요리에 해당하며, 진흙에 싸서 굽는 포돈(**炮**豚)과 포장(**炮牂**)에 대해 설명하자면, 돼지와 숫양을 가져다가 도축을 하여, 안의 내장을 제거하고, 그 배 안에 대추를 채우며, 추(**萑**)라는 풀을 엮어서 감싸고, 진흙을 바른다. 그것을 구워서, 진흙이 모두 마르게 되면, 겉면의 진흙을 제거하고, 손을 씻은 뒤에 문질러서 표피를 벗겨내고, 쌀가루를 만들어서, 물을 부어 반죽해서 쌀죽을 만들고, 이것을 돼지고기에 입히고, 기름에 넣어서 졸이는데, 기름은 반드시 돼지고기가 잠기도록 충분히 붓는다. 큰 솥을 준비하여 그 안에 물을 붓고, 작은 솥 안에는 향미를 가미한 포(脯)를 넣는데, 작은 솥을 큰 솥 안에 넣는다. 그리고 물이 작은 솥 안으로 들어가지 않도록 하고, 3일 밤낮을 은근한 불로 달이며, 그런 뒤에 젓갈이나 장을 이용해서 간을 맞춘다.

**集說** 此珍主於塗而燒之, 故以炮名. 牂, 牡羊也. 封之刳之, 殺而去其五藏也. 萑, 蘆葦之類. 苴, 裹也. 謹, 讀爲墐, 說文粘土也. 擘之者, 擘去乾塗也. 濯手以摩之去其皽, 謂擘泥手不淨, 又兼肉熟, 故必濯其手, 然後摩去其皽膜也. 糔, 與前章瀡瀡之瀡同, 以稻米爲粉, 瀡溲之爲粥. 若豚則以此粥敷其外, 若羊則解折其肉, 以此粥和之, 而俱煎以膏. 滅, 沒也. 謂所用膏, 沒此豚與羊也. 鉅鑊湯, 以大鑊盛湯也. 脯, 解析之薄如脯也. 薌脯, 香美此脯也. 脯在小鼎內, 而小鼎則置在鑊湯內, 湯不可沒鼎, 沒鼎則水入壞脯也. 毋絶火, 微熱而已, 不熾之也. 至食則又以醯與醢調和之. 此八珍之三·四也.

**번역** 여기에서 말하는 진미들은 주로 진흙에 싸서 굽는 것이 중심이 된다. 그렇기 때문에 '포(炮)'자를 붙여서 부르는 것이다. '장(牂)'자는 수컷 양을 뜻한다. '규지고지(刲之刳之)'라는 말은 도축을 하고서 오장(五臟)을 제거한다는 뜻이다. '추(萑)'는 노위(蘆葦) 등의 풀을 뜻한다. '저(苴)'자는 "싸다[裹]."는 뜻이다. '근(謹)'자는 '근(墐)'자로 풀이하니, 『설문』에서는 점토(粘土)라고 했다. '벽지(擘之)'라는 말은 말라붙은 진흙을 제거한다는 뜻이다. 손을 씻고 문질러서 그 표피를 제거하니, 진흙을 제거하면, 손이 더럽게 되고, 또한 고기가 익어서 뜨겁기 때문에, 반드시 손을 씻은 뒤에, 문질러서 표피를 벗겨낸다는 의미이다. '수(糔)'자는 앞장에 수수(滫瀡)라고 했을 때의 '수(滫)'자와 동일하니,[2] 쌀 알갱이를 빻아서 가루로 만들고, 뜨물로 반죽하여 죽으로 만든 것이다. 만약 돼지고기인 경우라면, 이러한 죽을 이용해서 그 겉면을 입히고, 양고기인 경우라면, 이러한 죽을 섞어서, 기름을 이용해서 함께 달인다. '멸(滅)'자는 "잠기다[沒]."는 뜻이다. 즉 기름을 이용하여, 이러한 돼지고기와 양고기를 잠기도록 붓는다는 뜻이다. '거확탕(鉅鑊湯)'이라는 말은 큰 솥에 물을 담는다는 뜻이다. '포(脯)'자는 포(脯)처럼 얇게 썰었다는 뜻이다. '향포(薌脯)'는 이러한 포(脯)에 향미를 더한다는 뜻이다. 포(脯)는 작은 솥 안에 담겨 있고, 작은 솥은 큰 솥에 담긴 물 위에 놓이게 되며, 물이 작은 솥을 잠기게 해서는 안 되니, 작은 솥이 물에 잠긴다면, 물이 들어와서 포(脯)의 맛을 망치기 때문이다. '무절화(毋絶火)'는 약한 불로 계속 데울 따름이며, 활활 타도록 하지 않는다는 뜻이다. 식사를 할 때가 되면, 또한 젓갈과 장을 이용해서 간을 맞춘다. 이것들은 여덟 가지 진미 중 세 번째와 네 번째에 해당하는 요리이다.

---

2) 『예기』「내칙」【347a~b】: 棗·栗飴蜜以甘之, 堇·荁·枌·榆免薧, 滫瀡以滑之, 脂膏以膏之. 父母舅姑必嘗之而後退.

**鄭注** 炮者, 以塗燒之爲名也. "將"當爲"牂", 牂, 牡羊也. 刲·刳, 博異語也. "謹"當爲"墐", 聲之誤也, 墐塗, 塗有穰草也. 皽, 謂皮肉之上魄莫也. 糔·溲, 亦博異語也, 糔, 讀與滫瀡之滫同. 薌脯, 謂煮豚若羊於小鼎中, 使之香美也; 謂之脯者, 旣去皽, 則解析其肉, 使薄如爲脯然, 唯豚全耳, 豚·羊入鼎三日, 乃內醯醢可食也.

**번역** '포(炮)'라는 말은 흙을 발라서 굽는다는 뜻의 명칭이다. '장(將)'자는 마땅히 '장(牂)'자가 되어야 하니, '장(牂)'자는 숫양을 뜻한다. '규(刲)'자와 '고(刳)'자는 의미가 같은데 다르게 쓴 글자이다. '근(謹)'자는 마땅히 '근(墐)'자가 되어야 하니, 소리가 비슷해서 생긴 오자이며, '근도(墐塗)'는 진흙에 짚이나 풀이 포함된 것을 뜻한다. '전(皽)'자는 고기의 껍질 위에 있는 찌꺼기 막을 뜻한다. '수(糔)'자와 '수(溲)'자도 또한 의미가 같은데 다르게 쓴 글자이며, '수(糔)'자는 '수수(滫瀡)'라고 했을 때의 '수(滫)'자와 동일하게 풀이한다. '향포(薌脯)'는 돼지고기나 양고기를 작은 솥 안에 넣고 끓여서, 향미를 더하게 한다는 뜻이며, 그 고기를 '포(脯)'라고 부르는 이유는 표면에 붙은 막을 제거했다면, 그 고기를 썰어서, 마치 포(脯)를 만들 듯이 얇게 썰기 때문이니, 오직 돼지고기의 경우에만 고기 전체를 넣을 따름이며, 돼지고기와 양고기를 솥에 넣어서, 3일 동안 조리를 하면, 젓갈과 장을 섞어서 먹을 수 있게 된다.

**釋文** 炮, 步交反. 將, 依注音牂, 子郎反. 刲, 苦圭反. 刳, 口孤反, 又口侯反. 編, 必縣反, 又步典反. 萑音丸, 蘆也. 苴, 子餘反, 苞裹也. 謹, 依注作墐, 音斤, 徐如字. 炮之, 絶句. 涂皆乾, 絶句. 涂本亦作塗. 擘之, 必麥反, 絶句. 濯, 直角反, 去, 起呂反, 注同. 皽, 章善反. 糔, 息酒反, 又相流反, 又息了反. 溲, 所九反. 付, 徐音賦. 鉅音巨, 其據反. 鑊, 戶郭反. 使湯, 一本作"使其湯". 穰, 如羊反, 草也. 魄莫, 上普伯反, 或普博反; 下亦作膜, 武博反. 析, 星曆反.

**번역** '炮'자는 '步(보)'자와 '交(교)'자의 반절음이다. '將'자는 정현의 주에 따르면 그 음이 '牂'이니, '子(장)'자와 '郎(낭)'자의 반절음이다. '刲'자는

'苦(고)'자와 '圭(규)'자의 반절음이다. '刲'자는 '口(구)'자와 '孤(고)'자의 반절음이며, 또한 '口(구)'자와 '侯(후)'자의 반절음도 된다. '編'자는 '必(필)'자와 '縣(현)'자의 반절음이고, 또한 '步(보)'자와 '典(전)'자의 반절음도 된다. '萑'자의 음은 '丸(환)'이며, 갈대를 뜻한다. '苴'자는 '子(자)'자와 '餘(여)'자의 반절음이며, 감싼다는 뜻이다. '謹'자는 정현의 주에 따르면 '墐'자로 기록하니, 그 음은 '斤(근)'이고, 서음(徐音)은 글자대로 읽는다. '炮之'에서 구문을 끊는다. '涂皆乾'에서 구문을 끊는다. '涂'자는 판본에 따라서 또한 '塗'자로도 기록한다. '擘之'에서의 '擘'자는 '必(필)'자와 '麥(맥)'자의 반절음이며, 이곳에서 구문을 끊는다. '濯'자는 '直(직)'자와 '角(각)'자의 반절음이며, '去'자는 '起(기)'자와 '呂(려)'자의 반절음이고, 정현의 주에 나오는 글자도 그 음이 이와 같다. '皽'자는 '章(장)'자와 '善(선)'자의 반절음이다. '糔'자는 '息(식)'자와 '酒(주)'자의 반절음이고, 또한 '相(상)'자와 '流(류)'자의 반절음이며, 또한 '息(식)'자와 '了(료)'자의 반절음도 된다. '溲'자는 '所(소)'자와 '九(구)'자의 반절음이다. '付'자의 서음은 '賦(부)'이다. '鉅'자의 음은 '巨(거)'이며, '其(기)'자와 '據(거)'자의 반절음이다. '鑊'자는 '戶(호)'자와 '郭(곽)'자의 반절음이다. '使湯'을 다른 판본에서는 '使其湯'으로도 기록한다. '穰'자는 '如(여)'자와 '羊(양)'자의 반절음이며, 풀을 뜻한다. '魄莫'에서의 '魄'자는 '普(보)'자와 '伯(백)'자의 반절음이며, 혹은 '普(보)'자와 '博(박)'자의 반절음도 되고; '莫'자는 또한 '膜'자로도 기록하며, '武(무)'자와 '博(박)'자의 반절음이다. '析'자는 '星(성)'자와 '歷(력)'자의 반절음이다.

**孔疏** ●"炮取"至"醯醢". ○正義曰: "炮: 取豚若將"者, 言爲炮之法, 或取豚, 或取牂, 故云"取豚若將". 刲刳其腹, 實香棗於其腹中.

**번역** ●經文: "炮取"~"醯醢". ○경문의 "炮: 取豚若將"에 대하여. 통째로 굽는 방법을 설명한 것으로, 어떤 경우에는 돼지를 이용하고, 또 어떤 경우에는 숫양을 이용한다. 그렇기 때문에 "돼지나 숫양을 취한다."라고 말한 것이다. 그 배에서 내장을 제거하여, 배 안에 향미를 내는 대추를 채우는 것이다.

**孔疏** ●"編萑以苴之"者, 萑是亂草也. 苴, 裹也. 編連亂草, 以裹匝豚牂. 裹之旣畢, 塗之以謹塗, 謂穰草相和之塗也. 以此墐塗而泥塗之, 炮之, 塗皆乾.

**번역** ●經文: "編萑以苴之". ○'추(萑)'자는 난초(亂草)이다. '저(苴)'자는 "감싸다[裹]."는 뜻이다. 난초를 엮어서 연결하여, 돼지나 숫양을 감싸는 것이다. 감싸는 일이 끝나면, 근도(謹塗)를 바르게 되는데, 짚이나 풀을 흙과 배합한 진흙을 뜻한다. 이러한 근도(墐塗)를 이용해서 겉을 바르고, 통째로 굽게 되면, 진흙이 모두 마르게 된다.

**孔疏** ●"擘之"者, 謂擘去乾塗也.

**번역** ●經文: "擘之". ○마른 진흙을 제거한다는 뜻이다.

**孔疏** ●"濯手以摩之, 去其皽"者, 手旣擘泥不淨, 其肉又熱, 故濯手摩之, 去其皽莫.

**번역** ●經文: "濯手以摩之, 去其皽". ○손은 이미 마른 진흙을 제거하여 더럽게 되었고, 그 고기 또한 뜨겁기 때문에, 손을 씻고 문질러서, 표면에 있는 엷은 막을 제거하는 것이다.

**孔疏** ●"爲稻·粉·糔溲之以爲酏"者, 付全豚之外, 煎之於膏, 若羊, 則解析肉以粥和之.

**번역** ●經文: "爲稻·粉·糔溲之以爲酏". ○돼지고기 겉면에 바르고, 기름 안에서 끓이는데, 만약 양고기인 경우라면, 잘게 썬 고기를 쌀죽과 함께 섞게 된다.

**孔疏** ●"膏必滅之"者, 滅, 沒也. 小鼎盛膏, 以膏煎豚羊, 膏必沒此豚牂也.

**번역** ●經文: "膏必滅之". ○'멸(滅)'자는 "잠기다[沒]."는 뜻이다. 작은 솥에 기름을 담고, 기름을 이용해서 돼지고기와 양고기를 끓이게 되는데, 기름은 반드시 돼지고기와 양고기가 잠길 수 있을 만큼 부어야 한다.

**孔疏** ●"鉅鑊湯, 以小鼎薌脯於其中"者, 謂以大鑊盛湯, 以小鼎之香脯實於大鑊湯中.

**번역** ●經文: "鉅鑊湯, 以小鼎薌脯於其中". ○큰 솥에 물을 담고, 작은 솥에 향미를 가미한 포(脯)를 담아서, 큰 솥 안에 있는 물속에 담근다는 뜻이다.

**孔疏** ●"使其湯毋滅鼎"者, 使鑊中之湯, 無得沒此小鼎. 若湯沒鼎, 恐湯入鼎中, 令食壞也.

**번역** ●經文: "使其湯毋滅鼎". ○큰 솥 안에 담은 물에 작은 솥이 잠기도록 하지 않는다는 뜻이다. 만약 물이 많아서 작은 솥이 잠기게 된다면, 물이 작은 솥으로 들어가서, 음식 맛을 나쁘게 만들게 됨을 염려했기 때문이다.

**孔疏** ●"三日三夜毋絶火"者, 欲令用火微熱, 勢不絶.

**번역** ●經文: "三日三夜毋絶火". ○은미한 불을 이용해서 익히고자 한 것이니, 불이 꺼지지 않도록 하는 것이다.

**孔疏** ◎注"將當"至"全耳". ○正義曰: 以經云"取豚若將", 則將是豚類, 故知"將當爲'牂'", 聲相近, 又字體一邊相似. 云"刲·刳, 博異語也"者, 按易云: "士刲羊." 又云: "刳木爲舟." 意同而語異. 云"謹當爲'墐'"者, 以謹非泥塗之物, 以聲相近, 故爲"墐"也. 云"墐塗, 塗有穰草也"者, 用之炮豚, 須相黏著, 故知"塗有穰草也". 云"糔溲, 亦博異語也"者, 亦者, 亦上"刲·刳", "刲·刳"旣博異語, 故云"糔溲, 亦博異語也". 云"唯豚全耳"者, 按周禮·封人有毛炮之豚, 豚形既小, 故知全體. 周禮鄭注云: "毛炮豚者, 爓去其毛而炮之." 豚既毛炮, 則此牂或亦毛炮. 既無正文, 不敢定也.

**번역** ◎鄭注: "將當"~"全耳". ○경문에서는 "돼지나 장(將)을 취한다."라고 했다면, '장(將)'이라는 것은 돼지와 비슷한 부류가 된다. 그렇기 때문에 "'장(將)'자는 마땅히 '장(牂)'자가 되어야 한다."라는 말이 사실임을 알 수 있는 것이니, 소리가 서로 비슷해서 생긴 오류이며, 또한 글자의 자형 중 한 변이 서로 유사하기 때문에, 이처럼 기록된 것이다. 정현이 "'규(刲)'자와 '고(刳)'자는 의미가 같은데 다르게 쓴 글자이다."라고 했는데, 『역』을 살펴보면, "사(士)가 양을 찌르다."[3]라고 했고, 또 "나무를 파내어 배를 만든다."[4]라고 했는데, 의미는 동일하지만, 글자가 다른 것이다. 정현이 "'근(謹)'자는 마땅히 '근(墐)'자가 되어야 한다."라고 했는데, '근(謹)'자는 진흙에 붙이는 명칭이 아니고, 소리가 서로 비슷하기 때문에, '근(墐)'자가 되어야 하는 것이다. 정현이 "'근도(墐塗)'는 진흙에 짚이나 풀이 포함된 것을 뜻한다."라고 했는데, 이것을 이용해서 돼지고기를 통째로 감싸서 굽게 되니, 서로 엉겨 붙어야 한다. 그렇기 때문에 "진흙에 짚이나 풀을 섞은 것이다."라고 한 말이 사실임을 알 수 있는 것이다. 정현이 "'수(糔)'자와 '수(溲)'자도 또한 의미가 같은데 다르게 쓴 글자이다."라고 했는데, '역(亦)'이라고 한 것은 또한 앞에는 '규(刲)'자와 '고(刳)'자가 기록되어 있고, '규(刲)'자와 '고(刳)'자가 이미 의미가 같은데 다르게 쓴 글자가 되므로, "'수(糔)'자와 '수(溲)'자도 또한 의미가 같은데 다르게 쓴 글자이다."라고 말한 것이다. 정현이 "오직 돼지고기의 경우에만 고기 전체를 넣을 따름이다."라고 했는데, 『주례』「봉인(封人)」편을 살펴보면, 삶아서 털을 제거하고 통째로 구운 돼지고기가 나오니,[5] 돼지의 몸체가 이미 작은 것이므로, 고기 전체를 사용

---

3) 『역』「귀매(歸妹)·효사(爻辭)」: 上六, 女承筐, 无實, <u>士刲羊</u>, 无血. 无攸利.

4) 『역』「계하사(繫辭下)」: <u>刳木爲舟</u>, 剡木爲楫, 舟楫之利以濟不通, 致遠以利天下, 蓋取諸渙.

5) 『주례』「지관(地官)·봉인(封人)」: 歌舞牲, 及<u>毛炮之豚</u>.

하는 것임을 알 수 있다. 그리고 『주례』에 대한 정현의 주에서는 "'모포돈(毛炮豚)'이라는 것은 삶아서 그 털을 제거하고, 통째로 구운 것이다."라고 했다. 따라서 여기에서 말한 돈(豚)이라는 것에 대해서는 이미 털을 제거하고 통째로 굽게 되므로, 숫양 또한 아마도 털을 제거하고 통째로 구웠을 것이다. 다만 이것과 관련된 경문의 기록이 없으므로, 감히 단정하지 않는다.

**集解** 愚謂: 裹物而燒之謂之炮. 糔溲, 謂溲釋其粉也. 付, 傅也. 此牂實不爲脯, 以擘去乾塗之後, 薄析其肉, 有似脯然, 故曰"薌脯". 上曰"付豚", 則知豚之置於鼎中者亦全體也, 下曰"薌脯", 則知牂之用酏付之者亦薄析者也, 互見之爾.

**번역** 내가 생각하기에, 식재료를 감싸서 굽는 것을 '포(炮)'라고 부른다. '수수(糔溲)'는 그 가루에 물을 부어서 푼다는 뜻이다. '부(付)'자는 "바르다[傅]."는 뜻이다. 여기에서 말한 숫양의 고기는 실제적으로 포(脯)로 만들지 않는데, 마른 진흙을 제거한 이후, 그 고기를 얇게 썰게 되어, 포(脯)를 만들 때와 유사한 점이 있다. 그렇기 때문에 '향포(薌脯)'라고 부른 것이다. 앞에서 '부돈(付豚)'이라고 했다면, 돼지고기의 경우에는 솥 안에 넣을 때, 또한 몸체 전체를 넣게 됨을 알 수 있고, 뒤에서 '향포(薌脯)'라고 했다면, 숫양의 고기는 쌀죽을 이용하여, 고기의 겉면에 바르는데, 이 또한 얇게 썬 것을 넣게 됨을 알 수 있으므로, 상호 호환이 되도록 말한 것일 뿐이다.

**【361d】**

**擣珍: 取牛·羊·麋·鹿·麕之肉必胨, 每物與牛若一, 捶反側之, 去其餌, 熟出之, 去其皽, 柔其肉.**

**직역** **擣**珍에 대해, 牛·羊·**麋**·鹿·**麕**의 肉을 取하되 必히 **胨**하며, 每物은 牛와 與하여 一과 若하며, **捶**하길 反側하여, 그 餌를 去하고, 熟하면 出하여, 그

皾을 去하며, 그 肉을 柔한다.

**의역** 여덟 가지 진미 중 다섯 번째 요리인 도진(擣珍)에 대해 설명하자면, 소고기 · 양고기 · 큰 사슴고기 · 사슴고기 · 노루고기 중 등심 부위만을 취하여 사용하되, 각각의 고기들은 소고기 양과 균등하게 섞고, 이리저리 두드려서, 힘줄처럼 질긴 부위를 제거하고, 다 익으면 꺼내서, 겉면에 있는 얇은 표피를 제거하고, 젓갈 등을 이용해서 고기를 부드럽게 만든다.

**集說** 脄, 夾脊肉也. 與牛若一, 謂與牛肉之多寡均也. 捶, 擣也. 反捶之, 又側捶之, 然後去其筋餌. 旣熟, 乃去其皾膜而柔之以醢醯. 此八珍之五也.

**번역** '매(脄)'는 등골뼈에 끼어 있는 살을 뜻한다. '여우약일(與牛若一)'이라는 말은 소고기의 수량과 균등하게 한다는 뜻이다. '추(捶)'자는 "두드리다[擣]."는 뜻이다. 반대로 두드리고, 또 측면을 두드린 뒤에, 힘줄 등의 질긴 부위를 제거하는 것이다. 다 익었다면, 곧 표피의 얇은 막을 제거하고, 젓갈과 장을 이용해서 부드럽게 한다. 이것은 여덟 가지 진미 중 다섯 번째 요리에 해당한다.

**鄭注** 脄, 脊側肉也. 捶, 擣之也. 餌, 筋腱也, 柔之爲汁和也, 汁和亦醢醯與.

**번역** '매(脄)'는 등골뼈에 끼어 있는 살을 뜻한다. '추(捶)'자는 두들긴다는 뜻이다. '이(餌)'자는 힘줄을 뜻하니, 부드럽게 할 때에는 즙을 넣어서 섞는데, 즙을 섞을 때의 즙은 또한 젓갈이나 장일 것이다.

**釋文** 脄音每, 徐亡代反, 夾脊肉. 餌音二, 本或作皾, 下句作餌. 筋音斤. 腱, 徐其偃反, 皇紀偃反, 一音其言反, 隱義云"筋之大者", 王逸注楚詞云: "筋頭也." 與音餘.

**번역** '脄'자의 음은 '每(매)'이며, 서음(徐音)은 '亡(망)'자와 '代(대)'자의 반절음이고, 등골뼈에 끼어 있는 살이다. '餌'자의 음은 '二(이)'이며, 판본에 따라서는 혹은 '皽'자로도 기록하는데, 아래구문에 나온 글자는 '餌'자로 기록한다. '筋'자의 음은 '斤(근)'이다. '腱'자의 서음은 '其(기)'자와 '偃(언)'자의 반절음이고, 황음(皇音)은 '紀(기)'자와 '偃(언)'자의 반절음이며, 다른 음은 '其(기)'자와 '言(언)'자의 반절음이고, 『음의』에서는 "힘줄 중에서도 굵은 것이다."라고 했고, 『초사(楚辭)』에 대한 왕일[6]의 주에서는 "힘줄의 양쪽 끝 부위를 뜻한다."라고 했다. '與'자의 음은 '餘(여)'이다.

**孔疏** ◎注"脢脊"至"醢與". ○正義曰: 知脢是"脊側肉"者, 以脊側肉美, 今擣以爲珍, 宜取美處, 故爲"脊側肉". 云"餌, 筋腱也"者, 以經云"去其餌", 又曰"去其皽", 皽旣爲皮莫, 則餌非復是皮莫, 故以爲筋腱. 腱卽筋之類. 云"汁和亦醢醢與"者, 以上炮豚炮牂, 調以醢醢, 下漬亦食之以醢若醢, 故知擣珍, 和亦用醢醢.

**번역** ◎鄭注: "脢脊"~"醢與". ○정현이 '매(脢)'는 "등골뼈에 끼어 있는 살을 뜻한다."라고 했는데, 이 말이 사실임을 알 수 있는 이유는 등골뼈에 끼어 있는 고기는 맛이 좋으니, 현재 고기를 두드려서 진미에 해당하는 요리를 만들게 되므로, 마땅히 맛있는 부위를 사용해야 한다. 그렇기 때문에 "등골뼈에 끼어 있는 살을 뜻한다."라는 뜻이 되는 것이다. 정현이 "'이(餌)'자는 힘줄을 뜻한다."라고 했는데, 경문에서는 "이(餌)를 제거한다."라고 했고, 또한 "전(皽)을 제거한다."라고 했다. '전(皽)'은 이미 표피에 붙어 있는 막이 되므로, '이(餌)'는 재차 표피의 막을 뜻하는 것이 아니다. 그렇기 때문에 힘줄을 뜻하게 된다. '건(腱)'은 곧 힘줄과 같은 부류이다. 정현이 "즙을 섞을 때의 즙은 또한 젓갈이나 장일 것이다."라고 했는데, 앞에 나온 '포돈(炮豚)'과 '포장(炮牂)'은 젓갈과 장을 이용해서 간을 맞추고, 그 뒤에 나온 지(漬) 또한 음식을 먹을 때 젓갈이나 장을 이용하게 된다. 그렇기 때문에 도진(擣珍)에 대해서도 그것에 맛을 낼 때에는 젓갈과 장을 이용하

---

6) 왕일(王逸, A.D.89~A.D.158) : =후한(後漢) 때의 문학가이다. 자(字)는 숙사(叔師)이다. 저서로는 『초사장구(楚辭章句)』 등이 있다.

게 됨을 알 수 있다.

**集解** 愚謂: 脄與脢同, 背肉也. 易曰: "咸其脢."

**번역** 내가 생각하기에, '매(脄)'자와 '매(脢)'자는 동일한 뜻으로, 등심을 뜻한다. 『역』에서는 "그 등심을 느낀다."[7]라고 했다.

**【362a】**

**漬: 取牛肉必新殺者, 薄切之, 必絶其理, 湛諸美酒, 期朝而食之以醢若醷醷.**

**직역** 漬에 대해, 牛肉을 取하되 必히 新히 殺한 者로 하며, 薄히 切하되, 必히 그 理를 絶하고, 美酒에 湛하고, 期朝한 뒤에 食하되 醢醷와 若한 醢로써 한다.

**의역** 여덟 가지 진미 중 여섯 번째 요리인 지(漬)에 대해 설명하자면, 소고기를 이용하되, 반드시 새로 잡은 신선한 고기를 사용하며, 얇게 자르되, 반드시 그 결에 따라서 횡으로 자르며, 자른 고기는 감미로운 술에 담그고, 하루가 지난 뒤에 먹되, 젓갈이나 매실장 등을 곁들인다.

**集說** 絶其理, 橫斷其文理也. 湛, 亦漬也. 期朝, 今旦至明旦也. 醷, 梅漿也. 此八珍之六也.

**번역** '절기리(絶其理)'라는 말은 그 고기의 결에 따라서 횡으로 자른다는 뜻이다. '담(湛)'자 또한 "담그다[漬]."는 뜻이다. '기조(期朝)'는 금일 아침부터 다음날 아침까지를 뜻한다. '의(醷)'는 매실로 담근 장이다. 이것은 여덟 가지 진미 중 여섯 번째에 해당하는 요리이다.

---

7) 『역』「함괘(咸卦)·효사(爻辭)」: 九五, 咸其脢, 无悔.

**鄭注** 湛亦漬也.

**번역** '담(湛)'자 또한 "담그다[漬]."는 뜻이다.

**釋文** 湛, 子潛反, 直蔭反, 又將鴆反, 一音陟鴆反, 注同. 期音朞.

**번역** '湛'자는 '子(자)'자와 '潛(잠)'자의 반절음이며, '直(직)'자와 '蔭(음)'자의 반절음도 되고, 또한 '將(장)'자와 '鴆(짐)'자의 반절음도 되며, 다른 음은 '陟(척)'자와 '鴆(짐)'자의 반절음이고, 정현의 주에 나오는 글자도 그 음이 이와 같다. '期'자의 음은 '朞(기)'이다.

**訓纂** 說文: 醯, 酸也. 作醯以鬻以酒. 從鬻·酒, 並省. 從皿, 皿, 器也.

**번역** 『설문해자』에서 말하길, '혜(醯)'는 식초를 뜻한다. 식초를 만들 때에는 묽은 죽과 술을 이용한다. '죽(鬻)'자와 '주(酒)'자를 구성요소로 하되, 병성(並省)했다. '명(皿)'자를 구성요소로 하는데, '명(皿)'자는 그릇을 뜻한다.

**集解** 絶其理, 謂橫斷其肌理也. 湛亦漬也. 期朝, 匝一日也.

**번역** '절기리(絶其理)'는 살결에 따라서 횡으로 자른다는 뜻이다. '담(湛)'자 또한 "담그다[漬]."는 뜻이다. '기조(期朝)'는 만 하루를 보낸다는 뜻이다.

**【362a】**

爲熬: 捶之去其皾, 編萑布牛肉焉. 屑桂與薑, 以灑諸上而鹽之, 乾而食之. 施羊亦如之. 施麋·施鹿·施麕皆如牛羊. 欲濡肉, 則釋而煎之以醢; 欲乾肉, 則捶而食之.

**직역** 熬를 爲함에 대해, **捶**하여 그 **皾**을 去하고, **萑**를 編하고 牛肉을 布한다.

桂와 薑을 屑하여, 上에 灑하고 鹽하며, 乾하고 食한다. 羊에 施함에도 亦히 如한다. **麋**에 施함 · 鹿에 施함 · **麕**에 施함도 皆히 牛羊과 如한다. 濡肉을 欲한다면, 釋하여 煎하길 **醢**로써 하며; 乾肉을 欲한다면, **捶**하고 食한다.

**의역** 여덟 가지 진미 중 일곱 번째 요리인 오(熬)의 조리법에 대해 설명하자면, 고기를 두들겨서 표피의 엷은 막을 제거하고, 추(**萑**)를 엮은 것 위에 소고기를 펴둔다. 계피와 생강을 가루로 만들어서, 고기 위에 뿌리고, 소금물로 적시고, 마르면 먹는다. 양고기를 가지고 만들 때에도 또한 이처럼 한다. 큰 사슴고기를 가지고 만들고, 사슴고기를 가지고 만들며, 노루고기를 가지고 만들 때에도 모두 소고기나 양고기를 이용할 때처럼 한다. 축축한 고기를 만들고자 한다면, 불려서 젓갈에 끓이고, 마른 고기를 만들고자 한다면, 두들겨서 부드럽게 한 다음에 먹는다.

**集說** 此肉於火上爲之, 故名曰熬. 生擣而去其皽膜, 然後布於編萑之上, 先以桂薑之屑灑之, 次用鹽釋, 謂以水潤釋之也. 此八珍之七也.

**번역** 이러한 고기들은 불 위에서 조리하게 된다. 그렇기 때문에 '오(熬)'라고 부르는 것이다. 생고기를 두들겨서, 표피의 엷은 막을 제거하고, 그런 뒤에 추(萑)를 엮은 것 위에 펼치며, 우선적으로 계피와 생강가루를 뿌리고, 그 다음으로 소금을 이용해서 적시니, 즉 소금물을 이용해서 적신다는 뜻이다. 이것은 여덟 가지 진미 중 일곱 번째 요리에 해당한다.

**鄭注** 熬, 於火上爲之也, 今之火脯似矣. 欲濡欲乾, 人自由也. 醢或爲"醓". 此七者, 周禮八珍, 其一肝膋是也.

**번역** '오(熬)'자는 불 위에서 조리를 한다는 뜻이니, 오늘날의 화포(火脯)와 유사한 것이다. 축축한 상태로 만들고자 하고, 마른 상태로 만들고자 하는 것은 사람들이 제 스스로 어떻게 선택하느냐에 달려 있다. '해(醢)'자를 다른 판본에서는 '혜(醓)'자로 기록하기도 한다. 이것은 여덟 가지 진미 중 일곱 번째 요리에 해당하는데, 『주례』에 기록된 팔진(八珍) 중 간료(肝膋)라는 것이 여기에 해당한다.

**釋文** 洒, 所買反, 徐西見反. 鹽音艶, 又如字. 乾而食, 一本無"而食之"三字. 濡音儒, 下同. 膂音遼, 徐音勞.

**번역** '洒'자는 '所(소)'자와 '買(매)'자의 반절음이며, 서음(徐音)은 '西(서)'자와 '見(견)'자의 반절음이다. '鹽'자의 음은 '艶(염)'이며, 또한 글자대로 읽기도 한다. '乾而食'이라는 기록에 대해, 다른 판본에서는 '而食之'라는 세 글자를 기록하지 않은 것도 있다. '濡'자의 음은 '儒(유)'이며, 아래문장에 나오는 글자도 그 음이 이와 같다. '膂'자의 음은 '遼(료)'이며, 서음은 '勞(로)'이다.

**孔疏** ●"爲熬"至"食之". ○正義曰: 此一經論作熬之法.

**번역** ●經文: "爲熬"~"食之". ○이곳 문단은 오(熬)를 만드는 조리법에 대해서 논의하고 있다.

**孔疏** ●"施羊亦如之"者, 爲熬之法, 於牛如上所陳, 若施設於羊, 亦如牛也.

**번역** ●經文: "施羊亦如之". ○오(熬)를 만드는 조리법에 있어서, 소고기에 대해서는 앞에서 진술한 것처럼 하는데, 만약 이러한 조리법을 양고기에 적용한다면, 이때에도 또한 소고기에 대해서 했던 것처럼 한다는 뜻이다.

**孔疏** ●"欲濡肉, 則釋而煎之以醢"者, 言食熬之時, 唯人所欲, 若欲得濡肉, 則以水潤釋而煎之以醢也.

**번역** ●經文: "欲濡肉, 則釋而煎之以醢". ○오(熬)를 먹을 때, 사람들이 바라는 대로 한다는 뜻으로, 만약 축축한 고기를 먹고자 한다면, 물을 이용해서 불리고, 젓갈을 이용해서 끓이게 된다.

**孔疏** ◎注"此七"至"是也". ○正義曰: 七者謂第一淳熬也. 第二淳模也. 第三·第四炮取豚若牂也. 第五擣珍也. 第六漬也. 第七熬也. 云"其一肝膋"者,

則此糝下肝膋也. 但作記之人, 文不依次, 故在糝下陳之.

**번역** ◎鄭注: "此七"~"是也". ○일곱 가지 요리들 중 첫 번째 요리는 순오(淳熬)이다. 두 번째 요리는 순모(淳模)이다. 세 번째 요리와 네 번째 요리는 돼지고기와 숫양의 고기를 통째로 굽는 것이다. 다섯 번째 요리는 도진(擣珍)이다. 여섯 번째 요리는 지(漬)이다. 일곱 번째 요리는 오(熬)이다. 정현이 "그 중 하나인 간료(肝膋)에 해당한다."라고 했는데, 이곳에서는 삼(糝)에 대한 항목 뒤에 간료(肝膋)에 대한 항목이 기록되어 있다. 그 이유는 다만『예기』를 기록한 자가 그 문맥을 순서에 의거하지 않았기 때문에, 삼(糝)에 대한 항목 뒤에 기록해둔 것이다.

**訓纂** 劉氏台拱曰: 淳熬·淳毋, 一也, 以黍稻異名. 炮, 一物也. 或豚或牂, 所施異耳. 今鄭氏以淳熬·淳毋·炮豚·炮牂爲八珍之四, 然則擣珍與熬二者之內皆含牛·羊·麋·鹿·麕, 當爲五物. 而鄭氏數擣珍爲一物, 熬爲一物, 豈非自亂其例乎? 由此言之, 鄭氏"八珍"之說, 殆不可爲典要.

**번역** 유태공[8]이 말하길, '순오(淳熬)'와 '순무(淳毋)'는 한 종류의 요리에 해당하니, 메기장과 쌀을 이용하느냐에 따라서 명칭을 달리하는 것이다. '포(炮)'는 한 종류의 요리에 해당한다. 어떤 것은 돼지고기를 이용하고, 또 어떤 것은 숫양의 고기를 이용하는데, 조리를 할 때 차이를 보일 따름이다. 현재 정현은 '순오(淳熬)'·'순무(淳毋)'·'포돈(炮豚)'·'포장(炮牂)'을 여덟 가지 진미 중 네 가지라고 여겼다. 그렇다면 도진(擣珍)과 오(熬)라는 두 종류의 요리 속에는 모두 소고기·양고기·큰 사슴고기·사슴고기·노루고기가 포함되니, 이것들은 마땅히 다섯 가지 요리가 되어야 한다. 그러나 정현은 도진(擣珍)을 한 종류의 요리라고 여겼고, 오(熬)를 한 종류라고 여겼다. 따라서 제 스스로 그 범례를 문란하게 만든 것이 아니겠는가? 이를 통해 말을 해본다면, 정현이 말한 '팔진(八珍)'에 대한 설명은 아마도 경전

8) 유태공(劉台拱, A.D.1751~A.D.1805) : 청(淸)나라 때의 경학자이다. 천문학(天文學), 율려학(律呂學), 문자학(文字學) 등에 조예가 깊었다.

에 대한 표준적 해석으로 삼을 수 없을 것 같다.

**集解** 愚謂: 鄭氏以淳熬等八物爲八珍, 因擣珍之名, 以推其餘也. "肝膋"宜在"糝"上, 簡錯在下耳. 王制曰"八十常珍", "九十者, 天子欲有問焉, 以珍從", 文王世子"養老之珍具", 則珍物者, 老者之所需也.

**번역** 내가 생각하기에, 정현은 순오(淳熬)를 비롯한 여덟 가지 음식들을 '팔진(八珍)'이라고 여겼고, 도진(擣珍)의 명칭에 따라서, 나머지 음식들에 대한 경우도 추측을 하였다. '간료(肝膋)'는 마땅히 '삼(糝)'에 대한 항목 앞에 나와야 하는데, 착간이 되어 뒤에 기록된 것일 뿐이다. 『예기』「왕제(王制)」편에서는 "나이가 80세가 된 자에게는 항상 맛좋고 귀한 음식이 있어야 한다."[9]라고 했고, "나이가 90세가 된 자에게, 천자가 자문하고자 한다면, 맛좋고 귀한 음식물을 가지고 간다."[10]라고 했으며, 『예기』「문왕세자(文王世子)」편에서는 "노인들을 봉양하기 위해 진미를 갖춘다."[11]라고 했으니, 진미에 해당하는 음식들은 노인들에게 제공하는 음식이다.

【362b】

**糝: 取牛·羊·豕之肉三如一, 小切之與稻米, 稻米二, 肉一, 合以爲餌, 煎之.**

**직역** **糝**에 대해, 牛·羊·豕의 肉을 取하되 三을 一과 如하고, 小히 切하여

---

9) 『예기』「왕제(王制)」【177a】: 五十異粻, 六十宿肉, 七十貳膳, 八十常珍, 九十飮食不離寢, 膳飮從於遊, 可也.

10) 『예기』「왕제(王制)」【177d】: 五十始衰, 六十非肉不飽, 七十非帛不煖, 八十非人不煖, 九十雖得人不煖矣. 五十杖於家, 六十杖於鄕, 七十杖於國, 八十杖於朝, 九十者, 天子欲有問焉, 則就其室, 以珍從.

11) 『예기』「문왕세자(文王世子)」【262a】: 適饌, 省醴·養老之珍具, 遂發咏焉, 退, 修之以孝養也.

稻米와 與하되, 稻米는 二이고, 肉은 一이며, 合하여 餌를 爲하고, 煎한다.

**의역** 삼(糝)을 만들 때에는 소고기 · 양고기 · 돼지고기 등 3종류의 고기를 균등하고 마련하여, 잘게 다져서, 쌀과 섞는데, 쌀 2만큼에 고기 1만큼의 비율로 섞고, 둘을 합하여 반죽을 한 뒤에, 끓이게 된다.

**集說** 三如一, 謂三者之肉多寡均也. 稻米二肉一, 謂二分稻米, 一分肉也. 此卽周禮糝食.

**번역** '삼여일(三如一)'이라는 말은 세 가지 고기의 양을 균등하게 맞춘다는 뜻이다. '도미이육일(稻米二肉一)'이라는 말은 쌀 2만큼에 1만큼의 고기를 뜻한다. 이것은 곧 『주례』에 나오는 '삼사(糝食)'에 해당한다.[12)]

**鄭注** 此周禮"糝食"也.

**번역** 이것은 곧 『주례』에 나오는 '삼사(糝食)'에 해당한다.

**釋文** 食音嗣, 下酏食同.

**번역** '食'자의 음은 '嗣(사)'이며, 뒤에 나오는 '酏食'에서의 '食'자도 그 음이 이와 같다.

**孔疏** ●"糝取"至"煎之". ○正義曰: "三如一"者, 謂取牛羊豕之肉, 等分如一.

**번역** ●經文: "糝取"~"煎之". ○경문의 "三如一"에 대하여. 소고기 · 양고기 · 돼지고기를 섞을 때에는 균등하게 한다는 뜻이다.

**孔疏** ●"稻米二, 肉一"者, 謂二分稻米一分肉也.

---

12) 『주례』「천관(天官) · 해인(醢人)」: 羞豆之實, 酏食 · 糝食.

**번역** ●經文: "稻米二, 肉一". ○2만큼의 쌀에 1만큼의 고기를 섞는다는 뜻이다.

**孔疏** ◎注"此周禮'糝食'也". ○正義曰: 按周禮·醢人云: "羞豆之實, 酏食糝食." 故云然也. 此先陳糝食者, 亦記人不次.

**번역** ◎鄭注: "此周禮'糝食'也". ○『주례』「해인(醢人)」편을 살펴보면, "수두(羞豆)에 차려내는 음식으로는 이사(酏食)와 삼사(糝食)가 있다."라고 했다. 그렇기 때문에 이처럼 말한 것이다. 이곳에서는 먼저 '삼사(糝食)'에 대해서 언급했는데, 이 또한 『예기』를 기록한 자가 순서대로 기록하지 않았기 때문이다.

**訓纂** 說文: 鬻, 粉餅也. 餌, 鬻或從食, 耳聲.

**번역** 『설문해자』에서 말하길, '죽(鬻)'은 가루를 빻아서 만든 떡이다. '이(餌)'는 죽(鬻)으로, '식(食)'자를 구성요소로도 하며, '이(耳)'자는 소리부이다.

**訓纂** 急就篇: "餠·餌·麥飯·甘豆羹." 顔師古注: "溲麪而蒸之, 則爲餠. 餠之言幷也, 相合幷也. 溲米而蒸之, 則爲餌. 餌之言而也, 相黏而也."

**번역** 『급취편』[13]에서 말하길, "'병(餠)'·'이(餌)'·'맥반(麥飯)'·'감두갱(甘豆羹)'이다."라고 했고, 안사고[14]의 주에서는 "보릿가루를 반죽하고, 그것을 찌면, '병(餠)'이 된다. '병(餠)'이라는 말은 '병(幷)'자의 뜻으로, 서로

---

13) 『급취편(急就篇)』은 『급취장(急就章)』이라고도 부른다. 전한(前漢) 때 사유(史游)가 지은 책이다. 사물의 명칭 및 인명 등을 3자 또는 7자로 구문을 끊어서, 암송하기 쉽게 만든 책이다.

14) 안사고(顔師古, A.D.581~A.D.645) : 당(唐)나라 때의 학자이다. 자(字)는 주(籒)이다. 안지추(顔之推)의 손자이다. 훈고학(訓詁學)에 뛰어났다. 오경(五經)의 문자를 교정하여, 『오경정본(五經定本)』을 찬술하기도 하였다.

합쳐진다는 뜻이다. 쌀가루를 반죽하고, 그것을 찌면, '이(餌)'가 된다. '이(餌)'자는 '이(而)'자의 뜻이니, 서로 달라붙는다는 뜻이다."라고 했다.

【362b】

## 肝膋: 取狗肝一, 幪之以其膋, 濡炙之擧燋, 其膋不蓼.

**직역** 肝**膋**에 대해, 取狗肝一, **幪**之以其**膋**, 濡炙之擧**燋**, 其**膋**不蓼.

**의역** 여덟 가지 진미 중 여덟 번째 요리인 간료(肝**膋**)에 대해 설명하자면, 개의 간 한 개를 가져다가 뱃가죽 안쪽의 지방을 이용해서 완전히 뒤덮고, 적신 것을 굽되 완전히 익혀서 바삭바삭하게 굽고, 간료를 먹을 때에는 요(蓼)를 곁들이지 않는다.

**集說** 擧, 皆也. 謂炙膋皆熟而焦, 食之不用蓼也. 此八珍之八. 記者又不依次, 故間雜在糝食·酏食之間.

**번역** '거(擧)'자는 모두[皆]라는 뜻이다. 요(膋)를 구울 때에는 모두 익혀서 바삭바삭하게 굽고, 먹을 때에는 요(蓼)를 곁들이지 않는다는 뜻이다. 이것은 여덟 가지 진미 중 여덟 번째에 해당하는 음식이다. 『예기』를 기록한 자는 이 문장에 대해서도 또한 순서에 의거하여 기록하지 않았다. 그렇기 때문에 '삼사(糝食)'와 '이사(酏食)' 사이에 뒤섞여 기록된 것이다.

**鄭注** 膋, 腸間脂. 擧, 或爲巨.

**번역** '요(膋)'는 창자 사이에 낀 기름이다. '거(擧)'자를 다른 판본에서는 '거(巨)'자로도 기록한다.

**釋文** 幪音蒙. 焦, 字又作燋, 子消反.

**번역** '幪'자의 음은 '蒙(몽)'이다. '焦'자는 그 글자를 또한 '燋'자로도 기록하며, 그 음은 '子(자)'자와 '消(소)'자의 반절음이다.

**孔疏** ◎注"膋膓"至"爲巨". ○正義曰: 擧, 皆也, 謂炙膋皆燋也.

**번역** ◎鄭注: "膋膓"~"爲巨". ○'거(擧)'자는 모두[皆]라는 뜻이니, 요(膋)를 구울 때에는 완전히 굽는다는 뜻이다.

**集解** 膋, 腸間脂也. 炙, 謂抗於火上而燒之也. 濡炙之者, 謂用膋濡潤其肝而炙之. 擧, 皆也. 擧燋, 謂徧皆燋也. 其膋不蓼, 則其肝當實蓼矣.

**번역** '요(膋)'는 창자 사이에 낀 기름이다. '자(炙)'자는 불 위에 올려두고 굽는다는 뜻이다. '유자지(濡炙之)'라는 말은 요(膋)를 이용하여 그 간을 충분히 적시고서 굽는다는 뜻이다. '거(擧)'자는 모두[皆]라는 뜻이다. '거초(擧燋)'는 골고루 모든 면을 굽는다는 뜻이다. 요(膋)에 요(蓼)를 사용하지 않는다면, 간에는 마땅히 요(蓼)를 채우게 된다.

【362c】

## 取稻米擧糔溲之, 小切狼臅膏, 以與稻米爲酏.

**직역** 稻米를 取하여 **糔**를 擧하여 **溲**하고, 狼**臅**의 膏를 小切하여, 이로써 稻米와 與하여 **酏**를 爲한다.

**의역** 쌀가루를 가져다가 뜨물을 이용하여 반죽을 하고, 이리의 가슴에서 나온 지방을 잘게 썰며, 이것을 반죽과 함께 섞어서, 이사(**酏**食)를 만든다.

**集說** 狼臅膏, 狼胸臆中之膏也. 此蓋以瀡滫稻米之粉, 而煎之以膏. 註讀酏爲餰者, 以酏是粥, 非豆實也. 此卽周禮之酏食.

**번역** '낭촉고(狼臅膏)'는 이리의 가슴 내부에 있는 기름을 뜻한다. 이것은 무릇 뜨물을 이용해서 쌀가루를 반죽하고, 기름을 이용해서 끓이는 것이다. 정현의 주에서는 '이(酏)'자를 '전(餰)'자로 풀이한다고 했는데, 이(酏)는 죽에 해당하므로, 두(豆)에 담아내는 음식이 아니기 때문이다. 이것은 『주례』에 나오는 '이사(酏食)'에 해당한다.15)

**大全** 山陰陸氏曰: 言爲熬在上, 言爲酏在下, 熬隆於用火, 言爲稻粉在上, 亦以此. 周官糝食, 卽此糝, 酏食, 卽此酏. 三相參謂糝, 所謂稻米二肉一合以爲餌煎之, 是也. 兩相差池爲酏, 所謂小切狼臅膏, 以與稻米爲酏, 是也. 此篇上言養老, 繼之以此, 蓋珍宜以養老, 文王世子曰: "適饌省醴養老之珍具."

**번역** 산음육씨가 말하길, 오(熬)를 만드는 방법을 앞에 기록하고, 이(酏)를 만드는 방법을 뒤에 기록했는데, 오래 끓이는 조리 방법은 불을 사용하여 굽는 것보다 융성한 조리법이 되므로, 쌀가루를 만든다는 것을 그 앞에 기록한 것도 또한 이러한 이유 때문이다. 『주례』에서 말한 '삼사(糝食)'는 곧 이곳에서 말한 '삼(糝)'에 해당하고, '이사(酏食)'는 곧 이곳에서 말한 '이(酏)'에 해당한다. 세 가지 재료가 서로 뒤섞여서 어우러지기 때문에 '삼(糝)'이라고 부르니, 쌀가루를 2만큼 넣고, 고기를 1만큼 넣어서, 합친 뒤에 이(餌)를 만들어서 끓인다고 한 것이 바로 이러한 뜻에 해당한다. 두 가지 재료를 섞고 적셔서 '이(酏)'를 만드니, 이른바 이리의 가슴에서 나온 지방을 잘게 썰어서, 이것을 쌀가루와 섞어서 이(酏)를 만든다고 한 것이 바로 이러한 뜻에 해당한다. 이편의 앞에서는 노인을 봉양하는 것에 대해서 언급했고, 이러한 내용을 뒤이어서 언급한 것은 무릇 진미에 해당하는 요리는 마땅히 노인을 봉양하는데 사용되기 때문이니, 『예기』「문왕세자(文王世子)」편에서는 "천자는 음식이 차려진 장소로 가서, 단술과 노인을

---

15) 『주례』「천관(天官)·해인(醢人)」: 羞豆之實, 酏食·糝食.

봉양하기 위해 차려진 음식 상태를 사열한다."[16]라고 했다.

**鄭注** 狼臅膏, 臆中膏也, 以煎稻米, 則似今膏𥹜矣. 此周禮酏食也. 此"酏"當從"餰".

**번역** '낭촉고(狼臅膏)'는 이리의 가슴에 있는 지방이며, 이것을 이용해서 쌀을 끓이니, 오늘날의 고전(膏𥹜)과 유사한 요리이다. 이것은 『주례』에 나오는 '이사(酏食)'에 해당한다. 여기에 나온 '이(酏)'자는 마땅히 '전(餰)'자가 되어야 한다.

**釋文** 酏讀爲餰, 之然反, 又之善反, 注餰同. 臆音憶. 𥹜, 本又作餰, 又作饘, 並同, 之然反, 音旃.

**번역** '酏'자는 '餰'자로 해석하니, '之(지)'자와 '然(연)'자의 반절음이며, 또한 '之(지)'자와 '善(선)'자의 반절음이 되고, 정현의 주에 나오는 '餰'자도 그 음이 동일하다. '臆'자의 음은 '憶(억)'이다. '𥹜'자는 판본에 따라서 또한 '餰'자로도 기록하며, 또한 '饘'자로도 기록하는데, 이 글자들은 모두 그 음이 동일하며, '之(지)'자와 '然(연)'자의 반절음이고, 또 그 음은 '旃(전)'이다.

**孔疏** ◎注"以煎"至"從餰". ○正義曰: "則似今膏𥹜矣"者, 似漢時膏𥹜以膏煎稻米. 鄭擧時事以說之. 云"此'酏'當從'餰'"者, 此內則及周禮"酏"之字當從"餰"字, 以酏是粥, 非是膏煎稻米, 故改酏從餰也.

**번역** ◎鄭注: "以煎"~"從餰". ○정현이 "오늘날의 고전(膏𥹜)과 유사한 요리이다."라고 했는데, 한(漢)나라 때의 고전(膏𥹜)이라는 요리는 기름을 이용해서 쌀알을 끓였는데, 이것과 유사하다는 뜻이다. 정현은 당시의 사안을 인용하여 풀이를 한 것이다. 정현이 "여기에 나온 '이(酏)'자는 마땅히

16) 『예기』「문왕세자(文王世子)」【262a】: 適饌, 省醴·養老之珍具, 遂發咏焉, 退, 修之以孝養也.

‘전(餰)’자가 되어야 한다.”라고 했는데, 이곳 「내칙」편과 『주례』에 나오는 ‘이(酏)’자는 마땅히 ‘전(餰)’자가 되어야 하니, ‘이(酏)’자는 죽에 해당하므로, 기름을 이용해서 쌀알을 끓인 것이 아니다. 그렇기 때문에 ‘이(酏)’자를 고쳐서 ‘전(餰)’자로 풀이한 것이다.

**訓纂** 段氏玉裁曰: 周禮醢人注引內則正作▼(衍/食)字. 按雜問志曰: “內則‘▼(衍/食)’次‘糝’, 周禮‘酏’次‘糝’. 且內則有‘▼(衍/食)’無‘酏’, 周禮有‘酏’無‘▼(衍/食)’, 明酏·▼(衍/食)是一, 故破‘酏’從‘▼(衍/食)’.” 據此, 則內則本作▼(衍/食)字, 注中“此酏當從▼(衍/食)”, 謂周禮此酏字當從內則作▼(衍/食)字. 言“此酏”者, 別於“六飮”之酏也. 今本內則作酏, 淺人所改.

**번역** 단옥재가 말하길, 『주례』「해인(醢人)」편에 대한 주에서는 「내칙」편을 인용하여, ‘전(▼(衍/食))’자로 바로잡았다. 『잡문지(雜問志)』를 살펴보면, “「내칙」편의 ‘전(▼(衍/食))’자는 ‘삼(糝)’자 다음에 기록되어 있고, 『주례』에는 ‘이(酏)’자가 ‘삼(糝)’자 다음에 기록되어 있다. 또 「내칙」편에는 ‘전(▼(衍/食))’자는 있지만, ‘이(酏)’자는 없고, 『주례』에는 ‘이(酏)’자는 있지만, ‘전(▼(衍/食))’자는 없으니, 이것은 곧 ‘이(酏)’자와 ‘전(▼(衍/食))’자가 동일한 글자임을 나타낸다. 그렇기 때문에 ‘이(酏)’자를 고쳐서 ‘전(▼(衍/食))’자로 기록한 것이다.”라고 말했다. 이러한 사실에 근거해보면, 「내칙」편에는 본래 ‘전(▼(衍/食))’자로 기록되어 있었던 것이며, 정현의 주에서는 “이곳의 ‘이(酏)’자는 마땅히 ‘전(▼(衍/食))’자가 되어야 한다.”라고 했는데, 『주례』에 나온 ‘이(酏)’자는 마땅히 「내칙」편의 기록에 따라서 ‘전(▼(衍/食))’자로 기록해야 한다는 뜻이다. ‘차이(此酏)’라고 했는데, 이것은 ‘육음(六飮)’이라고 했을 때의 ‘이(酏)’와는 구별되는 것이다. 현재 판본의 「내칙」편에서 ‘이(酏)’자로 기록한 것은 지식이 천박한 사람들이 고친 것이다.

**集解** 愚謂: “▼(衍/食)”與“饘”字同. ▼(衍/食)與酏皆粥, 而厚薄不同. 酏用於六飮, 則不可用爲豆實, 故知此當作“▼(衍/食)”. ▼(衍/食)食以稻米合狼臅膏爲之, 則亦粥之類, 但視粥差厚, 故名曰“▼(衍/食)食”, 言在食粥之間爾.

**번역** 내가 생각하기에, '전(▼(衍/食))'자와 '전(饘)'자는 동일한 뜻이다. '전(▼(衍/食))'자와 '이(酏)'자는 모두 죽에 해당하지만, 되거나 묽은 차이가 있다. '이(酏)'를 육음(六飮)으로 사용한다면, 이것은 두(豆)에 담아낼 수 없다. 그렇기 때문에 이곳의 글자는 마땅히 '전(▼(衍/食))'자로 기록해야 함을 알 수 있는 것이다. '전사(▼(衍/食)食)'는 쌀알을 이리의 가슴에서 나온 지방과 함께 섞어서 만드니, 이 또한 죽의 부류가 된다. 다만 죽과 비교해보면, 보다 된 죽에 해당한다. 그렇기 때문에 '전사(▼(衍/食)食)'라고 말한 것이니, 이것은 밥과 죽 사이에 있다는 것을 뜻할 따름이다.

**集解** 自"淳熬"至此, 記八珍及內羞之名物, 當上與"士於坫一"相屬, 說已見篇首. 蓋飮食者, 人子之所以孝養其親, 故自"飯黍稷"至此, 備言其品節制度, 而因以著夫貴賤等級之差, 如趙氏之所言也.

**번역** '순오(淳熬)'로부터 이곳 기록까지는 팔진(八珍) 및 내수(內羞)의 명칭과 음식을 기록한 것이니, 앞에서 "사(士) 계급은 점(坫)을 1개 설치한다."라고 한 문장과 연결되며, 그 내용들은 편의 앞부분에서 이미 설명했다. 무릇 음식이라는 것은 자식이 효(孝)의 도리에 따라서 부모를 봉양하는 수단이다. 그렇기 때문에 '반서직(飯黍稷)'이라는 구문부터 이곳 기록까지는 음식을 만드는 방법에 대해서 상세히 기록한 것이며, 이에 따라서 귀천의 등급에 따른 차등을 드러낸 것이니, 조씨가 말한 내용과 같다.

# • 제 30 절 •

## 부부의 법도

【362d】

禮始於謹夫婦, 爲宮室, 辨外內, 男子居外, 女子居內. 深宮固門, 閽寺守之, 男不入, 女不出.

**직역** 禮는 夫婦를 謹함에서 始하니, 宮室을 爲함에는 外內를 辨하여, 男子는 外에 居하고, 女子는 內에 居한다. 宮을 深하고 門을 固하며, 閽寺가 守하여, 男은 不入하고, 女는 不出한다.

**의역** 예(禮)는 부부의 도의를 삼가는 것에서 시작하니, 궁실(宮室)을 지을 때에는 내외(內外)를 변별하여, 남자는 바깥채에 거주하고, 여자는 안채에 거주한다. 여자가 머무는 곳은 안쪽 깊숙한 곳에 짓고, 문을 굳건하게 지키며, 혼(閽)과 시(寺)가 그곳을 지켜서, 남자는 함부로 그 안으로 들어갈 수 없으며, 여자는 함부로 그곳에서 나올 수 없다.

**集說** 夫婦爲人倫之始, 不謹則亂其倫類, 故禮始於謹夫婦也.

**번역** 부부(夫婦)는 인륜(人倫)의 시작이 되니, 삼가지 않는다면, 인륜의 질서를 문란하게 만든다. 그렇기 때문에 예(禮)는 부부사이의 도리를 삼가는 것에서 시작되는 것이다.

**集說** 鄭氏曰: 閽, 掌守中門之禁. 寺, 掌內人之禁令.

**번역** 정현이 말하길, '혼(閽)'은 중문(中門)[1]의 금령에 대해서 담당한다.

'시(寺)'는 궁내(宮內) 사람들에 대한 금령을 담당한다.

**大全** 長樂劉氏曰: 凡禮者, 爲人倫而設也. 人倫之禮, 始於謹夫婦焉. 易稱家人, 女正位乎內, 男正位乎外, 男女正, 天地之大義也. 家人有嚴君焉, 父母之謂也. 父父·子子·兄兄·弟弟·夫夫·婦婦, 而家道正, 正家而天下定矣. 此所以必爲宮室, 先辨內外, 男子居外, 女子居內, 各正其德業也. 宮不深, 則內外之聲可通, 門不固, 則出入之禁可踰. 閽寺守之, 不嫌於處內也, 故男非其時不入, 女非其禮不出, 皆所以爲天下之內則也.

**번역** 장락유씨가 말하길, 무릇 예(禮)라는 것은 인륜(人倫)을 실천하기 위해 마련된 것이다. 인륜을 실천하는 예(禮)는 부부사이의 도의를 삼가는 것에서 시작한다. 『역』에서는 "가인(家人)은 여자는 안에서 그 지위를 바르게 하고, 남자는 밖에서 그 지위를 바르게 하니, 남녀의 지위가 바른 것이 천지의 대의(大義)이다. 가인에는 엄한 군주가 있으니, 부모를 뜻한다. 부친은 부친답고, 자식은 자식다우며, 형은 형답고, 동생은 동생다우며, 남편은 남편답고, 부인은 부인답다면, 가정의 도리가 올바르게 되며, 가정을 올바르게 하고서야 천하가 안정된다."[2]라고 했다. 이것이 바로 궁실(宮室)을

1) 중문(中門)은 내(內)와 외(外) 사이에 있는 문을 뜻한다. 궁(宮)에 있어서는 혼문(閽門)을 뜻하기도 한다. 또 천자(天子)의 궁성(宮城)에는 다섯 개의 문이 있었다고 전해지는데, 가장 밖에 있는 문부터 순차적으로 나열해보면, 고문(皐門), 치문(雉門), 고문(庫門), 응문(應門), 노문(路門)이다. 이러한 다섯 개의 문들 중 노문(路門)은 가장 안쪽에 있으므로, 내문(內門)로 여기고, 고문(皐門)은 가장 밖에 있으므로, 외문(外門)으로 여긴다. 따라서 나머지 치문(雉門), 고문(庫門), 응문(應門)은 내외(內外)의 사이에 있으므로, 이 세 개의 문을 '중문'으로 여기기도 한다. 『주례』「천관(天官)·혼인(閽人)」편에는 "掌守王宮之中門之禁."이라는 기록이 있는데, 이에 대한 손이양(孫詒讓)의 『정의(正義)』에서는 "此中門實不專屬雉門. 當兼庫·雉·應三門言之. 蓋五門以路門爲內門, 皐門爲外門, 餘三門處內外之間, 故通謂之中門."이라고 풀이했다. 한편 정중앙에 있는 문을 '중문'이라고도 부른다.

2) 『역』「가인(家人)·단전(彖傳)」: 彖曰, 家人, 女正位乎內, 男正位乎外, 男女正, 天地之大義也. 家人有嚴君焉, 父母之謂也. 父父, 子子, 兄兄, 弟弟, 夫夫, 婦婦, 而家道正, 正家而天下定矣.

지을 때 반드시 가장 먼저 내외(內外)를 변별하여, 남자가 바깥채에 거주하고, 여자가 안채에 거주하여, 각각 그들의 덕업(德業)을 올바르게 하는 이유이다. 여자가 머무는 공간이 안쪽 깊숙한 장소에 있지 않다면, 집 안팎의 소리가 서로 소통하게 되고, 문이 굳건하지 않다면, 출입을 금지했던 것을 벗어날 수 있게 된다. 혼(閽)과 시(寺)가 지키면, 안채에 머문다는 혐의를 받지 않는다. 그렇기 때문에 남자는 해당 시기가 아니라면, 안채로 들어가지 않는 것이며, 여자는 올바른 예(禮)가 아니라면, 밖으로 나오지 않는 것이니, 이 모두는 천하의 모든 사람들이 집안에서의 법도로 삼는 것이다.

**大全** 嚴陵方氏曰: 天下之本在國, 國之本在家, 故禮始於謹夫婦. 易基乾坤, 詩首關雎, 始於謹夫婦之意也. 謹夫婦, 故爲宮室以居之, 辨外內以防之, 男子居外, 女子居內, 陰陽之分也. 深宮則外人不得而入, 固門則强者不得而啓.

**번역** 엄릉방씨가 말하길, 천하(天下)의 근본은 국(國)에 있고, 국(國)의 근본은 가(家)에 있다. 그렇기 때문에 예(禮)는 부부사이의 도의를 삼가는 것에서 시작하는 것이다. 『역』에서는 건괘(乾卦)와 곤괘(坤卦)를 기틀로 삼고 있고, 『시』에서는 첫 편에 「관저(關雎)」가 나오니, 이것은 부부사이의 도의에 삼가는 것으로부터 시작한다는 뜻에 해당한다. 부부사이의 도의에 삼가기 때문에, 궁실(宮室)을 지어서 거처하는 것이며, 내외(內外)를 변별하여, 방지를 하니, 남자가 바깥채에 거주하고, 여자가 안채에 거주하는 것은 음양(陰陽)에 따른 구분이다. 궁(宮)을 깊숙이 짓게 되면, 외부 사람들은 들어갈 수 없게 되고, 문을 굳건하게 만든다면, 힘이 강한 사람이라도 열 수 없게 된다.

**鄭注** 閽, 掌守中門之禁也. 寺, 掌內人之禁令也.

**번역** '혼(閽)'은 중문(中門)의 금령에 대해서 담당한다.[3] '시(寺)'는 궁내(宮內) 사람들에 대한 금령을 담당한다.[4]

---

3) 『주례』「천관(天官)·혼인(閽人)」: 閽人掌守王宮之中門之禁.

**釋文** 閽音昏.

**번역** '閽'자의 음은 '昏(혼)'이다.

**孔疏** ●"禮始"至"當夕". ○正義曰: 此一節論夫婦男女及內外之別, 又明妾與適妻尊卑相降之等. 各依文解之.

**번역** ●經文: "禮始"~"當夕". ○이곳 문단은 부부·남녀 및 내외에 따른 구별을 논의하고 있고, 또한 처와 정부인의 신분에 따라 상호 낮추는 등급을 나타내고 있다. 각각의 문장에 따라서 풀이하겠다.

**集解** 有夫婦然後有父子, 有父子然後有君臣, 有君臣然後有上下, 有上下然後禮義有所錯, 故禮以謹夫婦爲始. 爲宮室, 辨外內者, 燕寢在內, 正寢在外也. 宮深則內外之勢遠, 門固則出入之限嚴. 周禮閽人: "掌守中門之禁." 寺人: "掌內人之禁令." 大夫士之掌門禁者亦謂之閽, 檀弓"閽者止之", 是也.

**번역** 부부(夫婦)관계가 생긴 뒤에야 부자(父子)관계가 생기고, 부자관계가 생긴 뒤에야 군신(君臣)관계가 생기며, 군신관계가 생긴 뒤에야 상하(上下)의 계층이 생기고, 상하의 계층이 생긴 뒤에야 예의(禮義)를 실천할 곳이 있게 된다. 그렇기 때문에 예(禮)에서는 부부관계의 도의를 삼가는 것을 시작점으로 삼는다. 궁실(宮室)을 지을 때, 내외(內外)를 변별한다는 것은 연침(燕寢)은 안쪽에 있고, 정침(正寢)은 바깥에 있다는 뜻이다. 궁(宮)을 깊숙한 곳에 짓는 것은 내외의 기세가 서로 멀리 떨어지게끔 해서이며, 문을 굳건하게 만드는 것은 출입의 제한을 엄격히 하기 위해서이다. 『주례』「혼인(閽人)」편에서는 "중문(中門)의 금령을 준수하는 일을 담당한다."라고 했고, 『주례』「시인(寺人)」편에서는 "내인(內人)들에 대한 금령을 담당한다."라고 했다. 대부(大夫)와 사(士) 계층에 있어서, 문과 금령을 담

---

4) 『주례』「천관(天官) · 시인(寺人)」 : 寺人掌王之內人及女宮之戒令, 相道其出入之事而糾之.

당하는 자를 또한 '혼(閽)'이라고 부르니, 『예기』「단궁(檀弓)」편에서 "혼(閽)을 담당하는 자가 제지를 했다."[5]라고 한 말이 바로 이러한 사실을 나타낸다.

【363a】

男女不同椸枷, 不敢縣於夫之楎椸, 不敢藏於夫之篋笥, 不敢共湢浴. 夫不在, 斂枕篋, 簟席襡, 器而藏之. 少事長, 賤事貴, 咸如之.

**직역** 男女는 **椸**枷를 不同하고, 敢히 夫의 **楎椸**에 縣을 不하고, 敢히 夫의 **篋笥**에 藏을 不하며, 敢히 **湢**浴을 共함을 不한다. 夫가 不在하면, 枕을 斂하여 **篋**하고, **簟**席을 **襡**하니, 器하여 藏한다. 少가 長을 事하고, 賤이 貴를 事함도, 咸히 如한다.

**의역** 남자와 여자는 옷걸이를 함께 사용하지 않으니, 부인은 감히 남편이 사용하는 옷걸이에 옷을 걸지 않고, 감히 남편이 사용하는 상자에 물건을 넣어두지 않으며, 감히 욕실을 함께 사용하지 않는다. 남편이 부재중이라면, 베개를 거두어 상자에 보관하고, 잠자리를 말아서 보관하니, 감싸는 기물을 이용해서 보관을 한다. 나이가 어린 자가 어른을 섬기고, 신분이 미천한 자가 존귀한 자를 섬길 때에도 모두 이처럼 한다.

**集說** 椸枷, 見曲禮. 植者曰楎, 橫者曰椸. 楎椸, 同類之物, 椸以竿爲之, 故鄭云竿謂之椸. 餘見前.

**번역** '이가(椸枷)'에 대해서는 『예기』「곡례(曲禮)」편에 그 설명이 나온

---

5) 『예기』「단궁하(檀弓下)」【137c】: 季孫之母死, 哀公弔焉. 曾子與子貢弔焉, 閽人爲君在, 弗內也. 曾子與子貢入於其廄而修容焉. 子貢先入, 閽人曰: "鄉者已告矣." 曾子後入, 閽人辟之.

다.[6] 수직으로 세워둔 옷걸이를 '휘(楎)'라고 부르고, 가로로 걸어둔 옷걸이를 '이(椸)'라고 부른다. '휘(楎)'와 '이(椸)'는 동일한 부류의 기물인데, '이(椸)'는 횟대로 만들게 된다. 그렇기 때문에 정현은 '간(竿)'은 '이(椸)'라고 부른다고 말한 것이다. 나머지는 앞에 설명이 나온다.

**大全** 臨川吳氏曰: 旣言外內不共湢浴, 男女不同椸枷, 又言非特外內男女爲然, 雖夫婦得相親者, 亦然, 不但不共楎椸, 亦不共篋笥, 夫婦且如此, 則非夫婦者, 其明微厚別, 又當何如?

**번역** 임천오씨가 말하길, 이미 "바깥채와 안채의 사람이 욕실을 함께 쓰지 않는다."[7]고 하였고, "남녀는 옷걸이를 함께 사용하지 않는다."라고 했으니, 이것은 또한 단지 내외(內外) 및 남녀(男女)의 관계에서만 이처럼 한다는 뜻이 아니라, 비록 부부처럼 서로 친근하게 대할 수 있는 관계에서도 이처럼 한다는 뜻이며, 또 단지 옷걸이만 함께 사용하지 않는 것이 아니라, 상자 또한 함께 사용할 수 없으니, 부부가 이처럼 한다면, 부부가 아닌 경우라면 미묘함을 분명히 드러내고, 구별을 두텁게 해야 하니, 또한 마땅히 어떻게 해야겠는가?

**大全** 山陰陸氏曰: 枕有篋, 簟席有韣, 皆器而藏之. 不言枕, 言枕篋, 不言席, 言簟席韣, 嫌瀆也, 卽父母舅姑不嫌.

**번역** 산음육씨가 말하길, 베개에 대해서는 협(篋)이라고 했고, 침구에 대해서는 촉(韣)이라고 했는데, 이 모두는 감싸는 기물을 이용해서 보관을

---

6) 『예기』「곡례상(曲禮上)」【23d】의 "男女不雜坐, 不同椸枷, 不同巾櫛, 不親授."라는 기록에 대해, 진호(陳澔)의 『집설(集說)』에서는 "枷, 與架同, 置衣服之具也."라고 풀이했다. 즉 "'가(枷)'자와 '시렁'을 뜻하는 '가(架)'자는 같은 글자로, 옷을 걸어두는 도구이다."라는 뜻이다.

7) 『예기』「내칙(內則)」【350c】: 外內不共井, 不共湢浴, 不通寢席, 不通乞假. 男女不通衣裳. 內言不出, 外言不入. 男子入內, 不嘯不指, 夜行以燭, 無燭則止. 女子出門, 必擁蔽其面, 夜行以燭, 無燭則止. 道路, 男子由右, 女子由左.

한다. '침(枕)'이라고만 말하지 않고, '침협(枕篋)'이라고 말하며, '석(席)'이라고만 말하지 않고, '점석촉(簟席襡)'이라고 말한 것은 더럽힌다는 혐의를 받기 때문이니, 부모 및 시부모에 대한 경우에는 혐의를 두지 않는다.

**鄭注** 竿謂之椸. 楎, 杙也. 不敢褻也. 咸, 皆也.

**번역** 횃대를 '이(椸)'라고 부른다. '휘(楎)'자는 세워두는 장대이다. 상자 등에 보관하는 이유는 감히 더럽힐 수 없기 때문이다. '함(咸)'자는 모두[皆]라는 뜻이다.

**釋文** 杝, 本又作椸, 以支反. 枷音嫁. 縣音玄. 楎音輝. 笥, 息吏反. 竿音干. 杙音弋.

**번역** '杝'자는 판본에 따라서 또한 '椸'자로도 기록하니, 그 음은 '以(이)'자와 '支(지)'자의 반절음이다. '枷'자의 음은 '嫁(가)'이다. '縣'자의 음은 '玄(현)'이다. '楎'자의 음은 '輝(휘)'이다. '笥'자는 '息(식)'자와 '吏(리)'자의 반절음이다. '竿'자의 음은 '干(간)'이다. '杙'자의 음은 '弋(익)'이다.

**孔疏** ◎注"竿謂之椸. 揮, 杙也". ○正義曰: 按爾雅·釋宮云: "樴謂之杙." 郭景純注云: "樴音杙." 李巡曰: "謂橛杙也." 釋宮又云: "在牆者謂之楎." 郭景純引禮云: "不敢縣於夫之楎·椸. 植曰楎, 橫曰椸." 然則楎·椸是同類之物, 橫者曰椸, 則以竿爲之, 故云"竿謂之椸".

**번역** ◎鄭注: "竿謂之椸. 揮, 杙也". ○『이아』「석궁(釋宮)」편을 살펴보면, "말뚝[樴]을 '이(椸)'라고 부른다."라고 했고, 곽경순의 주에서는 "'樴'자의 음은 '杙(익)'이다."라고 했다. 이순은 "말뚝[橛杙]을 뜻한다."라고 했다. 「석궁」편에서는 또한 "담벽에 붙어 있는 것을 '휘(楎)'라고 부른다."라고 했고,[8] 곽경순은 『예기』를 인용하여, "남편의 '휘(楎)'와 '이(椸)'에 걸지 않는

8) 『이아』「석궁(釋宮)」 : 樴謂之杙, 在牆者謂之楎, 在地者謂之臬, 大者謂之栱,

다. 수직으로 세워두는 것을 '휘(楎)'라고 부르며, 가로로 걸어두는 것을 '이(椸)'라고 부른다."라고 했다. 그렇다면 '휘(楎)'와 '이(椸)'는 같은 부류의 기물에 해당하며, 가로로 걸어두는 것을 '이(椸)'라고 했다면, 횃대로 만들게 된다. 그렇기 때문에 "'간(竿)'을 '이(椸)'라고 부른다."라고 말한 것이다.

**訓纂** 黃東發曰: 夫不在, 謂夫出也.

**번역** 황동발[9]이 말하길, '부부재(夫不在)'라는 말은 남편이 출타했다는 뜻이다.

**集解** 愚謂: 直曰楎, 橫曰椸, 皆所以架衣也. 方曰篋, 圓曰笥, 皆所以藏衣也. 夫婦無取乎遠嫌, 然其謹之如此者, 所以厚男女之別也.

**번역** 내가 생각하기에, 수직으로 세워두는 옷걸이를 '휘(楎)'라고 부르며, 가로로 걸어두는 것을 '이(椸)'라고 부르는데, 이 모두는 옷을 걸 때 사용하는 도구이다. 사각형으로 생긴 상자를 '협(篋)'이라고 부르며, 원형으로 생긴 상자를 '사(笥)'라고 부르는데, 이 모두는 옷을 보관하는 도구이다. 부부관계에서는 혐의를 멀리한다는 뜻에 따른 것이 없는데도, 이처럼 신중히 처신하는 것은 남녀의 유별함을 두텁게 하기 위해서이다.

**集解** 重夫之所用, 而不敢褻露也. 前云"事父母舅姑, 斂簟而襡之", 此簟·席並襡, 又以器盛而藏之. 前謂每日常禮, 簟席晚卽須用, 此謂夫不在, 簟·席未卽用故也.

**번역** 남편이 사용하던 것을 중시 여겨서, 감히 함부로 할 수 없는 것이다. 앞에서는 "부모와 시부모를 섬길 때, 점(簟)은 말고, 천으로 감싸서 보

---

長者謂之閣.

9) 황진(黃震, A.D.1213~A.D.1280) : =황동발(黃東發). 남송(南宋) 때의 학자이다. 자(字)는 동발(東發)이다. 저서로는 『고금기요(古今紀要)』 등이 있다.

관한다."[10]라고 했는데, 이곳에서는 점(簟)과 석(席)을 모두 만다고 했고, 또한 기물을 이용하여 담아서 보관한다고 했다. 앞의 내용은 매일 따르게 되는 일상적인 예법에 해당하며, 점(簟)과 석(席)은 저녁이 되면 곧바로 필요하게 되는데, 이곳 내용은 남편이 부재중인 경우이므로, 점(簟)과 석(席)을 곧바로 사용할 필요가 없기 때문이다.

그림 30-1 ▣ 휘(楎)와 이(椸)

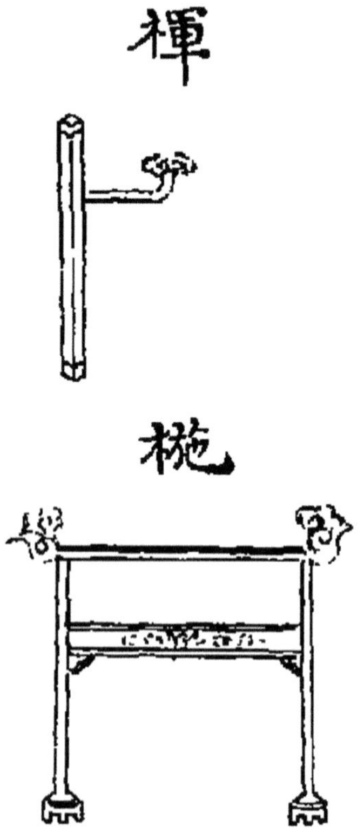


※ 출처: 『가산도서(家山圖書)』「금반협사휘이도(衿鞶篋笥楎椸圖)」

10) 『예기』「내칙」【348c】: 父母舅姑將坐, 奉席請何鄕; 將衽, 長者奉席請何趾, 少者執牀與坐, 御者擧几, 斂席與簟, 縣衾, 篋枕, 斂簟而襡之.

【363b】

夫婦之禮, 唯及七十同藏無間. 故妾雖老, 年未滿五十, 必與五日之御. 將御者, 齊漱澣, 愼衣服, 櫛縰笄總, 角拂髦, 衿纓, 綦屨. 雖婢妾, 衣服飮食必後長者. 妻不在, 妾御莫敢當夕.

**직역** 夫婦의 禮에서, 唯히 七十에 及하면 同藏하며 無間하다. 故로 妾은 雖히 老라도, 年이 五十에 未滿하면, 必히 五日의 御에 與한다. 將히 御하는 者는 齊하고 漱하며 澣하고, 衣服을 愼하며, 櫛**縰**하고 **笄總**하며, 角하고 **髦**를 拂하며, 纓을 衿하고, **屨**를 **綦**한다. 雖히 婢妾이라도, 衣服과 飮食은 必히 長者에 後한다. 妻가 不在하면, 妾은 御함에 敢히 夕에 當함을 莫한다.

**의역** 부부의 예(禮)에 있어서, 오직 70세가 되어야만 같은 숙소에 머무르며, 사이를 두지 않는다. 그렇기 때문에 첩이 비록 늙었더라도, 나이가 아직 50세에 이르지 않았다면, 반드시 5일을 주기로 시중을 드는 일에 참여한다. 장차 시중을 들게 되는 여자는 재계를 하고 양치질과 손발을 씻으며, 의복을 신중히 차려 입고, 머리를 빗어서 싸매며, 비녀와 총(總)을 덧대어 다팔머리를 만들고, 머리카락에 묻은 먼지를 털어내며, 향낭을 차고, 신발 끈을 결속한다. 비록 비첩(婢妾)의 신분이라고 하더라도, 의복과 음식에 있어서는 반드시 연장자보다 뒤에 한다. 처가 부재한 경우, 첩은 시중을 들 때, 감히 처가 시중을 드는 밤에 대신 시중을 들지 않는다.

**集說** 櫛縰以下, 說見篇首. 角字衍. 天子之御妻八十一人, 當九夕; 世婦二十七人, 當三夕. 九嬪九人, 當一夕; 三夫人當一夕; 后當一夕. 凡十五日而徧. 五日之御, 諸侯制也. 諸侯一娶九女, 夫人及二媵各有姪娣, 此六人當三夕; 次二媵當一夕; 次夫人專一夕. 凡五日而徧也. 當夕, 當妻之夕也.

**번역** '즐쇄(櫛縰)'로부터 그 이하의 내용에 대해서는 편의 첫 부분에 그 설명이 나온다. '각(角)'자는 연문이다. 천자의 어처(御妻)는 81명이며, 9명씩 9일 밤 동안 시중을 들고, 세부(世婦)는 27명이며, 9명씩 3일 밤 동안 시중을 든다. 구빈(九嬪)은 9명이며, 9명이 1일 밤 동안 시중을 들고, 3명의 부인(夫人)은 3명이 1일 밤 동안 시중을 들고, 왕후(王后)는 1명으로, 1명이 1일 밤 동안 시중을 든다. 따라서 총 15일 동안 두루 시중을 들게 된다. 5일을 주기로 시중을 든다는 것은 제후에게 해당하는 제도이다. 제후의 경우 1명의 여자를 아내로 들이게 되면, 9명의 여인이 오게 되므로, 부인(夫人) 및 2명의 잉첩들은 각각 조카나 누이를 데려오게 되어, 이러한 여섯 명의 여자가 3일 밤 동안 시중을 들게 되고, 그 다음으로 2명의 잉첩이 1일 밤 동안 시중을 들게 되어 있으며, 그 다음으로 부인은 자기 홀로 1일 밤 동안 시중을 들게 된다. 따라서 총 5일 동안 두루 시중을 들게 된다. '당석(當夕)'은 처가 시중을 들어야 하는 밤을 뜻한다.

**大全** 長樂劉氏曰: 夫婦雖未七十同藏, 未有可嫌者, 聖人制禮, 以爲天下之內則, 夫婦必如此者, 以爲男女內外之禮, 敬則爲先焉, 夫婦身先於上, 而男女力行於下, 以無嫌正有嫌也. 用有情之難行, 正人情之易制也.

**번역** 장락유씨가 말하길, 부부 관계에 있어서, 비록 나이가 70이 되지 않아서 함께 거처를 한다고 하더라도, 혐의로 삼을 것이 없는데, 성인(聖人)은 예(禮)를 제작하여, 이것을 천하 사람들이 따라야 하는 가정에서의 법도로 삼았고, 부부가 반드시 이처럼 따르는 것을 남녀가 내외(內外)하는 예(禮)로 삼았으니, 서로 공경한다면 앞세우는 것이 되고, 부부가 그 위에서 앞세우고, 남녀가 아래에서 힘써 시행하여, 혐의를 없게 하고, 혐의가 생길 만한 것을 바로잡은 것이다. 정감상 시행하기 어려운 것들을 이용해서, 정감상 쉽게 재단할 수 있는 것들을 올바르게 했던 것이다.

**大全** 嚴陵方氏曰: 將御者, 必齊漱澣者, 則所以致潔敬也. 婢妾衣服飮食, 必後長者, 蓋不以賤廢尊卑上下之道故也. 妻不在, 妾御莫敢當夕者, 所以避上僭之嫌也.

**번역** 엄릉방씨가 말하길, 장차 시중을 들게 되는 여자가 반드시 재계를 하고 양치질과 손발을 씻는 것은 곧 청결함과 공경함을 지극히 하는 방법이다. 비첩의 의복과 음식에 있어서, 반드시 연장자보다 뒤에 하는 것은 무릇 미천함을 통해 존비(尊卑)와 상하(上下)의 도리를 폐지할 수 없기 때문이다. 처가 부재할 때, 첩이 시중을 드는 것에 있어서, 처가 시중을 드는 밤에 감히 시중을 들지 않는 것은 윗사람에게 참람되게 군다는 혐의를 피하기 위해서이다.

**鄭注** 衰老無嫌. 及, 猶至也. 五十始衰, 不能孕也. 妾閉房不復出御矣, 此御謂侍夜勸息也. 五日一御, 諸侯制也. 諸侯取九女, 姪娣兩兩而御, 則三日也. 次兩媵, 則四日也. 次夫人專夜, 則五日也. 天子十五日乃一御. 其往如朝也. 角, 衍字也. 拂髦, 或爲繆髦也. 人貴賤不可以無禮. 辟女君之御日也.

**번역** 70세가 되면 노쇠하여, 남녀사이에 유별함이 없다는 혐의를 두지 않게 된다. '급(及)'자는 "~에 이르다[至]."는 뜻이다. 50세가 되면 비로소 노쇠하게 되므로, 아이를 잉태할 수 없기 때문이다. 첩은 자신의 방을 닫고, 다시금 밖으로 나와서 시중을 들지 않으니, 이때의 '어(御)'자는 밤에 시중을 들며 부군이 쉴 수 있도록 도와준다는 뜻이다. 5일 동안 한 차례씩 시중을 드는 것은 제후에게 해당하는 제도이다. 제후는 아내를 들일 때, 9명의 여자를 얻게 되니, 처와 첩이 데려온 조카나 누이는 서로 짝을 지어서 시중을 들게 되어, 이들이 3일 동안 시중을 든다. 그 다음으로 두 명의 잉첩이 시중을 드니, 4일 째에 시중을 든다. 그 다음으로 부인 홀로 밤에 시중을 드니, 5일 째에 시중을 든다. 천자의 경우, 15일 동안 한 차례씩 시중을 든다. 시중을 드는 여인이 침소로 나아갈 때에는 아침 문안인사를 드릴 때처럼 하는 것이다. '각(角)'자는 연문으로 기록된 글자이다. '불모(拂髦)'라는 글자를 다른 판본에서는 '무모(繆髦)'라고도 기록한다. 사람은 신분의 귀천과 상관없이, 무례하게 굴 수 없다. 정부인이 시중드는 날을 피하는 것이다.

**釋文** 間, 徐"間厠"之"間", 皇如字讀. 年未五十, 本又作年未滿五十. 與音預. 復, 扶又反, 下文"夫復"同. 姪, 大結反. 娣, 大計反. 媵, 羊證反, 又繩證反. 齊, 爭皆反, 下皆同. 瀚音浣. 朝, 直遙反, 下文"朝服"·注"朝於君"皆同. 繆,居虯反. 後, 胡豆反. 辟音避, 下"辟人"·"雖辟"皆同.

**번역** '閒'자의 서음(徐音)은 '간측(閒厠)'이라고 할 때의 '閒'자음이고, 황음(皇音)은 글자대로 읽어서 풀이한다. '年未五十'이라는 구문은 판본에 따라서 또한 '年未滿五十'이라고도 기록한다. '與'자의 음은 '預(예)'이다. '復'자는 '扶(부)'자와 '又(우)'자의 반절음이며, 아래문장에 나오는 '夫復'에서의 '復'자도 그 음이 이와 같다. '姪'자는 '大(대)'자와 '結(결)'자의 반절음이다. '娣'자는 '大(대)'자와 '計(계)'자의 반절음이다. '媵'자는 '羊(양)'자와 '證(증)'자의 반절음이며, 또한 '繩(승)'자와 '證(증)'자의 반절음도 된다. '齊'자는 '爭(쟁)'자와 '皆(개)'자의 반절음이며, 아래문장에 나오는 글자들도 그 음이 모두 이와 같다. '澣'자의 음은 '浣(완)'이다. '朝'자는 '直(직)'자와 '遙(요)'자의 반절음이며, 아래문장에 나오는 '朝服'에서의 '朝'자와 정현의 주에 나오는 '朝於君'에서의 '朝'자도 모두 그 음이 이와 같다. '繆'자는 '居(거)'자와 '虯(규)'자의 반절음이다. '後'자는 '胡(호)'자와 '豆(두)'자의 반절음이다. '辟'자의 음은 '避(피)'이며, 아래문장에 나오는 '辟人'과 '雖辟'에서의 '辟'자도 그 음이 모두 이와 같다.

**孔疏** ●"唯及七十, 同藏無閒"者, 閒, 別也. 夫婦唯至七十同處居藏, 無所閒別, 以其衰老, 無所嫌疑故也. 夫七十, 則婦六十以上, 若夫雖七十, 婦唯六十以下, 則猶閒居也. 詩傳云: "男女不六十不閒居." 據婦人言之. 若其宗子, 雖七十無妻, 猶得更娶, 故曾子問宗子雖七十無無主婦, 是必須有主婦也.

**번역** ●經文: "唯及七十, 同藏無閒". ○'간(閒)'자는 "구별하다[別]."는 뜻이다. 부부는 오직 70세가 되어야만 함께 거처하며, 서로 구별을 두는 것이 없게 되니, 그들은 노쇠해졌으므로, 혐의로 삼을 것이 없게 되기 때문이다. 남편의 나이가 70세라면, 부인의 나이가 60세 이상인 경우를 뜻하며, 만약 남편의 나이가 비록 70세가 되었더라도, 부인이 60세 이하라면, 여전히 거처를 함에 간극을 두게 된다. 『시전(詩傳)』에서는 "남녀가 60세가 아니라면, 거처를 함에 간극을 두지 않는다."라고 했는데, 이것은 부인의 나이에 기준을 두어 언급한 것이다. 만약 종자(宗子)인 경우라면, 비록 70세가 되어 처가 없더라도, 여전히 재취를 할 수 있다. 그렇기 때문에 『예기』「증자문(曾子問)」편에서는 종자는 70세라 하더라도, 주부(主婦)가 없어서는 안 된다고 한 것이니,[11] 이 말은 곧 반드시 주부가 있어야 한다는 뜻을 나타낸다.

**孔疏** ◎注"五十"至"一御". ○正義曰: 此經據妾言之, 未滿五十, 必與五日之御, 五十以上, 則不與也. 然則妻雖五十以上, 猶得與也. 云"姪娣兩兩而御, 則三日也"者, 以夫人及二媵各有姪娣, 凡六人, 故三日也. 云"次兩媵, 則四日也"者, 如鄭此言, 夫人姪娣卑於兩媵, 若望前, 卑者在前, 尊者在後, 望後乃反之. 知者, 約天子御法. 云"天子十五日乃一御"者, 按九嬪注云: "女御八十一人, 當九夕; 世婦二十七人, 當三夕; 九嬪九人, 當一夕; 三夫人當一夕; 后當一夕, 亦十五日而徧." 云自望後反之, 是也.

**번역** ◎鄭注: "五十"~"一御". ○이곳 경문은 첩에 기준을 두어 언급한 말이니, 아직 50세가 되지 않았다면, 5일을 주기로 시중을 드는 일에 참여를 하고, 50세 이상이 된다면, 참여를 하지 않는 것이다. 그렇다면 처의 경우 비록 나이가 50세 이상이라고 하더라도, 여전히 시중을 드는 일에 참여할 수 있다. 정현이 "처와 첩이 데려온 조카나 누이는 서로 짝을 지어서 시중을 드니, 이들이 3일 동안 시중을 든다."라고 했는데, 부인 및 두 명의 잉첩이 각각 조카나 누이를 데려오게 되므로, 이들은 총 6명이 된다. 그렇기 때문에 3일 동안 시중을 드는 것이다. 정현이 "그 다음으로 두 명의 잉첩이 시중을 드니, 4일 째에 시중을 든다."라고 했는데, 정현의 이러한 주장대로라면, 부인이 데려온 조카나 누이는 두 명의 잉첩보다 신분이 낮으므로, 만약 그 날짜가 보름 이전이라면, 신분이 낮은 자가 먼저 시중을 들게 되고, 존귀한 자가 뒤에 시중을 들게 되며, 보름을 지난 시점에서는 곧 반대로

---

11) 『예기』「증자문(曾子問)」【228b~c】: 孔子曰: 宗子, 雖七十, 無無主婦, 非宗子, 雖無主婦, 可也.

시행한다. 이러한 사실을 알 수 있는 이유는 천자에게 시중을 드는 법도를 요약해보면 알 수 있다. 정현이 "천자의 경우, 15일 동안 한 차례씩 시중을 든다."라고 했는데, 『주례』「구빈(九嬪)」편에 대한 정현의 주를 살펴보면, "여어(女御)는 81명으로, 9일 밤 동안 시중을 들고, 세부(世婦)는 27명으로, 3일 밤 동안 시중을 들며, 구빈(九嬪)은 9명으로, 1일 밤 동안 시중을 들고, 3명의 부인(夫人)은 1일 밤 동안 시중을 들며, 왕후(王后)는 1일 밤 동안 시중을 드니, 또한 15일 동안 두루 시중을 들게 된다."라고 했다. 그리고 보름 이후부터는 반대로 한다고 했는데, 이 말이 바로 이러한 사실을 나타낸다.

**孔疏** ◎注"女君之御日也". ○正義曰: 此謂卿大夫以下, 故經云"妻", 而注云"女君". 大夫一妻二妾, 則三日御徧. 士一妻一妾, 則二日御徧. 妾恒辟女君之御日, 非但不敢當女君之御日, 縱令自當君之御日, 猶不敢當夕而往, 故詩·小星云: "肅肅宵征, 夙夜在公." 注引此, 云凡妾御於君不當夕, 是也.

**번역** ◎鄭注: "女君之御日也". ○이 내용은 경(卿)과 대부(大夫) 이하의 계층에 대한 내용이다. 그렇기 때문에 경문에서는 '처(妻)'라고 한 것이고, 정현의 주에서는 '여군(女君)'이라고 한 것이다. 대부의 경우에는 1명의 처(妻)와 2명의 첩(妾)을 두게 되니, 3일 동안 두루 시중을 들게 된다. 사(士)의 경우에는 1명의 처(妻)와 1명의 첩(妾)을 두게 되니, 2일 동안 두루 시중을 들게 된다. 첩은 항상 정부인이 시중을 드는 날짜를 피해야 하니, 단지 정부인이 시중을 드는 날에 시중을 들 수 없을 뿐만 아니라, 자신이 부군에게 시중을 드는 날이라고 하더라도, 여전히 저녁때에는 감히 침소로 찾아갈 수 없는 것이다. 그렇기 때문에 『시』「소성(小星)」편에서는 "공경스럽게 밤길을 가며, 새벽과 늦은 밤 동안 군주가 계신 곳에 있도다."[12]라고 했던 것이고, 이 문장에 대한 주에서는 이곳 문장을 인용하여, 모든 첩들은 부군

12) 『시』「소남(召南)·소성(小星)」: 嘒彼小星, 三五在東. 肅肅宵征, 夙夜在公. 寔命不同.

에게 시중을 들 때, 저녁때 가지 않는다고 했던 것이다.

**集解** 齊, 以齊其心志. 漱·澣, 以潔其裏服. 愼衣服, 以謹其禮衣. 妾之御於夫, 猶臣之朝於君, 故其致敬如此. 角拂髦, 皆衍字. 前婦事舅姑, 不云"拂髦", 則婦人無髦. 男女未冠笄者言"拂髦", 主男子言之耳. 蓋髦者, 子事父母之飾, 父沒去左, 母沒去右. 婦人外成, 若有髦, 則無以爲除脫之節也.

**번역** 재계를 하여, 심지를 가지런히 한다는 뜻이다. 양치질과 빨래를 하여, 속옷을 청결하게 한다는 뜻이다. 의복을 신중히 차려입어서, 예법에 맞는 옷을 신중히 갖추는 것이다. 첩(妾)이 부군에 대해 시중을 들 때에는 신하가 군주를 조회할 때처럼 하게 된다. 그렇기 때문에 이처럼 공경함을 지극히 하는 것이다. '각불모(角拂髦)'라는 글자들은 모두 연문으로 기록된 글자이다. 앞에서 며느리가 시부모를 섬기는 기록에 있어서는 '불모(拂髦)'라고 기록하지 않았으니, 부인에게는 다팔머리를 하는 방식이 없었던 것이다. 남녀 중 아직 관례(冠禮)와 계례(笄禮)를 치르지 않은 자의 경우, '불모(拂髦)'라고 했었는데, 이것은 남자를 위주로 언급을 했기 때문이다. 무릇 다팔머리라는 것은 자식이 부모를 섬길 때의 머리모양이니, 부친이 돌아가신 경우에는 좌측에 머리를 묶었던 것을 풀고, 모친이 돌아가신 경우에는 우측에 머리를 묶었던 것을 푼다. 부인은 출가를 한 상태인데, 만약 다팔머리를 하게 된다면, 상중(喪中)에 제거하거나 순차적으로 벗게 되는 절도로 삼을 것이 없게 된다.

**集解** 高氏愈曰: 一夕之微, 而謹之如此, 則少陵長賤妨貴以妾爲妻之禍, 絶矣.

**번역** 고유가 말하길, 하루 밤 동안 시중을 드는 작은 일에 있어서도, 이처럼 신중을 기하게 된다면, 나이가 어린 자가 나이가 많은 자를 업신여기고, 신분이 미천한 자가 존귀한 자를 방해하여, 첩(妾)을 처(妻)로 삼게 되는 화근이 근절될 것이다.

**集解** 自"禮始於謹夫婦"至此, 明夫婦居室之禮.

**번역** "예(禮)는 부부사이의 도리를 신중히 하는 것에서 시작한다."라는 구문으로부터 이곳 문장까지는 부부가 거처하는 예법에 대해서 나타내고 있다.

## • 제31절 •

### 자식을 낳는 법도

【363c~d】

妻將生子, 及月辰, 居側室. 夫使人日再問之, 作而自問之. 妻不敢見, 使姆衣服而對. 至于子生, 夫復使人日再問之. 夫齊, 則不入側室之門.

**직역** 妻가 將히 子를 生함에, 月辰에 及하면, 側室에 居한다. 夫는 人을 使하여 日마다 再히 問하고, 作하여 自히 問한다. 妻는 敢히 見을 不하고, 姆를 使하여 衣服하고 對한다. 子를 生함에 至해서, 夫는 復히 人을 使하여 日마다 再히 問한다. 夫가 齊라면, 側室의 門으로 不入한다.

**의역** 처(妻)가 장차 자식을 낳으려고 할 때, 산달의 초하루가 되면, 처를 측실(側室)로 옮겨서 거처하게 한다. 남편은 사람을 시켜서 매일 두 차례 안부를 묻고, 마음이 동하게 되면 직접 찾아가서 안부를 묻는다. 그러나 처는 감히 자신이 직접 만나보지 못하며, 여사(女師)를 시켜서, 의복을 차려입게 하고 응대하게 한다. 자식을 낳게 되면, 남편은 재차 사람을 시켜서 날마다 두 차례 안부를 묻는다. 남편이 재계를 하게 된다면, 측실의 문으로 들어가지 않는다.

**集說** 正寢在前, 燕寢在後. 側室者, 燕寢之旁室也. 作, 動作之時也. 姆, 女師也.

**번역** 정침(正寢)은 앞쪽에 있고, 연침(燕寢)은 뒤쪽에 있다. '측실(側室)'은 연침의 측면에 있는 실(室)이다. '작(作)'자는 마음이 동할 때를 뜻한다. '모(姆)'는 여사(女師)[1]를 뜻한다.

**大全** 慶源輔氏曰: 當産而辟燕寢, 居側室, 其自斂戢者至矣, 豈復有驕其夫之意哉? 夫使人日再問之者, 愛而不失於狎, 敬而不失於疏. 妻不敢見, 雖病不敢忘禮, 使姆衣服而對, 雖病不敢失禮.

**번역** 경원보씨가 말하길, 산달이 되어, 연침(燕寢)을 피해, 측실(側室)에 머무는 것은 제 스스로 단속함이 지극한 것인데, 어찌 재차 남편의 뜻을 기만함이 있겠는가? 남편이 사람을 시켜서 날마다 두 차례 안부를 묻는 것은 사랑하지만 친압을 하는데 빠지지 않는 것이며, 공경하지만 소원하게 대하는 지경에 빠지지 않는 것이다. 처가 감히 직접 만나보지 않는 것은 비록 병약해지더라도, 감히 예(禮)를 잊을 수 없기 때문이며, 여사(女師)를 시켜서 의복을 차려입고 응대하도록 하는 것은 비록 병약해지더라도, 감히 실례(失禮)를 범할 수 없기 때문이다.

**鄭注** 側室, 謂夾之室, 次燕寢也. 作, 有感動. 若始時使人問.

**번역** '측실(側室)'은 양측에 있는 실(室)이며, 연침(燕寢) 다음에 있는 건물이다. '작(作)'자는 마음에 움직이는 것이 있다는 뜻이다. 만약 최초 묻는 시기라면, 사람을 시켜서 안부를 묻게 된다.

**釋文** 見, 賢遍反, 下及注同. 姆音茂, 字林亡又反, 女師也, 一音母, 又音亡久反.

**번역** '見'자는 '賢(현)'자와 '遍(편)'자의 반절음이며, 아래문장 및 정현의 주에 나오는 글자도 그 음이 이와 같다. '姆'자의 음은 '茂(무)'이며, 『자림』에서는 '亡(망)'자와 '又(우)'자의 반절음이라고 했으며, 여사(女師)를 뜻하고, 다른 음은 '母(모)'이며, 또한 그 음은 '亡(망)'자와 '久(구)'자의 반절음도 된다.

---

1) 여사(女師)는 고대에 귀족의 여식들을 교육했던 선생을 뜻한다.

**孔疏** ●"妻將"至"女否". ○正義曰: 從此以下終篇末, 論國君以下至庶人生子之禮, 及適庶差別, 妻妾異等, 所生男女養教之法. 從此"妻將生子"至"男射女否", 則明大夫以下未生子之前, 夫問之宜及生子設弧矢之法.

**번역** ●經文: "妻將"~"女否". ○이곳 구문으로부터 그 이하로 편의 끝까지는 국군(國君)으로부터 서인(庶人)에 이르기까지, 자식을 낳을 때의 예(禮) 및 적서(嫡庶)의 차별, 처첩(妻妾)의 차등 및 남자아이나 여자아이를 낳았을 때, 양육하고 교육하는 법도에 대해서 논의하고 있다. 이곳의 '처장생자(妻將生子)'라는 구문부터 '남사녀부(男射女否)'라는 구문까지는 대부(大夫)이하의 계층에서 아직 자식을 낳기 이전에, 남편이 안부를 묻는 합당한 법도와 아들을 낳았을 때, 활과 화살을 걸어두는 법도에 대해서 나타내고 있다.

**孔疏** ◎注"側室"至"寢也". ○正義曰: 夫正寢之室在前, 燕寢在後. 側室, 又次燕寢, 在燕寢之旁, 故謂之"側室". 妻旣居側室, 則妾亦當然也, 故春秋傳云"趙有側室曰穿", 是妾之子也. 生子不於夫正室及妻之燕寢, 必於側室者, 以正室燕寢尊故也. 經云"及月辰", 謂生月之辰, 初朔之日也.

**번역** ◎鄭注: "側室"~"寢也". ○남편이 머무는 정침(正寢)의 실(室)은 앞쪽에 있고, 연침(燕寢)은 뒤에 있다. '측실(側室)'은 또한 연침 다음에 있으니, 연침의 측면에 위치한다. 그렇기 때문에 '측실(側室)'이라고 부르는 것이다. 처(妻)가 이미 측실에 머물게 된다면, 첩(妾) 또한 마땅히 이처럼 해야 한다. 그렇기 때문에 『춘추전』에서는 "조씨(趙氏)에게는 측실이 있으니, 그 이름은 천(穿)이다."[2]라고 했는데, 이 자는 첩(妾)의 아들이다. 자식을 낳을 때, 남편의 정실(正室) 및 처(妻)의 연침(燕寢)에 있지 않고, 반드시 측실(側室)에 머무는 것은 정실과 연침은 존귀한 장소이기 때문이다. 경문에서는 '급월진(及月辰)'이라고 했는데, 이것은 산달의 진(辰)을 뜻하니, 초

2) 『춘추좌씨전』「문공(文公) 12년」: 趙有側室曰穿, 晉君之壻也, 有寵而弱, 不在軍事; 好勇而狂, 且惡臾駢之佐上軍也.

하루를 의미한다.

**孔疏** ◎注"若始時使人問". ○正義曰: 夫不齊之時, 未動作之前, 夫使人日再問之. 今雖動作之後, 以其齊故但使人問之, 故云"若始時使人問之"也.

**번역** ◎鄭注: "若始時使人問". ○남편이 재계를 하지 않았을 때, 아직 마음이 동하기 이전이라면, 남편은 사람을 시켜서 매일 두 차례 안부를 묻는다. 현재 비록 마음이 동한 이후라고 하더라도, 그가 재계를 하고 있기 때문에, 단지 사람을 시켜서 안부를 묻는 것이다. 그렇기 때문에 "만약 최초 묻는 시기라면, 사람을 시켜서 안부를 묻게 된다."라고 말한 것이다.

**集解** 愚謂: 作而自問之, 謂感動之日, 夫自問之也. 妻不敢見, 所以遠私媚之嫌也. 姆, 女師也, 士昏禮註云: "婦人年五十無子, 出不復嫁, 能以婦道教人者." 至于子生, 夫使人日再問之者, 言自作之後, 以至于子生, 夫又日使人再問之也. 夫齊, 則不入側室之門者, 謂作之日, 適値夫齊, 則夫不自問而使人問之也. 齊必處正寢, 故不入側室之門.

**번역** 내가 생각하기에, '작이자문지(作而自問之)'라는 말은 마음이 동한 날에는 남편이 직접 안부를 묻는다는 뜻이다. 처(妻)가 감히 직접 만나보지 않는 것은 개인적으로 총애를 받는다는 혐의를 멀리하기 위해서이다. '모(姆)'는 여사(女師)를 뜻하니, 『의례』「사혼례(士昏禮)」편에 대한 정현의 주에서는 "부인의 나이가 50세가 되도록 아들이 없어서, 내쳐졌지만 다시 재가를 하지 않아서, 부녀자의 도리를 다른 사람에게 가르칠 수 있는 자이다."[3] 라고 했다. 자식을 낳음에 이르러, 남편이 사람을 시켜서 매일 두 차례 안부를 묻는다는 말은 제 스스로 마음이 동해 찾아간 이후로부터 자식을 낳을 때에 이르기까지, 남편은 또한 사람을 시켜서 매일 두 차례 안부를 묻는다는 뜻이다. 남편이 재계를 한다면, 측실(側室)의 문으로 들어가지 않는다는

---

3) 이 기록은 『의례』「사혼례(士昏禮)」편의 "姆纚·笄·宵衣, 在其右."라는 문장에 대한 정현의 주이다.

말은 마음이 동했던 날이 때마침 남편이 재계를 하는 때라면, 남편은 제 스스로 안부를 묻지 않고, 사람을 시켜서 안부를 묻게 된다는 뜻이다. 재계를 할 때에는 반드시 정침(正寢)에 머물게 된다. 그렇기 때문에 측실의 문으로 들어가지 않는 것이다.

【363d】

**子生, 男子設弧於門左, 女設帨於門右. 三日始負子, 男射女否.**

**직역** 子가 生함에, 男子는 門左에 弧를 設하고, 女는 門右에 **帨**를 設한다. 三日이면 始히 子를 負하고, 男은 射하며 女는 否한다.

**의역** 자식이 태어났을 때, 그 아이가 사내아이라면 문의 좌측에 활을 걸어두고, 여자아이라면 문의 우측에 수건을 걸어둔다. 태어난 후 3일이 지나게 되면, 비로소 자식을 안을 수 있고, 사내아이의 경우라면 활 쏘는 의식을 시행하고, 여자아이라면 그렇게 하지 않는다.

**集說** 弧, 弓也. 帨, 佩巾也. 以此二物爲男女之表. 負, 抱也.

**번역** '호(弧)'자는 활[弓]이다. '세(帨)'는 허리에 차는 수건이다. 이 두 사물로 남자와 여자를 상징하는 표식으로 삼은 것이다. '부(負)'자는 "안다[抱]."는 뜻이다.

**大全** 嚴陵方氏曰: 設弧於門左, 蓋左者天道所尊, 設帨於門右, 右者地道所尊, 必曰設者, 方男女之生, 其於弧帨有可用之道, 而未能有用之實也. 古之人重男女之生, 又重男女之別, 非特見於弧帨而已. 男則寢於牀之尊, 女則寢於地之卑. 其衣之也, 男以晝服之裳, 女以夜服之裼. 其弄之也, 男以所有事之璋, 女以所有事之瓦.

**번역** 엄릉방씨가 말하길, 문의 좌측에 활을 걸어두는 것은 무릇 좌측은 하늘의 도리에 따라 존귀하게 높이는 방위이기 때문이며, 문의 우측에 수건을 걸어두는 것은 우측은 땅의 도리에 따라 존귀하게 높이는 방위이기 때문인데, 기어코 '설(設)'이라고 말한 것은 무릇 남자와 여자가 태어났을 때, 활과 수건에 대해서는 앞으로 사용하게 되는 도리가 포함되지만, 아직은 실제적으로 사용할 수 없기 때문이다. 고대인들은 남녀가 태어났을 때를 중시했고, 또한 남녀의 구별에 대해서도 중시했으니, 단지 활과 수건을 걸어두는 것에서만 나타났던 것은 아니다. 남자의 경우는 침상이라는 높은 장소에서 자고, 여자의 경우에는 바닥이라는 낮은 장소에서 자게 된다. 그리고 옷에 있어서도, 남자는 낮에 치마를 입고, 여자는 밤에 석의(裼衣)[4]를 입는다. 또한 노리개에 있어서도 남자는 앞으로 일삼게 되는 장(璋)을 가지고 놀며, 여자는 앞으로 일삼게 되는 질그릇을 가지고 논다.

**鄭注** 表男女也. 弧者, 示有事於武也. 帨, 事人之佩巾也. 始有事也. 負之, 謂抱之而使鄉前也.

**번역** 남자와 여자를 표식하는 것이다. 활[弧]이라는 것은 무예에 대해서 일삼는 점이 있게 됨을 나타내는 것이다. '세(帨)'는 타인을 섬길 때 사용하는 허리에 차는 수건이다. 처음으로 하는 일이 있게 된다. 부(負)한다는 말은 안아서 앞쪽을 향하도록 한다는 뜻이다.

**釋文** 鄉, 休亮反, 下文"西鄉"皆同.

**번역** '鄉'자는 '休(휴)'자와 '亮(량)'자의 반절음이며, 아래문장에 나오는 '西鄉'에서의 '鄉'자도 그 음이 모두 이와 같다.

---

4) 석의(裼衣)는 고대에 의례를 시행할 때 입는 옷이다. 가죽옷이나 갈옷 위에 걸쳤던 외투 중 하나이다. '석의' 위에는 습의(襲衣)를 걸쳤기 때문에, 중간에 입는 옷이라는 뜻에서 '중의(中衣)'라고도 부른다.

**訓纂** 劉氏台拱曰: 按"三日"上屬爲句, 言三日卜士負之, 則是三日始卜, 猶未行負子之禮也.

**번역** 유태공이 말하길, 살펴보니, '삼일(三日)'이라는 글자는 앞과 연결해서 하나의 구문으로 끊으니, 3일 째에 사(士)에 대해 점을 쳐서, 자식을 안을 사(士)를 뽑는다는 뜻이며, 이것은 곧 3일 째에 처음으로 점을 쳤던 것으로, 아직은 자식을 안는 의례를 시행하지 않은 것이다.

**訓纂** 射, 食亦反.

**번역** '射'자는 '食(식)'자와 '亦(역)'자의 반절음이다.

**集解** 愚謂: 男射女否者, 女子卑, 略其禮也.

**번역** 내가 생각하기에, 남자에 대해서는 활 쏘는 의례를 시행하고, 여자에 대해서는 시행하지 않는다고 했는데, 여자는 신분이 미천하기 때문에, 그 예법에 대해서도 간소하기 치르는 것이다.

**【364a】**

國君世子生, 告于君, 接以大牢, 宰掌具. 三日, 卜士負之, 吉者宿齊, 朝服寢門外, 詩負之. 射人以桑弧蓬矢六, 射天地四方, 保受乃負之. 宰醴負子, 賜之束帛. 卜士之妻·大夫之妾, 使食子.

**직역** 國君의 世子가 生하면, 君에게 告하고, 接하길 大牢로써 하며, 宰가 具를 掌한다. 三日이면, 士를 卜하여 負하니, 吉者는 宿齊하고, 朝服하여 寢門의 外에서, 詩負한다. 射人은 桑弧와 蓬矢로 六하니, 天地와 四方에 射하고, 保는 受하여 負한다. 宰가 子를 負한 자에 醴하고, 그에게 束帛을 賜한다. 士의 妻와 大夫의 妾을

卜하여, 使하여 子를 食한다.

**의역** 제후(諸侯)의 세자(世子)가 태어나면, 군주에게 그 사실을 아뢰고, 태뢰(太牢)를 갖춰서 접견의 의례를 시행하며, 재부(宰夫)가 음식 갖추는 일을 담당한다. 3일 째가 되면, 길(吉)한 사(士)를 점쳐서, 그로 하여금 세자를 안고 있도록 하니, 길(吉)한 점괘가 나온 자는 집안에 머물며 재계를 하고, 조복(朝服)을 갖춰 입고서, 침문(寢門) 밖에서, 세자를 받들어서 안는다. 활을 쏘는 자는 뽕나무로 만든 활과 쑥대로 만든 화살 여섯 대를 이용해서, 천지(天地)와 사방(四方)에 각각 1발씩 쏘게 되며, 그 일이 끝나면, 보모(保母)는 세자를 받아서 안는다. 재부가 세자를 안고 있었던 사(士)에게 단술을 따라서 예우를 하면, 그에게 속백(束帛)을 하사한다. 사(士)의 처(妻)와 대부(大夫)의 첩(妾)들 중 점을 쳐서, 길(吉)한 점괘가 나온 여자로 하여금 세자에게 모유를 먹여서 양육하도록 한다.

**集說** 接以大牢者, 以大牢之禮接見其子也. 宰, 宰夫也. 掌具, 掌其設禮之具也. 卜士負之者, 卜其吉者而使之抱子也. 詩, 承也. 儀禮言尸酢主人, 詩懷之, 亦承義. 射天地四方者, 期其有事於遠大也. 保, 保母也. 受乃負之, 受之於士而抱之也. 蓋士之負子, 特爲斯須之禮而已, 宰旣掌具, 故以醴禮負子之士, 仍賜束帛以酬之. 食子, 謂乳養之也. 今按此言世子生接以大牢, 特言其常禮如此耳. 下文又言接子擇日, 則亦或在始生三日之後也. 鄭氏謂食其母, 使補虛强氣, 讀接爲捷, 而訓爲勝, 其義迂. 方氏讀如本字, 今從之.

**번역** '접이대뢰(接以大牢)'라는 말은 태뢰(太牢: =大牢)[5]의 예(禮)를 사용하여, 자식을 접견한다는 뜻이다. '재(宰)'는 재부(宰夫)[6]를 뜻한다. '장구(掌具)'는 예법에 따라 음식들을 갖추는 일을 담당한다는 뜻이다. '복사부지(卜士負之)'라는 말은 길(吉)한 자에 대해 점을 쳐서, 그로 하여금 자식을

---

5) 태뢰(太牢)는 제사에서 소[牛], 양(羊), 돼지[豕] 3가지 희생물을 갖춘 것을 뜻한다. 『장자』「지악(至樂)」편에는 "具太牢以爲膳."이라는 기록이 있는데, 이에 대한 성현영(成玄英)의 소(疏)에서는 "太牢, 牛羊豕也."라고 풀이하였다.

6) 재부(宰夫)는 음식을 담당하거나 제사 때 희생물의 도살을 담당했던 하위 관리이다.

안고 있도록 한다는 뜻이다. '시(詩)'자는 "받들다[承]."는 뜻이다. 『의례』에서는 시동이 주인에게 술을 따라 권하면, 시(詩)하여 가슴 위로 든다고 했는데, 이때의 '시(詩)'자도 받든다는 의미이다. 천지(天地)와 사방(四方)을 향해서 활을 쏘는 이유는 원대한 대상에 대해 일삼음이 있음을 기약하기 위해서이다. '보(保)'는 보모(保母)를 뜻한다. '수내부지(受乃負之)'라는 말은 사(士)에게서 받아서 안는다는 뜻이다. 무릇 사(士)가 세자(世子)를 안는 것은 단지 이러한 의례를 치르기 위해서일 따름이며, 재부가 이미 예식에 맞는 음식 갖추는 일을 담당하기 때문에, 단술을 따라서 세자를 안았던 사(士)에게 예우를 하면, 곧 속백(束帛)을 하사하여, 술을 권하게 된다. '사자(食子)'는 모유를 먹여서 양육한다는 뜻이다. 내가 살펴보니, 이곳에서는 세자가 태어났을 때 태뢰로써 접견을 한다고 했는데, 이것은 단지 일상적인 예법에 따라 이처럼 한다는 것을 뜻할 따름이다. 아래문장에서는 또한 세자를 접견하며 날짜를 택하는 일에 대해서 언급했으니, 이 또한 아마도 세자가 태어난 후 3일 이후에 시행하게 될 것이다. 정현은 이러한 음식을 그 모친에게 먹여서, 허약해진 기력을 보완하여 굳건하게 만든다고 했고, '접(接)'자를 '첩(捷)'자로 풀이하여, 그 뜻을 "빠르다."라고 하였는데, 그 의미가 우원하다. 방씨는 글자대로 풀이를 했는데, 나는 그에 따른다.

**大全** 慶源輔氏曰: 大牢, 牲之大也, 大宰, 官之尊也, 所以重世子也. 據下凡接子, 可知士之負子, 斯須而已. 必醴而賜之者, 所重在子也. 醴士而不及射人, 士負我者也. 射人我所使也, 固不可同矣. 諸母則擇之, 乳母則卜之者, 豈非情性之發, 尙猶可見, 而氣血之相, 宜有不可知者耶.

**번역** 경원보씨가 말하길, 태뢰(太牢)는 희생물을 사용하는 것들 중에서도 성대한 것이고, 대재(大宰)는 관리들 중에서도 존귀한 자이니, 이처럼 하는 것은 세자(世子)를 중시하는 방법이 된다. 아래문장에서 '범접자(凡接子)'라고 한 것에 근거해보면, 사(士)가 세자를 안는 것이 이러한 의식 때 필요할 따름임을 알 수 있다. 반드시 단술을 따라주고, 그에게 하사를 해주는 것은 중시하는 것이 자식에게 있기 때문이다. 사(士)에게는 단술을 따라

주는데, 활을 쏜 사람에게는 단술을 따라주지 않는 것은 사(士)는 나의 자식을 안고 있었기 때문이다. 반면 활을 쏜 자는 내가 시켜서 한 자이니, 진실로 동일하게 취급할 수 없는 것이다. 제모(諸母)의 경우에는 간택을 하지만, 모유를 먹이는 유모(乳母)에 대해서는 점을 쳐서 뽑는데, 어찌 성정(性情)이 발현함을 여전히 볼 수 있고, 혈기가 서로 도움에 마땅히 알지 못하는 것이 있어서야 되겠느냐는 뜻이다.

**大全** 嚴陵方氏曰: 射之爲道, 此男子之所當爲者, 故士使之射不能, 則辭以疾. 方子之生, 則使人代之以射, 且示其有志. 然桑非弓幹之上者, 蓬非矢材之勁者, 然則桑蓬其用之義以見雖有其志, 未備其事, 而成人有漸也.

**번역** 엄릉방씨가 말하길, 활을 쏘는 도리는 남자가 마땅히 시행해야 하는 것이다. 그렇기 때문에 사(士)에 대해서 그로 하여금 활을 쏘도록 시켰는데, 그가 잘 할 수 없다면, 질병을 핑계를 사양을 하는 것이다.[7] 이제 막 아들이 태어났을 때, 다른 사람을 시켜서, 대신 활을 쏘도록 하는 것도 이러한 뜻을 갖추고 있음을 드러내는 것이다. 그런데 뽕나무는 활의 몸체를 만드는 상위의 재목이 아니며, 쑥대는 단단한 화살을 만드는 재목이 아니다. 그런데도 뽕나무와 쑥대를 이용하여 의례를 치르는 것은 이를 통해 비록 그 뜻을 갖추고 있지만, 아직 그 사안을 충분히 갖추지 못하여, 성인(成人)으로 점진적으로 나아감을 드러내는 것이다.

**鄭注** 接讀爲"捷", 捷, 勝也. 謂食其母, 使補虛强氣也. 詩之言承也. 桑弧蓬矢, 本大古也. 天地四方, 男子所有事也. 代士也. 保, 保母. 醴, 當爲禮, 聲之誤也. 禮以一獻之禮. 酬之以幣也. 食子不使君妾, 適·妾有敵義, 不相褻以勞辱事也. 士妻·大夫之妾, 謂時自有子.

**번역** '접(接)'자는 '첩(捷)'자로 풀이하니, '첩(捷)'자는 "빠르다[勝]."는 뜻이다. 즉 그 모친에게 음식을 먹도록 하여, 그녀로 하여금 허약해진 기운

---

7) 『예기』「곡례하(曲禮下)」【48c】: 君使士射, 不能, 則辭以疾, 言曰某有負薪之憂.

을 보강하여 굳건하게 만든다는 의미이다. '시(詩)'자는 "받들다[承]."는 뜻이다. 뽕나무로 만든 활과 쑥대로 만든 화살은 태고 때의 예법에 근본한 것이다. 천지(天地)와 사방(四方)은 남자가 일삼게 되는 장소이다. 보모(保母)가 받드는 것은 사(士)를 대신하기 때문이다. '보(保)'자는 '보모(保母)'를 뜻한다. '례(醴)'자는 마땅히 '례(禮)'자가 되어야 하니, 소리가 비슷해서 생긴 오자이다. 예우를 할 때에는 일헌(一獻)의 예법으로써 한다. 술을 권하여 잔을 돌릴 때에는 폐백을 곁들이는 것이다. 자식에게 모유를 먹일 때, 군주의 첩을 시키지 않는 것은 적실과 첩에게는 대등한 도의가 포함되어, 서로 무람되게 하여 수고로운 일을 시킬 수 없기 때문이다. 사(士)의 처(妻)와 대부(大夫)의 첩(妾)은 당시 아들을 낳은 여자들을 가리킨다.

**釋文** 接, 依注音捷, 字妾反, 下"接子"同. 食音嗣, 下注"食子"·"食乳"皆同. 射天地, 食亦反. 承, 如字, 徐音拯救之拯. 大音泰. 嫡, 本亦作適, 同丁歷反.

**번역** '接'자는 정현의 주에 따르면 그 음이 '捷'이니, '字(자)'자와 '妾(첩)'자의 반절음이고, 아래문장에 나오는 '接子'에서의 '接'자도 그 음이 이와 같다. '食'자의 음은 '嗣(사)'이며, 아래 정현의 주에 나오는 '食子'와 '食乳'에서의 '食'자도 모두 그 음이 이와 같다. '射天地'에서의 '射'자는 '食(식)'자와 '亦(역)'자의 반절음이다. '承'자는 글자대로 읽는데, 서음(徐音)은 '증구(拯救)'라고 할 때의 '拯'자 음이다. '大'자의 음은 '泰(태)'이다. '嫡'자는 판본에 따라서 또한 '適'자로도 기록하는데, 두 글자의 음은 모두 '丁(정)'자와 '歷(력)'자의 반절음이다.

**孔疏** ●"國君"至"食子". ○正義曰: 此一經論國君世子生及三日負子及食之法.

**번역** ●經文: "國君"~"食子". ○이곳 문단은 제후의 세자(世子)가 태어나서, 3일 째가 되어 자식을 안게 되는 일과 음식을 마련하는 예법을 논의하고 있다.

**孔疏** ◎注"接讀"至"氣也". ○正義曰: 王肅·杜預並以爲接待夫人以大牢, 鄭必讀爲"捷", 爲"補虛强氣"者, 以婦人初産, 必困病虛羸, 當産三日之內必未能以禮相接, 應待負子之後. 今在前爲之, 故知補虛强氣宜速故也.

**번역** ◎鄭注: "接讀"~"氣也". ○왕숙과 두예는 모두 부인에게 태뢰(太牢)를 이용해서 접견한다는 뜻으로 여겼는데, 정현은 기어코 이 글자를 '첩(捷)'자로 풀이했다. 정현의 말처럼 "허약해진 기운을 보강하여 굳건하게 만든다."는 뜻이 되는 것은 부인이 처음 출산을 했을 때, 반드시 그 몸은 병약해지고 초췌해지는데, 마땅히 출산 후 3일 이내에는 반드시 예(禮)에 따라서 서로 접견을 할 수 없으므로, 이처럼 시행하는 것은 자식을 안는 절차 이후에 해야 한다. 현재 이곳 기록에서는 그 앞에 이러한 의식을 시행하고 있다. 그렇기 때문에 허약해진 기운을 보강하여 굳건하게 만드는 것은 마땅히 신속히 해야 함을 알 수 있다.

**孔疏** ◎注"詩之"至"事也". ○正義曰: 詩·含神霧云: "詩者, 持也. 以手維持, 則承奉之義, 謂以手承下而抱負之." 云"桑弧蓬矢本大古也"者, 以桑與蓬皆質素之物, 故知"本大古也". 云"天地四方, 男子所有事也"者, 男子上事天, 下事地, 旁禦四方之難, 故云"所有事". 然射禮唯四矢者, 謂天地非射事所及, 唯禦四方, 故止四矢. 蓬, 是禦亂之草. 桑, 衆木之本.

**번역** ◎鄭注: "詩之"~"事也". ○『시』의 위서(緯書)인 『함신무(含神霧)』에서는 "'시(詩)'자는 '잡는다[持].'는 뜻이다. 손을 이용해서 지지를 한다면, 받든다는 뜻이 되니, 이 말은 곧 손을 이용해서 그 밑을 받들고 안는다는 뜻이다."라고 했다. 정현이 "뽕나무로 만든 활과 쑥대로 만든 화살은 태고 때의 예법에 근본한 것이다."라고 했는데, 뽕나무와 쑥대는 모두 질박하고 소박한 물건에 해당한다. 그렇기 때문에 "태고 때의 예법에 근본하고 있다."는 사실을 알 수 있는 것이다. 정현이 "천지(天地)와 사방(四方)은 남자가 일삼게 되는 장소이다."라고 했는데, 남자는 위로는 하늘을 섬기고, 아래로는 땅을 섬기며, 측면으로는 사방의 난리를 제어한다. 그렇기 때문에 "일삼게 되는 장소이다."라고 말한 것이다. 그런데 『의례』「사례(射禮)」편에서는 오직 4발의 화살만 쏜다고 했다. 천지(天地)에 대해서는 단순히 활을 쏘는 사안에서 그 대상으로 삼을 수 없고, 오직 사방을 제어하는 것만을 대상으로 삼게 된다. 그렇기 때문에 4발을 쏘는데 그친다는 뜻이다. '봉(蓬)'은 어지러움을 막는 효능의 풀이다. '상(桑)'은 여러 나무들 중에서도 근본이 된다.

**孔疏** ◎注"禮以"至"幣也". ○正義曰: 此約士昏禮禮賓酬幣之法, 此士負子, 故禮之還用士禮.

**번역** ◎鄭注: "禮以"~"幣也". ○이것은 『의례』「사혼례(士昏禮)」편에서 빈객을 예우하며, 술잔을 돌리고 폐백을 전달하는 예법을 요약한 것인데, 여기에서 말하는 사(士)는 세자를 안고 있었기 때문에, 그를 예우할 때에는 다시금 사(士) 계층에 대한 예법을 이용한 것이다.

**孔疏** ◎注"士妻"至"有子". ○正義曰: 使其食子須有乳汁, 故知"時自有子"者, 皇氏云: "士之妻, 大夫之妾者, 隨課用一人." 故桓六年左傳云: "卜士負之, 士妻食之." 不云有大夫妾, 文略也.

**번역** ◎鄭注: "士妻"~"有子". ○그녀들로 하여금 세자를 먹이게 하려면 모유가 필요하다. 그렇기 때문에 그녀들이 '당시 아들을 낳은 여자들'에 해당한다는 사실을 알 수 있다. 황간은 "사(士)의 처(妻)와 대부(大夫)의 첩(妾)이라고 했는데, 결과에 따라서 한 사람만을 이용하는 것이다."라고 했다. 그렇기 때문에 환공(桓公) 6년에 대한 『좌전』의 기록에서는 "사(士)에 대해 점을 쳐서, 그로 하여금 안고 있도록 하며, 사(士)의 처(妻)로 하여금 모유를 먹이도록 한다."[8]라고 한 것이다. 그런데 그 기록에서 대부(大夫)의 첩(妾)을 언급하지 않은 것은 문장을 생략해서 기록했기 때문이다.

---

8) 『춘추좌씨전』「환공(桓公) 6년」: 九月丁卯, 子同生. 以大子生之禮擧之, 接以大牢, 卜士負之, 士妻食之, 公與文姜·宗婦命之.

**訓纂** 春秋昭三十一年公羊傳: 君幼則宜有養者, 大夫之妾·士之妻.

**번역** 『춘추』 소공(召公) 31년의 기록에 대해, 『공양전』에서 말하길, 군주의 나이가 어리다면, 마땅히 양육을 하는 자가 있어야 하니, 대부(大夫)의 첩(妾)이나 사(士)의 처(妻)로써 한다.[9)]

**集解** 今按: 接如字.

**번역** 내가 살펴보니, '접(接)'자는 글자대로 읽어야 한다.

**集解** 接, 接子也. 就子生之室, 陳設饌具, 以禮接待之也. 宰, 膳宰也. 掌具, 掌爲接子之牢具也. 宿齊, 前一夕齊也. 寢門外, 路寢之門外也. 不入門者, 以子尙未見也. 詩之言承也. 詩負之, 謂以手承下而接負之也. 射人, 司馬之屬. 桑弧·蓬矢, 本大古也. 天地四方者, 男子之所有事也. 保, 保母也. 受乃負之, 受之於士而負之也. 醴, 以醴禮之也. 禮以一獻之禮, 以束帛酬之, 使宰主其禮, 猶君燕, 膳夫爲獻主之義也. 食子, 使乳之也.

**번역** '접(接)'자는 자식을 접견한다는 뜻이다. 자식이 태어난 실(室)로 나아가서, 음식들과 기물들을 진설하여, 예법에 따라 대우를 하는 것이다. '재(宰)'자는 선재(膳宰)[10)]를 뜻한다. '장구(掌具)'는 세자를 접견할 때 갖추는 희생물과 기구들을 담당한다는 뜻이다. '숙제(宿齊)'는 그 전날 저녁에 재계를 한다는 뜻이다. 침문(寢門) 밖은 노침(路寢)의 문밖을 뜻한다. 문으로 들어가지 않는 것은 세자가 아직까지 군주를 알현하지 못했기 때문이다.

---

9) 『춘추공양전』「소공(召公) 31년」: <u>君幼則宜有養者, 大夫之妾, 士之妻</u>, 則未知臧氏之母者, 曷爲者也, 養公者必以其子入養.

10) 선재(膳宰)는 선부(膳夫)와 같은 말이다. 군주가 먹는 음식 등을 담당했던 관리이다. 천자에게 소속된 '선재'를 '선부'라고 불렀으며, 상사(上士)가 담당했다. 『의례』「연례(燕禮)」편에는 "<u>膳宰</u>具官饌于寢東."라는 기록이 있는데, 이에 대한 정현의 주에서는 "膳宰, 天子曰膳夫, 掌君飮食膳羞者也."라고 풀이했다. 그리고 『주례』「천관(天官)·선부(膳夫)」편에는 "<u>膳夫</u>掌王之食飮膳羞."라는 기록이 있다.

'시(詩)'자는 "받들다[承]."는 뜻이다. '시부지(詩負之)'라는 말은 곧 손을 이용해서 아래를 받치고, 접견을 하며 안는다는 뜻이다. '사인(射人)'은 사마(司馬)에게 소속된 관리이다. 뽕나무로 만든 활과 쑥대로 만든 화살은 태고 때의 예법에 근본한 것이다. 천지(天地)와 사방(四方)은 남자가 일삼게 되는 장소이다. '보(保)'자는 보모(保母)를 뜻한다. '수내부지(受乃負之)'라는 말은 사(士)에게서 받아서 안는다는 뜻이다. '례(醴)'자는 단술을 이용해서 예우한다는 뜻이다. 예우를 할 때에는 일헌(一獻)의 예법에 따르며, 속백(束帛)을 이용해서 술잔을 돌리게 되는데, 선재를 시켜서 그 의례를 주관하게 한다. 이것은 곧 군주가 연회를 열 때, 선부(膳夫)를 헌주(獻主)[11]로 삼는 의미와 동일하다. '사자(食子)'는 그녀로 하여금 세자에게 모유를 먹이도록 한다는 뜻이다.

**集解** 內則"醴負子", 士冠禮"醴賓", 士昏禮"醴賓"·"醴婦", 字皆作"醴", 惟聘禮"禮賓"作"禮", 鄭氏於"醴"字皆破爲"禮", 以從聘禮. 然以醴醴人而謂之醴, 猶以食食人而謂之食也, 豈禮之重者則謂之禮, 而其輕者但質言之與?

**번역** 「내칙」편에서는 '례부자(醴負子)'라고 했고, 『의례』「사관례(士冠禮)」편에서는 '례빈(醴賓)'이라고 했으며, 『의례』「사혼례(士昏禮)」편에서는 '례빈(醴賓)'·'례부(醴婦)'라고 하여, 그 글자를 모두 '례(醴)'자로 기록하고 있으며, 오직 『의례』「빙례(聘禮)」편에서만 '례빈(禮賓)'이라고 하여, '례(禮)'자로 기록하고 있다. 정현은 '례(醴)'자에 대해, 모두 '례(禮)'자로 고쳤는데, 이것은 「빙례」편의 기록에 따랐기 때문이다. 그러나 단술을 가지고 다른 사람에게 단술을 따라주는 것을 '례(醴)'라고 부르는 것은 밥을 가지고 남에게 식사를 대접했을 때, 그것을 '사(食)'라고 부르는 경우와 같은데, 어찌 예(禮) 중에서도 중대한 경우에는 그것을 '례(禮)'라고 부르고, 상대적

11) 헌주(獻主)는 연회 자리에서 사람들에게 술을 따라주는 자이다. 일반적으로 연회를 마련한 주인(主人)이 담당하였다. 그러나 군주가 주인인 경우, 그 예법을 낮출 필요가 있을 때, 재부(宰夫)를 시켜서 '헌주'로 삼고, 그를 시켜서 빈객(賓客)들에게 술을 따르게 했다.

으로 덜 중요한 것에 대해서는 단지 질박하게 '례(醴)'로 부르는 것이겠는가?

【364c】

**凡接子擇日, 冢子則大牢, 庶人特豚, 士特豕, 大夫少牢, 國君世子大牢. 其非冢子, 則皆降一等.**

**직역** 凡히 子를 接함에는 日을 擇하니, 冢子라면 大牢하고, 庶人은 特豚하며, 士는 特豕하고, 大夫는 少牢하며, 國君의 世子는 大牢한다. 冢子가 非라면, 皆히 一等을 降한다.

**의역** 무릇 자식을 접견하기 위해, 길(吉)한 날을 점쳐서 가리는데, 천자(天子)의 총자(冢子)인 경우에는 태뢰(太牢)를 사용하고, 서인(庶人)의 총자라면 한 마리의 새끼돼지를 사용하며, 사(士)의 총자라면 한 마리의 돼지를 사용하고, 대부(大夫)의 총자라면 소뢰(少牢)를 사용하며, 제후(諸侯)의 세자(世子)라면 태뢰를 사용한다. 만약 총자가 아닌 경우라면, 모든 경우에 있어서 한 등급씩을 낮춘다.

**集說** 冢子大牢, 謂天子之元子也.

**번역** 총자(冢子)에게 태뢰(太牢)를 사용한다는 말은 천자(天子)의 원자(元子)에 대한 내용이다.

**大全** 嚴陵方氏曰: 擇日, 卜日也. 卜而擇之故也.

**번역** 엄릉방씨가 말하길, '택일(擇日)'은 날짜에 대해서 점을 친다는 뜻이다. 점을 쳐서 날짜를 고르기 때문이다.

**大全** 山陰陸氏曰: 據士庶人特豚, 應云國君大牢, 今曰國君世子大牢, 爲其接以大牢同於王也. 是以盛言之, 盡其詞焉爾. 且言冢子則大牢, 庶人特豚, 士特豕, 大夫少[12]牢, 國君世子大牢, 惟國君而遠之, 使不偪上也. 又以著自庶人積隆至是窮矣. 蓋理窮則同, 此皆言之法也.

**번역** 산음육씨가 말하길, 사(士)와 서인(庶人)이 한 마리의 돼지를 사용한다면, 마땅히 "제후는 태뢰(太牢)를 사용한다."라고 말해야 하는데, 이곳 문장에서는 "제후의 세자(世子)에 대해서는 태뢰를 사용한다."라고 하였다. 그 이유는 접견을 할 때 태뢰를 사용하는 것은 천자에 대한 경우와 동일하게 되기 때문이다. 이러한 까닭으로 융성함을 기준으로 표현하여, 그 말의 의미를 다 드러낸 것이다. 또 총자(冢子)의 경우에는 태뢰를 사용하고, 서인의 경우에는 한 마리의 새끼돼지를 사용하며, 사(士)의 경우에는 한 마리의 돼지를 사용하고, 대부(大夫)의 경우에는 소뢰(少牢)를 사용하며, 제후의 세자(世子)인 경우에는 태뢰를 사용한다고 했는데, 제후에 대해서 끝에 언급한 것은 제후로 하여금 그 윗사람인 천자에 대해서 핍박하지 못하도록 하기 위해서이다. 또한 이를 통해 서인으로부터 점진적으로 융성해져서, 여기에 이르러서 다하게 됨을 나타낸 것이다. 무릇 이치상 다하게 된다는 측면에서는 동일하니, 이것은 모두 말을 기록하는 법도에 해당한다.

**大全** 慶源輔氏曰: 父子之氣, 未嘗不相接也. 生三日而又以禮接之, 於是爲至.

**번역** 경원보씨가 말하길, 부친과 자식의 기운은 일찍이 서로 교감하지 않은 적이 없다. 그런데도 태어난 후 3일이 지난 이후에, 재차 예법에 따라 접견하는 것은 이 시기에 교감하는 작용이 지극해지기 때문이다.

**鄭注** 雖三日之內, 尊卑必皆選其吉焉. 天子世子也. 冢, 大也. 冢子, 猶言

---

12) '소(少)'자에 대하여. '소'자는 본래 '대(大)'자로 기록되어 있었는데, 문맥에 따라 글자를 수정하였다.

長子, 通於下也. 皆謂長子. 謂冢子之弟, 及衆妾之子生也. 天子諸侯少牢, 大夫特豕, 士特豚, 庶人猶特豚也.

**번역** 비록 3일 이내의 시기이지만, 신분의 차이에 상관없이, 반드시 모든 계층은 길(吉)한 날을 선택하게 된다. '총자(冢子)'는 천자(天子)의 세자(世子)이다. '총(冢)'자는 "크다[大]."라는 뜻이다. 따라서 '총자(冢子)'는 '장자(長子)'라고 말하는 것과 같으니, 그 아래의 계층까지도 통괄해서 말한 것이다. 희생물을 사용한다는 기록들은 모두 장자에 대한 경우를 뜻한다. 총자가 아니라는 말은 총자의 동생들 및 나머지 첩에게서 소생한 자식들을 뜻한다. 이러한 경우 천자와 제후는 소뢰(少牢)를 사용하고, 대부(大夫)는 한 마리의 돼지를 사용하며, 사(士)는 한 마리의 새끼돼지를 사용하고, 서인(庶人)은 더 이상 낮추지 못하므로, 장자와 마찬가지로 한 마리의 새끼돼지를 사용한다.

**孔疏** ●"凡接"至"一等". ○正義曰: 此一節論國君以下, 至庶人以上, 接子牲牢之異, 幷適庶不同.

**번역** ●經文: "凡接"~"一等". ○이곳 문단은 제후로부터 그 이하의 계층으로, 서인(庶人) 이상의 계급까지, 자식을 접견하며 사용되는 희생물의 차이와 적자(適子) 및 서자(庶子)에 따른 차이점도 논의하고 있다.

**孔疏** ◎注"天子"至"下也". ○正義曰: 此云冢子大牢, 下云國君世子大牢, 旣別言國君世子, 故知此冢子大牢, 謂天子世子也. 云"冢子, 猶言長子, 通於下也"者, 喪服父爲長子, 是上下通稱長子, 故云"通於下". 鄭云此者, 以天子特云"冢子則大牢", 恐冢子之名唯施天子世子, 故云"通於下". 必知冢子通於下者, 以下文云"庶人特豚, 士特豕, 大夫少牢, 國君大牢", 下卽云"其非冢子, 則皆降一等", 明冢子之名, 庶人·大夫·士等皆有其號.

**번역** ◎鄭注: "天子"~"下也". ○이곳에서는 총자(冢子)에게는 태뢰(太牢)를 사용한다고 했고, 그 뒤에서는 제후(諸侯)의 세자(世子)에게도 태뢰를 사용한다고 했다. 따라서 이미 제후의 세자를 별도로 언급했기 때문에, 이곳에서 총자에게 태뢰를 사용한다고 했을 때의 '총자(冢子)'가 천자(天子)의 세자가 된다는 사실을 알 수 있다. 정현이 "'총자(冢子)'는 '장자(長子)'라고 말하는 것과 같으니, 그 아래의 계층까지도 통괄해서 말한 것이다."라고 했는데, 『의례』「상복(喪服)」편을 살펴보면, 부친은 장자(長子)를 위해서 상복을 착용한다고 했는데, 이것은 상하 모든 계층의 장자를 가리키는 말이다. 그렇기 때문에 "아래의 계층까지도 통괄한다."라고 말한 것이다. 정현이 이처럼 말한 것은 천자에 대해서는 단지 "총자인 경우에는 태뢰를 사용한다."라고 기록하였으므로, '총자(冢子)'라는 명칭이 오직 천자의 세자에게만 적용된다고 오해할 것을 염려한 것이다. 그렇기 때문에 "아래의 계층까지도 통괄한다."라고 말한 것이다. 정현의 말처럼 '총자(冢子)'라는 말이 아래의 계층까지도 통괄해서 한 말이 된다는 사실을 알 수 있는 이유는 아래문장에서 "서인(庶人)은 한 마리의 새끼돼지를 사용하고, 사(士)는 한 마리의 돼지를 사용하며, 대부(大夫)는 소뢰(少牢)를 사용하고, 제후는 태뢰를 사용한다."라고 했고, 또 그 뒤에서도 "총자가 아니라면, 모든 경우에 있어서 한 등급씩을 낮춘다."라고 했기 때문이니, 이 말은 곧 '총자(冢子)'라는 명칭이 서인 · 대부 · 사 등의 계층에게 모두 적용할 수 있는 호칭임을 나타낸다.

**孔疏** ◎注"庶人猶特豚也". ○正義曰: 以冢子, 庶人特豚, 士特豕, 大夫少牢, 國君大牢, 庶子旣降一等, 天子諸侯少牢, 大夫特豕, 士特豚, 則庶人全應無牲, 今以禮窮, 欲與士同, 故云"猶特豚". 此是三日接子之禮, 故牲牢如此. 若三月名子之時, 則與此異, 故下文云: "具視朔食." 注云: "朔食, 天子大牢, 諸侯少牢, 大夫特豕, 士特豚也." 與此接子適庶參差不同.

**번역** ◎鄭注: "庶人猶特豚也". ○총자(冢子)이기 때문에, 서인(庶人)이 한 마리의 새끼돼지를 사용하고, 사(士)가 한 마리의 돼지를 사용하며, 대부(大夫)가 소뢰(少牢)를 사용하고, 제후(諸侯)가 태뢰(太牢)를 사용하는 것인데, 서자(庶子)인 경우에는 이미 한 등급씩을 낮추게 되므로, 천자(天

子)와 제후는 소뢰를 사용하는 것이고, 대부는 한 마리의 돼지를 사용하는 것이며, 사는 한 마리의 새끼돼지를 사용하게 되니, 서인의 경우에는 마땅히 희생물이 없어야 하는데, 현재 예법이 극에 달하여, 사(士)와 동일하게 치르고자 하므로, "여전히 한 마리의 새끼돼지를 사용한다."라고 말한 것이다. 이것은 3일이 지난 후에 태어난 자식을 접견하는 예(禮)에 해당한다. 그렇기 때문에 사용되는 희생물이 이와 같은 것이다. 만약 3개월이 지난 후 자식에게 이름을 지어주는 때라면, 이 내용과는 달라진다. 그렇기 때문에 아래문장에서는 "갖추기를 삭식(朔食)에 견준다."라고 한 것이고, 이 문장에 대한 정현의 주에서는 "'삭식(朔食)'의 경우, 천자의 경우에는 태뢰를 사용하며, 제후의 경우에는 소뢰를 사용하고, 대부의 경우에는 한 마리의 돼지를 사용하며, 사의 경우에는 한 마리의 새끼돼지를 사용한다."라고 하였는데, 이것은 이곳에서 자식을 접견하며, 적자(適子)와 서자(庶子)에 대한 차등으로 두었던 것과는 다른 내용이다.

**集解** 愚謂: 上先言"接子", 而後言"三日, 卜士負之", 則接子在負子之前, 擇日者, 於三日之內擇之也.

**번역** 내가 생각하기에, 앞에서는 먼저 "자식을 접견한다."라고 했고, 그 이후에 "3일째에 사(士)에 대해 점을 쳐서, 안게 한다."라고 했으니, 자식을 접견하는 일은 자식을 안게 하는 일보다 이전에 해당하고, 날짜를 고르는 것은 곧 3일 이내에 점을 쳐서 고르게 되어 있는 것이다.

**【364d】**

**異爲孺子室於宮中, 擇於諸母與可者, 必求其寬裕·慈惠·溫良·恭敬·愼而寡言者, 使爲子師, 其次爲慈母, 其次爲保母, 皆居子室. 他人無事不往.**

**직역** 宮中에 孺子室을 異爲하고, 諸母와 可者에서 擇하되, 必히 그 寬裕·慈

惠·溫良·恭敬·愼而寡言한 者를 求하여, 使로 子師로 爲하고, 그 次는 慈母로 爲하며, 그 次는 保母로 爲하고, 皆히 子室에 居한다. 他人은 事가 無라면 不往한다.

**의역** 군주의 자식이 태어나면, 궁(宮) 안에 아이를 위한 실(室)을 별도로 마련하고, 여러 첩(妾)이나 아이의 교육을 맡을 수 있는 여자들 중에서 훌륭한 자들을 간택하니, 간택을 할 때에는 반드시 관대하고 너그러우며, 자혜롭고, 온화하고 어질며, 공손하고 공경하며, 신중을 기하여 말이 적은 여자를 선택해서, 그녀를 자식의 사(師)로 삼고, 그 다음으로 훌륭한 여자를 자모(慈母)로 삼으며, 그 다음으로 훌륭한 여자를 보모(保母)로 삼고, 이들을 모두 자식이 있는 실(室)에 머물도록 한다. 다른 사람들은 특별한 일이 없다면, 이곳을 출입하지 않는다.

**集說** 諸母, 衆妾也. 可者, 謂雖非衆妾之列, 或傅御之屬, 可爲子師者也. 此人君養子之禮. 師, 敎以善道者. 慈母, 審其欲惡者. 保母, 安其寢處者. 他人無事不往, 恐兒驚動也.

**번역** '제모(諸母)'는 여러 첩(妾)들을 뜻한다. '가자(可者)'는 비록 여러 첩들의 대열 속에 포함되지는 않았지만, 간혹 사부나 일처리를 보좌해주는 여자들 중에서, 자식의 스승으로 삼을 수 있는 자를 뜻한다. 이 내용은 군자가 자식을 양육하는 예(禮)를 뜻한다. '사(師)'는 선(善)의 도(道)를 가르치는 자이다. '자모(慈母)'는 나쁜 짓을 하려는 것을 살피는 자이다. '보모(保母)'는 잠자리를 보살피는 자이다. 다른 사람의 경우 특별한 일이 없으면 그곳에 찾아가지 않으니, 아이가 놀라게 될까를 염려했기 때문이다.

**大全** 長樂劉氏曰: 寬則容德固多, 裕則臨事不撓, 慈則仁性豐盈, 惠則恩意浹洽, 溫則言動粹和, 良則心意純熟, 恭則容止必莊, 敬則誠無弗敬, 具此八善而加之以畏愼, 將之以寡言, 婦人之全德也, 然後可以爲子之師也. 若夫愛子, 以德時其志意, 體其寒溫, 察其好惡, 相其寢興, 順其長育者, 慈母之職也. 保護其身, 衛養其氣, 時其衣服, 節其飮食, 侍其寢寐, 防其疾苦, 而專詩負之者, 保母之職也. 國之根本生靈休戚之所繫也. 弗正厥始, 弗淑其習, 烏能正厥性, 俾近於聖賢哉? 先王制禮, 乃及於是, 知所務矣.

**번역** 장락유씨가 말하길, 관대하다면 관대한 덕이 진실로 많은 것이며, 너그럽다면 어떤 일에 임하더라도 굽히지 않게 되며, 자애롭다면 인성(仁性)이 풍부한 것이고, 은혜롭다면 은정과 그 뜻이 두루 나타난 것이며, 온화하다면 언행이 순수하고 조화로운 것이고, 어질다면 마음과 뜻이 무르익은 것이며, 공손하다면 용모와 행동거지 반드시 장엄하게 되고, 공경스럽다면 진실로 공경을 나타내지 않음이 없는 것이니, 이러한 여덟 가지 선(善)함을 갖추고 있고, 거기에 조심하는 것을 더하고, 말수가 적다면, 이것은 아녀자가 갖춰야 하는 온전한 덕성이 된다. 따라서 이러한 여자여야만 자식의 스승으로 삼을 수 있는 것이다. 만약 자식을 사랑함에 있어서, 덕(德)으로써 그 뜻을 시의 적절하게 하며, 춥고 따뜻한 정도를 체감하고, 좋아하고 싫어하는 것을 살피며, 잠자고 깨우는 것을 돕고, 양육하여 장성하게 함에 따르는 것과 같은 일들은 자모(慈母)의 직무이다. 그 신체를 보호하고, 그 기운을 보호하여 길러주며, 의복을 시기에 적절하게 맞춰주고, 음식을 조절하며, 잠자리를 보살피고, 질병에 걸릴 것을 방비하며, 홀로 아래를 받쳐서 안는 것과 같은 일들은 보모(保母)의 직무이다. 여기에는 국가의 근본과 백성들의 안락 및 근심이 연계되어 있다. 그 시작점에서 바로잡지 못하고, 그 익힘에 있어서 어질게 길러주지 않는다면, 어떻게 그 본성을 올바르게 하여, 그로 하여금 성현(聖賢)에 가깝도록 할 수 있겠는가? 선왕(先王)이 예(禮)를 제정함에, 이러한 부분에 대해서도 상세히 마련을 하였으니, 힘쓰고자 했던 점을 알 수 있다.

**鄭注** 特掃一處以處之. 此人君養子之禮也. 諸母, 衆妾也. 可者, 傅·御之屬也. 子師, 教示以善道者. 慈母, 知其嗜欲者. 保母, 安其居處者. 士妻食乳之而已. 爲兒精氣微弱, 將驚動也.

**번역** 다만 한 장소를 깨끗하게 청소하여 머물게 하는 것이다. 이것은 군주가 자식을 양육하는 예(禮)에 해당한다. '제모(諸母)'는 여러 첩(妾)들을 가리킨다. '가자(可者)'는 사부나 일처리를 도와주는 여자들을 뜻한다. '자사(子師)'는 가르쳐서 선(善)한 도(道)를 보여주는 자이다. '자모(慈母)'

는 아이가 좋아하고 바라는 것을 파악하는 자이다. '보모(保母)'는 잠자리를 보살펴주는 자이다. 사(士)의 처(妻)는 아이에게 모유만을 먹일 따름이다. 출입을 통제하는 것은 아이의 정신과 기운이 미약하여, 놀라게 되기 때문이다.

**釋文** 一處, 尺御反. 者, 市志反. 爲, 于僞反, 下"爲改"·"爲大濫"皆同.

**번역** '一處'에서의 '處'자는 '尺(척)'자와 '御(어)'자의 반절음이다. '者'자는 '市(시)'자와 '志(지)'자의 반절음이다. '爲'자는 '于(우)'자와 '僞(위)'자의 반절음이며, 아래문장에 나오는 '爲改'와 '爲大濫'에서의 '爲'자도 모두 그 음이 이와 같다.

**孔疏** ●"異爲"至"不往". ○正義曰: 此一節謂三日負子之後, 三月名子之前, 諸侯養子, 選擇諸母及養子之法. 此文雖據諸侯, 其實亦兼大夫士也. 但士不具三母耳, 大夫以上則具三母, 故喪服小功章中, 君子爲庶母慈己者, 鄭注引此內則三母, 獨言"慈母", 擧中以見上下, 是知大夫有三母也. 爲之服小功, 若諸侯之子, 三母則不服也. 又此雖在三月之前, 其實三月之後, 養子亦當然也.

**번역** ●經文: "異爲"~"不往". ○이곳 문단의 내용은 3일이 지나서 자식을 안은 이후와 3개월이 되어 자식에게 이름을 지어주기 이전의 시기에 해당하며, 제후가 자식을 양육할 때, 제모(諸母)에서 선택하는 법도와 자식을 양육하는 법도에 대한 내용이다. 이 문장의 내용은 비록 제후에 대한 경우를 기준으로 하고 있지만, 실제적으로는 또한 대부(大夫)와 사(士)에 대한 경우까지도 포함하고 있다. 다만 사(士)의 경우에는 앞서 언급한 세 종류의 여인들을 갖출 수 없을 따름이며, 대부 이상의 계급이라면 이러한 세 종류의 여인들을 갖출 수 있다. 그렇기 때문에 『의례』「상복(喪服)」편의 '소공장(小功章)' 중에서는 군자가 서모(庶母) 중 자신을 자애롭게 키워준 자에 대해서 상복을 입는다는 내용이 기록된 것이며, 정현의 주에서는 이곳 「내칙」편에 기록된 세 여인에 대한 내용을 인용한 것인데, 유독 '자모(慈

母)'만을 언급한 것은 그 중간에 해당하는 여인을 거론하여, 상하의 여인들까지도 나타낸 것이니, 이 기록을 통해서 대부들도 세 여인을 두었음을 알 수 있다. 그리고 그녀들이 죽었을 때 소공복(小功服)을 착용하는데, 만약 제후의 아들인 경우라면, 세 여인들에 대해서는 상복(喪服)을 착용하지 않는다. 또한 이 내용은 비록 태어난 후 3개월이 지나기 이전에 해당하지만, 실제적으로는 3개월이 지난 시점에 있어서도, 자식을 양육할 때에는 마땅히 이처럼 해야만 한다.

**孔疏** ◎注"士妻食乳之而已". ○正義曰: 旣有子師·慈母·保母各爲其事, 故知士妻但食乳之而已.

**번역** ◎鄭注: "士妻食乳之而已". ○이미 자사(子師)·자모(慈母)·보모(保母)를 두어서, 그녀들이 각각 자신의 임무를 시행하도록 하므로, 사(士)의 처(妻)는 단지 모유만을 먹일 따름이라는 사실을 알 수 있다.

**訓纂** 段氏玉裁說文女部"娿"字注曰: 按列女傳華孟姬楚昭伯嬴傳皆言"保阿". 內則·喪服經注皆言"可者", 鄭云: "可者賤於諸母, 謂傅姆之屬." 蓋可者卽阿, 阿卽娿也.

**번역** 『설문』의 녀부(女部) 중 '아(娿)'자에 대한 단옥재의 주에서 말하길, 『열녀전』의 화맹희(華孟姬)와 초소백영(楚昭伯嬴)의 전(傳)을 살펴보면, 모두 '보아(保阿)'라고 기록했다. 「내칙」편과 『의례』「상복(喪服)」편의 경문 및 정현의 주에서는 모두 '가자(可者)'라고 기록했는데, 정현은 "가자(可者)는 제모(諸母)보다도 신분이 미천하니, 부모(傅姆)[13]의 부류를 뜻한다."라고 했다. 무릇 '가자(可者)'는 곧 '아(阿)'에 해당하니, '아(阿)'는 여자 스승[娿]을 뜻한다.

---

13) 부모(傅姆)는 귀족의 자녀들을 보육하고 가르쳤던 노년의 부인을 뜻한다.

**集解** 愚謂: 寬裕 · 慈惠 · 溫良, 則近於仁, 恭敬 · 寡言, 則近於禮, 故可以爲子師. 養子備三母, 人君之禮也. 喪服小功章, "君子子爲庶母慈己者." 然則大夫之子, 但以庶母爲慈母, 而兼子師 · 保母之事與.

**번역** 내가 생각하기에, 관대하고 너그러우며, 자애롭고 은혜로우며, 온화하고 어질다면, 인(仁)에 가깝고, 공손하고 공경하며, 말수가 적다면, 예(禮)에 가깝다. 그렇기 때문에 이러한 여자를 자사(子師)로 삼을 수 있는 것이다. 자식을 양육할 때 이처럼 세 여인을 갖추는 것은 군주에게 해당하는 예(禮)이다. 『의례』「상복(喪服)」편의 '소공장(小功章)'에서 "군자의 자식이 서모(庶母)들 중 자신을 자애롭게 키워줬던 자를 위해서 입는다."[14] 라고 했으므로, 대부(大夫)의 자식은 단지 서모(庶母)를 자모(慈母)로 삼고, 그녀가 자사(子師)와 보모(保母)의 일까지도 함께 겸직했을 것이다.

**【365a~b】**

**三月之末, 擇日翦髮爲鬌, 男角女羈, 否則男左女右. 是日也, 妻以子見於父, 貴人則爲衣服, 由命士以下皆漱澣, 男女夙興, 沐浴衣服, 具視朔食. 夫入門升自阼階, 立於阼西鄉. 妻抱子出自房, 當楣立東面.**

**직역** 三月의 末에, 日을 擇하여 髮을 翦하여 鬌를 爲하니, 男은 角하고 女는 羈하며, 否라면 男은 左하고 女는 右한다. 是日에, 妻는 子를 父에게 見하니, 貴人은 衣服을 爲하고, 命士로 由하여 下는 皆히 漱澣하고, 男女는 夙興하여, 沐浴하고 衣服하며, 具를 朔食에 視한다. 夫는 門에 入하여 升하길 阼階로 自하며, 阼에 立하여 西鄉한다. 妻는 子를 抱하고 出하길 房으로 自하며, 楣에 當하여 立하고 東面한다.

---

14) 『의례』「상복(喪服)」: 君子子爲庶母慈己者. 傳曰, 君子子者, 貴人之子也, 爲庶母何以小功也? 以慈己加也.

**의역** 자식이 태어난 후 3개월의 말일이 되면, 날짜를 택하고, 머리카락을 잘라서 추(鬌)를 만들게 되니, 남자아이라면 각(角)의 머리모양으로 하고, 여자아이라면 기(羈)의 머리모양으로 하며, 이처럼 하지 않는다면, 남자아이는 좌측으로 머리카락을 묶고, 여자아이라면 우측으로 머리카락을 묶는다. 이 날에 처는 자식을 안고서 아비에게 보이게 되니, 대부(大夫) 이상의 계급이라면, 새로운 의복을 만들게 되고, 명사(命士)로부터 그 이하의 계급이라면, 모두 세탁만 해서 사용하며, 남녀는 모두 일찍 일어나서, 목욕을 하고 의복을 착용하며, 음식은 삭식(朔食)을 할 때에 견주어서 갖춘다. 남편은 측실(側室)의 문으로 들어가서, 동쪽 계단을 통해 올라가서, 동쪽 계단 위에 서서 서쪽을 바라본다. 아내는 자식을 안고 방(房)으로부터 나와서, 처마가 있는 곳에 당도하여 서고, 동쪽을 바라본다.

**集說** 鬌, 所存留不翦者也. 夾囟兩旁當角之處, 留髮不翦者謂之角. 留頂上縱橫各一, 相交通達者謂之羈. 嚴氏云: "夾囟曰角, 兩髻也. 午達曰羈, 三髻也." 貴人, 大夫以上也. 由, 自也. 具視朔食者, 所具之禮如朔食也. 朔食, 天子大牢, 諸侯少牢, 大夫特豕, 士特豚也. 入門, 入側室之門也. 側室亦南向, 故有阼階西階. 出自房, 自東房而出也.

**번역** '추(鬌)'는 남겨서 깎지 않는 머리카락을 뜻한다. 협창(夾囟)은 양쪽 측면에 있어서, 뿔이 있는 장소에 해당하는데, 그곳에 머리카락을 남기고 깎지 않은 것을 '각(角)'이라고 부른다. 정수리 위의 머리카락을 남기고 가로와 세로로 각각 한 쪽을 남겨서, 상호 교차하도록 하는 것을 '기(羈)'라고 부른다. 엄씨는 "협창(夾囟)의 방식으로 머리를 묶는 것을 '각(角)'이라고 부르니, 양쪽으로 상투를 튼 것이다. 오달(午達)의 방식으로 머리를 묶는 것을 '기(羈)'라고 부르니, 세 방향으로 상투를 튼 것이다."라고 했다. '귀인(貴人)'은 대부(大夫) 이상의 계층을 뜻한다. '유(由)'자는 '~로부터[自]'라는 뜻이다. '구시삭식(具視朔食)'이라는 말은 음식을 갖추는 예(禮)를 삭식(朔食) 때처럼 한다는 뜻이다. 삭식(朔食)의 경우, 천자(天子)는 태뢰(太牢)를 사용하고, 제후(諸侯)는 소뢰(少牢)를 사용하며, 대부(大夫)는 한 마리의 돼지를 사용하고, 사(士)는 한 마리의 새끼돼지를 사용한다. '입문(入門)'은 측실(側室)의 문으로 들어간다는 뜻이다. 측실 또한 남향으로 되어 있다. 그렇기 때문에 동쪽 계단과 서쪽 계단이 있는 것이다. '출자방(出自房)'이라는 말은 동쪽 방(房)으로부터 나온다는 뜻이다.

**大全** 嚴陵方氏曰: 角則相對以其耦也. 羈則相午以其奇也. 或男耦而女奇, 取陰陽之相須也. 或男左而女右, 取陰陽之相類也.

**번역** 엄릉방씨가 말하길, 각(角)으로 한다면 서로 마주보도록 하니, 짝수로 만들기 때문이다. 기(羈)로 한다면 상호 교차하도록 하니, 홀수로 만들기 때문이다. 혹은 남자는 짝이 되도록 하고, 여자는 홀이 되도록 한 것은 음양(陰陽)이 서로 필요로 함에 따른 것이다. 혹은 남자의 경우 좌측으로 묶고 여자의 경우 우측으로 묶는 것은 음양이 서로 비슷한 부류에 따른다는 뜻에서 의미를 취한 것이다.

**大全** 慶源輔氏曰: 男女初生, 羈角左右, 其辨也如此, 則知男女之別, 無非自然之理, 豈特以末流之害, 然後制禮以別之耶?

**번역** 경원보씨가 말하길, 남자와 여자가 처음 태어났을 때, 기(羈)나 각(角)으로 하고, 좌로 묶거나 우로 묶으니, 그 구별을 함이 이와 같다면, 남녀의 유별함은 자연의 이치가 아닌 것이 없음을 알 수 있는데, 어찌 다만 말단의 해악이 발생한 이후에야 예(禮)를 제정하여, 구별을 지은 것이겠는가?

**鄭注** 鬌, 所遺髮也. 夾囟曰角. 午達曰羈也. 貴人, 大夫以上也. 由, 自也. 朔食, 天子大牢, 諸侯少牢, 大夫特豕, 士特豚也. 入門者, 入側室之門也. 大夫以下, 見子就側室, 見妾子於內寢, 辟人君也.

**번역** '추(鬌)'는 깎고 남긴 머리카락이다. 협신(夾囟)의 머리모양을 '각(角)'이라고 부른다. 오달(午達)의 머리모양을 '기(羈)'라고 부른다. '귀인(貴人)'은 대부(大夫) 이상의 계급을 뜻한다. '유(由)'자는 '~로부터[自]'라는 뜻이다. 삭식(朔食)의 경우, 천자(天子)는 태뢰(太牢)를 사용하고, 제후(諸侯)는 소뢰(少牢)를 사용하며, 대부(大夫)는 한 마리의 돼지를 사용하고, 사(士)는 한 마리의 새끼돼지를 사용한다. '입문(入門)'이라는 말은 측실(側室)의 문으로 들어간다는 뜻이다. 대부 이하의 계층은 곧 자식을 접견할 때, 측실로 나아가고, 내침(內寢)에서 첩(妾)과 자식을 만나보는데, 이것은 군주에 대한 예법을 피하기 위해서이다.

**釋文** 鬌, 丁果反, 徐大果反. 囟音信, 又思忍反. 楣音眉.

**번역** '鬌'자는 '丁(정)'자와 '果(과)'자의 반절음이며, 서음(徐音)은 '大(대)'자와 '果(과)'자의 반절음이다. '囟'자의 음은 '信(신)'이며, 또한 '思(사)'자와 '忍(인)'자의 반절음도 된다. '楣'자의 음은 '眉(미)'이다.

**孔疏** ●"三月"至"東面". ○正義曰: 此一節明三月之末, 卿大夫以下名子之法, 又書名藏之州府, 妻遂適寢, 夫人與妻饌食之事. 各依文解之.

**번역** ●經文: "三月"~"東面". ○이곳 문단은 3개월의 말미에, 경(卿)과 대부(大夫) 이하의 계층이 자식에게 이름을 지어주는 법도를 나타내고 있고, 또한 이름을 기록하여 주부(州府)에 보관하고, 처(妻)가 결국 침소로 가며, 부인(夫人) 및 처(妻)가 음식을 마련하는 일들에 대해서도 나타내고 있다. 각각의 문장에 따라서 풀이하겠다.

**孔疏** ◎"鬌所"至"羈也". ○正義曰: 三月翦髮, 所留不翦者, 謂之鬌. 云"夾囟曰角"者, 囟是首腦之上縫, 故說文云: "十, 其字象小兒腦不合也." 夾囟兩旁, 當角之處, 留髮不翦. 云"午達曰羈也"者, 按儀禮云: "度尺而午." 注云: "一從一橫曰午." 今女翦髮留其頂上, 縱橫各一, 相交通達, 故云"午達". 不如兩角相對, 但縱橫各一在頂上, 故曰羈. 羈者, 隻也. 文雖據大夫·士, 天子諸侯之子亦當然也.

**번역** ◎鄭注: "鬌所"~"羈也". ○자식이 태어난 후 3개월이 되면, 머리카락을 자르는데, 남기고 자르지 않는 부분을 '추(鬌)'라고 부른다. 정현이 "협신(夾囟)의 머리모양을 '각(角)'이라고 부른다."라고 했는데, '신(囟)'은 뼈가 결합된 정수리 부분을 뜻한다. 그렇기 때문에 『설문』에서는 "'십(十)'자는 그 자형이 어린아이의 정수리가 완전히 결합되지 않은 것을 상형한다."라고 한 것이다. 협신(夾囟)은 양쪽 측면에 있어서, 뿔의 위치에 해당하는데, 그곳의 머리카락을 남기고 깎지 않는 것이다. 정현이 "오달(午達)의 머리모양을 '기(羈)'라고 부른다."라고 했는데, 『의례』를 살펴보면, "1척(尺)을 헤아려서 오(午)한다."[15]라고 했고, 정현의 주에서는 "하나는 세로로 하고 다른 하나는 가로로 하는 것을 '오(午)'라고 부른다."라고 했다. 현재 여자아이의 머리카락을 자르며, 정수리 부분의 머리카락을 남기고, 세로와 가로로 각각 한 줄을 엮어서, 서로 교차하도록 만들게 된다. 그렇기 때문에 '오달(午達)'이라고 부르는 것이다. 이것은 양쪽 뿔이 서로 마주하도록 하는 머리방식과는 같지 않고, 단지 정수리 위에 가로와 세로로 각각 한 줄이 있는 것이다. 그렇기 때문에 '기(羈)'라고 부르는 것이다. '기(羈)'라는 것은 외짝[隻]을 뜻한다. 이 기록은 비록 대부(大夫)와 사(士) 계층에 기준을 둔 내용이지만, 천자(天子)와 제후(諸侯)의 자식에 대해서도 마땅히 이처럼 해야 한다.

**孔疏** ◎注"入門"至"君也". ○正義曰: 知"入側室之門也"者, 上文云"妻將生子"·"居側室", 至此三月之末, 未有妻出之文, 則知但在側室. 此云夫入門謂"入側室之門", 但側室在燕寢之旁, 亦南鄕, 故有阼階·西階. 夫立於阼, 西鄕, 但卿大夫之室, 唯有東房. 妻抱子出自房者, 出東房當楣東面立, 與夫相對. 云"大夫以下, 見子就側室"者, 見子, 謂見適妻子. 就側室, 則此文是也. 云"見妾子於內寢"者, 則下文云"妾將生子" · "三月之末, 漱·澣·夙齊, 見於內寢", 是也. 鄭注云: "內寢, 適妻寢也." 大夫所以見適子於側室, 見庶子於適妻寢者,

---

15) 『의례』「대사(大射)」 : 工人士與梓人升自北階, 兩楹之間, 疏數容弓, 若丹若墨, 度尺而午.

辟人君也. 人君則見適子於路寢, 見庶子於側室, 故云"辟人君也". 知人君見世子於路寢者, 下文云: "世子生, 則君沐浴朝服, 夫人亦如之, 皆立於阼階, 西向. 世婦抱子升自西階." 旣著朝服, 又東西階相對, 故知在路寢也. 又知人君見庶子在側室者, 下云: "公庶子生, 就側室. 三月之末, 其母見於君, 擯者以其子見." 是就側室也. 然大夫見妾子於內寢, 諸侯見妾子於側室, 何以下文"適子庶子見於外寢"? 注云: "此適子謂世子弟也. 庶子, 妾子也. 外寢, 君燕寢也." 又是人君見妾子於外寢, 本在側室者. 但人君世子之弟見於外寢, 妾子見於側室, 但庶子撫首咳而名之, 與世子弟同, 故連文云"見於外寢", 其實在側室也. 熊氏·皇氏俱爲此說, 故今從焉.

**번역** ◎鄭注: "入門"~"君也". ○정현이 "측실(側室)의 문으로 들어간다는 뜻이다."라고 했는데, 이 말이 사실임을 알 수 있는 이유는 앞 문장에서 "처(妻)가 장차 자식을 낳으려고 한다."라고 했고, "측실(側室)에 거처한다."라고 했는데, 이곳에서 3개월의 말미라고 한 기록까지, 처가 밖으로 나온다는 기록이 없으므로, 단지 측실에 계속 머물러 있었다는 사실을 알 수 있는 것이다. 이곳에서는 남편이 문으로 들어간다고 했는데, 이것은 "측실의 문으로 들어간다."는 뜻이다. 다만 측실은 연침(燕寢)의 옆에 있고, 또 남쪽을 향해 있기 때문에, 이곳에도 동쪽 계단과 서쪽 계단이 있는 것이다. 남편이 동쪽 계단 위에 서서, 서쪽을 바라본다고 했는데, 다만 경(卿)과 대부(大夫)가 짓는 실(室)에는 오직 동방(東房)만 있게 된다. 처가 자식을 안고서 방(房)으로부터 나온다는 것은 동방(東房)으로부터 나와서, 처마에 해당하는 자리에서 동쪽을 바라보며 서 있는 것이니, 남편과 서로 마주보는 것이다. 정현이 "대부 이하의 계층은 곧 자식을 접견할 때, 측실로 나아간다."라고 했는데, 자식을 접견한다는 것은 곧 정부인이 나은 자식을 접견한다는 뜻이다. 측실로 나아간다는 것은 이곳 문장 내용에 해당한다. 정현이 "내침(內寢)에서 첩(妾)과 자식을 접견한다."라고 했는데, 아래문장에서 "첩(妾)이 장차 자식을 낳으려고 한다."라고 하고, "3개월의 말미에, 세탁을 하고, 일찍 일어나서 재계를 하며, 내침에서 접견한다."라고 한 말이 바로 이 내용에 해당한다. 정현의 주에서는 "내침(內寢)은 정부인의 침(寢)이다."라고 했다. 대부가 측실에서 적자(適子)를 접견하고, 서자(庶子)에 대해서는 정부인의 침(寢)에서 접견하는 이유는 군주에 대한 예법을 피하기 위해서이다. 군주의 경우 노침(路寢)에서 적자를 접견하고, 서자는 측실에서 접견한다. 그렇기 때문에 "군주에 대한 예법을 피하기 위해서이다."라고 말한 것이다. 군주가 노침에서 세자(世子)를 접견한다는 사실을 알 수 있는 이유는 아래문장에서 "세자가 태어나면, 군주는 목욕을 하고 조복(朝服)을 입고, 부인(夫人) 또한 이처럼 하며, 모두 동쪽 계단 위에 서서, 서쪽을 바라본다. 세부(世婦)는 세자를 안고서 서쪽 계단을 통해서 올라간다."라고 했기 때문이다. 즉 이미 조복을 착용하고, 또 동서쪽 계단에서 서로 마주보기 때문에, 이곳이 노침에 해당한다는 사실을 알 수 있는 것이다. 또한 군주가 측실에서 서자를 접견하게 된다는 사실을 알 수 있는 이유는 아래문장에서 "군주의 서자가 태어나면, 측실로 나아간다. 3개월의 말미에, 그의 모친은 군주에게 알현을 하고, 의례를 돕는 자가 그의 자식을 데리고 알현한다."라고 했기 때문이다. 즉 이 기록은 측실로 나아간다는 사실을 나타내고 있다. 그런데 대부가 내침에서 첩(妾)과 자식을 접견하고, 제후가 측실에서 첩과 자식을 접견하게 된다면, 어찌하여 아래문장에서는 "적자와 서자에 대해서는 외침(外寢)에서 접견한다."라고 말한 것인가? 정현의 주에서는 "여기에서 말한 '적자(適子)'는 세자의 동생이다. '서자(庶子)'는 첩의 자식이다. '외침(外寢)'은 군주의 연침(燕寢)이다."라고 했다. 또한 이 기록은 군주가 외침에서 첩과 자식을 접견하는데, 본래 측실에 있다는 사실을 나타낸다. 다만 군주의 세자 동생에 대해서는 외침에서 접견을 하고, 측실에서는 첩과 자식을 접견하지만, 서자(庶子)의 머리를 쓰다듬고 웃으면서 그에게 이름을 지어주는데, 이것은 세자의 동생에 대한 경우와 동일하다. 그렇기 때문에 문장을 연속하여, "외침에서 접견한다."라고 말한 것이니, 실제로는 측실에서 하는 것이다. 웅안생과 황간은 모두 이러한 주장을 했다. 그렇기 때문에 여기에서도 그 주장에 따른다.

**訓纂** 劉氏台拱曰: 鄭注以入門爲入側室之門, 然此有阼有房, 恐非側室也.

且冢子傳重, 而反於側室見之, 亦所未安.

**번역** 유태공이 말하길, 정현의 주에서는 문에 들어간다는 것을 측실(側室)의 문으로 들어가는 것이라고 여겼다. 그런데 이 공간에는 동쪽 계단도 있고 방(房)도 있으니, 아마도 측실은 아닌 것 같다. 또 총자(冢子)는 중책을 전수하는 자식인데, 오히려 측실에서 그를 접견하니, 여기에도 또한 의미가 불명확한 점이 있다.

**集解** 此謂大夫以下之禮也. 鬌, 所留不翦之髮也. 夾囟曰角, 午達曰羈. 貴人, 卿大夫也. 爲衣服, 夫妻皆別製新服也. 命士以下, 雖不爲衣服, 亦漱澣以致其潔也. 男女, 謂下文“諸婦”·“諸母”·“諸男”之屬也. 具, 夫婦入食之饌具也. 朔食, 天子大牢, 諸侯少牢, 大夫特豕, 士特豚. 適子見在正寢, 夫入門者, 入正寢之門也. 妻抱子出自房者, 妻由側室至夫之正寢, 升自北階而出於東房也. 妻不使人抱子, 子不升自西階, 皆避人君之禮也. 次棟之梁謂之楣. 妻當楣立, 在西階之上而當楣也. 夫在阼, 亦當楣, 不言者可知也.

**번역** 이 내용은 대부(大夫)로부터 그 이하의 계층에게 적용되는 예(禮)이다. ‘추(鬌)’는 깎지 않고 남겨둔 머리카락을 뜻한다. 협신(夾囟)의 머리 방식을 ‘각(角)’이라고 부르며, 오달(午達)의 머리 방식을 ‘기(羈)’라고 부른다. ‘귀인(貴人)’은 경(卿)과 대부(大夫)를 뜻한다. ‘위의복(爲衣服)’은 남편과 처에 대해서 모두 별도로 새로운 옷을 제작해둔다는 뜻이다. 명사(命士)로부터 그 이하의 계층에서는 비록 새로운 의복을 만들지 않지만, 또한 세탁을 하여, 청결하게 만든다. ‘남녀(男女)’는 아래문장에 나오는 ‘제부(諸婦)’·‘제모(諸母)’·‘제남(諸男)’ 등의 부류를 뜻한다. ‘구(具)’는 남편과 아내가 들어가서 먹게 되는 음식들을 갖추는 것이다. 삭식(朔食)에 있어서, 천자(天子)는 태뢰(太牢)를 사용하고, 제후(諸侯)는 소뢰(少牢)를 사용하며, 대부(大夫)는 한 마리의 돼지를 사용하고, 사(士)는 한 마리의 새끼돼지를 사용한다. 적자(適子)를 접견하는 것은 정침(正寢)에서 하니, 남편이 문으로 들어간다는 말은 정침의 문으로 들어간다는 뜻이다. 아내가 자식을 안고서 방(房)으로부터 나온다는 것은 아내가 측실(側室)로부터 남편이 있는 정침으로 와서, 북쪽 계단을 통해서 올라가서, 동방(東房)을 통해 밖으로 나오는 것이다. 처가 다른 사람을 시켜서 자식을 안도록 하지 않는 이유는 자식은 서쪽 계단을 통해서 오를 수가 없으니, 이 모두는 군주에게 해당하는 예법을 피한 것이다. 보조 기둥의 들보를 '미(楣)'라고 부른다. 처는 미(楣)에 해당하는 장소에 서 있게 되니, 이곳은 서쪽 계단 위에서 미(楣) 아래에 해당하는 장소이다. 남편은 동쪽 계단에 있다고 했는데, 이 또한 미(楣) 아래에 있는 것이니, 이 사실을 언급하지 않은 것은 전후의 맥락을 통해서 알 수 있기 때문이다.

**集解** 鄭氏謂"大夫以下見適子於側室", 非也. 側室卑於內寢, 見庶子於內寢, 豈見適子反在側室乎?

**번역** 정현은 "대부(大夫)로부터 그 이하의 계층은 적자(適子)를 측실(側室)에서 접견한다."라고 했는데, 이것은 잘못된 주장이다. 측실은 내침(內寢)보다도 미천한 장소인데, 서자(庶子)를 내침에서 접견한다면, 어떻게 적자를 반대로 측실에서 접견하겠는가?

**【365c】**

**姆先相曰: "母某敢用時日, 祗見孺子." 夫對曰: "欽有帥." 父執子之右手, 咳而名之. 妻對曰: "記有成." 遂左還授師, 子師辯告諸婦諸母名, 妻遂適寢.**

**직역** 姆가 先히 相하여 曰, "母某가 敢히 時日을 用하여, 祗히 孺子를 見이라." 夫가 對하여 曰, "欽히 帥을 有라." 父는 子의 右手를 執하고, 咳하여 名한다. 妻가 對하여 曰, "記하여 成이 有라." 遂히 左還하여 師에게 授하고, 子師는 諸婦와 諸母에게 名을 辯告하고, 妻는 遂히 寢으로 適한다.

**의역** 아이의 이름을 짓기 위해, 아비에게 알현시킬 때에는 자사(子師)가 먼저 그 의식을 도우며, "아이의 어미 아무개가 감히 이 날을 이용하여, 삼가 아이를 뵙게 하고자 합니다."라고 전한다. 그러면 남편은 "삼가 아이를 잘 가르쳐서, 선(善)을 쫓도록 하시오."라고 대답한다. 이후 아이의 아비는 아이의 오른손을 잡고서, 자애로운 표정으로 웃으며 아이에게 이름을 지어준다. 처는 "해주신 말씀을 잘 기록하여, 아이를 가르쳐서 덕(德)을 이루게끔 하겠습니다."라고 대답한다. 그리고 곧 좌측으로 돌아나가서 자사에게 아이를 건네고, 자사는 제부(諸婦)와 제모(諸母)들에게 두루 아이의 이름을 알리며, 이러한 일이 끝나면 처는 남편의 연침(燕寢)으로 되돌아간다.

**集說** 某, 妻姓某氏也. 時日, 是日也. 孺, 稚也. 欽, 敬; 帥, 循也. 言當敬教之, 使循善道也. 咳而名之者, 說文"咳, 小兒笑聲", 謂父作咳聲笑容, 以示慈愛而名之也. 記有成, 謂當記識夫言, 教之成德也. 授師, 以子授子師也. 諸婦, 同族卑者之妻也. 諸母, 同族尊者之妻也. 後告諸母, 欲名成於尊也. 妻遂適寢, 復夫之燕寢也.

**번역** '모(某)'는 처(妻)의 성(姓)인 아무개 씨(氏)라고 말하는 것이다. '시일(時日)'은 오늘[是日]이라는 뜻이다. '유(孺)'자는 "어리다[稚]."는 뜻이다. '흠(欽)'자는 공경[敬]을 뜻하며, '솔(帥)'자는 "쫓다[循]."는 뜻이다. 즉 마땅히 공경스러운 태도로 가르쳐서, 아이로 하여금 선(善)한 도리를 쫓게끔 하라는 의미이다. '해이명지(咳而名之)'라고 했는데, 『설문』에서는 "'해(咳)'자는 어린아이가 웃으면서 내는 소리이다."라고 했으니, 부친은 웃음소리를 내고, 그 표정을 지어서, 자애로움을 나타내며, 아이에게 이름을 지어주는 것을 뜻한다. '기유성(記有成)'이라는 말은 마땅히 남편의 말을 기록하여, 아이를 가르쳐서 덕(德)을 이루게끔 한다는 뜻이다. '수사(授師)'는 아이를 자사(子師)에게 건넨다는 뜻이다. '제부(諸婦)'는 동족 중 신분이 낮은 자들의 처를 뜻한다. '제모(諸母)'는 동족 중 신분이 높은 자들의 처를 뜻한다. 이후에 제모(諸母)에게 아뢰는 것은 그 이름을 존귀한 자를 통해서 완성하게끔 하고자 해서이다. "처가 마침내 침(寢)으로 간다."라고 했는데,

이것은 남편이 사용하는 연침(燕寢)으로 다시 돌아간다는 뜻이다.

**大全** 慶源輔氏曰: 姆先相曰: "敢用時日, 祗見孺子." 夫婦之禮嚴矣. 夫對曰: "欽有帥." 妻對曰: "記有成." 夫婦之義一矣. 姆先相者, 妻旣抱子, 當楣東面而立, 傅姆在母之前, 而相佐其辭也.

**번역** 경원보씨가 말하길, 모(姆)가 먼저 그 의례를 도우며, "감히 이 날을 이용해서, 삼가 아이를 뵙게 합니다."라고 했는데, 이것은 부부사이에서 지켜야 하는 예(禮)가 엄숙하다는 사실을 나타낸다. 남편이 "삼가 잘 가르쳐서, 선(善)을 따르게 하라."라고 대답하고, 처가 "말씀을 잘 기록하여, 덕(德)을 이루게끔 하겠습니다."라고 대답을 하니, 부부사이에서 지켜야 하는 도의는 동일한 것이다. 모(姆)가 먼저 돕는다고 했는데, 이때 처는 이미 아이를 안고 있으며, 처마 밑에서 동쪽을 바라보며 서 있게 되고, 부모(傅姆)는 아이의 모친 앞에 위치하여, 그 의식을 도와서 말을 전달하는 것이다.

**大全** 山陰陸氏曰: 夫對曰敬當有以帥之, 妻對曰記當有以成之, 帥之者父道也, 成之者母道也.

**번역** 산음육씨가 말하길, 남편은 "공경스럽게 가르쳐서, 마땅히 아이를 이끌도록 해야 한다."라고 대답했고, 아내는 "기록하여, 마땅히 이루도록 하겠습니다."라고 대답했는데, 이끄는 것은 부친의 도리에 해당하고, 이루는 것은 모친의 도리에 해당한다.

**鄭注** 某, 妻姓, 若言姜氏也. 祗, 敬也, 或作振. 欽, 敬也. 帥, 循也. 言教之敬使有循也. 執右手, 明將授之事也. 記猶識也, 識夫之言, 使有成也. 師, 子師也. 後告諸母, 若名成於尊. 復夫之燕寢.

**번역** '모(某)'자는 처(妻)의 성(姓)을 뜻하는 것으로, 마치 강씨(姜氏) 등으로 부르는 것과 같다. '지(祗)'자는 공경[敬]을 뜻하는데, 다른 판본에서는

'진(振)'자로도 기록한다. '흠(欽)'자는 공경[敬]을 뜻한다. '솔(帥)'자는 "좇다[循]."는 뜻이다. 즉 아이를 가르쳐서, 공경스러운 태도로 아이로 하여금 도리에 따르는 점이 있게끔 하라는 뜻이다. 오른손을 잡는 것은 장차 그에게 가업을 전수한다는 뜻을 나타낸다. '기(記)'자는 "기록하다[識]."는 뜻이니, 남편의 말을 기록하여, 아이로 하여금 이룸이 있게끔 한다는 뜻이다. '사(師)'자는 자사(子師)를 뜻한다. 이후에 제모(諸母)에게 알리는 것은 존귀한 자를 통해서 이름을 완성하는 것처럼 하는 것이다. 다시 남편의 연침(燕寢)으로 되돌아가는 것이다.

**釋文** 相, 息亮反. 孩, 字又作咳, 戶才反. 還音旋, 轉也. 辯音遍, 下同.

**번역** '相'자는 '息(식)'자와 '亮(량)'자의 반절음이다. '孩'자는 그 글자를 또한 '咳'자로도 기록하며, 그 음은 '戶(호)'자와 '才(재)'자의 반절음이다. '還'자의 음은 '旋(선)'이니, 선회한다는 뜻이다. '辯'자의 음은 '遍(편)'이며, 아래문장에 나오는 글자도 이와 같다.

**孔疏** ●"姆先"至"適寢". ○正義曰: 此一節論母以子見父, 及父名子·妻遂適寢之事.

**번역** ●經文: "姆先"~"適寢". ○이곳 문단은 모친이 자식을 데리고 부친을 찾아뵙고, 부친이 자식에게 이름을 지어주고, 처가 결국 침(寢)으로 되돌아가는 사안에 대해서 논의하고 있다.

**孔疏** ●"姆先相"者, 妻旣抱子, 當楣東面而立, 傅姆在母之前, 而相佐其辭曰: "母某氏, 敢用時日祗見孺子." 祗, 敬也. 孺, 稚也. 謂恭敬奉見稚子.

**번역** ●經文: "姆先相". ○처는 이미 자식을 안고서, 처마 밑에서 동쪽을 바라보며 서 있게 되고, 부모(傅姆)는 아이의 모친 앞에 위치하여, 의례를 도우며, 그 말을 대신 전달하니, "아이의 모친 아무개 씨가 감히 이 날을 이용해서, 삼가 아이를 뵙게끔 합니다."라고 말하는 것이다. '지(祗)'자는 공경[敬]을 뜻한다. '유(孺)'자는 "어리다[稚]."는 뜻이다. 즉 공경스러운 태도로 어린아이를 받들어 찾아뵙는다는 뜻이다.

**孔疏** ●"夫對曰: '欽有帥者.'" 欽, 敬也. 帥, 循也. 夫對妻言, 當教之, 令其恭敬, 使有循善道. 對妻旣訖, 父遂執子右手, 咳而名之, 謂以一手執子右手, 以一手承子之咳而名之.

**번역** ●經文: "夫對曰: '欽有帥者.'". ○'흠(欽)'자는 공경[敬]을 뜻한다. '솔(帥)'자는 "좇다[循]."는 뜻이다. 남편이 아내가 전달한 말에 대해 대답을 하며, 마땅히 잘 가르쳐서, 아이로 하여금 공손하고 공경스럽게 하여, 그로 하여금 선(善)한 도리를 좇게끔 하라는 뜻이다. 처에게 대답하는 말이 끝나면, 부친은 결국 자식의 오른손을 잡고서, 웃는 얼굴을 어루만지며, 이름을 지어주니, 즉 한쪽 손으로는 아이의 오른손을 잡고, 다른 손으로는 아이의 웃는 얼굴을 어루만지며, 이름을 지어준다는 뜻이다.

**孔疏** ●"妻對曰: '記有成'"者, 當記識夫言, 教之使有成就.

**번역** ●經文: "妻對曰: '記有成'". ○마땅히 남편의 말을 기록하여, 아이를 가르쳐서, 성취함이 있도록 한다는 뜻이다.

**孔疏** ●"遂左還授師"者, 妻對旣訖, 遂左嚮迴還, 轉身西南, 以子授子師也.

**번역** ●經文: "遂左還授師". ○처가 대답을 끝내면, 결국 좌측으로 선회하여, 몸을 돌려 서남쪽 방향에서, 자식을 자사(子師)에게 건네게 된다.

**孔疏** ●"子師辯告諸婦·諸母名"者, 諸婦, 謂同族卑者之妻. 諸母, 同族尊者之妻. 後告諸母, 欲名成於尊.

**번역** ●經文: "子師辯告諸婦·諸母名". ○'제부(諸婦)'는 동족 중 신분이 낮은 자의 처를 뜻한다. '제모(諸母)'는 동족 중 신분이 높은 자의 처를 뜻한다. 이후에 제모에게 아뢰는 것은 존귀한 자를 통해서 이름을 완성하게끔 하고자 해서이다.

**孔疏** ◎注"某妻"至"敬也". ○正義曰: "祇, 敬"及下注"欽, 敬"·"帥, 循", 皆釋詁文也.

**번역** ◎鄭注: "某妻"~"敬也". ○정현이 "'지(祇)'자는 공경[敬]을 뜻한다."라고 한 말과 아래문장에 대한 주에서, "'흠(欽)'자는 공경[敬]을 뜻한다."라고 하고, 또 "솔(帥)자는 '좇다[循].'는 뜻이다."라고 한 말들은 모두 『이아』「석고(釋詁)」편에 나오는 문장이다.[16]

**訓纂** 說文: "咳, 小兒笑也." 段氏玉裁曰: "爲作小兒笑而名之也."

**번역** 『설문해자』에서는 "'해(咳)'자는 어린아이가 웃는 것을 뜻한다."라고 했고, 단옥재는 "어린아이를 웃게 만들고서 이름을 지어주는 것이다."라고 했다.

**訓纂** 劉氏台拱曰: 正義以"姆先相"爲句, 按文當於先字句絶.

**번역** 유태공이 말하길, 『정의』에서는 '모선상(姆先相)'에서 구문을 끊었는데, 살펴보니, 이 문장은 마땅히 '선(先)'자에서 구문을 끊어야 한다.

**訓纂** 劉氏台拱曰: 左還授師, 當以"左還授師子"爲句.

**번역** 유태공이 말하길, '좌환수사(左還授師)'라고 구문을 끊었는데, 이것은 마땅히 '좌환수사자(左還授師子)'로 구문을 끊어야 한다.

---

16) 『이아』「석고(釋詁)」: 儼·恪·祗·翼·諲·恭·欽·寅·熯, 敬也. / 『이아』「석고(釋詁)」: 遹·遵·率·循·由·從, 自也. 遹·遵·率, 循也.

【365d~366a】

**夫告宰名，宰辯告諸男名，書曰“某年某月某日某生”而藏之. 宰告閭史，閭史書爲二，其一藏諸閭府，其一獻諸州史. 州史獻諸州伯，州伯命藏諸州府. 夫入食如養禮.**

**직역** 夫는 宰에게 名을 告하고, 宰는 諸男에게 名을 辯告하며, 書하여 曰, “某年某月某日에 某生이라”하고 藏한다. 宰는 閭史에게 告하고, 閭史는 書하여 二를 爲하여, 그 一은 閭府에 藏하고, 그 一은 州史에 獻한다. 州史는 州伯에게 獻하고, 州伯은 命하여 州府에 藏한다. 夫는 入하여 食함에 養禮와 如한다.

**의역** 아내가 연침(燕寢)으로 되돌아가면, 남편은 아전에게 아이의 이름을 알려주고, 아전은 동성(同姓)의 친족들에게 아이의 이름을 두루 알리게 되며, 또한 그 이름을 기록하며, “모년 모월 모일에 아무개가 태어났다.”라고 하며, 그 문서를 보관한다. 그런 뒤 아전은 재차 여(閭)의 관리인 여사(閭史)에게 아이의 이름을 알리고, 여사는 그 이름을 문서로 기록하되 2부를 만드는데, 그 중 1부는 여(閭)에 있는 보관소에 보관하고, 나머지 1부는 상급 행정기관의 관리인 주사(州史)에게 바친다. 주사는 그 문서를 주(州)의 수장은 주백(州伯)에게 아뢰고, 주백은 명령을 내려서, 주(州)에 있는 보관소에 그 문서를 보관하도록 한다. 남편은 연침으로 들어가서 아내와 함께 식사를 하게 되는데, 그때에는 아내가 처음으로 시부모에게 음식을 바쳤을 때의 예법처럼 음식을 갖춘다.

**集說** 宰, 屬吏也. 諸男, 同宗子姓也. 藏之者, 以簡策書子名而藏於家之書府也. 二十五家爲閭, 二千五百家爲州. 州伯, 則州長也. 閭史・州史, 皆其屬吏也. 閭府・州府, 皆其府藏也. 夫入食如養禮, 謂與其妻禮食, 如婦始饋舅姑之禮也.

**번역** ‘재(宰)’는 하급 관리를 뜻한다. ‘제남(諸男)’은 같은 종자(宗子)를 모시는 동성(同姓)의 친족들이다. ‘장지(藏之)’라는 말은 문서에 자식의 이름을 기록하여, 집에 있는 문서 보관소에 보관한다는 뜻이다. 25개의 가

(家) 규모는 1여(閭)가 되고, 2,500가(家)의 규모는 1주(州)가 된다. '주백(州伯)'은 주(州)를 담당하고 있는 주장(州長)을 뜻한다. '여사(閭史)'와 '주사(州史)'는 모두 그 행정구역에 속해 있는 관리를 뜻한다. '여부(閭府)'와 '주부(州府)'는 모두 그 행정구역에 설치된 보관소를 뜻한다. 남편은 들어가서 식사를 할 때 양례(養禮)처럼 한다고 했는데, 이 말은 자신의 처와 함께 예사(禮食)[17]를 하는데, 그때에는 며느리가 처음으로 시부모에게 음식을 바칠 때의 예법처럼 한다는 뜻이다.

**集說** 疏曰: 此經所陳, 謂卿大夫以下, 故以名徧告同宗諸男. 諸男卑者尙告, 則告諸父可知. 若諸侯絶宗, 則不告也.

**번역** 공영달의 소(疏)에서 말하길, 이곳 경문에서 진술한 내용들은 경(卿)과 대부(大夫)로부터 그 이하의 계층에게 해당하는 예법이다. 그렇기 때문에 아이의 이름을 같은 종족의 남자들에게 두루 알리는 것이다. 제남(諸男)처럼 동족의 남자들 중 신분이 낮은 자에게도 오히려 이름을 알리게 된다면, 제부(諸父)처럼 신분이 높은 자에게도 알린다는 사실을 알 수 있다. 만약 제후(諸侯)와 종친 관계가 끊어진 상태라면, 알리지 않는다.

**大全** 山陰陸氏曰: 妻言遂適寢, 妾言遂入御, 妻言夫入食如養禮, 妾言禮之如始入室, 妻之辭莊, 妾之辭瀆, 言之法也.

**번역** 산음육씨가 말하길, 처(妻)에 대해서는 마침내 침(寢)으로 간다고 했고, 첩(妾)에 대해서는 마침내 들어가서 시중을 든다고 했으며, 처(妻)에 대해서는 남편이 들어와서 식사를 하길 마치 봉양의 예법처럼 한다고 했고, 첩(妾)에 대해서는 예우하길 처음으로 실(室)에 들어왔을 때처럼 한다고 했는데, 처(妻)에 대한 말은 장엄하고, 첩(妾)에 대한 말은 상대적으로 품격

17) 예사(禮食)는 본래 군주가 신하들에게 음식을 베풀며 예(禮)로 대접을 해주는 것으로, 일종의 연회이다. 『의례』「공사대부례(公食大夫禮)」에 기록된 의례 절차들이 '예사'에 해당한다.

이 떨어지니, 이것은 언어를 사용하는 법도이다.

**大全** 嚴陵方氏曰: 名則徧告之, 以示於衆, 書則藏之, 以傳於久, 則以男子者人之所貴重故也. 若華封人之祝堯以是而已.

**번역** 엄릉방씨가 말하길, 이름의 경우에는 두루 아뢰어, 대중들에게 알리는 것이고, 기록을 한 것은 보관을 하여, 오래도록 전수를 하는 것이니, 남자는 사람 중에서도 존귀하고 중요한 대상이기 때문이다. 마치 화봉인(華封人)이 요(堯)임금에게 축원을 했던 것도 바로 이러한 이유 때문이다.[18]

**鄭注** 宰謂屬吏也. 春秋書桓六年九月丁卯"子同生". 四閭爲族, 族, 百家也. 閭胥, 中士一人. 五黨爲州, 州, 二千五百家也, 州長中大夫一人也, 皆有屬吏. 獻猶言也. 夫入, 已見子入室也. 其與妻食如婦始饋舅姑之禮也.

**번역** '재(宰)'는 하급관리를 뜻한다. 『춘추』에서는 환공(桓公) 6년 9월 정묘(丁卯)일의 기록에서, "아들 동(同)이 태어났다."[19]라고 했다. 4개의 여(閭)는 1개의 족(族)이 되니, 1개의 족(族)은 100가(家)의 규모이다. 여서(閭胥)는 중사(中士) 1명이 담당한다. 5개의 당(黨)은 1개의 주(州)가 되니, 1개의 주(州)는 2,500가(家)의 규모가 되며, 주장(州長)은 중대부(中大夫) 1명이 담당하고, 이들에게는 모두 휘하에 하급관리들을 두게 된다. '헌(獻)'자는 "보고하다[言]."라는 뜻이다. '부입(夫入)'은 이미 자식을 접견하는 일이 끝났다면, 실(室)로 들어간다는 뜻이다. 그 처와 함께 식사를 할 때에는 며느리가 처음으로 시부모에게 음식을 바치는 예(禮)처럼 한다.

**釋文** 養, 羊尙反.

---

18) 이 고사는 『장자(莊子)』「천지(天地)」편에 기록되어 있다.
19) 『춘추』「환공(桓公) 6년」: 九月, 丁卯, 子同生.

**번역** '養'자는 '羊(양)'자와 '尙(상)'자의 반절음이다.

**孔疏** ◎注"宰謂"至"同生". ○正義曰: 此經所陳, 謂卿大夫以下, 故以名徧告同宗諸男也. 若諸侯旣絶宗, 則不告諸男也. 此擧諸男, 擧其卑者. 卑者尙告, 則告諸父可知. 此旣據卿大夫以下, 而引春秋桓六年"子同生"者, 欲證明子生年月日之事, 彼謂諸侯也. 直云"子同生", 不云"世子"者, 杜元凱云: "不云'世子'書'始生', 言始生之時, 未立爲世子也." 經云書名而藏之者, 謂以簡策書子名而藏之家之書府.

**번역** ◎鄭注: "宰謂"~"同生". ○이곳 경문에서 진술하는 내용은 경(卿)과 대부(大夫)로부터 그 이하의 계층에게 해당하는 내용이다. 그렇기 때문에 자식의 이름을 동족의 남자들에게 두루 알리는 것이다. 만약 제후(諸侯)와 종친 관계가 끊어진 상태라면, 제남(諸男)에게 알리지 않는다. 이곳 문장에서 '제남(諸男)'을 거론한 것은 신분이 낮은 자의 경우를 거론한 것이다. 신분이 낮은 자에게도 오히려 알리게 된다면, 제부(諸父)들에게도 알린다는 사실을 알 수 있다. 이곳 기록은 이미 경과 대부로부터 그 이하의 계층에게 기준을 두고 있는데, 정현이 『춘추』 환공(桓公) 6년의 기록 중 "자식 동(同)이 태어났다."라고 한 말을 인용한 이유는 자식이 태어난 년·월·일을 기록하는 사안을 증명하고자 했기 때문인데, 『춘추』의 내용은 제후에 대한 경우이다. 그런데 단지 "자식 동(同)이 태어났다."라고 기록하여, '세자(世子)'라고 언급하지 않은 이유에 대해서, 두원개는 "'세자(世子)'라고 언급하지 않았고, '처음으로 태어났다.'라고 기록했는데, 이것은 처음 태어난 시기를 뜻하는 것으로, 아직 등위에 올라 세자가 되지 않은 것이다."라고 설명했다. 경문에서는 이름을 기록하여 보관한다고 했는데, 이 말은 문서에 자식의 이름을 기록하여, 집안에 있는 문서보관소에 보관한다는 뜻이다.

**孔疏** ◎注"四閭"至"屬吏". ○正義曰: "四閭爲族"以下, 皆周禮·地官文. 云"皆有屬吏"者, 閭之屬吏, 則有閭史也. 州之屬吏, 則有州史也. 州伯, 則州長也. 州府, 是州長之府藏.

**번역** ◎鄭注: "四閭"~"屬吏". ○정현이 "4개의 여(閭)는 1개의 족(族)이 된다."라고 한 말부터 그 이하의 내용들은 모두 『주례』「지관(地官)」에 기록되어 있는 문장이다.[20] 정현이 "모두 휘하에 하급관리를 가지고 있다."라고 했는데, 여(閭)의 하급관리로는 곧 여사(閭史)가 있고, 주(州)의 하급관리로는 곧 주사(州史)가 있다. '주백(州伯)'은 주장(州長)을 뜻한다. '주부(州府)'는 주장(州長)이 관할하는 관부의 문서보관 창고이다.

**孔疏** ◎注"夫入"至"禮也". ○正義曰: "夫入, 已見子入室也"者, 夫旣就側室而見子, 見子旣畢, 從側室而入正室. 云"其與妻食如婦始饋舅姑之禮也"者, 經云"如養禮", 是如養舅姑之禮. 按士昏禮: 婦始饋舅姑特豚, 合升側載, 右胖載之舅俎, 左胖載之姑俎. 其大夫以上則無文, 必知"如婦始饋舅姑"者, 以下文云妾生子及三月之末, 見子之禮, 如始入室, 明知此如養禮·如始入室, 養舅姑之禮也.

**번역** ◎鄭注: "夫入"~"禮也". ○정현이 "'부입(夫入)'은 이미 자식을 접견하는 일이 끝났다면, 실(室)로 들어간다는 뜻이다."라고 했는데, 남편은 이미 측실(側室)로 나아가서 자식을 접견했고, 자식을 접견하는 일이 끝나자, 측실로부터 나와서 정실(正室)로 들어간 것이다. 정현이 "그 처와 함께 식사를 할 때에는 며느리가 처음으로 시부모에게 음식을 바치는 예(禮)에 따른다."라고 했는데, 경문에서는 "봉양의 예(禮)처럼 한다."라고 했으니, 이것은 시부모를 봉양할 때의 예(禮)와 동일하게 한다는 뜻이다. 『의례』「사혼례(士昏禮)」편을 살펴보면, 며느리는 처음 시부모에게 음식을 바칠 때, 한 마리의 돼지를 사용하고, 그 고기를 함께 가지고 올라가서, 측재(側載)한다고 했는데,[21] '측재(側載)'는 희생물을 반으로 갈라서, 우측 부위는 시아비의 도마에 올려놓고, 좌측 부위는 시어미의 도마에 올려놓는다는 뜻

---

20) 『주례』「지관(地官)·대사도(大司徒)」: 令五家爲比, 使之相保; 五比爲閭, 使之相受; 四閭爲族, 使之相葬; 五族爲黨, 使之相救; 五黨爲州, 使之相賙; 五州爲鄕, 使之相賓.

21) 『의례』「사혼례(士昏禮)」: 舅姑入于室. 婦盥, 饋. 特豚合升, 側載.

이다. 대부(大夫) 이상의 계급에게 적용되는 예법은 관련 기록이 남아있지 않다. 그런데도 "며느리가 처음 시부모에게 음식을 바칠 때처럼 한다."라는 말이 분명한 사실임을 알 수 있는 이유는 아래문장에서 첩(妾)이 자식을 낳았고, 3개월째의 말미에 미쳐서, 자식을 접견하는 예(禮)를 시행할 때, 처음 입실(入室)했을 때처럼 한다고 했으니, 이 기록을 통해서, 곧 봉양의 예(禮)처럼 한다는 것과 처음 입실(入室)했을 때처럼 한다는 말이 시부모를 봉양하는 예(禮)가 됨을 분명히 알 수 있다.

**集解** 姆先, 謂在妻側而稍前也. 相, 助之傳辭也. 某, 妻之氏也. 祗·欽, 皆敬也. 帥, 循也. 欽有帥, 謂其子當敬循善道也. 執子右手, 示將授以事也. 咳, 頷也. 咳而名之, 以手承子之咳而名之也. 妻對者, 代其子答父也. 記有成者, 言當記識父言而有所成就也. 授師子, 謂授師以子也. 諸婦, 大功以上卑者之妻. 諸母, 衆妾也. 適寢, 適夫之燕寢也. 不言"入御"者, 妻尊, 不褻言也. 宰, 家臣之長也. 諸男, 謂子若昆弟之子也. 諸婦·諸母·諸男見子時皆在, 故遂以名告之. 其位, 蓋諸婦·諸母房中南面, 諸男阼階下東面與. 其大功以上尊屬, 當使人就其寢告之也. 藏之, 藏於家也. 二十五家爲閭, 閭胥治之. 二千五百家爲州, 州長治之. 州伯, 卽州長也. 閭府·州府, 閭胥·州長之府. 藏史, 其屬吏也. 夫入食, 自正寢入燕寢, 而與妻同食也. 如養禮, 如平時夫婦供養之常禮也. 鄭氏謂"養禮爲婦始饋舅姑之禮", 非也. 舅姑之饋, 婦饋之也, 此夫婦自食耳, 二禮不可相方. 若謂指其饌具而言, 則上文已言"具視朔食", 不應再出也.

**번역** '모선(姆先)'은 모(姆)가 처(妻)의 측면에서 조금 앞으로 나와 있다는 뜻이다. '상(相)'은 의례를 도와서 말을 전달한다는 뜻이다. '모(某)'는 처의 씨(氏)를 뜻한다. '지(祗)'자와 '흠(欽)'자는 모두 공경[敬]을 뜻한다. '솔(帥)'자는 "좇다[循]."는 뜻이다. '흠유솔(欽有帥)'이라는 말은 자식은 마땅히 공경스럽게 선(善)의 도(道)에 따라야 한다는 뜻이다. 자식의 오른손을 잡는다고 했는데, 장차 그에게 가업을 전수한다는 것을 나타내기 위해서이다. '해(咳)'자는 아래턱[頷]을 뜻한다. '해이명지(咳而名之)'라는 말은 손으로 자식의 아래턱을 어루만지면서, 이름을 지어준다는 뜻이다. '처대

(妻對)'라는 말은 처가 자식을 대신해서 부친에게 대답을 한다는 뜻이다. '기유성(記有成)'이라는 말은 마땅히 부친이 말한 것을 기록하여, 성취하는 바가 있도록 한다는 뜻이다. '수사자(授師子)'는 자사(子師)에게 자식을 건넨다는 뜻이다. '제부(諸婦)'는 대공복(大功服)[22] 이상의 상복(喪服) 수위를 맞추는 친족 중 신분이 낮은 자의 처를 뜻한다. '제모(諸母)'는 여러 첩(妾)들을 뜻한다. '적침(適寢)'은 남편의 연침(燕寢)으로 간다는 뜻이다. "들어가서 시중을 든다."라고 말하지 않은 것은 처는 존귀한 신분이므로, 무람되게 기록할 수 없기 때문이다. '재(宰)'는 가신(家臣)들 중에서도 우두머리를 뜻한다. '제남(諸男)'은 자식 항렬에 속하는 자들로, 곤제(昆弟)의 자식들과 같은 자들이다. 제부(諸婦)·제모(諸母)·제남(諸男)은 부친이 자식을 접견할 때, 모두 그 자리에 있었던 것이다. 그렇기 때문에 의례 절차를 끝내고서, 자식의 이름을 그들에게 알렸던 것이다. 그들이 위치하게 되는 자리는 아마도 제부(諸婦)와 제모(諸母)는 방(房) 안에서 남쪽을 바라보는 자리에 있었을 것이고, 제남(諸男)은 동쪽 계단 아래에서 동쪽을 바라보며 서 있었을 것이다. 대공복 이상을 입는 친족 중 신분이 존귀한 자에 대해서는 마땅히 사람을 시켜서, 그들의 침(寢)에 나아가 알려야만 한다. '장지(藏之)'는 집에 보관한다는 뜻이다. 25개의 가(家)는 1여(閭)가 되고, 여서(閭胥)가 담당을 한다. 2,500가(家)는 1주(州)가 되며, 주장(州長)이 담당을 한다. 이곳에서 말한 '주백(州伯)'은 곧 주장(州長)을 가리킨다. 여부(閭府)와 주부(州府)는 여서(閭胥)와 주장(州長)이 관리하는 창고이다. 장사(藏史)는 그에게 소속된 하급관리이다. '부입식(夫入食)'은 남편이 정침(正寢)으로부터 나와서 연침(燕寢)에 들어가서, 자신의 처와 함께 식사를 한다는 뜻이다. '여양례(如養禮)'라는 말은 평상시 부부가 봉양을 받는 일반적인 예법처럼 한다는 뜻이다. 정현은 "양례(養禮)는 며느리가 처음으로 시부모에게 음식

---

22) 대공복(大功服)은 상복(喪服) 중 하나로, 오복(五服)에 속한다. 조밀한 삼베를 사용해서 만들지만, 소공복(小功服)에 비해서는 삼베의 재질이 거칠기 때문에, '대공복'이라고 부른다. 이 복장을 입게 되는 기간은 상황에 따라 차이가 생기지만, 일반적으로 9개월이다. 당형제(堂兄弟) 및 미혼인 당자매(堂姊妹), 또는 혼인을 한 자매(姊妹) 등을 위해서 입는다.

을 바쳤던 예(禮)이다."라고 했는데, 이것은 잘못된 주장이다. 시부모에게 음식을 바칠 때에는 며느리가 그 음식들을 바치는 것이며, 이곳의 내용은 부부가 제 스스로 식사를 한다는 뜻일 뿐이니, 두 예법은 서로 합치될 수 없다. 만약 그 음식들이 갖춰진 것을 가리켜서 말을 했다면, 앞 문장에서 이미 "음식을 갖추는 것은 삭식(朔食)에 견준다."라고 했으므로, 마땅히 재차 그 기록이 나올 수 없다.

**集解** 黃氏乾行曰: 命名卽告州·閭, 使藏諸府, 將俟其長而就閭塾也. 以承敎訓, 以受征役, 以稽德行, 以應賓興, 皆始於是. 安有時過後學, 老壯不均, 冒年冒籍, 如後世之獘哉?

**번역** 황건행[23]이 말하길, 이름을 짓게 되면, 곧 주(州)와 여(閭)에 알려서, 창고에 보관하도록 하니, 그가 장성하여, 여(閭)에 있는 학교로 나아갈 때를 대비한 것이다. 또한 이것을 통해 가르침을 받고, 또 군대나 부역 등의 임무를 맡게 되며, 그 덕행(德行)을 고찰하게 되고, 현명한 자로 간택되기도 하니, 이 모두는 바로 이름을 기록하여 알리는 것으로부터 시작된다. 어찌 당시에 후학보다 지나침이 있어, 노년층과 장년층이 균등하지 않아서, 후세의 폐단처럼 나이를 속이고, 호적을 속이는 일이 있었겠는가?

【366b】

**世子生, 則君沐浴朝服, 夫人亦如之. 皆立于阼階西鄕, 世婦抱子升自西階. 君名之, 乃降.**

**직역** 世子가 生하면, 君은 沐浴하고 朝服하며, 夫人도 亦히 如한다. 皆히 阼階에 立하여 西鄕하고, 世婦가 子를 抱하여 升하길 西階로 自한다. 君은 名하고, 곧

23) 황건행(黃乾行, ?~?) : 명(明)나라 때의 학자이다. 자(字)는 옥암(玉岩)이다. 저서로는 『예기일록(禮記日錄)』 등이 있다.

降한다.

**의역** 제후(諸侯)의 세자(世子)가 태어난 경우라면, 군주는 목욕을 하고 조복(朝服)을 착용하며, 부인(夫人) 또한 이처럼 한다. 둘 모두는 동쪽 계단 위에 서서 서쪽을 바라보게 되고, 세부(世婦)는 세자를 안고서 서쪽 계단을 통해서 올라간다. 군주가 세자의 이름을 지어주게 되면, 곧 내려간다.

**集說** 諸侯朝服, 玄端素裳. 夫人亦如之者, 亦朝服也, 當是展衣. 註云"褖衣者, 以見子畢卽待御於君, 故服進御之褖衣也." 人君見世子於路寢, 此升自西階, 是自外而入也. 凡生子, 無問妻妾, 皆在側室.

**번역** 제후(諸侯)의 조복(朝服)[24]은 검은색의 상의와 흰색의 하의이다. "부인(夫人) 또한 이처럼 한다."는 말은 부인도 또한 조복을 착용한다는 뜻인데, 마땅히 그 옷은 전의(展衣)가 된다. 정현의 주에서는 "단의(褖衣)[25]를 착용하는 것은 자식을 접견하는 일이 끝나면, 군주를 시중들기 때문에, 시중을 들 때 착용하는 단의를 입는 것이다."라고 했다. 군주가 세자(世子)를 접견할 때에는 노침(路寢)에서 하니, 여기에서 "서쪽 계단을 통해서 올라간다."라고 한 말은 외부로부터 들어온 것을 뜻한다. 무릇 자식을 낳을 때에는 처(妻)와 첩(妾)을 불문하고, 모두 측실(側室)에 머물게 된다.

**大全** 山陰陸氏曰: 不言三月之末, 嫌緩, 不言執其右手, 咳而名之, 嫌漫, 皆非所以言世子故也. 上下比義, 使從可知而已.

**번역** 산음육씨가 말하길, 세자(世子)에 대해서 3개월째의 말미에 대한 언급을 하지 않았으니, 너무 느슨하게 대한다는 혐의를 받고, 세자의 오른

---

24) 조복(朝服)은 군주와 신하가 조회를 열 때 착용하는 복장을 뜻한다. 중요한 의식을 치를 때 착용하는 예복(禮服)을 가리키기도 한다.

25) 단의(褖衣)는 흑색의 천으로 상의와 하의를 만들고, 붉은색으로 가장자리에 단을 댄 옷이다. 『의례』「사상례(士喪禮)」편에는 '단의'가 기록되어 있는데, 이에 대한 정현의 주에서는 "黑衣裳赤緣謂之褖."이라고 풀이했다.

손을 잡고, 웃으며 이름을 지어준다고 언급하지 않았으니, 너무 태만하게 대한다는 혐의를 받지만, 이 모두는 세자(世子)에 대한 예법을 언급하기 위해서가 아니다. 상하 문맥의 뜻을 비교해보면, 세자(世子)에 대해서도 앞서 언급한 것처럼 한다는 사실을 알 수 있다.

**鄭注** 子升自西階, 則人君見世子於路寢也, 見妾子就側室. 凡子生皆就側室, 諸侯夫人朝於君, 次而褖衣也.

**번역** 자식이 서쪽 계단을 통해서 올라간다면, 군주는 세자(世子)를 접견할 때 노침(路寢)에서 하는 것이며, 첩(妾)의 자식을 접견할 때에는 측실(側室)로 나아가는 것이다. 무릇 자식이 태어났을 때에는 모든 경우에 있어서 측실로 나아가는데, 제후의 부인(夫人)은 군주에게 알현하고, 차(次)하고 단의(褖衣)를 착용한다.

**釋文** 褖, 通亂反.

**번역** '褖'자는 '通(통)'자와 '亂(란)'자의 반절음이다.

**孔疏** ●"世子"至"乃降". ○正義曰: 此一節明人君見世子及適庶之禮. 各依文解之.

**번역** ●經文: "世子"~"乃降". ○이곳 문단은 군주가 세자(世子)를 접견하는 예법과 적자(適子)와 서자(庶子)에 대한 차등적 예법을 나타내고 있다. 각각의 문장에 따라서 풀이하겠다.

**孔疏** ◎注"子升"至"衣也". ○正義曰: "凡子生皆就側室"者, 按上文妻將生子居側室, 是卿大夫生子居側室. 此文人君見世子在路寢, 經云"世婦抱子升自西階", 是世婦抱子從外而入. 其內寢, 是君之常居之處, 夫人不可於此寢生子, 故知亦在側室也. 云"夫人朝於君, 次而褖衣也"者, 按內司服注云: "后六服, 后從王祭先王, 則服褘衣; 祭先公, 則服揄翟; 祭群小祀, 則服闕翟. 鞠衣, 黃桑服也. 展衣, 以禮見王及賓客. 褖衣, 御于王之服. 諸侯夫人以下, 所得之服, 各如王后之服, 則夫人亦如王后也." 此旣在路寢, 與君同著朝服, 則是以禮見君, 合服展衣. 此云"次而褖衣"者, 此謂見子. 又見子若訖, 則當進入君寢, 侍御於君, 故服進御之服, 異於尋常. 以禮見君, 故不服展衣也. "次"者, 首飾次苐髲爲之, 則少牢禮"髲[26]鬄", 是也. 鄭注云: "古者或剔賤者刑者之髮爲之." 其褘衣·揄翟·闕翟, 首服副. 副者, 覆首爲飾. 鄭注云: "若今步繇矣." 鞠衣·展衣, 首服編, 鄭云: "編, 列髮爲之, 若今假紒矣."

**번역** ◎鄭注: "子升"~"衣也". ○정현이 "무릇 자식이 태어났을 때에는 모든 경우에 있어서 측실(側室)로 나아간다."라고 했는데, 앞의 문장을 살펴보면, 처(妻)가 장차 자식을 낳으려고 할 때에는 측실에 머문다고 했으니, 경(卿)과 대부(大夫)의 계층에서 자식을 낳을 때에는 측실에 머문다는 사실을 나타낸다. 이곳 문장은 군주가 노침(路寢)에서 세자(世子)를 접견하는 내용이며, 경문에서 "세부(世婦)가 세자를 안고 서쪽 계단을 통해서 올라간다."라고 했으니, 이 말은 세부가 세자를 안고서 밖으로부터 안으로 들어온다는 사실을 나타낸다. 내침(內寢)의 경우, 군주가 항상 머무는 장소가 되고, 부인(夫人)은 이곳에서 자식을 낳을 수가 없다. 그렇기 때문에 제후의 경우에도 또한 측실에 머물게 됨을 알 수 있다. 정현이 "제후의 부인(夫人)은 군주에게 알현을 하고, 차(次)를 하고 단의(褖衣)를 착용한다."라고 했는데, 『주례』「내사복(內司服)」편에 대한 정현의 주를 살펴보면, "왕후(王后)에게는 육복(六服)이 있으니, 왕후가 천자를 따라서 선왕(先王)에 대한 제사를 지내게 된다면, 위의(褘衣)를 착용하고, 선공(先公)에 대한 제사를 지내게 된다면, 유적(揄翟)을 착용하며, 뭇 소사(小祀)에 대한 제사를 지내게 된다면, 궐적(闕翟)을 착용한다. 국의(鞠衣)는 누런 뽕잎 색깔의 복장이다.

---

26) '피(髲)'자에 대하여. '피'자는 본래 '발(髮)'자로 기록되어 있었는데, 완원(阮元)의 『교감기(校勘記)』에서는 "혜동(惠棟)의 『교송본(校宋本)』에서는 '발'자를 '피'자로 기록하고 있으니, 이곳 판본의 기록이 잘못된 것이다. 『민본(閩本)』·『감본(監本)』·『모본(毛本)』 및 위씨(衛氏)의 『집설(集說)』도 동일하게 잘못 기록하고 있다."라고 했다.

전의(展衣)를 착용하고서, 예법에 따라 천자를 접견하거나 빈객(賓客)을 접견한다. 단의(褖衣)는 천자에게 시중을 들 때 착용하는 복장이다. 제후(諸侯)의 부인(夫人)으로부터 그 이하의 여성들이 착용할 수 있는 복장은 각각 왕후의 복장처럼 하니, 부인 또한 왕후처럼 복식을 갖출 수 있는 것이다."라고 했다. 이곳에서는 이미 노침에서 의식을 치른다고 했고, 군주와 함께 조복(朝服)을 착용한다고 했으니, 이것은 예법에 따라 군주를 알현하는 것이므로, 전의(展衣)를 착용하는 것에 해당한다. 이곳 주에서 "차(次)를 하고 단의(褖衣)를 착용한다."라고 한 말은 자식을 접견할 때를 뜻한다. 또 자식을 접견하는 일이 끝나면, 마땅히 군주의 침소로 들어가서, 군주에 대한 시중을 들게 된다. 그렇기 때문에 시중을 들 때 착용하는 복장을 입는 것으로, 평상시와는 다르게 하는 것이다. 그래서 예법에 따라 군주를 알현하는 것이지만, 전의(展衣)를 착용하지 않은 것이다. '차(次)'라고 한 것은 머리장식에 있어서 가채로써 머리모양을 만든 것을 뜻하니, 『의례』「소뢰궤식례(少牢饋食禮)」편에서 '피체(髲鬄)'라고 한 것에 해당한다.[27] 정현의 주에서는 "고대에는 간혹 신분이 미천한 자나 형벌을 받은 자의 머리카락을 잘라서 만들기도 했다."라고 했다. 위의(褘衣)·유적(揄翟)·궐적(闕翟)은 머리에 부(副)를 착용한다. '부(副)'라는 것은 머리를 덮어서 장식으로 삼는 것이다. 정현의 주에서는 "마치 오늘날의 보요(步繇)와 같은 것이다."라고 했다. 국의(鞠衣)와 전의(展衣)에는 머리에 편(編)을 착용하게 되는데, 정현의 주에서는 "편(編)은 머리카락을 줄줄이 엮어서 만들게 되니, 마치 오늘날의 가계(假紒)와 같은 것이다."라고 했다.

**集解** 愚謂: 見適子皆於正寢, 但大夫士避世子之禮, 故子不升自西階, 而出自房耳. 天子諸侯朝服不同, 則后與夫人以禮見王之服亦當異: 后以禮見王服展衣, 則夫人以禮見君服褖衣宜也. 特牲禮: "主人玄端, 主婦笄纚綃衣." 男子玄端之上爲朝服, 婦人笄纚綃衣之上爲褖衣, 故少牢禮"主人朝服, 主婦被

27) 『의례』「소뢰궤식례(少牢饋食禮)」: 主婦被錫, 衣移袂, 薦自東房, 韭菹·醓醢, 坐奠于筵前. / 이 문장에 대한 정현의 주 : 被錫, 讀爲髲鬄.

錫衣侈袂." 被卽次, 錫衣卽褖衣之誤也. 此見子, 君服朝服, 則鄭謂"夫人次而褖衣"者不可易也. 后御於王褖衣, 則夫人御於君亦笄纚綃衣耳.

**번역** 내가 생각하기에, 적자(適子)를 접견할 때에는 모든 경우에 있어서, 정침(正寢)에서 시행한다. 다만 대부(大夫)와 사(士) 계층은 세자(世子)에 대한 예법을 피하기 때문에, 자식은 서쪽 계단을 통해서 올라갈 수 없고, 단지 방(房)으로부터 빠져나올 뿐이다. 천자(天子)와 제후(諸侯)의 조복(朝服)이 동일하지 않다면, 왕후(王后)와 부인(夫人)이 예법에 따라 군주를 알현할 때의 복장 또한 마땅히 다르다. 왕후가 예법에 따라 천자를 알현할 때 전의(展衣)를 착용한다면, 부인이 예법에 따라 제후를 알현할 때에는 단의(褖衣)를 착용하는 것이 마땅하다. 『의례』「특생궤식례(特牲饋食禮)」편에서는 "주인(主人)은 현단복(玄端服)을 착용하고, 주부(主婦)는 비녀와 리(纚)를 매고, 초의(綃衣)를 착용한다."라고 했다.[28] 따라서 남자의 경우에는 현단복 이상의 복장을 조복(朝服)으로 삼는 것이고, 부인은 비녀와 리(纚)를 매고, 초의(綃衣)를 착용하는 것 이상의 복장을 단의(褖衣)로 삼는 것이다. 그렇기 때문에 『의례』「소뢰궤식례(少牢饋食禮)」편에서는 "주인은 조복을 착용하고, 주부는 피(被)에 석의(錫衣)를 착용하고, 소매를 크게 한다."라고 했던 것인데, 여기에서 말하는 '피(被)'는 곧 차(次)에 해당하고, '석의(錫衣)'는 단의(褖衣)를 잘못 표기한 것이다. 이곳에서 자식을 접견하며, 제후가 조복을 착용한다고 했다면, 정현이 "부인은 차(次)를 하고 단의(褖衣)를 착용한다."라고 했던 말은 고칠 수 없는 사실이다. 왕후가 천자에게 시중을 들 때 단의(褖衣)를 착용한다면, 부인은 제후에게 시중을 들 때 또한 비녀와 리(纚)를 매고, 초의(綃衣)를 착용했을 뿐이다.

---

28) 『의례』「특생궤식례(特牲饋食禮)」: 記. 特牲饋食, 其服皆朝服, 玄冠, 緇帶, 緇韠. 唯尸·祝·佐食玄端, 玄裳·黃裳·雜裳可也, 皆爵韠. / 『의례』「특생궤식례(特牲饋食禮)」: 主婦纚·笄·宵衣, 立于房中, 南面.

그림 31-1 ▣ 제후의 조복(朝服)

※ **출처:**『삼례도집주(三禮圖集注)』1권

그림 31-2 ▣ 전의(展衣)

※ **출처:** 『삼례도집주(三禮圖集注)』 2권

그림 31-3 ▣ 단의(褖衣)

※ **출처:**『삼례도집주(三禮圖集注)』2권

그림 31-4 ▣ 유적(揄翟)

※ **출처:** 『삼례도집주(三禮圖集注)』 2권

그림 31-5 ■ 궐적(闕翟)

※ 출처: 『삼례도집주(三禮圖集注)』 2권

**그림 31-6** ▣ 국의(鞠衣)

※ **출처:** 『삼례도집주(三禮圖集注)』 2권

【366c】

**適子庶子見於外寢，撫其首，咳而名之. 禮帥初，無辭.**

**직역** 適子와 庶子는 外寢에서 見하고, 그 首를 撫하며, 咳하여 名한다. 禮는 初를 帥이나, 辭는 無한다.

**의역** 세자(世子)의 동생과 첩(妾)의 자식들에 대해서는 외침(外寢)에서 접견을 하고, 군주는 아이의 머리를 쓰다듬고, 자상하게 웃으며 아이의 이름을 지어준다. 이러한 예법은 최초 세자에게 이름을 지어줄 때의 예법대로 따르지만, 건네는 말을 없다.

**集說** 此適子, 蓋世子之弟. 庶子, 則妾子也. 外寢, 君燕寢也. 燕寢在內, 以側室在旁處內, 故謂此爲外也.

**번역** 여기에서 말하는 '적자(適子)'는 아마도 서자(庶子)의 동생을 뜻하는 것 같다. '서자(庶子)'는 곧 첩(妾)의 아들을 뜻한다. '외침(外寢)'은 군주의 연침(燕寢)을 뜻하다. 연침은 안쪽에 위치하지만, 측실(側室)을 옆에 두어 안쪽에 배치시켰기 때문에, 이 공간을 바깥[外]으로 삼은 것이다.

**集說** 疏曰: 庶子見於側室, 此以撫首咳名無辭之事同, 故與適子連文, 云見於外寢耳.

**번역** 공영달의 소(疏)에서 말하길, 서자(庶子)에 대해서는 측실(側室)에서 접견하는데, 이곳에서 머리를 쓰다듬으며, 아이를 웃게 하여 이름을 지어주고, 사(辭)를 하지 않는다고 한 사안은 동일하다. 그렇기 때문에 적자(適子)와 연이어서 문장을 기록하여, "외침(外寢)에서 접견한다."고 말한 것일 뿐이다.

**大全** 嚴陵方氏曰: 適子庶子皆見於外寢, 則世子見於路寢, 可知.

**번역** 엄릉방씨가 말하길, 적자(適子)와 서자(庶子)에 대해서 모두 외침(外寢)에서 접견을 한다면, 세자(世子)에 대해서는 노침(路寢)에서 접견을 한다는 사실을 알 수 있다.

**鄭注** 此適子謂世子弟也. 庶子, 妾子也. 外寢, 君燕寢也. 無辭, 辭謂欽有帥記有成也.

**번역** 여기에서 말한 '적자(適子)'는 세자(世子)의 동생을 뜻한다. '서자(庶子)'는 첩(妾)의 자식이다. '외침(外寢)'은 군주의 연침(燕寢)이다. '무사(無辭)'라고 했는데, 이때의 '사(辭)'는 공경스럽게 선(善)의 도에 따르고, 기록하여 이룸이 있다는 등의 말을 뜻한다.

**釋文** 適, 丁歷反, 注及下同.

**번역** '適'자는 '丁(정)'자와 '歷(력)'자의 반절음이며, 정현의 주 및 아래 문장에 나오는 글자도 그 음이 이와 같다.

**孔疏** ●"適子"至"無辭". ○正義曰: 此一節明人君見世子弟及妾子之禮.

**번역** ●經文: "適子"~"無辭". ○이곳 문단은 군주가 세자(世子)의 동생 및 첩(妾)의 자식들을 접견하는 예법을 나타내고 있다.

**孔疏** ●"適子庶子見於外寢"者, 適子, 謂大子之弟, 見於外寢, 庶子則見側室, 但撫首咳名, 無辭之事, 與世子之弟同, 故與"適子"連文. 同云"見於外寢", 其實庶子見於側室也.

**번역** ●經文: "適子庶子見於外寢". ○'적자(適子)'는 태자(太子)의 동생으로, 외침(外寢)에서 접견을 하고, 서자(庶子)는 측실(側室)에서 접견을 한다. 다만 머리를 쓰다듬고, 아이를 웃게 하며 이름을 지어주게 되는데, 이때에는 말을 건네는 사안이 없게 되니, 이것은 세자의 동생에 대한 경우와 동일하다. 그렇기 때문에 '적자(適子)'와 연이어서 문장을 기록한 것이다. 둘에 대해서 모두 "외침에서 접견한다."라고 했지만, 실제로는 서자의 경우 측실(側室)에서 접견한다.

**孔疏** ●"禮帥初, 無辭"者, 禮, 謂威儀也. 帥, 循也. 初, 謂前文世子生, 見於路寢, 君夫人皆西向. 言見適子庶子威儀, 依循初世子之法, 但無敕戒之辭. 然夫人所生之子, 容可如世子見禮, 君與夫人俱西向. 若妾之見子, 則不得與夫人同, 當與卿大夫之妻見適子同, 但不親抱子耳.

**번역** ●經文: "禮帥初, 無辭". ○'예(禮)'는 의례 절차 등을 뜻한다. '솔(帥)'자는 "따른다[循]."는 뜻이다. '초(初)'자는 앞의 문장에서 세자(世子)가 태어났을 때, 노침(路寢)에서 접견을 하고, 군주와 부인(夫人)이 모두 서쪽을 바라본다고 했던 의례를 뜻한다. 즉 적자(適子)와 서자(庶子)에 대한 의례 절차는 최초 세자에게 실시했던 법도에 따라서 하지만, 주의를 주며 타이르는 말 등은 없게 된다. 그러나 부인(夫人)이 낳은 자식에 대해서는 그 용모와 행동을 세자를 접견시킬 때의 예(禮)와 동일하게 할 수 있어서, 군주와 부인은 모두 서쪽을 바라보게 된다. 만약 첩(妾)의 자식을 접견하는 경우라면, 첩은 부인과 동일하게 할 수 없으니, 마땅히 경(卿)과 대부(大夫)의 처(妻)가 적자(適子)를 접견할 때의 예법과 동일하게 하는 것이며, 단지 직접 자식을 안지는 않을 따름이다.

**孔疏** ◎注"外寢"至"成也". ○正義曰: 燕寢當在內, 而云"外寢"者, 對側室而爲外耳. 側室在旁處內, 故謂燕寢爲外寢也. 云"無辭, 辭謂欽有帥記有成也"者, 按前世子生, 直云"世婦抱子升自西階, 君名之, 乃降", 亦無辭也. 而云"適子庶子"·"無辭"者, 以前文卿大夫妻見適子之時, 旣有"父執右手, 咳而名之", 及戒告之辭, 其文旣具, 故於見世子之禮略而不言. 其實世子亦執右手, 咳而名之, 及戒告也, 故鄭引前文卿大夫見子之辭而言之也.

**번역** ◎鄭注: "外寢"~"成也". ○연침(燕寢)은 마땅히 안쪽에 위치하는데도, 이곳에서는 '외침(外寢)'이라고 하였는데, 이것은 측실(側室)과 대비를 하여, 외(外)가 된다는 뜻일 뿐이다. 측실은 측면에 있어서, 그것을 안쪽으로 삼는다. 그렇기 때문에 연침이 외침을 뜻한다고 말한 것이다. 정현이 "'무사(無辭)'라고 했는데, 이때의 '사(辭)'는 공경스럽게 선(善)의 도에 따르고, 기록하여 이름이 있다는 등의 말을 뜻한다."라고 했는데, 앞서 세자(世子)가 태어났을 때의 기록을 살펴보면, 단지 "세부(世婦)가 자식을 안고서, 서쪽 계단을 통해 올라가고, 군주가 이름을 지어주면, 곧 내려간다."라고 하여, 또한 말을 건네는 기록이 없다. 그런데 '적자(適子)와 서자(庶子)'라고 기록하고, "사(辭)가 없다."라고 한 이유는 앞 문장 중 경(卿)과 대부(大夫)의 처(妻)가 적자(適子)를 부친에게 접견시킬 때, 이미 "부친은 아이의 오른손을 잡고서, 아이를 웃게 만들며 이름을 지어준다."라고 했고, 주의를 주는 말을 건넸는데, 그 문장을 이미 상세하게 기록해두었으므로, 세자를 접견하는 예(禮)를 기록할 때에는 문장을 생략하여, 그 말을 기록하지 않은 것이다. 따라서 실제로는 세자를 접견할 때에도 또한 세자의 오른손을 잡고, 세자를 웃게 만들며 이름을 지어주고, 주의를 주는 말을 건네게 된다. 그렇기 때문에 정현은 앞의 경(卿)과 대부(大夫)가 자식을 접견했을 때 하는 말들을 인용하여, 언급한 것이다.

**集解** 適子庶子, 謂適子之母弟也. 蓋雖適妻所生, 既非長適, 則亦爲庶子矣. 外寢, 正寢也. 辭, 謂"欽有帥"·"記有成"之辭也. 見適子之庶亦於正寢者, 敬適妻也. 不執其右手, 又無辭者, 降庶子也. 此禮尊卑之所同與.

**번역** 적자서자(適子庶子)는 적자(適子)의 모친이 낳은 동생들을 뜻한다. 무릇 정부인에게서 출생한 자식일지라도, 이미 적장자가 아니라면, 이들 또한 서자(庶子)가 된다. '외침(外寢)'은 정침(正寢)을 뜻한다. '사(辭)'는 앞서 언급한 '흠유솔(欽有帥)'과 '기유성(記有成)'이라는 말에 해당한다. 적자의 동생들을 접견하게 된다면, 또한 정침(正寢)에서 하니, 정부인을 공경하기 때문이다. 아이의 오른손을 잡지 않고, 또 건네는 말도 없는 것은 서자에 대해서 낮추기 때문이다. 이러한 예(禮)는 각 신분마다 동일하게 따르는 점이었을 것이다.

【366c】

**凡名子, 不以日月, 不以國, 不以隱疾. 大夫士之子, 不敢與世子同名.**

**직역** 凡히 子에게 名함에, 日月로써 不하며, 國으로써 不하고, 隱疾로써 不한다. 大夫와 士의 子는 敢히 世子와 名을 同함을 不한다.

**의역** 자식의 이름을 지을 경우에는 해나 달 등의 고유명사[29]로 짓지 않으며, 국명(國名)으로 짓지 않고, 그에게 있는 은질(隱疾)[30]로써 짓지 않는다. 대부(大夫)와 사(士)의 자식은 감히 세자(世子)와 동일한 이름으로 짓지 않는다.

**集說** 說見曲禮.

**번역** 자세한 설명은 『예기』「곡례(曲禮)」편에 나온다.[31]

---

29) 주석가에 따라서 '일월(日月)'을 해나 달이 아닌 간지(干支)로 여기기도 한다.

30) 은질(隱疾)은 겉으로 잘 드러나지 않는 질병들을 뜻한다.

31) 『예기』「곡례상(曲禮上)」【25c】의 "名子者, 不以國, 不以日月, 不以隱疾, 不以山川."이라는 기록에 대해, 진호(陳澔)의 『집설(集說)』에서는 "常語易及, 則避諱爲難, 故名子者不之用."이라고 풀이했다. 즉 "일상적으로 사용하는 용어들은 자주 언급되므로, 피휘(避諱)하기가 어렵게 된다. 그렇기 때문에 자식의 이름을 지을 때에는 이러한 용어들을 사용하지 않는 것이다."라는 뜻이다. 또 『예기』「곡례하(曲禮下)」【48b~c】의 "君大夫之子, 不敢自稱曰余小子, 大夫士之子, 不敢自稱曰嗣子某, 不敢與世子同名."이라는 기록에 대해, 진호(陳澔)의 『집설(集說)』에서는 "列國之大夫與士之子, 不敢自稱嗣子某, 避嗣諸侯之稱也."라고 풀이했다. 즉 "제후국에 소속된 대부와 사(士)의 자식들은 자신을 감히 '사자(嗣子) 아무개'라고 부르지 못하니, 제후의 지위를 잇게 되는 세자(世子)의 칭호를 피하기 위해서이다."라는 뜻이다.

**鄭注** 終使易諱. 諱衣中之疾, 難爲醫也. 尊世子也, 其先世子生, 亦勿爲改.

**번역** 그가 죽게 되면, 후손들로 하여금 쉽게 피휘(避諱)를 하기 위해서이다. 옷으로 가려진 부위의 질병에 대해서는 그 명칭을 피해서 지으니, 만약 질병의 명칭으로 이름을 짓게 되면, 의술을 시행하기가 어렵게 된다. 세자(世子)와 같은 이름으로 짓지 않는 것은 세자를 존귀하게 여기기 때문이며, 세자보다 먼저 태어난 경우라면, 같은 이름이라고 하더라도, 또한 이름을 개명하지 않는다.

**釋文** 易, 以豉反.

**번역** '易'자는 '以(이)'자와 '豉(시)'자의 반절음이다.

**孔疏** ●"凡名"至"同名". ○正義曰: 此一節論子名之法. 尊卑上下, 同有諱辟. 又大夫士之名子, 辟世子之名.

**번역** ●經文: "凡名"~"同名". ○이곳 문단은 자식에게 이름을 지어주는 법도에 대해서 논의하고 있다. 신분의 차이나 상하 계층에 상관없이, 모두 피휘를 하게 된다. 또한 대부(大夫)와 사(士)가 자식에게 이름을 지어줄 때에는 세자(世子)의 이름을 피하게 된다.

**孔疏** ◎注"其先"至"爲改". ○正義曰: 知"先世子生, 亦勿爲改"者, 按春秋衛襄公名惡, 其大夫有齊惡, 明齊惡先衛侯生, 故得與衛侯同名, 是知先生者不改也.

**번역** ◎鄭注: "其先"~"爲改". ○정현이 "세자보다 먼저 태어난 경우라면, 같은 이름이라고 하더라도 또한 이름을 개명하지 않는다."라고 했는데, 이 말이 사실임을 알 수 있는 이유는 『춘추』를 살펴보면, 위(衛)나라 양공(襄公)의 이름은 오(惡)였는데, 그의 대부(大夫) 중에는 제오(齊惡)라는 자가 있었으니, 이것은 곧 제오(齊惡)가 위나라 후작보다 먼저 태어났다는 사실을 나타낸다. 그렇기 때문에 위나라 후작과 동일한 이름을 가질 수 있었던 것이다. 따라서 이러한 사실을 통해서 먼저 태어난 경우에는 개명을 하지 않는다는 사실을 알 수 있다.

**集解** 說並見曲禮.

**번역** 자세한 설명은 모두 『예기』「곡례(曲禮)」편에 나온다.

**【366d】**

**妾將生子, 及月辰, 夫使人日一問之. 子生三月之末, 漱澣夙齊, 見於內寢, 禮之如始入室. 君已食, 徹焉, 使之特餕, 遂入御.**

**직역** 妾이 將히 子를 生함에, 月辰에 及하면, 夫는 人을 使하여 日마다 一히 問한다. 子가 生하면 三月의 末에, 漱澣하고 夙齊하여, 內寢에서 見하고, 禮는 始히 室에 入함에 如한다. 君이 已히 食하면, 徹하고, 特餕을 使하고, 遂히 入하여 御한다.

**의역** 첩(妾)이 자식을 낳으려고 할 때, 산달의 초하루가 되면, 남편은 사람을 시켜서, 날마다 한 차례 안부를 묻는다. 자식이 태어난 후 3개월째의 말일이 되면, 의복을 세탁하고, 일찍 일어나서 재계를 하여, 내침(內寢)에서 아들을 접견하고, 그때 따르는 의례는 첩(妾)이 처음 시집을 왔을 때처럼 한다. 남편이 식사를 마치면, 상을 치우고, 첩(妾)으로 하여금 홀로 남은 음식을 먹게 하고, 그 일이 끝나면, 들어가서 남편의 시중을 든다.

**集說** 此言大夫士之妾生子之禮. 宮室之制, 前有路寢, 次則君之燕寢, 次夫人正寢. 卿大夫以下, 前有適室, 次則燕寢, 次則適妻之寢. 此言內寢, 正謂適妻寢耳. 如始入室者, 如初來嫁時也. 特餕, 使此生子者獨餕, 不如常時衆妾同餕也.

**번역** 이 내용은 대부(大夫)와 사(士)의 첩(妾)이 자식을 낳는 예(禮)에 대한 것이다. 궁실(宮室)의 제도에 있어서, 앞쪽에는 노침(路寢)이 있게 되고, 그 다음에는 제후가 사용하는 연침(燕寢)이 있으며, 그 다음에는 부인(夫人)이 사용하는 정침(正寢)이 있게 된다. 경(卿)과 대부 이하의 계층에 있어서는 앞에 적실(適室)이 있고, 그 다음에 연침(燕寢)이 있으며, 그 다음에 정부인의 침(寢)이 있다. 이곳에서 '내침(內寢)'이라고 말한 것은 바로 정부인의 침(寢)을 뜻할 따름이다. '여시입실(如始入室)'이라는 말은 최초 시집을 왔을 때와 동일하게 한다는 뜻이다. '특준(特餕)'은 자식을 낳은 첩(妾)으로 하여금 홀로 남은 음식을 먹게 하니, 일상적인 때 여러 첩(妾)들이 남은 음식을 함께 먹었던 것과는 다른 것이다.

**大全** 慶源輔氏曰: 妾生子而禮之如始入室, 所以使之知大分已定於其初矣. 特餕, 所以寵之, 然其分不可得而易也.

**번역** 경원보씨가 말하길, 첩(妾)이 자식을 낳아서, 그녀에게 예우를 할 때, 그녀가 처음 시집을 왔을 때처럼 하는 것은 그녀로 하여금 큰 구분이 이미 시집을 왔던 그 초기에 결정되어 있었음을 알게끔 하는 방법이다. 홀로 남은 음식을 먹는 것은 그녀를 총애하는 일이지만, 그 구분은 바꿀 수가 없다.

**鄭注** 內寢, 適妻寢也. 禮, 謂已見子, 夫食而使獨餕也. 如始入室, 始來嫁時, 妾餕夫婦之餘亦如之. 旣見子可以御, 此謂大夫士之妾也. 凡妾稱夫曰君.

**번역** '내침(內寢)'은 정부인의 침(寢)이다. '예(禮)'는 자식을 접견하는 일이 끝나면, 남편은 식사를 하고, 그녀로 하여금 홀로 남은 음식을 먹도록 하는 것이다. '여시입실(如始入室)'이라고 했는데, 처음 시집을 왔을 때, 첩(妾)은 남편과 정부인이 먹고 남긴 음식을 먹으니, 또한 현재와 같다는 뜻이다. 자식을 접견했다면, 남편의 시중을 들 수 있는데, 이 경우는 대부(大夫)와 사(士)의 첩(妾)에 대한 것이다. 무릇 첩(妾)들은 남편을 부를 때, '군

(君)'이라고 지칭한다.

**釋文** 三月之末, 一本作"子生三月之末".

**번역** '三月之末'을 다른 판본에서는 '子生三月之末'이라고도 기록한다.

**孔疏** ●"妾將"至"入御". ○正義曰: 此一節論大夫妾生子之禮, 異於適子之法.

**번역** ●經文: "妾將"~"入御". ○이곳 문단은 대부(大夫)의 첩(妾)이 자식을 낳는 예(禮)를 논의하고 있으니, 적자(適子)에 대한 법도와는 다르게 한다.

**孔疏** ●"君已食, 徹焉"者, 君, 謂夫也. 以妾賤, 故謂夫爲君.

**번역** ●經文: "君已食, 徹焉". ○'군(君)'자는 남편을 뜻한다. 첩(妾)은 미천한 신분이기 때문에, 남편을 '군(君)'이라고 부르는 것이다.

**孔疏** ●"使之特餕"者, 尋常夫食之後, 衆妾共餕, 今以其生子, 故"使之特餕"也.

**번역** ●經文: "使之特餕". ○일상적인 경우, 남편이 식사를 마친 이후에는 여러 첩(妾)들이 함께 남은 음식을 먹는데, 현재는 그녀가 자식을 낳았기 때문에, "그녀로 하여금 홀로 남은 음식을 먹게 한다."라고 한 것이다.

**孔疏** ◎注"內寢"至"曰君". ○正義曰: 知"內寢, 適妻寢"者, 以其稱內, 故知是適妻寢也. 凡宮室之制, 前有路寢, 次有君燕寢, 次夫人正寢. 卿大夫以下, 前有適室, 次有燕寢, 次有適妻之寢. 但夫之[32]燕寢, 對夫人及適妻之寢,

32) '지(之)'자에 대하여. '지'자는 본래 '인(人)'자로 기록되어 있었는데, 완원(阮

及側室等. 其燕寢在外, 亦名外寢, 故前注云“外寢, 君燕寢”, 是也. 云“妾餕夫婦之餘亦如之”者, 按昏禮夫婦同牢之後, 媵餕夫餘, 御餕婦餘, 故謂正妻. 若妾初嫁始來, 夫婦共食. 初來之妾, 特餕其餘. 今妾已見子之後, 夫婦共食, 令生子之妾特餕其餘, 亦如始來時, 故云“亦如之”. 云“旣見子可以御, 此謂大夫士之妾也”者, 以前文大夫之妻, 見子之後, 妻遂適夫寢, 未卽進御, 後婦云“夫入食, 如養禮”, 是夫始入與妻食, 乃後進御. 此文云見子遂入御, 故謂云“此大夫士之妾也”, 言其異正妻也.

**번역** ◎鄭注: “內寢”~“曰君”. ○정현이 “내침(內寢)은 정부인의 침(寢)이다.”라고 했는데, 이 말이 사실임을 알 수 있는 이유는 그 건물에 대해서 ‘내(內)’라고 지칭했기 때문에, 그것이 정부인의 침(寢)이 됨을 알 수 있는 것이다. 무릇 궁실(宮室)의 제도에 있어서, 앞에는 노침(路寢)이 있고, 그 다음에는 군주의 연침(燕寢)이 있게 되며, 그 다음에는 부인(夫人)의 정침(正寢)이 있게 된다. 경(卿)과 대부(大夫) 이하의 계층이라면, 앞에 적실(適室)이 있게 되고, 그 다음에 연침(燕寢)이 있게 되며, 그 다음에 정부인의 침(寢)이 있게 된다. 다만 남편의 연침(燕寢)은 부인(夫人) 및 정부인의 침(寢)과 대비되고, 또 측실(側室) 등과도 대비된다. 따라서 연침(燕寢)은 바깥쪽에 있기 때문에, 그 건물을 ‘외침(外寢)’이라고도 부르는 것이다. 그래서 앞 문장에 대한 주에서는 “외침(外寢)은 군주의 연침(燕寢)이다.”라고 말한 것이다. 정현이 “첩(妾)은 남편과 정부인이 먹고 남긴 음식을 먹으니, 또한 현재와 같다는 뜻이다.”라고 했는데, 『의례』「사혼례(士昏禮)」편을 살펴보면, 부부가 같은 희생물을 먹은 이후에, 잉첩은 남편이 남긴 음식을 먹고, 어(御)는 부인이 남긴 음식을 먹는다고 했다. 그렇기 때문에 「사혼례」편의 내용은 정부인에 대한 것이다. 만약 첩(妾)이 최초 시집을 온 경우라면, 남편과 부인이 함께 음식을 먹게 된다. 그리고 처음 시집 온 첩(妾)은 홀로 그들이 남긴 음식을 먹는다. 현재의 상황은 첩(妾)이 자식을 접견시킨

---

元)의 『교감기(校勘記)』에서는 “혜동(惠棟)의 『교송본(校宋本)』에는 ‘인’자를 ‘지’자로 기록하고 있고, 위씨(衛氏)의 『집설(集說)』에서도 또한 ‘지’자로 기록하고 있다.”라고 했다.

이후에, 부부가 함께 음식을 먹고, 자식을 낳은 첩(妾)으로 하여금 홀로 남은 음식들을 먹게 한 것이니, 이것은 또한 첩(妾)이 처음 시집을 왔을 때와 동일하게 하는 것이다. 그렇기 때문에 "또한 그와 같다."라고 말한 것이다. 정현이 "자식을 접견했다면, 남편의 시중을 들 수 있는데, 이 경우는 대부(大夫)와 사(士)의 첩(妾)에 대한 것이다."라고 했는데, 앞 문장에서는 대부(大夫)의 처(妻)가 자식을 접견시킨 이후에, 처가 끝내 남편의 침(寢)으로 간다고 했지만, 아직은 시중을 들지 않는 것이고, 그 뒤에서는 부인에 대해, "남편이 들어가서 음식을 먹을 때, 봉양의 예(禮)처럼 한다."라고 했으니, 이 말은 남편이 처음 들어와서 처와 함께 식사를 하게 되면, 그 이후에는 곧 시중을 든다는 사실을 나타낸다. 이곳 문장에서는 자식을 접견시키고서, 끝내 들어가서 시중을 든다고 했다. 그렇기 때문에 "이것은 대부(大夫)와 사(士)의 첩(妾)에 대한 것이다."라고 말한 것이니, 정부인과는 다르게 한다는 뜻이다.

**訓纂** 劉氏台拱曰: 按妻以子見於父, 謂冢子也. 其餘適子庶子, 則先見其母, 而後見其子. 何以明之? 冢子未食而見, 則母子俱見, 而後夫婦同牢而食也. 適子庶子已食而見, 則先見其母而後食, 食焉而後見其子也. 此其時之先後不同也. 適子庶子見於外寢, 謂子見父也. 又云"子生三月之末, 漱澣夙齊, 見於內寢"者, 謂妾見君也. 此其地之內外不同也. "公庶子生, 三月之末, 其母沐浴朝服見於君, 擯者以其子見", 公之庶子不與母俱見, 則大夫士之子從可知矣. 說者疑妾亦以子見父, 而"外寢"·"內寢"牴牾不合, 不得不從爲之辭, 斯不詳之甚也.

**번역** 유태공이 말하길, 살펴보니 처(妻)가 자식을 데리고 부친을 접견한다는 것은 총자(冢子)에 대한 것이다. 나머지 적자(適子)와 서자(庶子)의 경우에는 남편은 우선적으로 그 모친을 접견하고, 그 이후에 그 자식을 접견한다. 어떻게 이러한 사실을 알 수 있는가? 총자의 경우 음식을 먹기 전에 접견을 하니, 그 모친과 자식을 함께 접견하고, 그 이후에 부부가 같은 희생물을 먹는 것이다. 적자와 서자는 이미 음식을 먹은 이후에 접견을 하니, 먼저 그 모친을 접견하고, 그 이후에 식사를 하며, 식사를 한 이후에 그 자식을 접견하는 것이다. 이것은 곧 그 시기의 선후에 차이가 난다는 사실을 나타낸다. 적자와 서자는 외침(外寢)에서 접견한다고 했는데, 이것은 자식을 부친에게 접견시킬 때를 뜻한다. 또한 "자식이 태어난 후 3개월째 말미에 세탁을 하고 일찍 일어나서 재계를 하며, 내침(內寢)에서 접견한다."라고 했는데, 이것은 첩(妾)이 남편을 접견하는 것을 뜻한다. 이것은 곧 그 장소에 있어서도 내외(內外)에 따른 차이가 있음을 나타낸다. "그리고 공(公)의 서자(庶子)가 태어나면, 3개월째 말미에, 그 모친은 목욕을 하고 조복(朝服)을 착용하고, 군주를 접견하며, 의례를 돕는 자는 그 자식을 데리고 접견한다."라고 했는데, 공(公)의 서자도 모친과 함께 접견을 하지 않는다면, 대부(大夫)와 사(士)의 자식에 대한 경우도, 이러한 내용을 통해서 유추해서 알 수 있다. 학자들에 따라서는 첩(妾) 또한 자식을 데리고 부친을 접견한다고 의심하였지만, '외침(外寢)'과 '내침(內寢)'이라는 장소가 서로 어긋나고 합치되지 않아서, 부득이하게 그에 대한 설명을 하지 않을 수 없었으나, 매우 상세한 설명은 아니다.

**集解** 此謂大夫士之妾也. 不云"就側室"者, 大夫士之妾居側室, 卽其所居而生子, 不別就室也. 故左傳"趙氏有側室子曰穿", 是也. 夫使人日一問之, 降於正妻也. 內寢, 夫之燕寢也. 適子見於正寢而有辭, 適子庶子見於正寢而無辭, 庶子見於內寢, 尊卑之差也. 始入室, 始來嫁時也. 君, 謂夫也. 特, 獨也. 常時夫婦食畢, 衆妾並餕, 今使生子之妾特餕, 如始來嫁之禮也. 士昏禮媵餕夫餘, 御餕婦餘, 無特餕之法, 豈妾之待年而後至者, 或非媵而買諸他姓者, 其始至特餕與?

**번역** 이 내용은 대부(大夫)와 사(士)의 첩(妾)에 대한 것이다. "측실(側室)로 나아간다."라고 말하지 않은 것은 대부와 사의 첩(妾)은 측실에 거처하므로, 거처하는 곳에서 자식을 낳게 되며, 별도로 다른 실(室)로 가지 않기 때문이다. 그래서 『좌전』에서는 "조씨(趙氏)에게는 측실이 있으니, 그 이름은 천(穿)이다."[33]라고 했던 것이다. 남편이 사람을 시켜서, 매일 한 차례 안부를 묻는 것은 정부인에 대한 예법보다 낮추기 때문이다. '내침(內寢)'은 남편의 연침(燕寢)을 뜻한다. 적자(適子)에 대해서는 정침(正寢)에서 접견을 하고, 주의를 주는 말도 하며, 적자의 동생들인 서자(庶子)에 대해서는 정침에서 접견을 하되, 주의를 주는 말을 하지 않고, 첩(妾)의 자식인 서자(庶子)에 대해서는 내침(內寢)에서 접견을 하니, 이것은 신분에 따른 차등이다. '시입실(始入室)'은 처음 시집을 왔을 때를 뜻한다. '군(君)'자는 남편을 뜻한다. '특(特)'자는 홀로[獨]라는 뜻이다. 평상시에는 부부가 식사를 끝내면, 여러 첩(妾)들이 함께 남은 음식을 먹는데, 현재는 자식을 낳은 첩(妾)으로 하여금 홀로 남은 음식을 먹도록 했으니, 이것은 그녀가 처음 시집을 왔을 때의 예법처럼 한 것이다. 『의례』「사혼례(士昏禮)」편에서는 잉첩은 남편이 남긴 음식을 먹고, 어(御)는 부인이 남긴 음식을 먹는다고 하여, 홀로 남은 음식을 먹는 예법이 없다. 이것은 첩(妾) 중에서 약혼을 하여 혼인의 날짜를 기다린 이후에 온 경우이거나 혹은 잉첩이 아니고 다른 성(姓)을 가진 종족에서 사들인 여자의 경우, 그녀들이 처음 왔을 때 홀로 남은 음식을 먹었던 것이 아니겠는가?

【367a】

**公庶子生, 就側室. 三月之末, 其母沐浴朝服見於君, 擯者以其子見. 君所有賜, 君名之, 衆子則使有司名之.**

**직역** 公의 庶子가 生에는 側室로 就한다. 三月의 末에, 그 母는 沐浴하고 朝服하여 君에게 見하고, **擯**者는 그 子로써 見한다. 君에게 賜가 有한 所에는 君이 名하고, 衆子라면 有司를 使하여 名한다.

**의역** 제후의 서자(庶子)가 태어날 때, 그 어미는 측실(側室)로 가게 된다. 자식

33) 『춘추좌씨전』「문공(文公) 12년」: 趙有側室曰穿, 晉君之壻也, 有寵而弱, 不在軍事; 好勇而狂, 且惡臾駢之佐上軍也.

이 태어난 후 3개월째 말미에, 그 어미는 목욕을 하고 조복(朝服)을 착용하고서, 군주를 알현하며, 의례를 돕는 자는 그녀의 자식을 데리고 알현한다. 군주에게 특별히 은총을 받은 경우라면, 군주가 직접 자식의 이름을 지어주지만, 나머지 서자들은 유사(有司)를 시켜서 이름을 짓게 한다.

**集說** 擯者, 傅姆之屬也. 君所有賜者, 此妾君所偏愛而特加恩賜者, 故其子, 君自名之. 若聚妾之子, 恩寵輕略者, 則使有司名之也.

**번역** '빈자(擯者)'는 부모(傅姆) 등의 부류를 뜻한다. '군소유사(君所有賜)'라는 말은 첩(妾)이 군주로부터 편애를 받아서, 특별히 은총을 받은 자라는 뜻이다. 그렇기 때문에 그녀의 자식에 대해서는 군주가 직접 이름을 짓는 것이다. 만약 나머지 첩(妾)의 자식들 중, 은총을 상대적으로 적게 받은 경우라면, 유사(有司)[34]를 시켜서 이름을 짓게 한다.

**集說** 疏曰: 前文已云適子庶子見, 異於世子, 今更重出者, 以前庶適連文, 故此特言庶子之禮.

**번역** 공영달의 소(疏)에서 말하길, 앞 문장에서는 이미 적자(適子)와 서자(庶子)를 접견할 때, 세자(世子)와는 다르게 한다고 했는데, 현재 이곳 문장에 재차 중복해서 나온 것은 앞에서는 서자(庶子)와 적자(適子)가 연이어져서 설명되었기 때문에, 이곳에서는 특별히 서자(庶子)에 대한 예(禮)만을 언급한 것이다.

**大全** 山陰陸氏曰: 庶子言就側室, 則世子不就側室, 其母沐浴朝服, 則君不沐浴朝服.

---

34) 유사(有司)는 관리를 뜻하는 용어이다. '사(司)'자는 담당한다는 뜻이다. 관리들은 각자 담당하고 있는 업무가 있었으므로, 관리를 '유사'라고 불렀던 것이다. 일반적으로 하위관료들을 지칭하여, 실무자를 뜻하는 용어로 많이 사용된다. 그러나 때로는 고위관료까지도 지칭하는 용어로 사용되기도 한다.

**번역** 산음육씨가 말하길, 서자(庶子)에 대해서 측실(側室)로 나아간다고 했다면, 세자(世子)에 대해서는 측실로 나아가지 않는 것이고, 그의 모친이 목욕을 하고 조복(朝服)을 착용했다면, 군주는 목욕을 하거나 조복을 착용하는 일을 하지 않는 것이다.

**鄭注** 擯者, 傅姆之屬也. 人君尊, 雖妾不抱子, 有賜於君, 有恩惠也. 有司, 臣有事者也. 魯桓公名子, 問於申繻也.

**번역** '빈자(擯者)'는 부모(傅姆) 등의 부류를 뜻한다. 군주는 존귀한 존재이므로, 비록 첩(妾)이라 하더라도, 자식을 직접 안지 않는 것이며, 군주에게 하사를 받았다는 것은 은총을 받았다는 뜻이다. '유사(有司)'는 신하들 중 해당 업무를 처리하는 자를 뜻한다. 노(魯)나라 환공(桓公)은 자식의 이름을 지을 때, 신수(申繻)에게 자문을 했다.[35]

**釋文** 繻音須.

**번역** '繻'자의 음은 '須(수)'이다.

**孔疏** ●"公庶"至"名之". ○正義曰: 此一經明君庶子生處, 及三月見父異於世子之禮. 前文已云適子庶子見於外寢, 異於世子. 今此更重出者, 以前文庶子與適子連文, 恐事事皆同適子, 故以此經特見庶子之法. 按前注云"凡子生皆就側室", 則世子亦就側室. 今特云"庶子就側室"者, 擧庶子, 世子可知也.

**번역** ●經文: "公庶"~"名之". ○이곳 경문은 군주의 서자(庶子)가 태어나는 장소 및 3개월이 지나서 부친을 알현하는 것이 세자(世子)에게 적용되는 예(禮)와는 다르다는 사실을 나타내고 있다. 앞 문장에서 이미 적자(適子)와 서자(庶子)에 대해서는 외침(外寢)에서 접견을 한다고 하여, 세자와는 다르게 한다고 했다. 그런데 이곳에서 재차 중복해서 이러한 말이 나

35) 이 내용은 『춘추좌씨전』「환공(桓公) 6년」 기록에 자세히 나온다.

온 것은 앞 문장에 나온 서자(庶子)는 적자(適子)에 대한 경우와 연이어져 기록되어 있으니, 아마도 해당 사안들을 모두 적자(適子)와 동일하게 처리할 것을 염려했기 때문에, 이곳 경문에서는 특별히 서자(庶子)에 대한 예법을 나타낸 것이다. 앞의 정현 주를 살펴보면, "무릇 자식이 태어날 때에는 모두 측실(側室)로 가게 된다."라고 했으니, 세자(世子)를 낳을 때에도 또한 측실로 가는 것이다. 현재 이곳에서는 단지 "서자(庶子)를 낳을 때에는 측실로 간다."라고 하여, '서자(庶子)'에 대한 경우를 제시했지만, 이를 통해서 세자(世子)에 대한 경우도 측실로 가게 된다는 사실을 알 수 있다.

**孔疏** ●"君所有賜, 君名之"者, 謂生子之妾, 君所特有恩賜偏所愛幸, 君則自名其子, 故云"君名之".

**번역** ●經文: "君所有賜, 君名之". ○자식을 낳은 첩(妾)이 군주로부터 특별히 은총을 받고 편애를 받은 자라면, 군주가 직접 자식의 이름을 지어준다는 뜻이다. 그렇기 때문에 "군주가 이름을 지어준다."라고 말한 것이다.

**孔疏** ●"衆子, 則使有司名之"者, 衆子, 謂衆妾之子, 不特寵御, 則使有司以名其子也.

**번역** ●經文: "衆子, 則使有司名之". ○'중자(衆子)'는 나머지 첩(妾)들의 자식을 뜻하니, 특별히 은총을 받지 못한 경우, 유사(有司)를 시켜서, 자식의 이름을 짓도록 한다는 의미이다.

**孔疏** ◎注"人君"至"繻也". ○正義曰: "人君尊, 雖妾不抱子"者, 以經云"其母朝服見於君", 乃云"擯者以其子見" 於君, 是擯者抱子也, 故知"妾不抱子". 引春秋問名於申繻者, 證有司名之, 一邊同耳, 其實異也. 春秋所云謂世子也.

**번역** ◎鄭注: "人君"~"繻也". ○정현이 "군주는 존귀한 존재이므로, 비록 첩(妾)이라 하더라도, 자식을 직접 안지 않는다."라고 했는데, 경문에서는 "그의 모친이 조복(朝服)을 착용하고 군주를 알현한다."라고 했으며, 곧 "의례를 돕는 자가 그녀의 자식을 데리고 알현한다."라고 했으니, 군주의 경우에는 의례를 돕는 자가 자식을 안고 있게 된다. 그렇기 때문에 "첩(妾)이 자식을 안지 않는다."라는 말이 사실임을 알 수 있는 것이다. 정현이 『춘추』에서 신수(申繻)에게 이름 짓는 것을 자문했던 내용을 인용한 것은 유사(有司)가 이름을 짓는 것을 증명하기 위해서인데, 한 측면에서만 동일한 경우일 뿐이며, 실제로는 다르다. 『춘추』에서 언급하는 내용은 세자(世子)에 대한 경우이다.

**訓纂** 江氏永曰: 此別記異聞也. 有賜, 謂君有特恩耳.

**번역** 강영이 말하길, 이 기록은 별도로 『예기』를 기록한 자가 달리 들었던 내용을 기록한 것이다. '유사(有賜)'는 군주에게 총애를 받았다는 뜻일 뿐이다.

**集解** 公庶子生, 就側室, 人君宮室多也. 君之世婦視大夫, 諸妻視士, 其朝服亦褖衣也. 見於君, 不言其所者, 蒙上節"內寢"之文也.

**번역** 군주의 서자(庶子)가 태어날 때, 측실(側室)로 간다고 했는데, 군주의 궁(宮)에는 실(室)이 매우 많기 때문이다. 군주의 세부(世婦)는 대부(大夫)에 견주게 되고, 제처(諸妻)는 사(士)에 견주게 되니, 그녀가 입는 조복(朝服)은 또한 단의(褖衣)에 해당한다. 군주를 알현할 때, 그 장소에 대해서 언급하지 않은 것은 이 문장이 앞의 '내침(內寢)'에 대한 문장과 연결되기 때문이다.

【367a~b】

**庶人無側室者, 及月辰, 夫出居群室. 其問之也, 與子見父之禮, 無以異也.**

**직역** 庶人으로 側室이 無한 者는 月辰에 及하여, 夫가 出하여 群室에 居한다. 그 問함과 子가 父를 見하는 禮는 異로써 함이 無한다.

**의역** 서인(庶人)으로써 측실(側室)이 없는 자가 자식을 낳을 때, 산달 초하루가 되면, 남편은 집을 벗어나 마을에 있는 여관에 머문다. 안부를 묻고, 자식이 부친을 뵙는 예(禮) 등은 신분에 따라 차등을 두지 않는다.

**集說** 問之之禮, 與執手咳名之事, 欽師記成之辭, 皆與有爵者同, 故云無以異也.

**번역** 안부를 묻는 예(禮)와 자식의 손을 잡고 웃으며 이름을 지어주는 일, 공경스럽게 따르고, 기록하여 완성하라는 말 등을 전하는 것은 모두 작위를 가지고 있는 자들이 따르는 절차와 동일하다. 그렇기 때문에 차이를 둠이 없다고 말한 것이다.

**大全** 嚴陵方氏曰: 庶人或無妾, 故有無側室者, 群室則固無定所矣. 凡此以庶人之賤, 故其禮略也.

**번역** 엄릉방씨가 말하길, 서인(庶人)이나 혹은 첩(妾)이 없는 자들이기 때문에, 측실(側室)이 없는 자가 있는 것이며, 군실(群室)에 머문다면 진실로 확정된 장소가 없는 것이다. 무릇 이것은 서인(庶人)처럼 신분이 미천한 자에게 해당하는 것이기 때문에, 그 예(禮)도 간소하게 하는 것이다.

**鄭注** 夫雖辟之, 至問妻及見子禮, 同也. 庶人或無妾.

**번역** 남편이 비록 그 장소를 피해주더라도, 처(妻)에게 안부를 묻고, 자식을 접견하는 예(禮)는 동일하다. 이것은 서인(庶人)이나 첩(妾)이 없는 자들의 경우이다.

**孔疏** ●"庶人"至"異也". ○正義曰: 此一經論庶人之禮.

**번역** ●經文: "庶人"~"異也". ○이곳 경문은 서인(庶人)의 예(禮)에 대해서 논의하고 있다.

**孔疏** ●"庶人無側室者, 及月辰, 夫出居群室"者, 以無側室, 妻在夫寢, 妻將生子, 故夫出辟之. 若有側室, 則妻在側室, 夫自居正寢, 不須出居群室也.

**번역** ●經文: "庶人無側室者, 及月辰, 夫出居群室". ○측실(側室)이 없기 때문에, 처(妻)는 남편의 침(寢)에 머무는 것이고, 처가 장차 자식을 낳고자 하기 때문에, 남편이 집을 벗어나 자리를 피해주는 것이다. 만약 측실이 있는 경우라면, 처는 측실에 머물게 되고, 남편은 정침(正寢)에 머물게 되니, 밖으로 나가서 군실(群室)에 머물 필요가 없다.

**孔疏** ●"其問之也, 與子見父之禮, 無以異也"者, 與, 及也. 言夫問妻及子見父之禮, 無以異於卿大夫士, 言與卿大夫士同也. 亦夫使人日再問之, 作而自問之. 其見父之時, 父亦執子之右手, 咳而名之, 及有戒告之事, 一如上矣.

**번역** ●經文: "其問之也, 與子見父之禮, 無以異也". ○'여(與)'자는 '~과[及]'라는 뜻이다. 즉 남편이 처에게 안부를 묻고, 자식이 부친을 알현하는 예(禮)에서는 경(卿)·대부(大夫)·사(士)와 차이를 두지 않는다는 뜻이니, 경(卿)·대부(大夫)·사(士)가 따르는 예(禮)와 동일하게 시행한다는 의미이다. 또한 남편은 사람을 시켜서, 매일 두 차례 안부를 묻고, 마음이 동하게 되면 직접 찾아가서 안부를 묻는다. 부친을 접견할 때, 부친은 또한 자식의 오른손을 잡고, 자식을 웃게 하여 이름을 지어주며, 주의를 주는 말을 전하는 사안에서도 상위 계층이 따르는 예법과 동일하게 한다.

**集解** 庶人或無側室, 其燕寢夫婦共之而已, 故妻及月辰, 則夫出居群室以避之. 群室, 謂夾室之屬也. 其問妻與見子之禮, 則與大夫士同也.

**번역** 서인(庶人) 혹은 측실(側室)이 없는 경우, 연침(燕寢)은 부부가 함께 사용하는 공간일 따름이다. 그렇기 때문에 처(妻)가 자식을 낳을 산달 초하루가 되면, 남편은 집을 벗어나 군실(群室)에 머물며, 자리를 피해주는 것이다. '군실(群室)'은 협실(夾室) 등의 부류를 뜻한다. 그가 처에 대해서 안부를 묻고, 자식을 접견하는 예(禮)의 경우, 대부(大夫)와 사(士)가 따르는 예(禮)와 동일하다.

【367b】

**凡父在, 孫見於祖, 祖亦名之. 禮如子見父, 無辭.**

**직역** 凡히 父가 在함에, 孫이 祖를 見함에는 祖도 亦히 名한다. 禮는 子가 父를 見함과 如하되, 辭를 無하다.

**의역** 무릇 부친이 생존해 있을 때, 손자가 조부를 알현하게 될 때에는 조부도 또한 손자의 이름을 지어준다. 해당하는 예(禮)는 자식이 부친을 알현할 때와 동일하게 하되, 조부가 전하는 말은 없게 된다.

**集說** 應氏曰: 辭者, 夫婦所以相授受也. 祖尊, 故有其禮而無其辭.

**번역** 응씨가 말하길, '사(辭)'라는 것은 부부가 서로 주고받는 것이다. 조부는 존귀하기 때문에, 해당 예(禮)는 있지만, 전하는 말은 없는 것이다.

**大全** 嚴陵方氏曰: 父在, 謂祖在也. 據子之父稱之, 故曰父爾. 以祖名之, 而不以父者, 家事統於尊故也.

**번역** 엄릉방씨가 말하길, '부재(父在)'라는 말은 조부가 생존해 계신다는 뜻이다. 자식의 부친이라는 데에 기준을 두고 불렀기 때문에, '부(父)'라고 말한 것일 뿐이다. 조부가 이름을 지어주고, 부친이 이름을 지어주지 않는 것은 가사는 존귀한 자에게 통솔되기 때문이다.

**鄭注** 見子於祖, 家統於尊也. 父在則無辭, 有適子者無適孫, 與見庶子同也. 父卒而有適孫, 則有辭, 與見冢子同. 父雖卒, 而庶孫猶無辭也.

**번역** 조부에게 자식을 알현시키는 것으로, 가업은 존귀한 자에게 통솔되기 때문이다. 부친이 생존해 있다면, 조부는 전하는 말이 없게 되고, 적자(適子)가 생존해 있는 경우, 적손(嫡孫)이 없어서, 서자(庶子)를 접견할 때와 동일하게 한다. 부친이 죽어서, 적손(嫡孫)이 있게 된다면, 조부가 전하는 말을 하게 되니, 총자(冢子)를 접견할 때와 동일하게 한다. 부친이 비록 죽었지만, 서손(庶孫)인 경우라면, 여전히 조부가 전하는 말은 없게 된다.

**孔疏** ●"凡父"至"無辭". ○正義曰: 此一節論孫見祖之禮, 卿大夫以下之事, 故鄭注云: "家統於尊." 所以無辭者, 若父之於子, 有傳重之事, 故有戒告之辭. 今孫見於祖, 而隔於父, 故無辭也.

**번역** ●經文: "凡父"~"無辭". ○이곳 문단은 손자를 조부에게 알현시키는 예(禮) 중 경(卿)과 대부(大夫) 이하의 계층에서 따르는 사안을 논의하고 있다. 그렇기 때문에 정현의 주에서는 "가업은 존귀한 자에게 통솔된다."라고 말한 것이다. 전하는 말이 없는 이유는 만약 부친과 자식의 관계라면, 중책을 전수하는 사안이 포함된다. 그렇기 때문에 주의를 주는 말을 하게 되는 것이다. 그러나 현재는 손자를 조부에게 알현시키는 것이고, 부친에 대한 경우와 차이를 두기 때문에, 전하는 말이 없게 되는 것이다.

**孔疏** ◎注"父在"至"辭也". ○正義曰: 所以無辭者, 適子既在, 其孫猶爲庶孫, 無所傳重, 故云"有適子者無適孫, 與見庶子同". 若所生適子, 其父既卒,則適孫與長子相似, 當有辭也. 故云"父卒而有適孫, 則有辭, 與見冢子同". 若庶孫, 父雖卒, 見祖亦無辭也.

**번역** ◎鄭注: "父在"~"辭也". ○전하는 말이 없는 이유는 적자(適子)가 이미 생존해 있으므로, 그 손자는 여전히 서손(庶孫)과 같게 되어, 중책을 전수할 것이 없다. 그렇기 때문에 "적자(適子)가 생존해 있는 경우, 적손(嫡孫)이 없어서, 서자(庶子)를 접견할 때와 동일하게 한다."라고 말한 것이다. 만약 적자(適子)에게서 출생을 했고, 그 부친이 이미 죽은 상태라면, 적손(適孫)과 장자(長子)는 유사하므로, 마땅히 전하는 말이 있게 된다. 그렇기 때문에 "부친이 죽어서, 적손(嫡孫)이 있게 된다면, 조부가 전하는 말을 하게 되니, 총자(冢子)를 접견할 때와 동일하게 한다."라고 말한 것이다. 만약 서손(庶孫)인 경우라면, 부친이 비록 죽었더라도, 조부를 알현할 때, 또한 전하는 말이 없게 된다.

**集解** 愚謂: 孫見於祖, 亦就祖之正寢見之.

**번역** 내가 생각하기에, 손자를 조부에게 알현시킬 때에는 또한 조부가 사용하는 정침(正寢)에 나아가서 알현시킨다.

## 【367b】

**食子者, 三年而出, 見於公宮, 則劬.**

**직역** 子를 食하는 者는 三年하고 出하니, 公宮에서 見하면, **劬**한다.

**의역** 제후의 경우, 제후의 자식에게 모유를 먹였던 여자는 3년이 지난 뒤에야 공궁(公宮)을 벗어나서 자신의 집으로 되돌아가는데, 떠날 때 공궁에 찾아가 군주를 알현하며, 떠나게 됨을 아뢰면, 군주는 반드시 하사를 하여, 그녀의 노고를 치하한다.

**集說** 食子者, 士之妻·大夫之妾也. 子三年則免懷抱, 故食者出還其家, 見於公宮而告辭, 則君必有賜劬者, 有賜以勞其劬勞也.

**번역** '사자자(食子者)'는 사(士)의 처(妻)나 대부(大夫)의 첩(妾)을 뜻한다. 아이는 태어난 후 3년이 지나면, 안고 지내는 것에서 벗어나게 된다. 그렇기 때문에 모유를 먹였던 자도 공궁(公宮)을 빠져나와서, 자신의 집으로 되돌아가는 것이고, 공궁에서 알현을 하며, 떠날 것을 아뢰게 되면, 군주는 반드시 사구(賜劬)를 하니, 하사를 하여, 그녀의 노고에 대해서 치하하는 것이다.

**大全** 山陰陸氏曰: 不言寢, 不言君所, 嫌褻也.

**번역** 산음육씨가 말하길, '침(寢)'이라고 언급하지 않고, '군주가 계신 곳[君所]'이라고 언급하지 않은 것은 이처럼 표현하면, 너무 무람되게 군다는 혐의를 받기 때문이다.

**鄭注** 劬, 勞也. 士妻 · 大夫之妾食國君之子, 三年出歸其家, 君有以勞賜之.

**번역** '구(劬)'자는 "위로하다[勞]."는 뜻이다. 사(士)의 처(妻)와 대부(大夫)의 첩(妾) 중 제후의 자식에게 모유를 먹였던 여자는 3년이 지난 뒤에, 공궁(公宮)을 벗어나서 자신의 집으로 되돌아가는데, 군주는 그녀의 노고를 위로하며 하사를 하게 된다.

**釋文** 食音嗣, 注及下文"食母"同. 勞賜, 力報反.

**번역** '食'자의 음은 '嗣(사)'이며, 정현의 주 및 아래문장에 나오는 '食母'에서의 '食'자도 그 음이 이와 같다. '勞賜'에서의 '勞'자는 그 음이 '力(력)'자와 '報(보)'자의 반절음이다.

**孔疏** ●"食子"至"其子". ○正義曰: 此一節論國君以下, 及大夫士適妻養子之人, 尊卑有別.

**번역** ●經文: "食子"~"其子". ○이곳 문단은 제후로부터 그 이하의 계층 및 대부(大夫)와 사(士)의 정부인에게 있어서, 자식을 양육하는 사람에게는 신분에 따른 차별이 있음을 논의하고 있다.

## 【367c】

## 大夫之子有食母, 士之妻自養其子.

**직역** 大夫의 子에게는 食母가 有이나, 士의 妻는 自히 그 子를 養한다.

**의역** 대부(大夫)의 자식에게는 모친 이외에도 모유를 먹여주는 사모(食母)가 있지만, 사(士)는 신분이 낮기 때문에, 사의 처(妻)가 직접 그 자식을 양육한다.

**集說** 食母, 乳母也. 士卑, 故自養.

**번역** '사모(食母)'는 유모(乳母)를 뜻하다. 사(士)는 신분이 낮기 때문에, 직접 양육하는 것이다.

**鄭注** 選於傅御之中, 喪服所謂乳母也. 賤不敢使人也.

**번역** 부어(傅御) 중에서 선발을 하는데, 『의례』「상복(喪服)」편에서 '유모(乳母)'라고 말한 자에 해당한다. 신분이 미천하여 감히 다른 사람을 시킬 수 없는 것이다.

【367c】

**由命士以上及大夫之子, 旬而見.**

**직역** 命士로 由하여 上 및 大夫의 子는 旬하고서 見한다.

**의역** 명사(命士)로부터 그 이상의 계급 및 대부(大夫)에게 있어서, 그 자식에 대해서는 10일마다 접견하게 된다.

**集說** 註讀旬爲均, 謂適子妾子有同時生者, 雖是先生者先見, 後生者後見, 然皆在夫未與婦禮食之前, 故曰均而見也.

**번역** 정현의 주에서는 '순(旬)'자를 '균(均)'자로 풀이했으니, 적자(適子)와 첩(妾)의 아들이 동시에 태어난 경우에는 비록 먼저 태어난 자를 먼저 알현시켜야 하고, 뒤에 태어난 자를 뒤에 알현시켜야 하지만, 이 모두는 남편이 부인과 함께 아직 예사(禮食)를 하기 이전이 된다. 그렇기 때문에 "모두 알현하게 된다."라고 말한 것이다.

**集說** 應氏曰: "子固以禮見於父, 父則欲時時見之, 又不可瀆, 故每旬而一見之. 若庶人則簡略易通, 故不必以旬而見." 今詳二說俱可疑, 闕之可也.

**번역** 응씨가 말하길, "자식은 진실로 예법에 따라서 부친을 알현하는데, 부친의 경우에는 때때로 접견하고자 한다. 그러나 너무 자주 할 수는 없다. 그렇기 때문에 10일마다 한 차례씩 접견을 하는 것이다. 서인(庶人)인 경우라면, 해당 절차를 간략히 하여 쉽게 만나볼 수 있다. 그렇기 때문에 반드시 10일까지 기다린 뒤에야 접견할 필요는 없다."라고 했다. 내가 두 주장을 살펴보니, 모두 의심스러운 점이 있으므로, 이 내용은 빼버리는 것이 좋을 것 같다.

**鄭注** 旬當爲均, 聲之誤也. 有時適·妾同時生子, 子均而見者, 以生先後見之. 旣見乃食, 亦辟人君也. 易·說卦"坤爲均", 今亦或作"旬"也.

**번역** '순(旬)'자는 마땅히 '균(均)'자가 되어야 하니, 소리가 비슷해서 생긴 오자이다. 때에 따라 정부인과 첩(妾)이 동시에 자식을 낳게 되면, 자식은 함께 알현하게 되는데, 태어난 순서에 따라 알현을 하게 된다. 알현을 끝내면 곧 식사를 하게 되니, 이 또한 군주의 예법을 피하기 위해서이다. 『역』「설괘전(說卦傳)」편에서는 "곤(坤)은 균(均)이 된다."[36]라고 했는데, 현재의 판본 중에는 또한 '균(均)'자를 '순(旬)'자로 기록한 것도 있다.

**釋文** 旬音均, 出注.

**번역** '旬'자의 음은 '均(균)'이니, 그 내용은 정현의 주에 나온다.

**孔疏** ●"由命"至"其首". ○正義曰: 此一節論大夫及命士適妻與妾同時生子, 見之先後差異之別, 幷明天子諸侯見冢子及適子庶子緩急之儀.

**번역** ●經文: "由命"~"其首". ○이곳 문단은 대부(大夫) 및 명사(命士)의 정부인과 첩(妾)이 동시에 자식을 낳았을 때, 알현을 시킬 때의 순서와 차등에 따른 구별을 논의하고 있고, 아울러 천자(天子)와 제후(諸侯)가 총자(冢子) 및 적자(適子)와 서자(庶子)를 접견할 때 완급의 의례에 대해서 나타내고 있다.

**孔疏** ●"旬而見"者, 旬, 均也, 謂大夫命士適妾生子, 皆以未食之前均齊見. 又先生者先見, 後生者後見. 雖見有先後, 同是未食之前, 故云"均而見".

**번역** ●經文: "旬而見". ○'순(旬)'자는 '균(均)'자를 뜻하니, 대부(大夫)와 명사(命士)의 정부인과 첩(妾)이 자식을 낳았을 때에는 모두 아직 음식을 먹기 이전에 재계를 하여 알현을 시키게 된다. 또한 먼저 태어난 자를

---

36) 『역』「설괘전(說卦傳)」: 坤爲地, 爲母, 爲布, 爲釜, 爲吝嗇, 爲均, 爲子母牛, 爲大輿, 爲文, 爲衆, 爲柄, 其於地也爲黑.

먼저 알현시키고, 뒤에 태어난 자를 뒤에 알현시킨다. 비록 알현을 시킬 때 선후의 차이는 있지만, 둘 모두 아직 음식을 먹기 이전에 알현한다. 그렇기 때문에 "모두 알현을 한다."라고 말한 것이다.

**孔疏** ◎注"易·說卦'坤爲均'". ○正義曰: 引易·說卦者, 證此經"旬"爲"均"義. 按易·說卦以"坤爲均", 象地之均平. 今易之文, 或以"均"爲"旬"者, 是均得爲旬也. 皇氏云: "母之禮見子, 象地之生物均平, 故引易以爲均, 若然." 按周禮·均人職云"上年公旬用三日", 鄭注亦引易"坤爲均", 豈是母見子之禮! 皇氏說非也.

**번역** ◎鄭注: "易·說卦'坤爲均'". ○정현이 『역』「설괘전(說卦傳)」편을 인용한 것은 이곳 경문에 나온 '순(旬)'자가 '균(均)'자의 뜻이 됨을 증명하기 위해서이다. 『역』「설괘전」을 살펴보면, "곤(坤)은 균(均)이 된다."라고 했는데, 이것은 땅이 고르고 평평한 것을 상징한다. 현재의 『역』을 기록한 판본 중에는 간혹 '균(均)'자를 '순(旬)'자로 기록한 것도 있으니, 이것이 바로 '균(均)'자가 '순(旬)'자로 기록될 수 있는 이유이다. 황간은 "모친이 예법에 따라서 자식을 접견하는 것은 땅이 만물을 균평하게 생성시킴을 상징한다. 그렇기 때문에 『역』을 인용하여, '균(均)'자로 여긴 것도, 바로 이러한 뜻이다."라고 했다. 그런데 『주례』「균인(均人)」편의 직무 기록을 살펴보면, "풍년의 경우 사업에는 10일 중 3일을 사용한다."[37]라고 했고, 정현의 주에서는 또한 『역』을 인용하여, "곤(坤)은 균(均)이 된다."라고 했다. 따라서 어찌 이 내용이 모친이 자식을 접견하는 예(禮)에 해당하겠는가! 그러므로 황간의 주장은 잘못되었다.

---

37) 『주례』「지관(地官)·균인(均人)」: 凡均力政, 以歲上下. 豐年則公旬用三日焉, 中年則公旬用二日焉, 無年則公旬用一日焉.

【367d】

家子未食而見, 必執其右手. 適子庶子已食而見, 必循其首.

**직역** 冢子는 食을 未하여 見하고, 必히 그 右手를 執한다. 適子와 庶子는 已히 食하고 見하고, 必히 그 首를 循한다.

**의역** 천자(天子)나 제후(諸侯)의 경우, 총자(冢子)에 대해서는 음식을 먹기 이전에 접견을 하고, 반드시 아들의 오른손을 잡게 된다. 총자의 동생 및 첩(妾)의 자식에 대해서는 음식을 먹은 이후에 접견을 하고, 반드시 그 머리를 쓰다듬게 된다.

**集說** 疏曰: 此天子諸侯之禮. 未與后夫人禮食而先見冢子, 急於正也; 禮食之後乃見適子庶子, 緩於庶耳.

**번역** 공영달의 소(疏)에서 말하길, 이 내용은 천자(天子)와 제후(諸侯)에게 해당하는 예(禮)이다. 아직 왕후(王后) 및 부인(夫人)과 예사(禮食)를 하기 이전에, 먼저 총자(冢子)를 접견하니, 적통을 계승한 자에 대해서는 급히 만나보기 때문이며, 예사를 한 이후에는 곧 총자(冢子)의 동생 및 첩(妾)의 자식들을 만나보니, 서자(庶子)에 대해서는 다소 느슨하게 대하기 때문이다.

**大全** 山陰陸氏曰: 執而見之, 待之若與己等, 冢子故也.

**번역** 산음육씨가 말하길, 손을 잡고서 접견하는 것은 그를 대우하길 마치 자신과 동등한 것처럼 하는 것이니, 그 대상이 총자(冢子)이기 때문이다.

**鄭注** 天子諸侯尊別, 世子雖同母, 禮則異矣. 未食·已食, 急正緩庶之義也.

**번역** 천자(天子)와 제후(諸侯)는 존귀함이 남다른 존재이며, 세자(世子)가 비록 같은 어머니에게서 태어났더라도, 해당하는 예(禮)에는 차이가 있다. 아직 식사를 하기 이전과 이미 식사를 한 이후에 만나보는 것은 적통에 대해서는 급히 하고, 서자(庶子)에 대해서는 느리게 하는 뜻에 해당한다.

**釋文** 別, 彼列反, 下"其別"同.

**번역** '別'자는 '彼(피)'자와 '列(렬)'자의 반절음이며, 아래문장에 나오는 '其別'에서의 '別'자도 그 음이 이와 같다.

**孔疏** ●"冢子未食而見, 必執其右手"者, 此謂天子諸侯之禮. 未食, 謂未與后·夫人禮食. 而先見冢子, 是急於正也. 故先見乃食也.

**번역** ●經文: "冢子未食而見, 必執其右手". ○이 내용은 천자(天子)와 제후(諸侯)의 예(禮)에 해당한다. '미식(未食)'은 왕후(王后) 및 부인(夫人)과 아직 예사(禮食)를 하지 않았다는 뜻이다. 그리고 먼저 총자(冢子)를 접견하는 것은 적통을 이은 자에 대해서 급히 하기 때문이다. 그래서 먼저 접견하고, 그 이후에 식사를 하는 것이다.

**孔疏** ●"適子庶子已食而見"者, 謂先與后·夫人禮食之後, 然後始見適子·庶子, 是緩於庶也.

**번역** ●經文: "適子庶子已食而見". ○먼저 왕후(王后) 및 부인(夫人)과 예사(禮食)를 한 이후에, 비로소 총자(冢子)의 동생 및 첩(妾)의 자식들을 접견하니, 이것은 서자(庶子)들에 대해서 느슨하게 대하기 때문이다.

**孔疏** ●"必循其首"者, 言見適子庶子之時, 必以手撫循其頭首, 示恩愛之情也.

**번역** ●經文: "必循其首". ○총자(冢子)의 동생 및 첩(妾)의 자식들을 접견할 때, 반드시 손으로 그 이마를 어루만져서, 은혜로운 정감을 드러낸다는 의미이다.

**孔疏** ◎注"天子"至"世子". ○正義曰: 知此經是天子諸侯者, 以上文"命士以上及大夫之子" 適庶均見, 此則有食前食後, 見之不同. 又前文云"世子生", 其次云"適子庶子見於外寢", 是國君之禮. 此經亦云"適子庶子", 故知是天子諸侯也.

**번역** ◎鄭注: "天子"~"世子". ○이곳 경문 내용이 천자(天子)와 제후(諸侯)에 대한 것임을 알 수 있는 이유는 앞 문장에서 "명사(命士) 이상 및 대부(大夫)의 자식인 경우"라고 했고, 적자(適子)와 서자(庶子)를 함께 알현시킨다고 했는데, 이곳에서는 음식을 먹기 이전과 먹은 이후, 접견을 하게 되는 차이가 있다. 또 앞 문장에서는 "세자(世子)가 태어났다."라고 했고, 그 다음에서는 "적자(適子)와 서자(庶子)는 외침(外寢)에서 접견한다."라고 했으니, 이것은 제후에게 해당하는 예(禮)이다. 이곳 경문에서도 또한 '적자(適子)와 서자(庶子)'라고 했다. 그러므로 이 내용이 천자와 제후에 대한 것임을 알 수 있다.

**訓纂** 朱子曰: 疑鄭失之. 旬, 如字, 謂十日也. 別記異聞, 或不待三月也. 承記大夫禮, 而又別其冢 · 適 · 庶子之異同. 冢子之禮, 仍與前章同, 唯適子庶子爲異耳.

**번역** 주자가 말하길, 아마도 정현은 그 의미를 놓친 것 같다. '순(旬)'자는 글자대로 읽어야 하니, 10일을 뜻한다. 『예기』를 기록한 자가 달리 들었던 내용을 기록한 것이며, 그것이 아니라면 3개월까지 기다리지 못하는 경우를 뜻한다. 이 기록은 대부(大夫)의 예(禮)를 기록한 것과 연결되고, 또 별도로 총자(冢子) · 적자(適子) · 서자(庶子)의 차이점과 동일한 점에 대해서 구별하고 있다. 총자의 예(禮)는 곧 앞 장에서 언급한 것과 동일한데, 적자(適子)와 서자(庶子)에 대한 경우는 차이를 보일 따름이다.

**集解** 按: 旬, 朱子讀如字, 今從之.

**번역** 살펴보니, '순(旬)'자에 대해, 주자는 글자대로 풀이했는데, 나도 그 주장에 따른다.

**集解** 愚謂: 適子, 冢子之母弟也. 庶子, 妾之子也. 循猶撫也. 上文"三月而見", 此則云"旬而見", 上文冢子·庶子皆未食而見, 此則冢子未食而見, 適子庶子已食而見, 蓋列國禮俗不同, 記者並記之. 然惟大夫士如此, 則天子諸侯固無異禮矣.

**번역** 내가 생각하기에, '적자(適子)'는 총자(冢子)와 같은 어머니에게서 난 동생을 뜻한다. '서자(庶子)'는 첩(妾)의 자식을 뜻한다. '순(循)'자는 "어루만지다[撫]."는 뜻이다. 앞 문장에서는 "3개월이 지난 뒤에 접견한다."라고 했고, 이곳에서는 "10일이 지난 뒤에 접견한다."라고 했으며, 앞 문장에서는 총자(冢子)와 서자(庶子)를 모두 식사를 하기 이전에 접견한다고 했고, 이곳에서는 총자(冢子)에 대해서는 식사를 하기 이전에 접견하고, 적자(適子)와 서자(庶子)에 대해서는 식사를 마친 뒤에 접견한다고 했다. 이것은 아마도 제후국들의 예법과 풍속에 차이점이 있어서, 『예기』를 기록한 자가 그 내용들을 함께 기록한 것이다. 그렇지만 오직 대부(大夫)와 사(士) 계층만 이처럼 하니, 천자와 제후에게는 진실로 예법을 달리하는 점이 없었던 것이다.

**集解** 自"妻將生子"至此, 言尊卑生子之禮.

**번역** "처(妻)가 장차 자식을 낳으려고 한다."라는 구문으로부터 이곳 문장까지는 신분의 등급에 따라 자식을 낳는 예(禮)에 대해서 언급하고 있다.

# • 제32절 •

## 자식을 교육하는 법도

【367d】

**子能食食, 教以右手; 能言, 男唯女兪. 男鞶革, 女鞶絲.**

**직역** 子가 能히 食를 食하면, 教하길 右手로써 하며; 能히 言하면, 男은 唯하고 女는 兪한다. 男은 **鞶**革하고, 女는 **鞶**絲한다.

**의역** 자식이 제 스스로 밥을 먹을 수 있게 되면, 오른손으로 먹도록 가르치며, 말을 할 수 있다면, 남자아이는 유(唯)라고 대답하고, 여자아이는 유(兪)라고 대답하도록 가르친다. 남자아이에게는 가죽으로 만든 작은 주머니를 채우고, 여자아이에게는 비단으로 만든 작은 주머니를 채운다.

**集說** 食, 飯也. 唯·兪, 皆應辭. 鞶, 小囊, 盛帨巾者. 男用韋, 女用繒帛.

**번역** '사(食)'는 밥[飯]을 뜻한다. '유(唯)'와 '유(兪)'는 모두 응답할 때 내는 말이다. '반(鞶)'자는 작은 주머니로, 허리에 차는 수건을 담는 것이다. 남자 것은 가죽을 이용해서 만들고, 여자 것은 비단을 이용해서 만든다.

**大全** 嚴陵方氏曰: 教以右手, 則取其强而已, 是固男女之所同也.

**번역** 엄릉방씨가 말하길, 오른손으로 먹도록 가르치는 것은 힘이 강한 오른손을 이용하도록 하는 것일 뿐이다. 이것은 진실로 남녀가 공통으로 따르는 점이다.

**鄭注** 兪, 然也. 鞶, 小囊, 盛帨巾者. 男用韋; 女用繒; 有飾緣之, 則是鞶裂與. 詩云: "垂帶如厲." 紀子帛名裂繻, 字雖今異, 意實同也.

**번역** '유(兪)'자는 '연(然)'자이다. '반(鞶)'자는 작은 주머니를 뜻하니, 허리에 차는 수건을 담는 것이다. 남자 것은 가죽을 이용해서 만들고, 여자 것은 비단을 이용해서 만드는데, 장식을 하여 가선을 대니, 이 장식은 아마도 반렬(鞶裂)에 해당할 것이다. 『시』에서는 "치렁치렁 띠를 늘어트렸다."[1] 라고 했다. 기자백(紀子帛)의 이름은 열수(裂繻)라고 하는데, 그 글자는 비록 지금과 다르지만, 의미는 진실로 동일하다.

**釋文** 食食, 上如字, 下音嗣. 唯, 于癸反, 徐以水反. 兪, 以朱反. 鞶, 步干反. 盛音成. 緣, 于絹反. 裂音列, 或音厲. 與音預. 厲音列.

**번역** '食食'에서 앞의 '食'자는 글자대로 읽고, 뒤의 '食'자는 그 음이 '嗣(사)'이다. '唯'자는 '于(우)'자와 '癸(계)'자의 반절음이며, 서음(徐音)은 '以(이)'자와 '水(수)'자의 반절음이다. '兪'자는 '以(이)'자와 '朱(주)'자의 반절음이다. '鞶'자는 '步(보)'자와 '干(간)'자의 반절음이다. '盛'자의 음은 '成(성)'이다. '緣'자는 '于(우)'자와 '絹(견)'자의 반절음이다. '裂'자의 음은 '列(렬)'이며, 다른 음은 '厲(려)'이다. '與'자의 음은 '預(예)'이다. '厲'자의 음은 '列(렬)'이다.

**孔疏** ●"子能"至"鞶絲". ○正義曰: 此一節論男女自幼少之時, 教之言語及鞶革鞶絲之事也.

**번역** ●經文: "子能"~"鞶絲". ○이곳 문단은 남자와 여자가 어렸을 때, 언어를 가르치고, 가죽이나 비단으로 만든 작은 주머니를 차는 사안에 대해 논의하고 있다.

---

1) 『시』「소아(小雅)·도인사(都人士)」: 彼都人士, 垂帶而厲. 彼君子女, 卷髮如蠆. 我不見兮, 言從之邁.

**孔疏** ◎注"鞶小"至"同也". ○正義曰: 此鞶是小囊盛帨巾, 男用韋爲之, 女用繒帛爲之. 云"有飾緣之, 則是鞶裂與"者, 言男女鞶囊之外, 更有繒帛之物, 飾而緣之, 則是春秋桓二年所稱"鞶裂"者. 與, 疑而未定, 故稱"與". 按傳作"鞶厲", 鄭此注云"鞶裂", 厲 · 裂義同也. 秪謂鞶囊裂帛爲之飾, 又引詩云"垂帶如厲"者, 證厲是鞶囊裂帛之飾也. 此詩 · 小雅 · 都人士之篇也. 按彼注云: "而, 如也. 而厲, 如鞶厲也." 鞶必垂厲以爲飾, 厲字當作裂, 謂彼都之士, 垂此紳帶, 如似鞶囊之裂, 是以厲爲裂也. 又引"紀子帛名裂繻"者, 雖引毛詩以厲爲裂, 其義未顯, 故引紀子帛名裂繻者以證之, 言帛必分裂也. 此隱二年經稱"紀子帛莒子盟于密", 又"紀裂繻來逆女". 云"字雖今異, 意實同也"者, 言古時"厲" · "裂"通爲一字, 今時"厲"·"裂"字義俱異, 大意是同. 故云"字雖今異, 意實同", 言同爲分裂之義也. 此是鄭康成之義, 若如服虔·杜預, 則以鞶爲大帶, 厲是大帶之垂者, 故服氏云: "鞶, 大帶." 杜云: "紳, 大帶. 厲是大帶之垂者." 詩毛傳亦云: "厲, 帶之垂者." 並與鄭異.

**번역** ◎鄭注: "鞶小"~"同也". ○여기에서 말한 '반(鞶)'은 허리에 차는 수건을 담는 작은 주머니로, 남자 것은 가죽을 사용해서 만들고, 여자 것은 비단을 사용해서 만든다. 정현이 "장식을 하여 가선을 대니, 이 장식은 아마도 반렬(鞶裂)에 해당할 것이다."라고 했는데, 남자와 여자가 차는 향낭 주머니 외에도 별도로 비단으로 만든 물건이 있으니, 장식을 하여 가선을 댄다면, 이것은 『춘추』 환공(桓公) 2년 기록에서 말한 '반렬(鞶裂)'이라는 것에 해당한다. '여(與)'자는 의문스럽고 확정을 하지 못하는 말이다. 그렇기 때문에 '여(與)'자를 덧붙여서 기록한 것이다. 『좌전』을 살펴보면, '반려(鞶厲)'라고 기록되어 있는데,[2] 이곳 문장에 대한 정현의 주에서는 '반렬(鞶裂)'이라고 하였으니, '려(厲)'자와 '렬(裂)'자는 그 의미가 동일하다. 이것은 다만 주머니에 비단을 재단하여 장식을 한 것을 뜻하는데, 정현이 재차 『시』에서 "치렁치렁 띠를 늘어트렸다."라고 한 말을 인용한 것은 '려(厲)'자가 주머니에 비단을 재단하여 장식을 한 것이 됨을 증명하기 위해서이다. 이

2) 『춘추좌씨전』「환공(桓公) 2년」: 藻 · 率 · 鞞 · 鞛, <u>鞶 · 厲</u> · 游 · 纓, 昭其數也.

시는 『시』「소아(小雅) · 도인사(都人士)」편에 해당한다. 『시』에 대한 주를 살펴보면, "'이(而)'자는 '여(如)'자이다. '이려(而厲)'는 반려(鞶厲)와 같다." 라고 했다. 반(鞶)에는 반드시 려(厲)를 늘어트려서 장식으로 삼는데, '려(厲)'자는 마땅히 '렬(裂)'자가 되어야 하니, 곧 저 도시의 사(士)는 이러한 띠를 늘어트렸는데, 그것은 마치 반(鞶)이라는 주머니에 달린 '렬(裂)'과 같다는 뜻이다. 이러한 까닭으로 '려(厲)'자를 '렬(裂)'자로 여긴 것이다. 또한 정현은 "기자백(紀子帛)의 이름은 열수(裂繻)이다."라는 말을 인용했는데, 비록 『모시』의 내용을 인용하여, '려(厲)'자를 '렬(裂)'자로 풀이했지만, 그 의미가 아직 드러나지 않았기 때문에, 기자백의 이름이 열수(裂繻)라는 말을 인용하여 증명을 한 것이니, 곧 비단은 반드시 갈라서 재단을 하게 된다는 의미이다. 이 내용은 은공(隱公) 2년 경문에서, "기자백(紀子帛)과 거자(莒子)가 밀(密)에서 맹약을 맺었다."[3]라고 하고, 또 "기렬수(紀裂繻)가 찾아와서 아내를 맞이했다."[4]라고 한 말을 가리킨다. 정현이 "그 글자는 비록 지금과 다르지만, 의미는 진실로 동일하다."라고 했는데, 이 말은 고대에는 '려(厲)'자와 '렬(裂)'자를 통용해서 한 글자로 사용했는데, 현재는 '려(厲)'자와 '렬(裂)'자의 의미가 모두 달라졌지만, 큰 의미로 봤을 때에는 동일하다는 뜻이다. 그렇기 때문에 "그 글자는 비록 지금과 다르지만, 의미는 진실로 동일하다."라고 말한 것이니, 이 말은 두 글자 모두 비단을 갈라서 장식을 한 것을 뜻한다는 의미이다. 이러한 내용은 정현의 주장인데, 복건[5]이나 두예의 주장에 따른다면, '반(鞶)'은 큰 띠를 뜻하게 되고, '려(厲)'는 큰 띠의 늘어트린 부분이 된다. 그렇기 때문에 복건은 "'반(鞶)'은 큰 띠를 뜻한다."라고 말한 것이고, 두예는 "'신(紳)'은 큰 띠를 뜻한다. '려(厲)'는 큰 띠의 늘어트린 부분이다."라고 말한 것이다. 『시』 모전(毛傳)에서도 또한 "'려

3) 『춘추』「은공(隱公) 2년」: 冬, 紀子帛·莒子盟于密.

4) 『춘추』「은공(隱公) 2년」: 九月, 紀裂繻來逆女.

5) 복건(服虔, ?~?) : 후한대(後漢代)의 유학자이다. 자(字)는 자신(子愼)이다. 초명은 중(重)이었으며, 기(祇)라고도 불렀다. 후에 이름을 건(虔)으로 고쳤다. 『춘추좌씨전(春秋左氏傳)』에 주석을 남겼지만, 산일되어 전해지지 않는다. 현재는 『좌전가복주집술(左傳賈服注輯述)』로 일집본이 편찬되었다.

(厲)'는 띠의 늘어트린 부분이다."라고 해서, 모두 정현의 주장과는 다르다.

**訓纂** 說文: 鞶, 大帶也. 易曰: "或錫之鞶帶." 男子帶鞶, 婦人帶絲.

**번역** 『설문해자』에서 말하길, '반(鞶)'은 큰 띠를 뜻한다. 『역』에서는 "혹 반대(鞶帶)를 준다."[6]라고 했다. 남자는 반(鞶)을 띠로 두르고, 부인은 사(絲)를 띠로 두른다.

**訓纂** 陳用之曰: 古者革帶·大帶皆謂之鞶. 內則所謂"男鞶", 革帶也. 春秋傳所謂"鞶厲", 大帶也. 揚子言"鞶帨", 許愼 · 服虔 · 杜預皆以鞶爲帶. 特鄭氏以男鞶爲盛帨之囊, 誤也.

**번역** 진용지가 말하길, 고대에는 혁대(革帶)와 대대(大帶)를 모두 '반(鞶)'이라고 불렀다. 「내칙」편에서 말한 '남반(男鞶)'이라는 것은 혁대(革帶)를 뜻한다. 『춘추전』에서 말한 '반려(鞶厲)'라는 것은 대대(大帶)를 뜻한다. 양자[7]는 '반세(鞶帨)'라고 했고, 허신 · 복건 · 두예는 모두 반(鞶)을 띠로 여겼다. 유독 정현만이 남반(男鞶)이라는 것이 수건을 담는 주머니라고 여겼는데, 이것은 잘못된 주장이다.

**集解** 愚謂: 曲禮"父召無諾", "先生召無諾, 唯而起", 虞書"帝曰兪, 往欽哉", 又曰"兪, 往哉汝諧", 是唯 · 兪皆應辭. 但唯之聲直, 兪之聲婉, 故以爲男女之別. 孔氏引服 · 杜 · 毛傳之說, 蓋以鄭氏"鞶裂"之說爲非. 左傳疏亦云: "禮記'男鞶革, 女鞶絲', 鞶是帶之別稱, 言其帶革 · 帶絲耳." 今按鞶一名而二

---

6) 『역』「송괘(訟卦) · 효사(爻辭)」: 上九, 或錫之鞶帶, 終朝三褫之.

7) 양웅(楊雄, B.C.53~A.D.18) : =양웅(揚雄) · 양자(揚子). 전한(前漢) 때의 학자이다. 자(字)는 자운(子雲)이다. 사부작가(辭賦作家)로도 명성이 높았다. 왕망(王莽)에게 동조했다는 이유로 송(宋)나라 이후부터는 배척을 당하였다. 만년에는 경학(經學)에 전념하여, 자신을 성현(聖賢)이라고 자처하였다. 참위설(讖緯說) 등을 배척하고, 유가(儒家)와 도가(道家)의 사상을 절충하였다. 저서로는 『법언(法言)』, 『태현경(太玄經)』 등이 있다.

物: 前言"施縏袠", 士昏禮"庶母至門內施鞶", 揚子法言"繡其鞶帨", 此鞶爲小囊也. 此言"鞶革"·"鞶絲", 左傳言"鞶厲游纓", 乃馬之鞶纓, 此鞶爲大帶也. 玉藻云: "童子錦紳." 又云: "弟子縞帶." 此男子鞶革, 蓋孩提時所用爾. 男革而女絲者, 革勁而絲柔也.

**번역** 내가 생각하기에, 『예기』「곡례(曲禮)」편에서는 "부친이 부르거든 대답만 해서는 안 된다."라고 했고, 또 "선생(先生)이 부르거든 대답만 해서는 안 되니, 유(唯)라고 대답하고 얼른 일어나서 그 앞으로 나아간다."라고 했으며,[8] 『서』「우서(虞書)」에서는 "제(帝)가 대답하며, 유(兪)라, 가서 공경스럽게 하라."[9]라고 했고, 또 "유(兪)라, 가서 잘 협력하라."[10]라고 했으니, 이것은 곧 '유(唯)'자와 '유(兪)'자가 모두 응답하는 말에 해당한다는 사실을 나타낸다. 다만 '유(唯)'라는 말은 그 소리가 곧고, '유(兪)'라는 말은 그 소리가 부드럽다. 그렇기 때문에 두 글자를 가지고 남녀에 대한 구별로 삼은 것이다. 공영달은 복건 · 두예 · 『모전』의 주장을 인용하였는데, 아마도 정현이 '반렬(鞶裂)'에 대해 주장했던 것을 잘못된 말이라고 여겼던 것 같다. 『좌전』의 소(疏)에서도 또한 "『예기』에서 '남자는 반혁(鞶革)을 하고, 여자는 반사(鞶絲)를 한다.'라고 했는데, '반(鞶)'자는 대(帶)의 다른 명칭이니, 대혁(帶革)와 대사(帶絲)를 말한 것일 뿐이다."라고 했다. 내가 살펴보니, '반(鞶)'이라는 명칭을 가진 것은 두 사물이 있다. 앞서 '시반질(施縏袠)'[11]이라고 했고, 『의례』「사혼례(士昏禮)」편에서는 "서모(庶母)는 문안에 이르러서 반(鞶)을 찬다."[12]라고 했으며, 양자의 『법언(法言)』에서는 "반세(鞶

8) 『예기』「곡례상(曲禮上)」【21c】: 父召無諾, 先生召無諾, 唯而起.
9) 『서』「우서(虞書) · 순전(舜典)」: 夙夜惟寅, 直哉惟淸. 伯拜稽首, 讓于夔龍. 帝曰, 兪. 往欽哉.
10) 『서』「우서(虞書) · 순전(舜典)」: 垂拜稽首, 讓于殳斨暨伯與. 帝曰, 兪. 往哉汝諧.
11) 『예기』「내칙」【346c~d】: 左佩紛 · 帨 · 刀礪 · 小觿 · 金燧, 右佩箴管 · 線 · 纊, 施縏袠, 大觿 · 木燧. 衿纓, 綦屨, 以適父母舅姑之所.
12) 『의례』「사혼례(士昏禮)」: 庶母及門內施鞶, 申之以父母之命, 命之曰, "敬恭聽宗爾父母之言, 夙夜無愆, 視諸衿鞶."

帨)에 수를 놓다."라고 했는데, 이때의 '반(鞶)'은 작은 주머니를 뜻한다. 그리고 여기에서는 '반혁(鞶革)' 및 '반사(鞶絲)'라고 했고, 『좌전』에서 말한 '반려유영(鞶厲游纓)'은 곧 말에 채우는 반(鞶)과 영(纓)이 되니, 이때의 반(鞶)은 대대(大帶)가 된다. 『예기』「옥조(玉藻)」편에서는 "어린아이는 금신(錦紳)을 두른다."[13]라고 했고, 또 "제자(弟子)는 호대(縞帶)를 두른다."[14]라고 했으니, 이것은 남자가 두르는 반혁(鞶革)은 아마도 어린아이 때 사용하는 것일 뿐임을 나타낸다. 남자 것을 가죽으로 만들고 여자 것을 비단으로 만드는 이유는 가죽은 단단하고 비단은 부드럽기 때문이다.

**集解** 自此以下, 皆言教子之法.

**번역** 이곳 문장부터 그 이하의 내용들은 모두 자식을 교육하는 법도를 언급하고 있다.

**【368a】**

**六年, 教之數與方名. 七年, 男女不同席, 不共食. 八年, 出入門戶, 及卽席飮食, 必後長者, 始教之讓.**

**직역** 六年이면, 數와 方名을 教한다. 七年이면 男女가 席을 不同하며, 食을 不共한다. 八年이면, 門戶를 出入함과 席에 卽하여 飮食함에는 必히 長者보다 後하니, 始히 讓을 教한다.

**의역** 아이의 나이가 6세가 되면, 숫자와 방위를 가르친다. 7세가 되면, 남자아이와 여자아이는 같은 자리에 앉지 않고, 함께 음식을 먹지 않는다. 8세가 되면,

---

13) 『예기』「옥조(玉藻)」【389c】: 童子之節也, 緇布衣, 錦緣, 錦紳, 幷紐, 錦束髮, 皆朱錦也.

14) 『예기』「옥조(玉藻)」【384d】: 居士錦帶, 弟子縞帶.

문과 방문을 출입하고, 자리에 나아가서 음식을 먹을 때에는 반드시 연장자보다 뒤늦게 하니, 이때부터 비로소 겸양의 도리를 가르친다.

**集說** 數, 謂一十百千萬. 方名, 東西南北也.

**번역** '수(數)'라는 것은 1, 10, 100, 1000, 10000과 같은 수를 뜻한다. '방명(方名)'은 동·서·남·북을 뜻한다.

**大全** 嚴陵方氏曰: 出入門戶, 則欲其行之讓也. 卽席, 則欲其坐之讓也. 飮食, 則欲其食之讓也. 經曰: 父之齒隨行, 兄之齒鴈行, 則行固欲其讓也. 又曰: 衽席之上讓而坐下, 觴酒豆肉, 讓而受惡, 則坐與飮食, 又欲其讓也. 由是推之, 則無所往而不讓矣.

**번역** 엄릉방씨가 말하길, 문과 방문을 출입하게 되면, 행동할 때 겸양하기를 바라게 된다. 자리로 나아가게 되면, 앉을 때 겸양하기를 바라게 된다. 음식에 대해서는 식사할 때의 겸양을 바라게 된다. 경문에서는 "아버지 연배의 사람과 길을 갈 때에는 그 사람의 뒤를 따라가고, 형 연배의 사람과 길을 갈 때에는 나란히 가되 조금 뒤쳐져 간다."[15]라고 했으니, 행동을 할 때에도 진실로 겸양을 하길 바란 것이다. 또한 "연회의 자리에서는 사양을 하고 아래에 앉으며, 술잔에 담길 술과 두(豆)에 담길 고기에 대해서는 사양을 하여 나쁜 것을 받는다."[16]라고 하였으니, 앉는 것과 음식을 먹을 때에도 또한 겸양을 하길 바란 것이다. 이를 통해 미루어보면, 어느 곳에서건 겸양을 하지 않을 때가 없는 것이다.

**鄭注** 方名, 東西. 蚤其別也. 示以廉恥.

---

15) 『예기』「왕제(王制)」【181a】: 父之齒, 隨行, 兄之齒, 鴈行, 朋友, 不相踰.

16) 『예기』「방기(坊記)」【612b】: 子云, "觴酒豆肉, 讓而受惡, 民猶犯齒. 衽席之上讓而坐下, 民猶犯貴. 朝廷之位讓而就賤, 民猶犯君. 詩云, '民之無良, 相怨一方. 受爵不讓, 至于已斯亡.'"

**번역** '방명(方名)'은 동쪽이나 서쪽과 같은 방위를 뜻한다. 같은 자리에 앉히지 않고, 밥을 함께 먹지 못하도록 하는 것은 남녀의 유별함을 일찍 가르치는 것이다. 연장자보다 뒤에 하도록 하여, 이를 통해 염치의 도리를 보이는 것이다.

**釋文** 後, 胡豆反.

**번역** '後'자는 '胡(호)'자와 '豆(두)'자의 반절음이다.

**孔疏** ●"六年"至"左手". ○正義曰: 此一節論男子敎之從幼及長, 居官至致事之事.

**번역** ●經文: "六年"~"左手". ○이곳 문단은 남자에 대해, 어린아이로부터 장성할 때까지 가르치는 법도와 관직에 오르고, 물러나는 사안에 대해서 논의하고 있다.

**集解** 六年, 稍有知識, 始可敎也. 數, 一十百千萬也. 方名, 四方之名.

**번역** 6세가 되면, 지식이 조금 생기게 되므로, 이 시기에 비로소 교육을 시킬 수 있게 된다. '수(數)'자는 1, 10, 100, 1000, 10000과 같은 수를 뜻한다. '방명(方名)'은 사방(四方)의 명칭을 뜻한다.

**集解** 始示之別也.

**번역** 남녀를 함께 하지 못하도록 하는 것은 비로소 남녀의 유별함을 보여주는 것이다.

**集解** 卽, 就也. 長者, 父兄也. 徐行後長者謂之弟, 疾行先長者謂之不弟. 八年, 始敎以遜讓於長者, 所以因其良知良能, 而啓之以孝弟之端也.

**번역** '즉(卽)'자는 "나아가다[就]."는 뜻이다. '장자(長者)'는 부친이나 형을 뜻한다. 천천히 걸어가며 장자(長者)를 뒤따라가는 것을 '제(弟)'라고 부르며, 빠르게 걸어가서 장자보다 앞서 가는 것을 '부제(不弟)'라고 부른다. 8세가 되면, 비로소 연장자에 대해 겸양을 하고 양보를 하는 방법을 가르치니, 그가 가지고 있는 양지(良知)와 양능(良能)에 따라서, 효제(孝悌)의 단서를 열어주는 것이다.

**集解** 高氏愈曰: 凡人質性之偏, 莫不喜凌傲其上, 故古人首以讓教之. 出入後長者, 行之讓; 卽席後長者, 坐之讓; 飮食後長者, 食之讓. 所以抑其驕慢之氣, 而養其德性之和者至矣.

**번역** 고유가 말하길, 무릇 사람 중에 타고난 본성이 치우쳐 있는 자라면, 윗사람에 대해서 업신여기고 거만하게 구는 것을 즐거워하지 않는 자가 없게 된다. 그렇기 때문에 고대인은 우선적으로 겸양의 도리를 가르쳤던 것이다. 출입을 할 때 연장자보다 뒤늦게 가는 것은 행동할 때의 겸양이고, 자리에 나아갈 때 연장자보다 뒤늦게 하는 것은 앉을 때의 겸양이며, 음식을 먹을 때 연장자보다 뒤늦게 먹는 것은 식사를 할 때의 겸양이다. 이러한 것들은 교만하고 거만한 기운을 억눌러서, 덕성의 온화함을 배양하는 지극한 방법이 된다.

【368a】

**九年, 教之數日. 十年, 出就外傅, 居宿於外, 學書計.**

**직역** 九年이면, 日을 數함을 教한다. 十年이면, 出하여 外傅에 就하여, 外에서 居宿하며, 書計를 學한다.

**의역** 아이의 나이가 9세가 되면, 날짜를 헤아리는 법을 가르친다. 남자아이의 나이가 10세가 되면, 집을 벗어나서 외부 스승에게 찾아가고, 외지에서 기숙하며,

육서(六書)와 구수(九數)를 배운다.

**集說** 數日, 知朔望與六甲也. 外傅, 教學之師也. 書, 謂六書. 計, 謂九數.

**번역** '수일(數日)'은 초하루 · 보름 및 육갑(六甲)을 헤아리는 법을 알게끔 하는 것이다. '외부(外傅)'는 교육을 담당하는 스승이다. '서(書)'는 육서(六書)[17]를 뜻한다. '계(計)'는 구수(九數)[18]를 뜻한다.

**鄭注** 朔望與六甲也.

**번역** '수일(數日)'은 초하루 · 보름 및 육갑(六甲)을 헤아리는 법을 뜻한다.

**釋文** 數, 所主反.

**번역** '數'자는 '所(소)'자와 '主(주)'자의 반절음이다.

**集解** 高氏愈曰: 二者切於日用, 且五行陰陽之理, 具於干支中矣. 此九年以內, 宮中女師之教, 兼男女而言者也.

**번역** 고유가 말하길, 삭망(朔望) 및 육갑(六甲)은 날마다 자주 사용되는 것이며, 또한 오행(五行)과 음양(陰陽)의 이치는 간지(干支) 속에 포함되어

---

17) 육서(六書)는 한자의 구성과 형성에 대한 여섯 가지 이론으로, 상형(象形), 지사(指事: =處事), 회의(會意), 형성(形聲: =諧聲), 전주(轉注), 가차(假借)를 뜻한다. 『주례』「지관(地官) · 보씨(保氏)」편에는 "五曰六書."라는 기록이 있는데, 이에 대한 정현의 주에서는 정사농(鄭司農)의 주장을 인용하여, "六書, 象形 · 會意 · 轉注 · 處事 · 假借 · 諧聲也."라고 풀이했다.

18) 구수(九數)는 고대의 아홉 가지 계산 방법이다. 방전(方田), 속미(粟米), 차분(差分), 소광(少廣), 상공(商功), 균수(均輸), 방정(方程), 영부족(贏不足), 방요(旁要)를 뜻한다. 『주례』「지관(地官) · 보씨(保氏)」편에는 "六曰九數."라는 기록이 있는데, 이에 대한 정현의 주에서는 정중(鄭衆)의 주장을 인용하여, "九數, 方田 · 粟米 · 差分 · 少廣 · 商功 · 均輸 · 方程 · 贏不足 · 旁要."라고 풀이했다.

있다. 이것은 9세 이내에 궁중(宮中)에 있는 여사(女師)가 가르치니, 남녀에 대해서 함께 언급한 내용이다.

**集解** 高氏愈曰: 居宿, 日居夜宿也. 十歲則男女已大, 爲之別而女不出, 男不入, 蓋內外之防始嚴矣. 書計, 卽六藝中六書·九數之學也.

**번역** 고유가 말하길, '거숙(居宿)'은 낮에 그곳에 머물며, 밤에 유숙을 한다는 뜻이다. 10세가 되면, 남녀가 이미 어느 정도 큰 상태이므로, 서로 구별을 두게 하며, 여자는 밖으로 내보내지 않고, 남자는 안으로 들어오지 않게 하니, 내외(內外)에 따른 구별이 이 시점부터 엄격해지는 것이다. '서계(書計)'는 육예(六藝)[19] 중 육서(六書)와 구수(九數)를 익히는 것이다.

**【368b】**

**衣不帛襦袴. 禮帥初, 朝夕學幼儀, 請肄簡諒.**

**직역** 衣는 帛襦袴를 不한다. 禮는 初를 帥하니, 朝夕으로 幼儀를 學하고, 肄簡諒을 請한다.

**의역** 아이의 옷에 있어서, 비단으로 지은 속옷과 바지는 입히지 않는다. 아이가 예(禮)에 따라 행동을 할 때에는 최초 가르친 대로 시행하도록 하고, 아침저녁으로 아이가 따라야 하는 행동예절을 배우도록 하고, 육서(六書)의 편수와 언어의 진실됨에 대해서 익히기를 청한다.

---

19) 육예(六藝)는 기본적으로 갖춰야 하는 여섯 가지 과목을 뜻한다. 여섯 가지 과목은 예(禮), 음악[樂], 활쏘기[射], 수레몰기[御], 글쓰기[書], 셈하기[數]이며, 구체적으로 말하자면 오례(五禮), 육악(六樂), 오사(五射), 오어(五馭: =五御), 육서(六書), 구수(九數)를 가리킨다.

**集說** 曲禮曰: “童子不衣裘裳.” 不衣帛爲襦袴, 亦爲太溫也. 禮帥初, 謂行禮動作皆循習初敎之方也. 肄, 習也. 簡, 書篇數也. 諒, 言語信實也. 皆請於長者而習學之也. 一說, 簡者簡要, 謂使之習事務從其要, 不爲迂曲煩擾也.

**번역** 『예기』「곡례(曲禮)」편에서는 “어린아이들에게는 가죽으로 된 옷과 치마를 입히지 않는다.”[20]라고 했다. 비단으로 속옷과 바지를 만들어 입히지 않는 것 또한 그 옷이 너무 따뜻하기 때문이다. ‘예솔초(禮帥初)’라는 말은 예(禮)를 시행하며 행동할 때에는 모두 최초 가르친 방도대로 따른다는 뜻이다. ‘이(肄)’자는 “익히다[習].”는 뜻이다. ‘간(簡)’자는 육서(六書)의 편수(篇數)를 뜻한다. ‘양(諒)’자는 언어의 진실됨을 뜻한다. 이 모두는 연장자에게 청하여 학습하게 된다. 일설에는 ‘간(簡)’자는 간단하고 요긴한 요령을 뜻한다고 하니, 그로 하여금 일을 익히게 할 때, 그 요령에 따라서 힘쓰게 하여, 우원하고 번거롭게 시행하지 않도록 한다는 뜻이다.

**大全** 嚴陵方氏曰: 出就外傅, 曾子問所謂“古者, 男子外有傅”, 是矣. 書, 卽周官保氏所謂“六書”, 是也. 計, 卽所謂“九數”, 是也. 以數必計其多少, 故又爲之計焉. 自學書計而下, 皆就外傅所學之事也. 禮帥初, 謂遵習先日所爲而不敢變也. 慮其妄有所改爲故也, 朝夕學幼儀者. 至此乃可以責事長之禮故也, 若昧爽而朝之類, 則朝之所當學也, 若日入而夕之類, 則夕之所當學也. 簡, 策也, 謂古先之事, 必書於策. 必請而後習之者, 則以不敢專故也.

**번역** 엄릉방씨가 말하길, 집을 벗어나서 외부의 스승을 찾아간다고 했는데, 이것은 『예기』「증자문(曾子問)」편에서 “고대에 남자에게는 밖으로는 스승이 있었다.”[21]라고 한 말에 해당한다. ‘서(書)’는 곧 『주례』「보씨(保氏)」편에서 말한 ‘육서(六書)’에 해당한다. ‘계(計)’는 곧 ‘구수(九數)’에 해당한다.[22] 수에 대해서는 반드시 그 많고 적음을 셈하기 때문에, 또한 그것

---

20) 『예기』「곡례상(曲禮上)」【16c】: <u>童子, 不衣裘裳</u>, 立必正方, 不傾聽.

21) 『예기』「증자문(曾子問)」【235a】: 子游問曰: 喪慈母, 如母禮與. 孔子曰: 非禮也. <u>古者, 男子外有傅</u>, 內有慈母, 君命所使敎子也, 何服之有.

을 '계(計)'라고도 하는 것이다. 서(書)와 계(計)를 익힌다는 것으로부터 그 이하의 내용은 모두 외부의 스승에게 나아가서 학습하는 사안이다. 예(禮)에 있어서 그 처음을 따른다는 말은 이전에 행동하는 바를 익혔던 것을 준수하며, 감히 바꾸지 않는다는 뜻이다. 그것을 잊고 고쳐서 행동하는 점이 생길까를 염려했기 때문에, 조석으로 어린아이가 따르는 행동예절을 익히게 했던 것이다. 이 시기에 이르게 되면, 어른을 섬기는 예(禮)를 그에게 따르도록 책임을 지울 수 있게 되니, 새벽에 일어나서 아침 문안인사를 드리는 예절 등은 아침에 마땅히 익혀야 하는 것이다. 그리고 해가 저물어서 저녁 문인인사를 드리는 예절 등은 저녁에 마땅히 익혀야 하는 것이다. '간(簡)'자는 서적[策]을 뜻하니, 고대에 앞서 발생했던 사안들은 반드시 서적에 기록을 하게 되어 있다. 반드시 간청을 한 이후에야 익히는 것은 감히 자기마음대로 할 수 없기 때문이다.

**鄭注** 外傅, 教學之師也. 不用帛爲襦袴, 爲大溫, 傷陰氣也. 禮帥初, 遵習先日所爲也. 肄, 習也. 諒, 信也. 請習簡, 謂所書篇數也. 請習信, 謂應對之言也.

**번역** '외부(外傅)'는 가르침을 담당하는 스승이다. 비단을 사용하여 속옷과 바지를 만들지 않는 것은 그 옷이 너무 따뜻해서, 음기(陰氣)를 해치기 때문이다. "예(禮)에 있어서 그 처음을 따른다."는 말은 이전에 행동하는 바를 익혔던 것을 준수한다는 뜻이다. '이(肄)'자는 "익히다[習]."는 뜻이다. '양(諒)'자는 신의[信]를 뜻한다. 청원을 하여 간(簡)을 익힌다는 것은 기록하는 편수(篇數)에 대한 것이다. 청원을 하여 신의에 대해서 익힌다는 것은 응대하는 말에 대한 것이다.

**釋文** 襦, 字又作▼(ネ+((惠-心)/勿)), 音儒. 袴, 苦故反. 肆, 本又作肄, 同以二反. 大音泰.

---

22) 『주례』「지관(地官)·보씨(保氏)」: 而養國子以道, 乃教之六藝: 一曰五禮, 二曰六樂, 三曰五射, 四曰五馭, 五曰六書, 六曰九數.

**번역** '襦'자는 그 글자를 또한 '▼(衤+((惠-心)/勿))'자로도 기록하는데, 그 음은 '儒(유)'이다. '袴'자는 '苦(고)'자와 '故(고)'자의 반절음이다. '肆'자는 판본에 따라서 또한 '肄'자로도 기록하는데, 두 글자는 모두 '以(이)'자와 '二(이)'자의 반절음이다. '大'자의 음은 '泰(태)'이다.

**孔疏** ●"衣不帛襦袴"者, 謂不以帛爲襦袴.

**번역** ●經文: "衣不帛襦袴". ○비단으로 속옷과 바지를 만들지 않는다는 뜻이다.

**孔疏** ●"禮帥初"者, 帥, 循也. 行禮動作, 皆帥循初日所爲.

**번역** ●經文: "禮帥初". ○'솔(帥)'자는 "따른다[循]."는 뜻이다. 예(禮)를 시행하여 행동하는 것들은 모두 처음 익혀서 시행했던 대로 따른다는 뜻이다.

**孔疏** ●"朝夕學幼儀"者, 言從朝至夕, 學幼少奉事長者之儀. "請肄簡·諒"者, 肄, 習也. 簡, 禮篇章也. 諒, 信也, 謂言語信實. 言請長者習學篇章簡禮, 及應對信實言語也.

**번역** ●經文: "朝夕學幼儀". ○아침부터 저녁에 이르기까지, 어린이나 젊은이가 연장자를 섬기는 의례에 대해서 익힌다는 뜻이다. 경문의 "請肄簡·諒"에 대하여. '이(肄)'자는 "익힌다[習]."는 뜻이다. '간(簡)'자는 예(禮)의 편과 장절을 뜻한다. '양(諒)'자는 신의[信]를 뜻하니, 언어를 진실되게 한다는 의미이다. 즉 연장자에게 청원을 하여, 편이나 장절로 기록된 예(禮)를 익히고, 응대하는 말을 진실되게 함을 익히는 것이다.

**訓纂** 說文: 襦, 短衣也. 一曰䰯衣.

**번역** 『설문해자』에서 말하길, '유(襦)'자는 길이가 짧은 옷이다. 일설에는 따뜻한 옷이라고 한다.

**訓纂** 釋名: 襦, 耎也, 言溫耎也.

**번역** 『석명』에서 말하길, '유(襦)'자는 "부드럽다[耎]."는 뜻이니, 따듯하고 부드러운 것을 뜻한다.

**集解** 愚謂: 襦, 裏衣; 袴, 下衣. 二者皆不以帛爲之, 防奢侈也. 禮帥初者, 謂初所教長幼之禮, 帥而行之, 而不敢忘也. 幼儀, 幼少所行之儀法, 其事甚多, 不第出入飮食必後長者而已, 朝夕學之, 而益求其詳也. 肄, 習也, 諒, 信也. 請肄簡諒, 謂所請肄習者貴乎簡要而誠實也. 簡則不流於泛濫, 諒則不至於虛浮. 自此至"凡男拜, 尙左手", 專言教男子之法. 九年以前, 男女之教同; 十年以後, 男女之教異.

**번역** 내가 생각하기에, '유(襦)'자는 속옷을 뜻하고, '고(袴)'자는 하의를 뜻한다. 이 두 옷은 모두 비단으로 만들지 않으니, 사치스러움을 방지하기 위해서이다. "예(禮)에 있어서 그 처음을 따른다."는 말은 최초 장유(長幼)에 따른 예법을 익힌 것을 그대로 따르며 실천하고, 감히 잊지 않는다는 뜻이다. '유의(幼儀)'는 어린아이와 젊은이가 행동해야 하는 행동예절인데, 그 사안이 매우 많아서, 단지 출입을 하고 음식을 먹을 때, 반드시 장자(長者)보다 뒤늦게 한다는 것에만 그치는 것이 아니다. 따라서 아침저녁으로 익혀서, 그 상세한 예절들을 익혀야만 한다. '이(肄)'자는 "익히다[習]."는 뜻이며, '양(諒)'자는 신의[信]을 뜻한다. '청이간량(請肄簡諒)'이라는 말은 청원하여 익혔던 것들은 어떤 일을 처리하는 요령이 되고, 진실하다는 점에서 존귀하다는 뜻이다. 요령을 알게 되면, 지나친 데로 흐르지 않게 되고, 진실하다면, 허황된 곳으로 빠지지 않는다. 이 구문부터 "무릇 남자가 절을 할 때에는 좌측 손을 위로 한다."라는 구문까지는 전적으로 남자를 가르치는 법도에 대해서만 언급하고 있다. 9세 이전에 대한 내용은 남녀에 대한 가르침이 동일하지만, 10세 이후로부터는 남녀에 대한 가르침이 달라진다.

**集解** 輔氏謂"衣不帛襦袴, 則上服猶用帛", 非也. 成人之服, 深衣玄端, 皆布爲之, 朝服始用素帛爲裳, 則童子之上服不用帛可知. 玉藻"童子緇布衣, 錦緣", 是童子之上服以緇布爲深衣之制也. 以帛裏布, 非禮也. 童子上服用布, 襦袴在內, 其不用帛宜矣.

**번역** 경원보씨는 "옷에 있어서 유고(襦袴)를 비단으로 만들지 않는다면, 그 위에 입는 복장에 있어서는 오히려 비단을 이용해서 만들 수 있다."라고 했는데, 이것은 잘못된 주장이다. 성인(成人)의 복장 중 심의(深衣)와 현단(玄端)은 모두 포(布)를 이용해서 만들고, 조복(朝服)부터 비로소 흰색의 비단을 이용해서 하의를 만들게 되니, 어린아이가 입는 겉옷은 비단을 이용해서 만들 수 없다는 사실을 알 수 있다. 『예기』「옥조(玉藻)」편에서는 "어린아이에게 있어서, 검은색의 포(布)로 옷을 만들고, 비단으로 가선을 댄다."[23]라고 했으니, 어린아이가 입는 겉옷은 검은색의 포(布)를 이용하여, 심의를 만드는 방식대로 만들게 된다. 비단을 이용해서 포(布)의 안감을 대는 것은 비례(非禮)이다. 어린아이의 겉옷에는 포(布)를 이용하고, 속옷과 바지는 그 안쪽에 입게 되니, 비단을 이용해서 만들지 않는 것이 마땅한 것이다.

**【368c】**

**十有三年, 學樂, 誦詩, 舞勺. 成童, 舞象, 學射御.**

**직역** 十三年이면, 樂을 學하고, 詩를 誦하며, 勺을 舞한다. 成童은 象을 舞하고, 射御를 學한다.

**의역** 남자아이의 나이가 13세가 되면, 음악을 익히고, 시(詩)를 암송하며, 작(勺)이라는 춤을 추게 한다. 15세 이상이 된 남자아이들은 상(象)이라는 춤을 추고,

23) 『예기』「옥조(玉藻)」【389c】: 童子之節也, 緇布衣, 錦緣, 錦紳, 并紐, 錦束髮, 皆朱錦也.

활쏘기와 수레를 모는 방법을 익힌다.

**集說** 樂, 八音之器也. 詩, 樂歌之篇章也. 成童, 十五以上. 象, 說見文王世子. 射, 謂五射. 御, 謂五御也. 六藝, 詳見小學書.

**번역** '악(樂)'자는 팔음(八音)[24]의 악기를 뜻한다. '시(詩)'는 연주하고 노래할 때 사용하는 편과 장이다. '성동(成童)'은 15세 이상의 아이를 뜻한다. '상(象)'에 대해서는 그 설명이 『예기』「문왕세자(文王世子)」편에 나온다.[25] '사(射)'는 오사(五射)[26]를 뜻하다. '어(御)'는 오어(五御)[27]를 뜻한다.

---

24) 팔음(八音)은 여덟 가지의 악기들을 뜻한다. 여덟 종류의 악기에는 8종류의 서로 다른 재질이 사용되기 때문에, 붙여진 이름이다. 여기에서 여덟 가지 재질이란 통상적으로 쇠[金], 돌[石], 실[絲], 대나무[竹], 박[匏], 흙[土], 가죽[革], 나무[木]를 가리킨다. 『서』「우서(虞書)·순전(舜典)」편에는 "三載, 四海遏密八音."이란 기록이 있는데, 이에 대한 공안국(孔安國)의 전(傳)에서는 "八音, 金石絲竹匏土革木."이라고 풀이하였다. 또한 여덟 가지 재질에 따른 악기에 대해서 설명하자면, 금(金)에는 종(鐘)과 박(鎛)이 있고, 석(石)에는 경(磬)이 있으며, 토(土)에는 훈(塤)이 있고, 혁(革)에는 고(鼓)와 도(鼗)가 있으며, 사(絲)에는 금(琴)과 슬(瑟)이 있고, 목(木)에는 축(柷)과 어(敔)가 있으며, 포(匏)에는 생(笙)이 있고, 죽(竹)에는 관(管과 소(簫)가 있다. 『주례』「춘관(春官)·대사(大師)」편에는 "皆播之以八音, 金石土革絲木匏竹."이라는 기록이 있는데, 이에 대한 정현의 주에서는 "金, 鐘鎛也. 石, 磬也. 土, 塤也. 革, 鼓鼗也. 絲, 琴瑟也. 木, 柷敔也. 匏, 笙也. 竹, 管簫也."라고 풀이하였다.

25) 『예기』「문왕세자(文王世子)」【262c】의 "下管象, 舞大武, 大合衆以事, 達有神, 興有德也. 正君臣之位, 貴賤之等焉, 而上下之義行矣."라는 기록에 대해, 진호(陳澔)의 『집설(集說)』에서는 "象是文王之舞, 周頌維淸乃象舞之樂歌."라고 풀이했다. 즉 "'상무(象舞)'는 문왕(文王)의 덕(德)을 표현한 춤이며, 『시』「주송(周頌)·유청(維淸)」편이 곧 '상무'라는 춤에 해당하는 노래가사이다."라는 뜻이다.

26) 오사(五射)는 사례(射禮)를 시행할 때 사용되는 다섯 가지 활 쏘는 예법을 뜻한다. 다섯 가지 활 쏘는 예법은 백시(白矢), 삼련(參連), 섬주(剡注), 양척(襄尺), 정의(井儀)이다. '백시'는 화살을 쏘아서 과녁을 꿰뚫는다는 뜻이다. 화살이 과녁을 꿰뚫게 되면, 화살 끝에 달려 있는 흰 깃털만 보인다는 의미에서 '백시'라고 부른다. '삼련'은 앞서 한 발의 화살을 쏘고, 뒤이어 3발의 화살을 연이어 쏜다는 뜻이다. '섬주'는 화살을 쏠 때 끝부분의 깃털

육예(六藝)에 대해서는 그 설명이 『소학(小學)』에 상세히 나온다.

---

이 위로 올라가고, 화살촉이 밑으로 내려간 형태로 화살이 날아가는 것을 뜻한다. '양척'은 신하가 군주와 함께 화살을 쏠 때, 군주가 화살을 쏘는 장소로부터 1척(尺) 정도 물러나서 쏘는 것을 뜻한다. '정의'는 4발의 화살을 쏘아서 과녁을 명중시킬 때, 정(井)자의 형태가 되도록 쏘는 것을 뜻한다. 『주례』「지관(地官)·보씨(保氏)」편에는 "養國子以道, 乃教之六藝, 一曰五禮, 二曰六樂, 三曰五射, 四曰五馭, 五曰六書, 六曰九數."라는 기록이 있고, 이에 대한 정현의 주에서는 정사농(鄭司農)의 주장을 인용하여, "五射, 白矢·參連·剡注·襄尺·井儀也."라고 풀이했으며, 가공언(賈公彦)의 소(疏)에서는 "云白矢者, 矢在侯而貫侯過, 見其鏃白; 云參連者, 前放一矢, 後三矢連續而去也; 云剡注者, 謂羽頭高鏃低而去, 剡剡然; 云襄尺者, 臣與君射, 不與君並立, 襄君一尺而退; 云井儀者, 四矢貫侯, 如井之容儀也."라고 풀이했다.

27) 오어(五馭)는 오어(五御)라고도 부르며, 수레를 몰 때 사용되는 다섯 가지 기술을 뜻한다. 다섯 가지 기술은 명화란(鳴和鸞), 축수곡(逐水曲), 과군표(過君表), 무교구(舞交衢), 축금좌(逐禽左)이다. '명화란'은 수레를 몰 때 방울 소리가 조화롭게 울린다는 뜻이다. '화(和)'와 '란(鸞)'은 모두 수레에 다는 일종의 방울인데, 수레를 편안하게 몰기 때문에 소리가 조화롭게 울린다는 뜻이다. '축수곡'은 물길 옆에 있는 도로를 따라 수레를 몬다는 뜻이다. 즉, 물길의 굴곡에 따른 굽이진 곳을 이동하면서도 수레가 물에 빠지지 않도록 운전을 잘 한다는 뜻이다. '과군표'는 군주가 있는 곳은 깃발 등으로 표시를 하는데, 그곳을 지나갈 때에는 수레를 몰지 않는다는 뜻이다. 일종의 군주에게 공경의 뜻을 표하는 방법이다. '무교구'는 교차로에서 수레끼리 교차하게 될 때, 서로에게 피해를 주지 않기 위해 춤추는 절도에 따라 서로 수레를 돌린다는 뜻이다. '축금좌'는 사냥할 때 수레를 모는 방법이다. 사냥을 할 때 존귀한 자는 좌측에 타서 활을 쏘게 되는데, 짐승을 잘 맞출 수 있도록 수레의 좌측 방향으로 짐승을 몬다는 뜻이다. 『주례』「지관(地官)·보씨(保氏)」편에는 "養國子以道, 乃教之六藝, 一曰五禮, 二曰六樂, 三曰五射, 四曰五馭, 五曰六書, 六曰九數."라는 기록이 있고, 이에 대한 정현의 주에서는 정사농(鄭司農)의 주장을 인용하여, "五馭, 鳴和鸞·逐水曲·過君表·舞交衢·逐禽左."라고 풀이했으며, 가공언(賈公彦)의 소(疏)에서는 "云五馭者, 馭車有五種. 云鳴和鸞者, 和在式, 鸞在衡. 按韓詩云, '升車則馬動, 馬動則鸞鳴, 鸞鳴則和應.' 先鄭依此而言. 云逐水曲者, 無正文, 先鄭以意而言, 謂御車隨逐水勢之屈曲而不墜水也. 云過君表者, 謂若毛傳云, '褐纏旃以爲門, 裘纏質以爲槸, 間容握, 驅而入, 轚則不得入.' 穀梁亦云, '艾蘭以爲防, 置旃以爲轅門, 以葛覆質以爲槷, 流旁握, 御轚者不得入.' 是其過君表卽褐纏旃是也. 云舞交衢者, 衢, 道也, 謂御車在交道, 車旋應於舞節. 云逐禽左者, 謂御驅逆之車, 逆驅禽獸使左, 當人君以射之, 人君自左射. 故毛傳云, '故自左膘而射之, 達于右腢, 爲上殺.' 又禮記云, '佐車止, 則百姓田獵', 是也."라고 풀이했다.

**集說** 朱子曰: 酌, 卽勺也. 內則曰, 十三舞勺, 卽以此詩爲節而舞也.

**번역** 주자가 말하길, '작(酌)'은 곧 작(勺)에 해당한다. 「내칙」편에서는 13세 때 작(勺)이라는 춤을 춘다고 했으니, 곧 이 시(詩)를 절도로 삼아서 춤을 추는 것이다.

**大全** 程子曰: 古之爲學也易, 八歲入小學, 十三入大學. 舞勺舞象, 有弦歌以養其耳, 舞干羽以養其氣血, 其心急則佩韋, 緩則佩弦. 出入閭里, 則視聽遊習與政事之施, 莫不由此, 如此則非僻之心無自而入.

**번역** 정자가 말하길, 고대에는 학문을 익혔던 것이 수월하였으니, 8세가 되면 소학(小學)에 입학하였고, 13세가 되면 대학(大學)에 입학하였다. 작(勺)이라는 춤을 추고, 상(象)이라는 춤을 추는데, 현악기로 연주하고 노래를 불러서, 청각 능력을 배양하고, 방패와 깃털을 들고 추는 춤을 춰서, 혈기를 배양하니, 그 마음이 다급한 자라면, 무두질한 가죽을 차게 하고, 느슨한 사람이라면 활시위를 차게 한다. 마을을 출입하게 되면, 풍습과 정사가 시행되는 것을 살펴보는데, 이러한 것에 따르지 않은 적이 없으니, 이처럼 하게 된다면, 그릇되고 사벽한 마음이 들어올 곳이 없게 된다.

**大全** 張子曰: 古者教童子, 先以舞者, 欲柔其體也. 心下則氣和, 氣和則體柔. 古者教胄子, 必以樂, 欲其和也. 教之舞, 教之樂, 所以欲其和. 學者志則欲立, 體則欲和也.

**번역** 장자가 말하길, 고대에 아이들을 가르칠 때에는 우선적으로 춤을 가르쳤는데, 그 이유는 신체를 유연하게 만들고자 해서이다. 마음이 가라앉으면 기운이 조화롭게 되고, 기운이 조화로우면 신체가 유연하게 된다. 고대에 주자(胄子)[28]를 가르칠 때에는 반드시 음악을 통해 가르쳤으니, 조화

---

28) 주자(胄子)는 국자(國子)와 같은 뜻이다. 자 및 공(公), 경(卿), 대부(大夫)의 자제들을 말한다. 때론 상황에 따라 천자의 태자(太子) 및 왕자(王子)를

롭게 만들고자 해서이다. 따라서 춤을 가르치고, 음악을 가르친 것은 조화롭게 만들고자 해서이다. 학자들은 뜻의 경우에는 강직하게 세워야 하며, 신체는 조화롭게 만들어야 한다.

**大全** 嚴陵方氏曰: 勺雖告武王之樂, 然以勺其道, 而道成於文故也. 象雖奏文王之樂, 然以象其事, 而事成於武故也. 必以告武王之樂爲文者, 以示文之道必有武爲之備也. 必以奏文王之樂爲武者, 以示武之事必以文爲之經也. 勺固成王之樂, 以告成大武, 故取義如此.

**번역** 엄릉방씨가 말하길, 작(勺)에서는 비록 무왕(武王)의 음악을 연주하지만, 이를 통해 그 도(道)를 본뜨고, 그 도(道)는 문(文)을 통해서 완성되기 때문이다. 상(象)에서는 비록 문왕(文王)의 음악을 연주하지만, 이를 통해 그 일을 본뜨고, 그 일은 무(武)를 통해서 완성되기 때문이다. 반드시 무왕(武王)의 음악을 연주하는 것을 문(文)으로 삼는 것은 이를 통해서 문(文)의 도(道)는 반드시 무(武)를 갖춰야만 완비가 됨을 드러내기 위해서이다. 반드시 문왕(文王)의 음악을 연주하는 것을 무(武)로 삼는 것은 이를 통해서 무(武)의 일이 반드시 문(文)을 통해서 기준을 잡게 된다는 사실을 드러내기 위해서이다. 작(勺)은 진실로 성왕(成王)에 대한 음악이니, 이를 통해 대무(大武)를 이루었다는 사실을 나타낸다. 그렇기 때문에 이처럼 그 의미들을 취한 것이다.

**鄭注** 先學勺, 後學象, 文武之次也. 成童, 十五以上.

**번역** 먼저 작(勺)을 익히고, 이후에 상(象)을 익히는 것은 문(文)과 무(武)에 따른 순서이다. '성동(成童)'은 15세 이상의 아이를 뜻한다.

---

포함시키지 않는 경우도 있다. 『서』「우서(虞書)·순전(舜典)」편에는 "帝曰, 虁, 命汝典樂, 敎胄子."라는 기록이 있는데, 이에 대한 공안국(孔安國)의 전(傳)에서는 "胄, 長也, 謂元子以下至卿大夫子弟."라고 풀이했다.

**釋文** 勺, 章略反, 注同.

**번역** '勺'자는 '章(장)'자와 '略(략)'자의 반절음이며, 정현의 주에 나오는 글자도 그 음이 이와 같다.

**孔疏** ●"舞勺"者, 熊氏云: 勺, 籥[29)]也. 言十三之時, 學此舞勺之文舞也.

**번역** ●經文: "舞勺". ○'작(勺)'은 약(籥)이라는 춤을 뜻한다. 즉 13세가 되면, 문무(文舞)에 해당하는 작(勺) 춤을 익힌다는 뜻이다.

**孔疏** ●"成童, 舞象"者, 成童謂十五以上, 舞象謂舞武也. 熊氏云: "謂用干戈之小舞也. 以其年尙幼, 故習文武之小舞也."

**번역** ●經文: "成童, 舞象". ○'성동(成童)'은 15세 이상의 아이를 뜻하며, '무상(舞象)'은 무무(武舞)를 춘다는 뜻이다. 웅안생은 "방패와 창을 이용하는 소무(小舞)를 뜻한다. 나이가 아직 어리기 때문에, 문무(文舞)와 무무(武舞) 중에서도 소무(小舞)를 익히는 것이다."라고 했다.

**集解** 愚謂: 學樂, 學琴瑟之樂也. 詩, 樂章也. 學樂·誦詩, 弦誦相成也. 勺, 卽所謂南籥也. "禴祠"之禴, 亦作"礿", 是"勺"·"籥"字通明矣. 南籥, 文王之文舞, 象箾, 文王之武舞, 皆小舞也. 射御, 五射·五御之法也. 蓋至此而六藝之事略備矣. 以孝弟忠信爲之本, 而餘力學文, 蓋雖未及乎大學, 而所以培養其德性, 成就其才具者, 固已深矣.

**번역** 내가 생각하기에, '학악(學樂)'은 금슬(琴瑟) 등의 악기에 대해서

29) '약(籥)'자에 대하여. '약'자는 본래 '편(篇)'자로 기록되어 있었는데, 완원(阮元)의 『교감기(校勘記)』에서는 "『민본(閩本)』·『감본(監本)』에서는 '편'자를 '약'자로 고쳤는데, 그 기록이 옳다. 혜동(惠棟)의 『교송본(校宋本)』에도 동일하게 기록되어 있다. 『모본(毛本)』에서는 '작약(勺籥)'을 잘못하여 '일편(一篇)'으로 기록했다."라고 했다.

배운다는 뜻이다. '시(詩)'는 악장(樂章)을 뜻한다. 악기 연주를 배우고, 시를 암송하니, 연주와 노래를 서로 완성하게 된다. '작(勺)'은 이른바 '남약(南籥)'이라는 것에 해당한다. '약사(禴祠)'라고 할 때의 '약(禴)'자 또한 '약(礿)'자로 기록하니, 이 말은 곧 '작(勺)'자와 '약(籥)'자가 서로 통용된다는 사실을 나타낸다. '남약(南籥)'은 문왕(文王)의 덕을 표현한 문무(文舞)에 해당하고, 상소(象箾)는 문왕(文王)의 사업을 나타낸 무무(武舞)에 해당하는데, 둘 모두 소무(小舞)에 해당한다. '사어(射御)'는 오사(五射)와 오어(五御)의 법도를 뜻한다. 무릇 이 시점에 이르게 되면, 육예(六藝)의 사안들이 대략적으로 갖춰지게 된다. 효제(孝悌)와 충신(忠臣)을 근본으로 삼고, 학문에 힘쓰니, 무릇 아직 대학(大學)에 입학하지는 않았지만, 그 덕성을 배양하고, 그 재능을 성취하는 방법이 매우 심도 깊었던 것이다.

**集解** 大戴禮云: "古者王子年八歲而就外舍, 束髮而就大學." 尙書周傳: "王子, 公·卿·元士之適子, 十五入小學, 二十入大學." 書傳略說: "餘子十三入小學, 十八入大學." 白虎通: "八歲入小學, 十五入大學." 曲禮: "人生十年曰幼學." 內則: "十年出就外傅." 今其詳固不可盡考, 然周禮樂師"敎國子小舞", 則國子之入大學固不待旣冠矣. 蓋古者公卿與庶民之子, 其學不同, 公卿之子以師氏所敎者爲小學, 以成均爲大學; 庶民之子以家之塾, 州·黨之序爲小學, 以鄕之庠爲大學. 公卿之子, 其小學惟一, 則其升於大學也速; 庶民之子, 其小學有三, 則其遞升於大學也遲. 而又人之材質有敏鈍, 學業之成就有蚤暮, 則其入大學固不可限以定期, 大約自十三以上, 二十以下, 皆入大學之歲也與.

**번역** 『대대례기(大戴禮記)』에서는 "고대에 왕자(王子)는 8세가 되면 외사(外舍)[30]에 나아갔고, 머리를 묶은 뒤에는 대학(大學)에 나아갔다."[31]라고 했다. 『상서대전』「주전(周傳)」에서는 "왕자(王子)와 공(公)·경(卿)·원

30) 외사(外舍)는 소학(小學)을 뜻한다. 고대에는 '소학'을 '외사'라고도 불렀다.
31) 『대대례기(大戴禮記)』「보부(保傅_」: 古者年八歲而出就外舍, 學小藝焉, 履小節焉. 束髮而就大學. 學大藝焉, 履大節焉.

사(元士)[32]의 적자(適子)들은 15세가 되면 소학(小學)에 입학했고, 20세에 대학(大學)에 입학했다."라고 했다. 『서전략설(書傳略說)』에서는 "나머지 자식들은 13세가 되면 소학(小學)에 입학했고, 18세에 대학(大學)에 입학했다."라고 했다. 『백호통』에서는 "8세가 되면 소학(小學)에 입학했고, 15세에 대학(大學)에 입학했다."라고 했다. 『예기』「곡례(曲禮)」편에서는 "사람이 태어나서 10세가 되면, 그런 사람을 어리다는 뜻에서 유(幼)라고 부르고, 학문에 입문하도록 한다."[33]라고 했다. 「내칙」편에서는 "10세가 되면, 집을 벗어나 외부의 스승을 찾아간다."라고 했다. 현재로서는 그 상세한 내용에 대해서 진실로 다 고찰할 수가 없다. 그러나 『주례』「악사(樂師)」편에서는 "국자(國子)[34]들에게 소무(小舞)를 가르친다."[35]라고 했으니, 국자들이 대학(大學)에 입학할 때에는 진실로 관례(冠禮)를 치르는 나이까지 기다리지 않았던 것이다. 무릇 고대에는 공(公)·경(卿) 및 서민(庶民)의 자식들에 대해서, 그들을 가르치는 학교가 동일하지 않았던 것이니, 공과 경의 자식들에 대해서, 사씨(師氏)가 가르쳤던 곳을 소학(小學)으로 삼았던 것이고,

---

32) 원사(元士)는 천자에게 소속된 사(士) 계층 중 하나이다. '사' 계층은 상·중·하로 구분되어, 상사(上士), 중사(中士), 하사(下士)로 나뉜다. 다만 천자에게 소속된 '상사'에게는 제후에게 소속된 '상사'보다 높여서 '원(元)'자를 붙이게 된다. 그래서 '원사'라고 부르는 것이다.

33) 『예기』「곡례상(曲禮上)」【12b】: 人生十年曰幼, 學. 二十曰弱, 冠. 三十曰壯, 有室. 四十曰強, 而仕. 五十曰艾, 服官政. 六十曰耆, 指使. 七十曰老, 而傳. 八十九十曰耄, 七年曰悼, 悼與耄, 雖有罪, 不加刑焉. 百年曰期, 頤.

34) 국자(國子)는 천자 및 공(公), 경(卿), 대부(大夫)의 자제들을 말한다. 때론 상황에 따라 천자의 태자(太子) 및 왕자(王子)를 포함시키지 않는 경우도 있다. 『주례』「지관(地官)·사씨(師氏)」편에는 "以三德教國子"라는 기록이 있고, 이에 대한 정현의 주에서 "國子, 公卿大夫之子弟."라고 풀이한 용례와 『한서(漢書)』「예악지(禮樂志)」편에서 "朝夕習業, 以教國子. 國子者, 卿大夫之子弟也."라고 풀이한 용례가 바로 여기에 해당한다. 그러나 이것은 천자에 대한 언급을 가급적 회피했기 때문에, 생략하여 기술하지 않은 것이다. 청대(淸代) 유서년(劉書年)의 『유귀양설경잔고(劉貴陽說經殘稿)』「국자증오(國子證誤)」편에서 "國子者, 王大子, 王子, 諸侯公卿大夫士之子弟, 皆是, 亦曰國子弟."라고 풀이하고 있는 것처럼, '국자'에는 천자의 태자와 왕자들까지도 포함된다.

35) 『주례』「춘관(春官)·악사(樂師)」: 樂師掌國學之政, 以教國子小舞.

성균(成均)을 대학(大學)으로 삼았던 것이다. 반면 서민의 자식들에게 있어서는 가(家)에 있는 학교인 숙(塾)과 주(州)·당(黨)에 있는 학교인 서(序)를 소학(小學)으로 삼았던 것이고, 향(鄕)에 있는 학교인 상(庠)을 대학(大學)으로 삼았던 것이다. 공과 경의 자식들에게 있어서, 소학(小學)은 오직 하나만 있었으니, 그들이 대학(大學)으로 승급되는 것은 매우 빨랐던 것이고, 서민의 자식들에게 있어서, 소학(小學)은 3종류나 있었으니, 그들이 대학(大學)으로 승급되는 것은 매우 더뎠던 것이다. 또한 사람의 재질에는 민첩하거나 아둔한 차이가 있고, 학업의 성취에 있어서도 빠르고 늦은 차이가 있으니, 그들이 대학(大學)에 입학할 때에는 진실로 고정된 기일로 제한을 둘 수 없었던 것이며, 대략 13세 이상으로부터 20세 이하의 시기는 모두 대학(大學)에 입학할 수 있었던 나이였을 것이다.

**集解** 程子曰: 古者家有塾, 黨有庠, 遂有序, 故未嘗有不入學者. 八歲入小學, 十五擇其秀者入大學, 不可教者歸之於農. 三老坐於里門, 出入, 察其長幼·進退·揖讓之序. 至於閭·里·鄕·黨之間, 如三百五篇之類, 人人諷誦, 莫非止於禮義之言. 十三, 又使之舞象. 然則雖未能深知義理, 興起於詩, 其心固已善矣. 後世雖白首, 未嘗知有詩. 此古今異習也. 以古所習, 安得不厚? 以今所習, 安得不惡?

**번역** 정자가 말하길, 고대에는 가(家)에 숙(塾)이라는 학교가 있었고, 당(黨)에 상(庠)이 있었으며, 수(遂)에 서(序)가 있었다. 그렇기 때문에 일찍이 학교에 입학하지 못했던 자가 없었다. 8세가 되면 소학(小學)에 입학하고, 15세가 되면, 그들 중 빼어난 자를 선별하여, 대학(大學)에 입학시켰으며, 더 이상 가르칠 수 없었던 자들은 농지로 돌려보냈다. 삼로(三老)는 리(里)의 문에 앉아서, 출입하는 자들에 대해, 그 장유유서에 따른 행동거지와 나아가고 물러나며 읍(揖)하고 사양하는 예법을 살펴보았다. 여(閭)·리(里)·향(鄕)·당(黨)에 있어서도, 예를 들어 305편에 해당하는 시편들도 사람들이 모두 암송을 하였으니, 그들이 하는 말들은 모두 예의(禮義)에 따른 것이었다. 13세에는 또한 상(象)이라는 춤을 추도록 시켰다. 그렇다면 비록 완전히 그 의리(義理)를 익힌 것은 아니지만, 시(詩)에서 흥기하였으니, 그 마음은 진실로 이미 선(善)하게 되었던 것이다. 후세에는 비록 머리가 하얗게 새더라도, 일찍이 시(詩)를 익혀야 하는지를 알지 못했다. 이것은 바로 고금에 따라 익혔던 것이 달랐다는 사실을 나타낸다. 따라서 고대에 익혔던 것을 어떻게 두텁지 않다고 할 수 있겠는가? 그리고 현재 익히는 것을 어찌 나쁘지 않다고 할 수 있겠는가?

그림 32-1 ■ 작무(勺舞)와 상무(象舞)

※ 출처: 『가산도서(家山圖書)』「무작무상도(舞勺舞象圖)」

【368d】

**二十而冠, 始學禮, 可以衣裘帛, 舞大夏, 惇行孝弟, 博學不教, 內而不出.**

**직역** 二十하면 冠하고, 始히 禮를 學하며, 可히 **裘**帛을 衣하며, 大夏를 舞하고, 孝弟를 하며, 博學하되 不教하고, 內하며 不出한다.

**의역** 20세가 되면 관례(冠禮)를 치르고, 비로소 본격적인 예(禮)를 배우게 되며, 갓옷과 비단옷을 입을 수 있게 되고, 대하(大夏)라는 춤을 익히며, 효제(孝悌)의 도리를 돈독히 실천하고, 널리 배우되 남을 가르치지 않으며, 내면에 아름다운 미덕을 키우되 겉으로 뽐내지 않는다.

**集說** 始學禮, 以成人之道, 當兼習吉凶軍賓嘉之五禮也. 大夏, 禹樂, 樂之文武兼備者也. 孝弟, 百行之本, 故先務惇行於孝弟而後博學也. 不教, 恐所學未精, 故不可爲師以教人也. 內而不出, 言蘊畜其德美於中, 而不自表見其能也. 一說, 謂不出言以爲人謀畫.

**번역** "비로소 예(禮)를 배운다."는 것은 성인(成人)의 도리에 따라서, 마땅히 길(吉)·흉(凶)·군(軍)·빈(賓)·가(嘉)에 해당하는 오례(五禮)도 함께 익혀야 하기 때문이다. '대하(大夏)'는 우(禹)임금의 악곡이니, 악곡 중 문무(文武)를 겸비하고 있는 것이다. 효제(孝悌)는 모든 행실의 근본이 된다. 그렇기 때문에 우선적으로 효제에 대해서 돈독히 시행하는 것에 힘쓰고, 그 이후에 널리 배우는 것이다. 가르치지 않는 것은 배운 것이 아직 정밀하지 않은 것을 염려하기 때문에, 그를 스승으로 세워서 남을 가르치게 할 수 없는 것이다. '내이불출(內而不出)'은 내면에 아름다운 덕(德)을 온축하되, 그 능력을 제 스스로 뽐내지 않는다는 뜻이다. 일설에는 말을 내뱉어서, 다른 사람을 위해 계획하거나 도모하지 않는다는 뜻이라고 한다.

**大全** 嚴陵方氏曰: 博學不教者, 蓋學所以爲己, 教所以爲人, 故博學而不教. 內而不出者, 以其未足以爲人, 故志乎內而亦無事乎外, 有所入而無所出也.

**번역** 엄릉방씨가 말하길, 널리 배우되 가르치지 않는 것은 무릇 배움이란 자신을 위한 것이고, 가르치는 것은 남을 위한 것이다. 그렇기 때문에 널리 배우되 가르치지 않는 것이다. 안으로 하여 표출하지 않는다는 것은 남을 위해서 무언가를 하기에는 아직 부족하기 때문에, 그 뜻을 가지되, 외적으로 일을 도모함이 없고, 들어가는 것은 있어도, 나오는 것은 없는 것이다.

**鄭注** 大夏, 樂之文武備者也. 內而不出, 謂人之謀慮也.

**번역** 대하(大夏)는 악곡 중에서도 문무(文武)가 겸비된 것이다. '내이불출(內而不出)'이라는 말은 남을 위해 계획을 하거나 고려한다는 사안을 가리킨다.

**釋文** 冠, 古亂反. 衣, 於旣反. 行, 如字, 又下孟反. 弟音悌.

**번역** '冠'자는 '古(고)'자와 '亂(란)'자의 반절음이다. '衣'자는 '於(어)'자와 '旣(기)'자의 반절음이다. '行'자는 글자대로 읽으며, 또한 '下(하)'자와 '孟(맹)'자의 반절음도 된다. '弟'자의 음은 '悌(제)'이다.

**孔疏** ●"可以衣裘帛"者, 二十成人血氣强盛, 無慮傷損, 故"可以衣裘帛"也.

**번역** ●經文: "可以衣裘帛". ○20세가 되어 성인(成人)이 되면 혈기가 강성해져서, 혈기가 손상될까를 염려하지 않게 된다. 그렇기 때문에 "갓옷과 비단옷을 입을 수 있다."라고 말한 것이다.

**孔疏** ●"舞大夏"者, 大夏是禹樂, 禪代之後, 在干戈之前, 文武俱備, 故二十習之也.

**번역** ●經文: "舞大夏". ○'대하(大夏)'는 우(禹)임금에 대한 악곡으로,

선양을 하여 지위를 물려받은 이후의 일들은 전쟁을 하기 이전에 해당하므로, 이 악곡은 문무(文武)를 함께 갖추고 있는 것이다. 그렇기 때문에 20세 때 익히는 것이다.

**孔疏** ●"博學不教"者, 唯須廣博學問, 不可爲師教人.

**번역** ●經文: "博學不教". ○오직 널리 학문을 익히기만 하고, 스승이 되어 남을 가르칠 수 없다.

**孔疏** ●"內而不出"者, 唯蘊畜其德在內, 而不得出言爲人謀慮.

**번역** ●經文: "內而不出". ○내면에 대해 그 덕을 온축하기만 하고, 말을 내뱉어서, 남을 위해 어떤 일을 도모하거나 고려할 수 없다.

**集解** 內音納.

**번역** '內'자의 음은 '納(납)'이다.

**集解** 冠, 加冠也. 禮, 吉·凶·軍·賓·嘉之禮也. 大夏, 禹樂, 文舞之大也. 大司樂: "以樂舞教國子, 舞雲門·大卷·大咸·大磬·大夏·大濩·大武." 此言"舞大夏", 則六舞皆學可知. 惇, 篤也. 前此但學幼儀, 至此則學鄉國之通禮; 前此不帛襦袴, 至此則有裘帛之盛服; 前此但學小舞, 至此則學大夏之大舞; 前此已知孝弟, 至此則益惇而行之, 而責以爲人子·爲人弟之全行. 蓋成人之禮與大學之教, 自二十而始也. 博學不教者, 廣見博聞以窮理, 而善未可以及人. 內而不出者, 多識前言往行以畜德, 而才未可以經世. 蓋初進乎大學之事, 而其德猶未幾乎成也.

**번역** '관(冠)'자는 관(冠)을 씌워준다는 뜻이다. '예(禮)'자는 길례(吉禮)·흉례(凶禮)·군례(軍禮)·빈례(賓禮)·가례(嘉禮)를 뜻하다. '대하(大夏)'는 우(禹)임금의 악곡으로, 문무(文舞) 중에서도 대무(大舞)에 해당한다. 『주례』「대사악(大司樂)」편에서는 "악무(樂舞)를 통해 국자(國子)들을 가르치니, 운문(雲門)·대권(大卷)·대함(大咸)·대소(大磬)·대하(大夏)·대호(大濩)·대무(大武)를 춤추게 한다."[36]라고 했다. 이곳 문장에서는 "대하(大夏)를 춤춘다."라고 했지만, 실제적으로는 육무(六舞)에 대해서 모두 익히게 된다는 사실을 알 수 있다. '돈(惇)'자는 "돈독하다[篤]."는 뜻이다. 이전에는 단지 어린아이가 따르는 행동예절만을 익혔지만, 이 시점이 되면, 향(鄕)과 국(國)에서 통용되고 있는 예(禮)를 익히게 되고, 이전에는 비단으로 만든 속옷과 바지를 입을 수 없었지만, 이 시점이 되면, 갓옷이나 비단옷처럼 융성한 복장을 갖게 되며, 이전에는 단지 소무(小舞)에 대해서만 익혔지만, 이 시점이 되면, 대하(大夏)처럼 대무(大舞)에 대해서도 익히게 되고, 이전에도 이미 효제(孝悌)에 대해서는 알고 있었지만, 이 시점이 되면 더욱 독실하게 시행하니, 그에게 사람의 자식된 자와 남의 동생된 자로써 따라야 하는 모든 행동규범들에 대해 책무를 묻게 된다. 무릇 성인(成人)이 따르는 예(禮)와 대학(大學)에서의 가르침은 20세로부터 시작된다. 널리 익히고 가르치지 않는다는 것은 널리 보고 들어서, 이치를 다하지만, 선(善)에 대해서는 아직 남에게 미칠 수가 없기 때문이다. 안으로 하되 표출하지 않는다는 것은 이전의 성현(聖賢)들이 남겼던 말과 행실들을 널리 익혀서 덕을 온축하지만, 그 재주로는 아직 세상을 다스릴 수 없기 때문이다. 무릇 최초 대학(大學)에서 익혀야 하는 일들을 배우기는 했지만, 그 덕(德)은 아직 완성되지 못한 것이다.

【369a】

**三十而有室, 始理男事, 博學無方, 孫友視志.**

**직역** 三十하면 室을 有하고, 始히 男事를 理하며, 博學에 方이 無하고, 友를

36) 『주례』「춘관(春官)·대사악(大司樂)」: 以樂舞教國子: 舞雲門·大卷·大咸·大韶·大夏·大濩·大武.

孫하여 志를 視한다.

**의역** 30세가 되면 결혼을 하고, 비로소 남자가 해야 할 일들을 처리하게 되며, 널리 배우되 고정된 스승이 없고, 벗을 사귀며, 그가 숭상하는 뜻을 살펴서 자신의 뜻을 헤아린다.

**集說** 室, 猶妻也. 男事, 受田給政役也. 方, 猶常也. 學無常, 在志所慕則學之. 孫友, 順交朋友也. 視志, 視其志意所尙也.

**번역** '실(室)'자는 처(妻)를 뜻한다. '남사(男事)'는 농경지를 받아서 경작을 하고, 요역에 나가는 것을 뜻한다. '방(方)'자는 일정함[常]을 뜻한다. 배움에 일정함이 없다는 것은 사모하는 자에 대해서 뜻을 두고 그의 덕행을 배운다는 뜻이다. '손우(孫友)'는 벗들과 교류하며 따른다는 뜻이다. '시지(視志)'는 그의 뜻이 숭상하는 바를 견주어 본다는 뜻이다.

**大全** 慶源輔氏曰: 博學不教, 內而不出, 獨善而已, 獨善其身, 未足以善人也. 博學無方, 孫友視志, 取諸人以爲善也. 取諸人以爲善, 則善足以及人矣.

**번역** 경원보씨가 말하길, 널리 배우되 가르치지 않고, 안으로 온축하되 표출하지 않는 것은 홀로 선(善)하기만 할 따름이니, 홀로 제 자신만을 선(善)하게 한 자는 아직은 남을 선(善)하게 할 수가 없다. 널리 배우되 고정된 스승이 없고, 벗을 사귀어 그 뜻을 견주어 보는 것은 남에게서 배워서 선(善)으로 삼는 것이다. 남에게서 배워서 선(善)으로 삼는다면, 그 선(善)은 충분히 남에게까지 영향을 비칠 수 있다.

**鄭注** 室猶妻也. 男事, 受田給政役也. 方猶常也. 至此學無常, 在志所好也. 孫, 順也. 順於友, 視其所志也.

**번역** '실(室)'자는 처(妻)를 뜻한다. '남사(男事)'는 농경지를 받아서 경작을 하고, 요역에 나가는 것을 뜻한다. '방(方)'자는 일정함[常]을 뜻한다.

이 시기가 되면, 배울 때 고정된 것이 없으니, 좋아하는 것에 뜻을 두게 된다. '손(孫)'자는 "따른다[順]."는 뜻이다. 벗을 따르면서, 그가 뜻하는 바를 견주어보는 것이다.

**釋文** 孫音遜, 注同. 好, 呼報反.

**번역** '孫'자의 음은 '遜(손)'이며, 정현의 주에 나오는 글자도 그 음이 이와 같다. '好'자는 '呼(호)'자와 '報(보)'자의 반절음이다.

**孔疏** ●"始理男事"者, 三十丁壯, 受其田土, 供給征役, 始理男事, 故韓詩說三十受兵, 若口率出泉, 國中則二十, 野則十五也.

**번역** ●經文: "始理男事". ○30세가 되면, 강성해져서, 경작할 땅을 받게 되고, 요역에 나아가게 되니, 비로소 남자가 해야 할 일들을 처리하게 된다. 그렇기 때문에 『한시설(韓詩說)』에서는 30세 때 병역의 의무를 받으니, 마치 인구에 비례해서 세금을 내는 것과 같고, 국성(國城) 안이라면 20만큼을 내며, 교야(郊野)라면 15만큼을 낸다고 했다.

**孔疏** ●"孫友視志"者, 言孫順朋友, 視其志意所尙.

**번역** ●經文: "孫友視志". ○벗과 교류하며 따라서, 그들의 뜻이 숭상하는 것을 견주어본다는 뜻이다.

**訓纂** 江氏永曰: 孫友者, 謙孫不敢自矜. 然己有志尙, 視之於友或有失, 則救正之. 子路·曾晳諸人之言志, 所謂"視志"也. 視, 與示同.

**번역** 강영이 말하길, '손우(孫友)'는 겸손하게 낮춰서 감히 제 스스로 과시하지 않는다는 뜻이다. 그러나 본인도 이미 숭상하는 뜻을 가지고 있지만, 벗과 비교를 해보아서, 혹여 놓친 부분이 있다면, 바로잡는 것이다. 자로(子路) 및 증석(曾晳) 등이 자신의 뜻을 언급했던 것[37]이 이른바 '시지

(視志)'에 해당한다. '시(視)'자와 '시(示)'자는 동일하다.

**集解** 愚謂: 博學無方, 敬業而所以窮理者詳; 孫友視志, 樂群而所以觀人者審.

**번역** 내가 생각하기에, 널리 배우되 고정됨이 없다는 것은 공경스럽게 과업을 익히고, 이치를 연구하는 것을 상세히 한다는 뜻이다. 벗을 따르며 그 뜻을 견준다는 것은 무리를 이루는 것을 즐겁게 여기며, 남을 살피는 것을 자세히 한다는 뜻이다.

【369b】

**四十始仕, 方物出謀發慮, 道合則服從, 不可則去. 五十命爲大夫, 服官政. 七十致事. 凡男拜, 尙左手.**

**직역** 四十이면 始히 仕하고, 物을 方하여 謀를 出하여 慮를 發하되, 道가 合하면 服從하고, 不可라면 去한다. 五十이면 命하여 大夫가 爲하고, 官政을 服한다. 七十이면 事를 致한다. 凡히 男이 拜하면, 左手를 尙한다.

**의역** 40세가 되면 비로소 벼슬살이를 하고, 그 사안에 대해서 잘 따지고, 계획을 내놓으며, 고려한 것을 제출하되, 군주와 도(道)가 합치되면, 복종하여 따르고, 불가하다면 관직에서 떠난다. 50세가 되면 명(明)을 받아서 대부(大夫)가 되고, 관부의 정무에 복무한다. 70세가 되면 벼슬에서 물러난다. 무릇 남자가 절을 할 때에는 좌측 손을 위로 올린다.

**集說** 朱子曰: "物, 猶事也. 方物出謀, 則謀不過物; 方物發慮, 則慮不過

---

37) 『논어』「선진(先進)」: 子路曾晳冉有公西華侍坐. 曰, "以吾一日長乎爾, 毋吾以也. 居則曰, '不吾知也!' 如或知爾, 則何以哉?" …….

物." 問: "何謂不過物?" 曰: "方, 猶對也. 比方以窮理."

**번역** 주자가 말하길, "'물(物)'은 일[事]을 뜻한다. '방물출모(方物出謀)'는 계획한 것이 그 일을 벗어나지 않는다는 뜻이다. '방물발려(方物發慮)'는 고려한 것이 그 일을 벗어나지 않는다는 뜻이다."라고 했다. 묻기를 "어떤 것을 그 일에서 벗어나지 않았다고 합니까?" 대답하길, "'방(方)'자는 '대한다[對].'는 뜻이다. 비교를 하여 이치를 궁구하는 것이다."라고 했다.

**大全** 程子曰: 古之爲士者, 自十五入學, 至四十始仕, 中間自二十五, 有事於學, 又無利可趨, 則其志可知, 此所以成德, 故古之人必四十乃仕, 然後志定業成, 後世立法, 自童稚, 卽有汲汲利祿之誘, 何由向善?

**번역** 정자가 말하길, 고대에 사(士)였던 자들은 15세부터 학교에 입학하여, 40세가 되면 비로소 벼슬살이를 시작했으니, 중간의 25년 동안은 학교에서 배우게 되며, 또한 이로움에 대해서 추구할 것이 없었으니, 그 뜻이 어떠했는지를 알 수 있다. 이것이 바로 덕(德)을 이루었던 방법이다. 그러므로 고대인은 반드시 40세가 되어야만 벼슬살이를 했고, 그런 뒤에야 뜻을 확정하고 과업을 완성했던 것이다. 그러나 후세에는 법도를 세웠지만, 어린아이 때부터 곧바로 이록(利祿)의 유혹에 급급하게 되었으니, 어떻게 무엇을 통해 선(善)하게 되겠는가?

**大全** 嚴陵方氏曰: 四十則强之時也. 仕則與物接而有理可言, 故謀不得不出, 有患可思, 故慮不得不發. 然謀慮, 豈以僞飾加之乎? 亦比方事物以應之而已. 事人之道, 有合則有否, 故有從必有去, 合否在彼也, 有命存焉, 從去在我也, 有義存焉, 故道合則服從, 不可則去也. 服, 謂服其事, 從, 謂從君也. 拜尙左手, 尊陽道故也.

**번역** 엄릉방씨가 말하길, 40세가 되면, 강성해지는 시기가 된다. 벼슬살이를 한다면, 사물과 접하여, 이치에 대해서 말을 할 수 있다. 그렇기 때문에 계획한 것을 내놓지 않을 수가 없는 것이다. 또한 우환에 대해서 사고할 수가 있다. 그렇기 때문에 고려한 것을 나타내지 않을 수 없는 것이다. 그러나 계획하고 고려한 것을 어찌 거짓으로 포장할 수 있겠는가? 또한 사물을 비교해보고서 그에 호응하는 것을 나타낼 뿐이다. 사람을 섬기는 도(道)에 있어서, 합치게 된다면, 그렇지 않은 경우도 있다. 그렇기 때문에 따르기도 하고, 반드시 떠나기도 하는 것인데, 합치되고 그렇지 않은 것은 상대방에게 달려 있는 것이니, 명(命)이 보존된 것이고, 따르고 떠나는 것은 나에게 달려 있는 것이니, 의(義)가 보존된 것이다. 그렇기 때문에 도(道)가 합치되면 복무하고 따르는 것이며, 그것이 불가하다면 떠나는 것이다. '복(服)'은 그 일에 복무한다는 뜻이고, '종(從)'은 군주를 따른다는 뜻이다. 절을 할 때 왼손을 위로 올리는 것은 양(陽)의 도(道)를 존귀하게 여기기 때문이다.

**鄭注** 方猶常也. 物猶事也. 統一官之政也. 致其事於君, 而告老. 左, 陽.

**번역** '방(方)'자는 일정함[常]이라는 뜻이다. '물(物)'자는 일[事]을 뜻한다. 한 관부의 정무를 통괄한다는 뜻이다. 맡았던 임무를 군주에게 되돌려주고, 노년을 이유로 대는 것이다. 좌측은 양(陽)이 된다.

**釋文** 去如字.

**번역** '거(去)'자는 글자대로 읽는다.

**孔疏** ●"四十始仕, 方物出謀發慮"者, 方, 常也. 物, 事也. 言年壯仕宦, 行其常事, 无所[38]謙孫, 出其謀計, 發其思慮, 以爲國也.

---

38) '무소(无所)'에 대해. '소(所)'자는 본래 없던 글자인데, 완원(阮元)의 『교감기(校勘記)』에서는 "혜동(惠棟)의 『교송본(校宋本)』에는 '무(无)'자를 '무(無)'자로 기록했고, '무(無)'자 뒤에 '소(所)'자가 기록되어 있다. 위씨(衛氏)의 『집설(集說)』에도 동일하게 기록되어 있고, 『통해(通解)』도 이처럼 기록하고 있다. 따라서 이곳 판본에는 잘못하여 글자가 누락된 것이며, 『민본(閩本)』·『감본(監本)』·『모본(毛本)』에는 '무소'를 '요(要)'자로 잘못 기록하였다."

**번역** ●經文: "四十始仕, 方物出謀發慮". ○'방(方)'자는 일정함[常]이라는 뜻이다. '물(物)'자는 일[事]을 뜻한다. 즉 나이가 장성하게 되어 벼슬살이를 하며, 일정한 업무를 시행하며, 겸양을 하여 일을 사양하는 것이 없고, 계획한 것을 제출하고, 고려했던 것을 내놓아서, 국정을 도모한다는 뜻이다.

**集解** 愚謂: 四十則道明·德立·學成, 而將以行之, 始可仕也. 比方事物而出發謀慮, 則於所治之識, 謀慮者無不當矣. 服從, 謂服其事而從君也. 君臣以義合, 故道合則服從, 不合則去, 不可以阿徇而取容也.

**번역** 내가 생각하기에, 40세가 되면, 도(道)에 대해서 밝게 알고, 덕(德)이 확립되며, 학문이 완성되어, 장차 그것들을 시행하게 되니, 비로소 벼슬살이를 할 수 있는 것이다. 사물에 견주어서, 계획한 것과 고려한 것을 내놓는다면, 그가 담당하여 처리하는 직무에 대해서, 계획하고 고려한 것이 합당하지 않는 경우가 없게 된다. '복종(服從)'은 그 사안에 복무하며, 군주를 따른다는 뜻이다. 군신관계는 의(義)에 따라 합치된다. 그렇기 때문에 도(道)가 합치되면, 복종(服從)하는 것이고, 합치되지 않으면, 떠나는 것이니, 왜곡하여 자신의 안위를 찾아서는 안 된다.

**集解** 王氏圻曰: 四十始仕, 爲士以事人, 治官府之小事也. 五十, 爲大夫以長人, 聞邦國之大事也. 四十始仕, 不躁進也. 七十致仕, 不固位也. 中間三十年, 盡力於王事, 不負所學也.

**번역** 왕기[39]가 말하길, 40세가 되어 처음으로 벼슬살이를 하는 것은 사(士)가 되어, 남을 섬기고, 관부의 작은 업무들을 처리하는 것이다. 50세가 되면, 대부(大夫)가 되어 남을 선도하며, 나라의 중대사에 대해서 참여하게

---

라고 했다.

39) 왕기(王圻, A.D.1530~A.D.1615) : 명(明)나라 때의 학자이다. 자(字)는 원한(元翰)이고, 호(號)는 홍주(洪洲)이다. 저서로는 『삼재도회(三才圖會)』 등이 있다.

된다. 40세 때 처음으로 벼슬살이를 하는 것은 성급하게 나아가지 않기 때문이다. 70세가 되어 관직에서 물러나는 것은 자신의 지위를 확고하게 할 수 없기 때문이다. 중간의 30년 동안에는 군주의 일에 대해서 전력을 다하며, 배웠던 것에 대해서 저버리지 않는다.

【369c】

**女子十年不出, 姆教婉娩聽從. 執麻枲, 治絲繭, 織紝組紃, 學女事以共衣服. 觀於祭祀, 納酒漿籩豆菹醢, 禮相助奠.**

**직역** 女子는 十年이면 不出하고, 姆는 婉娩과 聽從을 教한다. 麻枲를 執하고, 絲繭을 治하며, 紝을 織하고 紃을 組하며, 女事를 學하여 이로써 衣服을 共한다. 祭祀를 觀하여, 酒漿籩豆菹醢를 納하여, 禮相하여 奠을 助한다.

**의역** 여자아이의 경우 10세가 되면, 더 이상 안채에서 밖으로 나오지 않고, 여사(女師)는 말을 순하게 하고, 용모를 순박하게 하며, 잘 따르는 일들을 가르친다. 삼으로 견직물을 만드는 일을 하고, 누에에서 생사 뽑는 일을 하며, 견직물을 짜고, 여자가 익혀야 하는 일들을 배워서, 의복을 공급한다. 제사에 대한 일을 살펴보고, 술 · 장, 변(籩)과 두(豆)에 올리는 음식, 절임과 젓갈 등을 공급하고, 예법에 따라 도와서 음식 진설하는 것을 돕는다.

**集說** 十年不出, 謂十歲則恒處於內也. 姆, 女師也. 婉, 謂言語. 娩, 謂容貌. 司馬公云: "柔順貌." 紝, 繒帛之屬. 組, 亦織也, 詩: "執轡如組". 紃之制似條, 古人以置諸冠服縫中者.

**번역** '십년불출(十年不出)'은 10세가 되면, 항상 안채에 머문다는 뜻이다. '모(姆)'는 여사(女師)를 뜻한다. "순하다[婉]."는 말은 언어에 대한 내용이다. "순박하다[娩]."는 말은 용모에 대한 내용이다. 사마공(司馬公)은 "유순한 모습을 뜻한다."라고 했다. '임(紝)'은 명주나 비단 등의 직물을 뜻한다. '조(組)' 또한 "짜다[織]."는 뜻이니, 『시』에서는 "고삐를 마치 끈을 잡듯이 잡았다."[40]라고 했다. 순(紃)을 제작하는 방법은 조(絛)와 유사한데, 고대인들은 이것을 관(冠)과 의복 중 봉합된 부위에 달았다.

**大全** 慶源輔氏曰: 婉有委曲之意, 娩有遲緩之意, 聽從所謂以順爲正也. 婦人之容德, 莫此爲盛. 始於容德, 中於女工之事, 終於祭祀之禮, 婦人之事盡是矣.

**번역** 경원보씨가 말하길, '완(婉)'에는 완곡한 뜻이 포함되어 있고, '만(娩)'에는 천천히 하는 뜻이 포함되어 있으며, '청종(聽從)'은 이른바 순종을 올바름으로 삼는다는 뜻이다. 부인의 용모와 덕성은 이것보다 융성한 것이 없다. 용모와 덕성을 이루는 것에서 시작하여, 중간에 여자가 익혀야 하는 일들을 배우고, 끝으로는 제사의 예법을 배우니, 부인이 해야 할 일들은 모두 여기에 해당한다.

**大全** 嚴陵方氏曰: 不出謂常居閨閤之內也. 聽則有所受, 從則無所違, 皆女德也. 執麻枲, 則績事也. 治絲繭, 則蠶事也. 觀於祭祀, 則欲習熟是事故也, 非特觀之而已. 又且納酒漿籩豆菹醢等物, 以致其禮, 相助長者, 而奠之於神焉. 詩不云乎于以奠之, 宗室牖下, 誰其尸之, 有齊季女. 蓋助奠之謂也.

**번역** 엄릉방씨가 말하길, 나오지 않는다는 말은 내실인 규문(閨門) 안쪽에 항상 머문다는 뜻이다. 듣는다면, 받아들이는 점이 있는 것이고, 따른다면, 어기는 점이 없는 것이니, 이 모두는 여자가 갖춰야 할 덕성이 된다. '집마시(執麻枲)'는 길쌈을 하는 일에 해당한다. '치사견(治絲繭)'은 누에를 치는 일에 해당한다. 제사를 살펴본다면, 그 일에 대해서 익숙히 단련하고자 해서이니, 단지 관찰만 하는 것이 아니다. 또한 술과 장, 변(籩)과 두(豆)

---

40) 『시』「패풍(邶風)·간혜(簡兮)」 : 有力如虎, 執轡如組. 左手執籥, 右手秉翟. 赫如渥赭, 公言錫爵.

에 올리는 음식, 절임과 젓갈 등의 음식을 바쳐서, 그 예(禮)를 지극히 하여, 연장자를 돕고, 신 앞에 음식을 진설한다. 『시』에서도 "이에 음식을 진설하니, 종실(宗室)의 들창 아래로구나, 누가 이 일을 하는가, 공경스러운 젊은 여자로구나."41)라고 하지 않았는가? 이 말은 곧 음식 진설하는 일을 돕는다는 뜻일 것이다.

**鄭注** 恒居內也. 婉謂言語也. 娩之言媚也, 媚謂容貌也. 紃, 條. 當及女時而知.

**번역** 항상 안채에 거처하는 것이다. "순하다[婉]."는 말은 언어에 대한 것이다. '만(娩)'자는 "아름답다[媚]."는 뜻이니, '미(媚)'는 용모에 대한 것이다. '순(紃)'은 끈[條]을 뜻한다. 이러한 내용들은 마땅히 시집을 가기 이전에 알아야만 한다.

**釋文** 婉, 紆晚反, 徐紆願反. 娩音晚, 徐音萬. 枲, 思里反. 繭, 古典反. 紝, 女金反, 又如林反. 組音祖. 紃音巡. 共音恭. 條, 他刀反. 相, 息亮反.

**번역** '婉'자는 '紆(우)'자와 '晚(만)'자의 반절음이며, 서음(徐音)은 '紆(우)'자와 '願(원)'자의 반절음이다. '娩'자의 음은 '晚(만)'이며, 서음은 '萬(만)'이다. '枲'자는 '思(사)'자와 '里(리)'자의 반절음이다. '繭'자는 '古(고)'자와 '典(전)'자의 반절음이다. '紝'자는 '女(녀)'자와 '金(금)'자의 반절음이며, 또한 '如(여)'자와 '林(림)'자의 반절음도 된다. '組'자의 음은 '祖(조)'이다. '紃'자의 음은 '巡(순)'이다. '共'자의 음은 '恭(공)'이다. '條'자는 '他(타)'자와 '刀(도)'자의 반절음이다. '相'자는 '息(식)'자와 '亮(량)'자의 반절음이다.

**孔疏** ●"女子"至"右手". ○正義曰: 此一節論女子自幼及嫁爲女事之禮.

**번역** ●經文: "女子"~"右手". ○이곳 문단은 여자가 어렸을 때부터 시

41) 『시』「소남(召南)·채빈(采蘋)」: 于以奠之, 宗室牖下. 誰其尸之, 有齊季女.

집을 갔을 때까지 여자로서 해야 하는 예법을 논의하고 있다.

**孔疏** ◎注"婉謂"至"貌也". ○正義曰: 按九嬪注云: "婦德貞順, 婦言辭令, 婦容婉娩, 婦功絲枲." 則婉娩合爲婦容. 此分婉爲言語, 娩爲容貌者, 其意以此上下備其四德, 以婉爲婦言, 娩爲婦容, 聽從爲婦順, 執麻枲以下爲婦功.

**번역** ◎鄭注: "婉謂"~"貌也". ○『주례』「구빈(九嬪)」편에 대한 정현의 주를 살펴보면, "부녀자의 덕은 곧고 순종적이어야 하며, 부녀자의 말은 온순하게 대답해야 하고, 부녀자의 용모는 순박하고 아름다워야 하며, 부녀자의 일은 견직물을 짜는 것이다."라고 했으니, 순박하고 아름답다는 것은 부녀자가 갖춰야 하는 용모에 해당한다. 그런데 이곳에서는 구분을 하여 '완(婉)'은 언어에 대한 것으로 삼고, '만(娩)'은 용모에 대한 것으로 삼았다. 그 이유는 이 구문의 앞뒤에서 부녀자가 갖춰야 하는 네 가지 덕목을 완비하고 있으니, 완(婉)을 부녀자가 갖추는 말에 대한 것으로 삼고, 만(娩)을 부녀자가 갖춰야 하는 용모에 대한 것으로 삼으며, 청종(聽從)을 부녀자가 갖춰야 하는 순박한 도리로 삼고, '집마시(執麻枲)'로부터 그 이하의 내용을 부녀자가 해야 하는 일로 삼았기 때문이다.

**孔疏** ◎注"紃絛". ○正義曰: 組·紃俱爲絛也. 紝爲繒帛, 故杜注左傳: "紝謂繒帛." 皇氏云: "組是綬也." 然則薄闊爲組, 似繩者爲紃.

**번역** ◎鄭注: "紃絛". ○'조(組)'와 '순(紃)'은 모두 끈[絛]이 된다. '임(紝)'은 명주와 비단이 된다. 그렇기 때문에 『좌전』에 대한 두예의 주에서는 "'임(紝)'은 명주와 비단이다."라고 한 것이다. 황간은 "'조(組)'는 끈[綬]을 뜻한다."라고 했다. 그런데 얇고 넓은 것은 '조(組)'가 되고, 먹줄[繩]과 유사한 것은 '순(紃)'이 된다.

**孔疏** ◎注"當及女時而知". ○正義曰: 下云"十有五年而笄", 此觀於祭祀, 是未嫁之前, 故云: "及女時而知." 經云"納酒漿·籩豆·菹醢", 謂於祭祀之時,觀看須於廟外, 納此酒漿·籩豆·菹醢之等, 置於神坐, 一納之文, 包此六事言之也.

**번역** ◎鄭注: "當及女時而知". ○아래문장에서는 "15세가 되면, 비녀를 꼽는다."라고 했고, 이곳에서는 제사에 대해서 관찰한다고 했으니, 이것은 시집을 가기 이전이 된다. 그렇기 때문에 "시집을 가기 이전에 알아둔다." 라고 말한 것이다. 경문에서는 "술과 장, 변(籩)과 두(豆)에 올리는 음식, 절임과 젓갈을 들인다."라고 했는데, 이 말은 제사를 지낼 때, 묘(廟) 밖에서 살펴보다가 이러한 술과 장, 변(籩)과 두(豆)에 올리는 음식, 절임과 젓갈 등의 음식을 들여서, 신이 앉아있는 자리에 진설한다는 것으로, 하나의 납(納)이라는 글자는 이러한 여섯 가지 일들을 포괄해서 말한 것이다.

**訓纂** 說文: 織, 作布帛之總名也. 紝, 機縷也. 組, 綬屬. 其小者以爲冕纓. 紃, 圜采也.

**번역** 『설문해자』에서 말하길, '직(織)'자는 포(布)나 비단 등을 짜는 것을 총칭하는 말이다. '임(紝)'자는 베틀을 뜻한다. '조(組)'자는 끈 등속을 뜻한다. 그 중 작은 것으로는 면류관의 영(纓)으로 단다. '순(紃)'자는 둘러서 채색을 한 것을 뜻한다.

**集解** 朱子曰: 納, 謂奉而入之.

**번역** 주자가 말하길, '납(納)'자는 받들어서 안으로 들인다는 뜻이다.

**集解** 愚謂: 執麻枲, 績事也. 治絲繭, 蠶事也. 織紝組紃, 織事也. 此三者, 皆女工之事, 學之以供衣服也. 納, 謂納於廟室, 以進於尸也. 禮相助奠, 謂以禮相長者, 而助其奠置祭饌也. 此又學祭祀之禮也. 自"婉娩聽從"以下, 皆姆教之. 此以下, 專言教女子之法.

**번역** 내가 생각하기에, '집마시(執麻枲)'는 길쌈하는 일에 해당한다. '치사견(治絲繭)'은 누에치는 일에 해당한다. '직임조순(織紝組紃)'은 견직물을 짜는 일에 해당한다. 이 세 가지 일들은 모두 여공(女工)들이 하는 일인데, 그것을 배워서, 의복을 만들어서 공급하는 것이다. '납(納)'자는 묘실(廟室)로 들여서, 시동 앞에 진설한다는 뜻이다. '예상조전(禮相助奠)'은 예법에 따라 연장자를 도와서, 제사의 음식 차리는 일을 돕는다는 뜻이다. 이것은 또한 제사에 대한 예(禮)를 배우는 것이다. '완만청종(婉娩聽從)'이라는 구문부터 그 이하의 내용은 모두 모(姆)가 가르친다. 이곳 문장부터 그 이하의 내용들은 전적으로 여자아이를 가르치는 법도만을 언급하고 있다.

【369d】

十有五年而笄, 二十而嫁. 有故, 二十三年而嫁. 聘則爲妻, 奔則爲妾. 凡女拜, 尙右手.

**직역** 十五年하면 笄하고, 二十이면 嫁한다. 故가 有하면, 二十三年면 嫁한다. 聘하면 妻가 爲하고, 奔하면 妾이 爲한다. 凡히 女가 拜하면, 右手를 尙한다.

**의역** 여자아이의 나이가 15세가 되어 혼인이 결정되면 비녀를 꽂고, 20세가 되면 시집을 간다. 부모의 상(喪)과 같은 변고가 발생하면, 23세에 시집을 간다. 정식 예(禮)를 갖춰서 남편이 찾아온 경우에는 처(妻)가 되고, 여자가 직접 그 집에 가게 되면 첩(妾)이 된다. 무릇 여자가 절을 할 때에는 우측 손을 위로 올린다.

**集說** 十五許嫁則笄, 未許嫁者二十而笄. 故, 謂父母喪. 妻, 齊也. 妾之言接, 言得接見於君子, 不得伉儷也. 尙左尙右, 陰陽之別.

**번역** 15세 때 혼인이 약속되면, 비녀를 꽂게 되고, 아직 혼인이 결정되지 않은 여자는 20세가 되면 비녀를 꽂는다. '고(故)'자는 부모의 상(喪)을 뜻한다. '처(妻)'자는 "나란하다[齊]."는 뜻이다. '첩(妾)'자는 "접한다[接]."는 뜻이니, 군자에 대해 접견할 수 있지만, 대등한 짝이 될 수 없다는 뜻이다. 왼손을 위로 하고, 오른손을 위로 하는 것은 음양(陰陽)에 따른 구별이다.

**大全** 嚴陵方氏曰: 三五而圓者月也, 故女子之年, 至是數而笄. 笄者, 婦人首飾, 蓋成人之服也. 夫男子冠, 則有成人之禮, 女子笄, 則當許嫁之時. 然嫁止於二十, 娶必止於三十者, 陰以少爲美, 陽以壯爲强故也. 然經亦擧其大略耳, 故王氏謂女子非二十而後可嫁, 以爲二十而不嫁則非禮. 男子三十而娶, 四十强而仕, 推此可知. 聘, 言由彼而問此, 奔, 言自此而趨彼. 拜尙右手, 尊陰道也.

**번역** 엄릉방씨가 말하길, 3곱하기 5, 즉 15일을 주기로 둥글게 되는 것은 달이다. 그렇기 때문에 여자의 나이가 이 시점에 도달하면 비녀를 꼽는 것이다. 비녀는 부인들이 머리에 하는 장식이니, 무릇 성인(成人)의 복식이 된다. 남자가 관(冠)을 쓴다면, 성인(成人)으로써 따라야 하는 예(禮)가 포함되니, 여자가 비녀를 꼽는 것은 마땅히 혼인이 성사되었을 때 해야 한다. 그런데 시집을 가는 것을 20세로 제한을 두고, 장가를 가는 것을 반드시 30세로 제한을 둔 것은 음(陰)은 적은 것을 아름다움으로 삼고, 양(陽)은 굳셈을 강함으로 삼기 때문이다. 그러나 경문에서는 또한 대략적인 기준을 제시한 것일 뿐이다. 그렇기 때문에 왕씨(王氏)는 여자는 20세가 지난 이후에는 시집을 갈 수 없다고 했으니, 20세가 되어서도 시집을 가지 않는 것을 비례(非禮)라고 여긴 것이다. 남자가 30세에 장가를 가고, 40세에 굳건해져서 벼슬살이를 한다는 것도 이것을 유추해보면 알 수 있다. '빙(聘)'은 저기로부터 이곳으로 문의를 하는 것을 뜻하고, '분(奔)'은 이곳으로부터 저곳으로 달려가는 것을 뜻한다. 절을 할 때 오른손을 위로 하는 것은 음(陰)의 도리를 존귀하게 여기기 때문이다.

**鄭注** 謂應年許嫁者, 女子許嫁, 笄而字之. 其未許嫁, 二十則笄. 故, 謂父母之喪. 聘, 問也. 妻之言齊也. 以禮則問, 則得與夫敵體. 妾之言接也. 聞彼有禮, 走而往焉, 以得接見於君子也. 奔, 或爲"衒". 右, 陰也.

**번역** 나이가 차서 혼인이 허락된 여자를 뜻하니, 여자의 경우 혼인이 허락된다면, 비녀를 꼽고 자(字)를 지어준다. 아직 혼인이 허락되지 않았다면, 20세가 되었을 때 비녀를 꼽는다. '고(故)'자는 부모의 상(喪)을 뜻한다. '빙(聘)'자는 방문하는 것을 뜻한다. '처(妻)'자는 "나란하다[齊]."는 뜻이다. 예법에 따라 방문을 한다면, 남편과 더불어서 대등한 신분이 될 수 있다. '첩(妾)'자는 "접한다[接]."는 뜻이다. 상대방이 예(禮)를 갖췄다는 소식을 듣고서, 달려가서 찾아간다면, 이를 통해 군자를 접견할 수 있다. '분(奔)'자를 다른 판본에서는 '현(衒)'자로도 기록한다. 우측은 음(陰)에 해당한다.

**釋文** 應, 應對之應. 見, 賢遍反. 衒, 古縣字, 本又作御字, 魚據反.

**번역** '應'자는 '응대(應對)'라고 할 때의 '應'자 음이다. '見'자는 '賢(현)'자와 '遍(편)'자의 반절음이다. '衒'자는 옛 '縣'자에 해당하며, 판본에 따라서는 또한 '御'자로도 기록하는데, 그 음은 '魚(어)'자와 '據(거)'자의 반절음이다.

**孔疏** ●"聘則爲妻"者, 妻, 齊也. "奔則爲妾"者, 妾, 接也, 接見於君子也. "女拜, 尙右手"者, 右, 陰也, 漢時行之也.

**번역** ●經文: "聘則爲妻". ○'처(妻)'자는 "나란하다[齊]."는 뜻이다. 경문의 "奔則爲妾"에 대하여. '첩(妾)'자는 "접한다[接]."는 뜻이니, 군자를 접견한다는 의미이다. 경문의 "女拜, 尙右手"에 대하여. 우측은 음(陰)에 해당하니, 한(漢)나라 때에는 이처럼 시행했다.

**訓纂** 江氏永曰: 三十而有室, 二十而嫁, 言其極不是過耳. 早嫁娶者, 禮固不禁.

**번역** 강영이 말하길, 30세가 되면 아내를 들이고, 20세가 되면 시집을 가는데, 이것은 이 시기를 넘겨서는 안 된다는 사실을 강조한 것일 뿐이다. 일찍 시집을 가거나 장가를 든 경우에 대해서, 예(禮)에서는 진실로 금지를 하지 않았다.

**訓纂** 說文: ▼(行+言), 行且賣也, 或作衒.

**번역** 『설문해자』에서 말하길, '▼(行+言)'자는 돌아다니며 판다는 뜻이다. 혹은 '현(衒)'자로도 기록한다.

**訓纂** 廣雅: 衒, 賣也.

**번역** 『광아』에서 말하길, '현(衒)'자는 "팔다[賣]."는 뜻이다.

**訓纂** 江氏永曰: 按不以禮爲奔. 聘正妻而媵從之, 或買妾焉, 皆謂之奔.

**번역** 강영이 말하길, 살펴보니 예(禮)에 따라서 하지 않은 것을 '분(奔)'이라고 한 것이다. 정처가 될 여자에게 빙문을 하여 여자를 데려오게 되면, 잉첩은 정처를 뒤따라오게 되며, 간혹 첩(妾)을 사들일 수도 있는데, 이러한 경우를 모두 '분(奔)'이라고 부른다.

**訓纂** 江氏永曰: 尙, 謂以一手覆於彼一手之上.

**번역** 강영이 말하길, '상(尙)'자는 한쪽 손을 다른 쪽 손 위에 포갠다는 뜻이다.

**集解** 愚謂: 妾有隨妻爲媵者, 有非媵而別買之者, 皆未嘗有幣帛之聘也. 女不待聘而嫁者謂之奔. 周禮媒氏: "仲春之月, 令會男女. 於是時也, 奔者不禁."

**번역** 내가 생각하기에, 첩(妾)은 처(妻)를 따라서 오게 되는 잉첩을 가리키니, 잉첩이 될 자가 없다면, 별도로 사들이는 경우도 있다. 이 모두에 대해서는 일찍이 폐백을 갖춰서 빙문(聘問)을 하는 경우가 없다. 여자가 빙문을 기다리지 않고, 시집을 가는 것을 '분(奔)'이라고 부른다. 『주례』「매씨(媒氏)」편에서는 "중춘(仲春)의 달에 남녀를 결혼시킨다. 이 시기에는 분(奔)을 하는 자도 금지하지 않는다."[42]라고 했다.

---

42) 『주례』「지관(地官)·매씨(媒氏)」: 中春之月, 令會男女. 於是時也, 奔者不禁.

# 內則 人名 및 用語 辭典

## ㄱ

◎ **가공언(賈公彦, ?~?)** : 당(唐)나라 때의 유학자이다. 정현(鄭玄)을 존숭하였다. 예학(禮學)에 조예가 깊었다. 『주례소(周禮疏)』, 『의례소(儀禮疏)』 등의 저서를 남겼으며, 이 저서들은 『십삼경주소(十三經注疏)』에 포함되었다.

◎ **가의(賈誼, B.C.200~B.C.168)** : =가생(賈生)·가장사(賈長沙)·가태부(賈太傅). 전한(前漢) 때의 유학자이다. 23세 때 박사(博士)가 되었고, 이후 태중대부(太中大夫)에 올랐다. 오행설(五行說)을 유학에 가미하여, 국가 및 예악(禮樂) 등에 대한 제도를 제정하였다. 저서로는 『신서(新書)』 등이 있다.

◎ **가정본(嘉靖本)** : 『가정본(嘉靖本)』에는 간행한 자의 정보가 기록되어 있지 않다. 『십삼경주소(十三經注疏)』의 판본이다. 20권으로 구성되어 있으며, 각 권의 뒤편에는 경문(經文)과 그에 따른 주(注)를 간략히 기록하고 있다. 단옥재(段玉裁)는 이 판본이 가정(嘉靖) 연간에 송본(宋本)을 모방하여 간행된 것이라고 여겼다.

◎ **감본(監本)** : 『감본(監本)』은 명(明)나라 국자감(國子監)에서 간행한 『십삼경주소(十三經注疏)』의 판본이다.

◎ **강릉항씨(江陵項氏, A.D.1129~A.D.1208)** : =항씨(項氏)·항안세(項安世)·항평보(項平父)·항평보(項平甫). 남송(南宋) 때의 학자이다. 자(字)는

평보(平甫)이다. 세간에서는 평암선생(平菴先生)이라고도 칭해졌다. 『역(易)』에 조예가 깊었다. 저서로는 『주역완사(周易玩辭)』, 『항씨가설(項氏家說)』 등이 있다.

◎ 강영(江永, A.D.1681~A.D.1762) : 청(淸)나라 때의 경학자이다. 자(字)는 신수(愼修)이다. 『십삼경주소(十三經注疏)』에 대한 연구를 했으며, 특히 삼례(三禮)에 대해 해박했다.

◎ 개성석경(開成石經) : 『개성석경(開成石經)』은 당(唐)나라 만들어진 석경(石經)을 뜻한다. 돌에 경문(經文)을 새겼기 때문에, '석경'이라고 부른다. 당나라 때 만들어진 '석경'은 대화(大和) 7년(A.D.833)에 만들기 시작하여, 개성(開成) 2년(A.D.837)에 완성되었기 때문에, '개성석경'이라고도 부르는 것이다.

◎ 건안진씨(建安眞氏) : =서산진씨(西山眞氏)

◎ 경방(經方) : '경방'은 중국 한의학에서 한(漢)나라 이전에 약을 제조하던 방책을 뜻한다.

◎ 경원보씨(慶源輔氏, ?~?) : =보광(輔廣)·보한경(輔漢卿). 남송(南宋) 때의 학자이다. 자(字)는 한경(漢卿)이고, 호(號)는 잠암(潛庵)·전이(傳貽)이다. 여조겸(呂祖謙)과 주자(朱子)에게서 학문을 배웠다. 저서로는 『사서찬소(四書纂疏)』, 『육경집해(六經集解)』 등이 있다.

◎ 경전석문(經典釋文) : 『경전석문(經典釋文)』은 석문(釋文)이라고도 부른다. 당(唐)나라 때의 학자인 육덕명(陸德明)이 지은 책이다. 문자(文字)의 동이(同異) 및 음과 뜻에 대해서 풀이한 서적이다. 전체 30권으로 구성되어 있으며, 『역(易)』, 『서(書)』, 『시(詩)』, 『주례(周禮)』, 『의례(儀禮)』, 『예기(禮記)』 등 주요 유가경전(儒家經典)들에 대해 풀이하고 있다. 한편 노장사상(老莊思想)이 유행했던 당시의 영향으로, 『노자(老子)』와 『장자(莊子)』에 대한 내용 또한 수록되어 있다.

◎ 고공기(考工記) : 『고공기(考工記)』는 『동관고공기(冬官考工記)』라고도 부른다. 공인(工人)들에 대한 공예기술(工藝技術) 서적이다. 작자는 미상이다. 강영(江永)은 『고공기』의 작자를 제(齊)나라 사람으로 추정하였고, 곽말약(郭沫若)은 춘추시대(春秋時代) 말기에 제나라에서 제작된 관서(官書)와 관련이 깊다고 추정하였다. 『주례(周禮)』는 천관(天官), 지관(地官), 춘관(春官), 하관(夏官), 추관(秋官), 동관(冬官) 등 육관(六官)의 체제로 구성되어 있는데, 그 중 '동관'에 대한 기록이 누락

되어 있어서, 한(漢)나라 무제(武帝) 때, 『고공기』를 가지고 누락된 부분을 보충하게 되었다. 그렇기 때문에 『고공기』를 또한 『동관고공기』라고도 부르는 것이다. 각종 공인들의 직책과 직무들이 기록되어 있다.

◎ **고문송판(考文宋板)** : 『고문송판(考文宋板)』은 일본 학자 산정정(山井鼎) 등이 출간한 『칠경맹자고문보유(七經孟子考文補遺)』에 수록된 『예기정의(禮記正義)』를 뜻한다. 산정정은 『예기정의』를 수록할 때, 송(宋)나라 때의 판본을 저본으로 삼았다.

◎ **고유(高愈, ?~?)** : 청(淸)나라 때의 학자이다. 자(字)는 자초(紫超)이다. 저서로는 『주역우존(周易偶存)』, 『주례소의(周禮疏義)』, 『춘추의의(春秋疑義)』 등이 있다.

◎ **공씨(孔氏)** : =공영달(孔穎達)

◎ **공영달(孔穎達, A.D.574~A.D.648)** : =공씨(孔氏). 당대(唐代)의 경학자이다. 자(字)는 중달(仲達)이고, 시호(諡號)는 헌공(憲公)이다. 『오경정의(五經正義)』를 찬정(撰定)하는데 중심적인 역할을 했다.

◎ **곽경순(郭景純)** : =곽박(郭璞)

◎ **곽박(郭璞, A.D.276~A.D.324)** : =곽경순(郭景純). 진(晉)나라 때의 학자이다. 자(字)는 경순(景純)이다. 저서로는 『이아주(爾雅注)』, 『방언주(方言注)』, 『산해경주(山海經注)』 등이 있다.

◎ **광아(廣雅)** : 『광아(廣雅)』는 위(魏)나라 때 장읍(張揖)이 지은 자전(字典)이다. 『박아(博雅)』라고도 부른다. 『이아』의 체제를 계승하고, 새로운 내용을 보충하여, 경전(經典)에 기록된 글자들을 해석한 서적이다. 본래 상·중·하 3권으로 구성되어 있었지만, 수(隋)나라 조헌(曹憲)이 재차 10권으로 편집하였다. 한편 '광(廣)'자가 수나라 양제(煬帝)의 시호였기 때문에, 피휘를 하여, 『박아』라고 부르게 되었다.

◎ **광운(廣韻)** : 『광운(廣韻)』은 수(隋)나라 때의 학자인 육법언(陸法言, ?~?)이 찬(撰)한 음운학 서적이다. 여러 학자들과 논의하여 『절운(切韻)』을 만들었는데, 당(唐)나라 때 그의 후손인 육눌언(陸訥言) 등이 주를 달았고, 손면(孫愐)이 증보(增補)를 하여 『광운(廣韻)』으로 제목을 고쳤다. 송(宋)나라 때에는 칙명으로 다시 증보를 하여, 『대송중수광운(大宋重修廣韻)』으로 제목을 고쳤다. 『대송중수광운』으로 개명되면서, 최초 육법언 및 손면이 편찬한 원본의 체제가 없어지게 되었다.

◎ **교감기(校勘記)** : 『교감기(校勘記)』는 완원(阮元)이 학자들을 모아서 편

차했던 『십삼경주소교감기(十三經註疏校勘記)』를 뜻한다.

◎ 교기(校記) : 『교기(校記)』는 손이양(孫詒讓)이 지은 『십삼경주소교기(十三經注疏校記)』를 뜻한다.

◎ 구수(九數) : '구수'는 고대의 아홉 가지 계산 방법이다. 방전(方田), 속미(粟米), 차분(差分), 소광(少廣), 상공(商功), 균수(均輸), 방정(方程), 영부족(贏不足), 방요(旁要)를 뜻한다. 『주례』「지관(地官)·보씨(保氏)」편에는 "六曰九數."라는 기록이 있는데, 이에 대한 정현의 주에서는 정중(鄭衆)의 주장을 인용하여, "九數, 方田·粟米·差分·少廣·商功·均輸·方程·贏不足·旁要."라고 풀이했다.

◎ 국자(國子) : '국자'는 천자 및 공(公), 경(卿), 대부(大夫)의 자제들을 말한다. 때론 상황에 따라 천자의 태자(太子) 및 왕자(王子)를 포함시키지 않는 경우도 있다. 『주례』「지관(地官)·사씨(師氏)」편에는 "以三德教國子"라는 기록이 있고, 이에 대한 정현의 주에서 "國子, 公卿大夫之子弟."라고 풀이한 용례와 『한서(漢書)』「예악지(禮樂志)」편에서 "朝夕習業, 以教國子. 國子者, 卿大夫之子弟也."라고 풀이한 용례가 바로 여기에 해당한다. 그러나 이것은 천자에 대한 언급을 가급적 회피했기 때문에, 생략하여 기술하지 않은 것이다. 청대(淸代) 유서년(劉書年)의 『유귀양설경잔고(劉貴陽說經殘稿)』「국자증오(國子證誤)」편에서 "國子者, 王大子, 王子, 諸侯公卿大夫士之子弟, 皆是, 亦曰國子弟."라고 풀이하고 있는 것처럼, '국자'에는 천자의 태자와 왕자들까지도 포함된다.

◎ 규문(閨門) : '규문'은 내실(內室) 및 궁 안의 동산에 설치된 문을 뜻한다. 그 장소가 안쪽에 위치하였으므로, 부인이 거처하던 장소를 뜻하는 용어로도 사용하였다.

◎ 금화응씨(金華應氏, ?~?) : =응용(應鏞)·응씨(應氏)·응자화(應子和). 이름은 용(鏞)이다. 자(字)는 자화(子和)이다. 『예기찬의(禮記纂義)』를 지었다.

◎ 급취장(急就章) : =급취편(急就篇)

◎ 급취편(急就篇) : 『급취편(急就篇)』은 『급취장(急就章)』이라고도 부른다. 전한(前漢) 때 사유(史游)가 지은 책이다. 사물의 명칭 및 인명 등을 3자 또는 7자로 구문을 끊어서, 암송하기 쉽게 만든 책이다.

## ㄴ

◎ **남송석경(南宋石經)** : 『남송석경(南宋石經)』은 송(宋)나라 고종(高宗) 때 돌에 새긴 『십삼경주소(十三經注疏)』의 판본이다. 그러나 『예기(禮記)』에 대해서는 「중용(中庸)」 1편만을 기록하고 있다.

◎ **내사(內事)** : '내사'는 궁내(宮內) 및 조정에서 발생하는 일들을 뜻하고, 또한 국가 내적으로 일어나는 일들을 뜻한다.

◎ **노식(盧植, A.D.159?~A.D.192)** : =노씨(盧氏). 후한(後漢) 때의 유학자이다. 자(字)는 자간(子幹)이다. 어려서 마융(馬融)을 스승으로 섬겼다. 영제(靈帝)의 건녕(建寧) 연간(A.D.168~A.D.172)에 박사(博士)가 되었다. 채옹(蔡邕) 등과 함께 동관(東觀)에서 오경(五經)을 교정했다. 후에 동탁(董卓)이 소제(少帝)를 폐위시키자, 은거하며 『상서장구(尙書章句)』, 『삼례해고(三禮解詁)』를 저술했지만, 남아 있지 않다.

◎ **노씨(盧氏)** : =노식(盧植)

## ㄷ

◎ **단(袒)** : '단'은 상중(喪中)에 남자들이 취하는 복장 방식이다. 상의 중 좌측 어깨 쪽을 드러내는 방법이다. 한편 일반적인 의례절차에서도 단(袒)의 복장 방식을 취하는 경우가 있다.

◎ **단옥재(段玉裁, A.D.1735~A.D.1815)** : 청(淸)나라 때의 학자이다. 자(字)는 약응(若膺)이고, 호(號)는 무당(懋堂)이다. 저서로는 『설문해자주(說文解字注)』, 『육서음균표(六書音均表)』, 『고문상서찬이(古文尙書撰異)』 등이 있다.

◎ **단의(褖衣)** : '단의'는 흑색의 천으로 상의와 하의를 만들고, 붉은색으로 가장자리에 단을 댄 옷이다. 『의례』「사상례(士喪禮)」편에는 '단의'가 기록되어 있는데, 이에 대한 정현의 주에서는 "黑衣裳赤緣謂之褖."이라고 풀이했다.

◎ **대공복(大功服)** : '대공복'은 상복(喪服) 중 하나로, 오복(五服)에 속한다. 조밀한 삼베를 사용해서 만들지만, 소공복(小功服)에 비해서는 삼베의 재질이 거칠기 때문에, '대공복'이라고 부른다. 이 복장을 입게

되는 기간은 상황에 따라 차이가 생기지만, 일반적으로 9개월이다. 당형제(堂兄弟) 및 미혼인 당자매(堂姊妹), 또는 혼인을 한 자매(姊妹) 등을 위해서 입는다.

◎ **대대기(大戴記)** : =대대례기(大戴禮記)

◎ **대대례(大戴禮)** : =대대례기(大戴禮記)

◎ **대대례기(大戴禮記)** : 『대대례기(大戴禮記)』는 『대대례(大戴禮)』·『대대기(大戴記)』라고도 부른다. 대덕(戴德)이 편찬한 예(禮)에 대한 서적이다. 당시 사람들은 그를 대대(大戴)라고 불렀고, 그의 조카 대성(戴聖)을 소대(小戴)라고 불렀기 때문에, 이러한 명칭이 생겨났다. '대성'이 편찬한 『소대례기(小戴禮記)』는 성행을 하였지만, 『대대례기』는 성행하지 못하여, 많은 편들이 없어졌다. 현재는 단지 삼십여 편만이 남아있다. 정현(鄭玄)의 『육예론(六藝論)』에서는 그가 85편을 전수하였다고 기록하고 있는데, 현재 남아 있는 기록 중에는 1편부터 38편까지의 내용이 모두 없어져서 남아 있지 않다. 남아 있는 편들은 39번 째 「주언(主言)」편부터 81번 째 「역본명(易本命)」편까지인데, 그 중에서도 43~35편, 61편이 없어졌으며, 73편은 특이하게도 2편으로 구성되어 있다.

◎ **대려(大旅)** : '대려'는 제천(祭天) 의식 중 하나이다. 원구(圓丘)에서 하늘에 대한 제사를 지내는 것을 뜻한다. 국가의 변고가 발생했을 때 제사를 지냈기 때문에 '려(旅)'자를 붙여서 부르는 것이다. '려'자는 제사를 지내게 된 원인을 진술한다는 뜻이다. 『주례』「천관(天官)·장차(掌次)」편에는 "至大旅上帝, 則張氈案·設皇邸."라는 기록이 있고, 이에 대한 정현의 주에서는 "大旅上帝, 祭天於圓丘. 國有故而祭亦曰旅."라고 풀이했다.

◎ **대종(大宗)** : '대종'은 소종(小宗)과 상대되는 말이다. 소종과 '대종'은 고대 종법제(宗法制)에 따른 구분이다. 적장자(嫡長子)의 한 계통만이 '대종'이 되고, 나머지 아들들은 소종이 된다. 예를 들어 천자의 적장자는 '대종'이 되고, 나머지 아들들은 소종이 된다. 만약 소종인 천자의 나머지 아들들이 제후가 되었다면, 본인의 나라에서는 '대종'이 되지만, 천자에 대해서는 역시 소종이 된다. 제후가 된 자의 적장자는 본인의 나라에서 '대종'이 되고, 나머지 아들들은 소종이 된다.

◎ **대침(大寢)** : '대침'은 노침(路寢)을 뜻한다. 천자나 제후가 정무(政務)

를 처리하던 곳이다. 『주례』「하관(夏官) · 태복(太僕)」편에는 "建路鼓于大寢之門外, 而掌其政."이라는 기록이 있고, 이에 대한 정현의 주에서는 "大寢, 路寢也."라고 풀이했다.

◎ 동래여씨(東萊呂氏) : =여조겸(呂祖謙)

◎ 두(斗) : '두'는 곡식의 양을 재는 기구이자, 그 수량을 표시하는 단위였다. 지역 및 각 시대마다 다소 차이를 보이는데, 고대에는 10승(升)이 1두였다.

◎ 두예(杜預, A.D.222~A.D.284) : =두원개(杜元凱). 서진(西晉) 때의 유학자이다. 경조(京兆) 두릉(杜陵) 출신이다. 자(字)는 원개(元凱)이다. 『춘추경전집해(春秋經典集解)』를 저술하였는데, 이 책은 현존하는 『춘추(春秋)』의 주석서 중 가장 오래된 것이며, 『십삼경주소(十三經注疏)』의 『춘추좌씨전정의(春秋左氏傳正義)』에도 채택되어 수록되었다.

◎ 두원개(杜元凱) : =두예(杜預)

## ㅁ

◎ 명사(命士) : '명사'는 사(士) 중에서도 작명(爵命)을 받은 자를 뜻한다. 『예기』「내칙(內則)」편에는 "由命士以上, 父子皆異宮, 昧爽而朝, 慈以旨甘."이라는 용례가 나온다.

◎ 명수(明水) : '명수'는 제사 때 사용하는 깨끗한 물을 뜻한다.

◎ 명화(明火) : '명화'는 고대에 점을 치거나 제사를 지낼 때에, 동으로 만든 거울을 돋보기처럼 이용하여, 햇빛을 모아 붙인 불을 뜻한다.

◎ 모본(毛本) : 『모본(毛本)』은 명(明)나라 말기 급고각(汲古閣)에서 간행된 『십삼경주소(十三經注疏)』의 판본이다. 급고각은 모진(毛晋)이 지은 장서각이었으므로, 이러한 명칭이 생겼다.

◎ 목록(目錄) : 『목록(目錄)』은 정현이 찬술했다고 전해지는 『삼례목록(三禮目錄)』을 가리킨다. 『십삼경주소(十三經注疏)』에서 인용되고 있지만, 이 책은 『수서(隋書)』가 편찬될 당시에 이미 일실되어 존재하지 않았다. 『수서』「경적지(經籍志)」편에는 "三禮目錄一卷, 鄭玄撰, 梁有陶弘景注一卷, 亡."이라는 기록이 있다.

◎ 민본(閩本) : 『민본(閩本)』은 명(明)나라 가정(嘉靖) 연간 때 이원양(李

元陽)이 간행한 『십삼경주소(十三經注疏)』 판본이다. 한편 『칠경맹자고문보유(七經孟子考文補遺)』에서는 이 판본을 『가정본(嘉靖本)』으로 지칭하고 있다.

## ㅂ

◎ 방각(方慤) : =엄릉방씨(嚴陵方氏)

◎ 방성부(方性夫) : =엄릉방씨(嚴陵方氏)

◎ 방씨(方氏) : =엄릉방씨(嚴陵方氏)

◎ 방언(方言) : 『방언(方言)』은 『유헌사자절대어석별국방언(輶軒使者絕代語釋別國方言)』·『별국방언(別國方言)』이라고도 부른다. 한(漢)나라 때의 학자인 양웅(揚雄)이 편찬했다고 전해지는 서적이다. 총 13권으로 구성되어 있었으며, 각 지방에서 온 사신들의 방언을 모았다는 뜻에서, 『유헌사자절대어석별국방언』이라는 제목으로 출간되었고, 또 이 말을 줄여서 『별국방언』·『방언』이라고 부르게 되었다. 현존하는 『방언』은 곽박(郭璞)의 주(注)가 붙어 있는 판본이다. 그러나 『한서(漢書)』 등의 기록에는 양웅의 저술 목록에 『방언』이 포함되어 있지 않으므로, 편찬자에 대한 의혹이 끊임없이 제기되었다.

◎ 별록(別錄) : 『별록(別錄)』은 후한(後漢) 때 유향(劉向)이 찬(撰)했다고 전해지는 책이다. 현재는 일실되어 존재하지 않으며, 『한서(漢書)』「예문지(藝文志)」편을 통해서 대략적인 내용만을 추측해볼 수 있다.

◎ 보광(輔廣) : =경원보씨(慶源輔氏)

◎ 보한경(輔漢卿) : =경원보씨(慶源輔氏)

◎ 복건(服虔, ?~?) : 후한대(後漢代)의 유학자이다. 자(字)는 자신(子愼)이다. 초명은 중(重)이었으며, 기(祇)라고도 불렀다. 후에 이름을 건(虔)으로 고쳤다. 『춘추좌씨전(春秋左氏傳)』에 주석을 남겼지만, 산일되어 전해지지 않는다. 현재는 『좌전가복주집술(左傳賈服注輯述)』로 일집본이 편찬되었다.

◎ 부모(傅姆) : '부모'는 귀족의 자녀들을 보육하고 가르쳤던 노년의 부인을 뜻한다.

## ㅅ

◎ **삭식(朔食)** : '삭식'은 고대의 예법 중 하나이다. 제왕 및 신분이 높은 자들은 매월 초하루에 평상시보다 음식을 풍성하게 차려내서, 먹게 된다. 천자의 경우에는 '삭식' 때 태뢰(太牢)를 사용하고, 제후는 소뢰(少牢)를 사용하며, 대부(大夫)는 한 마리의 돼지를 바치고, 사(士)는 한 마리의 새끼 돼지를 바치기도 한다. 『예기』「내칙(內則)」편에는 "男女夙興, 沐浴衣服, 具視朔食."이라는 기록이 있고, 이에 대한 정현의 주에서는 "朔食, 天子大牢, 諸侯少牢, 大夫特豕, 士特豚也."라고 풀이했다.

◎ **산음육씨(山陰陸氏, A.D.1042~A.D.1102)** : =육농사(陸農師) · 육전(陸佃). 북송(北宋) 때의 유학자이다. 자(字)는 농사(農師)이며, 호(號)는 도산(陶山)이다. 어려서 집안이 매우 가난했다고 전해지며, 왕안석(王安石)에게 수학하였으나 왕안석의 신법에 대해서는 반대하였다. 저서로는 『비아(埤雅)』, 『춘추후전(春秋後傳)』, 『도산집(陶山集)』 등이 있다.

◎ **삼경(三卿)** : '삼경'은 세 명의 경(卿)을 뜻하며, 제후국의 관리 중 가상 높은 반열에 오른 자들이다. 사도(司徒), 사마(司馬), 사공(司空)이 '삼경'에 해당한다. 제후국의 입장에서는 천자에게 소속된 삼공(三公)과 유사하다. 『주례』의 체제에 따르면, 천자에게는 천관(天官), 지관(地官), 춘관(春官), 하관(夏官), 추관(秋官), 동관(冬官)이라는 여섯 관부가 있었고, 각 관부의 수장은 총재(冢宰), 사도(司徒), 종백(宗伯), 사마(司馬), 사구(司寇), 사공(司空)이 된다. 제후국에서는 3명의 경들이 여섯 관부의 일을 책임지게 되어, 사도가 총재를 겸하고, 사마가 종백을 겸하며, 사공이 사구를 겸했다고 설명하기도 한다. 『예기』「왕제」편에는 "大國三卿, 皆命於天子."라는 기록이 있고, 이에 대한 공영달(孔穎達)의 소(疏)에서는 최영은(崔靈恩)의 주장을 인용하여, "崔氏云, 三卿者, 依周制而言, 謂立司徒, 兼冢宰之事; 立司馬, 兼宗伯之事; 立司空, 兼司寇之事."라고 풀이했다.

◎ **삼대(三代)** : '삼대'는 하(夏), 은(殷), 주(周)의 세 왕조를 말한다. 『논어』「위령공(衛靈公)」편에는 "斯民也, 三代 之所以直道而行也."라는 기록이 있고, 이에 대한 형병(邢昺)의 소(疏)에서는 "三代, 夏殷周也."로 풀이했다.

◎ **삼례도(三禮圖)** : 『삼례도(三禮圖)』는 삼례(三禮)에 나타나는 각종 명물

(名物) 등에 대한 도해(圖解)를 한 책이다. 『수서(隋書)』「경적지(經籍志)」를 비롯하여, 각종 사서(史書)에는 각 시대마다 편찬된 『삼례도』에 대한 기록이 나오지만, 현재는 전해지지 않는다. 현재 남아있는 『삼례도』는 송대(宋代) 섭숭의(聶崇義)의 『삼례도』 20권과 명대(明代) 유적(劉績)의 『삼례도』 4권이다.

◎ 삼생(三牲) : '삼생'은 희생물로 사용되는 세 종류의 가축을 뜻한다. 소[牛], 양(羊), 돼지[豕]가 여기에 해당한다. 『효경』「기효행장(紀孝行章)」편에는 "雖日用三牲之養, 猶不爲孝也."라는 기록이 있고, 이에 대한 형병(邢昺)의 소(疏)에서는 "三牲, 牛·羊·豕也."라고 풀이했다. 한편 후대에는 소, 양, 돼지를 '대삼생(大三牲)'으로 부르고, 새끼돼지[豬], 물고기[魚], 닭[鷄]을 '소삼생(小三牲)'으로 부르기도 했다.

◎ 삼왕(三王) : '삼왕'은 하(夏), 은(殷), 주(周) 삼대(三代)의 왕을 뜻한다. 『춘추곡량전』「은공(隱公) 8年」편에는 "盟詛不及三王."이라는 기록이 있고, 이에 대한 범녕(範寧)의 주에서는 '삼왕'을 하나라의 우(禹), 은나라의 탕(湯), 주나라의 무왕(武王)을 지칭한다고 풀이했다. 그리고 『맹자』「고자하(告子下)」편에는 "五覇者, 三王之罪人也."이라는 기록이 있고, 이에 대한 조기(趙岐)의 주에서는 '삼왕'을 범녕의 주장과 달리, 주나라의 무왕 대신 문왕(文王)을 지칭한다고 풀이했다.

◎ 삼주(三酒) : '삼주'는 상황에 따라 사용되는 세 가지 술을 뜻한다. 세 가지 술은 사주(事酒), 석주(昔酒), 청주(淸酒)를 가리킨다. 『주례』「천관(天官)·주정(酒正)」편에는 "辨三酒之物, 一曰事酒, 二曰昔酒, 三曰淸酒."라는 기록이 있다. 각 술들에 설명은 주석마다 약간의 차이를 보인다. 위의 기록에 대해서 정현의 주에서는 "鄭司農云, '事酒, 有事而飮也, 昔酒, 無事而飮也, 淸酒, 祭祀之酒.' 玄謂事酒, 酌有事者之酒, 其酒則今之醳酒也. 昔酒, 今之酋久白酒, 所謂舊醳者也. 淸酒, 今中山冬釀接夏而成."이라고 풀이했다. 즉 정사농(鄭司農)의 주장에 따르면, '사주'는 어떤 사안이 있어서 마시게 되는 술을 뜻하고, '석주'는 특별한 일이 없을 때 마시는 술을 뜻하며, '청주'는 제사를 지낼 때 쓰는 술을 뜻한다. 한편 정현의 주장에 따르면, '사주'는 일을 맡아본 자에게 따라주는 술을 뜻하는데, 그 술은 정현 시대의 역주(醳酒)에 해당하고, '석주'는 오래 숙성시킨 술로 백주(白酒)와 같은 것이며, '청주'는 중산(中山) 지역에서 겨울에 술을 담가서 여름쯤 다 익은 술을 뜻한다. 그

리고 위의 기록에 대해서 손이양(孫詒讓)의 『정의(正義)』에서는 "三酒之中, 事酒較濁, 亦隨時釀之, 酋繹卽孰. 昔酒較淸, 則冬釀春孰. 淸酒尤淸, 則冬釀夏孰."이라고 풀이했다. 즉 손이양의 주장에 따르면, '사주'는 비교적 탁한 술이며, 또한 수시로 빚은 술을 말하는데, 술독을 열어두어서 곧바로 숙성시키는 술을 뜻한다. '석주'는 비교적 맑은 술이며, 겨울에 빚어서 봄쯤에 다 익는 술을 뜻한다. '청주'는 더욱 맑은 술이며, 겨울에 빚어서 여름쯤에 익는 술을 뜻한다.

◎ 서산진씨(西山眞氏, A.D.1178~A.D.1235) : =건안진씨(建安眞氏)·진덕수(眞德秀). 남송(南宋) 때의 성리학자이다. 자(字)는 경원(景元)이고, 호(號)는 서산(西山)이다. 저서로는 『독서기(讀書記)』, 『사서집론(四書集論)』, 『경연강의(經筵講義)』 등이 있다.

◎ 석(裼) : '석'은 고대에 의례를 시행할 때 하는 복장 방식 중 하나이다. 좌측 소매를 걷어 올려서, 안에 입고 있는 석의(裼衣)를 드러내는 것이다. 한편 '석'은 비교적 성대하지 않은 의식 때 시행하는 복장 방식으로도 사용되어, 좌측 소매를 걷어 올려서 공경의 뜻을 표하기도 했다.

◎ 석경(石經) : 『석경(石經)』은 당(唐)나라 개성(開成) 2년(A.D.714)에 돌에 새긴 『십삼경주소(十三經注疏)』의 판본이다. 당나라 국자학(國子學)의 비석에 새겨졌다는 판본이 바로 이것을 가리킨다.

◎ 석량왕씨(石梁王氏, ?~?) : 자세한 이력이 남아 있지 않다.

◎ 석명(釋名) : 『석명(釋名)』은 후한(後漢) 때의 학자인 유희(劉熙)가 지은 서적이다. 오래된 훈고학 서적의 하나로 꼽힌다.

◎ 석문(釋文) : 『석문(釋文)』은 육덕명(陸德明)이 지은 『경전석문(經典釋文)』을 뜻한다.

◎ 석의(裼衣) : '석의'는 고대에 의례를 시행할 때 입는 옷이다. 가죽옷이나 갈옷 위에 걸쳤던 외투 중 하나이다. '석의' 위에는 습의(襲衣)를 걸쳤기 때문에, 중간에 입는 옷이라는 뜻에서 '중의(中衣)'라고도 부른다.

◎ 선재(膳宰) : '선재'는 선부(膳夫)와 같은 말이다. 군주가 먹는 음식 등을 담당했던 관리이다. 천자에게 소속된 '선재'를 '선부'라고 불렀으며, 상사(上士)가 담당했다. 『의례』「연례(燕禮)」편에는 "膳宰具官饌于寢東."라는 기록이 있는데, 이에 대한 정현의 주에서는 "膳宰, 天子曰膳夫, 掌君飮食膳羞者也."라고 풀이했다. 그리고 『주례』「천관(天官)·선부(膳夫)」편에는 "膳夫掌王之食飮膳羞."라는 기록이 있다.

◎ 설문(說文) : =설문해자(說文解字)

◎ 설문해자(說文解字) : 『설문해자(說文解字)』는 후한(後漢) 때의 학자인 허신(許愼, ?~?)이 찬(撰)했다고 전해지는 자서(字書)이다. 『설문(說文)』이라고도 칭해진다. A.D.100년경에 완성되었다고 전해진다. 글자의 형태, 뜻, 음운(音韻)을 수록하고 있다.

◎ 성백여(成伯璵, ?~?) : 당(唐)나라 때의 학자이다. 저서로는 『모시지설(毛詩指說)』·『예기외전(禮記外傳)』 등이 있다.

◎ 소뢰(少牢) : '소뢰'는 제사에서 양(羊)과 돼지[豕] 두 가지 희생물을 사용하는 것을 뜻한다. 『춘추좌씨전』「양공(襄公) 22년」편에는 "祭以特羊, 殷以少牢."라는 기록이 있는데, 이에 대한 두예(杜預)의 주에서는 "四時祀以一羊, 三年盛祭以羊豕. 殷, 盛也."라고 풀이하였다.

◎ 소이아(小爾雅) : 『소이아(小爾雅)』는 고대에 편찬되었던 자전 중 하나이다. 찬자(撰者)에 대해서는 알려진 것이 없다. 『한서(漢書)』「예문지(藝文志)」편에는 "小爾雅一篇, 古今字一卷."이라고 하여, 찬자 미상의 『소이아』 1권이 존재했었다고 기록되어 있다. 또한 『수서(隋書)』「경적지(經籍志)」 및 『당서(唐書)』「예문지(藝文志)」편에도 이궤(李軌)의 주가 달린 『소이아』 1권이 있었다고 기록되어 있지만, 현재는 모두 전해지지 않는다. 다만 현재 전해지는 『소이아』는 『공총자(孔叢子)』에 기록된 일부 내용들을 편집하여, 편찬한 것이다.

◎ 소진함(邵晉涵, A.D.1743~A.D.1796) : 청(淸)나라 때의 학자이다. 자(字)는 여동(與桐)이고, 호(號)는 이운(二雲)·남강(南江)이다. 사학(史學)과 경학 분야에 명성이 높았다.

◎ 손염(孫炎, ?~?) : 삼국시대(三國時代) 때의 학자이다. 자(字)는 숙연(叔然)이다. 정현의 문도였으며, 『이아음의(爾雅音義)』를 저술하여 반절음을 유행시켰다.

◎ 승(升) : '승'은 용량을 재는 단위이다. 지역 및 각 시대마다 다소 차이를 보이는데, 고대에는 10합(合)을 1승(升)으로 여겼고, 10승(升)을 1두(斗)로 여겼다. 『한서(漢書)』「율력지상(律曆志上)」편에는 "合龠爲合, 十合爲升."이라는 기록이 있다.

## ㅇ

◎ **악본(岳本)** : 『악본(岳本)』은 송(頌)나라 악가(岳珂)가 간행한 『십삼경주소(十三經注疏)』의 판본이다.

◎ **안사고(顔師古, A.D.581~A.D.645)** : 당(唐)나라 때의 학자이다. 자(字)는 주(籒)이다. 안지추(顔之推)의 손자이다. 훈고학(訓詁學)에 뛰어났다. 오경(五經)의 문자를 교정하여, 『오경정본(五經定本)』을 찬술하기도 하였다.

◎ **양웅(楊雄, B.C.53~A.D.18)** : =양웅(揚雄)·양자(揚子). 전한(前漢) 때의 학자이다. 자(字)는 자운(子雲)이다. 사부작가(辭賦作家)로도 명성이 높았다. 왕망(王莽)에게 동조했다는 이유로 송(宋)나라 이후부터는 배척을 당하였다. 만년에는 경학(經學)에 전념하여, 자신을 성현(聖賢)이라고 자처하였다. 참위설(讖緯說) 등을 배척하고, 유가(儒家)와 도가(道家)의 사상을 절충하였다. 저서로는 『법언(法言)』, 『태현경(太玄經)』 등이 있다.

◎ **양웅(揚雄)** : =양웅(楊雄)

◎ **양자(揚子)** : =양웅(楊雄)

◎ **엄릉방씨(嚴陵方氏, ?~?)** : =방각(方慤)·방씨(方氏)·방성부(方性夫). 송대(宋代)의 유학자이다. 이름은 각(慤)이다. 자(字)는 성부(性夫)이다. 『예기집해(禮記集解)』를 지었고, 『예기집설대전(禮記集說大全)』에는 그의 주장이 많이 인용되고 있다.

◎ **여동래(呂東萊)** : =여조겸(呂祖謙)

◎ **여사(女師)** : '여사'는 고대에 귀족의 여식들을 교육했던 선생을 뜻한다.

◎ **여조겸(呂祖謙, A.D.1137~A.D.1181)** : =동래여씨(東萊呂氏)·여동래(呂東萊). 남송(南宋) 때의 학자이다. 자(字)는 백공(伯恭)이고, 호(號)는 동래(東萊)이다. 주자(朱子)와 함께 『근사록(近思錄)』을 편찬하였다.

◎ **연사(燕食)** : '연사'는 군주를 포함한 모든 계층들이 일상적으로 먹는 오찬이나 만찬을 뜻한다. 『주례』「천관(天官)·선부(膳夫)에는 "王燕食, 則奉膳贊祭."라는 기록이 있고, 이에 대한 정현의 주에서는 "燕食, 謂日中與夕食."라고 풀이했다. 한편 손이양(孫詒讓)의 『주례정의(周禮正義)』에서는 "王日三食, 日中與夕食, 饌具減殺, 別於禮食及朝食盛饌, 故謂之燕食."라고 풀이했다. 즉 군주는 하루에 세 차례 식사를 하는데,

오찬 및 만찬에는 반찬의 가짓수가 적기 때문에, 예사(禮食)나 조찬 때 차려내는 성찬(盛饌)과는 구별이 된다. 그렇기 때문에 '연사'라고 부른다. 또한 연회를 시행할 때, 사용하는 음식을 뜻하기도 한다.

◎ 연침(燕寢) : '연침'은 본래 천자 및 제후들이 휴식을 취하던 장소를 가리킨다. 천자에게는 6개의 침(寢)이 있었는데, 앞쪽에 있는 1개의 침은 정전(正寢)으로, 이것을 노침(路寢)이라고 부르며, 뒤쪽에 있는 다섯 개의 침을 통칭하여, '연침'이라고 부른다. 『예기』「곡례하(曲禮下)」편에는 "天子有后, 有夫人"이라는 기록이 있는데, 이에 대한 공영달(孔穎達)의 소(疏)에서는 "周禮王有六寢, 一是正寢, 餘五寢在後, 通名燕寢."이라고 풀이하였다.

◎ 연평황씨(延平黃氏) : =황상(黃裳)

◎ 예사(禮食) : '예사'는 본래 군주가 신하들에게 음식을 베풀며 예(禮)로 대접을 해주는 것으로, 일종의 연회이다. 『의례』「공사대부례(公食大夫禮)」에 기록된 의례 절차들이 '예사'에 해당한다.

◎ 오미(五味) : '오미'는 다섯 가지 맛을 뜻한다. 맛의 종류를 총칭하는 용어로도 사용된다. '오미'는 구체적으로 산(酸: 신맛), 고(苦: 쓴맛), 신(辛: 매운맛), 함(鹹: 짠맛), 감(甘: 단맛)을 가리킨다. 『예기』「예운(禮運)」편에는 "五味, 六和, 十二食, 還相爲質也."라는 기록이 있는데, 이에 대한 정현의 주에서는 "五味, 酸, 苦, 辛, 鹹, 甘也."라고 풀이하였다.

◎ 오사(五射) : '오사'는 사례(射禮)를 시행할 때 사용되는 다섯 가지 활 쏘는 예법을 뜻한다. 다섯 가지 활 쏘는 예법은 백시(白矢), 삼련(參連), 섬주(剡注), 양척(襄尺), 정의(井儀)이다. '백시'는 화살을 쏘아서 과녁을 꿰뚫는다는 뜻이다. 화살이 과녁을 꿰뚫게 되면, 화살 끝에 달려 있는 흰 깃털만 보인다는 의미에서 '백시'라고 부른다. '삼련'은 앞서 한 발의 화살을 쏘고, 뒤이어 3발의 화살을 연이어 쏜다는 뜻이다. '섬주'는 화살을 쏠 때 끝부분의 깃털이 위로 올라가고, 화살촉이 밑으로 내려간 형태로 화살이 날아가는 것을 뜻한다. '양척'은 신하가 군주와 함께 화살을 쏠 때, 군주가 화살을 쏘는 장소로부터 1척(尺) 정도 물러나서 쏘는 것을 뜻한다. '정의'는 4발의 화살을 쏘아서 과녁을 명중시킬 때, 정(井)자의 형태가 되도록 쏘는 것을 뜻한다. 『주례』「지관(地官)·보씨(保氏)」편에는 "養國子以道, 乃敎之六藝, 一曰五禮, 二曰六樂, 三曰五射, 四曰五馭, 五曰六書, 六曰九數."라는 기록이 있고, 이

에 대한 정현의 주에서는 정사농(鄭司農)의 주장을 인용하여, "五射, 白矢 · 參連 · 剡注 · 襄尺 · 井儀也."라고 풀이했으며, 가공언(賈公彦)의 소(疏)에서는 "云白矢者, 矢在侯而貫侯過, 見其鏃白; 云參連者, 前放一矢, 後三矢連續而去也; 云剡注者, 謂羽頭高鏃低而去, 剡剡然; 云襄尺者, 臣與君射, 不與君並立, 襄君一尺而退; 云井儀者, 四矢貫侯, 如井之容儀也."라고 풀이했다.

◎ 오어(五馭) : '오어'는 오어(五御)라고도 부르며, 수레를 몰 때 사용되는 다섯 가지 기술을 뜻한다. 다섯 가지 기술은 명화란(鳴和鸞), 축수곡(逐水曲), 과군표(過君表), 무교구(舞交衢), 축금좌(逐禽左)이다. '명화란'은 수레를 몰 때 방울 소리가 조화롭게 울린다는 뜻이다. '화(和)'와 '란(鸞)'은 모두 수레에 다는 일종의 방울인데, 수레를 편안하게 몰기 때문에 소리가 조화롭게 울린다는 뜻이다. '축수곡'은 물길 옆에 있는 도로를 따라 수레를 몬다는 뜻이다. 즉, 물길의 굴곡에 따른 굽이진 곳을 이동하면서도 수레가 물에 빠지지 않도록 운전을 잘 한다는 뜻이다. '과군표'는 군주가 있는 곳은 깃발 등으로 표시를 하는데, 그곳을 지나갈 때에는 수레를 몰지 않는다는 뜻이다. 일종의 군주에게 공경의 뜻을 표하는 방법이다. '무교구'는 교차로에서 수레끼리 교차하게 될 때, 서로에게 피해를 주지 않기 위해 춤추는 절도에 따라 서로 수레를 돌린다는 뜻이다. '축금좌'는 사냥할 때 수레를 모는 방법이다. 사냥을 할 때 존귀한 자는 좌측에 타서 활을 쏘게 되는데, 짐승을 잘 맞출 수 있도록 수레의 좌측 방향으로 짐승을 몬다는 뜻이다. 『주례』「지관(地官) · 보씨(保氏)」편에는 "養國子以道, 乃教之六藝, 一曰五禮, 二曰六樂, 三曰五射, 四曰<u>五馭</u>, 五曰六書, 六曰九數."라는 기록이 있고, 이에 대한 정현의 주에서는 정사농(鄭司農)의 주장을 인용하여, "五馭, 鳴和鸞 · 逐水曲 · 過君表 · 舞交衢 · 逐禽左."라고 풀이했으며, 가공언(賈公彦)의 소(疏)에서는 "云五馭者, 馭車有五種. 云鳴和鸞者, 和在式, 鸞在衡. 按韓詩云, '升車則馬動, 馬動則鸞鳴, 鸞鳴則和應.' 先鄭依此而言. 云逐水曲者, 無正文, 先鄭以意而言, 謂御車隨逐水勢之屈曲而不墜水也. 云過君表者, 謂若毛傳云, '褐纏旃以爲門, 裘纏質以爲槸, 間容握, 驅而入, 轚則不得入.' 穀梁亦云, '艾蘭以爲防, 置旃以爲轅門, 以葛覆質以爲槷, 流旁握, 御轚者不得入.' 是其過君表卽褐纏旃是也. 云舞交衢者, 衢, 道也, 謂御車在交道, 車旋應於舞節. 云逐禽左者, 謂御驅逆之車, 逆驅禽獸使

左, 當人君以射之, 人君自左射. 故毛傳云, '故自左膘而射之, 達于右腢, 爲上殺.' 又禮記云, '佐車止, 則百姓田獵', 是也."라고 풀이했다.

◎ 오유청(吳幼淸) : =오징(吳澄)

◎ 오제(五齊) : '오제'는 술의 맑고 탁한 정도에 따라서 다섯 가지 등급으로 분류한 술을 뜻한다. 또한 술을 범칭하는 용어로도 사용된다. 다섯 가지 술은 범제(泛齊), 례제(醴齊), 앙제(盎齊), 제제(緹齊), 침제(沈齊)를 가리킨다. 『주례』「천관(天官)·주정(酒正)」편에는 "辨五齊之名, 一曰泛齊, 二曰醴齊, 三曰盎齊, 四曰緹齊, 五曰沈齊."라는 기록이 있다. 각 술들에 대해 설명하자면, 위의 기록에 대한 정현의 주에서는 "泛者, 成而滓浮泛泛然, 如今宜成醪矣. 醴猶體也, 成而汁滓相將, 如今恬酒矣. 盎猶翁也, 成而翁翁然, 葱白色, 如今酇白矣. 緹者, 成而紅赤, 如今下酒矣. 沈者, 成而滓沈, 如今造淸矣. 自醴以上尤濁, 縮酌者. 盎以下差淸. 其象類則然, 古之法式未可盡聞. 杜子春讀齊皆爲粢. 又禮器曰, '緹酒之用, 玄酒之尙.' 玄謂齊者, 每有祭祀, 以度量節作之."라고 풀이했다. 즉 '범제'는 술이 익고 나서 앙금이 둥둥 떠 있는 것으로 정현 시대의 의성료(宜成醪)와 같은 술이고, '례주'는 술이 익고 나서 앙금을 한 차례 걸러낸 것으로 염주(恬酒)와 같은 것이며, '앙제'는 술이 익고 나서 새파란 빛깔을 보이는 것으로 찬백(酇白)과 같은 술이고, '제제'는 술이 익고 나서 붉은 빛깔을 보이는 것으로 하주(下酒)와 같은 술이며, '침제'는 술이 익고 나서 앙금이 모두 가라앉아 있는 것으로 조청(造淸)과 같은 술이다. '범주'는 가장 탁한 술이며, '례주'는 그 다음으로 탁한 술이고, '앙제'부터는 뒤로 갈수록 맑은 술에 해당한다.

◎ 오제(五帝) : '오제'는 전설시대에 존재했다고 전해지는 다섯 명의 제왕(帝王)을 뜻한다. 그러나 다섯 명이 누구였는지에 대해서는 이설(異說)이 많다. 첫 번째 주장은 황제(黃帝: =軒轅), 전욱(顓頊: =高陽), 제곡(帝嚳: =高辛), 당요(唐堯), 우순(虞舜)으로 보는 견해이다. 『사기정의(史記正義)』「오제본기(五帝本紀)」편에는 "太史公依世本·大戴禮, 以黃帝·顓頊·帝嚳·唐堯·虞舜爲五帝. 譙周·應劭·宋均皆同."이라는 기록이 있고, 『백호통(白虎通)』「호(號)」편에도 "五帝者, 何謂也? 禮曰, 黃帝·顓頊·帝嚳·帝堯·帝舜也."라는 기록이 있다. 두 번째 주장은 태호(太昊: =伏羲), 염제(炎帝: =神農), 황제(黃帝), 소호(少昊: =摯), 전욱(顓頊)으로 보는 견해이다. 이 주장은 『예기』「월령(月令)」편에 나타

난 각 계절별 수호신들의 내용을 종합한 것이다. 세 번째 주장은 소호(少昊), 전욱(顓頊), 고신(高辛), 당요(唐堯), 우순(虞舜)으로 보는 견해이다. 『서서(書序)』에는 "少昊 · 顓頊 · 高辛 · 唐 · 虞之書, 謂之五典, 言常道也."라는 기록이 있다. 또 『제왕세기(帝王世紀)』에는 "伏羲 · 神農 · 黃帝爲三皇, 少昊 · 高陽 · 高辛 · 唐 · 虞爲五帝."라는 기록이 있다. 네 번째 주장은 복희(伏羲), 신농(神農), 황제(黃帝), 당요(唐堯), 우순(虞舜)으로 보는 견해이다. 이 주장은 『역』「계사하(繫辭下)」편의 내용에 근거한 주장이다.

◎ 오징(吳澄, A.D.1249~A.D.1333) : =임천오씨(臨川吳氏) · 오유청(吳幼淸). 송원대(宋元代)의 유학자이다. 이름은 징(澄)이다. 자(字)는 유청(幼淸)이다. 저서로 『예기해(禮記解)』가 있다.

◎ 오토(五土) : '오토'는 다섯 종류의 지형을 뜻한다. '산림지형[山林]', '하천이나 연못 지형[川澤]', '구릉지형[丘陵]', '저지대나 평탄한 지형[墳衍]', '평탄하거나 습한 지형[原隰]'을 가리킨다. 『공자가어(孔子家語)』「상로(相魯)」편에는 "乃別五土之性, 而物各得其所生之宜."라는 기록이 있는데, 이에 대한 왕숙(王肅)의 주에서는 "五土, 一曰山林, 二曰川澤, 三曰丘陵, 四曰墳衍, 五曰原隰."이라고 풀이하였다.

◎ 왕기(王圻, A.D.1530~A.D.1615) : 명(明)나라 때의 학자이다. 자(字)는 원한(元翰)이고, 호(號)는 홍주(洪洲)이다. 저서로는 『삼재도회(三才圖會)』 등이 있다.

◎ 왕념손(王念孫, A.D.1744~A.D.1832) : 청(淸)나라 때의 학자이다. 자(字)는 회조(懷祖)이고, 호(號)는 석구(石臞)이다. 부친은 왕안국(王安國)이고, 아들은 왕인지(王引之)이다. 대진(戴震)에게 학문을 배웠다. 저서로는 『독서잡지(讀書雜志)』 등이 있다.

◎ 왕숙(王肅, A.D.195~A.D.256) : 위진남북조(魏晉南北朝) 때의 위(魏)나라 경학자이다. 자(字)는 자옹(子雍)이다. 출신지는 동해(東海)이다. 부친 왕랑(王朗)으로부터 금문학(今文學)을 공부했으나, 고문학(古文學)의 고증적인 해석을 따랐다. 『상서(尙書)』, 『시경(詩經)』, 『좌전(左傳)』, 『논어(論語)』 및 삼례(三禮)에 대한 주석을 남겼다.

◎ 왕씨(王氏) : =왕자묵(王子墨)

◎ 왕일(王逸, A.D.89~A.D.158) : =후한(後漢) 때의 문학가이다. 자(字)는 숙사(叔師)이다. 저서로는 『초사장구(楚辭章句)』 등이 있다.

◎ 왕자묵(王子墨, ?~?) : =왕씨(王氏). 자세한 이력이 남아 있지 않다.

◎ 왕후(王后) : '왕후'는 천자의 본부인을 뜻한다. 후대에는 황후(皇后)라고 부르기도 하였다. 고대에는 천자(天子)를 왕(王)이라고 불렀기 때문에, 천자의 부인을 '왕후'라고 부른 것이다.

◎ 외사(外舍) : '외사'는 소학(小學)을 뜻한다. 고대에는 '소학'을 '외사'라고도 불렀다.

◎ 웅씨(熊氏) : =웅안생(熊安生)

◎ 웅안생(熊安生, ?~A.D.578) : =웅씨(熊氏). 북조(北朝) 때의 경학자이다. 자(字)는 식지(植之)이다. 『주례(周禮)』, 『예기(禮記)』, 『효경(孝經)』 등 많은 전적에 의소(義疏)를 남겼지만, 모두 산일되어 남아 있지 않다. 현재 마국한(馬國翰)의 『옥함산방집일서(玉函山房輯佚書)』에 『예기웅씨의소(禮記熊氏義疏)』 4권이 남아 있다.

◎ 원사(元士) : '원사'는 천자에게 소속된 사(士) 계층 중 하나이다. '사' 계층은 상·중·하로 구분되어, 상사(上士), 중사(中士), 하사(下士)로 나뉜다. 다만 천자에게 소속된 '상사'에게는 제후에게 소속된 '상사'보다 높여서 '원(元)'자를 붙이게 된다. 그래서 '원사'라고 부르는 것이다.

◎ 위소(韋昭, A.D.204~A.D.273) : 삼국시대(三國時代) 때 오(吳)나라의 학자이다. 자(字)는 홍사(弘嗣)이다. 사마소(司馬昭)의 이름을 피휘하여, 요(曜)로 고쳤다. 저서로는 『국어주(國語注)』 등이 있다.

◎ 유맹야(劉孟冶) : =유씨(劉氏)

◎ 유사(有司) : '유사'는 관리를 뜻하는 용어이다. '사(司)'자는 담당한다는 뜻이다. 관리들은 각자 담당하고 있는 업무가 있었으므로, 관리를 '유사'라고 불렀던 것이다. 일반적으로 하위관료들을 지칭하여, 실무자를 뜻하는 용어로 많이 사용된다. 그러나 때로는 고위관료까지도 지칭하는 용어로 사용되기도 한다.

◎ 유씨(庾氏) : =유울(庾蔚)

◎ 유씨(劉氏, ?~?) : =유맹야(劉孟冶). 자세한 이력이 남아 있지 않다.

◎ 유울(庾蔚, ?~?) : =유씨(庾氏). 남조(南朝) 때 송(宋)나라 학자이다. 저서로는 『예기약해(禮記略解)』, 『예론초(禮論鈔)』, 『상복(喪服)』, 『상복세요(喪服世要)』, 『상복요기주(喪服要記注)』 등을 남겼다.

◎ 유이(劉彝) : =장락유씨(長樂劉氏)

◎ 유창종(劉昌宗, ?~?) : 자세한 이력은 남아 있지 않다. 동진(東晋) 때의

학자이다. 삼례(三禮)에 대한 주를 달아서 이름을 떨쳤다.

◎ 유태공(劉台拱, A.D.1751~A.D.1805) : 청(淸)나라 때의 경학자이다. 천문학(天文學), 율려학(律呂學), 문자학(文字學) 등에 조예가 깊었다.

◎ 육경(六卿) : '육경'은 여섯 명의 경(卿)을 가리키는데, 주로 여섯 명의 주요 관직자들을 뜻한다. 각 시대마다 해당하는 관직명과 담당하는 영역에는 차이가 있었다. 『서』「하서(夏書)·감서(甘誓)」편에는 "大戰于甘, 乃召六卿."이라는 기록이 있고, 이에 대한 공안국(孔安國)의 전(傳)에서는 "天子六軍, 其將皆命卿."이라고 풀이했다. 즉 천자는 6개의 군(軍)을 소유하고 있는데, 각 군의 장수를 '경(卿)'으로 임명하였기 때문에, 이들 육군(六軍)의 수장을 '육경'이라고 부른다는 뜻이다. 이 기록에 따르면 하(夏)나라 때에는 육군의 장수를 '육경'으로 불렀다는 결론이 도출된다. 한편 『주례(周禮)』의 체제에 따르면, 주(周)나라에서는 여섯 개의 관부를 설치하였고, 이들 관부의 수장을 '경'으로 임명하였다. 따라서 천관(天官)의 총재(冢宰), 지관(地官)의 사도(司徒), 춘관(春官)의 종백(宗伯), 하관(夏官)의 사마(司馬), 추관(秋官)의 사구(司寇), 동관(冬官)의 사공(司空)이 '육경'에 해당한다. 『한서(漢書)·백관공경표상(百官公卿表上)」편에는 "夏殷亡聞焉, 周官則備矣. 天官冢宰, 地官司徒, 春官宗伯, 夏官司馬, 秋官司寇, 冬官司空, 是爲六卿, 各有徒屬職分, 用於百事."라는 기록이 있다.

◎ 육농사(陸農師) : =산음육씨(山陰陸氏)

◎ 육덕명(陸德明, A.D.550~A.D.630) : =육원랑(陸元朗). 당대(唐代)의 경학자이다. 이름은 원랑(元朗)이고, 자(字)는 덕명(德明)이다. 훈고학에 뛰어났으며, 『경전석문(經典釋文)』 등을 남겼다.

◎ 육서(六書) : '육서'는 한자의 구성과 형성에 대한 여섯 가지 이론으로, 상형(象形), 지사(指事: =處事), 회의(會意), 형성(形聲: =諧聲), 전주(轉注), 가차(假借)를 뜻한다. 『주례』「지관(地官)·보씨(保氏)」편에는 "五曰六書."라는 기록이 있는데, 이에 대한 정현의 주에서는 정사농(鄭司農)의 주장을 인용하여, "六書, 象形·會意·轉注·處事·假借·諧聲也."라고 풀이했다.

◎ 육예(六藝) : '육예'는 기본적으로 갖춰야 하는 여섯 가지 과목을 뜻한다. 여섯 가지 과목은 예(禮), 음악[樂], 활쏘기[射], 수레몰기[御], 글쓰기[書], 셈하기[數]이며, 구체적으로 말하자면 오례(五禮), 육악(六樂),

오사(五射), 오어(五馭: =五御), 육서(六書), 구수(九數)를 가리킨다.

◎ 육원랑(陸元朗) : =육덕명(陸德明)

◎ 육전(陸佃) : =산음육씨(山陰陸氏)

◎ 육전(六典) : '육전'은 치전(治典), 교전(教典), 예전(禮典), 정전(政典), 형전(刑典), 사전(事典)을 뜻한다. 고대에 국가를 통치하던 여섯 방면의 법령을 가리킨다. 국가의 전반적인 통치, 교화, 예법, 전장제도(典章制度), 형벌, 임무수행에 대한 법이다. 『주례』「천관(天官)·대재(大宰)」편에는 "大宰之職, 掌建邦之六典, 以佐王治邦國. 一曰治典, 以經邦國, 以治官府, 以紀萬民. 二曰教典, 以安邦國, 以教官府, 以擾萬民. 三曰禮典, 以和邦國, 以統百官, 以諧萬民. 四曰政典, 以平邦國, 以正百官, 以均萬民. 五曰刑典, 以詰邦國, 以刑百官, 以糾萬民. 六曰事典, 以富邦國, 以任百官, 以生萬民."이라는 기록이 있다.

◎ 은질(隱疾) : '은질'은 겉으로 잘 드러나지 않는 질병들을 뜻한다.

◎ 응씨(應氏) : =금화응씨(金華應氏)

◎ 응용(應鏞) : =금화응씨(金華應氏)

◎ 응자화(應子和) : =금화응씨(金華應氏)

◎ 일체경음의(一切經音義) : 『일체경음의(一切經音義)』는 당(唐)나라 때의 승려인 혜림(慧琳)이 찬술한 음운학 서적이다. 불경(佛經)에 나타난 난해한 글자들을 선별하여, 음과 뜻을 설명한 책이다. 한편 당나라 때의 승려인 현응(玄應)이 찬술한 음운학 서적을 뜻하기도 한다. 『현응음의(玄應音義)』라고도 부른다. 한(漢)나라 때의 고운(古韻)을 인용하고 있기 때문에, 고대 음운학 연구에 있어서는 중요한 서적이 된다.

◎ 임천오씨(臨川吳氏) : =오징(吳澄)

## ㅈ

◎ 자림(字林) : 『자림(字林)』은 고대의 자서(字書)이다. 진(晉)나라 때 학자인 여침(呂忱)이 지었다. 원본은 일실되어 전해지지 않고, 다른 문헌들 속에 일부 기록들만 남아 있다.

◎ 자성(粢盛) : '자성'의 자(粢)자는 곡식의 한 종류인 기장을 뜻하고, 성(盛)자는 그릇에 기장을 풍성하게 채워놓은 모양을 뜻한다. 따라서 '자

성'은 제기(祭器)에 곡물을 가득 채워놓은 것을 뜻하며, 제물(祭物)로 사용되었다. 『춘추공양전』「환공(桓公) 14년」편에는 "御廩者何, 粢盛委之所藏也."라는 기록이 있는데, 이에 대한 하휴(何休)의 주에서는 "黍稷曰粢, 在器曰盛."이라고 풀이하였다.

◎ 잡패(雜佩) : '잡패'는 허리에 차고 있는 일련의 패옥(佩玉)들을 총칭하는 말이다. 형(珩) · 황(璜) · 거(琚) · 우(瑀) · 충아(衝牙)가 여기에 해당한다.

◎ 장락유씨(長樂劉氏, A.D.1017~A.D.1086) : =유이(劉彝). 북송(北宋) 때의 성리학자이다. 자(字)는 집중(執中)이다. 복주(福州) 출신이며, 어려서 호원(胡瑗)에게서 학문을 배웠다. 『정속방(正俗方)』, 『주역주(周易注)』를 지었으나 현존하지 않는다. 『칠경중의(七經中議)』, 『명선집(明善集)』, 『거이집(居易集)』 등이 남아 있다.

◎ 장락진씨(長樂陳氏) : =진상도(陳祥道)

◎ 장자(張子) : =장재(張載)

◎ 장재(張載, A.D.1020~A.D.1077) : =장자(張子)·장횡거(張橫渠). 북송(北宋) 때의 유학자이다. 북송오자(北宋五子) 중 한 사람으로 칭해진다. 자(字)는 자후(子厚)이다. 횡거진(橫渠鎭) 출신으로, 이곳에서 장기간 강학을 했기 때문에 횡거선생(橫渠先生)으로 일컬어지기도 한다.

◎ 재부(宰夫) : '재부'는 음식을 담당하거나 제사 때 희생물의 도살을 담당했던 하위 관리이다.

◎ 정강성(鄭康成) : =정현(鄭玄)

◎ 정씨(鄭氏) : =정현(鄭玄)

◎ 정의(正義) : 『정의(正義)』는 『예기정의(禮記正義)』 또는 『예기주소(禮記注疏)』를 뜻한다. 당(唐)나라 때에는 태종(太宗)이 공영달(孔穎達) 등을 시켜서 『오경정의(五經正義)』를 편찬하였는데, 이때 『예기정의』에는 정현(鄭玄)의 주(注)와 공영달의 소(疏)가 수록되었다. 송대(宋代)에는 『오경정의』와 다른 경전(經典)에 대한 주석서를 포함한 『십삼경주소(十三經注疏)』가 편찬되어, 『예기주소』라는 명칭이 되었다.

◎ 정지(鄭志) : 『정지(鄭志)』는 정현(鄭玄)과 그의 제자들이 오경(五經)에 대해서 문답을 주고받은 내용을 기록한 문헌이다. 『논어』의 형식에 의거하여, 정현의 제자들이 편찬하였다. 『후한서(後漢書)』「장조정열전(張曹鄭列傳)」편에는 "門人相與撰玄荅諸弟子問五經, 依論語作鄭志八

篇."라는 기록이 있다.

◎ 정침(正寢) : '정침'은 노침(路寢)과 같은 말이다. 또한 정전(正殿)이라고도 불렀다. 군주가 정무를 처리하던 장소이다. 천자에게는 6개의 침(寢)이 있었는데, 가장 앞쪽에 있는 1개의 침이 바로 정침(正寢)이 되고, 나머지는 5개의 침은 연침(燕寢)이 된다.

◎ 정현(鄭玄, A.D.127~A.D.200) : =정강성(鄭康成)·정씨(鄭氏). 한대(漢代)의 유학자이다. 자(字)는 강성(康成)이다. 『주역(周易)』, 『상서(尙書)』, 『모시(毛詩)』, 『주례(周禮)』, 『의례(儀禮)』, 『예기(禮記)』, 『논어(論語)』, 『효경(孝經)』 등에 주석을 하였다.

◎ 조복(朝服) : '조복'은 군주와 신하가 조회를 열 때 착용하는 복장을 뜻한다. 중요한 의식을 치를 때 착용하는 예복(禮服)을 가리키기도 한다.

◎ 주식(朱軾, A.D.1665~A.D.1735) : 청(淸)나라 때의 명신(名臣)이다. 자(字)는 약섬(若瞻)·백소(伯蘇)이고, 호(號)는 가정(可亭)이다.

◎ 주자(冑子) : '주자'는 국자(國子)와 같은 뜻이다. 자 및 공(公), 경(卿), 대부(大夫)의 자제들을 말한다. 때론 상황에 따라 천자의 태자(太子) 및 왕자(王子)를 포함시키지 않는 경우도 있다. 『서』「우서(虞書)·순전(舜典)」편에는 "帝曰, 夔, 命汝典樂, 敎冑子."라는 기록이 있는데, 이에 대한 공안국(孔安國)의 전(傳)에서는 "冑, 長也, 謂元子以下至卿大夫子弟."라고 풀이했다.

◎ 중문(中門) : '중문'은 내(內)와 외(外) 사이에 있는 문을 뜻한다. 궁(宮)에 있어서는 혼문(閽門)을 뜻하기도 한다. 또 천자(天子)의 궁성(宮城)에는 다섯 개의 문이 있었다고 전해지는데, 가장 밖에 있는 문부터 순차적으로 나열해보면, 고문(皐門), 치문(雉門), 고문(庫門), 응문(應門), 노문(路門)이다. 이러한 다섯 개의 문들 중 노문(路門)은 가장 안쪽에 있으므로, 내문(內門)로 여기고, 고문(皐門)은 가장 밖에 있으므로, 외문(外門)으로 여긴다. 따라서 나머지 치문(雉門), 고문(庫門), 응문(應門)은 내외(內外)의 사이에 있으므로, 이 세 개의 문을 '중문'으로 여기기도 한다. 『주례』「천관(天官)·혼인(閽人)」편에는 "掌守王宮之中門之禁."이라는 기록이 있는데, 이에 대한 손이양(孫詒讓)의 『정의(正義)』에서는 "此中門實不專屬雉門. 當兼庫·雉·應三門言之. 蓋五門以路門爲內門, 皐門爲外門, 餘三門處內外之間, 故通謂之中門."이라고 풀이했다. 한편 정중앙에 있는 문을 '중문'이라고도 부른다.

◎ 중의(中衣) : '중의'는 조복(朝服)이나 제복(祭服) 등의 예복(禮服) 안에 착용하는 옷이다. '중의' 안에는 속옷 등을 착용하고, '중의' 겉에는 예복 등을 착용하므로, 중간이라는 뜻에서 '중의'라고 부르는 것이다. 『예기』「교특생(郊特牲)」편에는 "繡黼丹朱中衣."라는 기록이 있고, 이에 대한 공영달(孔穎達)의 소(疏)에서는 "中衣, 謂以素爲冕服之裏衣."라고 풀이하였다.

◎ 지자(支子) : '지자'는 적장자(嫡長子)를 제외한 나머지 아들들을 말한다.

◎ 진덕수(眞德秀) : =서산진씨(西山眞氏)

◎ 진상도(陳祥道, A.D.1159~A.D.1223) : =장락진씨(長樂陳氏) · 진씨(陳氏) · 진용지(陳用之). 북송대(北宋代)의 유학자이다. 자(字)는 용지(用之)이다. 장락(長樂) 지역 출신으로, 1067년에 과거에 급제하여 태상박사(太常博士) 등을 지냈다. 왕안석(王安石)의 제자로, 그의 학문을 전파하는데 공헌하였다. 저서에는 『예서(禮書)』, 『논어전해(論語全解)』 등이 있다.

◎ 진씨(陳氏) : =진상도(陳祥道)

◎ 진용지(陳用之) : =진상도(陳祥道)

◎ 집운(集韻) : 『집운(集韻)』은 송(宋)나라 때의 정탁(丁度, A.D.990~A.D.1053) 등이 칙명(勅命)을 받아서 편찬한 음운학 서적이다.

## ㅊ

◎ 창힐(倉頡) : 『창힐(倉頡)』은 또한 『창힐(蒼頡)』 · 『창힐편(倉頡篇)』 · 『창힐편(蒼頡篇)』 등으로 부른다. 『창힐』편은 본래 진(秦)나라 때의 이사(李斯)가 만들었다고 전해지는 자서(字書)이다. 본래 어린아이들에게 글자를 가르치기 위해서 작성된 자서(字書)이다. 진시황(秦始皇)이 문자(文字)를 통일한 이후 글자를 익히게 하기 위해서, 소전체(小篆體)로 작성되었다. 한(漢)나라 때에는 『창힐(倉頡)』, 『원력(爰歷)』, 『박학(博學)』을 합쳐서 한 권을 책으로 만들었고, 이것을 통칭하여 『창힐편』 또는 『삼창(三倉)』 등으로 불렀다.

◎ 초학기(初學記) : 『초학기(初學記)』는 당(唐)나라 때 서견(徐堅, A.D.659~A.D.729)이 편찬한 책이다. 총 30권으로 되어 있으며, 23개의 분야로

나눠져 있다. 여러 시문 및 작품들을 모아둔 것으로, 본래 제왕(諸王)들을 교육하기 위한 목적으로 편찬된 책이다.

◎ 총자(冢子) : '총자'는 적장자를 뜻한다. 『예기』「내칙(內則)」편에는 "父沒母存, 冢子御食."이라는 기록이 있는데, 이에 대한 정현의 주에서는 "御, 侍也, 謂長子侍母食也."라고 풀이했다.

◎ 총재(冢宰) : '총재'는 대재(大宰)와 같은 말이다. '대재'는 태재(太宰)라고도 부른다. '대재'는 은(殷)나라 때 설치된 관직이라고 전해지며, 주(周)나라에서는 '총재'라고도 불렀다. 『주례(周禮)』의 체제상으로는 천관(天官)의 수장이며, 경(卿) 1명이 담당했다. 『주례』의 체제상으로는 가장 높은 관직이다. 따라서 '대재'가 담당했던 일은 국정 전반에 대한 것이었다.

◎ 최씨(崔氏) : =최영은(崔靈恩)

◎ 최영은(崔靈恩, ?~?) : =최씨(崔氏). 남북조(南北朝) 때의 학자이다. 오경(五經)에 능통하였고, 다른 경전에도 두루 해박하였다고 전해진다. 『모시(毛詩)』, 『주례(周禮)』 등에 주석을 달았고, 『삼례의종(三禮義宗)』, 『좌씨경전의(左氏經傳義)』 등을 지었다.

◎ 침문(寢門) : '침문'은 침문(寑門)이라고도 부른다. 노문(路門)을 가리킨다. '노문'은 궁실(宮室)의 건축물 중에서도 가장 안쪽에 있었던 정문을 뜻하는데, 여러 문들 중에서도 노침(路寢)과 가장 가까운 위치에 있었기 때문에, '노문'이라는 명칭이 생겼다. '침문'이라는 용어 또한 '노침'에 가까이 있었기 때문에 붙여진 명칭이다. 한편 가장 안쪽에 있었던 정문이었으므로, '침문'을 내문(內門)이라고도 부른다.

## ㅌ

◎ 태뢰(太牢) : '태뢰'는 제사에서 소[牛], 양(羊), 돼지[豕] 3가지 희생물을 갖춘 것을 뜻한다. 『장자』「지악(至樂)」편에는 "具太牢以爲膳."이라는 기록이 있는데, 이에 대한 성현영(成玄英)의 소(疏)에서는 "太牢, 牛羊豕也."라고 풀이하였다.

## ㅍ

◎ **팔음(八音)** : '팔음'은 여덟 가지의 악기들을 뜻한다. 여덟 종류의 악기에는 8종류의 서로 다른 재질이 사용되기 때문에, 붙여진 이름이다. 여기에서 여덟 가지 재질이란 통상적으로 쇠[金], 돌[石], 실[絲], 대나무[竹], 박[匏], 흙[土], 가죽[革], 나무[木]를 가리킨다. 『서』「우서(虞書)·순전(舜典)」편에는 "三載, 四海遏密八音."이란 기록이 있는데, 이에 대한 공안국(孔安國)의 전(傳)에서는 "八音, 金石絲竹匏土革木."이라고 풀이하였다. 또한 여덟 가지 재질에 따른 악기에 대해서 설명하자면, 금(金)에는 종(鐘)과 박(鎛)이 있고, 석(石)에는 경(磬)이 있으며, 토(土)에는 훈(塤)이 있고, 혁(革)에는 고(鼓)와 도(鼗)가 있으며, 사(絲)에는 금(琴)과 슬(瑟)이 있고, 목(木)에는 축(柷)과 어(敔)가 있으며, 포(匏)에는 생(笙)이 있고, 죽(竹)에는 관(管과 소(簫)가 있다. 『주례』「춘관(春官)·대사(大師)」편에는 "皆播之以八音, 金石土革絲木匏竹."이라는 기록이 있는데, 이에 대한 정현의 주에서는 "金, 鐘鎛也. 石, 磬也. 土, 塤也. 革, 鼓鼗也. 絲, 琴瑟也. 木, 柷敔也. 匏, 笙也. 竹, 管簫也."라고 풀이하였다.

◎ **팔진(八珍)** : '팔진'은 여덟 가지 맛 좋은 음식들을 뜻한다. 구체적으로는 순오(淳熬), 순모(淳母), 포돈(炮豚), 포장(炮牂), 도진(擣珍), 지(漬), 오(熬), 간료(肝膋) 등을 가리킨다. 이 음식들은 『예기』「내칙(內則)」편에 기록된 것들인데, '순오'는 젓갈을 달여서, 밭에서 생산된 쌀로 지은 밥 위에 얹어 놓고, 그 위에 기름을 바른 음식이다. '순모'에서의 '모(母)'자는 "본뜬다."는 의미의 '모(模)'자로, '순오'와 똑같지만, 쌀 대신 기장을 사용한 음식이다. '포돈'과 '포장'은 조리 방법이 동일한데, 돼지[豚]를 사용하느냐, 또는 '암컷 양[牂]'을 사용하느냐의 차이가 있다. '포돈'과 '포장'에서의 '포(炮)'라는 조리방법은 먼저 해당 가축을 잡은 뒤에, 배를 갈라서 내장을 제거한다. 그리고 그 안에 대추[棗]를 채우고, 익모초[萑]로 묶은 뒤, 진흙을 발라서 굽는다. 진흙이 다 마르면, 그것들을 떼어낸 뒤에 쌀가루를 다시 입힌다. 고기가 모두 잠길 정도로 기름을 충분히 채우고서 다시 달인다. 큰 솥에 물을 끓이고, 고기들은 다시 작은 솥으로 옮겨서, 향신료를 가미한다. 고기가 담긴 작은 솥을 큰 솥에 넣고 3일 동안 달인다. 이후 식초와 젓갈 등을 가미하게

된다. 이것이 바로 '포돈'과 '포장'의 조리방법이다. '도진'을 만들 때에는 소[牛], 양[羊], '큰 사슴[麋]', 사슴[鹿], 노루[麕]의 고기들을 골고루 준비하는데, 반드시 등심살을 사용하며, 각 고기들의 양은 소고기의 양과 균일하도록 준비한다. 질긴 부위를 제거하고, 나머지 부위들을 버무린 뒤에, 익힌 음식이다. '지'는 소고기와 양고기를 사용하는데, 반드시 새로 잡은 것으로 사용한다. 얇게 썰고, 힘줄을 제거한 뒤에 술에 담갔다가, 하루 정도 지난 뒤에 먹는 음식이다. '오'는 소고기나 양고기를 사용하는데, 겉살을 벗겨낸 다음 익모초 위에 펼쳐둔다. 계피[桂]나 생강[薑] 등을 뿌리고, 소금을 그 위에 뿌린 뒤에, 말려서 먹는 음식이다. '간료'는 개의 간으로 만드는데, 개의 지방질[膋]을 간 위에 덮고, 지방 부위를 태워서 조리한 음식이다. 『주례』「천관(天官)·선부(膳夫)」편에는 "珍用八物."이라는 기록이 있고, 이에 대한 정현의 주에서는 "珍, 謂淳熬·淳毋·炮豚·炮牂·擣珍·漬·熬·肝膋也."라고 풀이했으며, 가공언(賈公彦)의 소(疏)에서는 "云'珍謂淳熬'已下, 皆內則文. 按內則, '淳熬, 煎醢加于陸稻上, 沃之以膏, 曰淳熬. 淳毋, 煎醢加于黍食上, 沃之以膏, 曰淳毋. 毋, 模也. 炮, 取豚若牂, 刲之刳之, 實棗於其腹中, 編萑以苴之, 塗之以墐塗, 炮之. 塗皆乾, 擘之, 濯手以摩之, 去其皽. 爲稻粉, 糔溲之以爲酏, 以付豚, 煎諸膏, 膏必滅之. 鉅鑊湯, 以小鼎薌脯於其中, 使其湯毋滅鼎, 三日三夜毋絶火, 而後調之以醯醢. 擣珍, 取牛羊麋鹿麕之肉, 必胨, 每物與牛若一. 捶反側之, 去其餌, 孰出之, 去其皽, 柔其肉. 漬, 取牛羊肉, 必新殺者, 薄切之, 必絶其理, 湛諸美酒, 期朝而食之, 以醢若醯醷意. 爲熬, 捶之, 去其皽, 編萑, 布牛肉焉, 屑桂與薑, 以洒諸上而鹽之, 乾而食之. 施羊亦如之. 肝膋, 取狗肝一, 幪之以其膋, 濡炙之, 擧焦其膋, 不蓼也."라고 풀이했다.

## ㅎ

◎ 하창(賀瑒, A.D.452~A.D.510) : 남조(南朝) 때의 학자이다. 남조의 제(齊)나라와 양(梁)나라에서 각각 활동하였다. 자(字)는 덕연(德璉)이다. 『예기신의소(禮記新義疏)』 등을 찬술하였다.

◎ 하휴(何休, A.D.129~A.D.182) : 전한(前漢) 때의 금문경학자(今文經學

者)이다. 자(字)는 소공(邵公)이다. 『춘추공양전해고(春秋公羊傳解詁)』를 지었으며, 『효경(孝經)』, 『논어(論語)』 등에 대해서도 주를 달았고, 『춘추한의(春秋漢議)』를 짓기도 하였다.

◎ 항씨(項氏) : =강릉항씨(江陵項氏)

◎ 항안세(項安世) : =강릉항씨(江陵項氏)

◎ 항평보(項平父) : =강릉항씨(江陵項氏)

◎ 항평보(項平甫) : =강릉항씨(江陵項氏)

◎ 허신(許愼, A.D.30~A.D.124) : =허숙중(許叔重). 후한(後漢) 때의 학자이다. 자(字)는 숙중(叔重)이다. 『설문해자(說文解字)』의 저자로 널리 알려져 있으며, 다른 저서로는 『오경이의(五經異義)』가 있으나 산일되었다. 『오경이의』는 송대(宋代) 때 다시 편찬되었으나 진위를 따지기 힘들다.

◎ 헌주(獻主) : '헌주'는 연회 자리에서 사람들에게 술을 따라주는 자이다. 일반적으로 연회를 마련한 주인(主人)이 담당하였다. 그러나 군주가 주인인 경우, 그 예법을 낮출 필요가 있을 때, 재부(宰夫)를 시켜서 '헌주'로 삼고, 그를 시켜서 빈객(賓客)들에게 술을 따르게 했다.

◎ 현단(玄端) : '현단'은 고대의 예복(禮服) 중 하나이다. 흑색으로 만든 옷이다. 주로 제사 때 사용했으며, 천자 및 제후로부터 대부(大夫)와 사(士) 계급에 이르기까지 모두 이 복장을 착용할 수 있었다. '현단'은 상의와 하의 및 관(冠)까지 포함하는 용어이다. 한편 손이양(孫詒讓)의 주장에 따르면, '현단'은 의복에만 해당하는 용어이며, 관(冠)은 포함하지 않는다고 주장한다. 그리고 천자로부터 사 계급에 이르기까지 이 복장을 제복(齊服)으로 사용했다고 설명한다. 『주례』「춘관(春官)·사복(司服)」편에는 "其齊服有玄端素端."이라는 기록이 있는데, 손이양의 『정의(正義)』에서는 "玄端素端是服名, 非冠名, 蓋自天子下達至於士通用爲齊服, 而冠則尊卑所用互異."라고 풀이하였다. 그리고 '현단'은 천자가 평소 거처할 때 착용했던 복장을 가리키기도 한다. 『예기』「옥조(玉藻)」편에는 "卒食, 玄端而居."라는 기록이 있고, 이에 대한 정현의 주에서는 "天子服玄端燕居也."라고 풀이하였다.

◎ 형병(邢昺, A.D.932~A.D.1010) : 북송(北宋) 때의 학자이다. 자(字)는 숙명(叔明)이다. 예부상서(禮部尙書) 등을 지냈다. 저서로는 『논어정의(論語正義)』, 『이아정의(爾雅正義)』 등이 있다.

◎ 황간(皇侃, A.D.488~A.D.545) : =황씨(皇氏). 남조(南朝) 때 양(梁)나라의 경학자이다. 『주례(周禮)』, 『의례(儀禮)』, 『예기(禮記)』 등에 해박하여, 『상복문구의소(喪服文句義疏)』, 『예기의소(禮記義疏)』, 『예기강소(禮記講疏)』 등을 지었지만, 현재는 전해지지 않는다. 그 일부가 마국한(馬國翰)의 『옥함산방집일서(玉函山房輯佚書)』에 수록되어 있다.

◎ 황건행(黃乾行, ?~?) : 명(明)나라 때의 학자이다. 자(字)는 옥암(玉岩)이다. 저서로는 『예기일록(禮記日錄)』 등이 있다.

◎ 황동발(黃東發) : =황진(黃震)

◎ 황면중(黃冕仲) : =황상(黃裳)

◎ 황상(黃裳, A.D.1044~A.D.1130) : =연평황씨(延平黃氏) · 황면중(黃冕仲). 북송(北宋) 때의 학자이다. 자(字)는 도부(道夫) · 면중(冕仲)이다. 저서로는 『연산선생문집(演山先生文集)』 등이 있다.

◎ 황씨(皇氏) : =황간(皇侃)

◎ 황진(黃震, A.D.1213~A.D.1280) : =황동발(黃東發). 남송(南宋) 때의 학자이다. 자(字)는 동발(東發)이다. 저서로는 『고금기요(古今紀要)』 등이 있다.

◎ 후비(后妃) : '후비'는 천자의 부인 또는 비빈(妃嬪)을 뜻한다. 『예기』「곡례하(曲禮下)」편에는 "天子之妃曰后, 諸侯曰夫人, 大夫曰孺人, 士曰婦人, 庶人曰妻."라는 기록이 있다. 즉 천자의 부인은 후(后)라고 부르고, 제후의 부인은 부인(夫人)이라고 부르며, 대부(大夫)의 부인은 유인(孺人)이라고 부르고, 사(士)의 부인은 부인(婦人)이라고 부르며, 서인(庶人)들의 부인은 처(妻)라고 부른다. 비(妃)에 대해서 『이아』「석고(釋詁)」편에서는 "妃, 媲也."라고 하였다. 즉 '비'는 남자의 배필이라는 뜻으로, 신분적 구분 없이 일반적으로 부인에게 붙여 부르는 말이다. 한편 '후'자는 천자의 부인에게만 붙일 수 있는 명칭인데, 상하(上下)의 계층 구분 없이 사용할 수 있는 '비'자를 붙임으로써, '후비'는 천자의 부인과 비빈들을 통칭하는 말로 사용된 것이다.

# 번역 참고문헌


- 劉績 撰, 『三禮圖』(四庫全書 129책) / 器物 등에 대해 참고했던 서적이다.
- 『禮記』, 서울 : 保景文化社, 초판 1984 (5판 1995) / 저본으로 삼은 책이다.
- 『禮記正義』 1~4(전4권, 『十三經注疏 整理本』 12~15), 北京 : 北京大學出版社, 초판 2000 / 저본으로 삼은 책이다.
- 朱彬 撰, 『禮記訓纂』 上·下(전2권), 北京 : 中華書局, 초판 1996 (2쇄 1998) / 저본으로 삼은 책이다.
- 孫希旦 撰, 『禮記集解』 上·中·下(전3권), 北京 : 中華書局, 초판 1989 (4쇄 2007) / 저본으로 삼은 책이다.
- 服部宇之吉 評點, 『禮記』, 東京 : 富山房, 초판 1913 (증보판 1984) / 鄭玄 注 번역에 대해 참고했던 서적이다.
- 竹內照夫 著, 『禮記』 上·中·下(전3권), 東京 : 明治書院, 초판 1975 (3판 1979) / 經文에 대한 이해에 참고했던 서적이다.
- 市原亨吉 외 2명 著, 『禮記』 上·中·下(전3권), 東京 : 集英社, 초판 1976 (3쇄 1982) / 經文에 대한 이해에 참고했던 서적이다.
- 陳澔 注, 『禮記集說』, 北京 : 中國書店, 초판 1994 / 『集說』에 대한 번역에 참고했던 서적이다.
- 王文錦 譯解, 『禮記譯解』 上·下(전2권), 北京 : 中華書局, 초판 2001 (4쇄 2007) / 經文 및 주석 번역에 참고했던 서적이다.
- 錢玄·錢興奇 編著, 『三禮辭典』, 南京 : 江蘇古籍出版社, 초판 1998 / 용어 및 器物 등에 대해 참고했던 서적이다.
- 張撝之 外 主編, 『中國歷代人名大辭典』 上·下권(전2권), 上海 : 上海古籍出版社, 초판 1999 / 인명에 대해 참고했던 서적이다.
- 呂宗力 主編, 『中國歷代官制大辭典』, 北京 : 北京出版社, 초판 1994 (2쇄 1995) / 관직명에 대해 참고했던 서적이다.
- 中國歷史大辭典編纂委員會 編纂, 『中國歷史大辭典』 上·下(전2권), 上海 : 上海辭書出版社, 초판 2000 / 용어 및 인명에 대해 참고했던

서적이다.

- 羅竹風 主編,『漢語大詞典』1~12(전12권), 上海 : 漢語大詞典出版社, 초판 1988 (4쇄 1995) / 용어에 대해 참고했던 서적이다.
- 王思義 編集,『三才圖會』上·中·下(전3권), 上海 : 上海古籍出版社, 초판 1988 (4쇄 2005) / 器物 등에 대해 참고했던 서적이다.
- 聶崇義 撰,『三禮圖集注』(四庫全書 129책) / 器物 등에 대해 참고했던 서적이다.
- 劉績 撰,『三禮圖』(四庫全書 129책) / 器物 등에 대해 참고했던 서적이다.

역자 **정병섭(鄭秉燮)**

- 1979년 출생
- 2002년 성균관대학교 유교철학과 졸업
- 2004년 성균관대학교 대학원 유학과 석사
- 2013년 성균관대학교 대학원 유학과 철학박사
- 역서『譯註 禮記集說大全 – 王制, 附 鄭玄注』(학고방, 2009)
  『譯註 禮記集說大全 – 月令, 附 鄭玄注』(학고방, 2010)
  『譯註 禮記集說大全 – 曾子問, 附 正義・訓纂・集解』(학고방, 2011)
  『譯註 禮記集說大全 – 文王世子, 附 正義・訓纂・集解』(학고방, 2012)
  『譯註 禮記集說大全 – 曲禮上, 附 正義・訓纂・集解』1~2(전2권, 학고방, 2012)
  『譯註 禮記集說大全 – 曲禮下, 附 正義・訓纂・集解』(학고방, 2012)
  『譯註 禮記集說大全 – 禮運, 附 正義・訓纂・集解』(학고방, 2012)
  『譯註 禮記集說大全 – 禮器, 附 正義・訓纂・集解』(학고방, 2012)
  『譯註 禮記集說大全 – 檀弓上, 附 正義・訓纂・集解』1~2(전2권, 학고방, 2013)
  『譯註 禮記集說大全 – 檀弓下, 附 正義・訓纂・集解』1~2(전2권, 학고방, 2013)
  『譯註 禮記集說大全 – 郊特牲, 附 正義・訓纂・集解』1~2(전2권, 학고방, 2013)
  (공역)『효경주소』(문사철, 2011)

譯註

# 禮記集說大全 內則

編 陳澔(元)
附 正義・訓纂・集解

초판 인쇄 2013년 8월 10일
초판 발행 2013년 8월 20일

역　　자 | 정병섭
펴 낸 이 | 하운근
펴 낸 곳 | 學古房

주　　소 | 서울시 은평구 대조동 213-5 우편번호 122-843
전　　화 | (02)353-9907 편집부(02)353-9908
팩　　스 | (02)386-8308
홈페이지 | http://hakgobang.co.kr/
전자우편 | hakgobang@naver.com, hakgobang@chol.com
등록번호 | 제311-1994-000001호

ISBN 978-89-6071-329-1 94150
978-89-6071-267-6 (세트)

**값 : 40,000원**

이 도서의 국립중앙도서관 출판시도서목록(CIP)은 서지정보유통지원시스템 홈페이지(http://seoji.nl.go.kr)와 국가자료공동목록시스템(http://www.nl.go.kr/kolisnet)에서 이용하실 수 있습니다.
(CIP제어번호: CIP2013014231)